Reinhard von Normann · Das große Zitatenlexikon

Reinhard von Normann

Das große ZITATEN LEXIKON

Gondrom

Gondrom Verlag GmbH & Co. KG, Bindlach

Sonderausgabe mit freundlicher Genehmigung des Originalverlages
Originaltitel: Reinhard von Normann, Der treffende Vers

Gesamtherstellung: Wiener Verlag, Himberg bei Wien
Printed in Austria

ISBN 3-8112-0481-5

Vorwort

Das vorliegende Nachschlagewerk ist ein Buch der Verse, der verdichteten Sprache, der Dichterzitate und -aphorismen, aber keine Gedichtsammlung, kein Handbuch der gereimten Sprüche und keine Anthologie der Dichter. Vielmehr geht es um die Kunst, mit verdichteten Worten Erfahrungen der Gedanken- und Sinneswelt – und Erkenntnisse aus diesen Erfahrungen – eindrucksvoll wiederzugeben. Die phantastischen Möglichkeiten dieser besonderen und zeitlos beliebten Fähigkeit, mit Sprache wirkungsvoll umzugehen, werden an einer Fülle von Beispielen gezeigt. Die alphabetische Gliederung nach Stichwörtern, die den Sinngehalt der Verse andeuten sollen, bietet dem Benutzer des Buches eine schnelle Orientierungsmöglichkeit.

Aus einer Vielzahl lyrischer Sammel- und Einzelwerke überwiegend bekannter und anerkannter «klassischer» und moderner Dichter der Welt (s. Anhang) wurden reizvolle Verse ausgewählt. Ein wichtiges Auswahlkriterium war die «Geschlossenheit» der Sätze. Erst diese Geschlossenheit des Sinngehalts macht die Verse «zitierfähig» – also auch verwertbar. Damit ist auch schon etwas über den Nutzen dieser Sammlung gesagt. Zitierfähig sind allerdings nicht nur Merksprüche wie «Die schönsten Verse dieser Welt / Bekommt Ihr hier für wenig Geld.» oder «Ja, des Dichters Liebeflüstern / Machte selbst die Huren lüstern» (Nach Goethe, Hegire). Beim Durchblättern dieses Buches wird man schnell feststellen, daß die subtile Dichtung und die einprägsame, übertragbare Beobachtung der Dichter im Vordergrund stehen. Der Satz «Wer sich eine Zigarette anzündet, / Ist nicht mehr allein.» (Karl Krolow, Vorgänge XII) beschreibt und erklärt eine absurde menschliche Verhaltensweise. Viele werden diesen Satz «anwenden», indem sie darüber nachdenken. Das soll aber den aufmerksamen Leser dieser Sammlung nicht daran hindern, sich mit witzigen Situationsschilderungen und originellen Reimen – ein Beispiel für Beides: «Der Affe legt sich zum Monarchen / Und beide schlafen ein und schnarchen.» (Heine, Der weiße Elefant) – aufzuheitern.

«Treffende Dichterworte» sind vorwiegend zwei- bis vierzeilige Verse, teils aus allgemein bekannten Gedichten, teils aus Werken bestimmter Lyrikepochen und Dichter, die oft nur dem Liebhaber ein Begriff sind. Als Ausschnitte aus poetischen Arbeiten, als Lyrik-Zitate, sagen sie natürlich oft über das ganze Gedicht und den Schöpfer nur wenig. Das Dichter-Zitat ist jedoch keine Erfindung für dieses Buch der **«Wortkunst in Versen»**. In der Weltliteratur sind Vers-Zitate schon immer ein Beleg für Bildung, ein stilistisches Mittel und eine Möglichkeit gewesen, Eindruck und Anschaulichkeit zu vergrößern. Heute erfreut sich die erlesene Sprache der Dichter in den modernen Informationsmedien, bei öffentlichen Reden und Vorträgen, aber auch im Privatbereich, offensichtlich und erstaunlicherweise wachsender Beliebtheit. Auf den ersten Blick ist dieser Griff zur Ausdruckskraft der Poesie merkwürdig – angesichts der vielbeschriebenen Nüchternheit unserer Zeit, die häufig mit Gleichgültigkeit, Gefühlskälte und einer Abneigung gegen «hochgestochene», leidenschaftliche, engagierte, künstlerische Worte einherzugehen scheint, sich aber selbst oft einer Sprache bedient, die meilenweit von der Schlichtheit und Verständlichkeit dichterischer Sätze entfernt ist. Ein Beweis für das ursprüngliche und in allen Schichten der Bevölkerung gegenwärtige Bedürfnis nach dichterischer Sprache ist jedoch die fast kultische Verehrung neuzeitlicher Liedermacher, die sich mit immer anspruchsvolleren Texten durchsetzen. Hier zeigt sich vielleicht ein «wahreres» Bild des modernen Menschen.

Dichtung ist – wie Musik – eine Weltsprache. Sie wird mehr denn je zu einem Kommunikationsmittel mit ungeheurer Breitenwirkung. Und noch etwas: Die Poeten der Welt haben sich mit allen Dingen, die im Leben des Menschen eine Rolle spielen, beschäftigt. Sie haben sich ihre nächste Umgebung (Lebenspartner, Familie, Kinder, Haus, Hof und Heimat) und die weiteste Entfernung (Sterne, Universum, Unendlichkeit etc.) vorgenommen. Dichter schließen keine denkbare Wirklichkeit aus, ihre Sprache umfaßt mehr als die Sprache der Philosophen, Theologen, Psychologen, Soziologen, Pädagogen, Politiker, Ökonomen, Juristen und Journalisten.

Bei seiner Entdeckungsreise durch dieses Buch wird der interessierte Leser feststellen, daß Verszitate nicht nur den eigenen Geist bereichern, eigene Erfahrungen bestätigen und zum Verständnis der Umwelt beitragen können. Er wird auch Anregungen für den praktischen Umgang mit der Sprache erhalten – sei es zu besonderen (festlichen) Anlässen, sei es zur Verbesserung der Wortkultur in Gesprächen, Korrespondenz und Schriftsätzen. Der Gedanke an eine «dichterische Gesprächsführung» (Ein schöner Vers zur rechten Stunde / Macht später noch die große Runde . . .) oder an Geschäftsbriefe in poetischem Stil (Schicken Sie uns bald die Kohlen, / Sonst wird sie der Teufel holen . . .) sollte uns dabei nicht irritieren. Wir würden das – in Ausnahmefällen – durchaus als Bereicherung unseres oft trostlosen Alltags empfinden. Im Wesentlichen geht es hier jedoch um den «gepflegten Ausdruck». Die Beschäftigung mit der Wortkunst der Verse wird den phantasiebegabten Praktiker der Sprache ermutigen, einen eigenen, unverkennbaren Stil zu entwickeln, sie fördert vorhandene Begabungen, baut Neigungen und Fähigkeiten aus und Ängste vor «eigenwilligen» Äußerungen ab. In einer Welt der «Fließbandkommunikation» (Formulare, Computerbriefe, Speichertexte etc.) erhält die individuelle Kunst, mit Worten und Sätzen umzugehen, als Gegengewicht einen hohen Stellenwert.

Der Herausgeber dankt seiner Frau Monika für die Idee zu diesem Buch, dem Verlag für die außerordentlichen Anstrengungen zur Realisierung und allen Trägern der Urheberrechte (lebende Dichter, Nachdichter, Erben und Verlage), die uns bereitwillig die Genehmigung zum Abdruck der Verse gegeben haben.

Reinhard v. Normann, März/April 1981

Hinweise zum Gebrauch des Buches im Anhang S. 568

A

A

Des Menschen erstes Wort war A
und hieß fast alles, was er sah,
z. B. Fisch, z. B. Brot,
z. B. Leben oder Tod.

Morgenstern, Der Papagei

A und O

Wie bin ich doch so herzlich froh,
daß Christus ist das A und O,
der Anfang und das Ende.

Nicolai, Wie schön leuchtet der Abendstern

Abdankung

Und der König sprach zur Königin bleich:
«Nun bekommst du die Krone und das
Reich.»

Nordische Ballade, Klein Tove (Festesen)

Abend

Am Abend wird man klug
Für den vergangenen Tag.
Doch niemals klug genug
Für den, der kommen mag.

Rückert, Vierzeilen

Abendglocke

Die Abendglocke wiegt den Tag zur
Ruh . . .
Der müde Landmann schleicht der Hütte
zu . . .

Thomas Gray (Krais)

Abendlied, neues

Herr, laß dein Reich mich scheuen!
Wer salzt mir dort den Maien?
Wer sämt die Freuden an?
Wer rückt mein Luderbette
an vorgewärmte Stätte,
da ich in Frieden scheitern kann?

Rühmkorf, Variation auf «Abendlied» von M. Claudius

Abendstimmung

Wie still! nur auf der Klosterau
Keift fernhin eine alte Frau;
Im kühlen Schatten nebendran
Dumpf donnerts auf der Kegelbahn.

Keller, Stilleben

Stumm wurden längst die Polizeifanfaren,
Die hier am Tage den Verkehr geregelt.
In süßen Nebel liegen hingeflegelt
Die Lichter, die am Tag geschäftlich
waren.

Ernst Blass, Abendstimmung

An einem Fenster klebt ein fetter Mann.
Ein Jüngling will ein weiches Weib
besuchen.

Ein grauer Clown zieht sich die Stiefel an.
Ein Kinderwagen schreit und Hunde
fluchen.
Lichtenstein, Die Dämmerung

Abendstimmung → Dämmerung

Abenteuer

So mancher liebt des Löwen Röhren
Vom Sudan bis Fernando Poo.
Ich aber, sollte ich es hören,
Wäre lieber anderswo.
Ogden Nash, Karneval der Tiere (Krüss)

Oft schon schlief ich unter Leichen,
Selig wie ein müdes Kind –
Oft auch mäste ich die Reichen,
Die lebendig Tote sind!
Mehring, Die Ballade des Abenteurers

Aber, das

Das Aber kostet Überlegung,
Es bringt den Geist erst in Bewegung.
Frei nach Lessing

Doch es darf ja hier auf Erden
ohne Aber nichts bestehn,
wie wir gleich beweisen werden.
Odyniec, Die Gespenster (Nitschmann)

Aberglaube

O Aberglaube, dickste Nacht,
Wie drückst du schwer die Welt!
Das Licht, es ist umsonst erwacht
Am hohen Sternenzelt!
Platen, Gedichte

Im Aberglaube ist der Glaube schon
enthalten,
Durch Gottes Kraft geweckt, wird er sich
draus entfalten.
Nach Rückert

Abfallbeseitigung

Mit höllischen Brausen der Tümpel
rauchte,
als hinunter das alte Gerümpel tauchte.
Müller-Giersleben, Leihromantik

Abfindung → Scheidungspreis

Abgrenzung, individuelle → Unterschiede

abgelascht → Pfui, müde

abgelebt

Also weiß ichs und ich fahr
keinen Hut mehr auf dem Haar
Mondenlicht um Brau und Bart
abgelebt zuendgenarrt
Bobrowski, Dorfmusik

abgehärtet

Er zieht sein Hemd im Freien an
Und läßt's vorher nicht wärmen
Und spottet über Fluß im Zahn
Und Kolik in Gedärmen.
M. Claudius, Ein Lied, hinterm Ofen zu singen

abgeneigt, nicht

Selbst der Lasterhafte zeigt,
Daß er gar nicht abgeneigt . . .
W. Busch, Julchen

Abgrund

Und die Seele muß mit Grauen
Wie in einen Abgrund schauen . . .
Eichendorff, Gebet

Abgrund, vor dem

Ich stand an einem Abgrund still
und sah hinab und sprach mich an: –
Hinab, Unsterblicher, wohlan!
Es kostet dich nur ein ‹Ich will›,
Morgenstern, Versuchung

Abgrund der Liebe

Alle Liebenden müssen stündlich erbeben,
weil sie über dem tiefsten Abgrund
schweben.

Hausmann

Abhängigkeit

Deine Jungfrauen, die sind weit von hier,
du hast jetzt niemanden außer mir.

Nordische Ballade, Rosselil und Medevold (Festesen)

Abhärtung → Bad, kühles

abhauen

so – nun laß uns ohne Weilen
vogelschnell von dannen eilen.

Odyniec, Die Kriegsgefangene (Nitschmann)

abkehren, sich

Sie aber hat die Sinnen
Weit von ihm abgekehrt,
War gar nicht zu gewinnen
Und hat ihn nie gehört ...

Nach Opitz, Unerhörte Liebe

ablegen

Der Leib eilt nun zur Ruhe,
Legt ab das Kleid und Schuhe ...

Gerhardt, Nun ruhen alle Wälder

Ablenkung von Trauer

Deine Trauer währt nicht lang,
dort am Tage webst du Linnen,
lauschest auf der Mägde Sang,
wenn sie abends mit dir spinnen.

Odyniec, Die Kriegsgefangene (Nitschmann)

Ablenkung vom Gebet

Gott, inbrünstig möcht ich beten,
Doch der Erde Bilder treten
Immer zwischen dich und mich ...

Eichendorff, Gebet

Abrechnung → Haushaltsbuch

Abreise, plötzliche

Er wollte sie wiederküssen,
Da hat er verreisen müssen.

Ringelnatz, Ein männlicher Briefmark ...

Abschied

Doch ach, schon mit der Morgensonne
Verengt der Abschied mir das Herz:
In deinen Küssen welche Wonne!
In deinen Augen welcher Schmerz!

Goethe, Willkommen und Abschied

Es ist uns aufgelegt ein flüchtig Schweifen
Und Abschied ungewollt und Liebesferne
Und Sehnsucht und ein letztes
Nichtbegreifen
Im Angesicht des Todes und der Sterne.

Marie Luise Kaschnitz, Abschied

Du Gipfel meines Entzückens
Jetzt kommt der Moment des
Zerdrückens ...

Ringelnatz, Abschiedsworte an Pellka

Was liegt an mir. Ich gehe gerne ein.
Die Mutter weint. Man muß aus Eisen sein.

Lichtenstein, Abschied

Abschied → scheiden, Trennung

Abschied, beglückender

Aber dein Scheiden macht,
daß mir das Herze lacht.

Hoffmann von Fallersleben, Winter, ade!

Abschied, letzter

Gute Nacht, ihr Freunde!
Ach, wie lebt' ich gern!
Daß die Welt so schön ist,
Dank ich Gott dem Herrn.

Rosegger, Das letzte Gedicht

Du letztes Haus in meinem Leben,
Ich kniee auf der Schwelle still . . .
Ach, möchten alle mir vergeben,
Wie allen ich vergeben will!

Wiechert, Das letzte Haus

Abschied, endgültiger

Nie wird mein Auge wiederkehren,
Zu sehn der Erde Glück . . .

Aus dem Buch Hiob VII (Herder)

Abschied der Schwiegermutter

Brautmutter war die Eule,
nahm Abschied mit Geheule.

Aus Schlesien, Ein Vogel wollte Hochzeit machen

Abschied von der Heimat

Vorwärts, Mädchen, unverzagt!
Ei, was soll nun noch die Zähre!
Sieh, dein Schloß, das weithin ragt,
steht im hellen Flammenmeere.

Odyniec, Die Kriegsgefangene (Nitschmann)

Abschied von einem Fabelwesen

Zur blauen See wird die Meerfrau
gebracht,
die Königin weint, und niemand lacht.

Nordische Ballade, Die Meerfrau (Festesen)

Abschied von einer Leiche

Hoch trug eines Jünglings Leiche
die Woge und rauschte hohl . . .
Eine Frauengestalt, ein bleiche,
rief vom Turme herab: «Lebe wohl!»

Lermontow, Tamara (Fiedler)

Abschiedsbrief – Liebe, wechselhafte

(Günther)

Abschiedsküsse

Mein Geschlecht hat unter jenen
Mädchen gelebt, die mit ihren Händen
Die Flammen im Busen bedecken und
lange Abschiedsküsse senden.

Jammes, Ich war in Hamburg (Stadler)

Abschiedsschmerz

Sie weinet, sie greinet, sie klaget gar zu
sehr:
«Ade, mein allerliebst Schätzchen!
Wir sehn uns nimmermehr!»

Volkslied, O Straßburg, o Straßburg

Soll ich nicht die Kronen senken,
Da die Vögel südwärts lenken?

Eminescu, Warum wiegst du dich, o Wald (Drozdowski)

Abschiedstrunk

Heut laß zum letzten Male
arglos und froh mich hier sein,
fülle die gläserne Schale
mir mit Abschiedswein!

Herrmann-Neisse, Rast auf der Flucht

abschießen, sich gegenseitig

Sie kamen hart zusammen
mit Worten, Zorn so groß,
daß einer zu dem andern
sein' Armbrust da abschoß.

Deutsche Volksballade, Die Frau zu Weißenburg

abschießen, eine Frau

Mein mußt du sein, ich dich nicht laß,
Spring fort mit allen vieren,
Jetzt schieß ich drein, du liegst im Gras,
Du kannst nicht mehr stolzieren.

Abele, Hochzeitslied . . .

Abschreckung

Gibts gegen dein erbarmungsloses Walten,
Denn keine Macht, um dich in Furcht zu
halten?

Dante, Zwanzigste Kanzone (H. Grimm)

Abseits, im

An den Kanälen
Auf den dunklen Bänken
Sitzen die Menschen, die
Sich morgens ertränken.
Ringelnatz, Berlin

Absicht

Aus Versehen – mit Absicht geschehen!
Kinderscherz

absprechen

Abgesprochen vor der Zeit
gibt nachher keinen Streit.
Sprichwort

abspringen

Sie sprangen aus rasender Eisenbahn
Und haben sich gar nicht weh getan . . .
Meine Gedanken. –
Ringelnatz, Zu dir

Abstammung

Einst haben die Kerls auf den Bäumen
gehockt,
behaart und mit böser Visage.
Dann hat man sie aus dem Urwald gelockt
und die Welt asphaltiert und aufgestockt,
bis zur dreißigsten Etage.
Kästner, Die Entwicklung der Menschheit

Abstand zwischen Liebenden

Nie soll weiter sich ins Land
Lieb von Liebe wagen,
Als sich blühend in der Hand
Läßt die Rose tragen . . .
Lenau, An die Entfernte

Abstand

Distanz und Liebe per Distanz,
Kurz gesagt, mißfällt mir ganz.
W. Busch, Tobias Knopp

Ist denn Gemeinsameres zwischen
Liebenden,
als die einsame Weisheit
geduldigen Abstands?
Doris Mühringer, Gespräch

Abstand halten → gütig
(Sprichwort)

abstechen

Da stach der Dollinger den Türken ab,
Daß er auf dem Rücken lag.
. . . Wunderhorn, Der Dollinger

abstellen, einen Menschen

Sie legten, als er krank und schwach,
Ihn in die Kammer unters Dach.
Becker, Die treue Haut

Abstempelung, soziale

Dem Bösewicht wird alles schwer,
Er tue, was er tu!
Der Teufel treibt ihn hin und her
Und läßt ihm keine Ruh.
Hölty, Üb immer Treu . . .

→ zielen

Abstieg

Einst waren wir reich und mächtig.
Jetzt sind wir niederträchtig.
Nach Ringelnatz

Abstieg oder Ausstieg

Er war dereinst ein Großer
und tat der Erde weh;
jetzt ist er Gärtner bloßer
im Kurhaus Halensee.
Morgenstern, Der Gärtner

Abstieg und Aufstieg → Wechsel
(Schaumann)

Abstinenz

Er sah ihn stürzen, trinken,
und sinken in das Meer;
die Augen täten ihm sinken,
trank nie einen Tropfen mehr.

Goethe, Es war ein König von Thule

Abstinenz → nüchtern

(Dolfs)

Abstinenz → verzichten

(Geibel)

Abstinenzler, liederliche

Sie aßen nicht, sie tranken nicht,
Sie waren alle liederlich . . .

Kinderspielvers

Abstrakte, das → Kunstform, höchste

(de Boor)

Abstraktionsfähigkeit → Sicht, höhere

abtreten

Ich sag euch gute Nacht und trete willig ab.
Sonst alles ist getan bis an das schwarze
Grab.

Fleming, Selbstverfaßte Grabschrift (drei Tage vor seinem Tode)

Laßt uns abtreten,
obgleich hilflos, und
Wüste, Abhang oder Hängematte
aufsuchen . . .

Vennberg, Laßt uns abziehn (Nelly Sachs)

abwägen

Der eine wägt und mißt es,
Der andre sagt: So ist es.

Nach Platen

Erst wäg es, dann wag es.
Erst tu es, dann sag es.

Sprichwort

abweisend

Erbarmen will ich rufen, doch ihr Blick
Erbarmungsvoll und kalt weist mich
zurück . . .

Dante, Zwanzigste Kanzone (H. Grimm)

Abweisung

Wälzt sonstwo euch – nur hier nicht –
unterm Tische,
Schnarcht sonstwo aus euch in 'ner
Saustallnische . . .

Passerat, Wider die deutschen Landsknechte (Bartuschek)

Abweisung mit Todesfolge

Geduld, mein Herz, Geduld, Geduld!
Vielleicht – doch, weh mir! weist sie rauh,
Mich ab, an meinem Tode schuld
Ist dann ihr Auge, lieb und blau.

Burns, Lied

abwerfen

Seele, willst, ein Stern, dich
schwingen um dich selbst,
Wirf von dir des Lebens Nöte, Allah hu!

Dschalal Ud-Din Rumi (Rückert)

abwerfen, Sorgen

Wir werfen ab der Nächte Sorgen;
des besten Tages schöner Morgen,
er bricht in jeder Seele an,
er führt sie froh auf lichter Bahn.

Schikaneder (aus Mozarts «Zauberflöte»)

achtlos → Hand, zerstörerische

(Raabe)

Achtung

Da in der Achtung dieser Welt
So mancher Wicht wird hochgestellt
Gilt mir nur der als rechter Mann,
Der ehrlich selbst sich achten kann.

Bodenstedt, Mirza Schaffy

Achtung → Redekunst
(Sprichwort)

Achtung, erzwungene

Ich seh wohl, daß man Herrengut und
Weibergruß
Gewaltiglich und ungezogen sich erwerben
muß.

Walther von der Vogelweide, Sprüche

Achtung und Liebe

Achtung erwirbt, was du tust,
Liebe verschafft, was du bist!

Mahlmann

Ächtung einer Waffe → Pulver

ackern → Straßen des Lebens
(Hauptmann)

Adam

Als Adam einst
verstoßen ward,
da setzte er sich weinend hin
vorm Eingang in das Paradies.

Romanus, Morgen-Hymnus (Helene Homeyer)

Adam und Eva

Als Adam mit der Eva
da waren sie nicht getraut
Als Adam längst Papa war
war Eva noch seine Braut.

Mehring, Singweise vom Paradies

ade sagen

Nun lebe wohl! Ich sag ade.
Gelt, ich war heut bescheiden.
Doch könntest du mir, eh ich geh,
'ne Butterbemme schneiden.

Schiller, Zum Geburtstag der Frau Kirchenrätin Griesbach

Adel

Adel sitzt im Gemüte,
nicht im Geblüte.

Sprichwort

Wo kommt der Adel her?
Von Tugend, Lehr' und guter Wehr.

Stammbuchinschrift

Adel, tadelloser

Dann wer nicht ohne Tadel,
Der ist auch nicht recht vom Adel.

Moscherosch

Affen → menschenähnlich
(Busch)

Affe bleibt Affe

Immer bleibt der Aff ein Affe,
Wer er König oder Pfaffe.

Sprichwort

Aggression nach unten

wer zuletzt kommt beißt die hunde

Franz Mon, in den schwanz gebissen

Aggression, abflauende

Aber plötzlich ist ihr Haß verschwunden.
Krank und müde blicken sie sich an.
Und sie staunen über ihre Wunden.
Keiner wußte, daß er beißen kann . . .

Kästner, Familiäre Stanzen

Aggression gegen Nonnen

Und dennoch wäre es herrlich,
. . . eine Nonne mit einer Ohrfeige
umzubringen.

Neruda, Walking around (Arendt)

Ahaeffekt

Du liest den Text. Du sinnst. Du spinnst.
Du grinst – . . .

Ringelnatz, Wie mag er aussehn

Ahnen, die

Ahnen sind für den nur Nullen,
der als Null zu ihnen tritt.
Steh' als Zahl an ihrer Spitze,
und die Nullen zählen mit.

W. Müller

ahnen

Du ahnst, daß ich dich liebe –
Ahnen ist mehr als Sehn.
Wenn dir's ein Engel schriebe,
Würdest du mehr verstehn?

Ruth Schaumann, Bei fallendem Nachttau zu singen

Ähnlichkeit

Doch wenns nicht seine Nase wär,
Wo hättst du denn die Nase her?

Nach Claudius, Die Mutter bei der Wiege

Du süßer, süßer Wicht! . . .
Du, wie geschnitten mir aus dem Gesicht!

Hood, Ode an meinen Sohn (Freiligrath)

Ahnungen, finstere

Groß Ungewitter, Ungelegenheiten
Mich werden plagen, ich seh's schon von
weitem

. . . Wunderhorn, Der Pilgrim

Ahnung, unheilvolle

Ja, in Rosen steht die Welt, aber
ahnungsbang
rauschet durch das Ährenfeld schon ein
fremder Klang.

Seidel

Akt, letzter

Und keiner kennt den letzten Akt
Von allen, die da spielen,
Nur der da droben schlägt den Takt,
Weiß, wo das hin will zielen.

Eichendorff, Der Pilger

aktiv oder passiv → Amboß

(Goethe)

Aktmodell → liebeslustiges Mädchen

(Kästner)

Alkohol → Rausch, Schmerzmittel
Alkohol

(Bezruc)

Alkohol, auflockernder → Zwiegespräch

(Odyniec)

Alkoholiker → Säufer

(Fröding)

alkoholisiert → tapfer

(Bellman)

Alkoholkater → elend fühlen, sich

(Seidel)

Alkoholrausch

Und die Laternen erst,
Was muß ich sehn!
Die können alle nicht
Grade mehr stehn . . .

v. Müller, Bedenklichkeiten

Alkoholtäter → Wüstlinge

(Meyer)

allein → Sehnsucht

(Goethe)

allein, für sich

Es waren ganz für sich allein
Die Fliegen und der Sonnenschein . . .

Seidel, Der Eiersegen

Sündge Lust bringt sie nie in Verlegenheit,
Und Erregung dringt nie auf sie ein;
Unerreichbar für dreiste Verwegenheit
Ist ihr Leben für sie nur allein.

Balmont, Wasserlilien (v. Guenther)

allein lassen

Komm nicht! Komm nicht! Laß mich allein,
Der Erdentag lädt nicht mehr ein.

Lehmann, Auf sommerlichem Friedhof (1944)

allein sein → Einsamkeit

(Eminescu)

allein sein → Fieber

(Cendrars)

allein sein wollen → laß mich sein

(Mörike)

alleinstehen

Nichts steht allein, das Einzelne
Schließt ewig an das Ganze sich.

Sanders, Aus den besten Lebensstunden

allein wohnen

Jetzt wohnt im Neubau er allein,
Jongliert mit einem Ziegelstein ...

Mehring, Kinderlied

Allerwertester

Von allen Menschen das Begehrteste
Ist und bleibt: Der Allerwerteste.

Frei nach Ringelnatz

alles, was ich will

Nur eine Weile so am Fenster stehen
in diesem Duft von Abend und April
und auf die Wiesen und den Fluß hinuntersehen,
das ist schon alles, was ich will.

Hausmann, Die Braut

Alles in Einem → Sein, letztes

Alles ist ewig → verloren gehen

(Lingg)

Alles ist Nichts → Nichtigkeit

(Hebbel)

Alles schwebt → Leben in der Zeit

(Hausmann)

Alles tun können → Riese

(Stevenson)

Alles vergeht

Doch bliebe auch vom Saitenklingen,
Vom Hörnerschall noch was bestehn,
Wird's doch die Ewigkeit verschlingen,
Denn diesem Los kann nichts entgehn!

Derschawin, Letzte Verse (v. Guenther)

Allmacht

Ich bin das Gestern und bin das Morgen,
Dem Kampf der Götter schau ich ordnend zu.

Aus dem ägyptischen Totenbuch, Nun bin ich Gott geworden ... (Goldscheider)

Allmächtige, der

Denke daran, was der Allmächtige kann,
der dich mit Liebe gesegnet.

Neander, Lobe den Herren

Allumfassende, der → Schöpfung, Urgrund der

Allverbundenheit → Innenwelt

(Rilke)

Allverbundenheit → Leben, unendliches

(Novalis)

Almosen

Aber heute könntest du ihnen ein Almosen geben,
Herr, denn vom Licht der Gaslaternen kann man nicht leben.

Cendrars, Ostern in New York (J. Schroeder)

Alptraum → Nichtigkeit
(Hebbel)

Alptraum → überwunden
(Morgenstern)

Altar führen, zum

Dieser hier im grauen Haar
Ist ein Junker wohl vom Lande;
Spröde halt ich ihn am Bande,
Und ich führ ihn zum Altar.–
Béranger, Die Kartenlegerin (Chamisso)

alt

Alt ist er wie ein Rabe,
Sieht manches Land;
Mein Vater hat als Knabe
Ihn schon gekannt.
M. Claudius, Ein Wiegenlied . . .

alt werden

Die Jahre wissen keinen Halt,
Sie achten keiner Zügel,
Der Mensch wird unversehens alt,
Als hätt er schnelle Flügel.
Dach, Aufforderung zur Fröhlichkeit

Ein Kind, das auf der Welt nur eine Stunde bleibt,
Das wird so alt, als man Methusalem beschreibt.
Angelus Silesius, Der cherubinische Wandersmann

Wer will vergnüglich alten,
Soll mit vielen Kundschaft halten.
Nach Weckherlin

alt werden → altern, glücklich leben
(Albumvers)

alt werden → Lebenskunst
(Sprichwort)

alt werden, zusammen

Seitdem wir uns aber geeinigt haben,
zusammen alt zu werden,
verwandelt sich Liebe in Behutsamkeit . . .
Herburger, Ehegedicht

Alte, die

Geh fort mit dieser Alten,
die kannst du selbst behalten!
Aus einem Kindervers

«Alte, pack dich schnell von hinnen!
Bist nicht schön mehr, schick dich drein!
Mag der Bursch das Mädel frein!»
Albanische Ballade, Alt und jung (Nach Lambertz)

Kommt die Alte da mit Keuchen,
Lieb und Lust mir zu verscheuchen . . .
Béranger, Die Kartenlegerin (Chamisso)

Alten, die

Die Alten ehre stets,
Du bleibst nicht ewig Kind;
Sie waren, wie du bist,
Und du wirst, was sie sind.
Hausinschrift

Alter, das

Gold und Lachen
können das Alter zur Jugend machen.
Talmud

. . . doch endlich Jugend! verglühst du ja,
Du ruhelose, träumerische!
Friedlich und heiter ist dann das Alter.
Hölderlin, Abendpantasie

Befürcht nicht und glaub nicht verfänglich,
Das Altsein sei anders als jung,
Daß Treue und Freundschaft vergänglich,
Und wage den Sprung.
Swinburn, Anheimgabe (v. Bernus)

Noch lenken mich der Jugend Züchte!
Das Alter – zwar – voll Leidenschaft

sucht, wie es mich zugrunde richte –
noch aber hat's mich nicht errafft!
d'Orléans, Ballade von der quicken Maus (Bartuschek)

Im Alter
Kommt der Psalter.
Sprichwort

Alter → lichten, sich
(Eminescu)

Alter, hilfloser

Auf dem Dache sitzt ein Greis,
Der sich nicht zu helfen weiß.
J. Friedrich Hansen, In der großen Seestadt Leipzig

Alter, lebenslustiger → uralt
(Liliencron)

Alter, vitaler

Der Mann war märchenhaft gesund.
Er zählte neunzig Jahre, und
Man hörte ihn nie husten,
Noch schnaufen oder pusten.
Juri Korinetz, Der sonderbare Angler (Krüss)

altern

Die Jahre wie die Wolken gehn
Und lassen mich hier einsam stehn ...
Eichendorff, Der Einsiedler

Man wird nicht schöner, wenn man älter wird.
Wer andrer Ansicht ist, der irrt.
Kästner, An ein Scheusal im Abendkleid

altern und reifen

Alt wirst du – wer wirds nicht? – doch wer nimmt, wie du,
Mit Jahren an Wert nur und Tugenden zu?
Byron, Trinklied (Leuthold)

altern, früh

Zwar lebt ich ohne Sorg und Mühe,
Doch fühlt ich tiefen Schmerz genug;
Vor Kummer altert ich zu frühe;
Macht mich auf ewig wieder jung!
Goethe, Mignon (aus: Wilhelm Meister)

altern, früh → Rückschau
(Béranger)

Alternativen

Selbst ein Hanfseil
Läßt verschiedene Entscheidungen zu.
Krolow, Zwischenfälle

Altersvorsorge

Denke jung an den alten Mann,
So du nicht willst betteln gahn.
Alter Spruch

Amboß oder Hammer

Auf des Glückes großer Waage
steht die Zunge selten ein:
Du mußt steigen oder sinken,
du mußt herrschen und gewinnen
oder dienen und verlieren,
leiden oder triumphieren,
Amboß oder Hammer sein.
Goethe, Ein Andres

Amor, freundlicher

Mir wars als wacht ich auf, und ganz beklommen
Fühlt ichs um mich wie sanfte Schwingen wehen,
Und aus der Ferne sah ich Amor kommen,
So freundlich wie ich niemals ihn gesehen.
Dante, Sonette (H. Grimm)

Amt

Manches Amt
Macht verdammt.
Abraham a Santa Clara

Wenn ihr euch laßt mit Ämtern
schmücken,
So klaget nicht, daß sie euch drücken.
Spruch im Berliner Rathaus

Amtseifer

Der Bruder Hein versank im Moor,
das war nach einem Streit . . .
Der Amtmann forschte, doch verlor
er damit nicht viel Zeit.
H. Lorbeer, Das Gericht im Moor

Amtsübergabe

Sohn, da hast du meinen Speer!
Meinem Arm wird er zu schwer.
F.L. zu Stolberg, Lied eines alten schwäbischen Ritters an seinen Sohn

Analogie, mystische → beten, Rosenkranz

Anbetung der Geliebten

Und wär ich Fürst, fiel auf Befehl
Die Welt mir zu, die Welt mir zu, –
Mein allerschönstes Kronjuwel,
Das wärst doch du, das wärst doch du!
Burns, O, wenn um dich auf kahler Heid

anbinden

Ach, Vater, was hab ich getan,
Daß du mich also bindest an?
Wunderhorn, Tell und sein Kind

Anblick, schmerzlicher

Wenn ich dich so fahren seh',
Tut es mir im Herzen weh!
Heine, Pomare

Anblick der Wand

Es kracht mir der Schädel
Beim Anblick der Wand.
Es träumt mir ein Mädel
Beim Anblick der Wand.
van Hoddis

anbrennen

Denn nur zu bald, wie allbekannt,
ist solch ein Kuchen angebrannt.
W. Busch, Zu guter Letzt

Andacht

Es träumt mein Herz und es dämmert
Andächtig still und berauscht;
Ringsum das leise Sausen,
Das ewige, dem es lauscht.
Hamsun, Das Sausen im Walde (Goebel)

Von Andacht sah ich nicht die Spur,
Aber viel frische, frohe Natur.
G. Falke, Konfirmandinnen

Andere, der

Doch getröste dich in Ruh,
Auch der andre, der bist du!
Rosegger, Ewiges Leben

andermal, ein

Was sich in jener Wundernacht
Des weiteren zugetragen,
Erzähl' ich euch ein andermal,
In warmen Sommertagen.
Heine, Deutschland – Ein Wintermärchen

ändern

Zwei Dinge soll'n den tapfern Mann
nicht mit Verdruß erfassen:
Die, die er nicht mehr ändern kann,
und die sich ändern lassen.
(J. Lohmeyer)

ändern → Predigt
(Abraham a Santa Clara)

ändern → vergessen
(Sprichwort)

anders kommen

Der Künstler fühlt sich stets gekränkt,
Wenn's anders kommt, als wie er denkt.

W. Busch, Fipps der Affe

anders sein

Ich bin anders als Alle-Welt,
Bin fremd unter den Menschen:
Doch ich bin Ich
Und werd gespeist von meines Urgrunds
Quell.

Laotse, Aus dem Tao-Te-King (Dallago)

Wenn wir auch noch so anspruchslos
still durch das Leben wandern,
in einem denkt doch jeder groß:
«Ich bin nicht wie die andern.»

S. Fritz

Anerkennung

Fordre kein lautes Anerkennen!
Könne was, und man wird dich kennen.

Heyse, Lebensweisheit

Du willst bei Fachgenossen gelten?
Das ist verlorne Liebesmüh.
Was dir mißglückt, verzeihn sie selten,
Was dir gelingt, verzeihn sie nie.

Blumenthal, Buch der Sprüche

anfallen, sich

Ihr saht nur eure Zukunft unverwandt,
Und wir des eignen Wollens steilen Plan –
So stehn wir uns im Weg und,
haßentbrannt,
Fall'n wir, Verblendete, uns tödlich an.

Sorley, An Deutschland (Hennecke)

Anfang

Du sollst in allen Sachen,
Von Gott den Anfang machen . . .

Tscherning

Anfang, der nicht Fortgang hat,
Ist ein Wagen ohne Rad.

Nach Logau

Und nun ereignet sich der Augenblick
des Anfangs wie ein schmerzliches
Geschick . . .

M. Hausmann, Alte Musik

Anfang und Ende → Weg der Erkenntnis

(Rückert)

anfangen

Mit Gott fang an, mit Gott hör auf;
Das ist der schönste Lebenslauf.

Sprichwort

anfangen, noch einmal

Wenn er nicht weiterkann,
fängt er von vorne an.

Aus einem Kinderreim

anfassen, nicht

Stehst spät du in der Straßenbahn,
Faß nicht an alte Basen ran.

R.v.Normann, Schüttelversuch

anfassen, richtig

Eine Last
Wohlgefaßt
Ist nur eine halbe Last.

Sprichwort

anfüllen, sich

Behalt den Kragen warm,
Füll nicht zu sehr den Darm . . .

Luther, Tischreden

angeben

Taube Nüsse und eitle Herrn
klappern, aber han kein' Kern.

Sprichwort

Angeber, bestrafter

Weil er nichts kann, so gibt er an und tut die
Nas verstoßen,
Das rote Blut verderbt den Mut und aus
ist's mit den Possen.

Nach . . . Wunderhorn, Taille Douce

Angeber → Hofmanieren

(Brentano)

angebunden

An den Stuhl wie angebunden
Sitzt man, bis der Tag entschwunden.

P. Cornelius

Angedenken, verbotenes

Nicht gedacht soll seiner werden,
Nicht im Liede, nicht im Buche –
Dunkler Hund im dunkeln Grabe,
Du verfaulst mit meinem Fluche!

Heine

angenehm

Die Welt, das läßt sich nicht bestreiten,
Hat ihre angenehmen Seiten.

W. Busch, Kneipzeitungen

Angestellte → Ordnungssinn

(Kästner)

Angestellter

Ein Mensch lebt friedlich auf der Welt,
Weil fest und sicher angestellt.
Jedoch so Jahr um Jahr, wenns lenzt,
Fühlt er sich sklavenhaft begrenzt . . .

E. Roth, Ein Mensch – So ist das Leben

Angestellter, leitender → strammstehen

Angriff

. . .fasse kühn das Schwert am Hefte!
Im Angriff wachsen dir die Kräfte.

Geibel, Gedenkblätter, Spruch 31

Angriffslust → Waffe greifen, zur

(Rostand)

Angst

Angst und Not
Währt bis in' Tod!

Spruch auf einer alten Münze

Ehrlich währt am längsten,
Schuftig lebt in Ängsten.

Sprichwort

Auf Angst und Schweiß
Folgt Ruh und Preis.

Abraham a Santa Clara

Wann mir am allerbängsten
Wird um das Herze sein,
So reiß mich aus den Ängsten
Kraft deiner Angst und Pein!

Gerhardt, O Haupt voll Blut und Wunden

Wandrer, heiße alle Ängste schweigen,
niemals fällst du aus der Schöpfung Schoß,
bist ein Sohn in seinem Erb und Eigen,
und dein Erbe ist unmeßlich groß.

Bergengruen, Die vier Elemente

Ich habe Angst, ich komm zu spät.
Der andre pflückt, was ich gesät.

J. Büscher, Angstlied

Du bist noch so klein,
daß es schwer ist,
an deine Angst zu glauben.

Else Grave, An mein totes Kind (Nach Nelly Sachs)

Wenn die Angst aufhört
beginnt das Leben
(ohne Fahnen ohne Glocken)

H. R. Hilty, Unmanierliches Neujahrsgedicht 1959

Ob du auch so um dein Leben bangst?
Alles andre ist schon fortgegeben.
Ach, ich habe nichts mehr, kaum ein
Leben,
nur noch Angst.

Dagmar Nick, Flucht

Krümmt euch vor Anstrengung
oder schiebt eine ruhige Kugel,
aber habt keine Angst.
Enzensberger, Ein letzter Beitrag

Angst beim Schwimmen

wenn sich beim Schwimmen in
Rückenlage
himmelwärts nur der Himmel türmt,
suchen die Ängstlichen rasch das Ufer . . .
G. Grass, Plötzliche Angst

Angst → Maske der Angst
(Cendrars)

Angst → traurig sein
(Cendrars)

Angst, menschliche → Menschen
(Gryphius)

Angst, leben mit der → Glück durch Unglück
(Michelangelo)

Angst, verlorene → Republik
(Bruant)

Angst vor der großen Welt → verkriechen, sich
(Lasker-Schüler)

Angst und Zweifel → Ungewißheit
(Morgenstern)

Ängste bei Tisch

Wann er soll zu Tische sitzen,
so wird er vor Ängsten schwitzen . . .
. . . Wunderhorn, Welcher Mann ein Henn hat . . .

angstfreies Leben → Idylle, ländliche
(Grabbe)

Angstgeheul

Beim fünften sah man auf den düstern
Mauern
Die Blinden und Lahmen heulend kauern.
Hugo, Die Posaune (H. Harrys)

ängstigen, sich

Mein frommes Mädchen ängstigt sich,
Wann ich zuviel verlange;
Die Angst der Armen macht, daß ich
Von Herzen mit erbange.
G.A. Bürger, Lied

ängstlich → zweifeln
(Meyer)

Angstlöserin Liebe

Aber nah dich wiederum nieder, daß du
Mich von neuem aus diesen Ängsten
lösest . . .
Sappho, An Aphrodite

Angsttherapie

Mach dir mal Angst bis hin zum
Schwitzen –
Und bleib dann glücklich lächelnd sitzen,
Wenn du dran denkst, daß von gesträubten
Haaren,
Die Gründe meist nur eingebildet waren.
Frei nach E. Roth

Angsttraum eines Generals

Jüngst ist ein General erwacht,
Ein tapfrer General,
Dem hat ein Traum um Mitternacht
Gemacht viel Angst und Qual.
Hoffmann von Fallersleben, Tragische Geschichte

Animierdame

So sauf ich Schnaps im Kreis der Greise
und nenne dicke Bäuche Du

und höre, gegen kleine Preise,
der wachsenden Verkalkung zu.
Kästner, Eine Animierdame stößt Bescheid

anknüpfen, wieder

Und aus seinen Finsternissen
Tritt der Herr, so weit er kann,
Und die Fäden, die zerrissen,
Knüpft er alle wieder an.
Hebbel, Die Weihe der Nacht

Anmache → Liebesantrag, forscher
(... Wunderhorn)

Anmut

Nicht von außen, nur von innen
Ist die Anmut zu gewinnen.
Bodenstedt

Anmut → Grazie
(Bürger)

Anmut, geistige → Geist
(Bodenstedt)

annähern, sich

Getrennt
nähern wir uns dem
übereinstimmenden Grund.
Piontek, An die Schüler Heisenbergs

annehmen

Nehmt diesen Ring doch von ihm an,
Daß er sich wieder freuen kann.
... Wunderhorn, Wechselgesang

annehmen, sich

Nimm dein Verhängnis an, laß alles
unbereut,
Tu, was getan sein muß, und eh man dir's
gebeut.
Fleming, An sich

anpacken → mutig
(Morgenstern)

anpacken, ein Problem → zugreifen, mutig
(Weber)

Anpasser

Ich bin nicht schlecht, ich bin nicht gut,
Nicht dumm und nicht gescheute,
Und wenn ich gestern vorwärts ging,
So geh' ich rückwärts heute ...
Heine, Der neue Alexander

Anpassung

Soll dich das Leben nicht beschweren,
mußt du dich danach richten:
Am Anfang ist es Begehren,
am Ende nur noch Verzichten.
Nach Blüthgen

Kurzum, verfolgen wir die Spur
Der sogenannten Kreatur,
Entdecken wir, daß sie nur frißt,
Was ortsbedingt zu haben ist.
Hilaire Belloc, Das undankbarste Tier der Welt (Krüss)

Anpassung → Pflichtgefühl
(Laotse)

Anpassungskünstler

Er dreht sich links,
er dreht sich rechts,
Es tut nichts Guts,
er tut nichts Schlechts ...
Chamisso, Tragische Geschichte

Anschein, äußerer

Man schließt oft falsch aus einem kleinen
Stück,
Dort wohne Reichtum, hier sei großes
Glück.
Frei nach E. Roth

Anschiß → Drill
(Schnurre)

anschleichen, sich

Jetzt dürft Ihr auf dem Weg nicht sprechen,
Das würde gleich den Hals Euch brechen.

Nach ... Wunderhorn, Des edlen Helden ... Taten

anschließen, sich → alleinstehen

(Sanders)

anschmiegen, sich

Ich schmiege mich an dich, weil ich deine Liebe sehe.
Du Großer meines Herzens.
Meine Stunden sind voll Ewigkeit,
Seit ich mit dir schlafe.

Liebeslied aus Ägypten 16. Jh. v. Chr.

Efeu und ein zärtlich Gemüt
heftet sich an und grünt und blüht ...

Goethe

Wie gut, daß du so bei mir liegst,
so warm und bloß,
die kleinen Brüste an mich schmiegst,
den stillen Schoß ...

M. Hausmann, Glück

Ansichtssache

Einer acht's,
der andre verlacht's,
Der dritte betracht's,
Was macht's?

Inschrift am Rathaus zu Wernigerode

anspruchslos

Die Toten, die
sind anspruchslos,
die ruhn zu lang,
zu kühl, zu bloß.

Laforgues, Klagelied über das Vergessen der Toten (Niederau)

Anstand

Selbst vor dem Podex und den Brüsten
Der Frau ergriff ihn ein Gelüsten,
Was er jedoch als Mann von Stand
Aus Höflichkeit meist überwand.

Ringelnatz, Fußball

Ansteckung, psychische → Trübsinn

(Sappho)

Anstiftung

Wer zu der Tat Ermunterung gibt,
Hat selber sie mit ausgeübt.

Zachariä, Der gefangene Trompeter

anstößig

Ein Anblick gräßlich und gemein.
Drum zog ihn der Senat auch ein.

Morgenstern, Der Lattenzaun

Anteilnahme der Erde

Die Hügel träumten und es schien: die Flut
Der Wälder horche meinem trüben Mut –
Ich wußt nicht: höhnt sie mich oder nahm
Die Erde Teil an meinem bittern Gram?

Morris, Vergebliches Suchen (v. Bernus)

Antialkoholiker

Ein Kellner, der gut war und Christ,
Lag stets mit den Gästen in Zwist.
Er pflegte statt Bieren
Nur Tee zu servieren,
Weil der, sagt er, heilsamer ist.

Ernst Fabian

Antigedanken

Meine Gedanken sind:
Antimathematikgedanken,
Antivatergedanken,
Antibackfischgedanken.

G. Prager, Überstanden

Antirauchkampagne

Ins Leben rief jüngst eine Dame
Die «Liga für Gegenreklame.»

Mit Anzeigen wie
SCHON HOMER RAUCHTE NIE
Bekämpft sie die Sucht, die infame.
Ernst Fabian

antreffen

Im Paradiese selber träfe man
wohl einen an, den man nicht leiden kann.
C.F. Meyer, Huttens letzte Tage

Antrieb, natürlicher

Doch wer mit Katzen ackern will,
Der spann die Mäus voraus,
So geht es alles wie der Wind,
So fängt die Katz die Maus.
. . . Wunderhorn, Unkraut

Antwort

Die schweigsamen Wege
wissen die Antwort nicht
Groß nur die Gedanken der Bäume,
die kein Laub mehr verhüllt.
Ilona Bodden, Spuren im Schnee

Antwort, letzte

Wir warten, denn wir sind nur Saat.
Die Ernte reift. Die Antwort naht.
Weh, wen sie trifft! Heil, wem sie frommt!
Die Antwort zögert, doch sie kommt.
Feuchtwanger, Lied der Gefallenen

Antwort, keine

decke dich zu
mit dem Schatten der Sterne.
Gib keine Antwort.
Dagmar Nick, Geh über Nacht

Anweisungen, fehlende → Vorgesetzter
(Busch)

anwenden

Erfahren muß man stets, Erfahrung wird
nie enden,
Und endlich fehlt die Zeit, Erfahrnes
anzuwenden.
Rückert, Die Weisheit der Brahmanen

Anziehung

Mich zieht ein weiches, samtenes Band
Durch Dämmergrau in der Liebe Land . . .
Bierbaum, Traum durch die Dämmerung

Anziehung → Sympathie

Anziehungskraft, gewaltige

Liebste, deine Schönheit groß
Ziehet mich in deinen Schoß,
Mit Gewalt will bei dir schlafen,
Schrecken dich nicht meine Waffen . . .
. . . Wunderhorn, Die vermeinte Jungfrau Lille

Anziehungskraft, magnetische

Wer nur ansieht ihr schön Gestalt,
Der tut sich gleich verlieben,
Als wär an ihr Magnets Gewalt,
So wird er angetrieben . . .
. . . Wunderhorn, Das Gnadenbild Mariä-Hilf

Anzug

Ganz ohne Anzug wird der Mensch sich
fremd . . .
Kästner, Monolog in der Badewanne

Aphrodite → Erfüllung
(Sappho)

Apokalypse

Unsre Nacht ist von Eisen verpestet,
Unsre Erde gelähmt und entstellt,
Unsre Sterne sind schwärzende Reste,
Unsre Bäume für Kreuze gefällt.
Jastrun, Kreuz des Nordens (Dedecius)

Apparatur → Fremdbestimmung
(Büscher)

Appetit, ungeheurer

Aus meiner tiefsten Seele zieht
Mit Nasenflügelbeben
Ein ungeheurer Appetit
Nach Frühstück und nach Leben.
Ringelnatz, Morgenwonne

appetitlich → oben hui . . .
(Goethe)

appetitlos

Ihm schmeckte weder Käs' noch Brot.
Er klagte seiner Frau die Not . . .
H. Seidel, Der betrogene Teufel

Aber bei dem wohlbestellten Essen
Wird die Lust der Speise nicht erregt:
Müdigkeit läßt Speis' und Trank
vergessen . . .
Goethe, Die Braut von Korinth

Arbeit

Arbeit macht das Leben süß,
Macht es nie zur Last,
Der nur hat Bekümmernis,
Der die Arbeit haßt.
G.W. Burmann, Lob der Arbeitsamkeit

Naht dir ein Mensch mit rußigem Gesicht,
mit schwieligen und arbeitsstarken
Händen,
von dem darfst du dich nicht verachtend
wenden,
denn Arbeit, Freund, die schändet nicht.
Böhmer

Arbeit und Fleiß, das sind die Flügel,
sie führen über Strom und Hügel.
Fischart

Kein Mensch auf dieser Welt,
der seine Arbeit nicht bestellt . . .
Volkslied aus Franken, Ei, wie so töricht

An allem Ort und Ende
Soll der gesegnet sein,
Den Arbeit seiner Hände
Ernähret still und fein . . .
. . . Wunderhorn

Wo die Arbeit zieht ins Haus,
Läuft die Armut bald hinaus . . .
Reinick, Lieder

Es ist wohl des Himmels Fügung,
Daß nur Arbeit bringt Vergnügung.
Nach Rückert, Weisheit der Brahmanen

Wird dir dein Tagewerk zur Last,
bist du nicht wert, daß du es hast.
F. W. Weber

Daß aber immer Arbeit sei,
Steh uns ein gutes Schicksal bei . . .
Weinheber, Arbeiter

Vieles tun heißt vieles leiden.
Lebt, so gut es geht, von Luft.
Arbeit läßt sich schlecht vermeiden, –
doch wer schuftet, ist ein Schuft!
Kästner, Bürger schont eure Anlagen!

Arbeit → Fleiß; Mittel gegen Not;
schaffen; Wort, letztes
(Seidel)

Arbeit, deutsche

Webstuhl sause, Ambos sprühe,
Segenspendend fort und fort!
Deutsche Arbeit, wachse, blühe:
Das bleibt unser letztes Wort.
Scherenberg, Deutsche Arbeit

Arbeit, harte

Wir wracken, wir hacken,
Mit hangendem Nacken,
Im wachsenden Schacht
Bei Tage, bei Nacht –
Gerrit Engelke, Lied des Kohlenhäuers

Arbeit gegen Kopfweh → Wetterfühligkeit
(Müller-Gräfe)

Arbeit und Werte

So einfach könnte es sein,
wie ein Reim,
wie ein mühloser Kuß,
Voraussetzung ist,
daß man Arbeit und Werte
neu verteilen muß.

Herburger, Vergnügen

arbeitslos

Ich bin ein Vogel, dem die Schwingen
fehlen.
Nun muß ich mich schon seit achtzehn
Monaten quälen.

József, Arbeitslos (Hermlin)

Arbeitsloser

Möchte dich wohl einmal fragen,
wenn's erlaubt ist, Brüderlein:
Wovon lebst du ohne Arbeit
immer flott, jahraus, jahrein?

Rumänische Ballade, Es geht auch so (Rudow)

Arbeitsmusik

Bei der Arbeit magst du singen;
Das verleiht der Mühe Schwingen.

Nach Anastasius Grün

Arbeitstage

Arbeitstage
voll rüstiger Plage
sind die besten
von allen Festen.

Frida Schanz

Arbeitszeit → Stempeluhr

Archäologie

Wer nach unsern Vätern forscht,
Mag den Kirchhof fragen;
Ihr Gebein, so längst vermorscht,
Wird ihm Antwort sagen.

J. Chr. Günther, Studentenlied

Ärger

Ärger ist Zehrer und Lebensvergifter.
Zeit ist Balsam und Friedensstifter.

Spruch, alter

Bemüh dich nur und sei hübsch froh,
Der Ärger kommt schon sowieso.

W. Busch

Ärger aus Freude → Freude
(Buddha)

ärgerlich

Er sprach: «Wie kann man sowas machen?
Das sind ja ärgerliche Sachen!

H. Seidel, Der betrogene Teufel

ärgern

Wär ich der Papst, wie würd es mich
ergetzen,
Zu ärgern meine Christen, die Halunken!
Wäre ich König, ließ ich wonnetrunken
Mein Volk mit Hunden an den Galgen
hetzen!

Angiolieri, Fromme Wünsche (R. Dehmel)

arglos

Acht Jahre waren beide wir;
Ich ohne Argwohn lach ihm zu.
Da streckt er seine Zunge aus:
Du schwarzer Nigger du!

Countee Cullen, Erlebnis (Anna Nußbaum)

Argwohn

Laß Argwohn, willst du nicht in Angst und Kummer schweben,
Denn Furcht und Argwohn sind ein steter Tod im Leben.

M. Opitz

Doch am Himmel tut sich nichts bewegen,
und kein Windhauch rührt ein Blatt.
Gleichwohl darf man jenen Argwohn hegen.

Morgenstern, Bona fide (Palmström)

Arm, starker

Schau mein Arm, der kräftig straffe,
Strebt nun, daß er dich erraffe.

Rostand, Duell des Herrn von Cyrano (Fulda)

Arm in Arm

Arm in Arm und fest verschlungen,
Kommt man auch durch Dämmerungen.

Nach Mahlmann

Arme, der

Wie ein Büffel eingeschirrt im Joche
schleppt er sich durch die verdreckte Woche.

József, Des Armen Armut (Hacks)

Arme und Reiche

Daß Arm' und Reiche sind, das macht mir keine Pein;
Doch warum muß denn ich just der Arme sein.

Alter Spruch

Armee oder Fabrik

's ist wahr ich will nicht in die
Armee oder in einer Fabrik Präzisionsteile schleifen,
ich bin ja kurzsichtig und dazu Psychopath.

Ginsberg, Amerika (Fleischmann)

Armen, die

So sind sie, diese armen Herzen,
Ganz ausgehöhlt von stummen Schmerzen,
Blaß und wie Teiche voll Geweine;
Rings Leichensteine.

Verhaeren, Die Armen (Dehmel)

Auch die Armen müßten nichts entbehren,
wenn es nicht so viele wären.

Nach Kästner, Legende . . .

Armen, die → Elend

(Verhaeren)

Armenlager → Bettelvolk

(Cendrars)

Armut, wachsende

Es geht uns täglich schlimmer.
Bei uns heißts: Duld und schweig!
Ein armer Spatz kommt nimmer
Auf einen grünen Zweig.

Sturm, Spatzennot

Armut, würdevolle

Armut schenke mir als Gabe,
Gönn, o Gott, mir diese Bürde,
Da ich ihr zu danken habe
Meine Größe, meine Würde!

Hafis, Diwan (Platen)

Armut ertragen → ertragen

(Tschopp)

Arroganz → Schwanzwedler

(Heine)

artig

Nun muß ich sitzen so fein und klar,
Gleich einem artigen Kinde,
Und darf nur heimlich lösen mein Haar
Und lassen es flattern im Winde!

A. von Droste-Hülshoff, Am Turme

artig sein

Lieber guter Weihnachtsmann,
sieh mich nicht so böse an,
stecke deine Rute ein,
ich will auch immer artig sein.
Kinderreim

Arznei

Der Mensch kann sich arzneien,
Nur Gott gibt ihm Gedeihen.
Nach einem alten Spruch

Sterb ich Ärmster jetzt geschwind:
Ja, dann könnt ihr sicher schreien,
Daß die vielen Arzeneien
Meines Todes Quelle sind.
Nach Gellert, Der Hund

Arzneimuffel

Nur keine Pulver und keine Pillen,
Die können meinen Schmerz nicht
stillen . . .
. . . Wunderhorn, Es ist der Menschen . . .

Arzt

Gott läßt genesen,
Der Arzt holt die Spesen.
Sprichwort

Der Arzt verkündet aller Welt,
sie sei nun wieder hergestellt.
Morgenstern, Die wiederhergestellte Ruhe

Arzt, dummer

Wenn Krankheit und Natur
in einem Körper streiten,
So kommt ein dummer Arzt und
haut nach beiden Seiten . . .
Nach L. H. von Nicolay, Sinngedichte

Arzt, erstaunter → Doktor, verblüffter
(Vogl)

Arzt, neuer → Wunderheiler
(Goethe)

Arzt, unschädlicher → Doktor
(Haug)

Arzt, wohltätiger

Hier liegt ein Arzt, o Wanderer!
Der Gutes stiftete
Und sich vergiftete
Statt anderer.
Haug, Burros Grabschrift

Ärzte

Ihr Ärzte seid einmal verordnet uns zu
Mördern;
Heil denen, die geschickt und freundlich
uns befördern.
Rückert, Die Weisheit der Brahmanen

Ärzte, Kunst der → Kunstfehler
(Logau)

Arztkosten → Honorar, ärztliches
(Haug)

Asche, Leben aus der → Phönix

Askese

Das Gute – dieser Satz steht fest –
Ist stets das Böse, was man läßt.
W. Busch, Die fromme Helene

Astrologie

Kurzes Leben verheißen mir
sternenkundige Männer.
Richtig vielleicht. Aber dies kümmert . . .
mich nicht.
Griech. Kurzvers (Saenger)

Astronom

Wie bleibe ich so gerne stehn,
Wenn über mir die Sterne gehn.
Ich seh, in ihre Zahl verstrickt,
Den tausendfachen Strahl verzückt.
Papentrigk, Nachtgedanken

Asyl

Keiner wird auf meiner Burg es wagen
dich um deinen Glauben zu befragen!
C.F. Meyer, Die Ketzerin

Atemholen, das

Im Atemholen sind zweierlei Gnaden:
Die Luft einziehen, sich ihrer entladen;
Jenes bedrängt, dieses erfrischt;
So wunderbar ist das Leben gemischt.
Goethe

Atemnot

Rundum nicht Zeit, nur Tod.
Kein Baum. Kein Raum. Atemnot.
Han Yü, Kerkerlied

Atlantis

Und mit den schönsten Korallen
Schmückte das Meer die erstorbene Stadt:
Funken des Sonnenlichts fallen
Über das Totenfeld matt,
Und um die Säulen
Wuchernd und grünend
Windet die Alge sich glatt.
Fröding, Atlantis (v. Gumppenberg)

Atlantis → Gold
(Fröding)

atmen

Wir können einzig atmen, uns erneuern,
Verzehrt von diesen oder jenen Feuern.
Eliot, Little Gidding (Nora Wydenbruck)

Atombombe

Amerika wann endet der Krieg unter
Menschen?
Leck dich mit deiner Atombombe.
Ich fühl mich schlecht. Laß mich in Ruh.
Ginsberg, Amerika (Fleischmann)

Atombombentest

Die nicht vor Wassern zagten noch
Gewittern
Sahn eines Tags im hohen Mittagslicht
Ein höhres Licht. Das schreckliche Gesicht
Zwang sie von nun an ihren Flug zu
ändern.
Da suchten sie nach neuen sanfteren
Ländern.
Laßt diese Änderung euer Herz
erschüttern . . .
Stephan Hermlin, Die Vögel und der Test

Atome

Sag Atome, sage Stäubchen.
Sind sie auch unendlich klein,
Haben sie doch ihre Leibchen
Und die Neigung dazusein.
W. Busch, Die Kleinsten

Atomgeschütz

Nicht überstehen werde ich:
Das Atomgeschütz Anna
In Baumholder
Bei Kaiserslautern.
Gerhard Prager, Überstanden

Atomkriegszeit

Verschwinde für immer Dunkelheit!
Atomkriegszeit – Höllenschande.
Eva Wichmann, Jugend (Ege)

atomsicher

Die Sterne, verwundet von Klagegesang
Aus der Tiefe,

Schwimmen in gepanzerte
Himmelsschächte.
Atomsicher.
Bienek, Das rohe Faktum des Todes

Atomtod

Aus den verwaisten Atommeilern
wird sich Verwesung ergießen über die
Erde,
und die verkrüppelten Rosen
werden die Schöpfung verneinen.
Unüberwindliche Stille wird sein
auf dem Schlachtfeld Europa.
Dagmar Nick, Apokalypse

Göttliche Leiber vermodern, aus stierer
Pupille
frißt sich der Schorf in die marmorne
Würde der Stirn.
Brandigen Schlundes, verloren an
Eisesstille,
röchelt die Klage: Verdorre satanisches
Hirn!
Sabais, Die Maske von Hiroshima

Atomtod → Massenvernichtungsmittel
(Kästner)

Attentat → Hinterhalt
(Wunderhorn)

Attraktion

... des Kängeruhs seitwärts laufender
Sprung
Erregt die allgemeine Bewunderung.
Friederike Kempner, Der Tierbändiger

Attraktion, schaurige

Von allen Inseln kamen sie
Und horchen von dem Schaugerüste
Des Chores grauser Melodie ...
Schiller, Die Kraniche des Ibykus

Attraktivität

Nun geh ich zu der schönsten Frau,
Weit über Wiesen im Dämmergrau ...
Bierbaum, Traum durch die Dämmerung

auf einmal ...

Und auf einmal –: Steht es neben dir,
An dich angelehnt –
Was?
Das, was du so lang ersehnt.
Ringelnatz, Und auf einmal ...

aufatmen

Tief atmet er auf, zum Moore zurück
noch immer wirft er den scheuen Blick:
Ja, im Geröhre wars fürchterlich,
o schaurig wars in der Heide!
Droste-Hülshoff, Der Knabe im Moor

aufbegehren

Was hindert, daß
Ich aufbegehr',
Meine Ruh' ist hin,
Mein Herz ist schwer ...
Eichrodt, Ahasverus

aufblasen, die Backen

Sie bliesen hoch die Backen auf,
Und weithin tönte das Geschnauf.
J. Sturm, Der große Wind ...

Aufdeckung

Ein Geheimnis kommt zutag,
Und ich flüchte noch beizeiten, –
Fahret wohl, ihr Herrlichkeiten!
Oh, das war ein harter Schlag!
Béranger, Die Kartenlegerin (Chamisso)

Auferstandene, der → Erlöser, der
(Hagelstange)

auferstehen

Wie aus Graus und Moderduft
In verschloßner Totengruft,
Fühlt er froh sich auferstanden
Zu des Frühlings Licht und Luft.

Bürger, Sonett

Auferstehn, ja, auferstehn wirst du,
Mein Staub, nach kurzer Ruh'!

Klopstock, Geistliche Lieder

Ich habe Tod erlitten,
Den Tod bezwang ich bald,
Und geh in eurer Mitten
Als himmlische Gestalt –

C. F. Meyer, Die tote Liebe

Die Toten werden auferstehn
und durch die leeren Räume gehn,
als wäre alles, was geschehn,
ein Traum.

Dagmar Nick, Vision

Auferstehung

Die nun von der Seele verlassen
Hier rastet, die sterbliche Hülle,
Eine kurze Frist, so vermählt sie
Sich dem Geist in erneuerter Fülle.

Lateinisches Kirchenlied (nach Simrock)

Und ist man tot, so muß man lang
Im Grabe liegen; ich bin bang,
Ja, ich bin bang, das Auferstehen
Wird nicht so schnell vonstatten gehen.

Heine, Der Abgekühlte

Auferstehung → wiederkommen
(Claudius)

auffallen

Es bleiben fast, wenn sie ihn sehn,
Die Leute auf der Straße stehn.

Heine, Der arme Peter

auffressen, jemand

Er fraß sie auf mit Haar und Haut,
So, als fräß er Sauerkraut.

Nach einem Kinderreim

auffrischen

Was in der Zeiten Bildersaal
Jemals ist trefflich gewesen,
Das wird immer einer einmal
Wieder auffrischen und lesen.

Goethe

aufgeben

Du sollst nicht mutlos halten still
bei halbem Werk und rufen voller Bangen:
Unmöglich! Dumm, daß ich das
angefangen!
Der Mensch kann alles, was er ernstlich
will!

Nach L. Böhmer

aufgeben, nicht → Lustlosigkeit
(Köthe)

aufgeben, sich

Da löst sich aller Überdruß;
Statt heißem Wünschen, wilden Wollen,
Statt lästgem Fordern, strengem Sollen,
Sich aufzugeben ist Genuß.

Goethe, Eins und alles

aufgeklärt

. . .jeder weiß in unsern Tagen,
was die Glocke hat geschlagen . . .

Chamisso, Böser Markt

Aufklärung

Die Aufklärung nimmt zu.
Es wird dunkel.

Piontek, Einfache Sätze 68

aufhalten, den Zug

kein Selbstmord wars, es war viel mehr,
der Zug, lang angehalten, kam
zu spät, das Schiff für Vietnam,
ein Waffenschiff, fuhr beinah leer. –
Die Närrin, nach dem Grund gefragt:
ich hab den Zug zum Stehn gebracht,
sagt sie, ich habe nachgedacht.

Weyrauch, Die Wiederholung

aufhängen, sich

Ich liebte einst einen jungen Mann,
Wie man nur lieben kann.
Ich habe ihm alles geschenkt . . .
Er hat sich aufgehängt . . .

Klabund, Die Kriegsbraut

aufheben → aufschieben

(Sprichwort)

aufhören zu sein

Dann endlich kommt ein Tag, sie sterben nicht –
Sie lebten nie – doch hören auf zu sein.
Und dicht um ihren starren Mund fällt Staub.

D. G. Rosetti, Die Wahl (Hedwig Lachmann)

Auflockerung des Gesprächs → Zwiegespräch

Aufmerksamkeit auf die Menschen lenken → Gebet, modernes

(Supervielle)

aufraffen, sich

Ein Mensch, am Ende seiner Kraft,
Hat sich noch einmal aufgerafft.
Statt sich im Schmerze zu vergeuden,
Beschließt er, selbst sich zu befreuden . . .

E. Roth, Ein Mensch – Der Lebenskünstler

aufrecht bis in den Tod

Seht, da sitzt er auf der Matte,
Aufrecht sitzt er da,
Mit dem Anstand, den er hatte,
Als er's Licht noch sah.

Schiller, Nadowessiers Totenlied

aufregen, sich

Warum denn so furchtbar aufgeregt?
Wir werden alle in'n Sarg gelegt.

Nach Tucholsky

Aufrichtigkeit, ehrliche

Allzeit traurig ist beschwerlich,
Allzeit fröhlich ist gefährlich,
Allzeit aufrecht, das ist ehrlich.

Hausinschrift

aufschieben

Was heute nicht geschieht, ist morgen nicht getan,
und keinen Tag soll man verpassen:
Das Mögliche soll der Entschluß
beherzt sogleich beim Schopfe fassen.

Goethe

Aufgeschoben
Ist nicht aufgehoben.

Sprichwort

Aufschub

Aufschub einer guten Tat
Hat schon oft gereut!
Hurtig leben ist mein Rat –
Flüchtig ist die Zeit!

Gleim

aufspringen

Erst wenn du mit einem ungeheuren Zweifel
dein Glück aus dem Sattel hebst und selbst
aufspringst, verheiß ich dir Sieg!

Ingeborg Bachmann, Alle Tage

Aufstand → Volk, empörtes

(Schewtschenko)

Aufstand der Soldaten → Waffenruhe, allgemeine

(Mühsam)

aufstehen

Stand also auf von seinem Bett,
Als wenn er noch zu buhlen hätt,
Ging doch nur wieder von ihr hin,
Wie vor auch, zu Sankt Katharin.

...Wunderhorn, Tragödie

aufstehen → Gutes tun

aufsteigen

Was immer an der Erde klebt,
dem wird kein Lied gelingen.
Nur was sich aus dem Staube hebt,
kann singen.

W. Eigenbrodt

...Wie will denn,
wer nicht Treppen zimmert,
über sich hinauslangen?

G. Kunert, Vorschlag

Aufsteiger

Der Mensch ist gut! Wenn er noch besser wäre,
Wär er zu gut für die bescheidne Welt.
Auch die Moral hat ihr Gesetz der Schwere:
Der schlechte Kerl kommt hoch – der Gute fällt.

Kästner, Der Mensch ist gut

Wer immer höher und weiter langt,
Gebe acht, daß nicht die Leiter wankt!

Papentrigk

Aufsteiger → Ungleichheit

(Euripides)

Aufstieg

Nein, es geht nicht immer gleich,
stufenweis und ebenmäßig.
Liebes Herz, zu Gottes Reich
ist der Aufstieg hundertsträßig.

Morgenstern

Aufstieg, sozialer

Gestern noch fürs liebe Brot
Wälzte sie sich tief im Kot,
Aber heute schon mit vieren
Fährt das stolze Weib spazieren.

Heine, Pomare

Aufstieg und Abstieg

Das Glück gleicht dem Balle:
Es steigt zum Falle.

Sprichwort

Über den, dem hat man müssen
Heut die Hände höflich küssen,
Geht man morgen schon mit Füßen!

Michael Frank (1688), Von der Eitelkeit

Aufstieg und Fall → Wechsel

(Schaumann)

auftauchen → Irrweg

(Goethe)

aufwachen

Ach, laß dich doch erwecken!
Wach auf! Wach auf! du harte Welt,
Eh als das harte Schrecken
Dich schnell und plötzlich überfällt.

Gerhard, Nach dem großen Kriege

Wachet auf, wachet auf, es kräht der Hahn,
Die Sonne betritt ihre goldene Bahn.

Wachsmann

Ich hebe meine Stimme laut,
Ein Wüstenherold für die Not:
Wacht auf, ihr Träumer, aufgeschaut!
Am Himmel brennt das Morgenrot.

A. von Droste-Hülshoff, Am vierten Sonntag nach Ostern

Eines Tages werden wir aufwachen und wissen,
Daß wir zuwenig getan haben oder das Falsche . . .

W. Bauer, Eines Tages . . .

Aufwand des Tötens

Denkt. Eine Kugel von zehntausend tötet einen Menschen.
Fragt. War so viel Aufwand berechtigt . . .

Stephan Spender, Ultima Ratio Regum (Feist)

aufwecken

Doch soll dir das Lager nicht lange mehr taugen:
Ich küß dir den Schlaf von der Brust und den Augen . . .

de Ronsard, Sonett (Kleeborn)

In dem Schatten meiner Locken
Schlief mir mein Geliebter ein.
Weck' ich ihn nun auf? – Ach nein!

Span. Volkslied (Heyse)

aufwärts

Ich kam vom Pflug der Erde
Zum Flug ins weite All –
Und vom Gebrüll der Herde
Zum Sang der Nachtigall.

G. Hauptmann, Widmung

aufwärts → bergauf

(Alter Spruch)

aufwärts gehen → Sicht, höhere

(Goethe)

aufwärts und abwärts

Die Blätter werden gelb und rot
Und fallen bei des Windes Wehn,
Und was vom Boden aufwärts kommt,
Muß auch zum Boden abwärts gehn.

Nach Hebel, Das Liedlein vom Kirschbaum

Aufwärtswende

Und der Mensch, der sich gestellt
schien an allen Wissens Ende,
sieht auf einmal eine Welt
unerhörter Aufwärtswende.

Morgenstern, Für Reinhard Piper

Aufwind hinterm Hosenschlitz → fest bleiben

Augen, finstere

Deine Augen klaffen in deinem Gesicht
wie zwei offene Gräber.

Majakowski, Die Wirbelsäulenflöte (Thoß)

Augen, glänzende → Schmuckstück

(Hauch)

Augen, schöne

Braune, schwermutvolle Augen,
Öffnet euch ein letztes Mal!
Laßt aus euren Tiefen saugen
Mich noch einen süßen Strahl!

C.F. Meyer, Weihgeschenk

Augen, strahlende

Manchmal in der öden Leere,
Manchmal in dem Nebelmeere
Strahlt ein Licht, das süß und golden
Wie die Augen meiner Holden.

Heine, Zum Lazarus

Leucht't heller denn die Sonne,
Ihr beiden Äugelein!
Bei dir ist Freud und Wonne,
Du zartes Jungfräulein . . .

. . . Wunderhorn, Pfauenart

Augen der Seele

Zwei Augen hat die Seel': eins schauet in die Zeit,
Das andre richtet sich hin auf die Ewigkeit.

Angelus Silesius, Cherubinischer Wandersmann

Augen schließen, die

Schließe mir die Augen beide
Mit den lieben Händen zu!
Geht doch alles, was ich leide,
Unter deiner Hand zur Ruh.

Storm

Augen, wunderbare

Augen, unergründlich wunderbare,
schaun, als ob sie zu den Sel'gen fahre.

C.F. Meyer, Die Ketzerin

Augen zu

Nichts mehr sagen –
Nicht fragen –
Nichts wissen –
Augen zu.
Horch in dein Kissen:
Es atmet wie du.

Ringelnatz, Schlummerlied

Augenblick

Der Augenblick ist mein, und nehm ich den in acht,
So ist der mein, der Jahr und Ewigkeit gemacht.

Gryphius, Betrachtung der Zeit

Werd' ich zum Augenblicke sagen,
Verweile doch! du bist so schön!
– Dann magst du mich in Fesseln schlagen,
Dann will ich gern zugrunde gehn!

Goethe, Faust I

Aber ich weiß: jederzeit genügt ein Augenblick
Traum in Leiden zu wandeln

Nach Else Grave, An mein totes Kind

Aber was lebt, stiftet der Augenblick:
der Händedruck, das Gespräch, der Kuß –
mir ist manchmal schwebend leicht,
sicher genug, um die Zeit
zu vergessen, die jetzt geschieht.

R. Langer, Die Zeit zu vergessen

Augenblick → Glück

(Lenau)

Augenblick des Lebens → zurückschauen

(Novalis)

Augenblick genießen, den

Frage nicht, was das Geschick
Morgen will beschließen;
Unser ist der Augenblick,
Laß uns den genießen!

Rückert

Augenblick genießen, den → Zuversicht

Augenblick und Ewigkeit

Selbst ein leises Augenzwinkern
Zuckt durch alle Ewigkeit.

W. Busch, Kritik des Herzens

Auguren → Propheten ...

(Hagelstange)

aus

Aus ist's und gar ist's,
frag nicht, ob's wahr ist.

Kinderreim

Ausbeutung

Da ruft es allerorts: «Wieviel habt, ungelogen,
Ihr Herren schon bisher aus uns Gewinn gezogen?! ...»

J. R. Becher, Aus dem «Großen Sonett»

Ausdauer → Weg, schwerer
(Fontane)

Ausdruck, passender

Die Dichter jagen vergebens nach Bildern,
Um ihre weiße Haut zu schildern ...
Heine, Der weiße Elefant

Ausdruck Gottes → Gott zeigt sich
(Supervielle)

Auseinandersetzung → Streit

Ausgang, unbekannter → Wahrheit
(Bachmann)

Ausgang, unerwarteter → Phönix
(Euripides)

ausgehen, gut

Selten ist gut ausgegangen,
Was nicht gut hat angefangen.
Nach Logau, Deutsche Sinngedichte

ausgehen, selten → Pantoffelheld
(Heine)

ausgraben, alte Geschichten

Wenn über eine dumme Sache
mal endlich Gras gewachsen ist,
kommt sicher ein Kamel gelaufen,
das alles wieder runterfrißt.
Verfasser unbekannt

ausharren

Schon sinkt die Sonne feierlich.
Die Stunden fliehn vorbei.
Du aber harrst, als ob für dich
Noch Zeit in Fülle sei.
Horaz, Nachtfeier für Neptun (Krüss)

Aushöhlung

Noch immer bohren in der Eiche
Die Würmer, daß sie wanke, weiche ...
Schewtschenko, Zwietracht (Koch)

Ausklang → Predigt
(Mörike)

auskommen, mit Parteien

Man lebe vergnügt zwischen Bösen und
Frommen,
Man muß es verstehen, mit den Parteien
auszukommen.
Nach einem alten Spruch

Ausland

In deinem Lande sei einheimisch klug,
Im fremden bist du nicht gewandt genug.
Goethe, Faust II

Auslandsreisen

Die Freuden, die in der Heimat wohnen,
die suchst du vergebens in fernen Zonen.
Mahlmann

auslassen, nichts

Jeden Pfad will ich betreten
Von der Wüste zu den Städten.
Goethe, Hegire

auslöschen

Lisch aus, mein Licht, auf ewig aus!
Stirb hin, stirb hin in Nacht und Graus!
Bürger, Lenore

auspacken

Geduld, Geduld, gleich packt er aus,
dann kriegt ein jeder was ins Haus ...
Nach «Trara! Die Post ist da!»

Auspeitschen, sich → Selbstzucht
Wunderhorn

auspfeifen

seine Wahrheit ist vergriffen
doch er wird nicht ausgepfiffen.

Meckel, Lied von den Parolen

ausrotten, sich → Selbstvernichtung

ausruhen

Alt' und Junge sollen nun
Von der Jagd des Lebens ruhn; . . .

Nach Storm, Knecht Ruprecht

Schlafe, alter Knabe, schlafe!
Denn du kannst nichts Klügeres tun,
als dich dann und wann auf brave
Art und Weise auszuruhn.

Kästner, Wiegenlied für sich selber

ausruhen → weinen

(Corbière)

ausschmücken → Eigenheim

(Hausinschrift)

aussehen → häßlich

(Bierbaum)

Außenseiter

O Herr – eh ich für immer hier im Kopf
 erkrankte,
war ich ein Vagabund und ein
 verächtlicher Filou.
Ich hatte weder Hemd noch einen ganzen
 Schuh.
Es wäre lächerlich, wenn ich mich dafür
 noch bedankte.

Thoor, Das zweite Irrenhaussonett

äußern, sich

Stets äußert sich der Weise leise,
vorsichtig und bedingungsweise.

W. Busch

aussprechen heißt lügen

Wie spräche je ein Herz aus sich?
Wann faßte je ein andrer dich?
Und wie du lebst und was dich drängt?
Es lügt, wer ausspricht, was er denkt.
Es trübt den Quell, wer in ihn sticht
Trink seine Flut und sag es nicht!

Tjutschew, Silentium (v. Guenther)

aussteigen

Jetzt, daß ich nicht mehr strande,
Der Himmel wird mein Haus;
Wohlan! ich bin am Lande,
Steig, müder Geist! steig aus.

Nach J. Chr. Günther

Dann steigen sie aus den Karossen
und suchen Brot sich in den Gossen . . .

Bruant, Am Pflaster (Müller)

nein Papa
nein Mama
wir steigen nicht an der Nächsten aus
wir setzen euch vorher ab
wir pfeffern euch zum Fenster hinaus
es ist praktischer als ein Grab

Prévert, Es ist aus (Kusenberg)

aussteigen → Tür zuschlagen, die

(Nick)

Aussteiger

Weit über Berg und Tale,
Weit über flaches Feld,
Schwingt er sich über alle
Und eilt aus dieser Welt.

Nach Mayfarth, Jerusalem

Mich laßt hier in dieses Waldes Schauern,
Wo der Fichtenschatten mich verbirgt;
Hier soll einsam meine Seele trauern
Um die Menschheit, die der Wahn erwürgt.

Tiedge, Elegie auf dem Schlachtfeld bei Kunersdorf

Ein Mensch hat draußen nicht viel Glück.
Er zieht sich in sich selbst zurück;

Zu keinem Aufwand mehr verpflichtet,
Doch seelisch sehr gut eingerichtet,
Führt er seitdem behaglich dort
Ein Innenleben mit Komfort.

E. Roth, Ein Mensch – Der Pfründer

Aussteiger → Besitzaufgabe, Stadtflucht
(Schiller)

Austausch

Was droben in den Wipfeln rauscht,
das wird hier unten ausgetauscht.

Morgenstern, Die zwei Wurzeln

austoben, sich

Man tobt sich aus mit Drang und Zweck
und wird befreit von Zwang und Dreck . . .

Nach Müller-Giersleben, Gut Holz!

austrinken → leeren bis auf den Grund
(Vogl)

Auswanderer

Wir sind, mein Kind, nie mehr zuhause.
Vergiß das Wort, vergiß das Land
Und mach im Herzen eine Pause –
Dann gehn wir. Wohin? Unbekannt.

B. Viertel, Auswanderer

auswandern

Es hat keinen Sinn mehr auszuwandern.

Piontek, Einfache Sätze aus dem Jahr 68

Ausweg, letzter

Gott! ende einmal meine Leiden,
Zerreiß dies lästge Band,
Nimm zu dir einen von uns beiden, –
Ich ziehe dann aufs Land.

Nach Castelli, Gebet einer Frau

Auszeichnung der Verweigerer → Stern der Hoffnung

ausziehen → Störenfried
(Odyniec)

Autor, unangepaßter → Buchautor
(Heine)

Autoren, kranke → Literatur, kranke
(Goethe)

Autorität, väterliche

Der Vater spricht:
«Ich duld es nicht! . . .»

Simrock, Der Rattenfänger

B

Babylon → Sprachengewirr

Bacchus

Wer mit Bacchus kommt ins Spiel,
Seh' sich vor und trau' nicht viel,
Nimmt er dir den Kopf nur ein,
Sind die Füße nimmer dein.

Spruch an einem Hausgerät

Bacchus und Amor → Wein und Liebe

(Medici)

Bad, das

Gut Gebet und gutes Bad
Selten einen Schaden tat.

Freidank

Bad, kaltes

Und liebend sie sich zum Gestade beugt,
Als jener aus dem kalten Bade steigt.

Dolfs, Der Taucher

Bad, kühles

Ich ging so gern ins kühle Tauchbad,
Wie weh mir auch darauf der Bauch tat.

Nach F. Mittler, Abhärtung

Badefreuden

Gewichtig sich der Kinder Rudel spreizt.
Fürwahr, der kühle Bach mit seinem
Sprudel reizt.

Nach Palm-Nesselmanns

baden gehen

Und wenn auf krummen und graden
Und auf verbotenen Pfaden
Das Land zu enge schien,
Dann gingen sie eben baden
Wie der Herr und die Frau Pinguin

Mehring, Singweise vom Paradies

Ballspiel des Lebens → Wechsel

(Schaumann)

Banditen

Banditen mit segnenden schwarzen
Mönchen
kamen vom Himmel, um Kinder zu
töten . . .

P. Neruda, Erklärung einiger Dinge (Arendt)

Bänke, schattenfreie

Wir suchen nach den schattenfreien
bänken
Dort wo uns niemals fremde stimmen
scheuchten
In träumen unsre arme sich verschränken
Wir laben uns am langen milden leuchten

Stefan George

Bankiers

Ihr Appetit ist bodenlos.
Sie fressen Gott und die Welt.
Sie säen nicht. Sie ernten bloß.
Sie schwängern ihr eignes Geld.

Kästner, Hymnus auf die Bankiers

Bann

Der Bischof wollte sich rächen,
Den Bann ließ er über ihn sprechen.

. . . Wunderhorn, Herzog Hans von Sagan . . .

Bar, in der

O komm! O komm, Geliebte! In der Bar
Verrät der Mixer den geheimsten Tip.
Und überirdisch, himmlisch steht dein
Haar
Zur Rötlichkeit des Cherry-Brandy-Flip.

Blass, Abendstimmung

Baracken → Bettelvolk
(Cendrars)

Barbaren → fressen und saufen
(Klabund)

Barmherzigkeit

Barmherzigkeit ist jedem Glück ein sichres
Kapital;
Es reift des Lebens Ernte reich in ihrem
Sonnenstrahl.

Aus dem Persischen

Kind mache dich gemein mit der
Barmherzigkeit,
Sie ist die Pförtnerin im Schloß der
Seligkeit.

Angelus Silesius, Cherubinischer Wandersmann

Mensch mit traurigem Gesichte,
Sprich nicht nur von Leid und Streit,
Selbst in Brehms Naturgeschichte
Findet sich Barmherzigkeit.

W. Busch, Hund und Katz

Bart ab

Und soll ich nach Philisterart
Mir Kinn und Wange putzen,
So will ich meinen langen Bart
Den letzten Tag noch nutzen.

Chamisso, Der rechte Barbier

Bauch

Das Pfäfflein, das wußte sich besser zu
hegen
Und weidlich am Tisch und Bette zu
pflegen.
Wie Vollmond erglänzte sein festes
Gesicht.
Drei Männer umspannten den
Schmerbauch ihm nicht.

G. A. Bürger, Der Kaiser und der Abt

Bauen, das

Beim Bauen
Muß man schauen,
Sich nicht zu verhauen,
Sonst kommt man in des Elends Klauen.

Abraham a Santa Clara

Bauen, selbstverantwortliches

Jeder baut nach seinem Sinn,
Keiner kommt und zahlt für ihn.

Hausinschrift in Vorarlberg

Bauen, vergebliches

Wo Gott nicht gibt zum Haus sein' Gunst,
Da ist all unser Bau'n umsunst.

Spruch im Berliner Rathaus

bauen

Wir bauen Häuser groß und fest,
Darin wir sind nur fremde Gäst',
Und wo wir sollen ewig sein,
Da bauen wir gar wenig ein.

Nach einer Tiroler Hausinschrift

Eine Hütte baun wir dann,
Wo uns niemand finden kann.

Hellsing, Balduin Baumelschuhs Segellied (Krüss)

Vogel der singest
Reh das springest
Blume am Fels
im See der Wels
im Boden der Wurm
zu Gott helft bauen
den Turm

Paul Klee, –helft bauen–

bauen → beständig
(Rollenhagen)

Bauer

Das Leben fällt mir ach so schwer.
Ich wollt, daß ich kein Bauer wär.

Unbek. Verfasser

Der Wein ist sauer,
den trinkt der Bauer . . .

Aus einem Kinderreim

Bäuerlein, Bäuerlein, tick, tick, tack,
hast ein' großen Hafersack,
hast viel Weizen und viel Kern,
Bäuerlein, hab' dich gar so gern.

Güll, Kinderlied

Vivat der Bauer, vivat hoch!
Ihr seht es mir nicht an;
Ich habe nichts und bin doch
Ein großer reicher Mann.

Claudius, Der glückliche Bauer

Wohl der Bauer war ja immer
hier im Land damit vertraut:
was der Herr hier schlug in Trümmer,
wird vom Bauern aufgebaut.

Kramsu, Jochen Berends (Manninen)

Wir Bauern dulden keinen Spott
an unserm Herrn und Helfer Gott!

Billinger, Wir Bauern

Bauernfresser

Der Teufel fluchte wie besessen
Und hätt' den Bauern gern gefressen.

H. Seidel, Der betrogene Teufel

Bauernschläue

Doch klüger war der Bauersmann,
Der wiederum das Spiel gewann.

H. Seidel, Der betrogene Teufel

Bauernwohlstand

Hat der Bauer Geld,
Hat es die ganze Welt.

G. Henisch, Deutscher Spruch- und Weisheitsschatz

Baugewerbe

Was man beim Baufach nötigst haben
muß:
Der Maurer Schnaps, der Meister Spiritus.

Inschrift im Ratskeller zu Wiesbaden

Baulichkeiten → Eigenheim
(Busch)

Baum

Ein Baum, gleich mir verhärtet und
gewunden,
beschirmt nun meine Sorgen, meine
Wunden.

de Régnier, Der Spaziergang (Brand)

Bauwerk, großes → Ruine

Beamte

Ob großes oder kleines Amt:
Gehorsam sind wir allesamt.
Die Mienen ernst, die Scheitel licht,
Tun wir laut Vorschrift unsre Pflicht.

Weinheber, O Mensch, gib acht . . .

Beamtenbestechung

Man sagt, beim Bürgermeister
Zuerst die Not beginnt,
Der wird von allen Leuten
Zuerst ein Päppelkind.

A. Kopisch, Der große Krebs im Mohriner See

Beamtenklage → Ämter

(Spruch . . .)

Beamter, vorbildlicher

Es war ein Kanzleirat in Graz.
Was immer ihm recht schien, er tats
Hat trotz trächtiger Kassen
Sich selber entlassen,
Ein Vorbild den Herrn des Senats.

Ernst Fabian

Becher füllen

Füllt wieder den Becher! noch nie hat wie heut
Dies flüssige Feur das Herz mir erfreut.

Byron, Trinklied

bedächtig

Er dachte hin, er dachte her;
Das Denken wird den Königen schwer.

Heine, Der weiße Elefant

bedenken

Bedacht im Rat, bedacht beim Wein,
Wird euer Spruch ein weiser sein.

Alter Spruch

bedenkenlos

Und als die Herrschaft dann um Pfingsten
Ausflog mit dem Gesangverein,
Lud sie ihn ohne die geringsten
Bedenken abends zu sich ein.

Wedekind, Brigitte B.

bedienen

Und knieend, mit gekrümmten Rucken,
Bedienen ihn hundert schwarze Eunucken.

Heine, Der weiße Elefant

Bedingungen, unerfüllbare

Wenn die Bächlein aufwärts fließen,
wenn die Hasen Jäger schießen,
wenn die Mäuse Katzen fressen,
dann erst werd ich Dich vergessen!

Verfasser unbekannt

Bedürfnisse, menschliche

Es sind dem Menschen Winde das größte Bedürfnis,
auch sind es himmlische Wasser . . .

Pindar, Elfte Olympische Ode (Hölderlin)

beengt → Todesfurcht

(Laotse)

Beerdigung, undramatische → sachliches Ende

Befehl → beibringen

(Kommerell)

befehlen → gehorchen und befehlen

(Weinheber)

Befehlshaber, oberster

Wenn ich bei meinem Herren wohn',
ist unter mit des Kaisers Thron,
und hab' für sein Geheiß nur Hohn!

K. Kraus. Der sterbende Soldat

Befehlsverweigerung → Stern der Hoffnung
(Bachmann)

Befinden, das

Sie fragten nach meinem Befinden
Und sagten selber sogleich:
Ich hätte mich gar nicht verändert,
Nur mein Gesicht sei bleich.
Heine

beflügelt → schrankenlos
(Baratynskij)

Beförderung

Wer, was hoch ist, gar nicht schätzt,
Der wird oft doch hochgesetzt.
R.v.Normann, Widerspruch zu Logau

befreien, sich

Jene am Morgen der Ewigkeit
Haben erwacht sich vom Leben befreit . . .
Hugo, Der Morgen (A. Neumann)

Kaum darfst du ab den Kragen machen,
fühlst du schon Brust und Magen krachen.
Tom der Schüttelreimer, Schüttelkur

befreien, sich → austoben, sich
(Müller-Giersleben)

befreien, vom Weibe

Befrei von dem Weibe mich,
mit dem du mich damals
zusammengeführt!
Majakowski, Die Wirbelsäulenflöte (Thoß)

befreit

Wem Zeit ist wie Ewigkeit,
Und Ewigkeit wie Zeit,
Der ist befreit
Von allem Streit.
Jakob Böhme, Stammbuch-Vers

Solange wir im Licht sind,
Wir werfen Schatten weit.
Erst wenn wir einmal nicht sind,
Sind wir vom Leib befreit.
Hafis, Diwan (Klabund)

Befreiung → gefallen finden

Befreiung von oben

Wir haben lange getragen das Leid,
Geduldig wie deutsche Eichen,
Bis endlich die hohe Obrigkeit
Uns gab das Befreiungszeichen.
Heine, Der Tambourmajor

Befreiung vom Ich

Und immer leichter wird mein Sinn,
Ich ahne, daß ich nicht mehr bin.
Chines. Gedicht, Auflösung (Klabund)

Denn wo die Lieb' erwachet, stirbt
Das Ich, der dunkele Despot.
Du laß ihn sterben in der Nacht,
Und atme frei im Morgenrot!
Dschalal Ud-Din Rumi, Der Tod (Rückert)

Befruchtung

Ach, du leidest mit Entsetzen der
Befruchtung Qual.
Schleißend fällt und fliegt in Fetzen
der Geflügelten Ergötzen,
und du trägst ihr Mal.
Elisabeth Langgässer, Blütenbaum

Begattungsakt → Kriegsvarieté

begegnen, sich

Sie freun sich, daß sie sich getroffen;
Jedoch im Herzen beide hoffen,
Indes sie ihren Abschied segnen,
Einander nie mehr zu begegnen.
E. Roth, Ein Mensch – Die guten Bekannten

Begegnung im Paradies → antreffen
(Meyer)

Begegnungen, zufällige

Durch Zufall lernten wir uns kennen,
durch Zufall müssen wir uns trennen,
durch Zufall kann es auch geschehen,
daß wir uns einmal wiedersehen.
Verfasser unbekannt

Begegnungsstätte, internationale

Wer zählt die Völker, nennt die Namen
Die gastlich hier zusammen kamen?
Schiller, Die Kraniche des Ibykus

begehren

Und jetzt begehrt er nichts mehr,
Als die Eine –
Ihr Menschen, eine Brust her,
Daß ich weine!
Kleist, Katharina von Frankreich

begehren, Gott → Offenbarung
(Angelus Silesius)

Begehren, das

Minder lang manchmal
Erschien mir ein Monat,
Als die halbe Nacht
Heißen Begehrens.
Aus der Edda, Skirners Fahrt (W. Jordan)

Begehren und Verzichten → Anpassung
(Blüthgen)

begehrt, lange

Halt stille doch, Liebling! Ich nehm dich
aufs Pferd!
Ich hab dich so lange, so sehr begehrt.
Dehmel, Die Buße

begeistert → selig
(Anakreon)

Begeisterung

Begeisterung ist keine Heringsware,
die man einpökelt auf einige Jahre.
Goethe, Frisches Ei, gutes Ei

In mir klingen Jubeltöne,
brennt für alles Edle, Schöne
heilige Begeisterung –
drum bleib' ich jung!
M. C. Kann

Begeisterung, besonnene

Wer mit Besonnenheit vereint
Begeisterung,
Kommt schnell voran und bleibt noch lang
in Schwung.
Nach Rückert, Die Weisheit der Brahmanen

Begier und Pläsier

Himmlisch war's, wenn ich bezwang
Meine sündige Begier;
Aber wenn's mir nicht gelang,
Hat ich doch ein groß Pläsier.
Heine, Zur Heimkehr

Begierde

Wo die Begierd' erlischt, ist auch der Arme
reich,
Und wo sie herrscht, da ist der Fürst dem
Sklaven gleich.
Rückert, Die Weisheit der Brahmanen

Begierde → Unrast der Sinne
(Hagelstange)

Beginn des Falls → Höhepunkt
(Hausmann)

beglücken

Schick nicht ins Leben spähend deine
Blicke,
Das Glück erwartend mit der Sehnsucht
Pein,
Bau dir zum Glück mit eigener Hand die
Brücke,
Beglücke du, so wirst du glücklich sein.
Blüthgen

Beglücktsein

Lehr mich das Beglücktsein
Wie es dir nur kund,
Tönendes Verzücktsein
Löse meinen Mund . . .
Shelley, An eine Lerche (v. Bernus)

begnügen, sich

Wer sich begnügt, womit er soll,
Dem ist mit seiner Habe wohl.
Nach Freidank

Begräbnis

Ohne Blechmusik und Predigt
wurde hier der Rest erledigt.
Kästner, Nekrolog auf den Maler E.H.

Begräbnis, ehrliches

Und man begrub ihn ehrlich frei
Mit köstlich edler Spezerei.
. . . Wunderhorn, Vogel Phönix

begreifen, sich

Nur was dem All sich als Gestalt entringt,
begreift das eigne Sein.
Doch was begreifend in sein Innres dringt,
stürzt in das All hinein.
M. Hausmann, Schattenrisse

behaglich

Dann lieg ich im langen Grase
ganz behaglich hingestreckt,
meinen Mund am Hahn des Fasses,
ach, ich sage dir, das schmeckt.
Rumänische Ballade, Es geht auch so (Rudow)

Behaltenwollen, das

Es gilt nicht dies: zu überwinden,
was in uns nach Behalten schreit,
Es darf ein Herz wohl Freude finden
an Dingen der Vergänglichkeit . . .
Hagelstange, Von der Überwindung des Todes

Beharrlichkeit

Durch wiederholte Streiche
fällt auch die größte Eiche.
Sprichwort

Behörde, wortbrüchige

Der Rat will ihm dafür nicht geben,
Was ihm ward zugesagt soeben . . .
. . . Wunderhorn, Der Rattenfänger . . .

Behörden → Sündenböcke
(Grévin)

behütet

Gott Lob, der uns in dieser Nacht,
behüt' hat vor des Teufels Macht.
Nikolaus Herman, Die helle Sonn leucht' jetzt herfür

bei dir sein

Ich will nicht deine Träume stören.
Die stummen Nächte bleiben dein.
Ich will nur deine Atemzüge hören
und bei dir sein.
Dagmar Nick, Nachtwache

beibringen

Das Übersetzte ward notiert,
Dann instruiert und memoriert,
Und konnt' er's, wurde pokuliert.
So ging es fort die halbe Nacht,
Bis sie ihm alles beigebracht.

Kopisch, Das verbotene F

Jedes Spiel, das du gespielt,
Bring ihm bei und die Befehle
Gib ihm, die man dir befiehlt,
Bis es lebt mit deiner Seele, . . .

Kommerell, Einem Kind zu seiner Puppe

Beichte

Der Beichte folgt das Gnadenwort:
Steh auf mein Sohn, und wandre fort . . .

Joh. Chr. Günther, Abendlied

beichten

Wer wohl beichtet,
Sein Herz erleichtert.

Sprichwort

Beifall

Ach! Der Menge gefällt, was auf den
Marktplatz taugt,
Und es ehret der Knecht nur den
  Gewaltsamen . . .

Hölderlin, Menschenbeifall

Und er brüstet sich frech und lästert wild;
Die Knechtenschar ihm Beifall brüllt.

Heine, Belsazar

Der Sänger sang das hohe C.
Der Beifall wuchs und tobte.
Die Dame in der Loge B
Stand auf und garderobte.

Ringelnatz, Der Sänger

Beifall → Klatschen

Beinbruch

Fiel herab, fiel herab,
Und das linke Bein brach ab.

Auf dem Berge Sinai . . .

Beine brechen

Über Stock und über Steine,
aber brich dir nicht die Beine!

Carl Hahn, Hopp, hopp, hopp

beischlafen

Von mir aus, schlaft euch selber bei!
Und schlaft mit Drossel, Fink und Star
und Brehms gesamter Vogelschar!
Mir ist es einerlei.

Kästner, Ragout fin de siècle

Beispiel, gutes

Das gute Beispiel prägt allein
der Lehre Sinn dem Herzen ein.

Bodenstedt, Die Schule der Weisen

beißen

Bauer, bind dein' Pudel an,
daß er mich nicht beißen kann.
Beißt er mich, verklag' ich dich!
tausend Taler kostet's dich!

Kinderreim

beißen lassen, sich

Man kann es ganz einfach nicht fassen,
daß sie sich beißen lassen . . .

Kästner, Ganz besonders feine Frauen

Beißen, angenehmes

Ihr Beißen war so angenehm und lind,
Daß es mir keinen Schmerz gemacht hat,
  als nur den,
Daß es vergehn
Mußt so geschwind.

Hadlaub, Kindische Liebe

beistehen

Ich will hier bei dir stehen,
Verachte mich doch nicht;
Von dir will ich nicht gehen,
Wenn dir dein Herze bricht . . .

Gerhardt, O Haupt voll Blut und Wunden

Kann ich sehn des andern Leid
Selber ohne Traurigkeit?
Kann ich sehn des andern Weh,
Ohne daß ich ihm beisteh'?

Blake, Auf den Schmerz eines anderen (F. Braun)

beiwohnen

Drum geh nur fort, verführisch Kind,
Dein Rat ist nichts als ungesinnt,
Laß mich in meiner Klausnerei
Der Andacht wohnen bei.

. . . Wunderhorn, Streit zwischen Kupido und Waldbruder

Bekannte, gute

Daß sie sich kennen, das steht fest,
Doch äußerst dunkel bleibt der Rest.
Das Wo und Wann, das Wie und Wer,
Das wissen alle zwei nicht mehr.

E. Roth, Ein Mensch – Die guten Bekannten

bekennen

Wenn Wahrheit ruft nach Zeugen,
doch bang kein Mund das Schweigen
zu brechen wagt,
beschäme du die Feigen:
Sprich unverzagt.

v. Wessenberg

bekennen, sich

Bekenne dich mutig zu dir selbst,
das steht dir besser als Täuschen und
Zwingen.
Im Grunde verlangt kein Mensch von dir,
daß du sollst über dich selber springen.

Blüthgen

beklatschen

Ein hochverehrtes Publikum
Beklatschte dankbar seinen Dichter.
Jetzt aber ist das Haus so stumm,
Und sind verschwunden Lust und Lichter.

Heine, Sie erlischt

beklagen, sich → Liebeskummer
(Opitz)

Bekleidung

Bei uns zu Land die Witterung,
Moral und Polizei
Gebieten streng, daß alt und jung
Leiblich bekleidet sei.

Heine, Das Kind

Bekleidung, natürliche

Da spricht der Bock:
Mein Zottelrock,
Der ist mir zehnmal lieber
Als ein Gewand
Von allerhand
Tuch, Sammet oder Biber.

Güll

Belastung, schwächende

Liegt Schneefall auf den Wäldern schwer,
Zerbricht der Sturm die Bergesföhr . . .

Alfred Tennyson, Die Ballade von Oriana

beleckt

Er war von einer Prinzessin beleckt.
Da war die Liebe in ihm erweckt.

Ringelnatz, Ein männlicher Briefmark . . .

Belehrung → Moralprediger
(Busch)

beleidigt

Der Würfel, innerlichst beleidigt,
hat sich nicht weiter drauf verteidigt.

Morgenstern, Der Würfel

beliebt

Sei freundlich und bescheiden,
so mag Dich jeder leiden.
Sprichwort

beliebt, allgemein

Meinen Weizen seh' ich blühn
Auch im kleinsten Städtchen,
Mir sind alle Wirte grün
Und nicht gram die Mädchen.
J. Wolff, Vogelfrei

bemerken, jemand

Einen Schuft bemerken
Heißt schon ihn stärken.
Vesper, Rufe in die Zeit

bemessen

Bemeßt den Schritt! Bemeßt den Schwung!
Die Erde bleibt noch lange jung!
C.F. Meyer, Säerspruch

bemühen, sich → Meditation
(Angelus Silesius)

Bengel

Bengel, Bengel, brülle nicht,
Du verdammter Strampelwicht.
Dehmel, Wiegenlied für meinen Jungen

beobachtet, ständig

Wie oft wirst du gesehn
aus stillen Fenstern,
von denen du nichts weißt . . .
Durch wie viel Menschengeist
magst du gespenstern,
nur so im Gehn . . .
Morgenstern, Aus stillen Fenstern

berechnen können → Zahlenmenschen

bereichern, sich

Wie lange wollt ihr euch weiter bereichern?
Wie lange wollt ihr aus Gold und Papieren
Rollen und Bündel und Barren speichern?
Ihr werdet alles verlieren.
Kästner, Ansprache an Millionäre

Bereicherung

Der Müller hätt die fettsten Schwein,
Die in dem Lande mögen sein,
Er mästs aus Bauern Säcken.
. . . Wunderhorn, Müllerlied

Bereitschaft zur Himmelfahrt

Herr Jesu, wenn es dir gefällt,
Eil ich zu dir ins Himmelszelt!
Rist

bereuen

Der ist ein edler Mann, der seines Tuns sich
freuet,
Und vieles tat, und den von allem nichts
gereuet.
Gleim, Die goldenen Sprüche des Pythagoras

bereuen → Reue

bergauf

Bergauf ist eine Last,
Doch oben süße Rast.
Alter Spruch

Berge → Raum, grenzenloser
(Morgenstern)

Berge, finstere

Nur Bergeshäupter standen hart und nah,
Ein finstrer Richterkreis, im Düster da.
A. von Droste-Hülshoff, Mondesaufgang

Bergsteigen

Nur auf den Bergen blüht Edelweiß,
je steiler die Pfade, je schöner der Preis . . .

Frida Schanz

Bergsteiger → Höhen, lockende

(Zschiesche)

beriechen, sich → Liebesspiel

(Hausmann)

Berlin

Berlin! Berlin! du großes Jammertal,
Bei dir ist nichts zu finden, als
lauter Angst und Qual.

Heine, Buch der Lieder

Ich liebe dich bei Nebel und bei Nacht,
wenn deine Linien ineinander
schwimmen, –
zumal bei Nacht, wenn deine Fenster
glimmen
und Menschheit dein Gestein lebendig
macht.

Morgenstern, Berlin

Berlinisch

Ick sitze da und esse Klops,
Uff eenmal kloppt's.
Ick sitze, staune, wundre mir,
Uff eenmal jeht se uff, de Dür.
Nanu, denk' ick, ick denk', nanu!
Jetzt is se uff, erst war se zu.
Ick jehe raus und kieke,
Und wer steht draußen? «Icke».

Berlinisch

Beruf, geliebter

Mein Gesicht ist schwarz wie Kohle
von dem Scheitel bis zur Sohle,
doch mein Herz ist frisch und frei,
's liebt die Schornsteinfegerei!

Volkslied aus Berlin

berufen

Das ist der berufne Mann,
Der die Vögel schulen kann . . .

Vesper, Rufe in die Zeit

Berufene, der

Nicht hingehend erkennt er doch,
Nicht hinsehend benennt er doch,
Nicht handelnd vollendet er doch.
(Der Berufene)

Laotse (Rousselle)

berufliche Zufriedenheit

Ach bin ich auch nur Müller,
Ich hab doch, was ich mag!
Ich hör mein Flüßlein rauschen.
Möcht nicht mit einem König tauschen!
Und sing den ganzen Tag!

Unbekannter Verfasser, Müller und König

Berufswahl

Hänschen will ein Tischler werden,
Ist zu schwer der Hobel;
Schornsteinfeger will er werden,
Doch ihm scheint's nicht nobel . . .

Löwenstein, Die Geschichte von dummen Hänschen

berühren

Es blühen ja deine Blüten nur
In glühendem Frühlingsprangen,
Weil meine Liebste dich hat berührt –
O sag, wo sie hingegangen!

Amaru, An einem blühenden Baum (Nach L.v. Schroeder)

Bescheid wissen

Viele Wege geh'n durch den Wald,
wer nicht Bescheid weiß, verirrt sich
bald . . .

J. Trojan

bescheiden

Alle sind ihm wohlgeneigt,
weil er sich bescheiden zeigt.

Hagelstange, Auf der Wiese

Bescheidenheit

Wodurch behält man Glück auf lange Zeit?
Ich denke, sicher durch Bescheidenheit!

Nach Logau

Bescheidenheit ist eine Zier,
Doch weiter kommt man ohne ihr.

Nach Grillparzer, Die Ahnfrau

Bescheidenheit → erwischen, etwas

(Kinderreim)

Bescheidung

Liebes Füchslein, laß dir raten,
sei doch nur kein Dieb;
nimm, statt mit dem Gänsebraten,
mit der Maus vorlieb.

Anschütz, Fuchs, du hast die Gans gestohlen

beschenken

Sie teilte jedem eine Gabe,
Dem Früchte, jenem Blumen aus;
Der Jüngling und der Greis am Stabe,
Ein jeder ging beschenkt nach Haus.

Schiller, Das Mädchen aus der Fremde

beschmieren

Narrenhände
Beschmieren Tisch und Wände.

Sprichwort

Beschränkung

Vielleicht gilt auch für ihn, den Geist der Geister:
In der Beschränkung zeigt sich erst der Meister.

Morgenstern

beschütze mich

Beschütze mich in aller Not,
Mach meine Eltern noch nicht tot . . .

Ringelnatz, Drittes Kindergebetchen

beschützen

Ihr Engel in den Himmelshöhn,
Vernehmt mein Schluchzen und mein Flehn;
Beschützt, wenn ich im öden Grab,
Das Weib, das ich geliebet hab' . . .

Heine, An die Engel

Beschützer → Kavalier

(Eichendorff)

beschwerdefrei → Wunder

(Poe)

besiegen → Ichbezwinger

(Dhammapada)

besiegen, sich selbst

Sich selbst bekämpfen, ist der schwerste Krieg.
Sich selbst besiegen, ist der schönste Sieg.

Spruch, alter

besinnen, sich

Wer sich besinnt,
Dem's verinnt;
Schlag' drein,
Und es ist dein.

Alter Spruch

Da besinnt sich das Kind,
kommt zurück geschwind.

Volkslied, Hänschen klein

Besitz, köstlicher

Ich besaß es doch einmal,
Was so köstlich ist!

Daß man doch zu seiner Qual
Nimmer es vergißt!
Goethe, An den Mond

Besitz und Ruhm

Nach Gütern dieser Erde frag' ich kaum;
Und Ruhmsucht schwindet wie ein
schwerer Traum ...
Emily Brontë, Gebet (Flatter)

Besitzaufgabe

All mein Erbteil, meine Habe
Warf ich fröhlich glaubend hin,
Und am leichten Pilgerstabe
Zog ich fort mit Kindersinn.
Schiller, Der Pilgrim

besitzen

Nichts je besessen –:
das macht dich reich.
Schreiben, vergessen
gilt gleich.
Piontek, Unablässiges Gedicht

besoffen machen

Und als sie mich ganz besoffen gemacht
Und meine Kleider zerrissen,
Da ward ich armer Jüngling
Zur Tür hinaus geschmissen.
Heine, Klagelied ...

Besoffensein

Laßt mich hier schweigen vom
Besoffensein,
Vom tiefsten, tödlichsten Hinübergleiten,
Vom hellsten, wachsten Indiewindereiten,
Die Welt ist groß und unser Wort ist klein.
Zuckmayer, Das Essen

Besoffensein → Klaren, im

besser

Ein Löffel ist besser als zwei.
Hilde Domin, Mit leichtem Gepäck

besser als der Tod

Wenn du noch lebst, von Hunger und Not
Den Mund erfüllt wie vom erstickten
Schrei,
Dir selbst nur ein Gewicht von Blei,
So ist es besser als der Tod ...
Oda Schaefer, An meinen Sohn

besser machen

Schimpfen kann ein jeder Bauer,
Besser machen fällt ihm sauer ...
Hausinschrift

besser werden

Wird denn nun auf Erden
Alles besser werden?
Rist, Neues Freudenlied ... 1649

besser werden → lieben
(Villon)

Besseres, etwas

Selbst wenn mich Einer Hure riefe,
obwohl ich etwas Besseres bin,
das ist hier Alles inklusive
und in den Whiskys schon mit drin.
Kästner, Eine Animierdame ...

Besserung

Nicht jede Besserung ist Tugend;
Oft ist sie nur das Werk der Zeit.
Die wilde Hetze roher Jugend
Wird mit den Jahren Sittsamkeit.
Gellert, Die Wachsamkeit

beständig

Nicht bleibt beständig in der Welt,
Was man auch bauet, später zerfällt.

Nach Rollenhagen

Beständiges

Ja, Geschlechter kommen, Geschlechter gehen,
Hirschlederne Reithosen bleiben bestehen.

Münchhausen, Lederhosen-Saga

Beständigkeit

Sei nur in allem Handel
Ohn Wandel ...

Fleming, Ode

Auf Erden nichts geschaffen ist,
Das hat Bestand auf lange Frist.

Freidank

bestechen → schmieren

Poln. Ballade

bestechen lassen, sich

Und wessen Herz jetzt Geld und Gut besticht,
So daß er bleibt – der zeigt sich als ein Wicht ...

Franz. Lied aus der Zeit der Kreuzzüge (Diez)

Bestechung

Du weißt es wohl, ich habe einen Mann,
Und dennoch bietest du mir Perlen an?!

Nach einem chines. Gedicht, Die Unbestechliche

Mußt mit Tabak ihn bedenken,
wird dir Kind und Kate schenken.

Aus einer polnischen Ballade

Bestechung des Todes

O Tod, laß mich beim Leben,
Nimm all mein Hausgesind!
Mein Vater wird dir's geben,
Wenn er mich lebend findt ...

... Wunderhorn, Der Tod und das Mädchen

Bestimmung

Wie lang, wie hoch sich unser Handeln spannt,
liegt nach wie vor in Gottes Hand.

Nach einem spanischen Gedicht

Wer Unglück haben soll, stolpert im Grase,
fällt auf den Rücken und bricht die Nase.

Sprichwort

Nie hätte meine Mutter geahnt,
wenn sie mir ein Wiegenlied sang,
daß eines Tages, weit von daheim,
ich enden würd durch den Strang.

Englische Ballade, das Lied von den vier Marien (v. Einsiedel)

Bestsellerautor

Ein Stümper, ein schreibender Fant ist,
Wer nicht Weihnachten in aller Hand ist
Und als Autor von Welt
Mit den Bestsellern bellt.
Denn bekannt wird nur der, der bekannt ist.

Ernst Fabian

besuchen, eine Frau

Manch ein Bursch besuchte keck
sonntags sie in dem Versteck ...

Welhaven, Guter Rat nicht teuer (Passarge)

Betätigungen → Straßen des Lebens

(Hauptmann)

beten

Erhebe dein Gemüte
Zu deinem Gott und sprich:
Herr, deine Gnad' und Güte
Bleibt dennoch ewiglich.

Gerhardt, Nach dem großen Kriege

Wer ist ein Mann?
Wer beten kann.

(E. M. Arndt)

Wer nicht, wo er will, kann beten,
der soll auch keine Kirche betreten.

Alter Spruch

beten → Rettungswege

(Ringelnatz)

beten, für jemand

«Liebes Kindlein, ach, ich bitt'
Bet fürs bucklicht Männlein mit!»

Kindervers

beten, Rosenkranz

Meiner Pilgerreise Schritte
Zähl ich ab an Betkorallen;
Wie den Rosenkranz der Himmel
Betet ab an Sonnenballen.

Dschalal Ud-Din Rumi, Gebet

Beten, das

Wer Gott recht liebt, ihm dienen will
Dem ist das Beten nicht zuviel ...

... Wunderhorn, Streit zwischen dem blinden Kupido und einem Waldbruder

betört

Ihr Aug hat mir das Herz betört,
Ihr Auge mit der dunkeln Brau;
O, tiefre Wunden, als ein Schwert,
Schlug mir dies Auge, lieb und blau! –

Burns, Lied (Freiligrath)

betrachten → genießen

(Karoline von Günderode)

Betrachter sein

Betrachter, das Dasein durchlugend,
Schau ruhig und kalt seinen Lauf.
Steig selber – dies krön deine Tugend –
Den Scheiterhaufen hinauf.

Brjussow, Dem Dichter (Guenther)

Betrachtung

Und in dem Anschaun dieses einzig Schönen
Versiegte gleich der Quell sehnsüchtiger Tränen.

Goethe, Elegie

Betrieb des Lebens

Am Kleinen hangen und in Sorgen bangen,
das ist der Menschheit närrischer Betrieb.
Zuletzt ist dir das Leben hingegangen,
du siehst dich um und weißt nicht, wo es blieb.

Verfasser unbekannt

betroffen → mitspielen

(Trojan)

betroffen fühlen, sich → Schippe ziehen

(Bartsch)

betrogen

Mein Schatz hat mich betrogen,
hat sich von mir gewandt,
ist fort von hier gezogen,
fort in ein fremdes Land.

C. Brentano, Die Lore Lay

Betrogene, die

Nun irr ich ungerochnes Weib als Schatte,
Johannens jüngern Leib umfängt meine Gatte ...

J. Kerner, Die Mühle steht still

betrübt, zu Tode → Gefühlsschwankungen

(Goethe)

Betrug

Lange scheint uns der Betrug
Schlauer als die Ehrlichkeit,
Endlich aber kommt die Zeit,
Wo er doch nicht schlau genug.

Nach Logau

Betrug, ganz normaler

Betrügen und betrogen werden,
nichts ist gewöhnlicher auf Erden.

Seume, Verlangtes Gutachten

betrügen

Wer jemand betrügen will,
Der macht der süßen Worte viel.

Alter Spruch

So mancher hat ihn schon betrogen
Und an der Nas' herumgezogen.

H. Seidel, Der betrogene Teufel

Betrügen, zierliches → Höflichkeit

(Busch)

Bett, natürliches

Ich schlaf im Moos;
Dem Glück im Schoß . . .

. . . Wunderhorn, Die kluge Schäferin

Der Schoß der Au, der Wiesenklee,
verlieh ihm süßre Rast
als Himmelbett und Kanapee
im fürstlichen Palast.

Hölty, Adelstan und Röschen

Ich fand ein Bett zu süßer Ruh'
Auf weichen, grünen Matten;
Der Wirt, er deckte selbst mich zu
Mit seinem kühlen Schatten.

Uhland, Einkehr

Bette, zu

Zu Bette trachtet nur der Herr,
Nach seiner Frau verlangt ihn sehr . . .
Den Dienern bald erlauben tät,
Daß sie sich legten all zu Bett.

. . . Wunderhorn, Ritter Peter von Stauffenberg . . .

betteln

's gibt welche, die um Mitleid bitten
und betteln bis sie ausgelitten
am Pflaster.

Bruant, Am Pflaster (H.C. Müller)

Es ist so elend, betteln zu müssen,
Und noch dazu mit bösem Gewissen.

Goethe, Faust I

Betteln, das

Du sollst beim Betteln
Dich nicht verzetteln.

Nach einem alten Spruch

Bettelvolk

Das Bettelvolk der Armen, für die
du dein Leben verschenkt,
ist hier in Lagern und Baracken
wie Vieh zusammengedrängt.

Cendrars, Ostern in New York (J. Schroeder)

Bettler

Ich bin ein alter kranker Mann,
der keinen Groschen verdienen kann;
ich habe nicht Geld, ich habe nicht Brot,
ich lebe ja nur von Hunger und Not.

Chamisso, Der Bettler und sein Hund

Bettler oder König → Weltbetrachtung

(Shankara)

Bettler und Geber → geben

(Buddha-Schüler)

Bettgenossen

Und sie trägt ihn kurzentschlossen
Zu der eignen Lagerstatt,
Wo sie nunmehr fünf Genossen
An der Brust zu Gaste hat.

Nach W. Busch, Hund und Katze

Bettspiele

Wenn er seine Streiche machte,
Warf sie sich aufs Bett und lachte.

Nach Heine, Ein Weib

beugen, sich

Nebel liegt auf meiner Wange
und mein Herz beugt sich zum Untergange.

Else Lasker-Schüler, In deinen Augen

Beute

Da kommt ein Krieger angesprengt,
mit Beute, die am Sattel hängt.

Nach einer polnischen Ballade

Beute, neue

Seht, wie überm Ghetto heute
Schwärme alter Raben fliegen,
Denn in unsern Todes Zügen
Äugen sie schon neue Beute!

H. Adler, Raben

Bevölkerung

Zur Bevölkerung der Wildnis
Wurde auch der Mensch erschaffen;
Nach des Menschen schönem Bildnis
Schuf Gott int'ressante Affen.

Nach Heine, Schöpfungslieder

Bevölkerungsexplosion, Ursache der

Als Gott die Welt erschaffen
Und allerhand Getier,
Konnt er nicht ruhig schlafen,
Er hat noch etwas für:
Wenn nur ein Mensch auf Erden!
Dacht er in seinem Sinn.
Die Welt muß voller werden!
Es sei noch etwas drin.

...Wunderhorn, Konstruktion der Welt

bewegt

Ich bin so voll von Liebe und bewegt
Von Winden wie ein Baum, der Blüten
trägt.

Mädchen aus Mo-ling, Die Verlassene (Klabund)

Bewegung, gemessene → Meer, am

(Shelley)

beweinen

In meinem Winkel, auf meinen Steinen
Laß mich mein armes Schicksal beweinen.

Pascoli, Die Stunde von Barga (B. Geiger)

Beweisaufnahme

Zur beweisaufnahme hatte
man die blutige krawatte

Christa Reinig, Die ballade vom blutigen bomme

Bewirtung, schlechte

Sein Braten war nicht käuerlich,
Sein Wein war etwas säuerlich.

Pocci, Hans Teuerlich

Bewunderung, öffentliche → Anblick, erfreulicher

(Heine)

bewußt sehen lernen

Habt ihr einen Kummer in der Brust
Anfang August,
Seht euch einmal bewußt an,
was wir als Kinder übersahn.

Ringelnatz, Schwebende Zukunft

Bewußtsein

So macht Bewußtsein Feige aus uns allen,
Und angeborne Farbe der Entschließung
Wird von Gedankens Blässe angekränkelt.

Shakespeare, Hamlet (Gundolf/Schlegel)

Bewußtsein, neues → reifen und begreifen

bezahlen

Er schnitt ihm ab das schöne Haar,
Weil es so gut für Pinsel war.
So mußte er das Malen
Mit seinem Schwanz bezahlen.
Heimeran, Der schwarze Schimmel

bezahlt werden → Fremdbestimmung
(Büscher)

bezähmen, sich

Ach Freundchen, rede nicht so wild,
Bezähme deine Zunge!
Ein jeder Wunsch, wenn er erfüllt,
Kriegt augenblicklich Junge.
W. Busch, Schein und Sein

Bezirk der Wonne

Hier im Bezirk der Wonne,
Wo so viel Reize blühn,
Von Hoffnung und von Troste
Nicht eine leise Spur.
Hafis, Diwan (Daumer)

bezirzen → Glieder, reizvolle
(Baumbach)

Bibellesen

Wie einer lieset in der Bibel,
So steht in seinem Haus der Giebel.
Luther (Bei Zingref)

bieder

Wer gar zu bieder ist, bleibt zwar ein redlich
Mann,
bleibt aber, wo er ist, kommt selten höher
an.
Logau, Redlichkeit

Biedermeier, sozialistischer

Auf der Lippe ein paar Thesen
Teppiche auch auf dem Klo.
Früher häufig Marx gelesen.
Aber jetzt auch so schon froh.
K. Bartsch, Sozialistischer Biedermeier

Bier

Das Bier ist bitter,
das trinken die Ritter . . .
Aus einem Kinderreim

Bilanz, innere

Stille stand ich und bedachte
meiner Seele Soll und Haben . . .
Hagelstange, Die Frühlingsmesse

Bild, fragendes

Dem Nichts entstiegen, lautlos
aufgetaucht,
lebt nun dein Bild vor mir wie hingehaucht.
Es sieht mich an und lächelt so verzagt
und fragt, indem es lächelt, fragt und
fragt . . .
M. Hausmann, Hinter der Scheibe

Bilder, grausame

möge ihnen nie geschehn
was sie hier in bildern sehn
Christa Reinig, Die ballade vom blutigen bomme

Bildung, frei von → unverbildet,
Unwissenheit

Bildung und Talent

Bildung ist Gleichgewicht,
Talent ist Übergewicht –
Grillparzer, Nachlaß

Bindung

Krankheit, Verfolgung, Betrübnis und
Pein
Soll unsrer Liebe Verknotigung sein.
S. Dach, Annchen von Tharau

Bindung, neue

Mit ihm will ich es wagen
Zu Wasser und zu Land,
Daß mich mein Schatz verlassen hat,
Das bringt mir keine Schand.

. . . Wunderhorn, Abendlied

Bindung, fortwirkende → fortwirken

(Platen)

Bindung lösen → Ausweg, letzter

(Castelli)

Bitte, letzte

«Nichts Leibliches ich mehr begehr»,
Sie bat, «bringt mir den Priester her . . .»

. . . Wunderhorn, Die Eile . . .

Bitte um ein seliges Ende → zerknirscht

(Thomas v.C.)

Bitten und Befehle

Mit Bitten herrscht die Frau und mit Befehl der Mann:
Die eine, wenn sie will, der andre, wenn er kann.

J. Chr. Rost, Das Vorspiel

Bitteres suchen → Misanthropen

(Kotzebue)

Bitterkeit → Leitern zu Gott

(Wilde)

Bitterkeit → Lohn

(Chamisso)

Bitternis, heilsame

Was bitter ist dem Mund,
Ist innerlich gesund.

Sprichwort

bittersüß

War das Süße ins Bittre
oder das Bittre ins Süße gepfropft?

Hilde Domin, Bittersüßer Mandelbaum

blamier' mich nicht . . .

Blamier' mich nicht, mein schönes Kind,
Und grüß mich nicht unter den Linden;
Wenn wir nachher zu Hause sind,
Wird sich schon alles finden.

Heine, Zur Heimkehr

blamieren, sich

Du denkst, ich werd' dich nehmen?
Ich hab's noch nicht im Sinn;
ich muß mich deiner schämen,
wenn ich in G'sellschaft bin.

Volkslied, Wohlan, die Zeit ist kommen

blasen

Es bläst mit starker Kehle,
er bläst aus voller Seele.

Volkslied «Trara! Die Post ist da!»

Blasen, harmloses

Das bißchen Blasen auch allein
Wird ja so strafenswert nicht sein!

Zachariä, Der gefangene Trompeter

Blasen, vergebliches

Soll denn mein Blasen verloren sein,
viel lieber möchte ich kein Jäger sein.

Volkslied, Es blies ein Jäger

blaßwerden

Man bracht ihm sein kristallnes Glas,
Er sah es an und wurde blaß.

. . . Wunderhorn, Ritter Peter von Stauffenberg und die Meerfeie

bleischwer fühlen, sich → besser als der Tod

(Schaefer)

Blick, entscheidender

Ich sah sie an; mein Leben hing
Mit diesem Blick an ihrem Leben:
Ich fühlt es wohl und wußt es nicht.

Klopstock, Das Rosenband

Blick, entsetzlicher

Es war zur Nacht und schon die vierte Stunde . . .
Sein Blick entsetzte mich bis tief zum Grunde.

Dante, Aus «Das neue Leben»

Blick, magischer

Denn, wenn er mit seinen Blicken
Mich streifte – das fühle ich klar –,
Ich würde zusammenknicken
Und nimmer sein, was ich war.

Ringelnatz, Der Seriöse

Blick, nur einen

Nur einen Blick noch will ich nun
auf Gottes schöne Erde tun . . .

Aus einer ukrainischen Ballade

Blick, süßer

Dich sah ich, und die milde Freude
Floß vom süßen Blick auf mich;
Ganz war mein Herz an deiner Seite
Und jeder Atemzug für dich.

Goethe, Willkommen und Abschied

Blick, unkontrollierter

Ungewollt blickst du ihr tief
bis in ihr Geheimarchiv.

Kästner, Ball im Osten . . .

Blicke, vergebliche

Mit dem Saum des Kleides streif ich
Immer an des Freundes Duft,
Aber mit den Blicken greif ich
Ach, vergebens in die Luft.

Dschalal Ud-Din Rumi, Gaselen (Rückert)

Blick, vorwurfsvoller

Als er ihren Blick vernahm,
Schwere Reu ihn überkam.

. . . Wunderhorn, Abschied von Maria

Blick, warmer

Wo das Auge blicket warm und rein,
Wird's warm und rein auch im Herzen sein.

Inschrift Berliner Ratskeller

Blicke, schöne → Verfolgung

(Heine)

Blickkontakt

Laß mit schönen Blicken
Gegenseitig uns erquicken.

Nach S. Dach

blind → erblindet

(Meyer)

Blinder und Armer

Ein blinder Mann ist arm und blind ein armer Mann,
Weil jener keinen sieht, und keiner den sieht an.

Logau, Deutsche Sinngedichte

blind leben → Schwingen, beschnittene

(Gorki)

Blindheit

In Blindheit geboren,
Zur Armut erkoren,
Entbehre der Kraft ich, das Rechte zu tun,
In Torheit befangen,

Bin fort ich gegangen,
Statt, Mutter, zu deinen Füßen zu ruhn.
Shankara, Hymnus an die göttliche Mutter (v. Glasenapp)

Blonde, die

Und eine Blonde müßt' es ein,
Mit Augen sanft wie Mondenschein –
Heine, Der Abgekühlte

Blondine, bezaubernde

Du kleine Blondine
Bezauberst ja schon!
Die sprechende Miene
Kann bitten, kann drohn.
Weiße, An ein junges Mädchen

blühen

Laß uns blühen, wie wir blühn,
Eh' der Winter welker Jahre
Dir die goldgemengten Haare
Wird mit Silber unterziehn.
P. Fleming, Ermunterung zur Freude

Blüht morgen dir ein Röslein auf,
Es welkt wohl noch die Nacht darauf ...
Feuchtersleben, Nach altdeutscher Weise

Die Mädchen und die Blumen,
Für uns sind einerlei.
Wenn sie am schönsten blühen,
Ist ihre Zeit vorbei.
Nach H.E. Classen

Die Primeln blühn und grüßen
so lieblich mir zu Füßen ...
Morgenstern

Blühen, das → Frühling
(Uhland)

Blumen

Erwachend dann sehe,
Als ob sie mich kränzen,
Rings Blumen ich glänzen,
Und all meine Wehen
Verschweben, vergehen ...
Aus dem span. Barock (Eichendorff)

Die Kartoffel ist auch eine Blume.
Peter Hacks, Vernunftreiche Gartenentzückung

Des Sommers Blume ist des Sommers Zier
Und lebt doch für dich selbst nur, um zu bleichen;
Doch naht der Anstich böser Fäulnis ihr,
So muß sie dem gemeinsten Unkraut weichen.
Shakespeare, Sonette (Saenger)

Blumen sind an jedem Weg zu finden,
Doch nicht jeder weiß den Kranz zu winden.
Anastasius Grün, Gedichte

Blumen → blühen
(Claasen)

Blumengruß

Ich werfe eine Blume in das Meer,
Die treibt nun auf den Wellen hin und her.
Su-Tung-Po, Das Blumenschiff (Klabund)

Diese Rose pflück ich hier,
In der fremden Ferne;
Liebes Mädchen, dir, ach dir
Brächt ich sie so gerne!
Lenau, An die Entfernte

Blüte

Rings Blüten nur und Triebe
und Halm, vom Segen schwer.
Dir ist's, als zög die Liebe
des Weges nebenher.
Fontane, An einem Sommermorgen

Blüte, einmalige

Kein Frühling kehret dem Gemüte,
Der einmal aus dem Herzen schied,

Nur einmal stand dein Herz in Blüte,
Nur einmal sangest du ein Lied.

M. Hartmann, Kelch und Schwert

Blütenschimmer

Es war, als hätte der Himmel
Die Erde still geküßt,
Daß sie im Blütenschimmer
Von ihm nun träumen müßt.

Eichendorff, Mondnacht

Blut, böses

In der müß'gen Stunde Gähnen
stirbt das letzte Fünkchen Mut,
Träge in den kranken Venen
schleicht das böse schwarze Blut . . .

H. Seidel, Hymne der Arbeit

Blut, junges

Du bist ein so rührend junges Blut. –
Deshalb schmeckst du besonders gut.

Ringelnatz, Abschiedworte an Pellka

«Blutbank»

und vielleicht birgt diese festlich
geschmückte Bank
dein geronnenes Blut in ihrem
Panzerschrank.

Cendrars, Ostern in New York (J. Schroeder)

blutdurstig

Sie reicht ihm das Becken mit Blut gefüllt,
Und gierig, doch langsam, den Durst er
nun stillt.

Friederike Kempner, Der Tierbändiger

Blutgier → Wollust
(Shakespeare)

Blutströme

Was kostet unser Fried? O wie viel Ströme
Blut!
Was kostet unser Fried? O wie viel Tonnen
Gut!

Logau, Der deutsche Friede

Blutvergießen

Wir sind wie Wasser im Fluß verflossen . . .
Nutzlos hast du unser rotes Blut
vergossen . . .
General!

Aus dem Schi-king, Klage der Garde (Klabund)

Schleuß zu die Jammerpforten
Und laß an allen Orten
Auf so viel Blutvergießen
Die Friedenströme fließen.

Gerhardt, Neujahrslied

Was blutig anfing mit Verrat und Mord,
Das setzt sich auch durch blutige Taten
fort.

Schiller, Macbeth

Wo bleibt all das vergoßne Blut
Trinkt es die Erde besäuft sie sich

Prévert, Das Lied vom Blut (Kusenberg)

bodenlos → Seele
(Kurz)

Bombe → Flucht in die Zerstörung
(Supervielle)

Bomben

Aus dem Dunkel springt der Nächte
schwarze Welt,
Von Vulkanen furchtbar ist ihr Rand
erhellt.

G. Heym, Der Krieg

Bomben, letzte

Für den Fall, daß doch der Erde
verordnet wird ein Bombentest,

wünsch ich, daß Frieden werde
dem verblieb'nen Rest.
Granitzki, Unparteiische Betrachtung

Bordell

Und der Vogel Greif trug ihn schnell
Bald in dies Bordell, bald in jenes
Bordell ...
Ringelnatz, Kuttel Daddeldu und die Kinder

borgen

Borgen und Schmausen
Endigt mit Grausen.
Spruch an einem Tiroler Wirthaus

Böse, der

Der Böse schon am Samen nagt,
Noch ehe Gottes Namen sagt
Der Mensch, der ersten Sünde Kind:
Umsonst Gebot und Künde sind!
Lehmann-Leander, Der Turm zu Babel

Bösen zur Linken, die → Fegefeuer
(Thomas v. C.)

Bösewicht

Auch der Bösewicht,
der uns widerstrebet!
Er auch ward gewebet
einst aus Licht.
Nach Morgenstern, «Brüder!»

Mein Leben lang vergeß ichs nicht,
wies damals zugegangen,
als sie im Wald den Bösewicht,
den Daniel, gefangen.
F. Bischoff, Der rote Daniel

Bote Gottes

Ich bin darum zu euch gesendt,
Daß ihr den wahren Gott erkennt.
...Wunderhorn, Ritter St. Georg

Bote, himmlischer

Das Fräulein war gerichtet,
Da klopft es an sein Haus,
Der helle Morgen lichtet,
Ein Knäblein stehet draus ...
...Wunderhorn, Dorothea und Theophilus

Botschaft, traurige

Und als er dann das Schreiben überlas,
da wurden ihm die Augen naß.
Deutsche Volksballade, Es kehrt ein Fürst ...

Botschaft, unverständliche

Was nützt es, wenn ich mit dem Finger
die krausen Zeichen entlangfahre.
O unverständliche Botschaft,
geschrieben für wen?
Ilona Bodden, Spuren im Schnee

Botschaft eines Engels → ahnen
(Schaumann)

Brand

Erzenen Schreis
bäumt das Land.
Sein Odem ist Brand
von Menschenschweiß.
Verlaine, Charleroi (G.v.d. Vring)

Wenn die schöne Flamm erlöschet,
Die das all gezaubert hat,
Bleiben Rauch und Brände stehen
Von der königlichen Stadt.
J.M.R. Lenz, An ...

Brandstifter der Liebe → Liebesflammen
(Moore)

Braten, seltener

Längst erfüllt ist altes Sehnen:
Feuer gibt es ohne Zahl!
Doch trotz den Elektro-Strömen
Braten jährlich nur einmal!
Makowej, Steinzeit (Koch)

Bratenzerlegung

Und wird von schönen Händen dann
Das schöne Fleisch zerleget,
Das ist, was einem deutschen Mann
Gar süß das Herz beweget.
Uhland, Metzelsuppenlied

Brauch

Frei, auf deutschem Grunde walten
Laßt uns nach dem Brauch der alten . . .
Kleist, Germania an ihre Kinder

Brauch, überholter → duellieren, sich
(Seidel)

brauchen, nichts → Genügsamkeit
(Busch)

Braut

Meine Braut ist ein verstocktes, kleines
Ding;
Doch ist auch mein eigner Starrsinn nicht
gering.
Unser Blut ist ein lebendger Feuerbach,
Doch gewöhnen wir uns schon so nach und
nach
Irgendwie.
Alexander Petőfi, Irgendwie (Steinbach)

Braut Christi

Auf Jesum war ihr Tun gericht,
Zu seiner Braut sie sich verpflicht.
. . . Wunderhorn, Die Eile der Zeit in Gott

Braut, enttäuschte

Das Mädchen war betrübet sehr,
Wollt ihren Bräutigam nicht mehr . . .
. . . Wunderhorn, Die Greuelhochzeit

Braut, gestohlene → Stammesfehde
(Müller-Giersleben)

Braut, weinende

Da trat aus der Tür seine Braut
Und weinte laut . . .
Ringelnatz, Die Weihnachtsfeier . . .

Braut und Bräutigam

Braut und Bräutigam küssen sich,
andre Leute wissen's nicht.
Braut und Bräutigam vertragen sich,
andre Leute schlagen sich.
Kinderreim

Der Bräutigam redet und lacht so laut,
Er küßt die zitternden Hände der Braut –
Agnes Miegel, Die Schwester

Brav sein → schlafen
(Scherf)

Bravogeschrei

Stolz kreuzt sie die Arme und lächelt dabei,
Und die Menge lohnt ihr mit
Bravogeschrei.
Friederike Kempner, Der Tierbändiger

brechen

Glück und Glas,
wie leicht bricht das!
Sprichwort

brechen, Beine

Hopp hopp hopp,
Pferdchen lauf Galopp!
Über Stock und über Steine,
aber brich dir nicht die Beine.
Hopp hopp hopp . . .
Kinderlied

brechen → hart werden
(Biermann)

brechen, Freundschaft → Treue

Brennpunkt sein

Sei getrost auf dich gestellt,
sei Kristall und fange Strahlen
und laß dir im Herzen malen
sich aus Strahlen deine Welt.

(Bierbaum)

Briefmarken

Müssen die Briefmarken,
Die wir belecken,
Alle so fade
Nach Rübe schmecken?

Gianni Rodari, Briefmarken zu erfinden (Krüss)

Brillen, farbige

Brillen, Brillen! gebt uns Brillen
grün und blau und gelb und rot!
Volles Licht ist für Pupillen
unsrer Art der sichre Tod.

Morgenstern, O – Raison D'Esclave

Brille, rosarote → Weltanschauung

(Verf. unbek.)

Brot

Das Beste, was der Mensch genießt,
Ist wohl das liebe Brot,
Und wo man einmal das vermißt,
Herrscht allergrößte Not.

Spruch

Und schenkt uns der Himmel nur
immerdar Brot,
so sind wir geborgen und leiden nicht Not.

Anschütz, Es klappert die Mühle

Brot mit Tränen

Wer nie sein Brot mit Tränen aß,
Wer nie die kummervollen Nächte
Auf seinem Bette weinend saß,
Der kennt euch nicht, ihr himmlischen
Mächte.

Goethe, Wilhelm Meister

Brot, selbstgebackenes → selber machen

(Claudius)

Brot, tägliches

Hier trink ich morgens Bier auf nüchtern
Magen
Und häufe Wurst auf grobes, schwarzes
Brot,
Und fühle mich so stark in jeder Not,
Ich würde mich hier schämen, je zu klagen.

Ringelnatz, Hamburg

Das tägliche Brot
kommt uns teuer zu stehen

Rose Ausländer, Mühlen aus Wind

Brücke

Schöne Brücke, hast mich oft getragen,
Wenn mein Herz erwartungsvoll
geschlagen ...

(Keller)

Brücken, zersägte

Wohl hinter ihrem Rücken
Zersägte man die Brücken.

...Wunderhorn, Herzog Hans von Sagan

Brücke zu Gott → Pilger

(Eichendorff)

Brückenbauer → Pilger

(Schiller)

Bruder

Jeder Bruder ist Kain

Bienek, Das rohe Faktum des Todes

Brüder, eifersüchtige

Ich mag nicht meine ernsten Brüder
kränken
und füge mich und kann mich dir nicht
schenken ...

Aus dem Schi-King, Brief eines Mädchens

Brüder im Frieden

Lebt wohl, ihr Brüder! Unsre Hand,
daß ferner Friede sei!
Nie wieder reiß das Völkerband
in rohem Krieg entzwei.

Mühsam, Soldatenlied

brüderlich

Die lieben Freunde lieben mich
Und teilen mit mir brüderlich
Wohl meinen besten Braten
Und meinen letzten Dukaten.

Nach Heine, Frau Sorge

Bruderstreit → Bürgerkrieg

(Schewtschenko)

brüllen

Es brüllen die Stiere mit hoher Stirn
Zum Himmel, der sich zerfasert wie Zwirn.

Nach Verhaeren

Brunst

Da fliehn sie, noch berauscht von
mörderischer Brunst . . .
Und wittern in der Nacht, der grausen,
Löwendunst.

de Hérédia, Die Flucht der Kentauren (v. Hartlieb)

Wird der Verfolgte sich retten
vor seiner düsteren Brunst?
Ihre Gelenke zu ketten,
wirft er ihr Erdrauch und Kletten
zu als ein Zeichen der Gunst.

Elisabeth Langgässer, Daphne an der Sonnenwende

Brunst → Wahnwitz

(Shakespeare)

Brust geben, die → Frauen, gute

Brust heraus → Ordnung muß sein

(Kästner)

Brüste

Ihr schönen Brüste! – Blütenknospen
springen
Daraus empor – auf die mein Haupt vom
langen
Genuß der Nacht, wenn Tag die Strahlen
bringen,
Ermüdet sinkt von Schwere kalt umfangen.

Gabriele D'Annunzio, Sed non satiatus (Schenkl)

Brüste, wie

Und nieder stürzt er auf die braunen
Schollen,
Die ihm wie Frauenbrüste brustwärts
rollen.

Chines. Gedicht, Der Bauer und die Erde

Brüste wie Türme

Ja, eine Mauer bin ich,
Und meine Brüste Türme.
Da war ich in seinen Augen
Wie eine, die Frieden fand.

Salomon, Aus dem hohen Lied (Herder)

brüsten, sich → Beifall

(Heine)

Buch

Dieses Buch das ist mir lieb,
Wer mir's nimmt, der ist ein Dieb.
Wer mir's gibt, der ist mir recht,
Wer's nicht will, kennt es schlecht.

Aus Allerleihrauh

Oft unverstanden, liegt doch fort und fort
Das Buch bereit, mir Trost und Rat zu
geben,
Mit schweigender Musik mich zu
umschweben,
Und weist dem Traume hier sein waches
Dort.

de Quevedo, Der Leser (Vossler)

Buch der Bücher

Du großes Buch, du Bibel (Fels des
Glaubens, sagt man),
Von Varianten voll und Doppelsinn,
Voll Weisheit und voll sonderbarer
Sprüche.

Grabbe, Don Juan und Faust

Buch des Lebens

Und ein Buch ist aufgeschlagen,
da ist alles eingetragen,
Welt daraus dich zu verklagen.

Thomas von Celano, Dies Irae (Simrock)

Die ganze Welt ist wie ein Buch,
darin ist aufgeschrieben
in bunten Zeiten manch ein Spruch,
wie Gott uns treu geblieben.

Geibel, Wer recht in Freuden wandern will

Wenn wir dies schöne Buch, die Welt
genannt,
Mit rechter Sorgfalt nur zu lesen wüßten,
Wie deutlich sich uns offenbaren müßten
Die Kunst und Weisheit dessen, ders
geplant.

Drummond, Sonett (Herlitschka)

Buchautor

Solche Bücher läßt du drucken?
Teurer Freund, du bist verloren!
Willst du Geld und Ehre haben,
Mußt du dich gehörig ducken.

Heine, Warnung

Buchdruck

Die großen Seelen, die der Tod verbannt
Und die verblaßt sind in der Jahre Dunst,
Erstehn befreit, mein Freund, durch
Buchdrucks Kunst.

de Quevedo, Der Leser (Vossler)

Bücher

Bücher werden, wenn man will, lebendig.
Über Bücher kann man ganz befehlen.
Und wer Bücher kauft, der kauft sich
Seelen,
Und die Seelen können sich nicht wehren.

Ringelnatz, Der Bücherfreund

Die Bücher laßt und andern Wahn,
Und fanget mit dem Wandern an!

Nach Papentrigk

Schließt die Bücher fort mit all ihrer
plumpen Belehrung,
Werft die Rosen des Gestern beiseit,
daß das Leid sich verliert ...

McFadden, Gedicht für heute (Feist)

Bücherei

Geborgen friedlich hier an ödem Ort,
Von guten, wen'gen Büchern nur
umgeben,
In Zwiegespräch mit den Toten still zu
leben,
Lausche ich lesend auf erstorbnes Wort.

de Quevedo, Der Leser (Vossler)

Buchidee

In manchem guten Weisheitsspruch,
schläft oft im Keim ein ganzes Buch;
wie schlummernd liegt und wie im Traum
im Samenkorn ein mächt'ger Baum.

Rittershaus

Buchkritik → Rezensent, Rezension

Buchproduzenten

Ihr baut mir eine Welt aus euren Blättern,
Und Geister steigen auf aus euren Lettern.

W. Grosse, Armut der Weisheit

Buchstaben, hängen am

Wenn der Buchstab dich gefangen,
Kannst du nicht zum Geist gelangen.
. . . Wunderhorn, Werd ein Kind!

Bulle

Wenn der Bulle mich ertappt,
hat er längst mich auch geschnappt.
Nach einem Kinderlied

Bundesbruder

Draußen bin ich ein armes Luder,
Hier bin ich ich – und Bundesbruder
Nach Tucholsky

Bündnispartner

Ich sei, gewährt mir die Bitte,
in eurem Bunde der Dritte.
Schiller, Die Bürgschaft

Bürde

Diese Bürde, so man trägt,
Wird in kurzem abgelegt.
Joh. Chr. Günther, Der Seelen Unsterblichkeit

Die Bürde großer Freude. Lust und Gier
Verließen dich und dir zu Füßen streut
Die schwere Stunde Staub, und über dir
Frißt Frost und Hitze alles was dich
freut . . .
Swinburne, Ballade von den Bürden (Goldscheider)

Bürgerkrieg

Lasset uns beten zum Herren der Zeit!
Vor Bürgerkrieg, Zwietracht und
Bruderstreit
Behüte uns, Vater, in Ewigkeit!
Schewtschenko, Zwietracht (Koch)

Vor euch habe ich das Blut
Spaniens aufwallen gesehn.
euch zu ersäufen in einer einzigen Woge
von Stolz und Messern.
P. Neruda, Erklärung einiger Dinge (Arendt)

Bürgerkrieg → Heimkehrer
(Chin. Dichter)

Bürgermeister → Beamtenbestechung
(Kopisch)

Bürokratie, allgegenwärtige

Du Erde, die du auf den Ziffern
schwimmst
des Büros.
F. Garcia Lorca, New York . . . (Beck)

Buße

Wir sind fürwahr geschlagen
Mit harter scharfer Rut',
Und dennoch muß man fragen:
Wer ist, der Buße tut?
Gerhardt, nach dem großen Kriege

Butterberge

Wenn alle Berge Butter wären
und alle Täler Grütze,
und es käm ein warmer Sonnenschein,
und die Butter lief in die Grütze hinein:
Das müßte mal eine Grütze sein!
Kinderreim

C

Cave canem

Wenn du siehst den bösen Hund,
Hüte deinen Hosenbund!
Monika v. Normann, Schüttelreim

Chance gegeben, keine → abkehren, sich
(Opitz)

Chaos → Kosmos
(Weischedel)

Charakter, schlechter

Ein weich verpackter,
Ein fein befrackter,
Nicht sehr intakter
Charakter.
F. Th. Vischer, Anwendbar

Chefs, unbeliebte → gehorchen
(Busch)

Chorgesang

Mit lieblichem Wohllaut fällt Chorgesang
 ein,
So recht die Natur zu begrüßen,
Gesang kleiner Knaben und Mägdelein,
Ein Eden von Blumen zu Füßen . . .
Sova, Singende Frühe (Fuchs)

Christlich

Deinetwegen bloß
Trag ich dies mein Leiden,
Diesen Herzensstoß,
Willig und mit Freuden . . .
S. Dach, Christliches Sterbelied

Christliche Auseinandersetzung

Petrus mit dem Himmelsschlüssel
haut dem Paulus auf den Rüssel.
Doch der Paulus, auch nicht faul,
haut dem Petrus auf das Maul.
Volkstümlich

Christus

Christ ist erstanden
Aus Todesbanden;
Was er gelehret
Hat sich bewähret!
Lateinisches Kirchenlied (nach Simrock)

Christus → A und O, Erlöser, Jesus;
 Joch, verfluchtes

Christus → Kreuzträger
(Wunderhorn)

Christus → Leibgericht
(Heine)

Christus-Vision → Vision
(Cendrars)

Christusbilder

Ich kenne alle Christusbilder aus allen
Museen der Welt;
aber heute bist du die Wirklichkeit, die
mich gefangenhält.

Cendrars, Ostern in New York (J. Schroeder)

Clowns

Und warum fürchtet ihr euch davor
Clowns zu sein?

Enzensberger, Ein letzter Beitrag . . .

D

dabei sein, überall → unentbehrlich
(Busch)

daheim sein

. . . Nicht wo das Haus steht,
da du geboren und das dir vererbt ist,
bist du daheim . . .
Hagelstange, Meersburger Elegie

dahinfliegen

Das war wohl nicht nach deinem Sinn,
O weh, mein kleiner Hans!
Da fliegt dein Luftballon dahin
Im Morgensonnenglanz.
Seidel, Der Luftballon

Dame

Auf einer Ottomane
ruht behaglich eine Dame
Prévert, Riviera (Kusenberg)

Dame, feine → Standesbewußtsein
(Wunderhorn)

Dame, nerzlose

Es dünkt eine Dame sich teuer
Dem Chef der «Vereinigten Feuer».
Doch der zeigt sich herzlos,
Die Dame blieb nerzlos
Und sucht einen Freund nun, der treuer.
Ernst Fabian

Dame, vornehme

In die seidenen Kissen drückt
Sie das Lockenhaupt und blickt
Vornehm auf den großen Haufen
Derer, die zu Fuße laufen.
Heine, Pomare

Damen, feine

Sie sind ja gar nicht aus Glas!
Man kann sie, wie andre Frauen,
verführen, verstehn und verhauen.
Denn: fein sind sie nur zum Spaß.
Kästner, Ganz besonders feine Damen

Damen, solche

Zwar lieben viele solche Damen,
Doch ist es Ehrenmannes Pflicht,
Nur Frau'n von Ehre, Zucht und Namen,
Zu huldigen: doch andern nicht.
Villon

Dämmerung

Jetzt bricht die Dämmerung herein.
Ich sitz' am Tor und seh' bewegt,

Wie sich im letzten Tagesschein
Noch manche harte Arbeit regt.

Hugo, Der Abend (Hartlieb)

Der Abend dunkelt. In der Stube nur
Hört man den leisen Schlag der Pendeluhr.

Hamsun, Sommernacht (Goebel)

Dämmerung voll Ruh und Wein;
Traurige Guitarren rinnen.
Und zur milden Lampe drinnen.
Kehrst du wie im Traume ein.

Trankl, In den Nachmittag geflüstert

Und die Stunde kam herein
Leis' des Dämmerlichts.
Schein verging zu Lampenschein,
Sinn verging zu nichts.

Hardekopf, Zwiegespräch

Ein dicker Junge spielt mit einem Teich.
Der Wind hat sich in einem Baum
gefangen.
Der Himmel sieht verbummelt aus und
bleich,
Als wäre ihm die Schminke ausgegangen.

A. Lichtenstein, Die Dämmerung

Dank

Wer für alles gleich Dank begehrt,
Der ist selten des Dankes wert.

J. Trojan, Unbesorgt!

Dank an Eltern

Ihr liebsten Eltern mein,
ich will euch dankbar sein;
die ihr mir habt gegeben
von Gott ein langes Leben . . .

Volkslied aus Böhmen, Auf, auf, ihr Wandersleut . . .

Dank an Gratulanten

Wie ein Traum ging es dahin.
Soviel Danke gibt es gar nicht,
Wie ich nunmehr schuldig bin.

Ringelnatz, An meine Gratulanten

Dank sagen

Von zuviel Lust an Tagen,
Von Wahn und Fürchten frei,
Kurz gehen wir Dank zu sagen,
Dem Gott der ewig sei . . .

Swinburne, Persephones Garten (Borchardt)

Dankbarkeit

Mit dankendem Gemüte
Freu ich mich deiner Güte . . .

Gellert, Abendlied

Dank mit dem Mund:
Hat wenig Grund;
im Herzen Dank:
Ist guter Klang.
Dank mit der Tat:
Das ist mein Rat!

R. Reinick

Dankbarkeit gefällt,
Undank haßt die ganze Welt.

Sprichwort

Dankbarkeit, rücksichtslose

Gleich mich dankbar Euch zu zeigen,
laß ich jede Rücksicht schweigen . . .

Chamisso, Böser Markt

Dankbarkeit, unsterbliche

Dafür belohn ich dich mit meinen Küssen,
Und sollt' ich dich im Himmel suchen
müssen.

Keats, Die Erscheinung . . . (Mell)

Dankspruch

. . . und mit goldner Schrift in den
Marmorstein
schreibt die Stadt ihren Dankspruch
ein . . .

Fontane, John Maynard

Darstellung des Leides

Soll ich des Leides immer mehr mit
meinem Pinsel malen?
Nicht mal der Winter bringt den Waffen
Ruh,
Und unsre Eltern müssen Steuern
zahlen . . .

Tu Fu, Ausmarsch (Klabund)

dasein

Sind wir davor, sind wir darin?
Ich weiß nur eines, daß ich bin.

Ruth Schaumann, Das Paradies

Das einzige was da ist
in dem was da ist
ist etwas anderes!

Ekkelöf, Absentia animi (Nelly Sachs)

Dasein, das

Von wem empfängt das Dasein seine
Schwere?
Uns brennt der Wünsche Glut, uns
schreckt
Verlust. Ist niemand, der uns auferweckt
aus diesem Schlaf von Tod zu Tod? – O
Lehre!

Hagelstange, Anemonen

Daseinszweck → Reime und Klänge
(Brjussow)

Dauer → Ewigkeit, Zeit

Dauer im Wechsel → Ewige, das
(Goethe)

Delikatessen

Der Mensch jedoch, der Schöpfung
Krone,
Der Mensch verschlingt sie mit und ohne
Viel Hunger: Räuchersalm und Aal
Und Sahnetörtchen ohne Zahl . . .

Nach Hilaire Belloc, Das undankbarste Tier der Welt (nach Krüss)

Dementi

Denn mancher hat sich schon beklagt:
Ach hätt' ich das doch nicht gesagt.

W. Busch

Demut

Und gib, daß ich in jenem Seelenreiche
Zu deinen Wassern hingebeugt den Eseln
gleiche,
Die alle sanfte Demut ihres Gangs auf
Erden
Im lautern Quell der ewigen Liebe spiegeln
werden.

Jammes, Gebet . . . (Stadler)

demütig

Demütig hört die Magd
Des Himmelsboten Wort,
Gläubig empfängt sie jetzt
Und sie gebiert den Sohn
Wunderbar aller Welt.

Abälard, Zu Mariä Verkündigung (Simrock)

Ein recht demütig Pferd
Küßt oftermal die Erd . . .

. . . Wunderhorn, Fuhrmannslied . . .

denken, an jemand

Alle Abend will ich sprechen,
Wenn mir meine Äuglein brechen:
O mein Schatz, gedenk an mich!

. . . Wunderhorn, Gruß

Wenn übers Meer die Stürme schrein . . .
Ich irr am Strand und denke dein . . .

Tennyson, Die Ballade von Oriana (Freiligrath)

Die ihr im Tanz euch lachend wiegt,
Denkt ihr an den, der wachend liegt?

Papentrigk

Denken, freies

Mensch! freies Denken, wähnst du, eigne dir allein . . .
Doch was du planst, dem All wird es gleichgültig sein.

de Nerval, Goldene Verse

Denken, gelenktes

Nein, mag auch Gott es lenken,
Der Mensch soll dennoch denken.

W. Müller

Denken, innovatives → Erfinder

(Jensen)

Denken, schweres → bedächtig

(Heine)

Denken, unbeschwertes

Ich denke, was ich will und was mich beglücket,
doch alles in der Still und wie es sich schicket.

Volkslied, Die Gedanken sind frei

Denken und Handeln

Zum Denken stets bereit,
Zum Handeln nimm dir Zeit!

Sprichwort

Gescheit gedacht und dumm gehandelt,
So bin ich meine Tage durchs Leben gewandelt.

Grillparzer, Sprüche . . .

Denken und Sagen, das

Wegen dem Denken
Kann man einen nicht henken,
Aber wegen dem Sagen
Gar oft aufs Maul schlagen.

Sprichwort

Denker

Ein Denker verdiente sein Brot
Mit der These, das Leben sei Tod.
Ein andrer lehrt eben,
Der Tod wäre Leben.
Auch der lebt nicht gerade in Not.

Ernst Fabian

Was die Denker von Wandlungen wissen,
Sind nur Fünklein in Finsternissen . . .

Carossa, Worte . . .

Denn was ein Denker auch im Guten leiste,
er dankt's zuletzt dem absoluten Geiste.

Weischedel, Der trunkene Philosoph

Denkmal

Setze mir ein Denkmal, cher,
ganz aus Zucker, tief am Meer.

Morgenstern, Denkmalswunsch

Denkmal der Liebe

Ein Denkmal ward ihm aufgericht
Von seiner Frau aus Liebespflicht . . .

. . . Wunderhorn, Ritter Peter von Stauffenberg . . .

Denunziant

Der größte Lump im ganzen Land,
Das ist und bleibt der Denunziant.

Hoffmann von Fallersleben

Depressionen, Mittel gegen

Auch sterben viele durch Melancholie,
dieweil sie sich tödlich langweilen;
Durch etwas Luft, Musik und Tanz
Läßt sich die Krankheit heilen.

Heine, Das Sklavenschiff

Depression → Verzweiflung

(Shelley)

Deserteur

Oh, Liebe ist spärlich, der Kummer nie
ranzig
und Leichenfleisch billig
Und Tageslicht kostbar mit
vierundzwanzig –
so schlafe denn ruhig und willig.

Housman, Der Deserteur (v. Einsiedel)

Desillusionierung

Kommt die Wahrheit mutternackt
gelaufen . . .
Rennt den Traum sie schmerzlich übern
Haufen.

Nach C. Brentano, Wenn der lahme Weber träumt

Determination → Endziel

(Simonides)

deuten

Die Magier kamen, doch keiner verstand
Zu deuten die Flammenschrift an der
Wand.

Heine, Belsazar

deuteln

Manch Hofschranz suchte zwar sofort
das Kniffchen zu vereiteln;
doch Konrad sprach: «Ein Kaiserwort
soll man nicht drehn noch deuteln . . .»

Bürger, Die Weiber zu Weinsberg

Deutekunst

Nicht von den sternen nahm ich
wissenschaft,
besitz ich auch – so scheint mir –
deutekunst.
Nur red ich nicht von glücks und unheils
kraft,
von pest, von teurung oder jahresgunst.

Shakespeare, Das vierzehnte Sonett (George)

Deutsche, der

Der Deutsche ehrt in allen Zeiten
Der Fürsten heiligen Beruf;
Doch liebt er frei einherzuschreiten
Und aufrecht, wie ihn Gott erschuf.

Uhland, Vaterländische Gedichte

Der Deutsche, immer groß im Streit,
gewahr sein Höchstes: Menschlichkeit!

Weinheber, Ritterliches Handeln

Deutsche, brave

Und sagen soll man weit und breit:
Die Teutschen sind doch brave Leut . . .

Schubart, Das heiße Afrika

Deutsche, löwenhafte

Die alten Deutschen waren
Stets Löwen in Gefahren . . .

Berliner Ratskeller

Deutschland

Denk' ich an Deutschland in der Nacht,
Dann bin ich um den Schlaf gebracht . . .

Heine, Nachtgedanken

Deutschland, geteiltes

An Deutschlands baldiger 1heit
Da 2fle ich doch sehr;
Ick jebe keinen 3er
4 diese Hoffnung her.

A. Glaßbrenner, an seine Majestät

Dialog → Zwiegespräch

(Odyniec)

Dialog

Dialog ward Zaubertext,
Nekromantenspiel;
Zwieseits wurde hingehext,
Was dem Geist gefiel.

Hardekopf, Zwiegespräch

Dialogförderung → Zwiegespräch

dichten

Willst du dichten – sammle dich,
Sammle dich wie zum Gebete,
Daß dein Geist andächtiglich
Vor das Bild der Schönheit trete.
Stöber, Gedichte

dichten und verzichten

Auf der Erde Herrlichkeiten
will ich neidlos jetzt verzichten,
will gemach flußabwärts gleiten;
denkend fühlen, fühlend dichten . . .
Li-Tai-Po, Auf dem gelben Flusse (M. Fleischer)

Dichten, das → Eifer, falscher
(Lope de Vega)

Dichten, das → Spiel
(Lope de Vega)

Dichten, Anregung beim → Versmaß
(Goethe)

Dichter

Nichts ist mir sicher als das nie Gewisse,
Und dunkel nur, was allen andern klar;
Und fraglich nichts als das für sie Gewisse,
Denn nur der Zufall meint es mit mir wahr.
Gewinner stets, verspiel ich immerdar.
Villon, Lied des vogelfreien Dichters (Dehmel)

Ihn quält der Erde heitrer Reigen,
Der Menschen Rede klingt ihm hohl;
Nicht mag sein stolzes Haupt er neigen
Vor einem völkischen Idol . . .
Puschkin, Der Poet (v. Guenther)

Was Morgen und Abend gesungen,
Das Raunen des Schicksals versteh,
Und wisse: der Kranz ward geschlungen
Dem Dichter aus Dornen seit je.
Brjussow, Dem Dichter (v. Guenther)

Die Dichter müssen, auch
Die geistigen, weltlich sein.
Hölderlin, Der Einzige

Laß nicht die weise Welt dein Wehe lesen
Und dich mit mir verhöhnen, weil ein
Dichter ich gewesen.
Nach Shakespeare

Der Dichter ist ein Schöpfer lichter Dinge;
Im Trüben fischen nur die Dichterlinge.
Papentrigk

Wer sollte euch die Geheimnisse des
Lebens ins Ohr flüstern,
Wenn ich, meine Tore schließend,
Mich frei machen wollte von irdischen
Banden?
Tagore, Der Dichter

Was fischest du denn, Dichter,
am Abend im Strom vor dem Schloß?
Ein Nichts. Einen Mondscheintropfen.
Ein Traumbild, das zerfloß.
Bo Bergman, Mondschein am Strom . . .

Dichter → Poet

Dichter → Reime und Klänge
(Brjussow, Selbstdarstellung)

Dichter → Verse als Waffe
(Grün)

Dichter, argloser → Reimeschmied
(Odyniec)

Dichter, deutscher

Ich bin ein deutscher Dichter,
Bekannt im deutschen Land;
Nennt man die besten Namen,
So wird auch der meine genannt.
Heine, Die Heimkehr

Dichter, hervorragender

Fällt dem Dichter so was ein,
Will ich's feierlich verbriefen:
An dem Hofe des Kalifen
Soll er Hahn im Korbe sein!

Aus dem Türkischen, Der Kalif und der Dichter

Dichter, leidender

Ach, ich kann nicht mehr,
ich bin verrückt,
ich leide,
(kilometermüde und gedankenkrank)
Walther! von der Vogelweide,
lös – oh lös
meine Ketten von der Rentnerbank.

Rühmkorf, Reisender

Dichter, überheblicher → Poet

(Odyniec)

Dichter, unbekannter

Lösen mich die Lüfte auf,
Soll es niemand klagen,
Unbekannten Dichter laß
Ein paar Verse sagen.

W. Lehmann, Testament des Sommers

Dichter und Richter

Wenn alle Dichter wüßten,
was die Richter dächten,
Was meint Ihr wohl, womit sich
dann die Dichter rächten!

Harms-Kutusov, Tolerante Literatur-Kritik

Dichterehrung

. . . pendeln ihm Orden am Frack hin und her,
So ist er gar kein Dichter mehr . . .

Fontane, Der echte Dichter

Dichtergenie

ein poetisches Genie,
wie sie selten nur zu finden;
wollte man sein Lob verkünden,
man vollendete es nie.

A. E. Odyniec, Die Gespenster (Nitschmann)

Dichterherz

In der Seele brennt's wie helle Lichter,
und er schaut die freundlichen Gesichter
seiner Jugend, voller Lust und Scherz,
ruhig ist das alte Dichterherz,
frei von Schuld und Schmerz –

Fröding, Dichter Wennerbom (Nörrenberg)

Dichterlesung → Verse, entsetzliche; Vortragskunst

Dichterlesung → Vorlesung

(Odyniec)

Dichters Lust

Also spielen Liebesträume
Perlend in des Dichters Brust;
Seine Leiden sind nur Schäume,
Und sein Lied ist seine Lust.

W. Müller, Gedichte

Dichterworte

Wisset nur, daß Dichterworte
Um des Paradieses Pforte
Immer leise klopfend schweben,
Sich erbittend ewges Leben.

Goethe, Hegire

Dichterwort gleicht einer Flamme,
die das Herz erwärmt, erhellt;
Dichterwort wirkt wie ein Balsam,
wenn es in die Seele fällt.

Helene Krüger

Dichtkunst

O Dichtkunst, die das Leben lindert!
Wie manchen Gram hast du vermindert,
Wie manche Fröhlichkeit vermehrt!

Hagedorn

Dichtung

Wie auf dem spiegelhellen Bach
Die bunten Ufer tanzend schweben,
Das Abendrot, das Blütenfeld,
So schimmert auf dem dürft'gen Leben
Der Dichtung muntre Schattenwelt.

Schiller, Der Künstler

Was reif in diesen Zeilen steht,
Was lächelnd winkt und sinnend fleht,
Das soll kein Kind betrüben;
Die Einfalt hat es ausgesät,
Die Schwermut hat hindurch geweht,
Die Sehnsucht hats getrieben.

C. Brentano, Eingang

Frag nicht: wozu
Gibt es noch Dichtung?
Sie ist des Gegenstands
Vernichtung.

F. G. Jünger, Aprikose erinnert

Was fehlt, das muß sich pumpen lassen,
verlangt's des Dichters Tintenhand,
und sieh: die ärgsten Lumpen passen!
Was vorne glänzt, ist hinten Tand.

Tom der Schüttelreimer

Dichtung, mühsame → Hand, zögernde
(Hagelstange)

Dick und Dünn, durch

Unserer beider Herzen mögen schwer sein
Durch gemeinsames Mißgeschick.
Aber keine Stunde zwischen uns darf
liebeleer sein.
Denn ich liebe dich durch Dünn und Dick.

Ringelnatz, Privat-Telegramm

Dicke, der

Alles stand. Der Dicke bloß
Saß auf Polstern, fett und groß . . .

Gianni Rodari, In dem Schnellzug nach Meran (Krüss)

Dieb

Ei, du holdselger Dieb,
Bist mir von Herzen lieb . . .

. . . Wunderhorn, Fuhrmannslied . . .

Er labt gewiß voll frechem Raubgelüste
An Nüssen sich in Nachbars Laubgerüste.

Dolfs, Der jähzornige Meister

Dieb → Räuber
(Wunderhorn)

Dieben und Halunken, unter → Spelunken, wärmende

Diebstahl

Mag sein, du gehst auf Diebstahl aus;
Gut! mußt ja leben, kleine Maus!

Burns, An eine Maus (Freiligrath)

dienen

Wer einem andern dienen will,
Der verspreche wenig, halte viel.

Nach einem alten Spruch

Sein Herrschersaal ist königlich geartet . . .
Es dient ihm auch, wer steht und auf ihn
wartet.

Nach Milton, Des Blinden Dienst

Wenn du der Stunde dienst,
beherrschest du die Zeit;
Wirk' auf den Augenblick!
Er wirkt in Ewigkeit.

Rückert, Weisheit der Brahmanen

dienen im Abseits → Höflinge, wartende
(Milton)

Dienst, gehorsamer → Geduld, tierische
(Carducci)

Dienst als Liebesersatz

Wer sich in preußischen Dienst will
begeben,
Der muß sich sein Lebtag kein Weibchen
nicht nehmen . . .
. . . Wunderhorn, Husarenbraut

Dilettant

Dilettant heißt der kuriose Mann,
Der findet sein Vergnügen dran,
Etwas zu machen, was er nicht kann.
Heyse, Spruchbüchlein

Dilettanten oft als Meister galten,
Weil sie prominente Geister malten.
Nach Papentrigk

Dimension, andere → Raum, verborgener
(Rosetti)

Dimension, neue

In der Stratosphäre,
Links vom Eingang, führt ein Gang
(Wenn er nicht verschüttet wäre)
Sieben Kilometer lang
Bis ins Ungefähre.
Ringelnatz, Die neuen Fernen

Dimensionen → Dinge sind nur
Widerschein
(Sologub)

Ding, absolutes

Ich werde kein absolutes Ding drehn!
Rühmkorf, Anti-Ikarus

Ding, das

Liebste, ich sing: an dich
denk ich bei Tag und Nacht,
weil mich das Ding an sich
trübsinnig macht.
Rühmkorf, Gemeines Liebeslied

Dinge

Alle Dinge
Sind mir zu enge,
Ich bin so weit.
Unbekannter flämischer Dichter

Dinge, seltsame

Dinge gehen vor im Mond,
die das Kalb selbst nicht gewohnt.
Morgenstern, Mondendinge

Dinge sind nur Widerschein

Liebster Freund, kannst du nicht sehen,
Daß die Dinge, für uns sehbar, –
Nur ein Widerschein, ein Schatten
Derer, die uns nicht erspähbar?
Solowjow (v. Guenther)

Dinge ruhen, die → Nacht
(Schaefer)

Diogenes

Diogenes genoß unsäglich seine Tonne,
Schlief nachts darin und hatte täglich seine
Sonne.
Papentrigk

Dirigent, oberster → Akt, letzter
(Eichendorff)

Dirnchen

Und die Katja feilscht bedächtig jetzt,
Bietet niemals mehr als not.
Küßt der Bursch das Dirnchen mächtig
jetzt,
Fordert höhres Angebot.
Nekrassow, Der Körbelträger (v. Guenther)

Diskussion → Kampf, ermüdender Streit; Worte sind Waffen
(Heine)

Diskussion, öffentliche

Aber plötzlich Paukenschläge,
Und es melden die Trompeten,
Daß begonnen hat der Maulkampf,
Der Disput der zwei Athleten.
Heine, Disputation

Distanz → Abstand
(Busch)

Dogma

Herz und Wort
werden getrennt
wie die Liebenden im Himmel
und das Dogma
wird eingebrannt
in die schreienden Flanken
des Lebens.
Cibulka, Zwischenzeit

Diese aber wissen es anders. Von Formeln und Dogmen
erwarten sie Rettung und spotten der Einfalt.
Hagelstange, Das Vergängliche

Doktor

Ach, lieber Doktor, sag mir ehrlich,
Ist diese Krankheit sehr gefährlich?
Paula Dehmel, Puppen-Doktor

Doktor, unschädlicher

Gottlob! begrub man dieses Jahr,
So häufig das Erkranken war,
Vier Kinder nur, und einen Greisen;
Denn unser Doktor ist – auf Reisen.
Haug, Hundert Epigramme auf Ärzte, die keine sind

Doktor, verblüffter

Sie schluchzten sehr: «Noch gestern
Der Tod sein Auge schloß.»
Da stand verblüfft der Doktor
Und denkt sich: Curios!
Nach Vogl

Doktorhut

Gelingt es Dir, ein Wissensgut zu heben,
So pflegt man Dir den Doktorhut zu geben.
Diels, Einführung in das Studium der Chemie

Dokumente

Falte die Decke.
Lösche die Lampe:
Die Zeit ohne Dokumente
Ist dennoch nicht im Aufbruch.
Krolow, Politisch II

Donner, fruchtbarer

Je stärker der Donner war,
Je fruchtbarer wird das Jahr.
Gereimtes Sprichwort

Donner, göttlicher

Vor Deinem Schelten fliehen sie,
Vor Deinem Donner eilen sie hin.
Hundertvierter Psalm (E. Müller)

Donnergott → Gott der Rache
(Heine)

Doppelsinn, voll → Buch der Bücher
(Grabbe)

Dornen

Daß man der Dornen acht't,
Daß haben die Rosen gemacht.
Rathausspruch

Dornensuche → Sorge, selbstgemachte

dornig → zornig
(Bodenstedt)

Drama in zwei Zeilen

Ein leerer Kinderwagen stand
Vor der steilen Felsenwand.
Ringelnatz, An der harten Kante

Dreck, du bleibst nur → verscharren
(Schewtschenko)

drehen, sich

Und seht, er dreht sich immer noch,
Und denkt: Es hilft am Ende doch –
Chamisso, Tragische Geschichte

Dreieinigkeit

Es sind in Gott Personen drei,
Mans anders nicht muß halten;
Die Einigkeit, glaub ich darbei,
Bleibt dennoch unzerspalten.
Spee

dreinschlagen

Hol' wacker aus, schlag' mutig drein,
Fürcht' keinen Feind als dich allein!
Wartburgspruch

Drill

Stillgestanden! Hoch die Beine!
Augen gradeaus, ihr Schweine!
Visitiert und schlecht befunden.
Keinen Urlaub. Angebunden.
Strafdienst extra sieben Stunden.
So lebt der edle Kriegerstand.
Jawohl, Herr Oberleutenant!
Mühsam, Kriegslied

Der Mann hat mir das Herz versaut.
Das wird ihm nie verziehn.
Es sticht und schmerzt und hämmert laut.
Und wenn mir nachts vorm Schlafen graut,
dann denke ich an ihn.
Kästner, Sergeant Waurich

Anschisse, Staub, und immer bloß Schliff.
Alles für Deutschland. Trillerpfeifenpfiff.
Schnurre, Volksarmist

dringend

Setzt du dich dringend aufs Gesäß,
Dann ist zu klein oft das Gefäß.
R. v. Normann, Zweizeiler

Dringlichkeit

bomme möchte gar nicht beten
lieber schnell aufs klo austreten
Nach Christa Reinig, Die ballade vom blutigen bomme (vor der Hinrichtung)

Dritter, lachender

Während ihrer zwei
streiten um ein Ei,
steck's der dritte bei.
Sprichwort

Drogen → Rausch

Drogenwirkung → umfallen
(Busch)

drohen

Wer lange droht,
Macht dich nicht tot.
Sprichwort

Drohung mit dem Tode

Und schneidest, ritzest du mich bloß,
So geb ich dir den Gnadenstoß ...
Chamisso, Der rechte Barbier

drücken, an sich

Und sie drückt dich zielbewußt
an die kuhstallwarme Brust.
Kästner, Ball im Osten: Täglich Strandfest

Du

Du bist die Ruh,
Der Friede mild,
Die Sehnsucht du,
Und was sie stillt.

Rückert, Kehr ein bei mir

Du bist unsterblich

Kein Raum ist für den Tod,
Für kein Atom, das ihm verfallen könnte;
Du – du bist Sein und Hauch,
Und was du bist, kann nie zunichte werden.

Emily Brontë, Letzte Zeilen (Schumann)

Du bist die Welt → gefangen halten
(Angelus Silesius)

Du und ich

Und du und ich, wir haben uns erwählt
und flüstern nachts und sagen, was uns
quält . . .

M. Hausmann, Taglied

Du und ich sind eins

Ob Staub zu deinen Füßen der Himmel ist,
der kreist;
Doch Eines ist und Eines mein Sein und
deines nur.

Dschalal Ud-Din Rumi (Rückert)

Dualität als Lebensprinzip → Ich und Du
(Angelus Silesius)

ducken, sich

Ohne Murren, ohne Zucken
sollten sich die Freien Nacken
unter der Gewalt Joch ducken.

Morgenstern, Palmström wird Staatsbürger

Zu oft hab ich im Leben mich schon
ducken müssen.
Drum schütze mich jetzt noch vor den
Hornissen . . .

Thoor, Das zweite Irrenhaussonett

Duelle

Es kommen immer wieder Fälle,
Wo unvermeidlich sind Duelle.

Nach Heine

duellieren, sich

Wer möchte wohl das Ding probieren,
Sich heute noch zu duellieren?

Nach H. Seidel

Duett → Mund, offener
(Busch)

Duft

Weißt du, was ich denke,
Wenn ich duftend schwenke
Meinen Duft um dich:
Knabe, liebe mich!

. . . Wunderhorn, Knabe und Veilchen

Auf Blumen bettet mich,
Ihr Duften rettet mich . . .

Lat. Kirchenlied, Die schmachtende Maria

Wer hat dieser letzten Rose
Ihren letzten Duft verliehn?
Tritt hinaus ins Sonnenlose,
Atme ihn und spüre ihn . . .

G. v. der Vring

Duft der Erinnerung

Zuweilen kommt ein Duft gezogen –
Du kannst den Anlaß nicht verstehen –
Ein Nebeltag, der lang verflogen,
Ersteht, und neu durchlebst du den.

Sologub (v. Guenther)

Duft gegen Gestank

Der Sänger auf die Bühne trat
Schlicht, ohne sich zu rühmen.
Ein Hauch von Bier und Fleischsalat
Verlor sich in Parfümen.

Ringelnatz, Der Sänger

Düfte, entsetzliche

Entsetzlich waren die Düfte, o Gott!
Die sich nachher erhuben;
Es war, als fegte man den Mist
Aus sechsunddreißig Gruben.

Heine, Deutschland – Ein Wintermärchen

dumm

Die Dümmsten
Sind überall die Schlimmsten.

Sprichwort

Dummheit

Dummheit, die bei den andern sieht,
Wirkt meist erhebend aufs Gemüt.

W. Busch

Dummheiten, überlegte → Entschluß
(Blumenthal)

Dummkopf → Einfluß
(Grillparzer)

Dunkel, das

Ohne Glauben an das Glück,
Flohst ins Dunkel du zurück!

C. F. Meyer, Weihgeschenk

Das Dunkel verwandelt sacht die Räume.

Przyboś, Abend (Dedecius)

Wahrlich, keiner ist weise,
Der nicht das Dunkel kennt,
Das unentrinnbar und leise
Von allen ihn trennt.

Hesse, Im Nebel

dunkel werden → Aufklärung
(Piontek)

Dunkelheit

Was ist heut Nacht dem Licht geschehn?
Man kann vor Dunkelheit kaum gehn.

H. Lingg, Die Stallatern'

Dort erkennt man weit und breit
nichts. Denn dort herrscht Dunkelheit.

Ringelnatz, Die neuen Fernen

Durchhaltevermögen → Weg, schwerer
(Fontane)

Durst

Schnell einen Schluck – o Not –
Bin vor Durst halbtot!

Bellman, Monolog des Säufers . . . (H. v. Gumppenberg)

Durst und Hunger → Marsch
(Schi-King)

E

Ebenbild Gottes

Der ew'ge Wandrer ist ein Reh, mich schuf
er sich zum Bild,
Wie konnte er mich erdenken sonst, so
zärtlich und so wild!

Yeats, Der Indianer und Gott (Forbes-Mosse)

Ihr werdet geschliffen, ihr werdet gedrillt.
Ihr seid doch Gottes Ebenbild!

Frei nach Tucholsky

Echo

Und jede Brust
fühlt neue Lust
beim frohen Zwillingston;
es flieht der Schmerz aus jedem Herz
sogleich davon, davon.

Chr. von Schmid, Wie lieblich schallt durch Busch und Wald

echt

Wer immer wagt, sich selbst zu spielen,
Der muß nicht aus der Maske schielen.

Nach Heyse

echt oder falsch → mischen, sich

(Kästner)

Echtheit → Spiegelbild

(Meyer)

Edelsteine

Die Edelsteine vom höchsten Wert,
Die liegen wie Erbsen hier auf der Erd'
Hochaufgeschüttet; man findet dabei
Diamanten so groß wie ein Hühnerei.

Heine, Der weiße Elefant

Egoismus

Was die Welt wirklich vom Fleck gebracht,
Hat immer nur einer für sich gemacht.

Cäsar-Flaischlein-Gedenkbuch

Egoismus der Atome → Eigensinn der Atome

(Busch)

Egoismus, kommunaler → Eigennutz

Rathausinschrift

Ehe

Ehestand → Wehestand.

H. v. Müller, Predigten

Merket, wie die Welt nun stehe:
Selten sieht man rechte Ehe.

Freidank

Ich hab es bezahlt mit meinem Blut
Und fühle noch das Messer.
Und die Moral die lautet: Ja, Lieb ist gut,
Doch die Ehe, die ist besser.

Fontane, Lied eines Geköpften

Das ist die rechte Ehe,
Wo zweie sind gemeint,
Durch alles Glück und Wehe
Zu pilgern treu vereint;
Der eine Stab des andern
Und liebe Last zugleich,
Gemeinsam Rast und Wandern
Und Ziel das Himmelreich.

Geibel, Gedichte und Gedenkblätter

Ratsam ist und bleibt es immer
Für ein junges Frauenzimmer,
Einen Mann sich zu erwählen
Und womöglich zu vermählen.

W. Busch, Die fromme Helene

Nun quäln sie sich noch viele Jahre –
Er will noch was mit blonde Haare . . .

Nach Tucholsky

Es ist schon schwer: ein Leben zu zwein.
Nur eins ist schwerer: einsam sein.

Nach Tucholsky

Ehe → alt werden, zusammen

(Herburger)

Ehe → Mußehe

(Lehmann)

Ehe im status quo → Gesundheit und Geld

(Heine)

Ehe mit Greis → Liebhaber, geplagter

(Ovid)

Ehe, mörderische

Meuchlerisch stellet das Weib dem Gemahl nach, dieser der Gattin . . .

Ovid, Die Weltalter (Voß)

Ehe, Voraussetzungen der langen

Soll die Ehe lang bestahn,
Sei blind das Weib und taub der Mann!

Alter Spruch

Eheangst

Komme denn, o dunkles Los,
Vor dem Hochzeitslager noch!
Welche Rettung bliebe sonst,
Welcher Schutz vor diesem Brautbund?

Aischylos, Die Schutzflehenden (Minckwitz)

Und kommt der Tag, und soll ich frein,
so soll der Tod mein Liebster sein!

Lulu von Strauß und Torney, Mara

Ehebrecher, ertappter

Fragt er, warum sie traurig wär.
Sie sagt, sie hörte böse Mär,
Wie er ging täglich umher buhlen
Zu Pfarrers Schwester in der Schulen.

. . . Wunderhorn, Tragödie

Ehebruch

Verlöre, wer die Ehe bricht,
Flugs seine Nas im Angesicht,
So könnten viele Teller lecken,
Statt ihre Nas in alles stecken.

Sprichwort

Ehebruch → Seitensprung

Ehefeind, treuer

Ich tu dir schwören
Bei meiner Ehren,
Daß ich treu bin;
Aber's Heiraten, s'Heiraten,
Aber's Heiraten ist nie mein Sinn.

. . . Wunderhorn, Weine nur nicht!

Ehefrau

Liebe (Rosi), sei doch schlau,
werde niemals Ehefrau.
Verfasser unbekannt

Ehefrau, alte

Als ich ein jung Geselle war,
Nahm ich ein steinalt Weib.
Ich hatt sie kaum drei Tage . . .
Da hat's mich schon gereut.
Aus der Schweiz, Der Tod von Basel

Ehefrau, gehorsame

Da sprach die schöne Frau Inge
zum Gatten ehrenvoll:
«Wie Ihr befehlt, mein Herr,
so es geschehen soll.»
Oehlenschläger, Die beiden Kirchtürme (Festesen)

Ehefrau, grunzende

Und schrecklich grunzt die wilde Sau,
Des blonden Ebers Ehefrau.
Heine, Babylonische Sorgen

Ehefrieden im Grab

Man hat sie neben ihm begraben;
Wird er die ewige Ruh' nun haben?
Grabspruch, Tirol

Eheglück → Lebensglück
(Martial)

Ehejoch

Bin festgeschmiedet am Ehejoche
In diesem verwünschten Rattenloche!
Heine, Unterwelt

Ehekreuz

Das ist die größte Sünd auf Erden,
wenn aus der Ehe ein Kreuz will werden.
Nach Murner, Narrenbeschwerung

Eheleben, geregeltes → Paar, verträgliches
(Morgenstern)

Ehemann, älterer

einen Alten nahm ich,
wenig Glück bekam ich . . .
Polnische Ballade, An der Donau (Eisner)

Ehemann, entsetzlicher

Die Jungfrau ringt die Hände vor Qual:
«Mein Gott, was krieg ich für einen
Gemahl!»
Nordische Ballade, Würfelspiel (Festesen)

Ehemann, kritischer

. . . Wollt mein Herz Ihr? Es gehört Euch,
seit ich weiß, daß Mut Euch adelt.
Und der taugt wohl zum Gemahl auch,
der das Schlechte tapfer tadelt.
Spanische Ballade, Der Handschuh

Ehemann, vielbeschäftigter → Sehnsucht einer Kaiserin
(Li-Tai-Po)

Ehemann, wackerer

Mein Gatte führt die Lanze und das
Schwert
Und hat in manchen Schlachten sich
bewährt.
Chines. Gedicht, Die Unbestechliche (Klabund)

Ehepaar, trinkendes

Laß uns trinken, gute Alte,
Beide sind wir arm genug;
Daß das Herz uns nicht erkalte,
Trinken wir; wo ist der Krug?
Puschkin, Winterabend (v. Guenther)

Ehepartner, richtiger

Höre, was die Mutter sagt:
Sauer ist nicht süße,

nimm dir keinen Pferdeknecht,
der hat krumme Füße.
Nimm dir einen aus der Stadt,
der gewichste Stiefel hat.
Überliefert, «Rosmarin und Thymian . . .»

Ehepflicht

Bedenke, was deine Pflichten sind,
Nimm dir ein Weib und mach' ein
Kind . . .
Heine, Neue Gedichte

Eheprobleme

Als ich mein Weib noch nicht hatte,
Wie gut ging es mir da.
Jetzt lieg ich allein auf der Matte,
Fast jede Nacht beinah.
Man wird nicht ungestraft Gatte.
Nach P. Hacks, Couplet der altgriechischen Könige

Ehering → Heiratsantrag
(Wunderhorn)

Ehescheidung → scheiden

Eheschließung, überstürzte

Zum Pfäffel kam ein Pärchen und schrie:
«Geschwind und laßt uns frein!
Wir können keinen einzigen Tag mehr
ohne einander sein!»
G. Keller, Ehescheidung

Ehestreit

Jetzt zieh ich wider die ins Feld,
Die mir die Liebst ist in der Welt
Frisch auf!
Gott weiß, ich bin bereit,
Mit ihr zu leben ohne Streit,
Wenn sie nur selber wollt.
. . . Wunderhorn, Galantes dreißigjähriges Kriegslied

Heut bin ich der Teil, der nachgibt, Morgen
sie;
Zank und Streit in unsrer Ehe gibt es nie.
Hat uns schon bei Tage etwas aufgebracht,
So versöhnen wir uns wieder bis zur Nacht.
Irgendwie.
Petőfi, Irgendwie (Steinbach)

Als wir genug gezanket hatten,
fing es an zu krachen.
Ich und du, mein bucklig Weib,
mußten beide lachen.
Kindervers

Ehestreit → Versöhnung

Ehetauglichkeit

Willst du mit mir hausen,
so laß die Bestie draußen!
Goethe

Ehetragödie → aufstehen
(Wunderhorn)

eheuntauglich

So ein böser Mensch verbleibt
Lieber gänzlich unbeweibt. –
W. Busch, Julchen

Ehevermittler

Lill, mein Engel und mein Lamm,
Ich weiß dir den Bräutigam:
Kaiser Karl, der Weltbekannte,
Ich bin nur der Abgesandte . . .
. . . Wunderhorn, Die vermeinte Jungfrau Lille

Ehre bläht → Reichtum bläht

Ehre, lästige

Je mehr Ehr',
Je mehr Beschwer.
Sprichwort

ehren → Alten, die
(Hausinschrift)

Ehrenmann

Ehrenmann bin ich schon
als meines Vaters Sohn.
Poliziano, Ein Pilger aus Rom

Ehrfurcht

Allein wer Adel nicht und Größe kennt,
Der zittert, wenn man große Namen
nennt . . .
Firdusi, Über sich selbst (Schack)

Dieserhalb besonders scheut
Er die fromme Geistlichkeit . . .
W. Busch, Julchen

Ehrfurcht, falsche → kennenlernen, alles

Ehrfurcht, zurechtgewiesene

Doch staune, mein Kind, nicht länger
Ob meiner Göttlichkeit . . .
Heine, Die Nacht am Strande

Ehrgeiz

Wer in sich Ehre hat, der sucht sie nicht von
außen;
Suchst du sie in der Welt, so bleibt sie
immer draußen.
Nach Angelus Silesius

Ehrgeiz, falscher

Denn mit Göttern
Soll sich nicht messen
Irgendein Mensch.
Goethe, Grenzen der Menschheit

Ehrgeiz → Ziel, hohes
(Mutanabbi)

ehrlich sterben

Besser ehrlich gestorben
Als schändlich verdorben.
Sprichwort

Ei des Kolumbus

Ich, im übrigen, kaufe das Ei des
Kolumbus
bei meinem Milchmann.
Rühmkorf, Anti-Ikarus

Eia popeia

Eia popeia, was raschelt im Stroh?
Das sind die lieben Gänschen, die haben
kein Schuh.
Der Schuster hat's Leder, kein Leisten
dazu,
drum kann er den Gänslein auch machen
kein Schuh.
Kinderlied

Ei, faules

Ein faules Ei
Verdirbt den ganzen Brei.
Sprichwort

Eier legen

Mag sie meinetwegen
Ihre Eier legen . . .
Ringelnatz, Meine Musca Domestica

Eier legen → freier fühlen, sich
(Seidel)

Eier, ungelegte → Spielmannsleben
(Wolff)

Eid

Gezwungener Eid
Ist Gott leid.
Sprichwort

Am Eid ist schuld, wer ihn begehrt,
Nicht wer ihn vorteilshalber schwört . . .
Butler, Hudibras

Eifer

Bleib zu Hause, laß den Eifer!
Du wirst trotzdem täglich reifer.
R. v. Normann, Zweizeiler

Eifersucht

Mehr liebt, wen Eifersucht entflammt;
Doch besser liebt, wer sie verdammt.
Haug, Epigramme

Ihr Eifersüchtigen, die ihr ein Mädchen
plagt,
Denkt euren Streichen nach, dann habt das
Herz und klagt.
Goethe, Die Laune des Verliebten

Nein, deine Liebe, Freund, ist nicht so
groß,
Nur meine Treu macht mich zum
Schlafverächter.
Durch meine Liebe bin ich ruhelos
Und spiele deinetwegen stets den Wächter.
Shakespeare, Sonette (Saenger)

Eifersucht ist eine Leidenschaft,
Die mit Eifer sucht,
Was Leiden schafft.
Schleiermacher

Vor lauter Liebe sich nicht Liebe gönnen,
Vor lauter Liebe hassen können:
Man pflegt es Eifersucht zu nennen.
Nach Feuchtersleben

Weil sie die einzige Nacht mir bot,
schlüge sie heut mich vor Eifersucht tot . . .
Nach Marie Under, Die Dudaimbeeren

Ich sah zwei rote Rosen,
und die eine liebt ich heiß,
und als ich brach die andere,
da wurde die eine – weiß.
Englische Ballade, Jung John (v. Einsiedel)

Eifer des Gefechts

Indem da stürmt man an das Schloß,
Man achtet gar kein Wurfgeschoß . . .
. . . Wunderhorn, Schloß Orban

Eifer, falscher

Ist beim Spiel doch wie beim Dichten
Nichts mit Eifer auszurichten . . .
Lope de Vega (Vossler)

Eigenheim

Eigner Rauch und Hausgemach,
Geht über jede andre Sach'.
Sprichwort

Stein und Mörtel bauen ein Haus,
Geist und Liebe
Schmücken es aus.
Hausinschrift

Vieles ist gut,
eines das Beste:
In weiblicher Hut,
mit fröhlichem Mut,
im eigenen Neste!
Silberstein

Mit Baulichkeiten ist es mißlich,
Ob man sie schätzt, ist ungewißlich.
W. Busch

Eigenheimbesitzer, zufriedener

Hier wohn ich, sprach er, wie ein König;
Dergleichen Nester gibt es wenig.
Lichtwer, Der Hänfling

Eigenliebe

Eigenliebe ist die Leidenschaft,
die sich selbst am meisten straft.
Nach G. A. von Maltiz

Eigenlob

Wer sich lobt allein,
dessen Ruhm bleibt klein.
Nach einem Sprichwort

Eigennutz

Eigennutz und schlechter Rat,
Verderben manche gute Stadt.
Nach einer Rathausinschrift

Eigener Nutz
Ist ein böser Putz.
Chr. Lehmann, Politischer Blumengarten

Eigensinn

Vom Eigensinn
Ist kein Gewinn.
Sprichwort

Das Schwein, das Schwein, das steckt so recht
Voll Trotz und Eigensinn.
Wohin mans gerne haben möcht,
da wills durchaus nicht hin.
Trojan, Das eigensinnige Schwein

Eigensinn, verdrehter

Mit umgekehrtem Eigensinn
Begab er sich zur Erde hin . . .
Lichtwer, Der Hänfling

Eigensinn der Atome

Haben sie auch keine Köpfchen,
Sind sie doch voll Eigensinn.
Trotzig spricht das Zwerggeschöpfchen:
Ich will sein, so wie ich bin.
W. Busch, Die Kleinsten

Eigentum, unzerstörbares → reich sein
(Lavant)

Eignung → Kunst und Handwerk
(Spruch)

eilen

Die Kleinen aber eilen
und haben keine Zeit,
sie möchten hundert Meilen
wohl in der Stunde weit . . .
Kindervers, Die Uhren

einbilden, sich

Der gekrönte Esel bildete sich
Jetzt ein, daß er einem Löwen glich . . .
Heine, König Lahngohr I.

einfach

Jetzt können wir die einfachen Dinge
wieder einfach sagen
Bienek, Danach

einfach könnte es sein → Arbeit und Werte
(Herburger)

Einfall

Einfälle sind keine Gedanken.
Der Gedanke kennt die Schranken,
Der Einfall setzt sich drüber weg
Und kommt dann oft nicht recht vom Fleck.
Nach Grillparzer

Einfall → Skandal
(Morgenstern)

Einfalt

Einfalt
Hat schöne Gestalt.
Alter Spruch

Einfalt → schaffen
(Jammes)

einfältig

Alle Welt hat Erfahrung;
Ich hingegen bin einfältig, ein Tor!
Laotse, Aus dem Tao-Te-King (Dallago)

Laß uns einfältig werden
Und vor dir hier auf Erden
Wie Kinder fromm und fröhlich sein!
M. Claudius, Abendlied

Einfluß

Ein Dummkopf bleibt ein Dummkopf nur
Für sich in Feld und Haus;
Doch wenn du ihn zu Einfluß bringst,
So wird ein Schurke draus.
Grillparzer, Sprüche und Epigramme

einfügen, sich

Füge dich dem Ganzen ein,
Sage ja – und sag auch nein!
R. v. Normann, Zweizeiler

Einfühlungsvermögen

Magst du andre nicht verletzen,
lern' in sie dich zu versetzen.
Verfasser unbekannt

eingebildet → Schönste, die

Eingebung, plötzliche → überraschen

Einheit von Form und Gehalt

Der gleiche Strahl des Scheins!
Im Atem einer Seele,
Im Laute einer Kehle
Sind Wuchs und Wesen: Eins!
Burte, Gehalt und Form

einig sein

sagt mir, teure Freunde auf der weiten
Erde ...
warum kann die Erde nicht einig sein?
J. M. Villa, Warum ist die Welt nicht mein Vaterland? (Jering)

einigeln, sich nicht → Übermacht, gegen die

Einigkeit

Einigkeit alle Dinge erhält,
Uneinigkeit zerstört die Welt.
Nach einem alten Spruch

Im Frieden und im Krieg
Behält die Einigkeit den Sieg.
Rollenhagen

Einigkeit ist ein festes Band,
Das hält zusammen Leut und Land.
Chr. Lehmann, Politischer Blumengarten

Sich trennen in Einigkeit
Ist besser als ewiger Zank und Streit.
Nach Spitteler

Und selbst in einer Herzensfrage
Trat ihre Einigkeit zu Tage.
W. Busch, Zu guter Letzt

Ein Leben. Ein Fleisch.
Ein Schicksal.
Hagelstange, Stimme des ungeborenen Christus

einkehren

Kehr ein bei mir,
Und schließe du
Still hinter dir
Die Pforten zu.
Rückert

Einklang bringen, in

So manches löst sich auf in Harmonie,
was scheinbar nicht zusammen wollte
klingen;
man muß nur richtig überlegen «Wie», –
dann läßt sich vieles schon in Einklang
bringen.
Verfasser unbekannt

einladen → bedenkenlos
(Wedekind)

einladen → Gast, prominenter
(Ringelnatz)

Einladung

Komm du auf unsre Heide,
Wo ich mein Schäflein weide . . .
A. von Droste-Hülshoff, Das Hirtenfeuer

Einladung, zweifelhafte

Mein Lieber, voll die Scheuer ist
von Korn und Stroh und Heu.
Was mein jedoch, auch Euer ist,
ins Haus kommt ohne Scheu.
Botrel, Das Messer (H. C. Müller)

Einladungen

Lädt man dich jeden Tag zu Gaste,
So bleib auch mal zuhaus – und faste!
R. v. Normann, Zweizeiler

einlassen

Die Schöne, die dich ausschließt,
versperrt dir nicht dein Glück,
Und führt, wenn sie dich einläßt,
dich nicht dazu zurück.
Mutanabbi (Rückert)

einlullen → Liebe
(Storm)

Einöde

Wie weit er auch die Stimme schickt,
Nichts Lebendes wird hier erblickt.
Schiller, Die Kraniche des Ibykus

eins werden

Könnten unsre verschiedenen Wesen
ineinander gelangen,
Wie ein chinesisches Rätsel
verklammert . . .
Muriel Rukeyser, Zwei versuchen miteinander zu reden (Hansen)

eins und alles → Sein und Nichts; Ewige, das
(Goethe)

eins mit Gott

O Herr, ich wußte früher selbst noch nichts von mir,
Nur meinem Leibe wandt ich meine Liebe zu,
Ich hatte nicht erkannt, daß ich bin eins mit dir,
Und daß der Tor fragt, wer bin ich und wer bist du.
Lallâ (v. Glasenapp)

einsam

Wer einsam ist, der hat es gut,
weil keiner da, der ihm was tut.
W. Busch, Der Einsame

Ich stapse einsam durch den Schnee.
Vielleicht steht links im Busch ein Reh . . .
Ringelnatz, Stille Winterstraße

einsam Leidender

Nur ich allein,
Ich leide Pein . . .
Spee, Der trübe Winter ist vorbei

einsam stehen

Ich stehe einsam an des Weihers Strand,
Die Hand am Blick, und äuge stumm ins Land.
Li-Tai-Pe, Der Silberreiher (Klabund)

Einsame, der

Manchmal weint er wenn die worte
still in seiner kehle stehn
doch er lernt an seinem orte
schweigend mit sich umzugehn
Christa Reinig, Robinson

Einsamkeit

Einsamkeit ist's, die mir bleibt.
Welk bin ich, fahl und betäubt,
Und allein. O wie allein!
Mag die Sehnsucht Trost mir sein . . .

Eminescu (Drozdowski)

Einsamkeit → ertragen

(Walter)

Einsamkeit → Herbst im Herzen

(Tschang-Tsi)

Einsamkeit → welk

(Lamartine)

Einsamkeit Gottes

Gott bläst das Horn seiner Einsamkeit;
Und Liebe ist dunkler als Zwielichtgrau,
Und Hoffnung ärmer als Morgentau . . .
Ewig entfliehn die Welt und die Zeit.

Yeats, In das Zwielicht (Goldscheider)

Einsamkeit, abwechslungsreiche

Und auf der fernsten Felsenhöhe
im Bergwald war ich nie allein;
ich trug der Menschen Glück und Wehe,
als wären tausend Leben mein!

Stieler

Einsamkeit, erholsame

Kein Klang der aufgeregten Zeit
Drang noch in diese Einsamkeit.

Storm, Abseits

Einsamkeit gepflegte

O, wie selig ist zu schätzen,
Welcher außer allem Streit,
Seine Sinne kann ergötzen,
in gepflegter Einsamkeit.

Nach Morhof

Einsamkeit, höchste → Sonnenuntergang

(Nietzsche)

Einsamkeit, Liebe zur

Alle Welt hat Gemeinschaftsbetrieb;
Ich hingegen liebe die Öde der Einsamkeit:
O Einöde, habe ich noch nicht deine Mitte
erreicht! . . .

Laotse, Aus dem Tao-Te-King (Dallago)

Einsamkeit, peinliche

Mir gäb' es keine größ're Pein,
Wär ich im Paradies allein.

Goethe, Sprüche in Reimen

Einsatz, höchster → Wette, erstaunliche

einschlafen

So, nu schläft er; es gelang;
Himmel, Hölle, Gott sei Dank!

Dehmel, Wiegenlied für meinen Jungen

einschlafen → Flucht in den Schlaf

(Béranger)

einschüchtern lassen, sich

Wir lassen uns wie die Spatzen
Einschüchtern von Teufelsfratzen . . .

Heine, Die Wanderratten

Du, laß dich nicht erschrecken
In dieser Schreckenszeit
Das wolln sie doch bezwecken
Daß wir die Waffen strecken
Schon vor dem großen Streit

Biermann, Ermutigung

einseifen

Er seift ihn ein ganz unverdutzt,
Er wetzt, er stutzt, er kratzt, er putzt . . .
Chamisso, Der rechte Barbier

Einsicht

Gesteh dir's selbst, wenn du gefehlt;
füg nicht, wenn Einsicht kam,
zum falschen Weg, den du gewählt,
auch noch die falsche Scham.
Grillparzer

Einsiedler

Gern verweil ich noch im Tale
Lächelnd in der tiefen Nacht,
Denn der Liebe volle Schale
Wird mir täglich dargebracht.
Novalis, Das Lied des Einsiedlers

Ich knie am Altar in der Einsiedelei,
und rings die großen Wellen rauschen herbei.
Zorro, Der Spielmann Meendinho (Vossler)

Einsiedler → Stadtflucht
(Opitz)

Einsperrung, vergebliche

Und sperrt man mich ein im finsteren Kerker,
das alles sind rein vergebliche Werke!
Volkslied, Die Gedanken sind frei

Einstellung, unterschiedliche → Witz oder Wunder

Eintagsfliege → rastlos
(Eschenbach)

Eintracht

Eintracht
Bringt Macht.
Sprichwort

einträchtig

Laß mich, mein Gott, mit diesen Eseln zu dir schreiten,
Gib, daß einträchtiglich die Engel uns geleiten . . .
Jammes, Gebet . . . (Stadler)

eintönig

Und manchmal treffen sich Blicke voll Gier,
Wenn tierischer Dunst die Stube durchweht.
Eintönig spricht ein Knecht das Gebet
Und ein Hahn kräht unter der Tür.
Trakl, Die Bauern

eintreiben

Nur bedacht auf große Dinge
war sein Geist und nie gemein:
von den Armen mit der Klinge
trieb den letzten Scherf er ein.
Kramsu, Jochen Berends (Manninen)

Einverleibung → köstlich
(Busch)

Eis, auf dem

Noch lebt es auf dem Eise,
Der Schlittschuh schneidet Kreise.
Loerke, Märkische Landschaft

Wir standen aufm Eis
Und angelten mitm Finger
Plötzlich wurde uns heiß
Das Eis kam ins Geschlinger . . .
Mickel, An M.

Eisenbahner

Auf der Eisenbahn
steht ein schwarzer Mann,
schürt das Feuer an,
daß man fahren kann.
Kinderreim

Eitelkeit

Es ist des Menschen Eitelkeit,
Die ihn zu Lug und Trug verleit't . . .
Nach W. Hauff

Wer hat die Eitelkeit?
Die Klugen wie die Gecken;
Doch diese zeigen sie,
wo jene sie verstecken.
Rückert, Die Weisheit der Brahmánen

Nur der wird einst von allen Wunden
der lieben Eitelkeit geheilt;
der manchmal – in verschämten Stunden –
die Ansicht seiner Gegner teilt.
Blumenthal

Eitelkeit
– Ein schlimmes Kleid.
Sprichwort

Eitelkeit → Selbstgefälligkeit

Eitelkeit → selbstverliebt
(Boccacio)

Ekstase → Liebesrausch, Lust, Rausch der Liebe reizumfangen
(Michaux)

Ekstase im Mikrokosmos → Moleküle

Ekstase ohne Leidenschaft

In heißesten Liebesminuten
Sei leidenschaftslos wie der Stahl –
Und wirst du am Kreuz einst verbluten,
So preis die ekstatische Qual.
Brjussow, Dem Dichter (v. Guenther)

Elefanten

So sieht man furchtlos sie mit stetem Gang sich winden . . .
Wenn sie mit plumpem Schritt am Horizont verschwinden.
de Lisle, Die Elefanten (v. Hartlieb)

Elektrizität → Braten, seltener
(Makowej)

Elemente

Vier Elemente,
Innig gesellt,
Bilden das Leben,
Bauen die Welt.
Schiller, Punschlied

Denn mich verlangt es, vor allem,
des süßen, mitreißenden Dreiklangs
aus Erde, Wasser und Licht . . .
Hagelstange, Meersburger Elegie

Elend

So sind sie, diese armen Leute:
Dem Elend fallen sie zur Beute
Mit lammgeduldiger Gebärde,
Rings auf der freien Flur der Erde.
Verhaeren, Die Armen (Dehmel)

Elend des Krieges

Erwürgen sehn wir unser Kinder
Genummen sind uns Schaf und Rinder,
Haus unde Hof ist uns verbrennt,
Und wir geführt in das Ellend.
Hans Sachs, Die Gefangenen klagen

Elend der Welt

Der Dichter und der Narr, sie wurden hintergangen: Die
empörten Inseln verlassen den Ozean,
die Silben schreiben ihre
eigenen Gedichte . . .
Bosquet, Elend dieser Welt (Koval)

Elend der Welt → heruntergekommen

Elend ertränken, das

Im Rum wollen sie jetzt ihr Elend
ertränken.
Ich möchte wie du sein, um sie nicht zu
kränken . . .

Cendrars, Ostern in New York (J. Schroeder)

Elend im Überfluß

Ich sterbe dürstend an der vollen Quelle;
Ich, heiß wie Glut, mir zittert Zahn an
Zahn.
Frostklappernd sitz ich an der Feuerstelle,
In meinem Vaterland ein fremder Mann.

Villon, Lied des vogelfreien Dichters (Dehmel)

elendfühlen, sich

Er fühlte ganz elendiglich
Sich außen und inwendiglich,
Und mußte stärken sein Gebein
Mit Käse, Brot und Branntewein!

H. Seidel, Der Eiersegen

Elendsgestalt

Sein Kittel war gering,
Er sah beschmutzt, elende,
Und lehnt sich an die Wände,
Betrübt, weil's ihm so ging.

. . . Wunderhorn, Der unterirdische Pilger

Elendsstraße → Prachtstraße
(Cendrars)

Elite, Mißvergnügen der → Trab

Eltern

Ich will dir sagen, daß ich nachts mit
nassen Wangen
Dasitze, weil die Eltern um mein Leben
bangen.

Nach Laforgue

Eltern, abhängig von

Als ich mich noch meinen Eltern weihte,
War ich Tag und Nacht der Welt verwehrt.
Stand im Dunkel, stumm in mich gekehrt,
Eine grau und goldne Trauerweide.

Tu-Fu, Die junge Soldatenfrau (Klabund)

Eltern, bittende

Der Vater, die Mutter, die gingen vors
Hauptmanns Haus:
«Ach Hauptmann, lieber Hauptmann,
gebt mir meinen Sohn heraus!»

Volkslied, O Straßburg, o Straßburg

Elternhaus, Trennung vom

O meine Mutter, dies Gefängnis haß ich,
zu ihm, dem Freund, dem ich gehöre, laß
mich,
Und niemand, glaub es mir, trennt mich
von dir.

Portugiesische Ballade, Mutter und Tochter (Lüher)

Elysium

Und ist's mit dieser Welt herum,
So komm ich ins Elysium.

Nach J. G. Fischer

emanzipieren, sich

Mußt dich keck emanzipieren . . .
Über Männer triumphieren . . .

Ringelnatz, Am Barren

Empörung → Unterwerfung

Ende

Ein Ende hat Kreuz, Gram und Leid;
Kein Ende hat die Ewigkeit.

Alter Spruch

Ende, nahendes → Todessehnsucht
(Michelangelo)

Ende, schlimmes

Rissig werden Häuserwände.
Fische faulen in dem Flusse.
Alles nimmt ein ekles Ende.
Krächzend kippen Omnibusse.

A. Lichtenstein, Prophezeiung

Ende im Nichts

Es jagt ihn auf der Spur des Lichts
Und schließlich jagt es ihn in's Nichts.

Hadewych (J. O. Plassmann)

Ende wie Anfang

Auf dem Kirchhof will ich liegen
Wie das Kindlein in der Wiegen . . .

. . . Wunderhorn, Gruß

Ende, vor dem → Leben, kurzes
(Saadi)

Ende ist Anfang → stirb und werde

endlich

Endlich wird aus Wasser Wein,
Endlich kommt die rechte Stunde,
Endlich fällt der Kerker ein,
Endlich heilt die tiefe Wunde.
Endlich . . .

Hagedorn, Trost-Aria

Endzeitverkünder

Der Rabe Ralf ruft schaurig: «Kra!
Das End ist da! Das End ist da!»

Morgenstern, Der Zwölf-Elf

Endziel

Von allem ist, o Sohn, das Ziel
Beim hohen Zeus; der stellts, wohin er will.

Simonides von Amorgos, Das Endziel (Nach Herder)

Energie

Alles ist aus Energie –
Land und Leute, Stein und Vieh.

R. v. Normann, Zweizeiler

eng beieinander

Ob man dort beisammensaß
wie die Heringe im Faß,
weise blieb es, denn fürwahr:
Besser eng als in Gefahr.

Odyniec, Die Gespenster (Nitschmann)

Enge, die

Form will mich verschnüren und verengen,
Doch ich will mein Sein in alle Weiten
drängen –

Stadler, Form ist Wollust

Enge, heraus aus der → schlagen, über die Stränge
(Chines. Gedicht)

Engel

Will mich der Feind verschlingen,
so laß die Engel singen . . .

Gerhardt, Nun ruhen alle Wälder

Engel schwärmten, gewaltig stand
oben der Herrgott mit segnender Hand.

Nach Marie Under, Die Dudaimbeeren

Der Engel Gottes soll zu allen Zeiten
Auf allen Wegen uns geleiten.

Nach einer Hausinschrift

Engel, gefallener

Hast du vergessen, wo du hergekommen,
Und daß dir Gott die Flügel nur
genommen!

Gautier, An ein Kind (Schaukal)

Engel, häßlicher

Holder, Engel,
Pumpenschwengel,
heißgeliebtes Trampeltier,
du hast Augen wie Sardellen,
alle Ochsen gleichen dir.

Spottvers, Verfasser unbekannt

Engel, müder

Nicht irdischer Liebe Geschöpf will sie scheinen,
Nein, eher ein Engel, ein müder, von droben.

Papini, Gioconda (Leifhelm)

Engel, trinkfreudige

Und Englein kamen, und aus den Taschen
Sie zogen hervor Champagnerflaschen . . .

Heine, Rückschau

Engel, wie

«Ihr Rackervolk in Ewigkeit!
Wann endlich hab ich euch soweit,
Daß ihr der irdischen Lust entsagt
Und euch wie selige Engel betragt,
Nicht aber – wie das mein Herz empört!
– Den lieben Gott im Denken stört?! . . .»

J. Berstl, Sankt Peter

Engelchen und Schlängelchen

Kam ein Schlängelchen
Zu einem Engelchen,
Neigte sich und wollte wieder scheiden.
Engelchen mochte das Schlängelchen
Gut leiden,
Sagte fromm:
«Komm!»

Ringelnatz, Schlängelchen

Engel sind ausgewandert

Alle Engel der Erde sind ausgewandert,
selbst der braune Engel aus dem Kakao.

Andrade, Biographie zum Gebrauch der Vögel (Palm)

entbehren

Entbehren sollst du! sollst entbehren!
Das ist der ewige Gesang,
Der jedem an die Ohren klingt,
Den, unser ganzes Leben lang,
Uns heiser jede Stunde singt.

Goethe, Faust I

entbehrlich

Alles ist vielleicht nicht klar,
nichts vielleicht erklärlich,
und somit, was ist, wird, war,
schlimmstenfalls entbehrlich.

Morgenstern

Entbindung → Wehen, überstandene
(Heine)

Entbindung der Natur → Erde, frische
(Papini)

Entdecker

Wer etwas allen vorgedacht,
wird jahrelang erst ausgelacht.
Begreift man die Entdeckung endlich,
so nennt sie jeder selbstverständlich.

Jensen

Entfernungen

Da die Welt aus Entfernungen entsteht,
Treppenhäuser und Moore . . .

Ilse Aichinger, Spaziergänge

entfesselte Wünsche → Wünsche
(Müller)

entflammt

Und da geschahs: es drang von feiner Minne
Ein Strahl der fuhr ins Herz mir mitten inne . . .

Dino Compagni, Im frühen Jahr (Feist)

Wer von der Schönen zu scheiden
verdammt ist,
Fliehe mit abgewendetem Blick!
Wie er, sie schauend, im Tiefen entflammt
ist,
Zieht sie, ach! reißt sie ihn ewig zurück.

Goethe

Enthaltsamkeit

Enthaltsamkeit ist die mieseste List,
Die in der Ärzte Rezeptbücher ist.

Nach Freidank

Nur wer den Geist befreit
Aus der Begierde Stricken
Durch die Enthaltsamkeit,
Wird selber sich beglücken.

P. von Bohlen, Bhartriharis Sprüche

Enthaltsamkeit ist das Vergnügen
an Sachen, welche wir nicht kriegen.

W. Busch

Enthüllung

Und ein leises Lüftchen spülte
Mit der Locke goldner Fülle,
Hob mit zartem Hauch die Hülle
Von des Mädchens Busen los.

A. M. Lamberti, Biondina im Gondelchen (Goethe nach Gries)

entkommen, dem Paradies

Was gilt auch alles himmlische Sein,
Der Balsamduft, der güldene Schein ...
Kann man nicht schmunzelnd froh
zuweilen
Dem milden Strahlenkreis enteilen ...

J. Berstl, Sankt Peter

entkommen, dem Leben

Leben, wie entkommt man dir ohne den
Tod?
Weder die Flucht noch das Aushalten ist
leicht.

Nach einem griechischen Kurzvers

entlassen

Der König entließ ihn mit reichen
Geschenken
Und streckte sich aus, um nachzudenken.

Heine, Der weiße Elefant

Entlassung → Rente

(Bürger)

entmenschlichen, sich

Und er lief an den Ufern immer anderer
Welten,
Entmenschlichte sich ganz, wo Blumen ihn
beseelten ...

Lesmian, Wald im Wald (Dedecius)

entmutigt

Mehrmals kehrt der Geist noch wieder,
doch sein Mut liegt bald darnieder ...

Odyniec, Die Gespenster (Nitschmann)

entrinnen, sich

Ich kann bei allem Sinnen
mir selber nicht entrinnen.

Freidank, Bescheidenheit

entrückt → oben, von

(Morgenstern)

entsagen

Gott dienen will ich, will der Welt
entsagen,
Mich abzukehren aller Eitelkeit,
Denn größer seh ich stets und mehr die
Plagen
Des Wahns, des Trugs und der
Verlogenheit.

Donzella Compiuta (M. u. L. Lanckoronski)

Sie kam herausgeschritten,
schneeweiß war sie bekleidt,
ihr Haar war abgeschnitten,
zur Nonne war sie bereit.

Deutsche Volksballade, Graf und Nonne

Das Glück, kein Reiter wird's erjagen,
es ist nicht dort und ist nicht hier;
lern überwinden, lern entsagen,
und ungeahnt erblüht es dir.

Fontane

Nichts schien uns mehr versagt,
Nachdem wir entsagten . . .

Gertrud von le Fort, Verwandlung

Entsagung

Allem Pomp und Pracht
Sag ich gute Nacht . . .

. . . Wunderhorn, Des Schäfers Tageszeiten

Entscheidende, das → instinktlos

(Morgenstern)

Entscheidung

Aber sobald die große Entscheidung
nahkommt,
geht uns der Wagmut und der Entschluß
verloren . . .

Kavafis, Troer (von den Steinen)

Entscheidungskonflikt

Solln wir diese Wasserleichen
Im Wasser lassen und weichen?

R. v. Normann, Schüttelversuch

Entscheidungsschwäche → zweifeln

(Meyer)

Entschluß

Das Mögliche soll der Entschluß
Beherzt sogleich beim Schopfe fassen;
Er will es dann nicht fahren lassen
Und wirket weiter, weil er muß.

Goethe, Faust I

Ein kluger Entschluß reift unverhofft
Blitzschnell und ohne Erwägung –
Doch Dummheiten machen wir allzuoft
Nach reiflicher Überlegung.

Blumenthal, Buch der Sprüche

Entschluß → aufschieben

(Goethe)

Entsetzen

O ihr wißt noch nicht, welch ein Gefühl es
ist,
Welch Elysium schon in dem Gedanken
blüht,
Bleicher Feinde Entsetzen,
Schrecken zitternder Welt zu sein . . .

Schiller, Der Eroberer

Entspannung, geistige

Laß deinen Geist recht häufig schweifen,
Dann wird der Schweiß dich nicht
ergreifen!

R. v. Normann, Schweiß-geschüttelt

Entspannung durch Arbeit

Nichts unterhält so gut . . .
Die Sinne mit der Pflicht in Frieden,
Als fleißig sie durch Arbeit zu ermüden.

Wieland, Oberon

entstauben

Sein Schloß ihm zu entstauben,
Ist leider weit und breit
(Man sollte es nicht glauben)
Keine einzige Putzfrau bereit.

B. H. Bull, König und Putzfrau

Entstellung, rücksichtsvolle

Hau dem Schelm ein Ohr ab,
hau's ihm nicht so dicht ab,
laß ihm noch ein Stücklein dran,
daß man den Schelm erkennen kann.

Aus «Des Knaben Wunderhorn»

enttäuscht

Du suchtest ein Mädchen
und fandest eine Seele –
du bist enttäuscht –

Edith Södergran, Der Tag wird abendkühl . . . (Kellnberger)

Entwicklungsfremdheit

Entwicklungsfremdheit
ist die Tiefe der Weisen . . .

G. Benn, Statische Gedichte

Entwicklungsland

Weil dieses Land ein wenig ärmlich ist
und größre Ernten tragen könnt, macht's Sorgen,
doch Zukunft ist hier wohl verborgen.

Nach Eino Leino, Legende

Entwicklungsland, gefährliches

Wenn der Kaffer seine Pfeile
Tränkt im Saft der giftgen Bohnen:
Freut sich der gesetzte Bürger,
Nicht in Afrika zu wohnen.

M. Drucker, Tropenlandschaft

Entwicklungshilfe → Hunger

(Schnitzler)

Epochen

Die Epochen, sage ich,
sind kleine Zufälle . . .

Sabais, Ecce Homo

Entzücken

Tiefes und süßes Entzücken
Haucht Himmel, – Vogelschwarm, – Flut;
Alles ist Frieden und Freude,
Alles ist göttlich und gut.

Gregh, Zweifel (Grautoff)

entzückt von ihr

Ich habe was zu sinnen,
Ich hab', was mich beglückt,
In allen meinen Sinnen
Bin ich von ihr entzückt.

L. A. von Arnim, Mir ist zu licht zum Schlafen

entzückt → Staunen, wortloses

(Goethe)

Entzugsbeschwerden → Zauber, nachlassender

(Seidel)

Erbarmen, kaltes → abweisend

(Dante)

erbauen, sich

Dies wird euch Kindern Gottes taugen,
Erbaut euch und ergötzt die Augen!

(Goethe)

Erbeigenschaften

Was er dem Kinde mitgibt, weiß kein Vater . . .

Carossa, An das Ungeborene

Erben, das

Wer sich verläßt aufs Erben,
Mag als ein Narr versterben.

Sprichwort

Erben, die

Doch die reiche alte Frau
Hinterließ beim Sterben
Auch Verwandte, und das heißt:
Ziemlich viele Erben.

Michalkow, Der Millionär (Krüss)

erblindet

. . . ihn hüllt' in Dunkel eine gütge Nacht:
Er ist erblindet! Herrlich füllt mit lichten

Gebilden und dämonischen Gesichten
die Muse seines Auges Nacht . . .
C. F. Meyer, Miltons Rache

Erbschaft

Ich bin eines armen Vaters armer Sproß;
Mit der Erbschaft ist da leider wenig los.
Das ist bös! Allein, es gibt auch Schlimmres
noch,
Und am Ende leben müssen wir ja doch
Irgendwie.
Petőfi, Irgendwie (Steinbach)

Erbschaft, fragwürdige

Kurz, er bewies den Satz,
Daß Kinder ihre Eltern hassen,
Wofern sie ihnen nichts als Reichtum
hinterlassen.
Gellert, Der baronisierte Bürger

Erbschaft → Hinterlassenschaft
(Goethe)

Erbsünde

Glückselige, deren Aeon
Nicht kostet böse Geschicke:
Denn wessen Haus von der Götter Hand
Einmal erschüttert ward,
Den verläßt das Unglück nicht . . .
Sophokles, Antigone (Herder)

Wir haben nichts verdienet
Als schwere Straf und großen Zorn,
Weil stets bei uns doch grünet
Der freche schnöde Sündendorn.
P. Gerhardt, Nach dem großen Kriege

Erde

O Erde, du vergänglich Beet,
Darauf der Fuß so bänglich geht!
Papentrigk

Erde, frische

Die Erde will heute noch einmal erstehen
Und reicher und frischer, in neuer
Entbindung,
In deinen Waldaugen sich spiegelnd zu
sehen
Im Abglanz der kindlichen keuschen
Empfindung.
Papini, Die Tocher (Leifhelm)

Erde, gottvergessene

Dennoch bringen dir in Erinnerung
möcht ich den Planeten «Erde» . . .
Supervielle, Hinweis auf einen Dichter (Kraft)

Erde, teilnahmslose

Das Blut strömt . . . die Erde dreht sich
Und hört niemals auf
Und das Blut nimmt seinen Lauf
Prévert, Das Lied vom Blut (Kusenberg)

Erde, unsere

Ich weiß einen Stern,
Drauf Blumen blühn,
Drauf herrliche Schiffe
Durch Meere ziehn.
Er trägt uns, er nährt uns,
Wir haben ihn gern:
Erde, so heißt
Unser lieber Stern.
Josef Guggenmos

Erde, unter der

Laß grünes Gras mich decken,
Das Tau und Regen näßt;
Und wenn ihr wollt, gedenket,
Und wenn ihr wollt, vergeßt.
Chr. G. Rosetti, Lied

Erde, von Engeln verlassene → Engel
(Andrade)

Erde, von oben gesehen

Tief unten, als ob es ein Grab nur wär,
Da dämmert die Erde, das blaue Meer . . .
Tegnér, Die Zugvögel (Gumppenberg)

Erde werden, wieder → Grabspruch
(Claudius)

Erde zu Erde

Was die Erde mir geliehen,
Fordert jetzt sie schon zurück.
Naht sich, mir vom Leib zu ziehen,
Sanft entwindend, Stück für Stück --
Peter Rosegger, Ewiges Leben

Ich weiß nicht, was ich haben werde,
Noch trägt dies Herz sein Leid und Glück,
Doch einmal kehrt zur guten Erde
Dies Herz wohl wie ein Kind zurück.
Wiechert, Das letzte Haus

Erdengast → Vergänglichkeit
(Goethe)

Erdenglück

Man weiß es ja, doch niemand glaubt's
hinlänglich,
Daß Erdenglück und Liebe sind
vergänglich.
Nach Spitteler, Olympischer Frühling

Erdenglück eines Geistes

Ich fühl, was ist, und weiß wohl, was
gewesen,
Ich möchte rasen, könnte dies ein Geist,
Zwar vom Gefühl für Erdenglück genesen,
Spür ich die Wärme doch, die du mir
leihst . . .
John Keats, Die Erscheinung

Erdenleben

Dies Erdenleben,
Womit soll ichs vergleichen?
Wie wenn von Booten,
Frühe hinausgewandert,
Keine Fährte zurückbleibt.
Okura, Tanka

Erdverbundenheit → Ablenkung
(Eichendorff)

ereifern, sich → Schnauze voll

erfahren

Nicht immer ist erfahren,
Wer reifer ist an Jahren.
Nach Bodenstedt

Erfahrung

Erfahrung bringt mehr als Meisters Lehr'.
Sprichwort

Erfahrung → Anwendungsproblem
(Rückert)

Erfahrung → einfältig
(Laotse)

erfassen, alles → Überblick, großer
(Leuthold)

erfassen, mit Worten → aussprechen heißt
lügen
(Tjutschew)

Erfolg

Erfolg ist nur ein faules Spiel,
bald gilt man nichts, bald gilt man viel.
Nach Abraham a Santa Clara

Der eine hat die Mühe,
der andere die Brühe.
Albumvers

Erfolg hat im Leben
und Treiben der Welt,
wer Ruhe, Humor
und die Nerven behält.
Albumvers

stolz ob seiner Dichtung Macht,
liest er vom Erfolg getragen,
rastlos weiter ohne Zagen.
Odyniec, Die Gespenster (Nitschmann)

Erfolg → Aufstieg, aufwärts; leisten, etwas; Rolle, große; steigen und fallen; Ungleichheit *(Verf. unbekannt)*

Erfolg, unbefriedigender

Wenn alles eben käme
wie du gewollt es hast,
und keiner dir was nähme
dann hätt'st du deine Last!
Nach de la Motte-Fouqué

Erfolg der Werbung

Ich will meiner Werbung
Erfolg erst erfahren,
Bevor ich mich entferne.
Aus der Edda, Skirners Fahrt (W. Jordan)

Erfinder

Wer allen etwas vorgedacht,
wird jahrelang erst ausgelacht,
begreift man die Entdeckung endlich,
so nennt sie jeder: – Selbstverständlich.
W. Jensen

Erfinder, weitblickender

Welche Verehrung verdient der Weltenschöpfer, der gnädig,
Als er den Korkbaum erschuf, gleich auch die Stöpsel erfand.
Schiller, Xenion

Erfindung

Er hat, indem er's unterdrückt,
Die ganze Menschheit sehr beglückt.
Michael Ende, Der Nicht-Erfinder

erfüllen, sich → warten können
(Morgenstern)

Erfüllung

Komm, Aphrodite, o komm, und löse aus schwerem
Grame mich los und gib Erfüllung den Wünschen,
Die im Herzen mir brennen!
Sappho, Ode an Aphrodite (Goldscheider)

Erfüllung → verschenken, sich
(Stadler)

ergeben, sich

Wo Widerstreben
Das Schiff nicht retten kann,
Da soll der Steuermann
Dem Winde sich ergeben.
Nach Wieland, Musarion

ergreifen, das Glück → Glück
(Goethe)

ergründen

Wer will denn alles gleich ergründen!
Sobald der Schnee schmilzt, wird sich's finden.
Goethe, Kommt Zeit, kommt Rat

erhaben

Der Feind fände an ihm nichts zum Eindringen seiner Waffen.
Warum das?
Weil er über seinem Leben lebt.
Laotse, Aus dem Tao-Te-King (Dallago)

Wisset, ein erhabner Sinn
Legt das Große in das Leben,
Und er sucht es nicht darin!
Schiller, Die Huldigung der Künste

erhaben → oben, von
(Morgenstern)

Erhaltung → Plunder aus dem Mittelalter
(Kraus)

erheitern

Man will ihn ermuntern, man will ihn
erheitern,
Jedoch die klügsten Versuche scheitern.
Heine, Der weiße Elefant

erhöhen, sich gegenseitig → Liebe erhöht
(Bachmann)

Erhörung

Zwar kommt Erhörung oft geschritten
Mit ihrer himmlischen Gewalt,
Doch dann erst hört sie unsre Bitten,
Wenn unsre Bitten längst verhallt.
Platen, Oft, wenn wir lang im Dunkel schweifen . . .

erinnern, sich

Denke dieser bleichen Todesmiene,
Dieses Lagers, wo du weinst,
Wann du wieder auf der Narrenbühne
Deiner Stadt erscheinst!
Hölty, An Laura

Es lohnt nicht,
Sich zu erinnern,
Daß einmal Nacht war!
Krolow, In der Sonne

Erinnern, das → Zeiten, bessere
(Siebel)

Erinnerung

Ja, die Zeit ist hingeflogen,
Die Erinn'rung weichet nie;
Als ein lichter Regenbogen
Steht auf trüben Wolken sie.
Uhland, Entsagung

. . . bis in den Tod
Kann aber ein Mensch auch
Im Gedächtnis doch das Beste behalten,
Und dann erlebt er das Höchste.
Hölderlin, Der Rhein

Erinnerung, o welche Zeit
Entreißt du der Vergessenheit!
Nach Platen

Erinnerung → Duft der Erinnerung
(Sologub)

Erinnerung, bittersüße

Mag ewig bluten meine Wunde,
wenn von dem Schmerze neu belebt
nur die Erinnerung jeder Stunde,
in der sie mein war, mich umschwebt.
Schack

Erinnerung, selige

O Gedächtnis! schon in dir
Liegt ein ganzer Himmel mir!
Goeckingk, Nach dem ersten nächtlichen Besuch

Nicht Zeit noch Vergessen zerstören
Erinnrung, die Seligkeit ist,
Vergißt man nicht in sich zu hören,
Wie Mannsein nicht Kindsein vergißt . . .
Swinburne, Anheimgabe (v. Bernus)

Erinnerung nach dem Tod

Vom Traum erweckt mich keiner,
Die Erdenwelt verblich.
Vielleicht gedenk ich deiner –
Vielleicht vergeß ich dich.
Christina Rossetti, Sterbelied (Kerr)

Erinnerung, schöne → Gute, das; Schöne, das

(Goethe)

Erkältung, göttliche

Und bei solcher Nachtluft
Frieren auch wir, wir ewigen Götter,
Und kriegen wir leicht den göttlichen Schnupfen
Und einen unsterblichen Husten.

Heine, Die Nacht am Strande

erkennen, Gott

Doch über Wunder geht, Herr! daß ich dich erkenn,
Daß ich, ich blöder Mensch, dich Gott und Schöpfer nenn . . .

Gryphius, Auf seinen Geburtstag

erkennen, die Welt

Nicht aus dem Tore gehend,
Erkennt man die Welt . . .

Laotse (Rousselle)

Erkenntnis

In Gott wird nichts erkannt: er ist ein einig Ein.
Was man in ihm erkennt, das muß man selber sein.

Angelus Silesius, Der Cherubinische Wandersmann

Erkenntnis → Gotteserkenntnis

(Jesaia)

Erkenntnis → Lebenskunst

(Geibel)

Erkenntnis, erschreckende → Schein und Sein

(Meyer)

Erkenntnis, höchste

Wer mit dem andern sich als eines dachte,
Wer Tag und Nacht in sich als gleich empfand,
Wer sich im Geist frei von der Zweiheit machte,
Der hat allein den höchsten Gott erkannt.

Lallâ (v. Glasenapp)

Im tief Erkannten können wir nicht wohnen.

Carossa, Gruß

Den Gipfel hat mein Geist erreicht,
Wo Wahrsein dem Verzweifeln gleicht.

Ould, Leib und Geist (Kerr)

Erkenntnis, letzte → Liebe, ewige

(Sidney)

Erkenntnis, letzte → Worte

(Morgenstern)

erklären, etwas

Und wenn man mir es nicht verdenkt,
Sag' ich, wie das zusammenhängt.

Mörike, Pastoral-Erfahrung

erlaubt sein → Rücksicht

(Busch)

Erlebnishorizont

Wie in aller Welt und warum
dieses Unwetter
über dem sonnigen Erlebnishorizont

Karin Kiwus, Freie Fahrt

Erleuchtung

Armer Vogel, der ich war,
Saß ich auf dem Seelenbaume
Und im grünen Blättertraume
Ward mir Welt und Wesen klar.

Hafis, Diwan (Klabund)

Da fühl ich ein tiefes Entzücken,
Nun weiß ich wohl, was ich will,
Es bauen sich andere Brücken,
Das Herz wird auf einmal still.
Eichendorff, Abend

Erleuchtung → Erkenntnis höchste; Licht und Dunkel
(Hafis),
Offenbarung, Unendlichkeit
(Nietzsche),
Vollendete, der
(Laotse),
vollbringen
Gnom. Verse

erlisten → schaffen gehen
(Schiller)

erlöschen

Die letzte Lampe ächzt und zischt
Verzweiflungsvoll, und sie erlischt.
Heine, Sie erlischt

erlösen

Kumm, grimmer Tod, und uns erlös
Von dem grausamen Türken bös.
Hans Sachs, Die Gefangenen klagen

Erlöser

O wann erscheint des Himmels wahrer Sohn,
Der eignen Knechtschaft Bande zu entwirren –
Daß wieder statt der Schwerter Verse klirren
Und ach der Frauen leichte Rebellion.
Tschang-tü-tsi, Der weiße Storch

Vom sichern Ort
hinab ins Nichts.
Göttliches Wesen tauscht' ich ein
Für niedres Menschentum.
Romanus, Morgen-Hymnus (Helene Hohmeyer)

Ich hatte dies Land in mein Herz genommen.
Ich habe ihm Boten um Boten gesandt.
In vielen Gestalten bin ich gekommen.
Ihr aber habt mich in keiner erkannt.
Bergengruen, Die letzte Epiphanie

Wie eine Feder bin ich gekommen,
flaumig und leicht vor dem Winde der Zeit.
Alle Gipfel hab ich erklommen,
die Tiefen gelotet, die Höllen geweiht . . .
Hagelstange, Triumph des Auferstandenen

Erlöse von den Verwirrten
Die blutende Welt;
Sende einen Hirten,
Der von neuem hält
In treuen und gerechten Händen
deine Herde.
Meckauer, Waffenlos zwischen den Fronten (XL)

Ich weiß von allem Leid, fühl alle Scham
und möchte helfen aller Kreatur.
Der Liebe such ich aus dem Haß die Spur,
dem Menschenglück den Weg aus Not und Gram.
Mühsam

Erlöser, hilfloser

Bist du von anderen Welten gerufen wie ein praktizierender Arzt,
Der nicht weiß, wo ihm der Kopf steht, und läßt die Patienten sterben?
Supervielle, Hinweis auf einen Dichter (W. Kraft)

Erlöser Tod

Denn ein Erlöser ist der Tod
Klagenbittern Mißgeschicks.
Aischylos, Die Schutzflehenden (Minckwitz)

erlöst

Nimmer wirfst du dich herum . . .
Nimmer schaust du trüb und stumm . . .

Tennyson, Ein Grablied (Freiligrath)

Allmächtiger Vater, sie lebt! Sie verzeiht!
Nun bin ich erlöst, nun bin ich befreit!

Dehmel, Die Buße

Erlösung

Die letzten Spuren spürt er noch,
Und Sinn um Sinn erzieht sich nun,
Und Nichts erneut sich, nimmermehr:
Der auferwacht ist, ist erlöst.

Anuruddho (Buddha-Schüler), Der Tod des Buddha (Neumann)

Nun gute Nacht, ihr meine Freund,
Ihr meine Feind, ihr Guten und ihr Bösen!
Euch folg die Treu, euch folg der Trug.
Es ist genug! Mein Gott will mich auflösen.

A. U. von Braunschweig, Sterbelied

Der Weise, wann er stirbt, begehrt in Himmel nicht:
Er ist zuvor darin, eh ihm das Herze bricht.

Angelus Silesius

Vom süßen Licht des Lebens möcht ich kehren
Zu jenem Leben, das sie Tod benannt.
Ich hab im Tod den Tröster nur erkannt:
So würden Götter nicht zu sterben wehren.

L. de'Medici, Sonette (Reumont)

Das Grab, mein Ruhekissen,
Begräbt die Sklaverei;
Da nun der Strick zerrissen,
So wird der Vogel frei.

Joh. Chr. Günther, Sterbelied

Erlösung → Ichauflösung

(Goethe)

Erlösung, Bitte um

Schöner Himmelssaal
Vaterland der Frommen,
Ende meiner Qual,
Heiß mich zu dir kommen;
Denn ich wünsch allein
Bald bei dir zu sein.

S. Dach, Christliches Sterblied

ermuntern → erheitern

(Heine)

ernähren

Einen hübschen Stalljungen nehm ich gern,
doch will ich nicht auch sein Pferd ernährn.

Nordische Ballade, Kjersti als Stalljunge (Festesen)

ernstnehmen, das Leben

Damit's dir Spaß macht,
mußt du dich schon bequemen,
das Leben immerhin
ein bißchen ernst zu nehmen.

Hartleben

ernstnehmen, den Tod

Wenn die Menschen den Tod nicht mehr ernstnehmen,
So zeigt ihnen das Leben seinen furchtbaren Ernst.

Laotse, Aus dem Tao-Te-King (Dallago)

erneuern, sich → Erlösung

(Anuruddho)

Erneuerung, innere

O frischer Duft, o neuer Klang!
Nun, armes Herze, sei nicht bang!

Uhland, Frühlingsglaube

Erntesegen → Regen und Sonne
(Fontane)

ernüchtert

Sie schritten beide mit Gebrumm
Ganz nüchtern fort und sahn nicht um . . .
G. Kinkel, Der Kobold . . .

Eroberer, der

Stolz auf türmt er sich nun, dampfendes
Heldenblut
Trieft am Schwert hin, herab schimmert's,
wie Meteor,
Das zum Weltgericht winket –
Erde, fleuch! der Eroberer kommt.
Schiller, Der Eroberer

Eroberung einer Frau

Und es jubelten die Leute,
da es ihm so gut gelang;
in dem Arm hielt er die Beute,
seine Braut, die ihn umschlang.
Welhaven, Guter Rat nicht teuer (Passarge)

Eros

Und wieder mich Eros, der gliederlösende,
beugt und biegt
das süßbittere, rettungslose Untier.
Sappho

Erotik, Metaphern der → Ding, das; fest bleiben; Greifbare, das; Metapher der Vereinigung

Erpressung

«Du hilfst mir, Hund, aus meiner Not;
den Beutel her, sonst schlag ich dich tot!»
Chamisso, Die Sonne bringt es an den Tag

Erpressung → Morddrohung
(Wedekind)

erreichen

Was unerreichbar ist, das rührt uns nicht;
Doch was erreichbar, sei uns goldne
Pflicht!
G. Keller

erreichen

Willst das Große du erreichen,
fange mit dem Kleinen an;
deine Tadler werden schweigen,
ist das Kleine groß getan.
Hornfeck

erreichen, sich

Ja! Da wir nun im Trüben uns erreichen,
Warum nicht auch in Lust? . . .
Camoẽs, Mein schöner Tajo . . . (O. von Taube)

Ersatzbett

Wenn wir auch kein Federbett haben
. . . tun wir uns ein Loch ausgraben . . .
Volkslied aus Schlesien, Lustig ist das Zigeunerleben

Ersatzpferd

Und wenn der Schneider reiten will,
dann hat er keinen Gaul,
dann setzt er sich auf'n Ziegenbock
und nimmt den Schwanz ins Maul.
Überliefert

Ersatzbefriedigung → Mist
(Ringelnatz)

Ersatzbefriedigung → Wohlstand
(Busch)

ersaufen

Da rettet kein Schnaufen,
Kein Zappeln sie mehr,
Sie müssen ersaufen
Wie Pharaos Heer . . .
Geibel, Lied des Rattenfängers

erschaffen

Mich schuf min Meister aus Gerechtigkeit
Die erste Liebe wirkte, mich zu gründen,
Die höchste Weisheit und
Allmächtigkeit ...

Dante, Göttliche Komödie (Aufschrift über dem Höllentor) (Streckfuß)

Nicht wünsche Ich,
nicht fordre Ich
des Menschen Tod,
den ich erschuf ...

Romanus, Morgen-Hymnus (Helene Homeyer)

erscheinen

Es erscheint nun; niemand sieht es,
Niemand hört es im Geschrei:
Mit bescheidner Trauer zieht es still vorbei.

Feuchtersleben, Spruch

Erscheinung

Da sah ich plötzlich alles um mich strahlen,
Und vor mir stand der Herr der
Liebesqualen.

Dante, Aus «Das Neue Leben»

Der Fuß wohl überm Saal erscheint
So schön und weiß wie Elfenbein.
Der Ritter still saß bei der Braut,
Die schrie auf und schrie laut.

... Wunderhorn, Ritter Peter von Stauffenberg ...

Erschießungen

Der graue Sommer ist hinter uns
die Stunde der Erschießungen

Bienek, Danach

erschlaffen → Liebeskraft

(Weinheber)

erschüttert

« ... Wie ist er kommen um sein Leben?»
Sie konnt vor Weinen kein Antwort
geben ...

... Wunderhorn, Moritz von Sachsen

Erste, der

Ein Bauer hat genug der Ehr',
Ist in dem Dorf der Erste er.

Freidank

erstehen, wieder → Erde, frische

(Papini)

ertragen

Aber alles kann man ertragen ...

Sappho

Was einer tragen kann an Leid und auch an
Lust,
Das wird erst einem Mann wenn er's
erfuhr, bewußt.

Rückert, Die Weisheit der Brahmanen

Wer Armut trägt ganz ohne Klagen,
der wird auch Reichtum gut ertragen.

Tschopp

Du bist weit. Ich bin allein.
Niederkniend muß den zagen
Strom der Dinge ich ertragen
Und in Sehnsucht wortlos sein.

Silja Walter, Weißer Kerbel

erwachen

Erwachet, ihr Schläfer drinnen!
Der Kuckuck hat geschrien,
hoch auf des Berges Zinnen
seht ihr die Sonn erglühn!

Alter Kanon

Erwachen, das

Leer ist der letzte Schlag
des Herzens vor dem Erwachen.
Schwer ist das erste Lachen . . .

Annemarie Bostroem, Vor Tag

Das Erwachen ist schrecklich. Wie
Stacheldraht im Kopf . . .

Brechbühl, Auf der Suche nach den Enden des Regenbogens

erwachsen

Nun ist erwachsen die Kleine,
Besorgt den Tisch und die Speise,
Das Haus, am Samstag die reine
Wäsche, nach häuslicher Weise . . .

Pascoli, Das Tischtuch (B. Geiger)

Nimm meine Worte freundlich hin,
Weil ich schon sehr erwachsen bin.

Ringelnatz, Zweites Kindergebetchen

erwägen

All Ding hat sein Umstände,
Die man erwägen soll;
So kann man dann behende
Zum Ziel gelangen wohl.

J. Doman, Lied von der Hanse

erwählen, sich → du und ich

(Hausmann)

Erwartung, frohe

Ich hab nur ein wenig von weitem geguckt,
da hat mir meine Herz schon vor Freude
gehupft.

Weihnachtslied aus Schlesien, Was soll das bedeuten

Erweiterung, Streben nach → Enge, die

(Stadler)

erwerben

Aller Menschen Sinn und Mut
Geht auf Ehre, Geld und Gut,
Und wenn sie's haben und erwerben,
Dann legen sie sich hin und sterben.

Hausinschrift

Wie könnte dauerhaft der Mensch
erwerben?
Was wandelbar von Sternen nicht
empfangen,
Die jede Nacht, geboren, wieder sterben?

Calderon, Die Blumen (Schlegel)

erwischen, etwas

Bescheidenheit, Bescheidenheit,
Verlaß mich nicht bei Tische
Und mache, daß ich jederzeit
Das beste Stück erwische!

Kinderreim

erzählen

Ich will euch erzählen und will auch nicht
lügen:
Ich sah zwei gebratene Ochsen fliegen,
Sie flogen gar ferne;
Sie hatten den Rücken gen Himmel
gekehrt,
Die Füße wohl gegen die Sterne.

Lügenlied, Verf. unbekannt

erziehen

Man könnt' erzogene Kinder gebären,
Wenn die Eltern erzogen wären.

Goethe, Zahme Xenien

Zähme des Jünglings Übermut
Im dreisten Wagespiele;
Lenke den festen Mannessinn
Zum unverrückten Ziele . . .

Manzoni, Pfingsten (Heyse)

Erziehung

Doch wo ein Vater milde wacht,
zähmt er auch so die wilde Macht.

Sita Steen, . . . Vater sein dagegen sehr

Erziehung, gute

Jahrhunderte stritten ausführlich,
Ob Gutsein im Grunde natürlich.
Wir meinen voll Mut:
Der Mensch ist, wenn gut
Erzogen, natürlich manierlich.

Ernst Fabian

Erziehung, militärische → Drill

Erziehungsfehler

Sie sprach: «Das ist mein Mutter Schuld,
Daß sie mein Bosheit hat erduldt . . .»

. . . Wunderhorn, Zucht bringt Frucht

erzwingen

Soll dir Glück im Spiele lachen,
Glaube nicht, du kannst's erzwingen.
Nicht der Hitzkopf wird es machen,
Nicht dem Starrkopf kann's gelingen.

Lope de Vega (Vossler)

Eselei, alte

Ich bin ein Esel und will getreu
Wie meine Väter, die Alten,
an der alten, lieben Eselei,
Am Eselstume halten.

Heine, Die Wahlesel

essen

Ein Mensch beim Essen ist ein gut Gesicht,
Wenn er nichts denkt und nur die Kiefer
mahlen,
Die Zähne malmen und die Blicke strahlen
Von einem sonderbaren Urweltlicht.

Zuckmayer, Das Essen

Habt ihr was, so eßt es,
habt ihr nichts, vergeßt es.

Aus einem Kinderreim

essen → Fressen, fettes; mampfen

essen → Gericht, üppiges

essen → köstlich; laben, sich

(Busch)

essen → Nachtisch, speisen

essen und trinken

Willst du leben lang und g'sund,
Iß wie die Katz, trink' wie der Hund!

Schweizer Trinkspruch

essen, unmanierlich → Manieren, schlechte

(Mörike)

Essen, deutsches

Auch unser edles Sauerkraut,
Wir sollens nicht vergessen;
Ein Deutscher hat's zuerst gebaut,
Drum ist's ein deutsches Essen.

Uhland, Metzelsuppenlied

Eßkultur, neue → speisen

(Morgenstern)

Eßlust

Schinkenspeckgesichter lachen
treuherzig, weil Knochen krachen . . .

Degenhardt, Deutscher Sonntag

Wer trocken Brot mit Lust genießt,
dem wird es gut bekommen,
wer Sorgen hat und Braten ißt,
dem wird das Mahl nicht frommen.

Verf. unbekannt

Etikette

An dieser göttlichen Gnadenstätte
Hält man auf Zucht und Etikette!

J. Berstl, Sankt Peter

Europa

Eilt, daß ihr den Verstand zum Nutzen noch gebrauchet,
Eh dann Europa ganz, das goldne Land, verrauchet!

Scultetus, Friedens Lob- und Krieges Leid-Gesang

tretet zusammen, ihr Völker, zeigt euch die offenen Hände,
das neue Jahrhundert erwartet von uns das neue Gesetz
des Menschen.

Günther Weisenborn, Die Nationen Europas

Da liegt Europa. Wie sieht es aus?
Wie ein buntes Irrenhaus!

Nach Tucholsky

Wie kannst, Europa, du des Höchsten Macht verneinen,
geborgen dich in gottesferner Nacht vermeinen?

Palm-Nesselmanns, Europa 1944

Europa als Schlachtfeld → Atomtod
(Nick)

Euphorie → Heiterkeit des Todes
(Nietzsche)

Euphorie → Offenbarung
(Keller)

Evatöchter, schlimme

Trau keiner Tochter Evas viel,
Sie treiben all ihr schlimmes Spiel.

Sprichwort

Evolution des Bewußtseins → reifen und begreifen

Evolutionsschritt, der nächste

Ihr, von Müh zu Mühe so gepeinigt,
Seid getrost, nun ist das All gereinigt,
Und nun darf der Mensch als Priester wagen,
Gottes Gleichnis aus dem Stein zu schlagen.

Goethe, Vermächtnis altpersischen Glaubens

ewig dauern

Da sagte ich zu ihr:
«Was ewig dauert, macht mir kein Pläsier.»

Villon, Die Ballade von der schönen Stadt Morah (Zech)

ewig ist zu lang

O Ewigkeit, du machst mir bang;
O ewig, ewig ist zu lang . . .

Rist

Ewige, das

Das Ewige regt sich fort in allen;
Denn alles muß in Nichts zerfallen,
Wenn es im Sein beharren will.

Goethe, Eins und alles

ewige Wirkung → fortwirken

Ewigkeit

Ich kam zum Rande der Ewigkeit,
In der nichts schwindet –
Nicht Hoffnung,
Nicht Glück,
Und nicht das Bild eines Angesichts
Durch Tränen geschaut.

Tagore, Gedichte (Gothein)

Ewigkeit → Raum und Zeit
(Droste),
Spiel, zielloses
(Rist)

Ewigkeit, alles verschlingende → alles vergeht
(Derschawin)

Ewigkeit fühlen

fühle den Aufwind der Ewigkeit
Und das Nimmermehrwieder.
Dagmar Nick, Unterwegs III

Ewigkeit, geduldete

Was hat das Ewige verschuldet,
Daß man's nur nebenher noch duldet?
Platen, Romanzen ...

Ewigkeit, Gefühl der → Raum und Zeit
(Droste)

Examen, überflüssiges

Wir haben sogar ein Examen gemacht
und das meiste schon wieder vergessen.
Jetzt sind wir allein bei Tag und Nacht
und haben nichts Rechtes zu fressen!
Kästner, Jahrgang 1899

Exekution

Es haben die Neun wohl angelegt;
Acht Kugeln haben vorbeigefegt.
Sie zitterten alle vor Jammer und
Schmerz –
Ich aber, ich traf ihn mitten ins Herz.
Hans Christian Andersen, Der Soldat (Chamisso)

Existenzberechtigung

Ich für meine Person
rechtfertige schließlich allein meine
Gegenwart,
aber wer bin ich schon?
Rühmkorf, Was seine Freunde sagen

Extremen, zwischen den → Zwitter

Exzellenzen

Besonders der Trab in hohen Kadenzen
Ist kein Vergnügen für Exzellenzen ...
Münchhausen, Lederhosen-Saga

Existenz, Gedanken über die → nachdenken
(Supervielle)

Existenzen, kleinste → Atome
(Busch)

Existenzrahmen

Gott, Fleiß und die Gelegenheit
Beherrschen Menschen, Welt und Zeit.
Logau, Sinngedichte

existierender Gott → Gott, ewiger
(Heine)

Explosion → Flucht in die Zerstörung
(Supervielle)

F

Fabelwesen

Von halber Höhe – ein Adel, der mir paßt.
So lebt ich immer, zwischen Tier und Gott,
halb Mensch, halb Vogel, zweier Reiche
Gast.

Morgenstern, Fiesolaner Ritornelle

Fabrik

Tag und Nacht: Lärm und Dampf,
Immer Arbeit, immer Kampf:
Unerbittlich schröpft das Moloch-Haus
Stahl und Mensch um Menschen aus.

Engelke, Die Fabrik

Fabrik → Regelmäßige, das
(Ringelnatz)

Fabrik → Umweltvergiftung
(Brechbühl)

Fachidioten → Witz oder Wunder

Fachzeitung

Eine Zeitung für die Bienen,
Die vor Jahren schon erschienen,
Kennt man gut in Stadt und Land.
Aber daß die Küchenschaben
Auch schon eine Zeitung haben,
Das ist weniger bekannt.

Krüss, Höpftbönöff

Fackel

Nun nahn uns Wonnen
in dunklen Zeiten!
Die Fackelsonnen
Lucias schreiten
Durch Tales Weiten.

Karlfeldt, Lucia (W. Ernst)

Fahnenflucht → Stern der Hoffnung
(Bachmann)

Fahnentreue

Die Fahne kommt, den Hut nehmt ab,
Der bleiben treu wir bis ans Grab!

Nach Liliencron, Die Musik kommt

fahren

Der Wald ist unsre Liebe,
der Himmel unser Zelt,
ob heiter oder trübe,
wir fahren in die Welt.

Riedel, Aus grauer Städte Mauern

Fährboot → Welt
(Kabir)

fahren lassen

Nehmen sie den Leib,
Gut, Ehr, Kind und Weib,
Laß fahren dahin,
Sie haben kein Gewinn . . .

Luther, Ein feste Burg . . .

Fairneß → Kämpfer, edler

Fall, schwieriger → überlegen
(Morgenstern)

Fall bringen, zu → Beharrlichkeit
(Sprichwort)

fallen → Ängste
(Bergengruen)

fallen → Welkes
(Stieler)

fallen, aus der Welt → Welt, aus der
(Meyer)

Fallstrick

So schadet meist der böse Rat
Demselb'n, der ihn gegeben hat.
Denn wer ein'n andern Fallstrick legt,
Sich selbst darin zu fangen pflegt.

Rollenhagen

falsche Pracht → Prachtstraße
(Cendrars)

faltig werden → häßlich werden
(Busch)

Familie

Das Menschenherz, die Erde schwankt,
Die Seele, die Gesellschaft krankt;
Nur eins steht fest in Sturm und Graus:
Die Familie – und das Haus!

Bauernfeld, Xenien

Farbenspiel → Vergänglichkeit
(Calderon)

Fasching

Im Fasching schaut der reiche Mann
sich gern ein armes Mädchen an.
Wie zärtlich oft die Liebe war,
wird im November offenbar.

Mühsam, Kalender – Februar

Fassaden

Blendend mit weißen Fassaden
Leuchtet die herrschende Marmorburg
her,
Hebt sich manch Bild voller Gnaden –
Aber die Straßen sind leer,
Einsam und öde:
Und durch die Stadt hin
Wandelt Erinnerung schwer.

Fröding, Atlantis (v. Gumppenberg)

fassen, alles → übernehmen, sich
(Lichtwer)

fast am Ziel

Obgleich mir manches nicht genehm
Und mich der Schuh gedrückt,
Mich hätte fast, trotz alledem,
Die schönste Maid beglückt.

J. v. Lauff, Der Brandfuchs

Fasten

Und will sich nicht das Leiden heben,
beginnt für dich ein Heidenleben:
was dir als gut und nahrhaft wichtig,
bezeichnet man als wahrhaft nichtig.

Tom der Schüttelreimer, Schüttelkur

Übung steht auf der Meister Fahn.
Durch Üppigkeit wird feister man.

Papentrigk

Fasten → Gebet

(Hausmann)

Fasten → Selbstzucht

(Wunderhorn)

Fatalismus

Tu, was du mußt,
bring's Leid, bring's Lust.

Altdeutsch

Fatalismus, fröhlicher → Zuversicht

(Busch)

faul, nicht

Nur her, mein liebstes Vögelein,
Wir wollen nicht die faulsten sein . . .

Grimmelshausen, Lied des Einsiedels

Faule, der

Ein Fauler schaffet nichts und frißt doch in die Wette;
Deswegen schadt er mehr, als läg' er krank zu Bette.

J. Grob, Faulheit

Fäule → Lebenswecker

(Ringelnatz)

Favorit → Günstling

(Opitz)

Favorit, gleichgültiger

Nach meiner Lieb viel hundert Knaben trachten,
Allein der, den ich lieb, will mein nicht achten.

Unbek. Dichter des Mittelalters

Favoritin → Vorliebe, brennende

(Wunderhorn)

Feder schwingen, die → kampfbereit

(Bodenstedt)

Feierabend

Damit nicht Sonn und Mond umsonst die Bahn beschlossen,
Freut euch der Ruh, ihr Werkgenossen!

Konfuzius, Einzug ins Winterhaus (Haussmann)

Feigheit

Was tut der Herr von Ehrenwert?
Wie der den Drachen brüllen hört,
Da läßt er fallen Schild und Schwert.

Unbekannter Verfasser, Ballade vom Herrn Latour

Feigling

Wirst du grünlich wie ein Pilz?
Gleich der zitternden Giraffe,
Muster eines Jammerbilds!
Zeigst du, daß dein Mut erschlaffe,
Eh mein Pulver ich verpaffe?

Rostand, Duell des Herrn von Cyrano (Fulda)

fein

Allzu fein
ist eitel Schein.

Sprichwort

Halt dich fein rein,
sei gern allein,
laß andre sein . . .

Herder

Feind

Lebend'ger Feind in Hut ist besser als
Des toten Feindes Blut an deinem Hals.

Aus dem Persischen

Feind, nützlicher

Nützlich ist uns oft ein Feind:
Er dient, wenn er zu schaden meint.

Lichtwer, Die Nachbarn

Feindbild, anerzogenes

Glaub ihnen nicht, wenn sie dir von mir sagen:
Er ist dein Feind, in den Boden mit ihm,
Damit das neue Europa keime.

Walenczyk, An einen unbekannten Deutschen im Westen (Dedecius)

Fegefeuer

Wenn die Bösen dann zur Linken
In die heißen Flammen sinken,
Laß mir ewge Freude winken.

Thomas von Celano, Dies Irae (Simrock)

Fehler → Irrtum

(Geibel)

Fehler, eigene

Was dein Auge an andern sah,
wird andern nicht an dir entgehen,
wir stehen uns selber viel zu nah',
um unsre Fehler selbst zu sehen.

Tiedge

Fehler, eigene → Spiegel

(Rückert)

Fehler des Feindes

Der Feinde Fehler soll man kennen,
Aber nicht beim Namen nennen.

Nach einem Sprichwort

Fehlleistung eines Verliebten

Als er einmal vor einer Weile
An seinen Vater schrieb,
Schloß er den Brief mit dieser Zeile:
Behalte mich, Corinna, lieb.

Martial (Hölty)

Fehlleistung, göttliche → Schöpfung

Ind. Sprichwort

Fehltritt

Wenn einen Fehltritt Frau'n getan,
Des Mannes Bitt' war schuld daran;
Auch ein Mann dasselbe täte,
Wenn man innig so ihn bäte.

Freidank

Feld schicken, ins → Geldverdiener

(Gyoni)

Fenster, Blick aus dem → Späße, schöne

Ferien

Vorüber ist die Ferienzeit.
Der Lehrer hält den Stock bereit.
Ein Kind sah Berg und Wasserfall
das andre nur den Schweinestall.

Mühsam, Kalender – September

Ferne, aus der

Für dich von fern zu wachen bin ich da,
Wenn du mir fern und andern gar zu nah.

Shakespeare, Sonette (Saenger)

Ferne, beglückende

Mondschein und Sonne, noch einmal die Sterne,
bald ist erreicht die beglückende Ferne . . .

Liliencron, Der Blitzzug

Ferne, in die

Hinaus in die Ferne
mit Butterbrot und Speck,
das mag ich gar so gerne,
das nimmt mir keiner weg.

Nach einem Lied von Albert Methfessel

Fernost

Und ich weiß, warum die Alten immer
jammern, immer schrein:
Hat der Osten dich gerufen, kannst du
nicht mehr glücklich sein . . .

Kipling, Mandalay (Sachs)

Fernweh

Gott weiß, zu dir steht stets mein Sinn,
doch jetzt zur Ferne zieht's mich hin.

Disselhoff, Nun ade

Nein, ich kann nicht glücklich sein, Fällt
die würzige Luft mir ein
Und die Palmen und die Glöckchen und
der warme Sonnenschein.

Kipling, Mandalay (Sachs)

Ach, ich möchte einmal wieder
Als Matrose im Atlantik kreuzen,
Um mein Herz und meine Lieder
In die wilden Wetter auszuschneuzen.

Ringelnatz, Ehemaliger Seemann

Er träumte von liebestrunknen Prärien
Wo kräftige Düfte, leuchtende Wellen,
Goldner Flaum ruhig quellen
Und zittern und glühn.

Rimbaud, Der siebenjährige Dichter (Ammer)

Was da ist, widert dich an, es dünkt
Erfreulicher dich das Ferne.

Euripides, Hippolytos

Fernweh → Pflichterfüllung

(Kaschnitz)

Fest

Zum Freudenfeste reiben sich die Schönen
Mit gelbem Sandelstaube rein und klar;
Durchwürzen sich den Mund mit
Wohlgerüchen
Und räuchern dunkle Aloe in das Haar.

Kalidasa, Der Winter (v. Bohlen/Kreyenborg)

Tages Arbeit! Abends Gäste!
Saure Wochen! Frohe Feste!

Goethe, Der Schatzgräber

Einer alten Klampfe
verstimmte Herrlichkeit
klingt auf. Gestampfe
von Tänzern macht sich breit.

del Valle Inclán, Galgenballade (Grossmann)

Fest, nächtliches

Der Mond hat unser Haar gebleicht
Und nicht das graue Alter . . .
Ein Liebespaar sich seitwärts schleicht
Und um die rote Lampe streicht
Verliebt ein schwarzer Falter.

Aus China, Fest der Jugend (Klabund)

Und hoch geht es her:
Manch Fäßchen wird leer,
Und manch Kopf wird voll an den Tischen.
Wie es rollt, das Gold,
Und das Glück, wie es rollt,
Wo die Buben und Damen sich mischen.

J. Trojan, Das Geisterschloß

Fest, ungemütliches

Die Umgebung glich gefrornen Betten.
Auf die Abendkleider fiel der Reif.
Zähne klapperten wie Kastagnetten.
Frau von Cottas Brüste wurden steif.

Kästner, Maskenball im Hochgebirge

fest bleiben

Oh Dotteräugige zwischen Wind und Witz,
was bleibt uns fest, wo die Sekunden
sintern?
Ich trällre noch den Reim auf deinen
Hintern
und spür den Aufwind hinterm
Hosenschlitz.

Rühmkorf, Was Festes?

Fest ist aus, das

Zerstöret ist das schöne Haus,
Und hin ist Kirmes, Tanz und Schmaus.
Hoffmann von Fallersleben, Das Ährenfeld

festhalten

Denn die Eier wollen gleiten,
Und sie hält sie nur noch fest,
Weil sie beide unwillkürlich
Gegen Leib und Brust gepreßt.
Hebbel, Der Kirschenstrauß

festhalten, am Glauben

Doch die Mönche hielten fest
An dem väterlichen Glauben
Und an ihrer Vorhaut, ließen
Sich derselben nicht berauben.
Heine, Disputation

fett werden

Das freie Roß ist ein Gerippe;
Fett wird's, gefesselt an die Krippe!
Grabbe, Don Juan und Faust

Fettleibigkeit, hemmende

Zög uns nicht der Wanst zurück,
glaubt nur, was wir steigen könnten!
schön, mit fliegenden Talenten
In das ungestalte Glück!
Rühmkorf, Grimm- und Grützlied

Fettsucht → Übergewicht
(Busch)

Feuer

Ein Feuer, sei's auch noch so klein,
Es äschert Städt' und Dörfer ein.
Ofenspruch

Feuer, flüssiges → Becher füllen
(Byron)

Fieber

Das Fieber schüttelt mir die matten
Glieder –
gedenkst du mein mit zärtlichen
Gedanken?
Sind deine Wünsche sorgend bei der
Kranken?
Nie möcht ich sonst Genesung hoffen
wieder.
Sulpicia, An Cornut (Michaelis)

Das Fieber brennt in seinem Hirn,
er sitzt gebeugt, gefurcht die Stirn . . .
Welhaven, Der umgekehrte Becher (Passarge)

Rote Fieberspinnen stricken
Netze um mich zu ersticken . . .
Silja Walter, Fieberlied

Herr, ich bin ganz allein, und ich habe
Fieber . . .
Mein Bett ist kalt wie ein Sarg . . .
Cendrars, Ostern in New York (J. Schroeder)

finden, sich → scheiden
(Blüthgen)

Finsternis, hinter der

Ist schließlich um mich diese finstre Wand
Der Schatten nur von seiner zärtlich
ausgestrecken Hand?
Thompson, Der Jagdhund des Himmels (Haecker)

firlefanzen

Nun will sie firlefanzen
Und sagt, sie könnt' nicht tanzen . . .
H. von Hopfen, Scherzo

Fische faulen → Ende, schlimmes
(Lichtenstein)

Flamme, innere

Doch all der Aufruhr kann mich wenig
rühren,
Und wenig kümmert mich des Wetters
Plage;
Die Flamme, die ich tief im Busen trage,
Läßt mich die äußre Kälte nicht verspüren.

Matteo Maria Boiardo, Sonett (Altschul)

Flaute

Tiefe Stille herrscht im Wasser
Ohne Regung steht das Meer,
Und bekümmert sieht der Schiffer
Glatte Fläche ringsumher.

Goethe, Meeres Stille

Fleck, am richtigen

Ha bravo! Du trägst, wie ich merke Geselle,
Das Herz wie den Kopf auf der richtigen
Stelle.

G. A. Bürger, Der Kaiser und der Abt

Flehen, vergebliches

Er ruft die Menschen an, die Götter,
Sein Flehen dringt zu keinem Retter . . .

Schiller, Die Kraniche des Ibykus

Fleisch, armes

Es schleppte Lasten, schwitzte Blut.
Das Roßfleisch schmeckt dem Hunger gut.

Ringelnatz, Schindluder

Fleisch, niemals → Worte

(Heine)

Fleisch, schönes

Wenn solch ein Fleischchen weiß und mild
Im Kraute liegt, das ist ein Bild . . .

Uhland, Metzelsuppenlied

Fleisch ist Leben

Es gibt uns noch, Kameraden,
unwiderlegbar,
– und bewiese uns nur das Fleisch, das sich
warm
in der Hose bewegt –
lauter stammelt das Sterbliche:
Coeo ergo sum!

Rühmkorf, Variationen auf ein Thema von Friedrich Gottlieb Klopstock

Fleisch noch Fisch, weder → Zwitter

(Heine)

Fleisch und Geist → Vergeistigung

(Abraham a Santa Clara)

Fleisch zerlegen → Bratenzerlegung

(Uhland)

Fleischersatz → Seligkeit

(Heine)

Fleischeslust

Umgeben zu sein von schönem,
neugierigem, atmendem, lachendem
Fleisch, ist genug . . .

Whitmann, Alle Dinge gefallen der Seele (Reisiger)

Fleischeslust → Wollust

Fleischgenuß → Köder

Fleiß

Arbeit und Fleiß, das sind die Flügel,
Sie führen über Zaun und Hügel.

Nach Fischart

Fleiß → schaffen

Fleiß und Faulheit

Fleiß bringt Brot,
Faulheit Not.

Sprichwort

Fleiß und Kunst → ranmachen, sich

fliegen

Ich heb die Augen auf
Zum hohen Himmelskreis
Und flöge gern hinauf
Wie eine Taube weiß.

Altes franz. Kirchenlied, Das Paradies (A. Neumann)

Dein Sinn ist leicht, wie Wolken sind,
Du fliegst durch tausend Reiche.
Dein Pferd ist schneller als der Wind,
Ich schleiche, schleiche, schleiche.

Chines. Gedicht, Geleit (Klabund)

Ich denke: So fliegen auf sonnigem
Strahl –
Ach, wer das nur könnte ein einziges Mal.

Nach Blütngen, Ach, wer das doch könnte

fliegen und fliehen

Maikäfer, flieg,
Der Vater ist im Krieg,
Die Mutter ist in Pommerland,
Pommerland ist abgebrannt.

Volkslied

fliehen

Sieh, alle Dinge fliehen dich, denn du
fliehst mich!

Thompson, Der Jagdhund des Himmels (Haecker)

fliehen ins Grab

Ins Qualenlose flohest du.
O Grab, halt deine Tür fest zu!

W. Lehmann, Auf sommerlichem Friedhof

Fließen, das

Fließen ist langsames Fliegen
komm laß uns langsam fliegen
meine Schöne

Ekkelöf, Meerwandlung (Nelly Sachs)

Alles ist Fließen. Lebendiges
reißt das Tote mit sich, und Totes trägt
auf dem Kadaver, dem treibenden,
strahlendes Leben.

Hagelstange, Der Gletscher

Flinte ins Korn

Ein Mensch in seinem ersten Zorn
Wirft leicht die Flinte in das Korn . . .

E. Roth, Ein Mensch – Voreilig

Flitterwochen

Nach den Flitterwochen
Kommen die Zitterwochen.

Sprichwort

Floh am Po

Sollte mal ein Floh am Po dich kneifen,
Hüte dich, mit beiden Händen schnell
danach zu greifen!

Ringelnatz, Klimmzüge

flöten

Sicher, gar ein schöner Mann
Ist, der also flöten kann . . .

Bierbaum, Pans Flucht

Fluch dem Kaiser

Fluch, Kaiser, dir und Fluch auch deiner
Brut,
hinreichend Blut, ertränk sie in der Flut!

K. Kraus, Der Zeuge

Fluch dem Reichen

Ein Fluch dem König, dem König der Reichen,
Den unser Elend nicht konnte erweichen . . .

Heine, Die schlesischen Weber

Fluch der Götter → Erbsünde

(Sophokles)

Flucht, ewige

Ich atme noch – du aber bist vollendet,
Bist Welt geworden und bist Ewigkeit;
Doch mir, noch auf der Flucht, die niemals endet,
Glänzt immer neu die flüchtge Sommerzeit.

Matthieu de Noailles (Grautoff)

Flucht, panische

Irgend jemand legt mir seine Hand
in die meine, zieht mich fort und zittert.
Sein Gesicht ist wie Papier zerknittert,
unbekannt.

Dagmar Nick, Flucht

Flucht in den Schlaf

Schlief die Mutter endlich ein
Über ihrer Hauspostille?
Nadel, liege du nun stille!
Nähen, immer nähen, – nein! –

Béranger, Die Kartenlegerin (Chamisso)

Flucht in den Traum

Die Eule einzig leise lärmt
auf einem nahen Baum.
Die Bienen sind schon eingeschwärmt,
Wen jetzt kein liebes Leben wärmt,
der flüchtet in den Traum.

Erika Mitterer, Nachtlied

Flucht in die Zerstörung

Die Seele fühlt sich wohl in unserem Körper und verlangt nicht zu fliehen In der Explosion einer Bombe.

Supervielle, Hinweis auf einen Dichter (Kraft)

Flucht, vergebliche

Ha! Ein Trotzkopf ohnegleichen!
Von dem Pferde sprang die Maid;
halt! du fliehst ja doch nicht weit,
mein Geschoß wird dich erreichen.

Odyniec, Die Kriegsgefangene (Nitschmann)

Flucht vor sich selbst → entrinnen, sich

(Freidank)

Flugbegeisterung → Trieb, merkwürdiger

(Seidel)

flugbereit

Entreiß dich, Seele, nun der Zeit,
Entreiß dich deinen Sorgen
Und mache dich zum Flug bereit
In den ersehnten Morgen.

Hesse, Höhe des Sommers

Flügel

Will Gott die Ameise verderben,
So läßt er sie Flügel erwerben.

Sprichwort

Am längsten hält, was Flügel hat,
Doch wird zuletzt auch dieses matt . . .

A. Kopisch, Der große Krebs im Mohringer See

Flugreise → reisen

(Stevenson)

Flugtraum

O Mensch, du wirst nie nebenbei
Der Möve Flug erreichen.

Wofern du Emma heißest, sei
Zufrieden, ihr zu gleichen.
Morgenstern, Mövenlied

Fluß

Herrlich tönt das Lied der Flüsse.
Aus der Erde bricht die Quelle,
Buhlerin der Regengüsse,
Braut der kecken Wasserfälle.
Hagelstange, Die Donau

Flutkatastrophe, drohende

Dem Bürger fliegt vom spitzen Kopf der Hut . . .
Und an den Küsten – liest man – steigt die Flut.
van Hoddis, Weltende

Und überall Friede, im Meer, in den Landen.
Plötzlich der Ruf eines Raubtiers in Banden . . .
Nach Liliencron, Trutz, Blanke Hans

Föhn

Es geht der Tag, es geht die Nacht,
am Morgen weint ein leis Gestöhn
ums Haus . . . Wildkatzensammentsacht
beschleicht das Tal der Feind, der Föhn.
Morgenstern, Föhn

folgen

Ich will dir folgen durch Wälder, durch Meer,
Durch Eis, durch Eisen, durch feindliches Heer.
S. Dach, Annchen von Tharau

So, ohne je den Schritt zu treiben, zu verhalten . . .
Sie folgen Pilgern gleich, schwerfälligen, dem Alten.
de Lisle, Die Elefanten (v. Hartlieb)

Nur zögernd folgte Petrus seinem Herrn,
Wacholderpfade wandelt er nicht gern.
Eino Leino, Legende (Israel)

Form

Form ist Wollust, Friede, himmlisches Genügen,
Doch mich reißt es, Ackerschollen umzupflügen.
Stadler, Form ist Wollust

Form, ewige

Und keine Zeit und keine Macht zerstückelt
Geprägte Form, die lebend sich entwickelt.
Goethe, Urworte (Dämon)

Form, starre

Wenn überspielt die Form zu Starren neigt,
Der Weise bald hinab zum Narren steigt.
Papentrigk, Abgesang

Form und Inhalt → Geist und Gewand
(Morgenstern)

Form, vollkommene → Kugel
(Bergengruen)

Formeln → Dogma,
(Hagelstange),

Wasser, sauberes
(Ringelnatz)

forschen

Naturgeheimnis wird nur nachgestammelt,
Wenn man betrachtet, forscht und Einzelheiten sammelt.
Nach Goethe, Elegie

forschen → studieren, warum
(Fontane)

Forschen, fragwürdiges

Wie tief der Blick auch geht,
den keine Trübung hemmt,
die Welt, in die er späht,
bleibt stumm und fremd.

M. Hausmann, Kristall unterm Mikroskop

Forscher

Der Forschung Meister, die zum Dunkel
drangen;
Der Tugend Leuchten, die die Fackel
schwangen, –
Sie haben Märchen nur der Welt erzählt
Und sind, wie andre, schlafen dann
gegangen.

Omar Chaijam, Aus dem Rubaiyat (Schack)

Forscher

. . . ein Forscher, wie man inne wird,
Sich hin und wieder im Gewinne irrt.

Nach Diels, Einführung in das Studium der Chemie

Forscher → Wissenschaftler

Forschungsobjekt → Tier, kleines

(Ringelnatz)

forteilen → Zug, rasender

(Liliencron)

Fortgang → Anfang

(Logau)

fortgehen

Ich ging vorbei an Blume, Baum und Tier,
ging fort und ging doch immer nur zu dir.

M. Hausmann, Nach dem Abschied

fortleben

Auch Du wirst einst nach diesem schweren
Leben
Als abgeschiedener Geist im Leeren
schweben.

F. Mittler, Epitaph

fortleiden

Tags, nachts, an jedem Ort,
Leid ich so fort und fort!

Volkslied aus Venedig

fortschreiten → stehenbleiben

(Angelus Silesius)

Fortschritt

Alle Tag ein Stückerl weiter,
alle Tag ein bisserl gescheiter!

Verfasser unbekannt

So haben sie mit dem Kopf und dem Mund
den Fortschritt der Menschheit geschaffen.
Doch davon einmal abgesehen und
bei Lichte betrachtet sind sie im Grund
noch immer die alten Affen.

Kästner, Die Entwicklung der Menschheit

Der Fortschritt
hat keene Lust, sich
zu kümmern um
mir und wat mir anjeht, habick
keene Lust, mir
um den Fortschritt
zu kümmern. Denn
unsereins
war ja
als Mensch
wohl zuerst da.

G. B. Fuchs, Schularbeiten

Fortschritt → Steinzeit, wie in der

Fortschritt, geistiger

Wehe dem Sohn, der nicht klüger wird
als der Vater.

Deicke

Fortuna → Schicksal, wechselhaftes
(Busch)

fortwirken

Kein Wesen kann zu nichts zerfallen!
Das Ew'ge regt sich fort in allen . . .
Goethe, Vermächtnis

Ein jedes Band, das noch so leise
die Geister aneinander reiht,
wirkt fort in seiner stillen Weise
für unberechenbare Zeit.
Platen

Jede endende Gebärde
öffnet sich im Namenlosen,
und ein Säulensturz zur Erde
wiegt im Jenseits der Beschwerde
wie Zerfall von Heckenrosen.
Elisabeth Langgässer, Regent: Uranus

→ Augenblick und Ewigkeit

fortwünschen, sich

Ich wünsche mir nichts mehr
Ich wünsche mich weit weit fort
Ekkelöf, Absentia animi (Nelly Sachs)

Frage

Alle Ratsherrn der Stadt
Und alle Weisen der Welt
Bleiben stumm auf die Frage,
Die deine Augen gestellt!
G. Keller

Frage, ewige

Das Fleisch verwest, es dorrt das Bein.
Doch eine Frage schläft nicht ein.
Doch eine Frage wird nicht stumm
Und wird nicht satt: Warum? Warum?
Feuchtwanger, Lied der Gefallenen

Frage, ewige → Rätsel, ewiges
(Fontane)

fragen

Fragen, lernen und lehren,
Bringt manchen zu Ehren.
Alter Spruch

Fragt, fragt, fragt,
bis man euch gesagt:
warum der eine ist pampsatt,
der andere nichts zu beißen hat . . .
J. Reding, Ermunterung

. . . mit süßem und mit bitterm Wort,
sie fragt und plagt ihn fort und fort . . .
Chamisso, Die Sonne bringt es an den Tag

Fragezeichen

Es ist im Leben häßlich eingerichtet,
daß nach den Fragen Fragezeichen stehn.
Die Dinge fühlen sich uns keineswegs
verpflichtet;
sie lächeln nur, wenn wir vorübergehn.
Kästner, Elegie mit Ei

Kopfschüttelnd blicken auf die Leichen
die heimgekehrten Fragezeichen.
Morgenstern, Im Reich der Interpunktionen

Fratzen schneiden

Schneid immer Fratzen! Unverdrossen
Wie auf der Weid ein Lamm, mach deine
Possen! . . .
Hood, Ode an meinen Sohn (Freiligrath)

Frau → Weib, Weiber

Frau als Beute → Eroberung einer Frau
(Welhaven)

Frau als Heilmittel

Wenn dich alldort in der Wirklichkeit
Der Anblick der schönen Fraun erfreut,
Die deiner Träume Urbild gewesen,

Dann wirst du von deinem Trübsinn
genesen.
Nach Heine, Der weiße Elefant

Frau, anschmiegsame → fügen, sich
(Gorki)

Frau, attraktive

Majestät in jedem Schritte,
Jede Beugung, Huld und Gnade,
Eine Fürstin jeder Zoll
Von der Hüfte bis zur Wade –
Heine, Pomare

Frau, aushäusige

Wo die Frau schwärmt aus dem Haus,
Da geht alles bunt und kraus.
Sprichwort

Frau, betörende

Mit ihrer Augen zaubervollem Licht
Lockt sie mich an. Mir vor den Blicken
flimmert
Ein Glanz, wie Schnee von Rosen
überschimmert,
Wenn ich sie seh und lausche wie sie
spricht.
Raffael, Sonette (H. Grimm)

Frau eines politischen Häftlings

Und vergiß eines nie:
Die Frau eines Häftlings
muß immer frohe Gedanken haben.
Hikmet, Du schreibst mir in deinem letzten Brief (Bostroem)

Frau, Erschaffung der → Weiber
(Heine)

Frau, erstochene

Beim ersten Stich die Frau zu Boden fällt,
beim zweiten scheidet still sie aus der Welt.
Poliziano, Die Frau von Calatafimi (Vollenweider)

Frau, geschlagene

Diesen Schlag, o Doña Ana,
nehmt ihn hin als eine Lehre!
Spielt um eines Handschuhs willen
nicht mit eines Ritters Ehre!
Spanische Ballade, Der Handschuh (Lüher)

Frau, häßliche

Ihr Aug ist keineswegs der Sonne gleich
Und nicht Korallen gleich ihr Lippenpaar;
Ist weiß der Schnee, so ist ihr Busen bleich;
Sind Haare Draht, ist schwarzer Draht ihr
Haar.
Shakespeare, Sonett CXXX (Mell)

Eines Mannes Auge begehrte ihrer noch
nie,
weil Gottes Zorn ihr ein blödes Antlitz
verlieh.
Lulu von Strauß und Torney, Elena Laskaris

Frau, heilige

Frau vom guten rat!
Wenn ich voll vertrauen
Wenn ich ohne Sünde
Deine Macht verkünde:
Schenkst du mir worum ich lange bat?
Stefan George

Frau, leibeigene

So halt doch stille, verfluchtes Weib!
Mir, hörst du, mir gehört dein Leib!
Dehmel, Die Buße

Frau, liebende

Du bliebst ein Weib, geschaffen nicht, zu
treten
in einen Kampf, den Männer kaum
bestehn,
ein Weib, so schön in seinem Trieb zu sehn,
zu lieben und in Liebe anzubeten.
Morgenstern, Einer Jugendfreundin

Frau, lüsterne

Nichts am Manne ist ihr heilig.
Was sie hat, das hat sie eilig.

Kästner, Ball im Osten . . .

Frau, obdachlose

An meinen schlaffen Brüsten ächzt
mein Kind, und keiner läßt uns ein.
Wie die Worte der Reichen so scharf und
weh
knirscht unter mir der harte Schnee.

Dehmel, Die Magd

Frau, stattliche

Dem Palmbaum ihre Länge gleicht,
Die Wange Turteltauben,
Und ihren süßen Brüsten weicht
Der Wein aus edlen Trauben . . .

. . . Wunderhorn, Lobgesang auf Mariä

Frau, verwirrende

Dein Sinn und du sind ein
Sargasso-Meer . . .

Pound, Portrait d'une femme (Eva Hesse)

Frau, wechselhafte

Doch schon wird der Frau das Zuwenig
zuviel.
Es war nicht ihr Ernst, sondern wieder nur
Spiel.

Kästner, Der Busen marschiert

Frau im Netz

Er warf ihr das Netz wohl übern Leib,
da ward sie des jungfrischen Jägers Weib.

Volkslied, Es blies ein Jäger wohl in sein Horn

Frau oder Freundin

Freundin ist ein süßes Wort,
Aber Frau, das ehret immerfort.

Walther v. d. Vogelweide

Frauen

Wie lieblich, artig, schön
Die Frauen sich ansehn!

. . . Wunderhorn

Die meisten Frauen haben leider
Zu wenig Mut und lange Kleider.

Nach Hans Sachs

Ehret die Frauen, sie flechten und weben
Himmlische Rosen ins irdische Leben.

Schiller, Würde der Frauen

Rings ist uns Sorge nur beschert,
wie lang der Mensch auch lebe.
Was wäre Mannes Leben wert,
wenn es nicht Frauen gäbe?

Burns

Gewehren und Frauen
Ist nicht zu trauen.

Soldatenwort

Frauen, geschwätzige

Euch, ihr Frauen, ist es eigen,
Ihr könnt niemals lange schweigen.

Nach einem alten Spruch

Frauen, gute

Weine nicht, mein Söhnlein!
noch gibt's gute Frauen hier auf Erden,
die die Brust dir gerne reichen werden . . .

Ungarische Ballade, Maurer Klemens (Lüdecke)

Frauen hüten → hüten

(Freidank)

Frauen im Schlamm

Und Frauen muschelschuppig,
sie glitten durch den Schlamm,
sie wanden sich wie Schlangen
durch Moos und Tang und Schwamm.

J. C. Hauch, Der Traum (Festesen/Michael)

Frauen und Wein

Ohne Frauen und Wein
Kann man nicht richtig fröhlich sein.

Nach Chr. Lehmann

Frauen, unsachliche → Vernunft

(Geibel)

Frauen, vorlaute

Wenn die Henne kräht vor dem Hahn,
Und die Frau redt vor dem Mann,
So soll man schnell die Henne kochen,
Die Frau mit einem Prügel pochen.

Nach einem alten Spruch

Frauen zuerst

Wo Bildung herrscht und Sitte
Dort geh'n die Frau'n zuerst, die
Männer folgen ihrem Schritte.

Nach einem Sprichwort

Frauenarbeit

Die Bäurin, die Mägde, sie dürfen nicht ruhn,
sie haben im Haus und im Garten zu tun . . .

Volkslied, Im Märzen der Bauer

Frauenfeind

Wer Böses von den Frauen spricht,
Erkannte ihre Freuden nicht.

Freidank

Wenn's doch Mode würde, diesen Kröten
jede Öffnung einzeln zuzulöten!
Denn dann wären wir sie endlich los.

Kästner, Sogenannte Klassefrauen

Frauenfeind → beiwohnen

(Wunderhorn)

Frauengunst

Frauengunst
War nie umsunst.

Sprichwort

Frauenjäger

Der Jäger sah ein edles Wild . . .
Es war ein schönes Frauenbild . . .

. . . Wunderhorn, Jagdglück

Frauenkarriere

's gibt Mädchen,die in Spitzen gehn;
ich hab sie barfuß noch gesehn . . .

Bruant, Am Pflaster (H. C. Müller)

Frauenlachen

reiner Frauen süßes Lachen
kann uns fröhlicher noch machen . . .

Der Kanzler (um 1300)

Frauenleiber, fesselnde

O schöne Frauenleiber, die mit Ringen
Uns fesseln gleich behenden weißen Schlangen!
Ich weiß nicht, wie ich mich aus euren Schlingen
Selbst rette mit gesättigtem Verlangen.

Gabriele D'Annunzio, Sed non satiatus (Schenkl)

Frauenleib, schöner

O Frauenleib, so schön zu schauen,
Wie prächtig blühte dein zarter Flor!
Mußt du denn auch in dieses Grauen?
Und schwebst lebendig nicht empor?

Villon, Großes Testament

Frauenleiden → Punkt, wichtigster

(Goethe)

Frauenliebe

Wer guten Weibes Liebe hat,
der schämt sich jeder Missetat.
Nach Walther von der Vogelweide

Frauenliebe heilt viel Leid,
Braucht man sie mit Maß und Zeit.
Nach Logau

In aller Welt nicht höhre Lust
als Liebe einer Frauenbrust.
Ritterhaus

Frauenlist

Doch wanns Matthä am letzten ist,
trotz Raten, Tun und Beten,
da rettet oft noch Weiberlist
aus Ängsten und aus Nöten.
Bürger, Die Weiber von Weinsberg

Frauenlist → schlaue Mädchen
(Liturgische Rispetti)

Frauenlogik

Frauensinn ist wohl zu beugen, –
Ist der Mann ein Mann und schlau –
Aber nicht zu überzeugen:
Logik gibt's für keine Frau;
Sie kennt keine andren Schlüsse,
Als Krämpfe, Tränen und Küsse.
Bodenstedt, Die Lieder der Mirza-Schaffi

Frauenraub → Nymphenraub
(Medici)

Frauen-Rebellion → Erlöser
(Tschang-tü-tsi)

Frauenschicksal

Vier gähnende Männer gingen
Hinaus ins Morgengraun.
Draußen hingen
Am Gartenzaun
Vier vertrocknete Fraun.
Ringelnatz, Das Kartenspiel

Frauenseele

In ihrer Welt ist keine Fehle,
ist alles ruhig, voll und weich:
Der Blick in eine Frauenseele
Ist wie ein Blick ins Himmelreich.
Rodenberg

Frauenurteil → Urteilskraft, weibliche
(Goethe)

Fräulein, liebeslustiges

Von hoher Art ein Fräulein zart
Hört ich dem Wächter klagen,
Aus Herzensqual, zum erstenmal
Wollt sie die Liebe wagen ...
... Wunderhorn, Jungfrau und Wächter

Ach, dacht ich oft bei mir so sehr,
Ach wenn ich nur kein Fräulein wär!
... Wunderhorn, Hoffart will Zwang haben

Ja, ich bin schön! Betrachtet mich genau!
Ihr solltet nicht so edel mit mir
sprechen ...
Das Frömmste an mir ist der Körperbau,
und mich zu lieben, wäre kein Verbrechen.
Kästner, Ein Fräulein beklagt sich bitter

frech

Er geht vielleicht mit frechem Schritte
Jetzt eben durch der Griechen Mitte ...
Schiller, Die Kraniche des Ibykus

frei sein

O wie sehnt sich das Herz
Aus dem Busen hinaus!
Es will frei sein und sucht
Sich ein anderes Haus!
Kolzow, Lied (v. Guenther)

Frei sein ist nichts: ich wollte, ich wäre dein . . .
Borchardt, Nachklang

Ihr sollt nicht strampeln, ihr sollt nicht dienen!
Ihr wollt frei sein! Zeigt es ihnen!
Frei nach Tucholsky

frei und erhaben → Seher
(Puschkin)

freier fühlen, sich

Er legte einunddreißig Eier,
Und danach fühlte er sich freier.
H. Seidel, Der Eiersegen

freimachen, sich

Wer sich macht von Hoffnung frei,
Sage, daß er König sei.
Paul Ernst, Gedichte und Sprüche

frei werden → Erlösung
(Günther)

frei werden → Todesfurcht
(Laotse)

Freien, im

Ach wie schön ist's im Frein
Und im Hellen zu sein!
Ringelnatz, Umzug nach Berlin 1930

Freier, die

Freier kamen scharenweise
hergezogen zum Palast,
und zu zärtlichen Gebärden
klang ihr Schmeicheln ohne Rast . . .
J. P. Jacobsen, Irmelin Rose (Arnold)

Freier fortjagen → schnippisch
(Jacobsen)

freigebig

Freigebig ist nicht, wer nur gibt,
Wo ihm kein Mangel droht;
Freigebig ist, wer Hunger hat
Und teilt mit dir sein Brot.
Rückert, Arabische Volkslieder

Freiheit

Die Freiheit ist ein Meer
Und seine Fische Herzen;
Sie schwimmen ohne Schmerzen
Behaglich hin und her.
Hafis (G. F. Daumer)

Die Freiheit ist ein Hochgefühl,
wo jeder das tut, was er will . . .
Nach Fischart

Wer je gekost', was Freiheit ist,
Der weiß und kennt sie jeder Frist;
Der acht't sie mehr als Gut und Geld,
Mehr als das Gold der ganzen Welt.
Barbour, Freiheit (Flatter)

Die Freiheit ist allen zu gönnen,
Die Freiheit auch ertragen können.
Nach Leuthold

Wenn es als Freiheit gilt, frei sein für jede Lust,
So sind ein freies Volk die Säu in ihrem Wust.
Nach Logau

Ich habe die Tage
der Freiheit gekannt,
ich habe sie Tage
der Leiden genannt.
Goethe

Auf den Bergen ist Freiheit!
Der Hauch der Grüfte
Steigt nicht hinauf in die reinen Lüfte.
Schiller, Die Braut von Messina

Die Freiheit hat man satt am End',
Und die Republik der Tiere

Begehrte, daß ein einz'ger Regent
Sie absolut regiere.
Heine, Die Wahlesel

Freiheit, die ich meine,
Die mein Herz erfüllt,
Komm mit deinem Scheine,
Süßes Engelsbild!
Schenkendorf

Freiheit ist kein käuflich Gericht;
man hat sie oder man hat sie nicht.
Morgenstern, Freiheit

Begreift: Was würde aus der Welt,
wenn jeder tut, was ihm gefällt.
Weinheber, Gehorsam

Am Tage, da die Freiheit kam,
Ganz still und aufgelöst vor Gram,
Da standen wir verstört und stumm
Und trugen sie mit uns herum ...
Ilse Blumenthal-Weiß, Das Ende und der Anfang

Freiheit
ich will dich
aufrauhen mit Schmirgelpapier
du geleckte
Hilde Domin, Ich will dich

Daß jeder dahin, wo er leben will, kann laufen,
Kumpanen, darauf wollen wir noch einen saufen.
Degenhardt, Adieu, Kumpanen

Freiheit einer Wolke

Den Umfang einer Wolke mißt
Kein Mensch. Weil sie nicht rastet,
Noch ihre Freiheit je vergißt. –
Ich glaube: Keine Wolke ist
Mit Arbeit überlastet.
Ringelnatz, Ein Herz larviert nicht

Freiheit zum Guten → Willensfreiheit
(Geibel)

Freistation

Ich bitte um drei Taler Lohn
Und selbstverständlich Freistation,
Stets Butter in den Dosen,
Und Weihnacht ein Paar Hosen.
G. Falke, Der Schutzengel

Freitod

Ja! Sie wär es wert gewesen,
daß junger Bursch sie freite!
Schade, daß solch schönes Wesen
sich dem Flammentode weihte!
Nach Odyniec, Die Kriegsgefangene

Freizeit

Die Leute fressen, saufen und huren,
wenn sie nicht grade auf Urlaub fuhren.
Frei nach Tucholsky

fremd unter Menschen → anders sein
(Laotse)

Fremde sind wir alle

Mütter leben, daß sie uns entschwinden.
Und das Haus ist, daß es uns zerfalle.
Selige Blicke, daß sie uns entfliehen.
Selbst der Schlag des Herzens ist geliehen.
Fremde sind wir auf der Erde Alle,
Und es stirbt, womit wir uns verbinden.
Werfel, Fremde sind wir auf der Erde Alle

Fremdheit → vertraut
(Freidank)

Fremdbestimmung

Bestellt bin ich und werde dafür bezahlt,
der Apparatur zu dienen, die mir nicht gehört,
die wie ein Gott mein Menschenleben
bestimmt, beherrscht, verbraucht, verzehrt.
J. Büscher, Angstlied

Fressen, fettes

Durch die fette Stille dringen
Gaumenschnalzen, Schüsselklingen,
Messer, die auf Knochen stoßen,
und das Blubbern dicker Soßen.

Degenhardt, Deutscher Sonntag

fressen und saufen

Sie fressen das rohe Fleisch in sich hinein.
Sie schwanken trunken im Sattel vom
geraubten Wein.

Aus China, Einbruch der Hunnen (Klabund)

Fressen, zum

Ich habe Dich zum Fressen gern.
Du schmeckst wie Nuß- und Mandelkern.

Verfasser unbekannt

fressen und gefressen werden

Er sagt: «Du hast mich gefressen,
Jetzt will ich dafür dich essen.»

Rückert, Vom Männlein in der Gans

Freßorgie → mästen, sich

Freßvolk

Ans deutsche Volk, von Ulm bis Kiel:
Ihr eßt zu oft! Ihr eßt zuviel!

Kästner, Knigge für Unbemittelte

Freude

Freude heißt die starke Feder
In der ewigen Natur.
Freude, Freude treibt die Räder
In der großen Weltenuhr.

Schiller, An die Freude

Die Zeit ist schlecht, mit Sorgen trägt
Sich mancher ohne Mut;
Doch wo ein Herz voll Freude schlägt,
Da ist die Zeit noch gut.

Mahlmann, Das Reich der Freude

Vergänglich wie die Seifenblas
ist alle Freude. Merk Dir das!

Verfasser unbekannt

Wer die Freude sucht auf Erden,
Dem wird im Himmel bange werden.

Alter Spruch

Aus Freude sprießet Gram hervor,
Aus Freude sprießet Furcht hervor:
Wer von Freude losgelöst,
Hat keinen Gram und keine Furcht.

Buddha, Aus dem Wahrheitspfad (Neumann)

Freude, letzte → Glück zuschoße

Freude und Schmerz

Jeden Nachklang fühlt mein Herz
Froh- und trüber Zeit
Wandle zwischen Freud und Schmerz
In der Einsamkeit.

Goethe, An den Mond

Freuden, himmlische

Wir genießen die himmlischen Freuden,
Drum tun wir das Irdische meiden . . .

Bayr. Volkslied, Der Himmel . . .

Freuden, vernachlässigte → Sorgen,
selbstgemachte

(Usteri)

Freude am Vergänglichen →
Behaltenwollen, das

(Hagelstange)

Freudenarten → Weh- und Wermut

(Lavant)

Freudenbezirk → Bezirk der Wonnen

(Hafis)

freudenleer

Kein Tanz, kein Spiel behagt ihr mehr . . .
das Dörfchen dünkt ihr freudenleer . . .

Hölty, Adelstan und Röschen

freudig sein Leben geben

Und fernher tönt es wie Geistergesang:
Wer freudig sein Leben dem Höchsten gab,
der schläft nur, den trifft nicht des Todes Zwang,
sein Schwerthieb funkelt noch aus dem Grab.

Eino Leino, Der Tempelherr (Israel)

freuen, sich

Drum komme, wem der Mai gefällt,
Und freue sich der schönen Welt . . .

Hölty, Frühlingslied

freuen, sich → klagen

(Verf. unbek.)

freuen, sich → Paradies, verlorenes

(Klabund)

Freunde

Wer Freunde sucht, ist sie zu finden wert;
Wer keinen hat, hat keinen noch begehrt.

Lessing, In ein Stammbuch

Neue Freunde zu erhalten,
brechet niemals mit den alten!

Sprichwort

Ein Freund ist nützer nahebei,
Als in der Ferne ihrer drei.

Freidank

In schlechter Zeit
Sind Freunde weit.

Polnisches Sprichwort

freundlich

Sprich freundlich mir mit Schmachten:
Umsonst ist dein Verachten . . .

Metastasio, Lossagung (Gries)

Freundlichkeit, einschüchternde → Worte finden

(Ringelnatz)

Freundschaft

Freundschaft machen steht wohl fein.
Freundschaften halten krönt allein.

Sprichwort

Freundschaft, die ein Ende fand,
Niemals echt und rein bestand.

Sprichwort

Freundschaft

Dem Unbeständigen gib nicht deiner Freundschaft Hand,
Zur Freundschaft passet nur, was treu und von Bestand.

Saadi, Rosengarten (Graf)

Freundschaft, Lied auf die

Brüder, reicht die Hand zum Bunde!
Diese schöne Freundschaftsstunde
führ uns hin zu lichten Höhn!
Laßt, was irdisch ist, entfliehen,
unsrer Freundschaft Harmonien
dauern ewig fest und schön.

Bundeslied (1824)

Friede

O holder Friede, steig hernieder,
kehr in der Menschen Herzen wieder,
dann ist die Erd ein Himmelreich,
und Sterbliche sind Göttern gleich.

Schikaneder (Text zu Mozarts «Zauberflöte»)

Wisset, daß der Friede nährt,
Wisset, daß der Krieg verzehrt.

Nach Fleming, Neue-Jahs-Ode

Friede wird den Handelsmann
Friedlich lassen reisen,
Daß er unser Deutschland kann
Nähren, kleiden, speisen . . .

Nach Rist, Neues Freudenlied . . .

Und so schicke dich in diesen Frieden:
Denn du kannst ihn weiter nicht vertauschen;
Solche Mädchen werden nicht ermüden,
Solche Weine werden nicht berauschen.

Goethe, Mahomet spricht

Es braust ein Ruf wie Donnerhall,
Daß ich so traurig bin.
Und Friede, Friede überall,
Das kommt mir in den Sinn.

Klabund, Deutsches Volkslied

Frieden, endgültiger

Die Weltregierung, so wurde erklärt, stelle fest,
daß der Plan, endgültig Frieden zu stiften,
sich gar nicht anders verwirklichen läßt,
als alle Beteiligten zu vergiften.

Kästner, Das Letzte Kapitel

Frieden, innerer

Eines ist nur Glück hienieden,
eins: des Innern stiller Frieden.

Grillparzer

Frieden, unerwünschter

Zwischen uns und den Frieden
haben wir Vorwände geschoben.
Sonst würden wir ihn entdecken,
mitten auf der Ebene . . .

W. H. Fritz, Vorwände

Frieden mit Gott

Der Friedensschluß ist nun mit Gott gemacht,
Denn Jesus hat sein Kreuz vollbracht.

Henrici, Am Abend . . .

Friedensaufruf

Wir laden einst mit Himbeersaft die Flinten,
Und schenken sie den Säuglingen zum Spiel.
Und nageln den Kanonen vorn und hinten
Ein hölzern Joch ins mörderische Ziel.

Majk Johansen, Proklamation (Koch)

Friedensappell

Gerüchte gehen, er habe vergessen
sich festzuhalten,
als er den Friedensappell
an die Welt sprach.

G. B. Fuchs, Der Irre ist gestorben

Friedensfeinde

Es wird meiner Seele lang,
zu wohnen bei denen, die den Frieden hassen.

120. Psalm

Friedenskosten

Was kostet unser Fried? O wie viel Zeit und Jahre!
Was kostet unser Fried? O wie viel graue Haare!

Logau, Der deutsche Friede

Friedensland

O sie können sich nicht mehr verdammen,
Die hier ruhn; sie ruhen Hand an Hand.
Ihre Seelen gingen ja zusammen,
Gingen über in ein Friedensland.

Tiedge, Elegie auf dem Schlachtfeld . . .

Friedenspläne

Wie viele mögen sein, die, von den Friedensplänen
Enttäuscht, nicht wagen mehr, dem Frieden zu vertrauen!

Sie suchten ihn zu lang – es schien ein irres Wähnen,
Nach jenem schweren Krieg den Frieden aufzubaun.

J. R. Becher, Der Friede

Friedenssuche

Der Mönch hat sich für Einsamkeit entschieden
und der Student sucht in Mansarden Frieden.

Wordsworth, Das Sonett (Zanker)

Friedhof (jüdischer)

Nach heimatlosen Dornenwegen
ruhn sie hier matt und flügellahm,
Rasten befreit – welch bittrer Segen! –
von fremdem Hohn und eignem Gram.

Levertin, Auf dem jüdischen Friedhof zu Prag (Mühlberger)

fremd fühlen, sich

Zwischen Menschen aus Stein. Ach, in der Fremde
Fühlt man sich fremd im eignen Hemde.

Kesten, Ein Jahr New York

frieren → Zähneklappern

(Cendrars)

froh sein

Sei von Herzen froh!
Das ist das A und O.

Sprichwort

Deines kühnen Frohseins,
Lust kann nichts entweihn,
Schatten des Bedrohtseins
Kreisen dich nicht ein . . .

Shelley, An eine Lerche (v. Bernus)

froh sein → Ärger

(Busch)

fröhlich

Laß uns einfältig werden
Und vor dir hier auf Erden
Wie Kinder fromm und fröhlich sein!

M. Claudius, Abendlied

So gleiten wir, Brüder, mit fröhlichem Sinn
Auf eherner Tiefe das Leben dahin.

Herder, Der Eistanz

Wir sitzen so fröhlich beisammen,
Wir haben uns alle so lieb,
Wir heitern einander das Leben,
Ach wenn es doch immer so blieb'!

Kotzebue, Gesellschaftslied

fröhlich → Ungewißheit

(Sprichwort)

Fröhlichkeit

Ich möchte verbannen die Sorg' und das Leid,
und jegliche trübe Stunde,
daß heimisch mir würde die Fröhlichkeit
auf diesem Erdenrunde.

Hoffmann v. Fallersleben

Beginnet mit der Fröhlichkeit
und seid zu gutem Tun bereit . . .

Aus dem «Baseler Musikanten», Der Wächter auf dem Turme saß

Frömmigkeit, rührende

Wie rührte mich das junge Ding,
Das so an seinem Gott schon hing.

G. Falke, Konfirmandinnen

Fronarbeit, geistige → Gedankenarbeit

(Droste)

frösteln

Ein leiser Frost sie überkam,
Der Kopf war schwer, die Zunge lahm.

Geibel, Der Geist von Würzburg

Frucht der Sonne

Die Nacht muß das Blatt wenden,
wenn die Schale zerspringt
und aus dem Fruchtfleisch die Sonne
dringt.

Ingeborg Bachmann, Unter dem Weinstock

Fruchtbarkeit

Klingt im Wind ein Wiegenlied,
Sonne warm herniedersieht,
Seine Ähren senkt das Korn,
Rote Beere schwillt am Dorn,
Schwer von Segen ist die Flur –
Junge Frau, was sinnst du nur?

Storm, Juli

Und in dem Leuchten, das sich
dämmertonig
zu Grün verdichtet in des Kelches
Beugung,
erhebt sich bleich aus einem Sud von
Honig
die Nacktheit des Geschlechts und harrt
der Zeugung.

M. Hausmann, Windenblüte

Fruchtbarkeit → Sommer

(Langgässer)

Früchte

Willst du nach den Früchten greifen,
Eilig nimm dein Teil davon!
Diese fangen an zu reifen,
Und die andern keimen schon ...

Goethe, Dauer im Wechsel

Früchte einer andern Welt

Sie brachte Blumen mit und Früchte,
Gereift auf einer andern Flur,
In einem andern Sonnenlichte,
In einer glücklichern Natur.

Schiller, Das Mädchen aus der Fremde

Frühling

Aber Frühling ists auf Erden, und solang
die Blüten dauern,
Will ich an die Freude glauben und
vertrinken alles Trauern!

Li-Tai-Pe, Der einsame Zecher (Goldscheider)

Ein Lied. Der Frühling. Eine Schöne Frau.
Mein Herz blüht rot. Der Himmel blau ...

Unbek. chin. Dichter, Auf dem Fluß (Klabund)

Wie munter sind Schäfer und Herde!
Wie lieblich beblümt sich die Erde!

Hagedorn, Der Mai

Das Blühen will nicht enden.
Es blüht das fernste, tiefste Tal;
Nun, armes Herz, vergiß die Qual!
Nun muß sich alles, alles wenden.

Uhland, Frühlingsglaube

Frühling läßt sein blaues Band
Wieder flattern durch die Lüfte;
Süße, wohlbekannte Düfte
Streifen ahnungsvoll das Land.

Mörike, Er ists

Ein neuer Frühling jauchzt mit tausend
Klängen,
Begeistert jubelt die befreite Brust,
Die Blumen färben sich vor Glück und
Lust,
Und Vöglein feiern auf begrünten Hängen.

Vittoria Colonna (M. u. L. Lanckoronski)

Aus der Flut die Vogelkirsche
streckt das grüne Reis,
Golden gellt die Dotterblume aus
der Wellen Kreis ...

Vrchlický, Frühjahrsüberschwemmung (Fuchs)

Ob gut, ob schlecht das Jahr auch sei,
ein bißchen Frühling ist immer dabei.

Mauthner

Frühling → kosen lassen, sich

Frühling → Blüte
(Hartmann)

Frühling, nur äußerlich

Der Frühling kommt wieder mit Wärme
und Helle,
Die Welt wird ein Blütenmeer.
Aber in meinem Herzen ist eine Stelle,
Da blüht nichts mehr.
Ricarda Huch

Frühlingsblumen

Blumen des Lenzes
Dringt aus dem Boden,
Sprießet, ihr Keime,
Wachset ihr Lohden;
Rosen, die zarten
Veilchen sich paarten,
Nelken, die frischen
Lilien dazwischen.
Lateinisches Kirchenlied (Simrock)

Frühlingsgefühle

Allum zu blütenreicher Pracht
geschwellt die Knospentriebe,
zum Leben jed' Gefühl erwacht –
O Lenz, dein Hauch ist Liebe.
M. Greif

Frühlingslied

Leise zieht durch mein Gemüt
Liebliches Geläute.
Klinge, kleines Frühlingslied,
Kling hinaus ins Weite.
Heine

Frühlingsnacht

Am Himmel Stille thront;
Geheimnisvoll der Mond
Durch dünne Schleier schimmert;
Der Stern der Liebe flimmert
Auf dunklem Bergmassiv . . .
Schukowskij, Nähe des Frühlings (v. Guenther)

Frühlingsprangen → berühren
(Amaru)

Frühlingssonne, ewige

Welche namenlose Wonne,
Wenn kein Auge weiter weint,
Und die ewge Frühlingssonne
An dem neuen Himmel scheint.
Schubart, Todesgedanken . . .

Frühlingsstürme → Wahnsinn, schöner
(Mörike)

Frühlingstage → Sturmesflügel
(Hagelstange)

Frühlingszeit → Jugend
(Lingg)

Frühehe

Frühehe,
Tut wehe.
Nach einem alten Spruch

Frühgeburt

Ich hatt' in meiner Mutter Leib
Gewohnt ein halbes Jahr,
Da sprang zu hoch das junge Weib,
Dacht' nicht an die Gefahr.
W. Müller, Der Trinker von Gottes und Rechts wegen

frühreif

Willst schon im Bette liegen,
Gehörst noch in die Wiegen . . .
Anstatt der Liebesglut
Gehört dir noch die Rut . . .
. . . Wunderhorn, Kupido die Fledermaus

Schon ladet zum Küßchen
Der schwellende Mund,
Schon wölbet dein Füßchen
Sich niedlich und rund.
Weiße, An ein junges Mädchen

Frühstücksappetit → Appetit, ungeheurer
(Ringelnatz)

fügen, sich

Sie schlängelte sich in den Armen
und fügte sich gern seinem Willen,
sie blickte ihm tief in die Augen
und lächelte wissend im stillen.
Gorki, Die Nixe (Planck)

fügen, sich → warten können
(Morgenstern)

fühlen, nicht mehr

und sie fühlen nicht mehr durch ihr Sehnen
das Zerrinnen ihrer heißen Tränen . . .
Dagmar Nick, Die Schlaflosen

Führer

Des Feindes List vereitle Du
Und gib dem Herzen Friedensruh,
Daß wenn Du uns ein Führer bist,
Wir meiden was vom Übel ist.
Gregor VII, Pfingstlied (Simrock)

Führer, göttergleicher

Und Beute raffen sich aus ungeheurem
Gemetzel, hält man für den höchsten
  Gipfel
Menschlichen Ruhmes, und ist der
  erreicht,
Gilt es als Gipfel des Triumphs zu heißen
Großer Erobrer, Führer, Gottheit,
  göttergleich –
Milton, Das verlorene Paradies (Marc)

Führungsnachwuchs

Doch auch die Götter regieren nicht ewig,
Die jungen verdrängen die alten . . .
Heine, Die Götter Griechenlands

Führungsprobleme → Zeit, führerlose
(Schiller)

Führungsqualität

Selbst ist der Mann! Wer Thron und Kron'
  begehrt,
Persönlich sei er solcher Ehren wert.
Goethe, Faust II

Fuhrmann

Wer will unser Fuhrmann werden?
Der muß haben einen Wagen
und 'ne braune Zipfelkappen
und sechs schnelle, stolze Rappen . . .
Kinderreim

Fülle des Sommers

Mit all der Fülle
des Sommers drang
aus jeder Hülle
ein Überschwang
von Licht und Rosen . . .
M. Hausmann, Der Rosenstrauch

Fülle fühlen, die → Gabe
(Borchardt)

Fund

Potz Kreuz, was seh ich liegen!
Das wär jetzt eine gute Sach,
Wenn es nur blieb verschwiegen.
. . . Wunderhorn, Das zarte Wesen

Furcht

Nicht List noch schlechter Sinn
Wird mir mehr Furcht bereiten,
Seit ich gestorben bin,
Kann ich mir nicht entgleiten.
Altes franz. Kirchenlied, Das Paradies (A. Neumann)

Furcht, ohne → Freude
(Buddha)

Furchtlosigkeit → Lebenskunst
(Laotse)

Fürsorge

Ich will mich sehr um dich bewerben
Und dich nicht lassen Hunger sterben.

. . . Wunderhorn, Fuhrmannslied . . .

Furz überflügeln, einen → Geschick

Fußbad

Man richt dem Herrn ein Fußbad an
Mit Rosmarin und Majoran.

Nach . . . Wunderhorn, Der Star und das Badwännelein

Fußballwahn

Ich kenne wen, der litt akut,
An Fußballwahn und Fußballwut.

Ringelnatz, Fußball

Futter

Sollst schon heut noch weiterspringen,
muß dir nur erst Futter bringen.

Carl Hahn, Hopp, hopp, hopp

G

Gabe

Alle Gabe ist nur Sinn
Und Bild in einer Hülle.
Seit ich fühle alle Fülle,
Weiß ich erst, wie arm ich bin!

Borchardt, Mit den Schuhen

Gaben austeilen → beschenken
(Schiller)

galant

Auch war bekannt, daß er im Land
allvierteljährlich Pate stand – galant!

Béranger, Der König von Yvetot (S. Mehring)

Galgenstrick

Großtaten bringen Ehre viel,
wenn sie nichts andres bringen:
dem Ilkka ward sein Lohn und Ziel,
am Galgenstrick zu schwingen.

Kaarlo Kramsu, Ilkka (Manninen)

Galgenvögel, sympathische → Spelunken, wärmende

Galle, versüßte → versüßen
(Dach)

Galle im Honig

Wir leben und vergessen so leicht aller Sorgen.
Aber uns ist bittere Galle im Honig verborgen.

Der von Kolmas, Des Lebens Vergänglichkeit (v. Scholz)

Galle und Götterwein → Leben trinken
(Lamartine)

Gang, aufreizender

Dein Gang ist ausdermaßen
Gleichwie der Pfauen Art;
Wenn du gehst auf der Straßen,
Gar oft ich deiner wart . . .

. . . Wunderhorn, Pfauenart

Gans, alte

Aber tief muß uns empören,
Was wir von der Leda lesen –
Welche Gans bist du gewesen,
Daß ein Schwan dich konnt betören.

Heine, Mythologie

Ganze, das

Nichts steht allein, das Einzelne
Schließt ewig an das Ganze sich.

Sanders, Aus meinen besten . . .

Garaus

Allein viel schneller als der Molch gedacht,
Hab' ich den Garaus ihm per Dolch
gemacht . . .

Dolfs, Der Taucher

Garnichts, das → Nichts, lockendes

(Ringelnatz)

Garten

In dem Garten sprießt die Rose,
Dorthin will ich,
Will die Nachtigall belauschen,
Wie sie singet.

Aus dem spanischen Barock (E. Geibel)

Des freien Lebens lang entwöhnt,
durch ein Stück Garten ausgesöhnt,
mit Gras und Zaun und Laubenbank,
so wüßten wir dem Leben Dank . . .

Weinheber, Arbeiter

Garten, ein Stück → Laubenleben

(Wedekind)

Garten, himmlischer

Gut Kräuter von allerhand Arten,
Die wachsen im himmlischen Garten . . .

Bayr. Volkslied, Der Himmel hängt voller Geigen

Garten, innerer

In mir war ein Garten,
Wo ein Kind auf Gräsern schlief.
Ohne zu erwarten,
Fand ich, was schon lang mich rief.

Nach Ringelnatz

Gartenbank

Denn jenseits weiß ich sie,
Die grüne Gartenbank,
Wo ich das Leben früh
Mit glühen Lippen trank . . .

Droste-Hülshoff, Die Taxuswand

Gast

Mancher Gast
ist eine Last,
mancher bringt auch Freude.
Sagt mir, liebe Leute,
hab ich euch gepaßt?

Verfasser unbekannt

Gast, prominenter

Sie haben dich eingeladen
Und bieten dir nichts
Als nur den Schein ihres Lichts.
Und wollen doch in dir baden.

Ringelnatz, Wenn die sich Künstler einladen

Gast, staunender

Der königliche Gast erstaunet:
«Dein Glück ist heute gut gelaunet . . .»

Schiller, Der Ring des Polykrates

Gast, zahlender

Ein solcher Gast ist lieb und wert,
Der fleißig zahlt, was er verzehrt.

Schweizer Wirtshausspruch

Gast der Erde → Stirb und werde!

(Goethe)

Gäste

Die Gäste ziehen aus und ein
Und lassen sichs gar wohl hier sein.

Nach Hoffmann von Fallersleben, Das Ährenfeld

Wie schlägt dein Herz beim Schlag der
Stunde,
Der deiner Gäste Lärm verjagt . . .

Goethe, Brautnacht

Gäste → Feste

(Goethe)

Gäste, ungebetene → Schmarotzer
(Wunderhorn)

Gästebegrüßung

Ihr grauen Gäste, seid willkommen,
daß ihr bei mir Platz genommen!
Aus einer ukrainischen Ballade

Gästebuch

Sie haben auch dich gehabt.
Ihr Gästebuch wird dich nennen.
Sie waren so begabt,
Dich zu kennen.
Ringelnatz, Wenn die sich Künstler einladen

Gattenmörder → Ehe, mörderische
(Ovid)

Gattin

O dreimal selig, wer ein Wesen
voll Anmut, Zärtlichkeit und Treu'
zur holden Gattin sich erlesen,
er wähnt geboren sich aufs neu'!
P. Baehr

gebären

Nun bin ich König schon dreißig Jahr,
doch nie ein Stalljunge ein Kind gebar.
Nordische Ballade, Kjersti als Stalljunge (Festesen)

Gebeine

Da stehen morgens die Gebeine
In Reih und Glied wie Leichensteine ...
... Wunderhorn, Rewelge

geben

Und immer wieder werden Bettler bitten,
Und immer wieder werden Geber geben,
Und immer wieder neue Gabe geben,
Und immer wieder neue Himmel finden.
Buddha-Schüler, Kaludayi (Neumann)

Des Menschen Hände sind gespalten,
Damit sie geben – nicht behalten.
Nach Trimberg

Willst du glücklich sein im Leben,
trage bei zu andrer Glück;
denn die Freude, die wir geben,
kehrt ins eigne Herz zurück.
Verfasser unbekannt

Liebe, die von Herzen liebt,
ist am reichsten, wenn sie gibt.
Liebe, die von Opfern spricht,
ist schon rechte Liebe nicht.
Geibel, Sprüche

Was man will, kann man nicht geben,
Und man gibt nur, was man muß,
Also gibt man einen Kuß
Und man gäbe gern das Leben.
Borchardt, Mit den Schuhen

Gebet

Er läuterte sich durch Gebet und Fasten
und senkte das Gesicht in seine Hand
und sann und ließ die Welt vorüberhasten
und war dem Innerlichsten zugewandt.
M. Hausmann, Indischer Sternsaphir

Gedenke deiner Frommen.
Laß unser Schreien zu dir kommen!
Meckauer, Waffenlos zwischen den Fronten

Gebet, modernes

Ich möchte, mein Gott ohne Antlitz und
vielleicht ohne Hoffnung,
Deine Aufmerksamkeit lenken, die
vagabundiert unter so viel Himmeln,
Auf die Menschen, die keine Ruhe mehr
haben auf dem Planeten ...
Supervielle, Hinweis auf einen Dichter (Kraft)

Es nahet jetzt der Morgen sich,
Bewahr', o Herr, vor Sorgen mich ...
Papentrigk

Gebete für die Armen

Es ist gesorgt,
daß die Armen nicht ohne Gebete
einschlafen.

G. Eich, Es ist gesorgt

Gebilde → Tand

(Fontane)

geblendet

Ich war verliebt in die Erde,
geblendet von ihrer Helle.
Ich wollte sie in den Himmel tragen
und fiel in die Hölle.

Wierzynski, Asche (Dedecius)

geboren werden

Uns haben die Mütter viel zu klein
In dieses Leben hinausgeboren.
Wir hören Gesänge der Sterne, Stimmen
im Stein
Nur halb mit den zwergigten Ohren.

Rimbaud, Das trunkene Schiff (Nach Paul Zech)

geborgen → Bücherei

(Quevedo)

Geborgenheit

Schlafe, schlafe, holder, süßer Knabe,
leise wiegt dich deiner Mutter Hand;
sanfte Ruhe, milde Labe
bringt dir schwebend dieses Wiegenband.

M. Claudius

Geborgenheit, Sehnsucht nach

Und es lege eine Schöpferlust
Mich wieder in meine Heimat
Unter der Mutterbrust.

Else Lasker-Schüler, Chaos

Gebote, zehn

Der zehn Gebot vergess' ich nit,
Die führen uns zum Leben;
Wollt Gott, sie niemand überschritt;
Mein Blut ich drum wollt geben.

Spee, Auf alle Stunden . . .

Gebotsübertretung

Er trinkt schon tapfer mit
Und wird schon rot
Gleich übertritt
Der Knabe ein Gebot.

Hebbel, Das erste Zechgelag

Geburt

Man setzt uns auf die Schwelle,
Wir wissen nicht woher?
Da glüht der Morgen helle,
Hinaus verlangt uns sehr.

Eichendorff, Der Pilger

Den Frommen schenkt's der Herr im
Traum,
Weißt nicht, wie dir geschah!
Du kriegst ein Kind und merkst es kaum,
Jungfrau Germania.

Heine, Das Kind

Dem Tage Fluch, an dem ich geboren bin!
Der Tag, da mich die Mutter gebar,
Sei ungesegnet!

Klagelieder des Jeremia (Häfker)

Ein Mensch erblickt das Licht der Welt
Doch oft hat sich herausgestellt
Nach manchem trüb verbrachten Jahr,
Daß dies der einzige Lichtblick war.

E. Roth, Ein Mensch (Vorspann)

Einer so schwer aus Verlangen,
Der andre aus Träumen gemacht –
Der große Gedanke dachte
Sie beide in tiefer Nacht . . .

Oda Schaefer, Geburt

Geburt des Alls → Schöpfung
(Goethe)

Geburtenregelung

Willst ehrlich du und redlich dich
ernähren,
Darfst du dein Haus nicht allzusehr
vermehren.
Beharistan (ca. 1450!)

Geburtshaus

Ich denke zurück ans Haus, wo ich
Geboren war und geborgen,
Wo lieb durchs Fenster die Sonne mich
Aufweckte alle Morgen . . .
Hood, Damals und heut (nach Rüdiger)

Geburtshaus → daheim sein
(Hagelstange)

Geburtswehen der Schöpfung

Mit des heilgen Geistes Wehen
Rief Gott Vater Flüss' und Seen . . .
Lat. Kirchenlied, Schifferlied (nach Simrock)

→ Urknall

Gedächtnislücke

Ich kam auf eine Wiese hin
Und weiß nicht mehr zu sagen,
Wie ich dahin gekommen bin,
Drum spart euch alle Fragen.
G. Falke, Der Schutzengel

Gedanken, eigenwillige

In meinem Knochenkopfe
da geht ein Kollergang,
der mahlet seine Gedanken
ganz außer Zusammenhang.
Rühmkorf, Auf eine Weise des Joseph Freiherrn von Eichendorff

Gedanken, freie

Die Gedanken sind frei, wer kann sie
erraten?
Sie fliehen vorbei wie nächtliche Schatten
Volkslied

Gedanken, leichte → Sachen, die
(Schiller)

Gedanken, überwältigende

Wie schwer sind, Gott! mir deine
Gedanken!
Es überwältigen ihre Summen mich.
Psalm 139 (Herder)

Gedanken, ungleiche

Die Gesunden und die Kranken
haben ungleiche Gedanken.
Sprichwort

Gedanken, wirre

Alle Welt weiß;
Ich hingegen hab wirre Gedanken!
Laotse, Aus dem Tao-Te-King (Dallago)

Gedanken haben, keine → schreiben
(Busch)

Gedanken im Wind

Über mir schwanken
Und spielen die Winde,
Wiegen so linde
Das Schifflein der Gedanken . . .
Aus dem span. Barock (Eichendorff)

Gedankenarbeit

In deiner Stirne Herrscherthron
leisten die Gedanken Fron . . .
Nach A. von Droste-Hülshoff

gedenken

Der Sarg ist fertig, sie versenken
Mich in die Gruft. Da hab ich Ruh'.
Doch du, doch du, Maria du
Wirst weinen oft und mein gedenken.
Heine

Gedicht

Durch das Gedicht, das ich
hervorgebracht,
Hab ich die Welt zum Paradies
gemacht . . .
Firdusi, Über sich selbst (Schack)

Geduld

Mit Geduld will ich es tragen,
Alle Morgen will ich sagen:
O mein Schatz, wann kommst zu mir?
. . . Wunderhorn, Gruß

Geduld, Geduld! Wenns Herze bricht!
Mit Gott im Himmel hadre nicht!
Bürger, Lenore

Geduld, es währt nur noch ein Bissel,
Dann liegt der Kuchen auf der Schüssel.
W. Busch, Zu guter Letzt

Geduld → warten können
(Morgenstern)

Geduld, tierische

Wie du, dem schweren Joche gern dich
beugend,
Im Dienst des Menschen gern gehorsam
gehst!
Der stachelt dich und stößt: du aber drehst
Das Haupt, blickst ihn geduldig an und
schweigend.
Carducci, Sonett (H. Grimm)

Geduld raten, zur → Trost, billiger
(Blake)

geduldig → Elend
(Verhaeren)

Gefallen finden

Nicht mehr gefällt mir, was mir einst gefiel;
Ich muß mich auf mich selber oft besinnen.
Wie bald werd ich Befreiung wohl
gewinnen?
Doch sicherlich, nicht ferne ist das Ziel.
Petrarca, Sonette (Altschul)

Gefallsucht

Wenn sie streben zu gefallen,
Sind die Frauen kurz vorm Fallen.
Nach Rückert

gefangen halten

Die Welt, die hält dich nicht: du selber bist
die Welt,
Die dich in dir mit dir so stark gefangen
hält.
Angelus Silesius

Gefangene

Die euch gerufen zur Vernunft,
Sie schmachten in den Verlässen:
Christ wird sie bei seiner Wiederkunft
Nicht vergessen, vergessen, vergessen.
Klabund, Die Ballade des Vergessens

Gefangene → Häftlinge, Gitter, hinter;
Sträfling

Gefangene, die

Keine Träne mehr zu sehn? –
Glühend ist ihr Blick erhoben;
ist es Freude, ist es Flehn,
daß du also schaust nach oben?
Odyniec, Die Kriegsgefangene (Nitschmann)

Gefangenschaft

Die Gefangenschaft vergeht,
Stahl und Fessel müssen brechen;
Unsers Lebens Alphabet
Ist ja noch wohl auszusprechen;
Macht doch auch die ganze Zeit
Keinen Punkt der Ewigkeit.

Joh. Chr. Günther, Der Seelen Unsterblichkeit

Gefängnis

Im Gefängnis sitzt der Brave,
doch er sagt sich: ins Gefängnis
sollte jeder, der kein Sklave.

Morgenstern, Palmström wird Staatsbürger

Ach, sprach das Mädchen mit
Nylonhaaren,
Ich sitze im Turme seit langen Jahren.
Es fehlt die Treppe, auf der ich flieh.
Hinunter komme ich nie.

Annie M. G. Schmidt, Das Mädchen mit den Nylonhaaren

Der Tiger schreitet seine Tagereise
Viele Meilen fort.
Zuweilen gegen Abend nimmt er Speise
Am fremden Ort.

Gertrud Kolmar, Trauerspiel

Gefängnis, nicht im

Wie schnell einem die Tage vergehn,
wenn man nicht im Gefängnis sitzt.

Rühmkorf, Selbstporträt 1958

Gefühl, ozeanisches

Oh, tauch mein entleertes Leben in jenen
Ozean,
Versenk es in seine tiefste Fülle.
Laß mich noch einmal fühlen im
weiten Weltall die süße
Verlorne Berührung.

Tagore, Gedichte (Gothein)

Gefühl geht vor Verstand

Wenn Kopf und Herz sich widersprach,
Tät doch das Herz zuletzt entscheiden.
Der arme Kopf gibt immer nach,
Weil er der Klügre ist von beiden.

Heyse, Spruchbüchlein

Gefühle

Freudvoll
und leidvoll,
gedankenvoll sein;
langen
und bangen
in schwebender Pein;
himmelhochjauchzend,
zum Tode betrübt:
Glücklich allein
ist die Seele, die liebt!

Goethe

Gefühle, ärgerliche

Sie haben mich gequält,
Geärgert blau und blaß.
Die einen mit ihrer Liebe,
Die andern mit ihrem Haß.

Heine

Gefühle, erkaltete

Jetzt wurde nach des Hofes Brauch
sein Busen plötzlich lau;
er saß nicht mehr am Schlehenstrauch
mit Röschen auf der Au.

Hölty, Adelstan und Röschen

Ei wohlan, so laß es sein,
Karle sei der Liebste mein,
Denn der Ludewig veraltet,
Und die Lieb ist ganz erkaltet ...

... Wunderhorn, Die vermeinte Jungfrau Lille

Gefühle, nichtige

Hassen und Lieben, Schuld und Ruhm –
eine Handvoll Staub,
für eine Stunde im Lichte geduldet.
Hagelstange, Aran

Gegend, verseuchte

Im Hause war es kalt und feucht,
Die ganze Gegend war verseucht . . .
Mehring, Kinderlied

Gegengewalt

Kann eine Taube den Tiger ausbrüten,
der die Tiger besteht?
Hagelstange, Stimme des ungeborenen Christus

Oft wächst im Angesicht der rohen Kraft
Die feige Seele und wird heldenhaft.
Sehr frei nach E. Roth

Haust du andern auf die Rübe,
Kriegst du auch bald rauhe Hiebe.
R. v. Normann, Durchgeschüttelt

Gegengewalt des Schwachen → zurückbeißen

Gegenliebe, zu späte

Zu spät kommt deine Gegenliebe!
Es fallen auf mein Herz herab
All deine heißen Liebesblicke
Wie Sonnenstrahlen auf ein Grab.
Heine, Clarisse

Gegensätze

Denn diese spürt in Gegenwart der Dirne
zu stark den Gegensatz der Hirne.
Morgenstern, Gegensätze

Gegensätze, scheinbare

Endlich fasse dir ein Herz
Und begreifs geschwinder:
Lachen, Weinen, Lust und Schmerz
Sind Geschwisterkinder.
Neugriechisches Volkslied (Goethe)

Gegenseitigkeit

Was du nicht willst, daß man dir tu,
das füg auch keinem andern zu.
Sprichwörtlich (Kurzfassung des kategorischen Imperativs)

Gegenwart

Doch du bist glücklich gegen mich!
Die Gegenwart nur kümmert dich.
Burns, An eine Maus (Freiligrath)

So leben sie vergnüglich
Auf äußerst krumme Art
Sie lachen und genießen
Die krumme Gegenwart.
Unbekannter Verfasser, Krumme Sachen

Gegenwart, Feind der → zeitgemäß

Gegenwart Gottes

Alle Dinge, groß und kleine,
Flüssig, trocken, weich und hart,
Tiere, Pflanzen, Holz und Steine
Zeigen Gottes Gegenwart.
B. H. Brockes

Gegenwind

Sie bliesen wohl den halben Tag;
Da ließ der Wind ein wenig nach . . .
J. Sturm, Der große Wind . . .

Gegner, schwächlicher

Der Fremde ging von dannen,
Fand endlich einen Greis,
Der leicht zu übermannen
Ohn alles Blut und Schweiß . . .
. . . Wunderhorn, Der unterirdische Pilger

Gegner der Gegenwart → zeitgemäß

Gegnerverhöhnung → Waffe greifen, zur
(Rostand)

Gehalt und Form

Gehalt und Form, die beiden
Sind lebend nie zu scheiden,
Allein bestände keins;
Wenn Blumen sich entfalten,
Kristalle sich gestalten,
Ist Bildung Sinn des Seins . . .
Burte, Gehalt und Form

Gehaltsempfänger

Man schluckt, kraft höherer Gewalt,
Die Sklaverei nebst dem Gehalt.
Nach E. Roth

gehfaul

Die Kleine, die Süße,
sie rührt nicht die Füße.
Rumänische Ballade, Cinel – Cinel! (Espey)

Geheimnis

Es ist nichts so fein gesponnen,
alles kommt ans Licht der Sonnen.
Sprichwort

Geheimnis

Mit Knisterwort und Flüsterwort
erzählt er mein Geheimnis fort.
Morgenstern, Der Korbstuhl

Geheimnis, dunkles

«Du weißt nun meine Heimlichkeit,
so halte den Mund und sei gescheit . . .»
Chamisso, Die Sonne bringt es an den Tag

Geheimnis, ewiges

Das Geheimnis, ewig unversehrt,
Pocht von innen alte Kunde.
Wenn das Meer, die Erde sich verzehrt,
Wachst du auf an meinem Munde.
Erika Burkart, Muschel

Geheimnis, letztes

Alle Dinge und alle Namen
füllen das letzte Geheimnis nicht.
F. Büchler, Atomkantate II

Geheimnis, süßes

Ich wag es nicht zu sagen, wer sie sei,
Und nur an sie zu denken trag ich
Scheu . . .
Dante, Zwanzigste Kanzone (H. Grimm)

Geheimnis der Nacht

Dein Geheimnis martert mich –
Sprich, – o Nacht, ich höre dich!
Puschkin, Schlaflosigkeit (Fiedler)

Geheimnis des Ichs

Niemand weiß um mich
Als nur du und ich.
S. Dach, Sterbelied

Geheimnis des Lebens

Geheimnis bleibt dem tiefsten Geist,
Was Dasein heißt . . .
Heyse, Gott und die Welt

Geheimnis des Zerfalls → zerfallen
(Schaefer)

Geheimnispflicht

Heiß mich nicht reden, heiß mich
schweigen,
Denn mein Geheimnis ist mir Pflicht;
Ich möchte dir mein ganzes Innre zeigen,
Allein das Schicksal will es nicht.
Goethe, Wilhelm Meister

Geheimnisträgerin

Die Meerfrau kann ich nicht geben dir,
denn sie verrät all meine Schiffe mir.

Nordische Ballade, Die Meerfrau (Festesen)

Geheimnisverrat → Stern der Hoffnung

(Bachmann)

geheimnisvoll

Was kann geheimnisvoller sein
als Schuld, die Gnadenkraft erwirkt,
als Liebe, die von Angst befreit,
und Tod, der neues Leben gibt?

Ambrosius, Hymnus am Ostertag

gehetzt

Mich hetzt und jagt,
Ich weiß nicht wer,
Ich wandre hin,
Ich wandre her . . .

Eichrodt, Ahasverus

Gehirn

Unter der Mütze
ein bißchen Grütze
ist viel nütze.

Albumvers

Gehirn, weites → Sachen, die

(Schiller)

Gehirn der Technik

Mittags und abends
verläßt ein Mann das Gehirn
und steigt die rote Leiter
herab.

Brechbühl, Baukran

Gehirnwäsche → Predigt

(Kinderreim)

gehorchen

Befehlet mir, ich bin bereit
Euch zu gehorchen allezeit.

Christine de Pisan, Verkaufsspiel (Gsteiger)

Wer nicht gehorchen kann, kann nie
befehlen, wenn er noch so schrie.

Weinheber, Gehorsam

Gehorchen wird jeder mit Genuß
den Frauen, den hochgeschätzten;
hingegen machen uns meist Verdruß
die sonstigen Vorgesetzten.

W. Busch, Zu guter Letzt

gehören

Da ruht das Herz, und nichts vermag zu
stören
Den tiefsten Sinn, den Sinn: ihr zu
gehören.

Goethe, Elegie

Geist

Hält der Geist sich noch so kräftig –
ob er Sieger bleibt? ich bange.
Ist Gewohnheit doch schon mächtig,
und ihr Gegner erst ein Knabe.

(Sor) Juana Ines de la Cruz, Romanze über die Wirkung der göttlichen Liebe (Vossler)

Anmut, die dem Geiste eigen,
Muß in Wort und Werk sich zeigen . . .

Nach Bodenstedt

Niemand sieht den Geist natürlich,
sondern hält ihn für figürlich. –

Morgenstern, Korf-Münchhausen

Geist, absoluter → Denker

(Weischedel)

Geist, tatenfroher

Mit tatenfroher Eile
Erhebt sich Geist und Sinn
Und flügelt goldne Pfeile
Durch alle Ferne hin.

Mörike, Sehnsucht

Geist, ungereimter → Worte, gereimte

(Platen)

Geist, zum

O rettet aus dem Unheil euch zum Geist,
der euch aus euch die guten Wege weist!

K. Kraus, Zum ewigen Frieden

Geist und Gewand

Geist ist leicht und sollte darum auch
leicht gewandet gehn nach Geisterbrauch.

Morgenstern, Europens Bücher

Geist, zerstörter

Die große Zeit! Des Geistes Haus
zerschossen
Mit spitzem Jammer in die Lüfte sticht.
Doch aus den Rinnen, Ritzen, Kellern,
Gossen
Befreit und jauchzend das Geziefer bricht.

Werfel, Die Wortemacher des Krieges

Geist-Beschwörung

Unsteter wilder Geist, den ich beschwör,
Zerstörer und Erhalter, hör, o hör!

Shelley, Ode an den Westwind (v. Bernus)

Geister

In die Ecke,
Besen! Besen!
Seids gewesen!
Denn als Geister
Ruft euch nur zu seinem Zwecke
Erst hervor der alte Meister.

Goethe, Der Zauberlehrling

Näheres verschweigt die Sage,
und es bleibt die große Frage:
Welcher Gattung sind die Geister?

A. E. Odyniec, Die Gespenster (Nitschmann)

Geister, entfesselte → Hilfe des Meisters

(Goethe)

Geister, gerufene

Ist auch unnahbar fern der Geister
Schrecklichkeit,
erscheinen sie doch gern, wenn man nur
kecklich schreit.

Weischedel, Lotteleien fern von Weimar

Geister, unbeirrbare

Ich frage mich nur, was lässet mich
so krampfhaft mit Engeln ringen?
Die Geister sind auch gewerkschaftlich
nicht recht zum Schweigen zu bringen.

Rühmkorf, Über die einen . . .

Geister gegen Meister

Schon übten ihre Rollen gute Meister,
da schreckten uns mit Übermute Geister.

Müller-Giersleben, Zettels Traum

Geister der Gefallenen

Was sollt ich machen, wenn im Schlaf mit
Grämen
Und blutig, bleich und blaß
Die Geister der Erschlagnen zu mir kämen
Und vor mir weinten, was?

M. Claudius, Kriegslied

Geisterscheinung

Plötzlich aus der Felsenspalte
Tritt der Geist, der Bergesalte.

Schiller, Der Alpenjäger

Es trat herein zu ihrem Graun
Der Geist, entsetzlich anzuschauen . . .

Geibel, Der Geist von Würzburg

Die jüngste Schwester das vernahm,
Daß da ihr toter Bruder kam . . .
. . . Wunderhorn, Von dem Hammen . . .

Geistesarbeit

Die schlechtbezahlte Tätigkeit
des Erkennens.
Krolow, Im Frieden II

Ernährst du dich vom Intellekt,
Fehlt's oft am Essen, das dir schmeckt.
R. v. Normann, Zweizeiler

Geisteshaltung

Der kleine Geist, fand er in Gott die Ruh,
schließt vor der Welt sich ängstlich
bangend zu.
Der große strebt, gestählt an Kraft und
Sinnen,
die Welt für Gott erobernd zu gewinnen.
Geibel, Sprüche

geistesschwer

So fühlt man oftmals sich im Leeren
schweben
in einem allzu geistesschweren Leben.
Weischedel, Der trunkene Philosoph

Geißel der Menschheit

Die du mit der Geißel aus deinem Tempel
getrieben,
sind für alle Zeit eine Geißel geblieben.
Cendrars, Ostern in New York (J. Schroeder)

Geiz

Geiz wird nicht satt,
bis er den Mund voll Erde hat.
Altdeutsch

Geizhals

Der Geizhals bleibt im Tode karg,
Zwei Blicke wirft er auf den Sarg
Und tausend wirft er mit Entsetzen
Nach den mit Angst verwahrten Schätzen.
Gellert, Der Hund

gekränkt sein → anders kommen
(Busch)

Geld

Und all das Geld und all das Gut
gewährt zwar schöne Sachen.
Gesundheit, Schlaf und guten Mut
kann's aber doch nicht machen.
M. Claudius

Was kümmern uns die Narren
Die Geld zusammenscharren
Mehring, Singweise vom Paradies

Geld für Kämpfer

Wen Alter oder Krankheit auch beschwert,
Der soll sein Geld den Kämpfern nicht
versagen;
Denn falls ihm Lauheit nicht die Fahrt
verwehrt,
So tut er wohl, zum Zuge beizutragen.
Französisches Lied aus der Zeit der Kreuzzüge

Geld im Bett

Falls freilich Einer glauben wollte,
mir könne Geld im Bett genügen,
also: Wenn ich die Wahrheit sagen sollte,
müßt ich lügen!
Kästner, Eine Animierdame . . .

Geldgier

Der schöne Frühling lacht ihm nicht,
Ihm lacht kein Ährenfeld;
Er ist auf Lug und Trug erpicht
Und wünscht sich nichts als Geld.
Hölty, Über immer Treu . . .

Geldheirat → heiraten

(Bierbaum)

Geldmacher

Das Geld wird flüssig, Das Geld wird
knapp.
Sie machen das ganz nach Bedarf.
Und schneiden den andern die Hälse ab.
Papier ist manchmal scharf.

Kästner, Hymnus auf die Bankiers

Geldmacht

Der Geist denkt,
Das Geld lenkt.

Spengler, Untergang des Abendlandes

Geldregen

Und täts in der Welt
Nur regnen das Geld:
wär meiner Seel,
Noch mal so fidel.

Güll, Hanswurst

Geldsorgen

Tage, die noch kommen sollen,
kränken mich nicht vor der Zeit;
will der Beutel mit mir schmollen,
die Geduld hebt unsern Streit.

Stoppe, Sanfter Schlaf

Mutter, der Mann mit dem Koks ist da!
Sei doch man stille, det weeß ick ja!
Hast du denn Jeld? Ick hab keen Jeld!
Wer hat denn den Mann mit dem Koks
bestellt?

Berlinisch

Geldumlauf

Taler, Taler, du mußt wandern
von dem einen zu dem andern.

Altes Spiellied

Geldverdiener

Schickt ins Feld sie alle nur für eine Nacht,
Geldverdiener und Gottlose, die uns
verlacht . . .

Gyóni, Für eine Nacht nur (Brajje)

Geldverdiener → Pflichtbewußtsein

(Weinheber)

Geldverwendung

Ein Alter liebt die Taler; ein Junger liebt sie
auch;
Nur jener zum Verstecken, und dieser zum
Gebrauch.

Logau, Sinngedichte

Gelegenheiten, versäumte

Doch schmerzlich denkt manch alter
Knaster,
der von vergangenen Zeiten träumt,
an die Gelegenheit zum Laster,
die er versäumt.

Busch, Zu guter Letzt (Reue)

Gelehrte → Wissenschaftler

gelingen

Was du gesungen,
ist dir gelungen . . .

Hoffmann von Fallersleben, Kuckuck, Kuckuck

Bist du einmal nicht genial,
Gelingt's vielleicht das nächste Mal.

R. v. Normann, Zweizeiler

gelten, etwas

Hier gelt ich nix, und würde gern was
gelten,
Denn diese Stadt ist echt, und echt ist
selten.

Ringelnatz, Bremen

gelten lassen

Laß fremde Art doch gelten,
selbst dann, wenn sie dich quält:
Gar oft ist, was wir schelten,
grad' – was uns selber fehlt.

Kuhnert

Gelüste → Anstand

(Ringelnatz)

Gemeinschaftstrieb → Einsamkeit

(Laotse)

Gemisch, närrisches → Zwitter

Gemüt und Güte

Des Mannes Wert ist im Gemüte
und in der angestammten Güte.

Arabisch

gemütvoll

Schlanke, schwärmerische Glieder,
Wenig Fleisch, sehr viel Gemüt;
Und für Liebe, Hoffnung, Glaube
Ihre ganze Seele glüht.

Heine, Wechsel

General

Generäle haben keine Macht außerhalb
der Menschen,
sie bedeuten so wenig im großen
Zusammenhang.

Eglung

General! General!
Wagst du es noch einmal?

Frei nach Tucholsky

General → Blutvergießen, nutzloses

(Schi-King)

Generation, verlorene

Man hat unsern Körper und hat unsern
Geist
Ein wenig zu wenig gekräftigt.
Man hat uns zu lange, zu früh und zumeist
Mit der Weltgeschichte beschäftigt!

Kästner, Jahrgang 1899

genesen

Wozu genesen auch, wenn unbewegt
von meiner Qual dein Herze schlägt.

Sulpicia, An Cornut (Michaelis)

Genie

Der eine macht es mit Genie,
Der andre hats und schafft es nie.

R. v. Normann, Zweizeiler

genießen

Genießend schmachten,
Nie satt betrachten . . .

Karoline von Günderode, Liebe

Drum laß uns jetzt genießen
Der Jugend Frucht,
Eh' denn wir folgen müssen
Der Jahre Flucht.

Opitz

Wer wie ein Kind genießt den Tag,
hat keinen zu bereuen,
und kann sich was auch kommen mag,
auf etwas Neues freuen.

Rückert

Wer seine Saat, noch eh sie reif ist will
genießen,
Wird in der Erntezeit dann Ähren stoppeln
müssen.

Saadi, Rosengarten (Graf)

Genieße still und zufrieden
den sonnig heitern Tag

du weißt nicht, ob hienieden
ein gleicher kommen mag.

Sturm

Was man genießen kann in der Welt,
Das hab' ich genossen wie ein Held!

Heine, Rückschau

Das Angenehme dieser Welt hab ich
genossen,
Die Jugendstunden sind, wie lang! wie
lang! verflossen ...

Hölderlin, Das Angenehme dieser Welt

Dürfte ich, nur morgen noch erwacht,
eine Stunde lang den Tag genießen,
der gewaltgen Sonne Glanz und Pracht
und die Welt befreit aus dunkler Nacht
ach, wie wollte ich das Licht begrüßen!

Kaschnitz, Die drei Wanderer

genießen → Eßlust

genießen können, nicht mehr

Wohl hab ich im Alter nun,
Was mir die Jugend verhießen,
Möchte mir was zugute tun,
Kann es nicht mehr genießen.

J. G. Keil, Lyra und Harfe

genießen und entsagen

Der hat das Leben nie verstanden,
dem nur die Dauer wohlbehagt,
nur der ist frei von allen Banden,
der froh genießt und froh entsagt.

F. Löwe

Genossen

Nur das mag, wie mit festem Erz,
In Freundschaft zwei Genossen binden,
Wenn Geist und Geist sich, Herz und Herz
In einem höhern Dritten finden.

Geibel

Genossen → Solidarität

(Da Todi)

genug

Nun genung!
Fort im Sprung!

Shakespeare, Sommernachtstraum (Gundolf Schlegel)

genügsam leben

Stille schaun die Natur, sich gleich in allem
und allem,
Nicht Unmögliches hoffen und doch dem
Leben genug sein.

Gnomische Verse (wahrsch. von Pythagoras Übersetzer: Goethe)

Genügsamkeit

Drum lebe mäßig, denke klug.
Wer nichts gebraucht, der hat genug.

W. Busch, Haarbeutel

Genügsamkeit verhilft, sich
nüchtern zu bescheiden,
Der Städter Überfluß nicht
schüchtern zu beneiden.

Nach Papentrigk, Schäferschüttelreime

Genuß

Ob's außerdem Genuß verschafft,
Bleibt hin und wieder zweifelhaft.

W. Busch, Fipps der Affe

Genuß, letzter

Gönne mir noch diesen weichen,
kindlich verspielten Genuß
morgen vielleicht trifft zur gleichen
Zeit mich der tödliche Schuß.

Herrmann-Neisse, Rast auf der Flucht

Genuß ohne Gier

Wie war das einmal Trank und Speise
und noch von keiner Gier verkürzt:
das Wandeln einer weiten Reise,
die nicht auf rasche Ziele stürzt.

Hagelstange, Noch einmal

genußunfähig

Der Geizhals, der nach Reichtum läuft,
Sieht keine Blumen sprießen . . .!
Und was er auch zusammenhäuft,
Er kann es nicht genießen . . .!

Burns

Geometrie

Mit Hilfe der Geometrie
Mißt du der Gurke Inhalt nie.

Unbekannter Verfasser, Das Veilchen

Geräuschbelästigung

Der Abend ist so mild und schön.
Was hört man da für ein Getön??

W. Busch, Julchen

Gerechtigkeit

Jeder kriegt, was jeder tut,
Schlechtigkeit bekommt nicht gut.

W. Busch, Plisch und Plum

Gerechtigkeit, ausgleichende

Denn auf Not und Ungemach,
Folgt meist Glück und Ruhe nach.

Nach Martin Miller

Nimm getrost des Lebens Qualen
mit des Lebens Lust in Kauf.
Denn am Ende, Zahl für Zahlen,
löset sich doch beides auf.

Albumvers

Gerechtigkeit Gottes

Hinter Wolken teilt der Herr
Lose, halb und halbe:
Meine Feinde füttert er,
züchtigt meine Schwalbe.

Rühmkorf, Lied, unter dem Messer zu singen

Gerede kommen, ins

Die Leute, du! Ich schäme mich, ich schäme
mich so, daß ich in ihr Gerede käme . . .

Aus dem Schi-King, Brief eines Mädchens (M. Fleischer)

Gericht, jüngstes

Welch Entsetzen wird da walten,
Wann der Richter kommt zu schalten,
Streng mit uns Gericht zu halten!

Thomas von Celano, Dies Irae (Simrock)

Und am Ende der Tage kommt Christus herab
Und bricht die Pforten der Hölle;
Und hält er auch ein strenges Gericht,
Entschlüpfen wird mancher Geselle.

Heine, Deutschland – Ein Wintermärchen

Und kommet dann die Stunde groß,
Mich nicht zum Höllengrunde stoß'.

Nach Benno Papentrigk

Gericht der Toten

Die Toten fragen nicht nach Messen und Paraden.
Denn dafür fielen sie ja auf dem Schlachtfeld nicht.
Es ist, als wären wir von ihnen vorgeladen,
Die Toten standen auf und halten heut Gericht.

J. R. Becher, Aus dem «Großen Sonett»

Gericht halten → verzeihen

(Rumänische Ballade)

Gericht, üppiges

So säumet denn, ihr Freunde, nicht,
Die Würste zu verspeisen,
Und laßt zum würzigen Gericht
Die Becher fleißig kreisen!
Uhland, Metzelsuppenlied

gern tun

Was man besonders gerne tut,
Ist selten ganz besonders gut.
Wilhelm Busch, Spricker

Rote Kirschen eß ich gern,
schwarze noch viel lieber,
junge Herren küß ich gern,
alte schlag ich nieder.
Kinderlied

Geruch, betäubender

Die zarte Inbrunst mag sich so entfalten:
Du blätterst Blatt für Blatt in einem Buche.
Und plötzlich mußt du leise innehalten
Du bist betäubt von einem süßen
Ruche ...
Aus China, Gemeinsame Lektüre (Klabund)

Geruch, unbeschreiblicher

Zwei Knaben fanden eine Zwiebel,
Die roch ganz unbeschreiblich übel,
Ganz unbeschreiblich roch sie,
Sie aßen aber doch sie.
Verf. unbekannt

Gerüche der Erdenküche

Ich habe genossen alle Gerüche
In dieser holden Erdenküche ...
Heine, Rückschau

Gerüche wecken Erinnerung → Duft der Erinnerung
(Sologub)

Gerücht

Bös Gerücht nimmt immer zu,
gut Gerücht kommt bald zur Ruh.
Sprichwort

Und wie im Meere Well auf Well,
So läufts von Mund zu Munde schnell ...
Schiller, Die Kraniche des Ibykus

gerüstet → kampfbereit
(Bodenstedt)

Geschäft, neues → Risikobereitschaft
(Seidel)

Geschäfte, dunkle

«Leise, leise! muß ich bitten;
was wir hier für Handel treiben,
mag von unberufnen Dritten
füglich unbelauschet bleiben ...»
Chamisso, Böser Markt

Geschäftsfrau → Paar, gutsituiertes
(Wedekind)

Geschäftsmann, starker

Er war so stark von Kräften,
In meisterlichen Geschäften ...
Nach ... Wunderhorn, Die hohe Magd

Geschenk

Und zuletzt mich trösten muß
Ein Geschenk auf artge Weise –
Man entführt mich – Eine Reise –
Geld und Lust in Überfluß!
Nach Béranger, Die Kartenlegerin

Ich schenk' dir was:
Was ist denn das?
Ein silbernes Wart ein Weilchen
Und ein goldnes Nixchen
In einem niemalenen Büchschen.
Kindervers

Ein Mensch, noch eben prall vor Wut,
Ist schnell versöhnt, wird herzensgut,
Wenn man ihm sagt, daß man ihn liebt
Und ihm zugleich was Schönes gibt.

Sehr frei nach Roth

Geschenke

Wenn du heimfährst, denke
Auch an die Geschenke.

R. v. Normann, Zweizeiler

Geschichte

Die Sterne sind tot; die Tiere schauen nicht
her:
Wir sind allein mit dem Tag und die Zeit ist
kurz,
Und die Geschichte sagt vielleicht Ach
Zu den Besiegten, doch kann nicht
verzeihen oder helfen.

Auden, Spanien 1937 (Hansen)

Habt ihr vergessen, was man euch tat,
Des Mordes Dengeln und Mähen?
Es läßt sich bei Gott der Geschichte Rad
Beim Teufel nicht rückwärts drehen.

Klabund, Die Ballade des Vergessens

Hier ist Geschichte nur ein dünnes Eis
auf ungemessnem See. Kulturen, Reiche
nur eines Schlittschuhs Spur ...

Hagelstange, Grand Canyon

Die Geschichte des Ringfingers
ist nicht die Geschichte
des Zeigefingers.

Krolow, Porträt einer Hand

Geschichten, alberne

Hochverehrtes publikum
werft uns nicht die bude um
wenn wir albernes berichten
denn die albernsten geschichten
macht der liebe gott persönlich
ich verbleibe ganz gewöhnlich ...

Christa Reinig, Die ballade vom blutigen bomme

Geschichten, alte

Wenn über eine dumme Sache
mal endlich Gras gewachsen ist,
kommt sicher ein Kamel gelaufen,
das alles wieder runterfrißt.

Verfasser unbekannt

Geschichtsschreibung

Und jedes künftige Geschlecht,
Bei dem mein Zeugnis sich bewährt,
Wird Eurer Schönheit nur gerecht,
Soweit es sie durch mich erfährt.

Corneille, Stanzen an die Marquise (v. Hartlieb)

Geschick

Sitzend
einen Furz zu überflügeln,
dafür sind wir auf der Erde angestellt ...

Rühmkorf, Anschluß an die Masse finden

geschlagen

Stumm sank er hin zu deiner Ehr
und zuckt mit keiner Wimper mehr.

Ricarda Huch, Der Kampf mit dem Schicksal

Geschlagner Feind, der ehrlich stritt,
hat Schmach genug, ist mit uns quitt.

Weinheber, Ritterliches Handeln

Geschlecht

Das Geschlecht, entsprossen dort,
Bleibe glücklich immerfort ...

Shakespeare, Sommernachtstraum (Gundolf/Schlegel)

geschlechtliche Anziehung

Mein Aug steigt herab zum Geschlecht der
Geliebten:
wir sehen uns an,
wir sagen uns Dunkles,
wir lieben einander wie Mohn und
Gedächtnis ...

Celan, Corona

Geschlechtsverkehr

Einige Mitglieder der Familie haben
Geschlechtsverkehr
andere nicht oder vielleicht.
N. Born, Die Familie

Geschmack → August
(Bauernregel)

Geschütze → Krieg
(Johansen)

Geschwätzigkeit

Sagen ist der Weiber Ruhm,
Thun der Männer Eigenthum.
Abschatz, Sprichwörter

Geschwür

Er hatte ein Geschwür am Hals,
der arme kranke Mann,
und über den besonderen Fall
fing man zu reden an.
de Rojas, Mauleselballade (Nach Hirsch)

Gesänge

Und die vollen Seelen müssen
Von Gesängen überfließen.
Schubart, Todesgedanken ...

Gesellschaft → blamieren, sich
Volkslied

Gesellschaft, freie

Es wächst heran ein neues Geschlecht,
Ganz ohne Schminke und Sünden,
Mit freien Gedanken, mit freier Lust –
Dem werde ich alles verkünden.
Heine, Deutschland – Ein Wintermärchen

Gesellschaft, kranke

Jeder schlürft noch rasch ein Gläschen
und stöhnt über seinen Bauch
und unsern kranken Nachbarn auch.
Degenhardt, Deutscher Sonntag

Gesellschaft, schlechte

Dem Pöbel muß man weichen,
will man ihm nicht gleichen.
Sprichwort

Gesellschaft, wohltuende

Setz dich mit zu ihren Spielen,
Daß sie keine Schmerzen fühlen ...
... Wunderhorn, Der Herzogin ...

Gesetz

Gute Gesetze jedoch sind Gründer der
Zucht und der Eintracht,
Hemmende Fesseln zugleich für der
Verwegenen Tun ...
Solon, Athen (F. Port)

Welch künstlich Netz
ist doch das Gesetz:
Kleines gefangen,
Großes durchgegangen.
Logau

Eingehüllt in feuchte Tücher,
prüft er die Gesetzesbücher
und ist alsobald im klaren:
Wagen dürfen dort nicht fahren!
Morgenstern, Die unmögliche Tatsache (Palmström)

Gesicht, fröhliches

Tu stets Deine Pflicht,
doch vergiß dabei nicht,
daß ein fröhlich Gesicht
am meisten besticht.
Verfasser unbekannt

Gesicht, schönes

Da sitzt er, und nichts Wildes könnt
In seinem Antlitz ihr erspähn;
Nie war ein sturmlos Firmament
So stet und auch so schön.

Wordsworth, Der Dänenknabe (Freiligrath)

Gesicht, süßes

er ruft: «Sie hat ein süß Gesicht;
versag ihr Gott die Gnade nicht . . .»

Tennyson, Die Dame von Shalott (Freiligrath)

Gesicht, trauriges

Darüber hängt als bleiches Lampenlicht
traurig und tot und blutleer dein Gesicht.

Cendrars, Ostern in New York (J. Schroeder)

Gesicht, unvergessenes

Doch wie sich auch mein Herz verzehrt,
ich habe so viel Atem noch,
daß ich in Todes Fängen doch
den seligen Ort such, such im Licht
ein unvergessenes Gesicht . . .

Morris, Ein Garten an der See (v. Bernus)

Gesichtsausdruck

In jedes Menschen Gesichte
steht seine Geschichte,
sein Hassen und Lieben
deutlich geschrieben.

Bodenstedt, Vermischte Gedichte . . .

Es hatte was Böses in seinen Zügen,
Von Heuchelei und trotzigen Lügen.

Nach Rimbaud

Gespenster

Einerlei – um Mitternacht
rasseln Ketten, Türen knarren,
Stürme brausen, Donner kracht,
und mit Schlürfen und mit Scharren,
hoch in fremder weißer Tracht,
streicht ein Unhold durch das Zimmer
bis zum frühen Morgenschimmer . . .

Odyniec, Die Gespenster (Nitschmann)

Husch, weg und weiter zieht die Schar.
Verwundert stehst Du dann:
Gepenster sind zwar unsichtbar,
Und doch ist etwas dran.

Nach W. Busch, Die Seelen

Gespenster, sie fahren,
Das Fenster sie sparen.
Als Schmerzen sie hausen,
Vom Herzen sie schmausen.

Papentrigk

Gespensterfurcht → zähneklappern

(Odyniec)

Gespräch

Was sind das für Zeiten,
wo ein Gespräch
beinah ein Verbrechen ist,
weil es soviel Gesagtes
mit einschließt?

Celan

Gesprächsauflockerung → Zwiegespräch

Gesprächsthema Liebe

Sie saßen und tranken am Teetisch
Und sprachen von Liebe viel.
Die Herren, die waren ästhetisch,
Die Damen von zartem Gefühl.

Heine

Gestalt

Vergängliches Werden
Ist irdisch und alt,
Doch ewig auf Erden
Ist Reiz der Gestalt . . .

Swinburne, Der Tod des Meleager (Grafe)

Gestalt, liebliche

So sahst du sie in frohem Tanze walten,
Die lieblichste der lieblichsten Gestalten.

Goethe, Elegie

Gestalt werden → begreifen, sich

Gestalten, viele → Erlöser
(Bergengruen)

Geständnis

Die Szene wird zum Tribunal,
Und es gestehn die Bösewichter,
Getroffen von der Rache Strahl.

Schiller, Die Kraniche des Ibykus

Geste, eine kleine

Und willst du wie die Gitarre nicht auch
Am offenen Busen mich tragen,
So gib wie der Flöte mir einen Hauch
Von deiner Lippe zum Klagen.

Hafis (Rückert)

Gestirne, Einfluß der

So lenkt der Auf- und Niedergang der beiden
Die Welt im Wechsel stets von Lust und Leiden.

Kalidasa, Mond und Sonne (v. Glasenapp)

Gesuch

Du Zierd des ganzen Erdenreich,
Mit deiner Hilf nicht von uns weich . . .

. . . Wunderhorn, das Prager Lied

Gesundheit und Geld

Gesundheit nur und Geldzulage
Verlang' ich Herr! O laß mich froh
Hinleben noch viel schöne Tage
Bei meiner Frau im statu quo!

Heine

Gesundheitsliebe

Deshalb unserm Herzensbund,
Liebste, widme deine Triebe;
Solches ist dir sehr gesund,
Eine Art Gesundheitsliebe.

Heine, Lotusblume

gesundmelden, sich

Man sagte ihm: Bist du gesund,
So tu es uns nur eben kund.

Nach N. Becker, Die treue Haut

Getrenntsein, das → Unterschiede

Getrenntsein, schicksalhaftes

Sie wollten sich nicht schneiden
bis an ihr seliges Grab:
Das war nun einmal der beiden
geheimer Stolz und Stab.

Morgenstern, Die zwei Parallelen

getrost

Nun könnt ihr, Könige und Sklaven,
Die lange Nacht getrost durchschlafen . . .

Nach E. F. von Gemmingen

Getto → Juden
(Cendrars)

Gewalt

Von der Gewalt, die alle Wesen bindet,
Befreit der Mensch sich, der sich überwindet.

Goethe, Die Geheimnisse

Gewalt → ducken, sich; Gegengewalt
(Morgenstern)

Gewalt, geistliche

Der Bischof ließ sie laden
vor geistliche Gewalt –
und mußte sie begnaden,
so schön war ihr' Gestalt.

C. Brentano, Die Lore Lay

Gewalt, süße

Der Flicken hier am Kragen mahnt als
Zeichen
Mich an ein ander süßes Glück;
Einst wollt ich aus Lisettens Arm
entweichen,
Gewaltsam hielt sie mich zurück . . .

de Béranger, Mein Rock (E. Geibel)

Gewalt, süße → Sommer, steiler

(Hagelstange)

Gewalt antun

«Ich liebe dich, mich reizt deine schöne
Gestalt;
und bist du nicht willig, so brauch ich
Gewalt.»

Goethe, Erlkönig

Gewalten, wirkliche

Du denkst, du kannst es halten, –
es streift dir nur das Lid.
Die wirklichen Gewalten
sind nicht um Spur bemüht.

Hagelstange, Sinkende Sonne

gewaltlos ist mühelos

Nicht Gewalt ist seine Waffe,
Mühelos ist Göttliches all.

Aischylos, Die Schutzflehenden (Reinhardt)

Gewaltwesen

Welcher Hammer? Welcher Schaft
Schliff dein Hirn und deine Kraft?
Amboß was? Was für Gewalt
Hat dein tödlich Graun geballt.

Blake, Der Tiger (v. Bernus)

Gewand

Vom goldenfarbigseidenen Gewande
Umschlungen, tritt die Lüsterne hervor,
Sie hat des Busens Hügel überzogen mit
einem krokusgelben Flor.

Kalidasa, Der Frühling (v. Bohlen)

Gewinn

Nicht täuschen laß Dich, Lieber, durch
Gewinn,
Leichtfertigen . . .

Pindar, Erste Pythische Ode (Hölderlin)

Gewinn → Forscher

(Diels)

Gewinn, entgangener → Wunderglauben

(Zschokke)

Gewinn, kein → fahren lassen

(Luther)

Gewinnerwartung

Im Krieg und in der Lotterie,
Wer gewinnt, das weiß man nie.

Sprichwort

Gewinnstreben

Wer bloß im Hinblick auf Gewinn
das seine tut, zeigt Knechtessinn.

Weinheber, Uneigennützigkeit

gewinnen

Vorm Beginnen
Sich besinnen
Macht gewinnen.

Sprichwort

Was macht gewinnen?
Nicht lange besinnen.
Sprichwort

gewinnen → Reicher, armer
(Medici)

gewinnen → Weibliche, das
(Laotse)

gewinnen und verlieren

Immer gewinnen macht verdächtlich.
Immer verlieren macht verächtlich.
Sprichwort

Gewissen

Sofort nun wende dich nach innen,
Das Zentrum findest du da drinnen,
Woran kein Edler zweifeln mag.
Wirst keine Regel da vermissen:
Denn das selbständige Gewissen
Ist Sonne deinem Sittentag.
Goethe, Vermächtnis

Ein gutes Gewissen
Ist ein sanftes Ruhekissen.
Sprichwort

Und hinter den Kulissen
Ein fröhliches Gewissen . . .
Ringelnatz, Paul Wegener

Gewissensbisse

Ein Mensch, von Wesensart geduldig,
Hält oft sich selbst für alles schuldig.
Frei nach E. Roth

Gewitter

Es ist nicht nur Gewitternacht,
Die uns das Leben bitter macht.
R. v. Normann, Schüttelversuch

Gewohnheit

Die Gewohnheit der Meisten ist zu leben,
nicht zu verstehn.
Martinson, Passat (Nelly Sachs)

Gewohnheit, liebe

Man denkt an das, was man verließ;
Was man gewohnt war, bleibt ein Paradies.
Goethe, Faust II

So ging es ewig an diesem Ort
und wird so gehen ewig fort.
Rückert, Chidher

Gewohnheit → Geist

Gewöhnung, lähmende

Kaum sind wir heimisch einem
Lebenskreise
Und traulich eingewohnt, so droht
Erschlaffen;
Nur wer bereit zu Aufbruch ist und Reise,
Mag lähmender Gewöhnung sich
entraffen.
Hesse, Stufen

Gewöhnung an Schlimmes

Ich sehnte mich nach Mutterlieb
Und Vaterwort und Frühlingsspielen,
Den Fluch, der mich durchs Leben trieb,
Begann ich, da er bei mir blieb,
Wie einen treuen Freund zu lieben.
Else Lasker-Schüler, Frühling

geworfen ins Leben → Hoffnung
(Eichendorff)

Geworfensein, das → Sturz und Tiefe
(Schaumann)

Gier

Und sie keifen vor Gier wie toll
Und erfüllen Haus und Scheunen,
Die von Korn und Früchten voll.
Eisige Winde im Dunkeln greinen.
Trakl, Die Ratten

Gier → Wollust
(Shakespeare)

Gier, erwachende

Doch wie das Weib der Weiber leckt,
Fühlt sie, wie Gier die Leiber weckt.
Lehmann-Leander, Der Sündenfall

Gier nach Blut → Wollust
(Shakespeare)

Gift

Sie gossen mir Gift ins Glas,
Die einen mit ihrer Liebe,
Die andern mit ihrem Haß.
Heine

Giftmischerinnen → Stiefmütter
(Ovid)

Gigollo → Tänzer
(Heine)

Gipfel

Unzugänglich schien der Gipfel;
Nun begehn wir ihn so leicht.
Fern verdämmern erste Wege,
Neue Himmel sind erreicht.
Carossa

Gipfelstürmer → Höhen, lockende
(Zschiesche)

Gipsfigur

Nun schlich ich mich leise – ich atmete
kaum –
Gegen den Wind an den Baum,
Und gab dem Reh einen ganz kleinen Stips.
Und da war es aus Gips.
Ringelnatz, Im Park

Giraffen

In ihren Höhlen jetzt, wohl hundert Meilen
weit;
An blauen Quellen stehn Giraffen
trunkbereit . . .
Leconte de Lisle, Die Elefanten (v. Hartlieb)

Gitter, hinter

Der Mann, der hinter diesem Gitter ruht,
War arm und hatte, ach, kein Rittergut.
Mittler, Epitaph

Gitterstäbe des Herzens → Welt, fremde
(Mayröcker)

Glanz, blendender

Ich fühlte meine Sehkraft sich entzünden,
Daß, wär ein Glanz auch noch so ätherhell,
Ihm würde doch mein Auge nicht
erblinden.
Dante, Der Gottheit Glanz (Schlegel)

Glanz, unpassender

Die goldne Sonne, des Tages Licht,
Sie passen zu diesen Trümmern nicht.
Nach W. Scott, Abtei Melrose

Glanz, unübertrefflicher

Das Bäumlein spricht: «Nun bin ich froh,
Kein Baum im Walde glitzert so.»
Rückert, Vom Bäumlein, das andere Blätter hat gewollt

Glanz und Verderben → Licht und Dunkel
(Kaschnitz)

glanzlos → Wahrheit
(Busta)

Glatzenbildung

Zum Schädel, ohne Zopf und Schopf;
Zum nackten Schädel ward sein Kopf . . .!
Bürger, Lenore

glauben

Ich weiß, an wen ich glaube,
Und nahe mich im Staube . . .
Gellert, Abendlied

Der Glaube ist etwas Leichtes und
nicht zu glauben wäre unmöglich.
Péguy, Das Tor zum Geheimnis der Hoffnung

Das ist das Ende von allen Schlüssen:
Zu wissen, daß wir glauben müssen.
Nach Geibel

An das Göttliche glauben
Die allein, die es selber sind.
Hölderlin, Menschenbeifall

Mein Gott, ich glaube nicht an dich und
möchte dennoch mit dir sprechen . . .
Supervielle, Hinweis auf einen Dichter (Kraft)

glauben → unglaubwürdig
(Phädrus)

Glauben

Nichts kann uns rauben
Liebe und Glauben . . .
Nach Karl Böger

Glaube ist gut,
auch wenn er sinnlos ist,
aber laß ihn stehn und ziehn
drei bis fünf Minuten . . .
Vennberg, Der Teekenner (Nelly Sachs)

Glauben, bequemer

Leicht ist es, im Zelte des Wohlseins zu
sitzen.
Und einen Gott zu sehen in jedem
Windstoß da draußen.
Blake, Enion (v. Bernus)

Glauben, ohne → Dunkel, zurück ins
(Meyer)

Glauben, stärkender

Trotzen kann ich deinen Geistern,
Deinen dunkeln Höllenpossen,
Denn in mir ist Jesus Christus,
Habe seinen Leib genossen.
Heine, Disputation

Glauben und Liebe → Zweifel
(Cendrars)

Glauben und Verstand

Dich vermag aus Glaubensketten
der Verstand allein zu retten.
Goethe, Divan

Glauben verbindet

wir stehn im Glauben bis ans End
und bleiben von dir ungetrennt.
Zwick, All Morgen ist ganz frisch und neu

Glaubensstreit

Also tost in Schimpf und Ernst
Das Turnei für Gott und Glauben,
Doch die Kämpen ganz vergeblich
Kreischen, schelten, wüten, schnauben.
Heine, Disputation

Glaubwürdigkeit

Man glaubt die Wahrheit nicht, wenn sie
ein Armer spricht,
Und selbst die Lüge glaubt man einem
reichen Wicht.
Rückert, Weisheit der Brahmanen

gleich und gleich

Gleiches Blut, gleiches Gut und gleiche Jahre
Geben die besten Ehepaare.
Sprichwort

gleich werden

Ob arm oder reich,
Der Tod macht uns gleich.
Sprichwort

gleichgültig

Gleichgültig
fegt der Kehrichtmann
kleine Scherben
im fahlen Morgenlicht.
Catharine Wiltens, Schießbude

Gleichgültigkeit → Teilnahmslosigkeit
(Garcia Lorca)

Gleichgewicht

Mond und Katze sind im Gleichgewicht.
Mensch, aus Faß und Brett mach Dein Gericht.
Weyrauch, Rosa, die Frankfurterin

Gleichheit

Vergebens in den Kohleschächten
Wollten die Gleichheit wir errechten.
Yvan Goll, Chor der Proletarier

Gleichmut

Er läßt nur Zweifelsucht entstehn,
Verachtet reine Liebesglut,
Verwerflich scheint ihm jedes Flehen
Und voller Gleichmut sieht er Blut.
Lermontow, Mein Dämon (v. Guenther)

Gleichnis

Alles Vergängliche
Ist nur ein Gleichnis . . .
Goethe, Chorus Mysticus (Faust II)

Gleichnis → Regenbogen
(Calderon)

Gleis, falsches

Blind, im Schienen-Überfluge,
stampft der Zug die falschen Gleise:
Schimmernd grüßt das Ziel der Reise –
Leise lacht es hinterm Zuge.
Morgenstern, Am Ziel

gleiten

Am Himmel, von dem der Abend
In den Azur des Wassers sank,
Gleiten wie blitzende Schatten
Die Schwingen der Vögel entlang.
Gregh, Zweifel (Grautoff)

Glied, unentbehrliches → Teilchen
(Rückert)

Glieder, reizvolle

Sie will mit ihrer Glieder Reiz
Halten mich und bannen,
Doch ich schlage nun stumm ein Kreuz,
Fahre schnell von dannen.
R. Baumbach, Wo der Weg . . .

Glieder, schlanke → gemütvoll
(Heine)

Glieder, schöne

Wie sich die Gliedermassen wölben
Zum schönsten Bau! Es tragen dieselben
Anmutig und stolz zwei hohe Pilaster
Von blendend weißem Alabaster.
Heine, Der weiße Elefant

Sieh, o Blöder, auf und nieder,
Sieh mit meinem Sinn den Bau
Und den Eingang ihrer Glieder!
Wende dann das Auge wieder,
Sprich: ich sah nur eine Frau!

Bürger, Das hohe Lied von der Einzigen . . .

Glieder, fahren in die

Nun denkt Euch nur – heut morgen wieder,
Da fährt's dem Unhold in die Glieder . . .

H. Seidel, Der betrogene Teufel

Glocken

Und diese Glocken all,
Sie geben süßen Schall,
Wie nie ein Harfenklang
Und keiner Frauen Sang . . .

. . . Wunderhorn

Glockenklänge

Unser Gott liebt die Musik,
Saitenspiel und Festgesänge;
Doch wie Ferkelgrunzen sind
Ihm zuwider Glockenklänge.

Heine, Disputation

Glück

Auf des Glückes großer Wage
Steht die Zunge selten ein;
Du mußt steigen oder sinken,
Du mußt herrschen und gewinnen,
Oder dienen und verlieren,
Leiden oder triumphieren,
Amboß oder Hammer sein.

Goethe, Kophtisches Lied, Ein andres

Glück ist, was jeder sich als Glück gedacht.

F. Halm

Das glücklichste Leben ist ihm beschieden,
Doch niemand auf Erden ist zufrieden.

Heine, Der weiße Elefant

O Menschenherz, was ist dein Glück?
Ein rätselhaft geborner,
kaum gegrüßt, verlorner, und
Unwiederholter Augenblick!

Lenau, Frage

Den Weg, den Schmerz, den ich leide,
Bedeutet ihr Finger mit linde,
Mit leichthin rauschendem Kleide
Verschwebt sie tiefer im Winde.

Pascoli, Felicitas (Geiger)

Glück → Bescheidenheit

(Logau),

entsagen

(Fontane),

Ichauflösung

(Chines. Gedicht)

Glück, besetztes

Das Glück ist wie ein Omnibus,
auf den man lange warten muß.
Und kommt der dann zu guter Letzt,
so ruft der Schaffner schnell: «Besetzt!»

Verfasser unbekannt

Glück, billiges

Die einsamen, armen Schlucker mit den kleinen Renten
setzen sich nieder und halten in zitternden Händen
das billige Glück, für eine Mark zehn
in jedem Lebensmittelgeschäft zu erstehn.

W. Bartock, Die Wermutpensionäre

Glück, erdrückendes

Einmal waren wir Knospen, beinahe berstend vor Glück,
erdrückt von Liebe versteckten wir uns vor einander.

Solveig von Schoultz, Echo eines Rufes (Ege)

Glück, ewiges → Ewigkeit
(Tagore)

Glück, flüchtiges

Das Glück gleicht oft dem Schlingel,
der nachts vor Deinem Haus
zum Scherz reißt an der Klingel,
und dann kneift aus.
Verfasser unbekannt

Glück, künftiges

Es funkeln auf mich alle Sterne
mit glühendem Liebesblick,
Es redet trunken die Ferne
Wie von künftigem, großem Glück!
Eichendorff, Schöne Fremde

Glück, kurzes

Kurzes Glück schwamm mit den
Wolkenmassen;
Wollt es halten, mußt es schwimmen
lassen.
Liliencron, Märztag

Glück, schweres

Denn schwer ist zu tragen
Das Unglück, aber schwerer das Glück . . .
Hölderlin, Der Rhein

Glück, spätes

Jetzt erst, wo der Fuß müde ward,
Holt dein Blick mich noch ein,
Holt dein Glück mich noch ein.
Nietzsche, Die Sonne sinkt

O sag es meinem Herzen nicht,
Daß du mich liebst – sonst könnt es sein,
Ich ließ noch spät im Abendlicht
Des Glückes ganze Torheit ein!
Gisela von Berger

Glück, unverhofftes

Murrt nicht: alles geht vorüber –
Und ein Weg führt manchesmal
Unverhofft zum Glück hinüber
Aus der allerschwersten Qual.
Baratynskij (v. Guenther)

Glück, vergangenes → vorübergehen
(Lenau)

Glück, verschwiegenes

Ein gesunder Leib,
Ein liebendes Weib
Und ein kleines Eigen,
Wer das hat, mag sich freu'n und
schweigen.
J. Trojan, Beschauliches

Glück, zitterndes

Ich sollte dich verwirrt und glücklich
wähnen,
aber du zittertest mit deinen Zähnen . . .
M. Hausmann, Umkehr

Glück aus dem Sattel heben →
aufspringen
(Bachmann)

Glück des Sterbens → Leiden
(Juan del Encina)

Glück durch Ausperrung → einlassen
(Mutanabbi)

Glück durch Unglück

Ich leb vom Tod, und wenn ichs recht
verstehe,
So leb ich glücklich durch mein Unglück
eben;
Wer nicht versteht, von Angst und Tod zu
leben,
Der komm ins Feuer, worin ich vergehe.
Michelangelo, Gedichte (Nelson)

Glück erjagen → schaffen gehen

(Schiller)

Glück im Herzen

Wenn nicht in deinem Herzen,
wo ist das Glück dann, wo?
Was dir die Welt als Glück gewährt,
macht nie dich völlig froh.

R. Hamel

Glück im Spiel

Soll dir Glück im Spiele lachen,
Glaube nicht, du kannsts erzwingen.
Nicht der Hitzkopf wird es machen,
Nicht dem Starrkopf kanns gelingen.

Lope de Vega, Glück in Liebe . . . (Vossler)

Glück kostet Opfer

Das Glück der Welt, das wir so sehr
ersehnen,
wird durch die Sehnsucht nicht erreicht.
Das Glück der Menschheit kostet Blut und
Tränen!

Kästner, Das ohnmächtige Zwiegespräch

Glück und Unglück

Glück ist so federleicht,
Nie wirds gefangen.
Unglück so erdenschwer,
Nie wirds umgangen.

Konfuzius, Lied des Narren von Tschu (Wilhelm)

Glück von tausend Existenzen → lächeln

(Hagelstange)

Glück zuschoße

Was ist denn noch seine Freude wert,
Herr Doktor aller Kassen?
Wie das Glück zuschoße fährt,
soll man es abziehen lassen.

Rühmkorf, Wir singen zum Eingang

glücklich

Ihn, der aus jeglichem Tag sich sein Glück
holt,
Ihn allein nur preise ich glücklich.

Euripides, Bacchantinnen (Goldscheider)

Ich liege auf den Kissen und
Bin gut und glücklich ohne Grund.

Chines. Gedicht, Auflösung (Klabund)

glücklich → beglücken

(Blüthgen)

glücklich → Gegenwart

(Burns)

glücklich → lieben

(Goethe)

glücklich leben

Lebe glücklich, werde alt,
bis die Welt in Stücke knallt.

Albumvers

Lebe glücklich, lebe froh,
wie der Mops im Paletot.

Verfasser unbekannt

glücklich machen

Wer glücklich ist, kann glücklich machen,
wer's tut, vermehrt sein eignes Glück.

Gleim

Das sind ja meine schönsten Taten,
daß ich dich glücklich machen kann,
daß ich die rauhe Stirne glätte,
auf der des Tages Schweiß verrann.

Leo Heller

glücklos

Das Glück ist fort, der Beutel leer,
Und ich hab' keine Freunde mehr . . .

Heine, Frau Sorge

Glücksbund

Und zum Glücksbund ohne Ende . . .
geben beide sich die Hände.
Spanische Ballade, Der Handschuh

Glückslos

Sei ohne Harm und ohne Groll,
die Welt ist manchen Zufalls voll.
Wenn du stets schaffst in guter Ruh,
fällt Dir vielleicht ein Glückslos zu.
Albumvers

Glücksstern → Krüppel
(Wunderhorn)

Glückwunsch

Kurz und gut, mein Wunsch ist klein:
Du mögest reich und glücklich sein!
Albumvers

Glückwünsche für Reiche

Sag selbst, was ich dir wünschen soll,
Ich weiß nichts zu erdenken.
Du hast ja Küch und Keller voll,
Nichts fehlt in deinen Schränken.
Schiller, Zum Geburtstag . . .

Gnade

Sie vergißt des Schwertes Tück,
In der Gnade schwebt ihr Blick.
. . . Wunderhorn, Abschied von Maria

Er sah sich um, das Antlitz Stein –
ein Funken Gnade kam herein.
Lulu von Strauß und Torney, Mara

Gnade → unwürdig
(Thomas v. C.)

Gnadengesuch

Schon wächst der Schatten über meinem
Pfade,
Die Sonne sinkt. Herr, schenk mir deine
Gnade.
Michelangelo, Gedichte (nach Dörr)

Gnadenlicht

Doch wer sich am Gnadenlicht will
erwärmen,
Potzwetter! Der darf nicht fluchen und
lärmen! –
J. Berstl, Sankt Peter

Gnadenstoß → Drohung
(Chamisso)

Gold

Gold ward Tyrann, und die Drohnen,
Jene Zehntausend, die vornehm und reich,
Stahlen das Glück von Millionen,
Schlemmten und zechten sich bleich . . .
Fröding, Atlantis (v. Gumppenberg)

Gold → Freiheit
(Barbour)

Gold → Ring, goldner

Gold, steigendes → Wünschelrute

Gold, unvergängliches

Das Gold ist im Feuer nie vergangen,
Denn es wird dort Klarheit und
leuchtenden Glanz empfangen.
Mechthild von Magdeburg

Gold und Blut → Prachtstraße
(Cendrars)

Goldgier

Aber die eigenen Bürger, verblendet, dem
Klange des Golds nur
Lauschend, wollen den Fall unserer
mächtigen Stadt.

Solon, Athen (Port)

Nach Golde drängt,
am Golde hängt
doch alles! Ach wir Armen!

Goethe, Faust 1

Goldsucher

Ihr pflügt die wilde See, vergesset euer
Land,
Sucht Gold, das eisern macht, und habt es
bei der Hand.

Opitz, Sta Viator

Gott, ewiger

Unser Gott, der ist lebendig,
Und in seiner Himmelshalle
Existieret er drauflos
Durch die Ewigkeiten alle.

Heine, Disputation

Gott, gefallener

Gott ist vom Schöpferstuhl gefallen
Hinunter in die Donnerhallen
Des Lebens und der Liebe.
Er sitzt beim Fackelschein
Und trinkt seinen Wein ...

Mombert

Gott, höchster → Erkenntnis, höchste
(Lalla)

Gott hört alles

Jeden einzelnen Seufzerhauch,
Glaub, dein Schöpfer hört ihn auch.

Blake, Auf den Schmerz ...

Gott hört nicht

Lasset ab, den Gott zu rufen, der nicht hört.

A. Ehrenstein, Der Kriegsgott

Gott, lieber

Und der liebe Gott, der lacht,
Daß der ganze Himmel kracht.

Dehmel, Wiegenlied für meinen Jungen

Gott, starker

Unser Gott ist stark. In Händen
Trägt er Sonne, Mond, Gestirne;
Throne brechen, Völker schwinden,
Wenn er runzelt seine Stirne.

Heine, Disputation

Gott, alberner → Geschichten, alberne
(Reinig)

Gott, gestorbener → weinende Welt
(Lasker-Schüler)

Gott, verkannter → Sündenfall
(Klabund)

Gott als Metapher

Noch bleiben auf der Elemententafel
Quadrate weiß für neue Formeln,
In die hinein die Poesie der Fakten
Gott als Metapher für das Unerforschte
stellt.

Reinfrank (1934), Das weißumrissene Quadrat

Gott als Partner

Was Gott ist, wird in Ewigkeit
Kein Mensch ergründen,
Doch will er treu sich allezeit
Mit uns verbünden.

C. F. Meyer, In Harmesnächten

Gott der Rache

Unser Gott ist nicht die Liebe;
Schnäbeln ist nicht seine Sache,
Denn er ist ein Donnergott,
Und er ist ein Gott der Rache.

Heine, Disputation

Gott des Schreckens → terrorisieren

(Supervielle)

Gott genügt

Wer Gott nicht losläßt,
kennt kein Entbehren.
Gott nur genügt.

Theresa von Avila

Gott hat uns genarrt

Ein Fluch dem Gotte, zu dem wir gebeten
In Winterskälte und Hungersnöten;
Wir haben vergebens gehofft und geharrt,
Er hat uns geäfft und gefoppt und
genarrt . . .

Heine, Die schlesischen Weber

Gott in der Ferne

Er leuchtet königlich daher
Aus hoher ungemeßner Ferne,
Und ungezählt, wie Sand am Meer,
Stehn um ihn her die Sterne.

Anna Louise Karschin, An Gott

Gott in uns

Ich, Lalla, ging mit Sehnsucht aus,
Im Suchen mir Tag und Nacht verstrich,
Da fand ich den Herrn in meinem Haus,
Und der Stern der Stunde nie wieder
verblich.

Lallâ (v. Glasenapp)

Wär nicht das Auge sonnenhaft,
Die Sonne könnt es nie erblicken;
Läg nicht in uns des Gottes eigne Kraft,
Wie könnte uns das Göttliche entzücken?

Goethe, Sprüche in Reimen

Gott ist noch mehr in mir, als wenn das
ganze Meer
In einem kleinen Schwamm ganz und
beisammen wär.

Angelus Silesius, Der Cherubinische Wandersmann

Wer Gott will finden doch, der muß ihn mit
sich bringen;
Nur, wenn er in dir ist, siehst du ihn in den
Dingen.

Rückert, Weisheit der Brahmanen

Gott ist alles

Herr, du bist selbst der Himmel und die
Erde,
Luft, Wasser, Blume, Sandel, Nacht und
Tag.
Du bist die Opfergabe auf dem Herde,
Bist Alles, Herr. Wo ist, was ich dir opfern
mag?

Lallâ (v. Glasenapp)

Gott ist ewig

Alles vergehet; Gott aber stehet . . .

Gerhardt, Die güldne Sonne

Gott ist kein Perfektionist → Werk, göttliches

(Hölderlin)

Gott ist überall

Alles durchdringst Du,
die Höhen,
die Tiefen
und jeglichen Abgrund.
Du bauest und bindest alles.

Hildegard von Bingen, Sequenz an den heiligen Geist

Du bist überall, Gott, in jedem Schrank.
Majakowski, Wolke in Hosen (Thoß)

Gott ist unbegreiflich

Gott ist nicht faßlich. Fassest du's so ists
Nicht Gott.
Unbek. griech. Dramatiker

Gott loben

Sooft du schlagen hörst die Stund,
So lobe Gott mit Herz und Mund.
Spee

Gott ohne Vorzimmer

Gott hat nicht Vor- und Hinterzimmer.
Zu ihm kannst du immer
Oder nimmer.
Vesper, Rufe in die Zeit

Gott riecht nicht alles

Der liebe Gott, der Herr des Gerichts,
Auf güldnem Thron – ja, riecht er denn nichts?!
J. Berstl, Sankt Peter

Gott spricht → Licht ins Dunkle
(Ringelnatz)

Gott schläft

Noch ist die Menschheit nicht erlöst,
Weil Gott im Himmel schläft und döst.
Klabund, Die Kriegsbraut

Gott sehen

Denn trägt aus Zeit und Raumes Zwang
Mich die Flut auch weit: ich trau,
Wenn mir die große Fahrt gelang,
Daß ich des großen Fährmanns Antlitz schau!
Tennyson, Überfahrt

Gott sehen, überall → Glauben, bequemer
(Blake)

Gott und Narr zugleich

Du selber bist der Gott und bist der Narr.
Wen hielt, wer hielt nicht Gott zu seinem Narren!
Hagelstange, Glück des Weisen

Gott weiß allein . . .

Wer glaubt, die Welt zu wenden, irrt.
ER weiß allein, wie's enden wird.
Papentrigk, Die dreifache Ehrfurcht

Gott werden

Nun bin ich Gott geworden, ich bin Gott!
Geendet hab ich, und bin an den Anfang
Zurückgekommen.
Aus dem ägyptischen Totenbuch (17. Spruch) (Goldscheider)

Gott zeigt sich

Mehr als durch das Pulver sehe ich, daß du dich ausdrückst durch die Grashalme,
Durch die Augen der Bäche und durch die Spiele der Kinder,
Aber auch durch die Meere und durch die Ketten der Gebirge.
Supervielle, Hinweis auf einen Dichter (Kraft)

Gott zum Hassen

Nicht zum Lieben, nein zum Hassen
Sollt ihr uns den Herrgott lassen,
Weil man sonst nicht fluchen könnt' –
Himmel-Herrgott-Sakrament!
Heine, Stoßseufzer

gottbefohlen

Des Leibes bist du ledig;
Gott sei der Seele gnädig!
Bürger, Lenore

Götter

In all der Zeit, seit wir begannen hier,
Was fügten uns die Götter zu? Was mir?

Swinburne, Rondell (v. Bernus)

Götter, Herkunft der

Doch, wem ist auszuforschen je gelungen,
Wer hat, woher die Schöpfung stammt,
vernommen?
Die Götter sind diesseits von ihr
entsprungen!
Wer sagt es also, wo sie hergekommen? –

Aus dem Rig-Veda, Die Schöpfung (Deussen)

Götter, unsichtbare

Zu lang, zu lang schon ist
Die Ehre der Himmlischen unsichtbar.

Hölderlin, Patmos

Götter kommen

Sie nahen, sie kommen, die Himmlischen
alle,
Mit Göttern erfüllt sich die irdische Halle.

Schiller, Dithyrambe

Götter und Menschen

Was unterscheidet
Götter von Menschen?
Daß viele Wellen
Vor jenen wandeln,
Ein ewiger Strom:
Uns hebt die Welle,
Verschlingt die Welle,
Und wir versinken.

Goethe, Grenzen der Menschheit

Götter verlassen uns

. . . und die Götter packen
ganz behutsam
ihre prächtigen Kleider
und ihr Opfer zusammen
und lassen sich von Blumen
ersetzen.

Brechbühl, Auf der Suche nach den Enden des Regenbogens

Götterdämmerung

Felsen zerstäuben,
Riesinnen stürzen,
Es birst der Himmel,
Es fahren Helden
In die finsteren Hallen
Wo Hela hauset.

Aus der Edda, Götterdämmerung (Jordan)

göttergleich werden → Friede

(Schikaneder)

Götterlieblinge

Alles geben die Götter, die unendlichen,
Ihren Lieblingen ganz,
Alle Freuden, die unendlichen,
Alle Schmerzen, die unendlichen, ganz.

Goethe, Alles geben . . .

Gotteserkenntnis

. . .die Erd' ist der Gotteserkenntnis voll
Wie das Meer der deckenden Wogen.

Jesaia, Kap. 11, Vers 1–9, Messianische Verkündigung (E. Müller)

Gotteskraft

Betrunken in des Kaisers Wein
Trat bald ein Kriegsknecht zu ihm ein,
Tät sündlich auf ihn dringen;
Der Jüngling rang in Gotteskraft
Und tät ihn niederringen.

. . . Wunderhorn, Pura

Gotteslästerung

Und blindlings reißt der Mut ihn fort
Und er lästert die Gottheit mit sündigem
Wort.

Heine, Belsazar

O Lust des Pöbels, einen Gott zu spießen,
Auf den Gequälten seinen Spott zu gießen!

Papentrigk, Die dreifach Ehrfurcht

Gotteslust

Ewiger Wonnebrand,
Glühendes Liebeband,
Siedender Schmerz der Brust,
Schäumende Gotteslust.

Goethe, Pater ecstaticus

Gott im Himmel hat an allen
seine Lust, sein Wohlgefallen ...

W. Hey, Weißt du, wieviel Sternlein ...

Gottes Pracht

Die Welt ist übervoll von Gottes Pracht.
Die flammt hell auf, wie Licht auf
Fechterdegen;
versammelt sich zur Masse, gleich der
flüssig trägen,
gequetschten Öls. Was achten Menschen
nicht mehr seine Macht?

Hopkins, Die sternerleuchtete Nacht, (Nora Wydenbruch)

Gottes Rache

Als man's zu weit im Hohne trieb,
Gott jäh von seinem Throne hieb ...

Lehmann-Leander, Der Turm zu Babel

Gottessohn

O Wunderwerk! in Gottes Sohn
Sind zwei Naturen in Person.

... Wunderhorn, Die mystische Wurzel

Tritt ab vom Thron,
Du Gottessohn ...

Klabund, Die Kriegsbraut

Gottesvorstellung, törichte

O Freund, der Mensch ist nur ein Tor,
Stellt er sich Gott als seinesgleichen vor.

Goethe, Der ewige Jude

gottgleich

Ich bin so groß als Gott, er ist als ich so
klein,
Er kann nicht über mich, ich unter ihm
nicht sein.

Angelus Silesius, Cherub. Wandersmann

Göttin, schwebende

Da kommt sie, die Göttin, und schwebet,
ein Schwan,
In lieblichen Wellen hinab und hinan ...

Herder, Der Eistanz

Göttin, verrückte → schlotterbusig

(Heine)

göttlich handeln

Tränen zu wandeln
in heiteren Blick,
göttlich zu handeln
ist unser Glück.

F. Halm

göttlich kochen → kochen

(Heine)

göttlich werden

Nur der wird göttlich, der wird groß,
der erst sein kleines Ich wird los.

Nach Max Bewer

gottlos

Mensch der gottlosen Stadt,
Immer auf der Flucht vor den Engeln,
Wirf dich dem wissenden Abend ans Herz!

Claire Goll, Erneuerung

Gottlose → Geldverdiener

(Gyóni)

Gottnähe

Es war der Wall um Gottes Haus,
Auf dem sie stand, Ihm nah,
Von Gott über schiere Tiefe gebaut,
Der Raum begann erst da,
So hoch, daß beim Hinuntersehn
Sie kaum die Sonne sah.

D. G. Rosetti, Das selige Mädchen (v. Bernus)

Gottvertrauen

Denn welcher seine Zuversicht
auf Gott setzt, den verläßt er nicht.

Neumark, Wer nur den lieben Gott läßt walten

Den lieben Gott laß ich nur walten;
der Bächlein, Lerchen, Wald und Feld
und Erd und Himmel will erhalten,
hat auch mein Sach' aufs best' bestellt.

Eichendorff, Wem Gott will rechte Gunst erweisen

Was wollst du heute sorgen
Auf morgen?
Der Eine
Steht allem für;
Der gibt auch dir
Das Deine.

Fleming, Ode

Dem Herren mußt du trauen,
Wenn dirs soll wohlergehn;
Auf sein Werk mußt du schauen,
Wenn dein Werk soll bestehn.

Gerhardt, Befiehl du deine Wege ...

Über sich ein blankes Schwert;
Ihr Gebet doch ruhig währt.

... Wunderhorn, Abschied von Maria

Geld hab ich nicht, davon ich möchte
zehren,
Doch trau ich Gott, der wird mir Speis
bescheren.

... Wunderhorn, Der Pilgrim

Ist nur ein Gott in der Welt,
ihm sei alls anheimgestellt.

Nachtwächterlied, Hört ihr Herren

Jetzt, Brüder, eine gute Nacht!
Der Herr im hohen Himmel wacht!

Volkslied, Kein schöner Land in dieser Zeit

Götzenbild

Götzenbild aus Lehm gebrannt,
Großer Buddha-Gott genannt ...

Kipling, Mandalay (Sachs)

Götzendienst → Müßiggang

(Seidel)

Grab

Ist es des Menschen Los, daß er ins Grab
sich legt,
Warum hat dann die sorgsame Mutter ihn
liebevoll gepflegt?

Ma'arri, Irdische Vergänglichkeit (v. Kremer)

Das Grab ist Himmels goldenes Tor,
Reiche und Arme warten davor ...

Nach Blake

Grabesruhe

Nur des kalten Wurmes Zahn
Tastet dich im Bahrtuch an.

Tennyson, Ein Grablied (Freiligrath)

Grabesruhe → Sarg als Zuflucht

Grabschrift

Ich sterbe dir, und soll ein fremder Sand
Den oft durch dich ergötzten Leib
bedecken,
So gönne mir das letzte Liebespfand
Und laß ein Kreuz mit dieser Grabschrift
stecken:
Wo ist ein Mensch, der treulich lieben
kann?
Hier liegt der Mann.

J. Chr. Günther, Abschiedsaria

Bei Gott, kein Trost des Himmels übertrifft
die heilige Hoffnung dieser Grabinschrift.

K. Kraus, Zum ewigen Frieden

→ Grabspruch

Grab in der Natur

Und wenn die letzte Saite schnarrt
Und auseinander klingt,
Mein Sterbliches sei dort verscharrt,
Wo Fink und Drossel singt.

J. v. Lauff, Der Brandfuchs

Grabmaschinen

Es wurden aufgeboten
Maschinen, um zu graben,
Daß in der Erde haben
Genügend Platz die Toten . . .

J. R. Becher, Deutsche Gräber an der Ostfront

Grabschätze

O schicke nur voraus den Vorrat in das
Grab,
Niemand bringt ihn dir nach, send ihn
zuvor hinab.

Saadi, Rosengarten (Graf)

Grabschmuck

Glockenblum und Primel späht
Über das gestickte Beet –

Tennyson, Ein Grablied (Freiligrath)

Aber was man Entschlafenen spendet,
Ist vielleicht nur hold verschwendet . . .

Carossa, Worte zu einem antiken Grabrelief

Grabspruch

Ich will kein ander Wort um meinen
Leichstein haben
Als dies: der Kern ist weg, die Schalen sind
vergraben.

Hofmann von Hofmannswaldau, Mein Auge . . .

Diese Leiche hüte Gott!
Wir vertrauen sie der Erde,
Daß sie hier von aller Not
Ruh und wieder Asche werde.

M. Claudius, Bei ihrem Grabe

Gram und Furcht → Wollust

(Buddha),

→ Lebenstrieb

Gram und Scham

Der Himmel, der aus Flandern kam,
verhüllte sich aus Gram und Scham.

Hagelstange, Die Wolkenschlacht

grau werden

Sieh dich an genau,
Morgen bist du grau . . .

Nach Goethe, Die Braut von Korinth

Es war ein Pferd, das war ergraut
Und wurde deshalb abgebaut.

Ringelnatz, Schindluder

grau werden → ungeküßt

(Grosse)

grausame Natur → Natur, grausame

Grazie

Sieh das Leben und das Weben
Dieser Graziengestalt,
Sieh es ruhig an und kalt!
Fühle nicht das Wonnebeben
Vor der Anmut Allgewalt!
Bürger, Das hohe Lied . . .

Greifbare, das

– Oh Lust am Greifbaren! –
Rühmkorf, Im Vollbesitz seiner Zweifel

Grenze des Erlaubten

Einen Mantel von Golde, den nähm ich
wohl;
doch tanzen ich nicht darf noch soll.
Nordische Balladen, Erlkönigs Tochter (Nach Herder)

Grenzen nieder

Nieder die Grenzen, die uns geschieden!
Völkerfreiheit wirke das Band
ewiger Freundschaft von Land zu Land, –
wirke der Völker ewigen Frieden.
Mühsam, Versöhnung

Greuel

O greul, o greul, o ganz abscheul,
wir hängen hier am roten Seul!
Morgenstern, Bundeslied der Galgenbrüder

Griffe kloppen

Dem Vaterland dient der Soldat,
kloppt Griffe noch bei dreißig Grad.
Mühsam, Kalender – Juli

Grillen im Kopf → Willen lassen, den
(Lüb. Kindervers)

Grimm und Grütze

Über meiner Schiebermütze
setzt der Tag den goldenen Stander;
hab ich Grimm und hab ich Grütze,
da ist Gutes beieinander.
Rühmkorf, Grimm- und Grützlied

grimmig

Sie sagten von ihm das stolze Wort,
er täte wie Thor viel grimmigen Tort . . .
Welhaven, Dyre Wå (Passarge)

Große, das

Die Heimstätte des Großen ist tief gelegen:
So wird es die Mündung der Zuflüsse.
Laotse, Aus dem Tao-Te-King (Dallago)

Großen, die

Die Großen dieser Welt spieln nur mit
unserm Leben,
Und haben wir zum Gut das Blut gegeben,
So sorgen sie sich nicht, wer sie uns
wiederbringt . . .
de Magny, Die Seufzer der Welt (Bartuschek)

Größenwahn

Lasse keiner sich vom Wahn verführen,
daß er mehr als jeder andre gelt':
Cäsar wollte mit dem Schwert regieren
und ein Messer hat ihn selbst gefällt.
G. Kaiser, Ballade von Cäsars Ende

Genug! Als alles dies getan,
Griff unser Held zum Größenwahn.
Ringelnatz, Fußball

Großmut

Der Mut allein genügt uns nicht.
Die *Großmut* ist sein Kehrgesicht.
Weinheber, Ritterliches Handeln

Die Un-Schuld ganz auf sich zu nehmen,
Will keins von beiden sich bequemen . . .
E. Roth, Ein Mensch – Unglaubwürdige Geschichte

Großmut → Kämpfer, edler

Großreinemachen, das

Es lebe das Großreinemachen!
Man findet, wenn man säubert und siebt,
Breife und Bilder und andere Sachen,
die es eigentlich gar nicht mehr gibt.

Kästner, Mathilde, aber eingerahmt

großzügig sein

Rede gut von einem Fürsten
Und nicht schlecht von einer Frau;
Knickre nicht mit deinen Würsten,
Wenn du schlachtest eine Sau.

Heine, Guter Rat

grübeln

Sein Leben grübelt er seitdem:
warum ihm dies geschah von wem.

Morgenstern, Schicksal

Nie hab ich grübelnd mich
herumgeschlagen
Mit Jenseitsrätseln, die wir nicht erfragen.

Nach Stecchetti, Stimme aus einem Grabe

grün

Grün ist die Hoffnung
Und grün der Salat,
Und grün ist der Jüngling,
Der keinen Schnurrbart hat.

Verfasser unbekannt

Grundbedürfnisse

Brot in Not und eine Hütte,
Das ist unsre letzte Bitte.

Nach einer Hausinschrift

Grundlagen des Lebens → Elemente
(Schiller)

Grundprobleme

Nicht vom Wetter spricht (man), nicht vom
Schneider,
höchstens von den Grundproblemen
beider.

Nach Morgenstern, Wort-Kunst

gründen

Und niemals sprach's ein irdischer Mund:
Wo gründet er, der tiefe Schlund?

Hadewych (J. O. Plassmann)

grüne Zeit

Und auf einmal sangen sie alle, und
rauschten wälderweit:
Gelobt sei die hohe Sonne! Grüne, grüne
Zeit!

Lulu von Strauß und Torney, Grüne Zeit

grünen

Was grünt, hält auch im Sturme fest
am sonnenreifen Laubgeäst.

Nach Stieler

Grüße, schöne

Und was Sie auch noch wissen müssen:
Die Tante Frieda läßt schön grüßen.

Nach einem alten Volkslied

Gruß, sportlicher

Treu dem Sport,
wahr das Wort,
auf Ehren stolz,
als Gruß: Gut Holz!

Verfasser unbekannt

grüßen, sich

Wir grüßen uns, doch sind wir kaum
bekannt,
Sie hat mir ihren Namen nicht genannt . . .

Nach W. von Scholz

Gunst der Götter

Du hast der Götter Gunst erfahren!
Die vormals deinesgleichen waren . . .
Schiller, Der Ring des Polykrates

Gunst des Pöbels

Zu erlangen des Pöbels Gunst,
Ist eine leichte Kunst.
J. G. Keil, Lyra und Harfe

Günstling

Kann ich ihr Günstling werden,
So hab ich alle Welt,
Weil alles sie auf Erden
In eins zusammenhält.
Nach Opitz, Unerhörte Liebe

Guruh

Drüben im Walde
Kängt ein Guruh –

Warte nur balde
Kängurst auch du.
Ringelnatz, Abendgebet einer erkälteten Negerin

gut genug

Die Welt, obgleich sie wunderlich,
ist gut genug für dich und mich.
W. Busch

gut leben → plagen, sich

(Bruant)

gut leben und sterben

Gut gelebt und selig gestorben,
Ist dem Teufel die Rechnung
verdorben . . .
. . . Wunderhorn, Habt ihr . . .

gut machen

Lebe, lache gut!
Mache deine Sache gut!
Ringelnatz, An M.

gut und gütig

Sei immer gut, doch nie zu gütig,
die Wölfe werden sonst leicht übermütig.
Sprichwort

Gut und Geld

Was machts, daß Gut und Geld verweht,
Da doch zuletzt die Welt vergeht!
Papentrigk

Güte → locken

(Busch)

Gute, das

Angedenken an das Gute,
Hält uns immer frisch bei Mute.
Goethe, Angedenken

Willst du immer weiter schweifen?
Sieh, das Gute liegt so nah.
Lerne nur das Glück ergreifen:
Denn das Glück ist immer da.
Goethe, Erinnerung

Magst alles werfen in des Lebens Fluten,
Nur eines halte fest: die Sehnsucht nach
dem Guten.
v. Leixner

Güter, vergängliche → verlieren lernen

(Schiller)

Gütertausch → Tausch

(Hauptmann)

Güterverteilung, ungleiche

Uns ist beschieden dies und das,
Der ein' sitzt trocken, der andre naß.
Sprichwort

Gutes erfahren

Aber zu erfahren Gutes, ist die erste der
Bestrebungen . . .

Pindar, Erste Pythische Ode (Hölderlin)

Gutes tun

Bei jedem Aufstehn stelle dir die Frage:
Was tu' ich Gutes an dem heut'gen Tage?

Aus dem Indischen

Nur was man Gutes tut, lebt fort,
Blüht noch im Staube unverdorrt.

Nach Shirley, Der Sieger Tod

Gymnasium

Wir schicken, unserm Stand zum Ruhm,
Die Kinder ins Gymnasium.

Nach Weinheber, O Mensch, Gib acht . . .

H

Haar, rotes

Hab ich dann schon rote Haar ...
Leid ich drum noch kein Gefahr.

... Wunderhorn, Habt ihr ...

Nun heb ich hier mein Klagen an,
Ich fahrender Scholar,
Weil Gott den Schädel mir umspann
Mit brandfuchsrotem Haar.

J. v. Lauff, Der Brandfuchs

Haar in der Suppe

Ein Haar in der Suppe mißfällt uns sehr,
selbst wenn es vom Haupt der Geliebten
wär.

W. Busch, Aphorismen und Reime

Haarpracht

Seine Haare gezwirnt und schwarz,
duften von Wiesenkümmel und Harz ...

Nach Marie Under, Die Dudaimbeeren

Haarspalter

Sie haben Witz und können ihn nicht
halten.
Sie wissen vieles, was sie nicht verstehn.
Man muß sie sehen, wenn sie Haare
spalten!
Es ist, um an den Wänden hochzugehn.

Kästner, Zeitgenossen ...

Haarwuchs, neuer

Keine Glatze mehr! Goldlocken
Flattern dort um unsre Köpfe;
Allerliebste Jungfraun flechten
Uns das Haar in hübsche Zöpfe.

Heine, Disputation

haben

Hat man viel, so wird man bald
Noch viel mehr dazu bekommen.
Wer nur wenig hat, dem wird
Auch das wenige genommen.
Wenn du aber gar nichts hast,
Ach, so lasse dich begraben–
Denn ein Recht zum Leben, Lump,
Haben nur, die etwas haben.

Heine, Weltlauf

haben wollen

Alle Welt wünscht das Hinzu;
Ich hingegen ersehne das Weggeben.

Laotse, Aus dem Tao-Te-King(Dallago)

Ich will dich haben wie mein eigen Blut,
wie meinen Atem, wie mein Angesicht,
wie meine Wünsche, meinen stillen Mut,
wie meine Freude, wie mein
Augenlicht . . .

Hagelstange, Kehrreim der Liebe

Ich will dich haben! Heut wirst du mein!
Hörst du? Dein Gatte will ich sein!

Dehmel, Die Buße

Habenichts

Warum soll ich mich denn grämen?
Ich habe nichts, was man kann nehmen.

Nach P. Gerhardt

Wir haben nichts als unsern Stock,
kein Schaf, kein eigen Land,
geflickt und fasrig ist der Rock, nachts
keine warme Wand.

P. Huchel, Hirtenstrophe

Habgier

Wozu dient es, zu begehren,
Was man füglich kann entbehren?

Nach Morhof, Von der Zufriedenheit

Habgier, blinde

Denn unsere Gier, die macht uns so blind,
sich Dinge zu wünschen, die gegen uns
sind.

Nach Seb. Brant, Das Narrenschiff

hadern mit dem Schicksal

So wütete Verzweifelung
ihr in Gehirn und Adern.
Sie fuhr mit Gottes Vorsehung
vermessen fort zu hadern . . .

Bürger, Lenore

Häftlinge

Sie trampeln um den Hof im engen Kreis.
Ihr Blick schweift hin und her im kahlen
Raum.
Er sucht nach einem Feld, nach einem
Baum,
Und prallt zurück an kahler Mauern Weiß.

G. Heym, Die Gefangenen

Häftlinge → Gitter, hinter
(Mittler),
Sträfling

Hahnenschrei

Goldstrahlen schießen übers Dach,
Die Hähne krähen den Morgen wach . . .

Storm, In der Frühe

Schlaf, mein kleines Mäuschen,
schlaf bis morgen früh,
bis der Hahn im Häuschen
ruft sein Kikeriki.

Wiegenlied

Hahnenschrei → zutragen, sich
(Baumbach)

halb zog sie ihn . . .

Sie sprach zu ihm, sie sang zu ihm;
Da war's um ihn geschehn:
Halb zog sie ihn, halb sank er hin,
Und ward nicht mehr gesehn.

Goethe, Der Fischer

Halleluja

Ein Halleluja ist ein frohgestimmtes Lied,
das über Bäume, Wiesen und Gebüsche
zieht.

Nach Verlaine, Ostern

Haltung bewahren

Mußt dich halten, mußt nicht schwindeln,
Und dich wickeln wie in Windeln . . .

Cervantes-Saavedra, Beschwörung gegen das Kopfweh (Schlegel)

hampeln

Alle Damen, alle Herr'n
alle hampeln, strampeln gern.

Alter Gassenhauer, Der Hampelmann

Hand des Schreckens

Die Hand, die unterschrieb, brachte ein Fieber,
und Hunger wuchs, Heuschrecken kamen.
Groß ist die Hand, die Herrschaft ausübt über
Menschen durch einen hingekleckten Namen.

Dylan Thomas, Die Hand die unterschrieb (Fried)

Hand geben, aus der → Säugling

(Busch)

Hand, zerstörerische

Des Menschen Hand ist eine Kinderhand,
Sie greift nur zu, um achtlos zu zerstören;
Mit Trümmern überstreuet sie das Land,
Und was sie hält, wird ihr doch nie gehören.

Raabe, Legt in die Hand . . .

Hand, zögernde

Manchmal währt es lange,
bis die Hand dich rührt
und in zögernd sanftem Gange
in das Leben führt.

Hagelstange, Auf die Feder in der Hand des Dichtenden

Hände

Meine linke Hand
ist der Partner meiner
rechten Hand.

Krolow, Leben lassen II

Hände, arme

Sie sind so, diese armen Hände,
Zittrig wie Gräser im Gelände . . .

Verhaeren, Die Armen (Dehmel)

Hände, göttliche → Schicksal

(Mell)

Hände, leere

Sind deine Hände leer, wenn du zu Markte gehst,
So fürcht ich sehr, daß du kein volles Tuch erstehst.

Saadi, Rosengarten (Graf)

Hände, zitternde

Fühlt meine Hände, dürr und verfroren
Zitternd bei jedem Laut –
Seht, wie sie schlottern alle Kraft verloren,
Recht wie welkes Kraut!

Bellman

Hände falten

Falte deine Hände du
Auf dem Herzen! Schlummre zu!

Alfred Tennyson, Ein Grablied (Freiligrath)

Hände ringen

An der Donau stand sie,
ihre Hände rang sie . . .

Polnische Ballade, An der Donau (Eisner)

Hände zum geben → geben

(Trimberg)

Handwerk

Der Meister übt – er will nicht wüste leben –
sein ehrsam Handwerk mit Gelüste:
weben.

Müller Giersleben, Zettels Traum

handeln

Wer langsam handelt, der wird nie bereuen;
Das Hasten und den Jähzorn muß man scheuen.

Firdusi

handeln wie alle → Pflichtgefühl

(Laotse)

Händlerseelen → Zahlenmenschen

Handlungszwänge → richte nicht!

Hängebusen

Ohne Halt und Barriere,
folgend dem Gesetz der Schwere,
hängt die Schönheit bis zum Knie.
Und beim Tanzen zittert sie.

Kästner, Ball im Osten . . .

hängen

O schauerliche Lebenswirrn,
wir hängen hier am roten Zwirn!

Morgenstern, Bundeslied der Galgenbrüder

hängen, in der Luft

Er mußte schon, gefangen,
Ein Weilchen schwebend hangen.

G. Falke, Der Schutzengel

Harmonie

Meine Qual
fängt an wenn
ich mich nicht
in der Harmonie glaube

Ungaretti, Die Flüsse

Harmonie → Melodie

(Bürger)

Harmonie → Sympathie

(Mereau)

Harmonie, menschliche

Wir sitzen atmend da in Glück und Scham.
Wie gut wir uns auch waren beim Beginnen,
ach, jetzt gehören wir uns ganz da innen
so anders noch und wundersam.

Manfred Hausmann, Alte Musik

Harmonie, neue → Einklang bringen, in

harren

Das Mondschaf steht auf weiter Flur.
Es harrt und harrt der großen Schur.

Morgenstern, Das Mondschaf

Harren, das

Hoffen und Harren
Macht manchen zum Narren.

Ovid

hart sein → Stein sein

hart werden

Du, laß dich nicht verhärten
In dieser harten Zeit
Die all zu hart sind, brechen
Die all zu spitz sind, stechen
und brechen ab sogleich

Biermann, Ermutigung

hart werden → Stein sein

(Michelangelo)

Hartherzigkeit

Wer sein Ohr vor den Armen stopft,
Den hört Gott nicht, wenn er auch klopft.

Nach S. Brant, Das Narrenschiff

Haß

Jenseits des Fensters
erstirbt der Haß.

Hernandez, Das letzte Lied (Lorenz)

Verläßt uns einmal der Haß, ist unser
Leben dann leer?

Adam Wazyk, Kiosk des Invaliden (Mika)

Haß, erhebender

Es erhöht des Mannes Wert,
wenn der Haß sich auf ihn kehrt.

G. von Straßburg, Tristan

Haß, übler

So manchen üblen Hassers Wahn,
Der sprudelt wie ein Wasserhahn.

Monika v. Normann, Haß → geschüttelt

hassen, weniger → Überblick, großer

(Leuthold)

hassen und lieben zugleich → Zwiespalt

(Catull)

Haßliebe

Wer lehrte dich zu sein, daß ich so mehr
Dich lieben muß, je mehr du Haß
verdienst?
O Abscheu allen andern, wie, ich wär
Abscheu auch dir, weil du mir lieblich
schienst?

Shakespeare, Sonette (v. Schaukal)

Oft auseinander sehn wir uns getrieben,
Verwechselnd, ob wir hassen, ob wir
lieben.

Carossa, Mysterium der Liebe

Wenn sich Leute, die sich lieben hassen,
tun sie das auf unerhörte Art.
Noch in allem, was sie unterlassen,
bleibt ihr Haß aufs sorglichste gewahrt.

Kästner, Familiäre Stanzen

häßlich

Himmel, ach, wie sieht der aus!
Braune Haare, dick und kraus,
Um und um;
Und die Nase und die Beine,
Die sind krumm!

Bierbaum, Pans Flucht

Es sprach der Pavian zum Schwein:
Wie kann man nur so häßlich sein . . .

Nach R. Presber

häßlich werden

Am Ende wird man krumm und faltig,
Grimmig, greulich, ungestaltig,
Bis uns dann bei Nacht und Tag
Gar kein Mädchen leiden mag.

Nach W. Busch, Julchen

Hast

Wozu die Hast?
Wozu hinaus?
Sei froher Gast
in unserm Haus.

Nach Julius Lohmeyer

hauchen

Da heißt es, fix die Finger brauchen,
Den Mund zu spitzen und zu hauchen.

W. Busch, Zu guter Letzt

hauen

Und wer das tut,
den hau' ich auf den Hut,
den hau' ich auf die Nase,
bis sie blut'!

Nach Methfessel

Hauptbestreben

Doch guter Menschen Hauptbestreben
Ist, andern auch was abzugeben.
W. Busch, Balduin Bählamm

Häuptling, weißer

Unser Häuptling ist ein Weißer,
aus dem Land der Hosenscheißer!
Kinderlied «Humpa, humpa, wir sind Neger ...»

Haus

In jedes Haus, wo Liebe wohnt,
da scheint hinein auch Sonn' und Mond,
und ist es noch so ärmlich klein,
es kommt der Frühling doch hinein!
Hoffmann von Fallersleben

Haus und Haft → lösen, sich
(Bergengruen)

Hausbau

Ein jeder, wenn er kommt, erbaut ein neues Haus,
Dem andern läßt er bald den Bau und geht hinaus ...
Saadi, Rosengarten (Graf)

Hausbau → Stein auf Stein
(Volkslied)

Häuschen mit Garten

Lang ist das Leben, o Mensch. Bescheiden baut sich das Hüttchen
Hier eine fleißige Hand, und ein genügendes Gärtchen.
Hebel, Kürze und Länge des Lebens

Hause, nach

Wenn ich den Wandrer frage:
Wo eilst du hin?
Nach Hause, nach Hause!
Spricht er mit frohem Sinn.
A. Stahl

hausen, zusammen

Mit vielen läßt sich schmausen,
mit wenigen läßt sich hausen.
Verfasser unbekannt

Hausfrau

Vom Streit des Tages durch den Herd geschieden,
Sei sie den Ihren Freude, Trost und Frieden.
Heyse, Die Braut von Cypern

Sie hausfraut an allen Ecken,
Vergißt aber abzudecken ...
G. Pascoli, Das Tischtuch (B. Geiger)

Hausfrau, besorgte

Die Hausfrau ihm entgegenging,
Mit ihren Armen ihn umfing
Und fragt ihn, wo er blieben wär.
«Ich hab gejagt, bei meiner Ehr!»
Wunderhorn, Des edlen Helden ... Taten

Hausfrauenpflichten

Vor der Hochzeit pflückst Du Rosen,
nach der Hochzeit flickst Du Hosen.
Albumvers

Hausfriedensbruch

Vergreif dich nicht an meinem Haus,
Sonst fliegst du schnell zur Tür hinaus!
Nach einem alten Spruch

Haushaltsbuch

Die Mutter klappte das Haushaltsbuch zu
Und ging zufrieden und stolz zur Ruh ...
Nach Rimbaud, Der siebenjährige Dichter

Haushaltshilfe

Meine Mutter hatte Hilfe von Frauen vier,
wollt Gott, ich hätte nur eine bei mir!
Nordische Ballade, Roselil und Medevold (Festesen)

häuslicher Typ → Pantoffelheld

(Heine)

Heide, fröhlicher

Ihr machet es mir zu toll
Mit Eurem christlichen Leide;
Mein Herz ist noch freudevoll,
Darum bin ich ein Heide.

Rückert

Heil, das

Gott, laß dein Heil uns schauen,
auf nichts Vergänglich's trauen . . .

Claudius, Der Mond ist aufgegangen

Heiland

Es war ein Heiland
wie Radium heilend . . .

Dylan Thomas, Es war . . . (Fried)

heilen

Rundum der Kampf aufs Messer:–
Lern du zu dieser Frist,
daß Wunden heilen besser
als Wunden schlagen ist.

Freiligrath

Heile heile Segen,
wird sich alles legen,
hiele heile Mäusedreck,
morgen früh ist alles weg

Kinderlied

Heilige → Paradies

Kirchenlied

Heilkräuter

Wohl Kräuter gäbs, des Körpers Qual zu
stillen;
Allein dem Geist fehlts am Entschluß und
Willen . . .

Goethe, Elegie

Heilung

Der wird nimmermehr wohl gesund,
Er küsse denn denselben Mund,
Von dem seine Seel ist worden wund.

Mechthild von Magdeburg

Heilung durch Liebe → Frauenliebe

(Logau)

Heimat

Wohl oft fand ich, was Aug' und Herz
ergötzte,
doch nie, was meine Heimat mir ersetzte.

Bodenstedt

Heimat, Heimat, süßes Träumen,
Heimat, Heimat, liebstes Glück,
ja nach deinen trauten Räumen
zieht es mächtig mich zurück.

Paul Möbius

Ach, wie möcht ich einmal
Noch von Bergeshöhn
Mein süße Heimat
Sonnbeleuchtet sehn!

Rosegger, Das letzte Gedicht

In meiner Heimat leb ich nicht mehr
gern . . .
Ich laß die Kate Kate sein, bin fern.

Jessenin, In meiner Heimat (Celan)

Heimat ist, wo man anfängt.
Während wir altern,
Wird die Welt immer fremder . . .

Eliot, Mord im Dom (Nora Wydenbruck)

Heimat, fern der

Tausend Meilen von zu Haus
sieht die Welt ganz anders aus,
und dir wird auf einmal klar,
was die Heimat für dich war.

Schlagertext

Heimat, schöne

Kein schöner Land in dieser Zeit,
als hier das unsre weit und breit . . .

Volkslied

Heimatgefühle

Seit ich auf deutsche Erde trat,
Durchströmen mich Zaubersäfte
Der Riese hat wieder die Mutter berührt,
Und es wuchsen ihm neue Kräfte.

Heine, Deutschland – Ein Wintermärchen

Heimatland

Leb wohl, mein Heimatland,
Leb wohl, du Welt der Plagen,
Leb wohl, du Schmerzensstrand.

Altes franz. Kirchenlied, Das Paradies (A. Neumann)

heimatlos

Wir ohne Heimat irren so verloren
und sinnlos durch der Fremde Labyrinth.
Die Eingebornen plaudern vor den Toren
vertraut im abendlichen Sommerwind.

Herrmann-Neisse

Heimatlosigkeit, innere → Zeichen, verdorrte

(Lavant)

Heimatschlacht → Sieg des Friedens

(Mühsam)

heimatwärts → weiter geht es

(Schi-king)

heimgehen

Der Wald war ihm zu grün,
da ging er nach Berlin,
Berlin war ihm zu klein,
da ging er wieder heim . . .

Kinderreim

Das Mondschaf rupft sich einen Halm
und geht dann heim auf seine Alm.

Morgenstern, Das Mondschaf

Heimkehr

Der stille Tote weiß nichts mehr
Vom väterlichen Gut,
Wie er die Schafe um sich her
Gehütet frohgemut.

L. Housman, Heimkehr (Forbes-Mosse)

Heimkehr → Kling-Klang

(Bürger)

Heimkehr in den Tod

Heut steht der Tod vor mir
Wie eine Heimkehr
Nach langen Jahren der Verbannung.

Aus Ägypten 16. Jh. vor Chr., Lied des Selbstmörders (Goldscheider)

Heimkehr tut weh

Warum willst du zurück? Auf dem Herzen liegt Schnee,
und die Augen der Freude wurden versiegelt.
Dein Weg ist mit Dornen und Tränen verriegelt;
jede Heimkehr tut weh.

Dagmar Nick, Unterwegs I

heimkehren

Froh kehrt der Schiffer heim an den stillen Strom,
Von Inseln fernher, wenn er geerntet hat . . .

Hölderlin, Die Heimat

Heimkehrer

Mein Weib! Mein Kind! Da bin ich endlich wieder!
Ihr findet Worte nicht und Tränen nur.

Der Bürgerkrieg zerreißt des Landes
Glieder,
Und Galgen stehn statt Bäume auf der
Flur.

Unbek. chin. Dichter, Rückkehr in das Dorf Ki-Ang (Klabund)

Mit dem Rest ihrer Kräfte, nach dem
Winter, dem langen,
Kehrten sie heim zur Erde – doch die Welt
war vergangen.

Lesmian, Wald im Wald (Dedecius)

Heimlichkeiten

Unter dem Tisch die Füßlein treten,
Untern Bänken die Knielein kneten,
Darnach dann zusammenrucken
Und die heimlichen Winkel
schmucken ...

... Wunderhorn, Dies ist das alte deutsche Übel ...

heimtragen lassen, sich

Trag mich in mein Quartier ...
Es ist nicht weit von hier.

... Wunderhorn, Rewelge

Heimweh

Nun bin ich manche Stunde
entfernt von jenem Ort,
und immer hör ichs rauschen:
Du fändest Ruhe dort!

W. Müller, Der Lindenbaum

Heinzelmännchen

Die faulen Burschen legten sich,
Die Heinzelmännchen regten sich –

A. Kopisch, Die Heinzelmännchen

heiraten

Hätt ich Geld, ich wüßte wohl,
Was ich tät genau:
Hätt ich Geld, ich nähme dich
Augenblicks zur Frau ...

Bierbaum, Brummständchen

Ich weiß nicht, wie mir's ist,
Heiraten tät ich auch schon gern,
Kann aber Kinderschrein nicht hörn.

... Wunderhorn, Selbstgefühl

Heiraten macht Spaß

Machet euch fröhlich,
Machet euch ehlich,
Lasset die Narren
Einsam verharren.

... Wunderhorn, Ehestand der Freude

Heiratsantrag

Mädchen, willst du freien,
so freie dich mit mir!
Ich habe noch zwei Dreier,
die will ich geben dir.

Volkstümlich, Hänschen im Schornstein

Da nahm er von dem Finger sein
Ein' Ring von Sonnengolde
Und fragt, ob Sultans Töchterlein
Sein Bräutlein werden wollte.

... Wunderhorn, Des Sultans Töcherlein ...

Heiratsgründe

Der erste freit um die Dukaten,
der zweite um ein schön Gesicht.
Der dritte kann nicht länger warten,
der vierte, weil Mama so spricht.
Der fünfte ist nicht gern allein,
der sechste will doch auch mal frein.
Der siebente und achte sind so dumm,
die wissen selber nicht warum.

Kinderreim

Heiratslust

Es war ein Männlein winzig klein,
Das wollte nicht ohne Frau mehr sein.

Victor Blüthgen, Der kleine Mann

Heiratslust → Fräulein, heiratslustiges

(Wunderhorn)

Heiratsparadies

Ach, wie die Sonne köstlich schien,
Wir fuhren schnell nach Gretna Green . . .

Liliencron, Nach dem Balle

heiß → Liebe, heimliche

(Volkslied)

heißblütig → jung

(Bezruc)

heiter sein → fröhlich

(Kotzebue)

Heiterkeit

Was wäre die Welt ohne Heiterkeit
was ohne Scherz und Lachen?
Nur eine düstere Strafanstalt,
nur eine Höhle für Drachen.

Albumvers

Heiterkeit des Todes

Heiterkeit, güldene, komm!
Du des Todes
Heimlichster, süßester Vorgenuß!

Nietzsche, Die Sonne sinkt

Held

Mit ernstem Schritte, wie ein Held
Vom Kampfplatz, kam ein junger Hase
Nach Hause, und seine wunde Nase
Schien laut zu rufen: Staune, Welt!

Pfeffel, Der junge Hase

Wenn der schöne rote Held zu Boden sinkt
entleibt,
Nur ein schwarzer Leichnam von ihm
übrigbleibt.

Nach Gyóni

Er stand, als ob er auf dem Barren stünde.
Mit hohlem Kreuz. Und lustbetonten
Zügen.
Man fragte nicht: Was hatte er für Gründe?
Er war ein Held, das dürfte wohl genügen.

Kästner, Der Handstand auf der Loreley

→ Mann gegen Mann

Helden

Und wenn's auch keine Bären war'n:
Wir sind doch kühn hinausgefahr'n!

A. Kopisch, Die Bärenschlacht

Heldenmut

Mein Heldenmut
Ist nicht zu dämpfen;
Drum will ich kämpfen
Und sehn, was die Geduld für Wunder tut.

Wunderhorn, Das Wappenschild

Heldentum

Es führten viele fest ihr Pferd am Zügel.
Der Ruhm der tausend Schlachten ist
verweht.
Was bleibt vom Heldentum? Ein morscher
Hügel,
Auf dem das Unkraut rot wie Feuer steht.

Konfuzius (Klabund)

helfen

Hilf gnädig allen Kranken,
Gib fröhliche Gedanken
Den hochbetrübten Seelen,
Die sich mit Schwermut quälen.

Gerhardt, Neujahrsgesang

Ihr kennt sie, die Leidenschaft, die uns
verbindet:
Helfen, helfen, mit einer Kraft, die alles
überwindet.

Morgenstern (An viele)

helfen → vergessen, sich
(Victoria)

helfen, sich

du sollst leben, nicht wild, aber heiter;
du sollst dir helfen, Gott hilft dir weiter.
F. Halm

helfen wollen → Erlöser
(Mühsam)

helle bleiben

Ein Weiser aber vermocht es,
Vom Mittag bis in die Mitternacht
Und bis der Morgen erglänzte,
Beim Gastmahl helle zu bleiben.
Hölderlin, Der Rhein

hellhörig

Der Molch indes mit spitzen Ohren
hat seine Kundschaft nicht verloren ...
Morgenstern, Zivilisatorisches

Helligkeit

Mir tat die Helligkeit der Lampe weh ...
Ich löschte sie. Nun blinkt der Mond im
See.
Wang-Seng-Yu, Sie gedenkt des fernen Gatten (Klabund)

Hellseherin

Ich kenne dein Schicksal und sage es dir,
und läßt du mich auch verbrennen
dafür ...
Nordische Ballade, Die Meerfrau (Festesen)

henken → Todesstrafe
(Abraham a Santa Clara)

Henker

Der Henker sucht nach Hals und Strang,
kann nimmer fertig werden.
Das Volk umher erzittert bang,
und Nacht ruht auf der Erden.
Siemieńnski, Napierski (Dedecius)

herankommen

Kommt nur dicht zu mir heran,
daß ich mit euch reden kann.
Nach einem Kinderreim

Herbst

Der Herbst ist da, die grünen Blätter
starben,
Die Mäuschen rascheln im gehäuften
Korn,
Die Esche malt am Himmel ihre Farben,
Das Erdbeerlaub welt unterm
Heckendorn.
Yeats, Fallende Blätter (Forbes-Mosse)

Und der Herbst hat sich erhoben,
Und die wilden Gänse toben.
Chines. Ruderlied (Klabund)

Herbst ist geworden. Aus schrägeren
Bahnen
rollen die Reste des glühenden Jahres.
Der Vögel trunkenes Lied klingt
ernüchtert ...
Hagelstange, Meersburger Elegie

Herbst → welk
(Lamartine)

Herbst im Herzen

Ich weine viel in meinen Einsamkeiten,
Der Herbst in meinem Herzen währt zu
lange ...
Tschang-Tsi (Bethge)

Herbst des Lebens → Liebeskraft,
geschwächte

Herbstblumen

Vergiss auch diese letzten astern nicht.
Den purpur um die ranken wilder reben
Und was auch übrig bleibt vom grünen leben
Verwinde leicht im herbstlichen gesicht.

Stefan George

Herbstmanöver

Zum Herbstmanöver rücken an
der Landwehr- und Reservemann.
Es drückt der Helm, es schmerzt das Bein.
O welche Lust, Soldat zu sein!

Mühsam, Kalender – Oktober

Herkunft, gleiche → Bösewicht

(Morgenstern)

Herkunft, niedere

Jetzt bin ich groß, doch bleibe ich,
wo Mutter hat geborgen mich:
am Pflaster.

Bruant, Am Pflaster (H. C. Müller)

Herkunft des Menschen → Hoffnung

(Eichendorff)

Herkunft des Menschen → Zeit

(Fleming)

Herr, geliebter

Herr, Du bist mein Geliebter,
Meine Sehnsucht,
Mein fließender Brunnen,
Meine Sonne,
Und ich bin Dein Spiegel.

Mechthild von Magdeburg

Herr, neuer

Mein Hund heult nur, bis neue Speis
Ein neuer Herr ihm reicht;
Kehr ich zurück und nah ihm leis –
Zerfleischt er mich vielleicht.

Byron, Gut Nacht (Heine)

Herr der Erde

Der ist der Herr der Erde,
Wer ihre Tiefen mißt
Und jeglicher Beschwerde
In ihrem Schoß vergißt.

Novalis

Herr im Haus → Pantoffelheld

(Castelli)

Herren, lobe den

Lobe den Herren, der künstlich und fein dich bereitet,
der dir Gesundheit verliehen, dich freundlich geleitet.

Neander, Lobe den Herren

Herren, unsere

Unsre Herren, wer sie auch seien
Sehen unsre Zwietracht gern
Denn solange sie uns entzweien
Bleiben sie doch unsre Herrn.

Brecht, Solidaritätslied

Herrensitz

Hoch auf eines Berges Spitze
steht ein Schloß mit weißen Mauern,
stolz erbaut zum Herrensitze,
um Jahrhunderte zu dauern.

Odyniec, Die Gespenster (Nitschmann)

Herrin

Ich liebe ihrer Stimme Melodie,
Jedoch Musik hat weitaus süßern Klang.
Das Wandeln einer Göttin sah ich nie;
Fest tritt den Boden meiner Herrin Gang.

Shakespeare, Sonett CXXX (Mell)

Herrschaft der Liebe

Der Zauber, der uns groß und frei gemacht,
Bald herrscht er über uns wie Tag und
Nacht.

Carossa, Mysterium der Liebe

Herrschaft des Geistes

Unterdessen fühlt der Geist
sich als Herr des Platzes, dreist . . .

Odyniec, Die Gespenster (Nitschmann)

Herrschaft → Hand des Schreckens

(Thomas)

herrschen → Bitten und Befehlen

(Rost)

Herrscher

Wir haben euch nie geliebt,
ihr goldenen Herrscher.

Reinfrank (1934), Vorübergehende Siege

Herrscher, menschlicher

Auch ich bin nur ein Mensch. Was staunet
ihr
Vor meinen Herrlichkeiten und Gewalten,
Die zum Gebrauche ich nur hab erhalten,
Wie viele andre Könige vor mir.

Lope de Vega, Ein Selbstgespräch Philipps II. (Vossler)

Herrscher, toleranter

Ihm war's genug, wenn ihn in Ruh
die andern Fürsten ließen.
Er fügte keinem Böses zu,
sein Leitspruch hieß: «Genießen.»

Béranger, Der Köniv von Yvetot (S. Mehring)

Herrscher mit Selbstbeherrschung

Ihn heilten nur zwei knabenfrische
Wangen,
Und nur ein Mund, den er sich selbst
verbot,
– Noch fester schloß der König seine
Lippen
Und sah hinüber in das Abendrot.

Münchhausen, Jenseits

heruntergekommen

Ich bin seit Hellas ziemlich
heruntergekommen,
ich hänge mein Herz an alles, was mir
durch die Finger rinnt –
Das Elend der Welt ist größer als
angenommen,
und köstlicher der Wind.

Rühmkorf, Um die Bestände zu überprüfen

Herz, frohes

Der Erde köstlichster Gewinn
ist frohes Herz und reiner Sinn.

Seume

Herz, gefangenes

Und willst du mich einmal besuchen,
wenn du die Wachen überlistet,
Dann zeig ich dir dein schlafendes
Herz, das bei mir in einem Schächtelchen
nistet.

Illakowicz, Die Hexe (Dedecius)

Herz, hartgewordenes

Ich habe ein Herz, ist härter als ein Stein,
Wo tausend Seufzer verborgen sein . . .

. . . Wunderhorn, Der Geist beim verborgnen Schatze

Herz, kaltes

Mein Herz ist kalt und unbetört.
Ein Sturm hat seinen Lenz zerstört.

Hamsun, Verstrichen ist schon viele Zeit (Goebel)

Herz, lachendes

Man kann ja im Herzen
stets lachen und scherzen
und denken dabei:
die Gedanken sind frei.
Volkslied, Die Gedanken sind frei

Herz, neues

Und als mich also eisig durchfuhr die
Hand von Eisen,
Ward mir ein neues Herz geboren, da will
ich Gott für preisen.
Verlaine, Mirakel (Dehmel)

Herz, übervolles

Ein Herz, das übervoll von Glück und Leid
Und Bildern seliger Vergangenheit.
A. von Droste Hülshoff, Mondesaufgang

Herz, unbeständiges

Dein Herz ist wie ein Taubenhaus,
Fliegt einer rein, der andre raus . . .
. . . Wunderhorn, Für funfzehn Pfennige

Herz, verblutendes → verzehren sich

(Jünger . . .)

Herz, wundes

Von heißen Schmerzen wund
Ist meines Herzens Grund.
Lat. Kirchenlied, Die schmachtende Marie

Mein Herz ist wund und blutet sehr . . .
Keine Ruh für mich auf Erden mehr.
Tennyson, Die Ballade auf Oriona (Freiligrath)

Herz, zerbrechendes

Wohin ich immer gehe,
Wie weh, wie weh, wie wehe
Wird mir im Busen hier!
Ich bin, ach, kaum alleine,
Ich wein, ich wein, ich weine,
Das Herz zerbricht in mir.
Goethe, Faust (Gretchens Gebet)

Herz und Verstand

Kein Weg ist so weit im ganzen Land
Als der von Herz und Kopf zur Hand.
Bodenstedt, Nachlaß des Mirza Schaffy

Herzallerliebster

. . . Möcht einen Herzallerliebsten haben
Und mich in seinem Fleisch vergraben.
Else Lasker-Schüler, Chaos

Herzbube → Liebespflicht

(Béranger)

Herzeleid

Meine Ruh ist hin,
Mein Herz ist schwer;
Ich finde sie nimmer
Und nimmermehr.
Goethe, Faust (Gretchen am Spinnrad)

Herzen, brechende

So brechen täglich Herzen
Um unbekannte Schmerzen . . .
Laforgue, Kleine Kapelle (I. Grafe)

Herzen, große

Sonnengleich sind große Herzen oft von
Dunkel angehauchet,
Und der Neid gleicht sie der Kohle,
die in Wasser ward getauchet.
Saadi, Trost in der Nacht (Notter)

Herzjagen

Und wie ein tolles Tier aus Erz
Schlägt ohne Maß das lockre Herz,
Vom Sinn befreites Element,
Das nun mit Lust vergeblich rennt . . .
Nach Carossa, Die Flucht

herzlose Zeitgenossen

Es ist nicht leicht, sie ohne Haß zu
schildern,
und ganz unmöglich ohne Hohn.
Sie haben Köpfe wie auf Abziehbildern
und, wo das Herz sein müßte, Telefon.
Kästner, Zeitgenossen, haufenweise

Herzensqual → Fräulein, zartes
(Wunderhorn)

herzkrank

Lebe wohl! Ich bin geschleudert
Fort von allen Lieben mein,
Herzkrank, einsam und zermalmet, –
Tödlicher kann Tod nicht sein!
Byron, Lebewohl! (Heine)

Herzverlust

Das Herz, das war verschwunden.
Und er hat nicht gezittert . . .
Rumänische Ballade, Der Hoffnungslose (Carmen Sylva)

herumkommen

Mit dem Hute in der Hand
kommst Du durch das ganze Land.
Spruch, alter

Hetze, wilde

Es ist, als lägen Wunderschätze
Da unten für ihn aufgehäuft,
Nach deren Schloß in wilder Hetze
Mit atemloser Brust er greift.
Novalis, Wer einsam sitzt . . .

hetzen → streiten
(Fröding)

Heuchelei

Das Erste, was ich sah, war Heuchelei.
Ein Lehrer faltete die fetten Hände
und sprach ein weinerlich Gebet dabei.
Morgenstern, Schule

heucheln

Wer heucheln kann
Und schmeicheln kann
Der ist heut ein gemachter Mann.
Abraham a Santa Clara

Heuchler

Der Pfarrer, der aufs Tanzen schalt
Und Filz und Wuchrer war,
Steht nun als schwarze Spukgestalt
Am nächtlichen Altar.
Hölty, Üb immer Treu . . .

Heuchler → Scheinheilige
(Heine)

heulen → Joch, verfluchtes
(Gyóni)

Heuschnupfen

Zur Zeit, da Falter an den Wiesen naschen
Und Blumen duften aus den
Vasen-Nischen,
Muß, wer allergisch, oft die Nasen wischen
Und Taschentücher, feucht vom Niesen,
waschen.
Mittler, Heuschnupfen

Heute, das

Öffnet alle eure Ohren:
Keiner kümmre sich ums Morgen!
Auf das Heute eingeschworen,
sind wir ledig aller Sorgen.
L. de' Medici, Maskenreigen (Goetz)

Ist das Heute wirklich heute
oder aber alt?
Sind wir Götter, sind wir Beute
einer Urgewalt?

M. Hausmann, Weißdorn-Rondo

Heute, schmerzloses → unberührt

(Meyer)

Hexe

Jetzt kenn ich dich – Gott steh mir bei!
Du bist die Hexe Lorelei.

Eichendorff, Lorelei

Hieb, mißlungener

Der Petrus zieht den Sabel
Und haut ganz miserabel . . .

. . . Wunderhorn, Petrus

hierbleiben

Ich frag mich oft, warum ich hier noch bleibe.
Noch ist kein Preis auf meinen Kopf gesetzt.
Noch halt ich mir die Polizei vom Leibe.
Ich bin es nicht der hier zum Aufruhr hetzt.

v. Törne, Auf dem Boden des Grundgesetzes

Hilf mir, Sonne . . .

Hilf mir, Sonne, denn ich bin fast blind!
Nimm den Teller meiner linken Hand,
zeichne ein das hochgelobte Land
und die Wege die noch gangbar sind . . .

Christine Lavant

Hilfe → kennen, jemand

(Abraham a Santa Clara)

Hilfe, schnelle

Doch da springt, den Küchenlöffel
In der mehlbestäubten Hand,
Ihr die Mutter rasch entgegen,
Und das Schicksal ist gebannt.

F. Hebbel, Der Kirschenstrauß

Hilfe, unterlassene

Das Lämmchen, das heute zum Tode bestimmt,
Die Unschuld zu retten, kein Mensch unternimmt.

Friederike Kempner, Der Tierbändiger

Hilfe, verspätete

Wie er mit dem Wasser kam zum selben Ort,
war zu Staub und Asche Weib und Pferd verdorrt.

Spitteler, Die Blütenfee

Als das Brot gebacken war,
liegt das Kind auf der Totenbahr.

Volksballade, Das hungernde Kind

Hilfe der göttlichen Mutter → Weg zur Seligkeit

(Shankara)

Hilfe des Meisters

Ach, da kommt der Meister!
Herr, die Not ist groß!
Die ich rief, die Geister
werd ich nun nicht los.

Goethe, Der Zauberlehrling

Himmel → Erlösung

(Angelus Silesius)

Himmel, trüber → verdrießlich

(Bechstein)

Himmel, Überdruß am . . . → entkommen

(Berstl)

Himmel, verfluchter

Hinweg mit seelen und höhen und himmeln
Wir brauchen nur staub: wir die kriechen und wimmeln.

Wolfskehl, Nova Apocalypsis

Himmel, verstummender

Echo des Himmels! heiliges Herz! warum,
Warum verstummst du unter den Lebenden . . .

Hölderlin, Ermunterung

Himmel auf Erden

Hätt man nicht Gott so oft gesteint,
Wir wären noch mit ihm vereint.
Die Erde wär das Himmelreich
Und jeder Mensch ein Engel gleich.

Klabund, Als Gott der Herr . . .

Ach liebe Engel öffnet mir
– Ich aß, vom bitteren Brote –
Mir lebend schon die Himmelstür –
Auch wider dem Verbote.

Else Lasker-Schüler, Mein blaues Klavier

Himmel in uns

Halt an, wo läufst du hin, der
Himmel ist in dir!

Angelus Silesius

Himmel und Erde → Blütenschimmer

(Eichendorff)

Himmel wie Erde → oben wie unten

(Prevert)

himmelhochjauchzend → Gefühlsschwankungen

(Goethe)

Himmelreich Erde → Friede

(Schikaneder)

Himmelsbote

Bote von dem Himmel,
Dringe durchs Getümmel
Dieser eitlen Welt . . .

Wunderhorn, Friedenslied

Himmelsgesetze

Es wandern viel Sternlein am Himmelsgrund,
wer sagt ihnen Fahrweg und Stund?

Volkslied, Nun wollen wir singen das Abendlied

Himmelsheimat

Ich geh den neuen, den vertrauten Weg
In meine Himmelsheimat.
Ich trete durch das Tor.
Reicht mir die Hände, selige Gespielen!
Ich bin bei euch,
Ich bin in meinem Vater.

Aus dem ägyptischen Totenbuch, Nun bin ich Gott geworden . . . (Goldscheider)

Himmelsherrlichkeit

Kurz wird mir alle Zeit,
Leicht wird mir Pein und Plag,
Denk ich bei Nacht und Tag
An Himmelsherrlichkeit

Altes franz. Kirchenlied, Das Paradies (A. Neumann)

Himmelssehnsucht

Was habt ihr denn auf Erden vollführt,
Daß ihr nun Himmelssehnsucht spürt?

Berstl, Sankt Peter

hinabstürzen, sich → Lustmeer

(Mereau)

hinaufschwingen, sich

Sie schwingt sich hinauf auf den Leu,
Mit sanftem Mut und seltner Treu . . .

Friederike Kempner, Der Tierbändiger

hinauswollen

Wir wollen 'naus in'n Garten
und woll'n des Sommers warten.
. . . Wunderhorn, Sommertagslied

hineinfallen

Fällt er in den Teich
find't ihn keiner gleich.
Aus «Hoppe, hoppe, Reiter . . .»

hinfällig

Es dorrt die Haut von unsrer Stirn.
Es nagt der Wurm in unserm Hirn.
Feuchtwanger, Lied der Gefallenen

Hingabe → frei sein
(Borchardt)

Hingabe, beseligende

Mensch dem Menschen hingegeben,
stumm, getreu und tief in eins,
unveränderlichen Seins,
seliger ist nichts im Leben.
M. Hausmann, An der Unterweser

Hingabe, stille

Da hielt die kleine Blonde still
Und seufzte loser Weise:
«So nehm' Er sich denn, was Er will,
Doch nehm' Er's rasch und leise! . . .»
Felix Dahn, Brigitte

Hingabe, totale

Kann ich zwar in deiner Kammer
Keine Stelle mir erwerben,
Schön durch dich ist jede Stelle,
Und an jeder will ich sterben.
Hafis (Platen)

Wie er an den Busen mich drückte,
Mich lehrend seliges Beben!
Ihm hab ich, süß Verzückte,
Alles hingegeben . . .
Nach Juan de la Cruz, Geistlicher Gesang . . .

Hingabe, überraschende

Er wußt nicht, was er ihr verhieß,
daß sie den Riegel schleichen ließ . . .
Volksballade, Braun Annel

Hingabe, weibliche

Diese schönen Gliedermassen
Kolossaler Weiblichkeit
Sind jetzt, ohne Widerstreit,
Meinen Wünschen überlassen.
Heine, Diana

hingeben, alles

Alles, ja alles, was immer ich bin,
Geb ich mit Freuden, Maria, dir hin.
. . . Wunderhorn, Maria, Gnadenmutter . . .

hingeben, sich

Und sieh, vom Lager wanken
freudetrunken
Die jungen Weiber, wenn der Morgen
lacht,
Nun sie, der Liebe willig hingegeben,
Getändelt haben in der langen Nacht.
Kalidasa, Die Taueszeit (v. Bohlen/Kreyenborg)

Brigitte, völlig unerfahren,
Gab sich ihm mehr aus Mitleid hin.
Drauf ging er fort mit ihren Waren
Und ließ sie in der Lage drin.
Wedekind, Brigitte B.

Ein Wort . . . Laß es dem Winde.
Vielleicht kennt der ein Dort.
So gib dich hin. Und schwinde.
Und – dauere fort . . .
Hagelstange, Wer hält dich in den Armen

Hingebung

Hingebung ist . . . jedesmal Machtgewinn.

Laotse, Aus dem Tao-Te-King (Dallago)

Hingebung → Weibliche, das

(Laotse)

hingebungsvoll → Leda

(Kolmar)

Hinhaltetaktik

Gar mancher Schwierigkeit entweicht
Man durch das hübsche Wort «vielleicht».

W. Busch, Spricker

Hinhaltetaktik der Frauen → versagen, sich

(Freidank)

hinken

Mancher hat fein grade Glieder,
Hinkt und hüpft doch hin und wieder . . .

. . . *Wunderhorn, Habt ihr den krummen Peter lange nicht gesehen?*

hinschleppen, sich

Wie seltsam, daß der Mensch hier unstet schwer
Sein Leben hinschleppt, statt daß er sich reißt
Vom rauhen Pfad – und einzig das Nachher
Darf er nicht sehn, das doch Erwachen heißt.

Keats, Auf den Tod

Hinterbliebene

Um sechse des Morgens war er gehenkt,
Um sieben ward er ins Grab gesenkt;
Sie aber schon um achte
Trank roten Wein und lachte.

Heine, Ein Weib

Wir ziehn zum Krieg. Der Tod ist unser Kitt.
O, heulte mir doch die Geliebte nit.

A. Lichtenstein, Abschied

hintergehen → Judas

Wunderhorn

Hintergrund treten, in den → verschwinden

(Schiller)

Hinterhalt

Der Vogt kam jetzt geritten
Hin auf die Gasse hohl,
Ich schoß ihn durch die Mitten,
Der Schuß war geraten wohl . . .

Wunderhorn, Wilhelm Tell

Hinterlassenschaft, traurige

Alles verzehrt vor meinem End,
das macht ein richtig Testament.

Goethe, Hans Liederlich . . .

Hinweisschild

Ein Schild verrät die Schenken bald,
Drin Lachen von den Bänken schallt . . .

Papentrigk, Moselfahrt

Hinwendung zu Gott → Heil

(Claudius)

Hiroshima

Der den Tod auf Hiroshima warf
Ging ins Kloster, läutet dort die Glocken.
Der den Tod auf Hiroshima warf
Sprang vom Stuhl in die Schlinge, erwürgte sich.
Der den Tod auf Hiroshima warf
Fiel in Wahnsinn, wehrt Gespenster ab
Hunderttausend, die ihn angehn nächtlich
Auferstandene aus Staub für ihn.
Nichts von alledem ist wahr.

Marie Luise Kaschnitz (1901), Hiroshima

Hiroshima: O Ende Ende
von Auge Fluß und Zeit!

E. Arendt (1903), Elegie

Hirtenstab

Ich bin ein treuer Hirt
Aus Liebe und Begierd,
Seht an mein Hirtenstab,
Den ich in Händen hab . . .

. . . Wunderhorn, Aus der Zeit . . .

historisch

Wo sind Karthagos Elefanten
Und die Stadt des Hannibal?
Wie ein Glühwurmflug verbrannten
Ihre Spuren längst im All.

Loerke, Der Traum von den Raubtieren und von dem Schattenreich

Eine Stunde ist es her,
Daß den Sokrates sein Dämon trieb,
Daß Menander seine Possen schrieb.
Doch die Götter sind nicht mehr.

Kesten, Akropolis am Mittag

Hitler

Die Hitlers kommen und gehen,
Das deutsche Volk bleibt bestehen.

Nach Brecht

Hitzkopf → erzwingen

(Lope de Vega)

hoch hergehen → Fest, nächtliches

(Trojan)

Hochachtung vor einem Mädchen

Beseligend war ihre Nähe,
Und alle Herzen wurden weit;
Doch ihre Würde, ihre Höhe
Entfernte die Vertraulichkeit

Nach Schiller, Das Mädchen aus der Fremde

hochdeutsch

Deutsche mühen sich jetzt hoch,
Deutsch zu reden fein und rein!
Wer von Herzen redet Deutsch,
wird der beste Deutsche sein.

Logau, Deutsche Sinngedichte

hochelegant

Hochelegant, das Bürschlein zumal,
Geschnitten aus dem Modejournal . . .

Ferdinand Avenarius, Natur

Hochmut → Kriecherei

(Bürger)

Höchste, der → Ursprung der Welt

(Bhagavadgita)

Hochzeit

Wenn mein Liebchen Hochzeit hat,
ist für mich ein Trauertag.

Schwäbische Volksweise, Horch, was kommt von draußen rein

Ich nimmer darf, ich nimmer mag,
Denn morgen ist mein Hochzeitstag.

Altdänische Ballade, Herr Oluf (W. Grimm)

Schwer erwart ich meine Hochzeit,
Herzlich schwer;
Aber schließlich schleicht die Stunde
Doch einher.
Eine Woche ist ja keine Ewigkeit,
Ich zerzupf schon diese kurze Wartezeit
Irgendwie.

Petőfi, Irgendwie (Steinbach)

Zur Hochzeit, zur Hochzeit
Drück ich in dein Haar
Eine Krone aus Schmetterlingen
Die Flügel von Göttern bemalt

Claire Goll, Brautgabe

Hochzeit → Hausfrauenpflichten

(Albumvers)

Hochzeit, königliche

Der König zärtlich die Jungfrau umschließt,
die Kron er ihr gibt und als Königin sie grüßt.

Nordische Ballade, Stolz Gundela (Nach Rosa Warrens)

Hochzeit, nach der

Und schließlich kommt dann die Erfahrung,
Die man erwirbt erst nach der Paarung.

R. v. Normann, Zweizeiler

Hochzeit, nach der → Flitterwochen

(Sprichwort)

Hochzeit, schnelle

Jetzt aber komm und geleite mich heim
in meines Vaters Haus;
wir feiern heute das Kirchweihfest –
nun wird es mein Hochzeitsschmaus!

Englische Ballade, Robin Hood (Fontane)

Hochzeit im Wald

Die heil'gen Berge haben uns getraut
die Tannen waren Zeugen bei dem Feste;
als Fackeln leuchteten die Sterne drein,
des Waldes Tiere waren Hochzeitsgäste.

Rumänische Ballade, Der Hirten Hochzeit (Rudow)

Hochzeit-Materie

. . .die rosenhafte Vereinigung ihrer Schenkel, wo
ihre Scham mit nächtlichen Wimpern schlägt.

P. Neruda, Hochzeitliche Materie (Arendt)

Hochzeitsschrei

Der wilde Gänserich der Mongolei
Läßt wild ertönen seinen Hochzeitsschrei.

Aus einem chines. Gedicht (Klabund)

Hochzeitsschlaf

Doch bleiben sie, die also sich entzwein
– Ermattend, schon im Lechzen neu geschwellt –,
Leib gegen Leib, eng wie zuvor gesellt,
Als hätten beide einen Stamm gemein.

D. Rossetti, Hochzeitsschlaf (Lachmann)

hoffen → schaffen

(Eckstein)

Hoffnung

Hoffnung nur kann mich erheben
aus der Not, eh ich verderbe:
daß ich sterb, weil ich nicht sterbe.

Theresa von Avila, Glosse (Grossmann)

Die Hoffnung bietet Anlaß genug,
Das Leben zu korrigieren.

Krolow, Verhandeln ist zwecklos

Sieh in Not und Drangsal
Uns der Hoffnung leben!
Hör uns rufen an den Stufen
Deines Throns mit Beben!
Herr, kannst du's ertragen

Verfass. unbek.

Hoffnung → Einsamkeit Gottes

(Jeats)

Hoffnung → freimachen, sich

(Ernst)

Hoffnung, christliche

Trüg ich durch den Tod
Nicht nach dir Verlangen,
O in meiner Not
Wär ich längst vergangen . . .

S.Dach, Christliches Sterbelied

Hoffnung, neue

Über den Polstern
werden wieder Küsse blühen.
Und einhüllen wird das Laken
die Leiber mit duftendem
Gewächs der Nacht.

Hernandez, Das letzte Lied (Lorenz)

Hoffnung, vergebliche

Wenn der Sand in die Halme stieg,
kommt dein Sohn wieder aus dem Krieg!

Ukrainische Ballade, Mutter und Sohn (Eisner)

Hoffnung und Geduld

Hoffnung ist ein fester Stab
Und Geduld ein Reisekleid,
Da man mit durch Welt und Grab
Wandert in die Ewigkeit.

Logau, Sprüche

Höflichkeit

Da lob' ich mir die Höflichkeit,
das zierliche Betrügen:
Du weißt Bescheid, ich weiß Bescheid,
und allen macht's Vergnügen.

W. Busch, Kritik des Herzens

Hofmanieren

Aufgespreizt mit Hofmanieren
Um die Damen sie turnieren . . .

Nach Brentano, Zauberspruch

Hofpoet → Maulkorb

(Wedekind)

Hofschranzen

Diese Ritter ohne Vorhaut
Sind des Königs Lieblingsschranzen,
Sie befehl'gen seine Heere,
Sie verwalten die Finanzen.

Heine, Dispuation

Höhe, ergreifende

Ich steig' hinauf des Berges Höh',
Dort ist man doch alleine;
Und wenn ich still dort oben steh',
Dann steh ich still und weine.

Heine, Der arme Peter

Höhen, lockende

Wo die blauen Gipfel ragen,
lockt so mancher steile Pfad.
Immer vorwärts ohne Zagen,
bald sind wir dem Ziel genaht!

Zschiesche, Wenn die bunten Fahnen wehen

Höhepunkt

O Augenblick, da alles
zur bangsten Süße reift!
O Anbeginn des Falles,
da es den Tod begreift!

M. Hausmann, Oktoberlich

Hohn

Sie riefen alle voller Hohn:
«Da sitzt er drin der Gottessohn!»

Nach einer russischen Ballade

Herrisch das Herz und scharf der Ton
ach, zur Erde drückt mich der Hohn.

Nach Marie Under, Die Dudaimbeeren

Hölle

Grell brennt die Hölle, wo die Sünder sieden:
Da wär mir Pein – dort wär mir Heil beschieden . . .

Villon

Hölle, rettende

Er fuhr in seine Hölle nieder
Mit Extrapost und kam nicht wieder!

H. Seidel, Der betrogene Teufel

Höllenpein

Ach was ist das? Der Höllen Pein
Wird nicht wie Leibeskrankheit sein . . .

Rist

Höllenpein und Himmelsfreud

Hör, Mensch: Solange Gott wird sein,
So lang wird sein der Höllen Pein
So lang wird sein des Himmels Freud,
O lange Freud, o langes Leid!

Kirchenlied, Ewigkeit

Höllenruh

So geh nun hin und siehe zu,
Wo du findst in der Höllen Ruh.

. . . Wunderhorn, Zucht bringt Frucht

Höllenschande → Atomkriegszeit

(Wichmann)

Homunkulus → künstliches Lebewesen

(Seidel)

Honorar, ärztliches

Das Grab ist eine Brück ins bessre Leben.
Den Brückenzoll müßt ihr dem Arzte geben.

Haug, Grab

horchen

Immer horch ich
ob niemand mich ruft

(Paula Ludwig)

hören, nicht

Wir hören nichts, wenn Gottes Weise summt,
Wir schaudern erst, wenn sie verstummt.

Nach Carossa

hören, sich gern → Reden, das

(Busch)

hören, sich selber

doch der emsige Poet,
der dem Geist den Rücken kehrt,
wird im Lesen nicht gestört,
da er nur sich selber hört.

A. Odyniec, Die Gespenster (Nitschmann)

hören lernen → reden und hören lernen

(Bobrowski)

Hörhilfe

Solche Musik macht sie munter
Aber da fällt ihr das Ohr herunter

Prévert, Riviera (Kusenberg)

hörig

Die Augen wirft er hin und dar
Und jetzt wird er der Metze Narr.

Wunderhorn, Dies ist das alte deutsche Übel

Hörigkeit → Stolz, gebeugter

(Byron)

Horizont, erweiterter → Sicht, höhere

Horizont, erweiterter → Überblick, großer

(Leuthold)

Horizont, kleiner

Ein Sauerampfer auf dem Damm . . .
Sah Züge schwinden, Züge nahn.
Der arme Sauerampfer
Sah Eisenbahn um Eisenbahn,
Sah niemals einen Dampfer.

Ringelnatz, Arm Kräutchen

Horizont, unterschiedlicher → Witz oder Wunder

Hosen

Wozu, das möcht ich fragen,
Willst du denn Hosen tragen?

G. Falke, Der Schutzengel

Hüllen → Kleidung, schlichte

(Grillparzer)

humbatätärä

Mir schlägt das Brüllen jener Leute auf den Magen,
die – humbatätärä – sich auf die Schenkel schlagen.

Degenhardt, Adieu, Kumpanen

Humor

Nur mit Humor dein Sach' bestellt,
dann lacht dir froh die ganze Welt.

Spruch im Berliner Ratskeller

. . .Aller Weisheit goldenes Tor,
ist gepflastert mit Humor.

Verfasser unbekannt

Humor, sogenannter

Und schließlich, was man nennt Humor,
Kommt uns recht oft sehr albern vor.

Nach E. Roth

Humor → Lebenswecker

(Ringelnatz)

Humor → Weltanschauung

(Verf. unbekannt)

Humor → Witz

(Güll)

Hund und Katze

Schon der Ausdruck ihrer Mienen,
Bei gesträubter Haarfrisur,
Zeigt es deutlich: Zwischen ihnen
Ist von Liebe keine Spur.

W. Busch, Hund und Katze

Hundeaugen

In den Augen meines Hundes
Liegt mein ganzes Glück,
All mein Innres, Krankes, Wundes
Heilt in seinem Blick.

Friederike Kempner, Nero

hündisch

An allen Ecken sieht man frech mich pissen.
Doch in den Frommen regt sich das Gewissen . . .

Christine Busta, Das Hündlein

Hunger

Zuerst den Hunger abgetan –
Dann fangen die Probleme an.

Schnitzler, Buch der Sprüche und Bedenken

Doch drinnen packt ihn der Jammer:
Kein Brocken in Schrank oder Kammer.
Ganz zwecklos, noch weiter zu lungern –
die Hütte ist selbst am Verhungern.

Coppard, Der unglückselige Müller (v. Einsiedel)

Schon im Topf man Sohlen schmorte,
hoffend auf ein Mahl vielleicht:
Leder bleib im Mund der Bissen,
zäh – durch keine Kunst erweicht.

Zõrro, Das Schiff Kathrin (Lüher)

Das golden Brot auf den Äckern,
Dir wollt es den Hunger nicht stillen;
Die Milch der weidenden Rinder,
Dir schäumte sie nicht in den Krug.

G. Hauptmann, Gesang der Engel (aus Hanneles Himmelfahrt)

Und essend füllen sie, wie blind und taub,
die Bauernlungen sich mit schwarzem Staub.

József, Der Hunger (Hermlin)

Es gibt eine Familienähnlichkeit
zwischen Feuer und Hunger . . .

Vennberg, Es gab (Nelly Sachs)

Wenn du seit früh gewandert bist,
dann muß dein Hunger groß sein:
Brot hier und Pfannekuchen ist
und Räucherspeck. Hau ein!

Botrel, Das Messer (H. C. Müller)

Hunger, brüllender

Horche, wie das scheue Wild
Hungrig in den Wäldern brüllt!

Schubart, Todesgedanken im Winter

Hunger, mörderischer

. . .nur hungrige Vögel schießen
aus Wolken, um Würmer zu spießen.

Hebbel, Der Heideknabe

Hunger und Not → besser als der Tod

(Schaefer)

Hunger und Not → Bettler

(Chamisso)

Hunger und Gewalt

Wo leer zur Essenszeit im Hause sind die Töpfe,
Die werfen Mann und Frau einander an die Köpfe.

Rückert, Die Weisheit der Brahmanen

Hungerjahre

Wohl dem, der nie gesehen hat
Die Hungerjahre voll von Scham,
Den Vater grau vor Fron und Gram,
Die Mutter müd und tränensatt.

Wilde, Sieg (Goldscheider)

hungern helfen

Wer wird mir hungern helfen diese Nacht
und alle Nächte, die vielleicht noch kommen?

Christine Lavant

hungerndes Kind

Mutter, ach Mutter, es hungert mich,
gib mir Brot, sonst sterbe ich.

Deutsche Volksballade, Das hungernde Kind

Hungertod → Fürsorge

(Wunderhorn)

hungrig

Nun hab ich gepickt die ganze Nacht
Und bin doch so hungrig aufgewacht!

Blüthgen, Der Traum

Hürde, letzte

Denn hinderlich wie überall
ist hier der eigne Todesfall.

W. Busch, Dideldum

Hurenkönigin → Armesünderkarren

Hurrah

Wir bezweifeln auch den Bericht, daß etwa die Söhne
Noch mit denselben Hurrahs um sich rufen –

MacLeish, Invokation der sozialen Muse (K. H. Hansen)

hüten

Verschließ den Käfig! Hüte gut das Haus!
Sonst fliegt der Vogel in den Wald hinaus!

Aus China, Der zarte Vogel (Klabund)

Die bösen Frau'n man hüten soll,
Die guten hüten selbst sich wohl.

Freidank

hüten, sich

O Mensch, lieg vor dir selber auf der Lauer,
sonst bist du auch ein Mops nur auf der
Mauer.

Morgenstern, Mopsenleben

I

Ich bin alles

Bin alles, heiß alles, bin namenlos;
Ein Sonnenstäubchen und meeresgroß ...
Sophie Dorthee Podewils, Die Lampe

Ich sein → anders sein
(Laotse)

Ich und die Unendlichkeit

Die Welt zerdacht. Und Raum und Zeiten
und was die Menschheit wob und wog,
Funktion nur von Unendlichkeiten – die
Mythe log.
G. Benn, Verlorenes Ich

Ich und Du

Nichts ist als Ich und Du: und wenn wir
zwei nicht sein,
So ist Gott nicht mehr Gott, und fällt der
Himmel ein.
Angelus Silesius, Der Cherubinische Wandersmann

Ich und Du → Wechsel
(Schaumann)

Ich und Du → eins mit Gott; Erkenntnis, höchste
(Lalla)

Ichaufgabe → Kuß
(Hausmann)

Ichauflösung

Ich bin nicht mehr. Ich bin nicht mehr.
O Glück! O Tanz! O Glanz! O Meer!
Chines. Gedicht, Auflösung (Klabund)

Sich aufzulösen ist so schön
In ungemeßner Leidenschaft,
Und deiner Ichheit stolze Pracht
So trist und trübe; fort damit!
Hafis (G. F. Daumer)

Im Grenzenlosen sich zu finden,
Wird gern der einzelne verschwinden ...
Goethe, Eins und alles

Arm ist, wer in seinem engen
Kreis das Ich gefangen hält,
aber denen, die ihn sprengen,
blüht und duftet reich die Welt.
Schack

In der Welt hast du ein Ich,
Bist du draußen, gibt's das nich.
R. v. Normann, Zweizeiler

Ichauflösung → Befreiung vom Ich
(Dschalal)

Ichauflösung → Name
(Uhland)

Ichauflösung → Weltschmerz
(Lasker-Schüler)

Ichbezogenheit

wer in das Ich sich spinnt hinein,
dem wird das Du ein Rätsel sein.
v. Leixner

Ichbezwinger

Magst du in der Schlacht besiegen
tausendmal zehntausend Krieger –
Wer das eigne Ich bezwungen,
Ist der größte Held und Sieger.
Aus dem Dhammapada, Die Zahl ist nichts!

Ichsein ist Leben

Ob Rosen, ob Schnee, ob Meere,
was alles verblühte erblich,
es gibt nur zwei Dinge: Die Leere
und das gezeichnete Ich.
G. Benn, Nur zwei Dinge

Ideal

Und träumend in sein Herze stahl
Sich dieses hohe Ideal.
Heine, Der weiße Elefant

Die Ideale sind zerronnen,
Die einst das trunkne Herz geschwellt.
Schiller, Die Ideale

Ideale, alte → Worte, leere
(Büscher)

Idealist

War dein Plan nicht: irgendwie
alle Menschen gut zu machen?
Morgen wirst du drüber lachen.
Aber, bessern kann man sie.
Kästner, Warnung vor Selbstschüssen

Ideologie und Wirklichkeit

Zwischen Wand- und Widersprüchen
Machen sie es sich bequem.
Links ein Sofa, rechts ein Sofa
In der Mitte ein Emblem.
K. Bartsch, Sozialistischer Biedermeier

Idylle

Hier ist es schön, hier kann man träumen.
Hier ist man Mensch – nicht Zivilist.
Hier darf man links gehn unter Bäumen
Sagt keiner, was verboten ist.
Nach Tucholsky

Idylle, ländliche

O selig, wer im engen Kreis,
Umringt von seines Feldes Hecken
Und ungestört von Angst und Schrecken
Zu leben, zu genießen weiß!
Grabbe

Illusion, Macht der

Noch wohnt in meiner Brust die Lust am
süßen Schein.
Vergebens engen mich des Kerkers
Mauern ein . . .
Chénier, Der junge Gefangene (E. Geibel)

Illusion

Was ist die Freude, das Glück, das Leben
Ohne den Traum von Hoffnung und von
Ruhm!
Eine Straße, endlos, öd uneben:
Immer müder wird dein Pilgertum.
Zorilla, Die Illusion (Dehmel)

Illusion → Gipsfigur
(Ringelnatz)

Illusionsfähigkeit → Wasser wie Wein

Immunität

Wenn wir immun sind dann sterben wir
an unseren Immunitäten.
N. Born, Liebesgedicht

Impotenz → Liebhaber, kranker,
(Heine),

Paarung, beendete
(Heine),

Pfui
(Bellmann),

Potenz

Indien

Ihr blinden Sterblichen, was zieht ihr und
verreist
Nach beiden Indien? Was wagt ihr Seel'
und Geist
Für ihren Knecht, den Leib?
Opitz, Sta Viator

Doch das alles ist vorüber, weit entfernt
und lange her,
Von der Bank nach Indien leider geht kein
Omnibusverkehr ...
Kipling, Mandalay (Sachs)

Indifferenz → Lust und Leid
(Labé)

Indiz → Beweisaufnahme
(Reinig)

infarktfrei leben → Resozialisierung
(Fabian)

Inflation

Und soweit der Hunger reichte und so
hoch der Dollar stand,
Bedeckte Öde und Inflation das Land.
Mehring, Oratorium von Krieg, Frieden und Inflation

Inflation → Währungskrise
(Mittler)

Inlandurlaub, preiswerter

Ganz herrlich sind die Alpentäler,
Wo preiswert Bett und Mittagsmähler.
E. Roth, Ein Mensch – Billige Reise

innen ist außen

Müsset im Naturbetrachten
Immer eins wie alles achten:
Nichts ist drinnen, nichts ist draußen;
Denn was innen, das ist außen.
So ergreifet ohne Säumnis
Heilig öffentlich Geheimnis.
Goethe, Epirrhema

innen gehen, nach → Klarheit,
(Bodenstedt)

→ Vollendete, der
(Laotse)

innen oder außen → dasein
(Schaumann)

Innenleben → Zeiten, bessere
(Siebel)

Innenwelt

Durch alle Wesen reicht der *eine* Raum:
Weltinnenraum. Die Vögel fliegen still
durch uns hindurch. O, der ich wachsen
will,
ich seh hinaus, und in mir wächst der
Baum.
Rilke, Es winkt zu Fühlung

Innovationen → Erfinder
(Jensen)

Instinkt

Verfügst du über den Instinkt,
Gehst du nicht auf ein Schiff, das sinkt.
R. v. Normann, Zweizeiler

instinktlos

O ihr, an so viel ‹letztem Wissen›
Leidenden,
wie seid ihr oft instinktlos im
Entscheidenden!
Morgenstern

Interpret

O wie sprach ich so gerne zum Volk die
rührenden Reden,
Die du, voller Gehalt, kindlichen Lippen
vertraut!
Goethe, Euphrosyne

introvertiert

Was Gutes in mir ist, es hüllt sich ein
Tief in mein eigen Fleisch und so, umrindet
Vom rauhen rohen Stoffe, der mich bindet,
Drängt sich zu mir umsonst das Leben ein.
Michelangelo, Gedichte (H. Grimm)

Intuition → überraschen

Irdische, das → Freuden, himmlische
(Bayr. Volkslied)

Irre, der

Er verstand es nie,
richtig zu grüßen. Auf guten Tag
sagte er immer: Vielleicht.
G.B. Fuchs, Der Irre ist gestorben

irre werden → Verstand verlieren, den
(Lavant)

irren

Nun müssen wir hier irren
Im Schifflein hin und her:
Ein Sturm wird uns verschlingen,
Ein Ungeheuer im Meer.
Bettina von Arnim, Seelied

Und um starrende Gesträuche
Irr ich kalt, wie eine Leiche.
Schubart, Todesgedanken ...

Wohin nun gehn? Wo alles düster,
Wo alles Nichts und Nacht und Dürre.
Ich sehne einsam mich und irre
Beklagenswert durch diese Wüste.
Wyspianski, Fluch den Tränen (Dedecius)

irren → Ungewißheit
(Busch)

irren → heimatlos
(Hermann-Neisse)

Irrenhaus

Bist du erst im Irrenhaus,
Kommst du nur durch Irrtum raus.
M.u.R. v. Normann, Zweizeiler

Irrpfad

Du suchst umsonst auf irrem Pfade
die Liebe dir im Drang der Welt;
denn Lieb' ist Wunder, Lieb' ist Gnade,
die wie der Tau vom Himmel fällt.
Geibel

Irrsinn

Und er verlief sich alsobald
Im höllischen Gehirn-Urwald.
Nach E. Roth, Ein Mensch – der starke Kaffee

Irrsinn als Verweigerung → Spießerpack
(Thor)

Irrtum

Weit besser für das Heil der Welt
ist frommer Irrtum, der erhält,
als kalte Weisheit, die zerstöret.

Ramler, Der Weise und der Tor

O glücklich, wer noch hoffen kann,
aus diesem Meer des Irrtums
aufzutauchen!
Was man nicht weiß, das eben brauchte
man,
und was man weiß, kann man nicht
brauchen.

Goethe, Faust 1

Man muß den Irrtum selbst erfahren,
Nicht jeden Fehler kann man sich
ersparen.

Nach Geibel

Nicht mehr als ein Haar weit
Liegt Irrtum von Wahrheit.

Papentrigk

Und ich, mein Herr, ich bin ein Jung,
Verzeihn Sie die Verwunderung –

G. Falke, Der Schutzengel

Irrtum Leben

Sei glücklich, Planet Erde,
im Grunde warst du zu ertragen. – Das
Phänomen, das man den
Menschen nannte, vergeht. Der absurde
Irrtum, den man das
Leben nannte, verschwindet.

Bosquet, Elend dieser Welt (Koval)

Irrweg der Liebe

Wer irrt so tief wie jene, die sich lieben
und sich erblicken wie durch goldnen
Rauch?
Was sie auch treiben, was sie je getrieben,
sie sind sich immer unbekannt geblieben
im Sturm der Lust, im Todeshauch.

M. Hausmann, Wer hat dir's mitgeteilt?

Irrweg der Liebe → Liebe
(Halm)

Irrweg Leben

(Wir) wissen gar nicht viel.
Wir spinnen Luftgespinste
und suchen viele Künste
und kommen weiter von dem Ziel.

Claudius, Der Mond ist aufgegangen

Isolation

Und ich bin noch im Zimmer
Wie immer.

Robert Walser, Wie immer

J

ja oder nein

Ach, was erlitt ich,
Seit ich dich sah!
Sag mir doch endlich
Nein oder ja!

Ja oder nein (Volkslied aus Rom)

Ja zum Nein

Hier: Ja zum Nein
und Nein zum Ja.
Und niemals ein Zuhause.
Wir sind nur Pause
vor dem Beginn.

Hagelstange, Einverständnis

Jagd machen

Man kann nicht immer nur
auf Fliegen Jagd machen.

Piontek, Einfache Sätze 68

Jagdlust

Das edle Jägerleben
vergnüget meine Brust;
den kühnen Fang zu geben,
ist meine größte Lust.

Hancke, Auf zum fröhlichen Jagen

Jäger

Ihm, gehört das Weite;
was sein Pfeil erreicht,
das ist seine Beute,
was da kreucht und fleugt.

Schiller, Mit dem Pfeil, dem Bogen

Jäger, laß das Jagen!

O Jäger, laß die Büchse ruhn; . . .
Das Tier könnt dir ein Leides tun!

Volkslied, Ein Jäger längs dem Weiher ging

Jahr, schlimmes

Das ist ein Jahr, da möchte alles sterben!
Die Welt verliert das Laub und den
Verstand.
Der Winter und die Dummheit sind die
Erben.
Und was sich Hoffnung nannte, wird
verbrannt.

Kästner, Elegie nach allen Seiten

Jahresende

Wir feiern es bei Trunk und Schmaus:
Die Glock schlägt zwölf – Das Jahr ist aus.

Nach Weinheber, Dezember

Jahreszeiten

Der Frühling bringt Blumen,
der Sommer bringt Klee,
der Herbst, der bringt Trauben,
der Winter bringt Schnee.

Volksweise, Es war eine Mutter

Jammern

. . .und ein Jammern wird laut: «Wo sind
wir? wo?»
Und noch fünfzehn Minuten bis Buffalo.–

Fontane, John Maynard

Jammerschrei

Die Luft zerreißt ein Jammerschrei:
«Herr Gott im Himmel, steh uns bei!»

Mörike, Der Zauberleuchtturm

Jammertal

In diesem Jammertal
Seufzen wir allzumal . . .

. . . Wunderhorn, Maria, Gnadenmutter . . .

jasagen

Sage ja . . . mit einem Wink der Lider . . .
und vom Scheiterhaufen steigst du nieder!

C. F. Meyer, Die Ketzerin

jasagen → verweigern

(Bauer)

jäten

Fleißig jäten
Ist frommer als beten.

Bauernregel

jauchzen

Merke, daß du bei der Lust
Nicht allzusicher jauchzen mußt.
Du möchtest deinen Feind erwecken.

Lichtwer, Fabeln

Jawort

Wohl wurde sie rot und rief doch: «Ja!
ja, und von Herzen gern,
ich will dir folgen, wohin du gehst,
und dir dienen als meinem Herrn . . .»

Englische Ballade, Robin Hood (Fontane)

Jenseits

Und trät ich als erster in deinen Traum
Und sähe dir zu,
So wähltest zur Liebe im ewigen Raum
Einen andern du.

Jean Cocteau, Jenseits (Feist)

Jenseits → fortwirken

(Langgässer)

Jenseits → Haß

(Hernandez)

Jenseits, keine Schwelle zum → trostlos

(Arendt)

Jesus

O allerschönstes Jesulein,
Wie konnt es denn doch möglich sein,
Daß man so wenig dich geacht,
So lang dich in Vergessung bracht?

. . . Wunderhorn, Das Prager Lied

Herr Jesus ist ein süßer Bronnen,
Aus ihm entfließen alle Wonnen . . .

Ruysbroeck

Herr Jesus, du kannst ja alles machen,
Verschone uns doch vor der Hölle Rachen!

Nach Villon, Totenspruch

Joch, verfluchtes

Sie rissen die Kleider sich
vom Leibe, verfluchten ihr Joch
Und heulten aus heiserer Kehle:
Christus was willst du noch?

Gyóni, Für eine Nacht nur (Brájje)

Journalisten, Macht der

Vorm Schreiber muß sich biegen
Oft mancher stolze Held
Und in den Winkel schmiegen,
Ob's ihm gleich nicht gefällt.

. . . Wunderhorn, Würde des Schreibers

→ kampfbereit

(Bodenstedt)

Macht der Journalisten

jubeln

Eine Stimme zart und schmal
Jubelt durch das ganze Tal.

Nach Blake

jucken

Obendrein juckts mich noch . . .
Kommt, und helft mir hoch!

Bellman, Monolog eines Säufers (Gumppenberg)

Judas

Sehr fälschlich er ihn hinterging,
Weil er dafür viel Geld empfing.

Nach . . . Wunderhorn, Die Leiden des Herrn

Juden

Herr, solange ich noch zu dir sprechen
kann:
Nimm dich der Juden in ihrem Getto an.

Cendrars, Ostern in New York (J. Schroeder)

Jugend

Die Jugend lernt mit Fallen gehn.
Sie muß sich halb verbrennen, halb
versehnen
Und zwischen Sturm und wilden Klippen
stehn.

Hofmann v. Hofmannswaldau

als er in der Jugend Glanze,
trotzte oft er Pfeil und Lanze . . .

Nach Carducci

Jugend spielt auf schönen Wangen
und entflieht in graue Ferne;
wer sich freuen will, der lerne:
Jedes Morgen ist verhangen.

L. de Medici, Maskenreigen (Goetz)

Ja, gönnen wir dem Überschwang
Der jungen Welt ihr tolles Treiben;
Wir leben zwei Sekunden lang;
Mag eine denn der Weisheit bleiben.

Voltaire, An Madame du Chatelet (v. Hartlieb)

O ihr schönen Jugendtage,
wundervolle Frühlingszeit!
Süße Schmerzen, teure Klage,
Jugend – o du Herrlichkeit!

Lingg

Jugend → Überschwang

(Seidel)

Jugend und Liebe

Liebe, die alles rings mit Anmut füllt,
Jugend, die rings die Welt in Goldglanz
hüllt.

Byron

Jugend, vergängliche

Was wird aus den gewölbten Brauen,
Der glatten Stirn, dem blonden Haar,
Den kecken Augen, die zu schauen
Dem klügsten Mann gefährlich war . . .

Nach Villon, Klage der schönen Helmschmiedin

Jugend, verlorene

O du, o Mensch – du da, du da
Mit deinen Klagen!
Was hast du angefangen, Mensch,
Mit deinen Jugendtagen?!

Verlaine, Einkehr (Dehmel)

Jugendstunden, verflossene → genießen

(Hölderlin)

Jugendtriebe

Wer sagt, daß ich mit schnöder Liebe
Der aufgeregten Jugendtriebe
Dir nachgestellt, und dann, genug!:
Der kennt mich nicht, der macht Betrug.

Nach Pernette du Guillet, Lied

Jugendzeit, schöne

Und sie schwatzen unverdrossen
von der schönen Jugendzeit,
vom Vergangenen, vom Heut,
was sie litten und genossen . . .

Odyniec, Die Gespenster (Nitschmann)

Jugendzeit, verlorene → Leben, verfehltes

(Heine)

jung

Verzeiht, meine Lieben, wer war nicht einst
jung,
Heißblütig, zu trinken begehrend;
Im glühenden Mittag mit innigem
Schwung
Den Krug an die Lippen kehrend!

Bezruĉ, Die Passauer Teiche (Fuchs)

jung bleiben

In mir klingen Jubeltöne,
brennt für alles Edle, Schöne
heilige Begeisterung.
Darum, siehst Du, bleib ich jung.

M. C. Kann

jung bleiben → Lebenskunst

(Sprichwort)

jung sterben

Es ist gar grausig, wenn einer so stirbt,
Wann jung sein Herz um Freude noch
wirbt . . .

Andersen, Der Spielmann (Chamisso)

Jung und Alt

Indes wir jungen Mädchen uns im Tanze
drehn,
stehn rings die Alten, um uns zuzusehn . . .

Nach einer portug. Ballade

Junge

Und alle kleinen Jungens,
Die gucken nach mir hin
Und sehn an meinen Höschen,
Daß ich auch ein Junge bin.

Paula Dehmel, Die ersten Höschen

Junge, armer

Ich bin nur ein armer junger Knab,
weder Schilling noch Taler im Beutel ich
hab.

Nordische Ballade, Würfelspiel (Festesen)

Jungfern, alte

Seht das zerknitterte Herz alter Jungfern
Verstaubt von der Asche gewordenen Zeit!

Claire Goll, Die Schlaflosen

Jungfernschaft

Sparen willst du dein Mädchentum?
Was kannst du dabei gewinnen?

Asklepiades, Epigramm

Jungfrau, blühende

Also ragte vor allen die hohe, blühende
Jungfrau.

Homer, Nausikaa (J.H. Voß)

Jungfrau, heilige

Und es zittern vor dem unschuldvollen
Engelsantlitz, die sie martern wollen.

C. F. Meyer, Die Ketzerin

Jungfrau, irrende

Noch heut irrt die Jungfer in tiefer Flut,
brennend im Herzen die sehnende Glut.

A. Oksanen, Des Fährmanns Bräute (nach Öhquist)

Juwel, schönstes → Anbetung

(Burns)

K

Kaffee

Morgens früh um acht
wird Kaffee gemacht.

Volkslied, Morgens früh um sechs

Doch ist vergessen alles Weh
Am andern Morgen – beim Kaffee.

E. Roth, Ein Mensch – Der starke Kaffee

nicht für Kinder ist der Türkentrank,
schwächt die Nerven, macht dich blaß und
krank . . .

K. Hering, Caffee

Kahl

Nun steigt der kühle Herbstwind aus der
Bucht.
Ich stehe kahl und trage keine Frucht.

Mädchen aus Mo-ling, Die Verlassene (Klabund)

Kain → Bruder
(Bienek)

Kaiserwort → deuteln
(Bürger)

Kalb, goldenes → Tanz um . . .

Kälte → Kleider, warme
(Mühsam)

Kameradschaft → Kugel, tödliche
(Uhland),

→ Seite an Seite
(Uhland)

Kampf

Die Welt will keine Liebe
von uns. Wir wissen das
und kühl'n im Kampfgetriebe
die Stirn am fremden Haß.

Flex, Deutsche Schicksalsstunde

Kampf → Krieg, Streit

Kampf, blutiger

Nun Kampf und Toben überall . . .
Oh, tödlich war der Schwerter Fall,
Das Blut entfloß der Panzerschnall . . .
Ich lag am Boden vor dem Wall.

Tennyson, Die Ballade von Oriana

Kampf, ermüdender

Schon zwölf Stunden währt der Kampf,
Dem kein End' ist abzuschauen;
Müde wird das Publikum,
Und es schwitzen stark die Frauen.

Heine, Disputation

kampfbereit

Zum Kampf gerüstet ward vom Schicksal jeder:
Das Schwert schwingt dieser, jener schwingt die Feder.

Bodenstedt, Der Sänger v. Schiras

Mit meinem Hacken kampfbereit
Zerstampf ich grimmig alles Leid . . .

Hamsun, Verstrichen . . . (Goebel)

Kämpfer, edler

Und hast du keine Waffen,
ich habe zwei Klingen hier,
nimm du die beste und längste
und laß die kürzeste mir.

Englische Ballade, Jung Musgrave und Lady Barnard (Fontane)

Kampfgeist

Im Zeichen des Kampfes geboren,
such' ich den Frieden nicht;
ich fühle mich matt, verloren,
wo man vom Glück nur spricht.

Edith Gräfin Salburg

Kampfpreis → sterben müssen

(Saadi)

Kanonen zunageln → Friedensaufruf

(Johansen)

Kanonenfutter

Wenn unsre Frauen Kinder einst gebären:
O daß es keine Knaben wären!

Tu Fu, Ausmarsch (Klabund)

Kanzler und Diplomaten → Verantwortlichen, die

(Kraus)

Kapitulation

Mit der Kapitulation
schleicht die Gesandtschaft trüb davon.

Bürger, Die Weiber von Weinsberg

Karriere

Wozu macht ihr Karriere?
Ist die Erde denn kein Stern?
Tut, als ob stets Sonntag wäre,
denn er ist der Tag des Herrn.

Kästner, Bürger schont eure Anlagen!

In der achtbaren Laufbahn des Lebens
Sei Mäßigkeit Ziel unsres Strebens.
Ein einziger Hops. In verbotne Galopps –
Und es war all dein Traben vergebens!

Ernst Fabian

Karriere, spätere

In der Schule war ich sehr borniert.
Später ging mir's besser.
Denn da wurde ich als Feuerfresser
Nach Bilbao engagiert.

Ringelnatz, Eines Negers Klage

Karriere einer Putzfrau → Lohn, höchster

(Bull)

Kartenlegen

Legen will ich mir die Karten
Ei, was hab ich zu erwarten?

Béranger, Die Kartenlegerin (Chamisso)

Kartenspiel

Kennst du nicht das lange Warten
Auf die Zufallsgunst der Karten?

Lope de Vega (Vossler)

Kartenspieler

Im schwülen Zimmer saßen die
Männer bei ihren Karten.

Ihre Weiber ließen sie
Draußen weinen und warten.
Ringelnatz, Das Kartenspiel

Kaserne

und euer Rückenmark
reckte sich verzückt und stark
vor der Kaserne und vor dem Schilderhaus
Prévert, Es ist aus (Kusenberg)

Kasse, leere

Unsere Kasse darf leer sein.
Doch dein Herz darf nicht schwer sein.
Ringelnatz, Privat-Telegramm

Katastrophe

Ein einziger Schrei – die Stadt ist
versunken,
und Hunderttausende sind ertrunken.
Liliencron, Trutz, Blanke Hans

Gift und Gestank!
Und jetzt, o fort!
Es birst der Ort,
es stürzt der Hang.
Verlaine, Charleroi (v.d. Vring)

In allen Lüften hallt es wie Geschrei,
Dachdecker stürzen ab und gehn
entzwei . . .
van Hoddis, Weltende

Weiter. Weiter. Drüben schreit ein Kind.
Laß es liegen, es ist halb zerrissen
Häuser schwanken müde wie Kulissen
durch den Wind.
Dagmar Nick, Flucht

Immer ist die Katastrophe nah.
Und aus Angst, sie könnte uns verderben,
weihen wir ihr, eh wir sterben, Erben.
Bitteschön, wer lacht denn da?
Kästner, Ein Mann verachtet sich

Katastrophe, persönliche

Was für Wellen, was für Flammen
Schlagen über mir zusammen,
Ach, wie groß ist meine Not!
. . . Wunderhorn, Gruß

Katastrophenangst → Panik
(Mörike)

Katastrophenstimmung

Ich weiß nicht ob wir je unser Leben so
sicher verloren wie jetzt.
N. Born, Liebesgedicht

Katerfrühstück

Was ist dann eurer Seelen Nahrung?
Antwort: dünn Bier und salzen Harung.
Geibel, Der Geist von Würzburg

Katze, ungeliebte

Unterwegs auf manchem Platze
Bietet er sein Liebchen aus;
Aber keiner will die Katze,
Jeder hat sie längst im Haus.
Hebbel, Aus der Kindheit

Kaufanstoß

Wenn in die alten Hosen mal die Hunde
beißen,
Mußt du nicht warten, bis sie ganz
verschleißen.
R.v. Normann, Zweizeiler

kaufen

« . . .solche Ringe, solche Sterne,
wie Ihr da habt, kauf ich gerne; . . .»
Chamisso, Böser Markt

Leicht ist es, Stiefel sich zu kaufen,
Doch schwer, darin herumzulaufen.
E. Roth, Ein Mensch – Übereilte Anschaffung

Hast du Geld, so heb's nicht auf,
Geh ins Kaufhaus, kaufe, kauf!
R.v. Normann, Zweizeiler

Kaufentschluß, schneller

Tritt nie zu deinem spätern Schaden
Gleich in den nächsten besten Laden.
Nach E. Roth

Kaufleute → Zahlenmenschen

käuflich, nicht → Freiheit
(Morgenstern)

Kauz → Schönheit, Verehrer, der
(Morgenstern)

Kavalier

Der Wald ist lang, du bist allein,
Du schöne Braut, ich führ dich heim.
Eichendorff, Lorelei

Kegelei

Nun, frische Kegelei, die freut
und macht von Sorgen frei die Leut.
Müller-Giersleben, Gut Holz!

kegeln

Acht kleine Negerlein, die
gingen Kegel schieben.
Da hat sich eines totgeschoben,
da warens nur noch sieben.
Kinderlied, Zehn kleine Negerlein

Auch in des Menschen Wurmgestalt
rast, wenn er kegelt, Sturmgewalt.
Müller-Giersleben, Gut Holz!

Keim der Welt → Samen, ungenutzter
(Weinheber)

Keimblatt

In jedem Keimblatt wird der Götter
Beginn aufs neue nachgezogen,
in jeder Knospe ruht ein fetter,
gesalbter Dämon, reift ein Retter
mit Öl auf seinen Brauenbogen.
Elisabeth Langgässer, Zwischengesang

Keime des Lebens

Knolle, Puppe, Keim jeder Art
Hält die Erde bewahrt,
Um sie vorzubereiten
Für neue Zeiten.
Ringelnatz, Sinnender Spatenstich

kennen

Keiner kann uns kennen ...
Nach R. Hartung

Freund und Anker kennet man,
wenn sie Hilf in Not getan.
Abraham a Santa Clara

kennen, jemand → Gästebuch
(Ringelnatz)

kennenlernen, alles

Sei stark! – Lern Haß und Liebe kennen!
Doch ob dein Herz auch jauchzt und
stöhnt
bei manchem Namen, den sie nennen –
nur mit dem Ganzen sei versöhnt!
Stieler

Kerker des Lebens

Ach, wie lang ist dieses Leben,
und wie schwer ist's sich zu betten
in den Kerker, mit den Ketten,
die die Seele mir umgeben!
Theresa von Avila, Glosse (Grossmann)

Kerl, besonderer

Ich bin ein Kerl besondrer Art,
weil ich zur Nacht geboren ward
am Pflaster.

Bruant, Am Pflaster (Müller)

Kerle, tolle

Nur schreit nicht dauernd wie am Spieß,
was ihr für tolle Kerle wärt!
Bloß weil ihr hintenrum verkehrt,
seid ihr noch nicht Genies.

Kästner, Ragout fin de siècle

Kern der Welt → Welt, unverwundbare

(Bergengruen)

kerngesund

Er kam herein so rot und rund
Und sagte, er sei kerngesund . . .

Carossa, Die Flucht

Kernkraft

Granaten, hart, mit offner Scharte,
Ihr habt der Kernkraft nachgegeben:
Ich sah als Stirnen euch erbeben
Vor der Entdeckung, die drin harrte!

Valéry, Granaten (Kalmer)

Ketten sprengen → Rettung durch Arbeit

(Seidel)

Kettenreaktion, soziale

Wenn ich in die Stube speie,
Lacht mein Bruder wie ein Schwein.
Wenn er lacht, haut meine Schwester.
Wenn sie haut, weint Mütterlein.

Ringelnatz, Aus meiner Kinderzeit

Kind

Du bist ein Kind und solltest alles
wissen . . .

Edith Södergran, Die Bäume meiner Kindheit

Ein Kindelein so zart und fein,
Das soll euer Freud und Wonne sein.

Luther, Vom Himmel hoch . . .

Sobald das Kind sich zeigt, eilt alles ihm
entgegen,
Und jauchzt; sein süßer Blick heißt sich die
Freude regen . . .

Hugo (Freiligrath)

Ein Kind weiß:
das Dach der Welt fällt nicht herunter . . .

Nach Marjy-Liisa Vartio, Der Traum des Kindes

das Kind spielt: ich bin dumm

Härtling, Olmütz

Nimms mit dem Kind nicht so genau
Es ist ja noch nicht groß und schlau!

Krüss, Weihnachtslied vom Eselchen

Kind, aufrichtiges

Aufrichtig war ich von Natur,
stampfte um mich und brüllte nur.

Jozsef, Mutter (Selingen)

Kind, besonderes

Nicht liebt er, wie andere Kinder,
In Wickelbanden zu weinen.

Hölderlin, Der Rhein

Kind, geborgenes → Geborgenheit

(Claudius)

Kind, hungerndes → Frau, obdachlose

(Dehmel)

Kind, krankes → Spielzeug

(Stevenson)

Kind, schreiendes

Als das Feld geackert war,
schreit das Kind noch immerdar.

Deutsche Volksballade, Das hungernde Kind

Kind, süßes

Still, mein süßes Engelsfüllen:
Morgen schneit es Zuckerpillen . . .
Dehmel, Wiegenlied für meinen Jungen

Kind, totes → Mutter, trauernde
(Grave)

Kind, uneheliches → Liebe, freie
(Fontane)

Kind, ungezogenes

Ich bin ein ungezogenes Kind,
Weil meine Eltern Säufer sind.
Ringelnatz, Drittes Kindergebetchen

Kind, unschuldiges

Dir ist die Erde noch verschlossen,
Du hast noch keine Lust genossen . . .
Hebbel, Auf ein schlummerndes Kind

Kind, wie ein → genießen, den Tag
(Rückert)

Kind des Weltalls

Klein ist die Erde
im Sternenwind.
Gross ist der Himmel.
Du bist sein Kind.
Verfasser unbekannt

Kind werden

Mensch, wirstu nicht ein Kind, so gehstu
nimmer ein,
Wo Gottes Kinder sind: die Tür ist gar zu
klein.
Angelus Silesius

Kinder

Der Kinder Augen sind wie goldner Regen,
In ihren Händen glüht die Schale Wein.
Ich will mich unter Bäumen schlafen legen
Und kein Soldat mehr sein.
Aus dem Schi-king, Der müde Soldat (Klabund)

Kinderhand ist schnell gefüllt,
Kinderzorn ist bald gestillt.
Sprichwort

Ihr Kinder, Elfen, hold und klein,
spielt gern die großen Herrn.
O, ahntet ihr des Lebens Pein,
ihr bliebet Kinder gern.
Burns

Unschuldiger! sind klüger die Kinder doch
Beinahe, denn wir Alten; es irrt der Zwist
Den Guten nicht in den Sinn, und klar und
Freudig ist ihnen ihr Auge blieben.
Hölderlin, Der Frieden

Kinder, eheliche

drei Kinder, hört ich, hattet Ihr
von Eurem Mann – nun seh ich vier?
Villon, Die Rückkehr des Seemanns (v. Rexroth)

Kinder, verlorene → reuig
(Goethe)

Kinder, wie

Wir wollen wie der Mondenschein
Die stille Frühlingsnacht durchwachen,
Wir wollen wie zwei Kinder sein,
Du hüllst mich in dein Leben ein
Und lehrst mich so wie du zu lachen.
Lasker-Schüler, Frühling

Alsbald, von wegen das Taumeln und
Stammeln,
Begannen sich Kinder um ihn zu sammeln.
Ringelnatz, Kuttel Daddeldu im Binnenland

Kinder, wie → einfältig

(Claudius)

Kinder warm halten!

O Mutter, halte dein Kindlein warm
die Welt ist kalt und helle,
und trag es fromm in deinem Arm,
an deines Herzens Schwelle!

Brentano

Kinderaugen

Ich fand in Mann und Frauenangesicht nur Alltagssinn.
Doch in den Kinderaugen schien etwas auf vom heiligen Anbeginn.

Nach Thompson, Die himmlische Jagd

Kindererziehung

Gebt Achtung, wenn ihr Kinder lehrt,
Daß ihr auf einmal nicht sie allzusehr beschwert.

Lichtwer, Fabeln: Das Kamel

Kindererziehung → Rute

(Walther von der Vogelweide)

Kinderfabrikation

Jawohl, wir sollen Kinder fabrizieren.
Fürs Militär. Und für die Industrie.
Zum Löhnesenken. Und zum Kriegverlieren.

Kästner, Patriotisches Bettgespräch

Kinderfänger → Sänger

(Goethe)

Kindergebet → schützen

(Gerhardt)

Kindergeschrei → Heiraten

(Wunderhorn)

Kinderglauben

Wer gibt uns unsern Kinderglauben
An eine treue Welt zurück?

Salis-Seewis, Vertrauen

Kinderglück

Man spinnt und spinnt sich oft zurück
Ins Märchenreich vom Kinderglück.

Nach Eugen Roth

Kinderhaben

Wer ohne Kinder lebt, der weiß von keinem Leide;
Wer ohne Kinder stirbt, der weiß von keiner Freude.

Sprichwort

Eins habt ihr leider nicht bedacht:
daß Kinderhaben auch verpflichtet.
Ihr wart auf uns nicht eingerichtet,
ihr habt uns nur zur Welt gebracht.

Kästner, Das Riesenspielzeug

Kinderhand → Hand, zerstörerische

(Raabe)

Kinderland

O zeigt mir doch den Weg zurück,
Den lieben Weg zum Kinderland!
Vergebens such' ich nach dem Glück,
Ringsum ist öder Strand.

Klaus Groth

kinderlos

So stirbst du, wenn dein mittag dir entflohn,
unangesehen – zeugst du keinen sohn.

Shakespeare, Das siebente Sonett (George)

Dir fehlt eine Kind! Dann wäre Dir gegeben,
doppelt – jetzt und später sinnerfüllt zu leben.

Frei nach Shakespeare

Kinderlust

O Kinderlust! Sie trinkt in vollen Zügen
die reine Freude, die vom Himmel sank:
ein jeder Laut ist fröhliches Genügen
und jedes Lachen klingt wie heißer Dank.

L. Ganghofer

Kindermund

Noch ist dein Stammeln klares Offenbaren
des Himmels, der im kleinen Herzen blüht;
noch spiegelt sich in dir mit hellen Zügen
das Köstlichste der Welt, ein rein Gemüt.

Reiter

Kinderreime (Beispiele)

Das ist der Daumen,
der schüttelt die Pflaumen,
der liest sie auf,
der trägt sie nach Haus,
und der Klitzekleine
ißt sie ganz alleine

–

Kuckuck hat sich totgefallen
von der hohlen Weiden.
Wer soll diesen Sommer lang
die Zeit und Weil' vertreiben?

–

Ist ein Mann in den Brunnen gefallen,
hab ihn hören plumpen!
Wär ich nicht dazugekommen,
Wär er mir ertrunken.

–

Kommt ein Mäuschen,
baut ein Häuschen.
Kommt ein Mückchen,
baut ein Brückchen.
Kommt ein Floh –
der macht sieh so!

–

Trab, Pferdchen, trab.
Wirf den Reiter ab.
Wirf ihn in die Pfütze,
der Reiter ist nichts nütze.

–

Da hast 'nen Taler
geh auf den Markt,
kauf dir 'ne Kuh,
Kälbchen dazu.
Kälbchen hat 'n Schwänzchen:
Dideldideldänzchen!

–

Im Wald im kühlen Schatten
lag ich auf grünen Matten.
Da kamen zwei große Ratten,
zerfraßen mir meine Krawatten.
Nun möchte ich bloß wissen,
was die wohl davon hatten?

–

Zehchen lang,
Füßchen schlank,
Kniechen knick,
Bäuchlein dick,
quiek, quiek!

–

Ein Schuß krachte
Billy Hopkins erwachte.
Er trat ans Fenster
und sah Gespenster.
Er nahm sein Gewehr,
der Lauf war leer.
Er nahm sein Messer,
war auch nicht besser.
Er nahm sein Colt,
Fortsetzung folgt.

Verfasser unbekannt

Kinderreime (Beispiele) → beißen → Braut und Bräutigam → Butterberge → kopflos → krank sein → Lirum larum ... → Mann, guter → Polizist → Rollenverteilung → Sachen, unmögliche → verstümmeln

Kinderseele

Was eine Kinderseele
aus jedem Blick verspricht!
So reich ist doch an Hoffnung
ein ganzer Frühling nicht.

Hoffmann von Fallersleben

Kindersegen

Du sagst, daß es bald Kinder gibt,
Wenn man sich in dein rotes Haar
verliebt ...

Villon, Eine kleine Liebesballade (Zech)

Kindersinn

Halt an deinen Jugendträumen
und wahre dir den Kindersinn,
wenn auch die Jahre dir nicht säumen,
des Herzens Lenz wird nie entflieh'n.

Ohorn

Kindersinn → Besitzaufgabe

(Schiller)

Kinderschreck

Weiblein nimmt den Stecken,
tut die Buben schrecken.
Buben springen hin und her,
Weiblein sieht sie nimmermehr.

Kinderreim aus Österreich

Kinderschreck → Todesangst

(Nach Wunderhorn)

Kinderschutz

Ihr Leute, wenn ihr Gift wollt legen,
So hütet doch die Kinder gegen ...

... Wunderhorn, Der Rattenfänger ...

Kinderspielzeug → Sand

(Ringelnatz)

Kinderstimmen

Horch, Stimmen der Kinder erkenne ich
schon
Im vielfältig silbernen Flusse,
Als schwänge im Baume der Bienen Ton,
Aufrauschend im ewigen Kusse ...

Sova, Singende Frühe (Fuchs)

Kinderstube

In unsrer Kinderstube
Wird mir die Zeit so lang;
Bald werd ich armer Bube
Vor Ungeduld noch krank.

Overbeck, Fritzchen an den Mai

Kinderzeit

Die Seele löst sich und verliert sich weit
Ins Märchenreich der eignen Kinderzeit.

Geibel, Mittagszauber

Kindesauge

Herz, werde groß!
Denn namenlos
soll Leib in dir geschehen.
Welt, mach dich klein!
Schließ still dich ein!
Du sollst vor Kindesaug bestehen!

Max Mell, Weihnachtsabend

Kindestod → Tod eines Kindes

(Uhland)

Kindheit

Den meisten gilt in späten Tagen
als Inbegriff des Glücks das Kind,
sie wissen, daß sie glücklich waren
erst dann, wenn sie es nicht mehr sind.

A. Wickenburg

Das ist ein Sein, von Wundern sanft
umwoben,
von Märchen mild verzaubert und umhüllt,
am Morgen früh das Herz emporgehoben,
am Abend müd' und ganz vom Tag erfüllt.

Astrid Claes, Kindheit

kindisch und weibisch

Nicht lieb ich die Lacher. Die weibische
Art,
Die kindische ist mir zuwider –
Hätt ich meine Flinte mit mir auf der Fahrt,
Ich holt euch ins Wasser hernieder.

Bezruč, Die Passauer Teiche (Fuchs)

kindlich rein

Wohl dem, der frei von Schuld und Fehle
Bewahrt die kindlich reine Seele!

Schiller, Die Kraniche des Ibykus

Kindlichkeit

Ich will von dir, was keine Zeit zerstöret,
nur Schönheit, die das Herz verleiht.
Ich will von dir, was nie der Welt gehöret,
die engelreine Kindlichkeit.

Hoffmann von Fallersleben

Kirchgang

Da treten sie zum Kirchgang an
Familienleittiere voran ...

Degenhardt, Deutscher Sonntag

Kirche

Die Kirche ist's, die heilige, die hohe,
Die zu dem Himmel uns die Leiter baut.

Schiller, Maria Stuart, V,7

Wollt ihr in der Kirche Schoß
Wieder die Zerstreuten sammeln
Macht die Pforten breit und groß,
Statt sie zu verrammeln.

Geibel, Sprüche

In die Kirche ging ich morgens, um
Komödien zu schauen,
Abends ins Theater, um mich an der
Predigt zu erbauen.

Heine, Reisebilder (Norderney)

die Kirch allein, meine lieben Frauen,
kann ungerechtes Gut verdauen.

Goethe, Faust I (Mephistopheles)

Kirche, wie eine

Ich möchte eine alte Kirche sein
voll Stille, Dämmerung und Kerzenschein.
Wenn du dann diese trüben Stunden hast,
gehst du herein zu mir mit deiner Last.

M. Hausmann, Trost

Klage, ewige

Von des Geistes Glut durchweht;
Schwindet Nächte, schwindet Tage,
Nimmer ruht der Seele Klage
Bis sie scheiternd untergeht.

Lat. Kirchenlied (nach Simrock)

Klagemauer

Ich will dir alles sagen,
Ich will mein Leid dir klagen ...

Volkslied aus Venedig

klagen

Sollst uns nicht lange klagen,
was alles dir wehe tut!

Nur frisch, nur frisch gesungen,
und alles, alles wird wieder gut.
Chamisso, Hab' oft im Kreise der Lieben

Wer sich über alles freut,
hat nicht Zeit zu klagen;
tausend Freuden kennt die Welt,
nicht nur tausend Plagen.
Verfasser unbekannt

Möchte es dem Walde klagen,
doch der Wald hat grüne Blätter,
kann mein Leid mir niemals glauben.
Rumänische Ballade, Die Verstoßene (Friederanger)

Wohl manche zürnen, ich sei kalt,
Daß ich in schöner Stunde klag
Und daß mein Herz, zu frühe alt,
Im Lichte schlägt verlornen Schlag.
Shelley, In Niedergeschlagenheit . . . (Wolfenstein)

KLAGEN was soll ich klagen?
Alles Fleisch ist Gras: einschließlich
Der Genossen des Ordens von Bath, der
edlen Ritter des britischen Empires . . .
T.S. Eliot, Schwierigkeiten eines Staatsmanns (Hennecke)

So klagten die Kinder. Das war nicht
recht –
Ach, sie kannten den alten Ribbeck
schlecht . . .
Fontane. Herr von Ribbeck auf Ribbeck im Havelland

Da klagten nun die Nachbarn laut'
«Schad', daß er starb, die treue Haut!»
Nach N. Becker, Die treue Haut

Ein Mensch, mit keinem Grund zur Klage
Als dem der allgemeinen Lage,
Klagt trotzdem und auf jeden Fall,
Klagt herzlich laut und überall,
Daß jedermann sich überzeugt,
Wie tief ihn Not und Sorge beugt.
Eugen Roth, Ein Mensch – Vorsicht

klagen → Lied, frisches
(Tolstoj),

Wehleidigkeit

klagen, zu früh → Unfälle

klagen (vor Gericht)

Es ward, je mehr betaget
sie wurden, mehr geklaget . . .
Fröding, Jan Ersa und Per Persa (Badke)

Klang, fremder → Ahnung, unheilvolle
(Seidel)

Klang, toller

Drei Saiten hat die Fiedel nur,
die halten wohl noch lange,
und jeden fasset wilde Lust
bei ihrem tollen Klange.
H. Löns, Zigeunerlied

Klangfiguren

Schon zu neuen Klangfiguren
Lagern sich die Grund-Atome;
Meine dumpfsten Kreaturen
Bauen an dem heiligen Dome.
Carossa, Ein Stern singt

Klänge, starke

Und weiterhin über Wald und Au
die starken Klänge reichen;
das schüttelt selbst den Tränentau
von Bäumen und Gesträuchen.
Siemieński, Napierski (Dedecius)

Klänge, überirdische

Alle Sonnen meines Herzens,
Die Planeten meiner Lust,
Die Kometen meines Schmerzens
Tönen laut in meiner Brust.
C. Brentano, Nachklänge Beethovenscher Musik

klar, alles → Offenbarung
(Hebbel)

Klaren, im

Ich nehm die Dickere, du die Dünnere,
die Welt
läßt wieder mal hoffen;
woran, an welche Stunde ich mich
erinnere,
ich war immer besoffen.

Rühmkorf, Jetzt mitten im Klaren

Klarheit

Nicht von außen, nur von innen
Ist die Klarheit zu gewinnen.

Nach Bodenstedt

Klarheit über das Wesen der Welt → Erleuchtung

Klarheit und Wahrheit

Es ist dort oben eine reine Klarheit,
Darin erscheint der Schöpfer dem
Geschöpf,
Das Frieden sucht im Schauen ewger
Wahrheit.

Dante, Der Gottheit Glanz (Schlegel)

Klassenfrage → nackt
(Kästner)

Klassenunterschied → Gegensätze
(Morgenstern)

Klassik

Die altbewährte, edle Klassik
Erscheint uns manchmal doch recht
massig.

Nach E. Roth

Klatsch → Mäuler, böse

Klatschbasen

Denn wer eine selige Liebe will tragen,
Der darf es den alten Jungfern nicht
sagen . . .

Geibel, Lied eines fahrenden Schülers

klatschen → beklatschen
(Heine)

Klatschen

Das Klatschen, das Klatschen, das muß
man verstehen,
da muß man sich dreimal im Kreise
umdrehen.

Volksweise, Es war eine Mutter

Klauen

Schon fühlte er die scharfen Klauen
Und ging nach Haus in Furcht und
Grauen.

H. Seidel, Der betrogene Teufel

Klavier

Ein gutes Tier
Ist das Klavier,
Still, friedlich und bescheiden.
Und muß dabei
Doch vielerlei
Erdulden und erleiden.

Kleid, enges

Das Kleid sitzt stramm auf Anatomie
und läßt keinen Raum für die Phantasie.

Kästner, Der Busen marschiert

Kleid und Scham, ohne

Noch gibt es Frauen, die den Nabel zeigen
Und ohne Kleid und Scham spazieren gehn.
Noch gibt es Männer, die im Dunkeln geigen,
Und Leute, die, selbst wenn sie dumm sind, schweigen.

Kästner, Die Zunge der Kultur . . .

Kleid von der Sonne

Die Zeit tat ab ihr Gewand
Von Stürmen und Kälte und Regen
Und nimmt mit strahlender Hand
Ihr Kleid von der Sonne entgegen.

d'Orleans, Rondo (Hartlieb)

Kleider

Ja, der Mensch ist nun trüb und hat traurige Bräuche,
Hüllt sich in Kleider, denn ach, er ist nicht mehr der Keusche . . .

Nach Rimbaud

Kleider, warme

Der Tag wird kurz. Die Kälte droht.
Da tun die warmen Kleider not.

Mühsam, Kalender – November

Kleider vom Leibe reißen, sich die → Joch, verfluchtes

(Gyoni)

Kleiderschrank

Als er sah den Kleiderschrank,
Wurde selbst der Schneider krank.

Monika v. Normann, Schüttelreim

Kleidung

Mit schönem Mieder hüllen sie den Busen,
Die Hüften in ein buntes Seidenkleid,
Und flechten Blumen in des Haares Locken
Zum Gruße für die kühle Jahreszeit.

Kalidasa, Taueszeit (v. Bohlen/Kreyenborg)

Des Mannes Wert ist nicht im Kleide,
und ob er geh' in Gold und Seide.

Arabisch

An ihrer Kleidung man erkannt,
Daß sie auch sei von hohem Stand . . .

. . . Wunderhorn, Die Eile . . .

Kleidung, erste → Wahrheit, nackte

(Müller)

Kleidung, prächtige → Bekleidung

(Güll)

Kleidung, schlichte

Geh' einfach stets,
denn viele Hüllen deuten auf Verhülltes.

Grillparzer

Kleidung, verführerische → Gewand

(Kalidasa)

klein und böse → Persönlichkeit

(Ringelnatz)

Kleine, hübsche

Erst jetzt wird mir beim Weine klar,
Wie hübsch vorhin die Kleine war.

H. Scherf, Der Möchtegern

Kleiner Mann

kleiner mann hab acht
was man mit dir macht

Kurt Marti, warnung

Kleinigkeiten, begehrte → Menschen, kleinliche

(Lichtwer)

Klimakterien, voller

Der ganze Saal sitzt voller Klimakterien.
Und sowas gibt's! Und sowas nennt sich
Ferien . . .

Kästner, An ein Scheusal im Abendkleid

klimmen

Klimme wacker,
Alter Knacker!

Ringelnatz, Klimmzug

Kloster, ins

Ich will noch einmal sehen
wohl in den tiefen Rhein,
und dann ins Kloster gehen
und Gottes Jungfrau sein.

C. Brentano, Die Lore Lay

Ei so wünsch ich dem
Des Unglücks noch soviel,
Der mich armes Mädel
Ins Kloster bringen will.

. . . Wunderhorn, Die widerspenstige Braut

Kling-Klang

. . .und jedes Heer, mit Sing und Sang,
mit Paukenschlag und Kling und Klang,
geschmückt mit grünen Reisern,
zog heim zu seinen Häusern.

Bürger, Lenore

klüger sein

So geht's wenn man will klüger sein
Als eine ganze Stadtgemein' . . .

J. Sturm, Der große Wind . . .

Knabe, sanfter → Mädchenblick

(Anakreon)

Knabenliebe, göttliche → Zeiten, bessere

(Heine)

Knecht

Das Wasser ist schlecht,
das trinkt der Knecht.

Aus einem Kinderreim

Knecht der Liebe

Bin ich dein Knecht, was sollt ich mehr
vollbringen,
Als Tag und Stunden deinem Dienste
weihn?
Ich habe keine Zeit mir abzuringen
Und keinen Dienst zu leisten, der nicht
dein.

Shakespeare, Sonette (Saenger)

Knechtessinn → Gewinnstreben

(Weinheber)

Knechtschaft, aus der → Erlöser

(Tschang)

Knechtschaft, ewige → Machtwechsel

(Heine)

knickern → großzügig sein

(Heine)

Knochenmann → Lebenswille

(Claudius)

Know how

Blumen sind an jedem Weg zu finden,
doch nicht jeder weiß den Kranz zu
winden.

A. Grün

Knoten lösen

Und stimmte es, daß Leidenschaft Natur
Bedeutete im guten und im bösen,
Ist doch ein Knoten in dem Schuhband nur
Mit Ruhe und mit Liebe aufzulösen.

Ringelnatz, Es lohnt sich doch

Koch

Stille Tiere muß ich schlachten,
Schöne Früchte muß ich schälen
Und für sie, die mich verachten,
Feurige Gewürze wählen.

Hoffmannsthal, Der Schiffskoch, ein Gefangener, singt

kochen

Was Gott kocht, ist gut gekocht!

Heine, Disputation

kochen → versalzen

Kochkunst, tödliche

Und viel Pastet und Leckerbrot
Verdirbt nur Blut und Magen;
Die Köche kochen nur aus Not,
Sie kochen uns mit Wonne tot,
Ihr Fresser, laßt's euch sagen!

Nach M. Geibel, Kartoffellied

Köder

So schnellt das Fischlein auf den Köder los
Und weiß kein Arg, bis es am Haken hänget,
Wie eines Tags in allzu raschem Stoß
Ich nach der Liebe flog und war versenget.

Bernart von Ventadorn, Schmollende Liebe (Vossler)

Erst gab man dir als Köder Schnitzel,
jetzt gilt das bald als schnöder Kitzel –

Tom der Schüttelreimer, Schüttelkur

kokett

Von Freunden mit Händen voll Wasser bespritzt,
Indem sie nun dehnen die Brust mit Stöhnen,
Und ringen die Hand mit Gebärdenspiel,
Erreichten den Zweck die koketten Schönen.

Bharawi, Badeszene (Rückert)

Kollektiv

Allein ging Jedem alles schief.
Da packte sie die Wut.
Sie bildeten ein Kollektiv
und glaubten, nun sei's gut.

Kästner, Kleine Rechenaufgabe

Komm, Liebchen!

Komm, Liebchen! es neigen
Die Wälder sich dir;
Und alles mit Schweigen
Erwartet dich hier.

J. Jacobi, Abend

Kommunikationsprobleme

Auch weiß ich nicht
ob die Läuse am Schwanzende
von den Flöhen auf der Nasenspitze
verstanden werden

Granitzki, Die Anrufung des großen Bären

Kommunikationsprobleme → Witz oder Wunder

Kompliment

«Ach», sagte ich zu ihr,
«du bist mein allerschönstes Schmeicheltier.»

Villon, Die Ballade von der schönen Stadt Morah (Zech)

Kompliment, mißglücktes → reden können

(Mörike)

Kompromiß, ungeeigneter → Mittelweg

(Logau)

Kompromißling → Zwitter

Konflikt → Entscheidung . . ., Zweifel, Zwiespalt

Konflikte, schöpferische

Ich schöpfe Trost aus meiner Traurigkeit,
Ein Mann voll Macht, ein Mann in Acht
und Bann,
Und meine Not ist meine Seligkeit –
Ich, höchst beliebt, verschrien bei
jedermann.

Villon, Lied des vogelfreien Dichters (Dehmel)

König, bedauernswerter

Der König von Nieseputanien
Ist wahrlich zu bedauern:
Verstaubt sind seine Geranien
Und Thron und Böden und Mauern.

B.H. Bull, König und Putzfrau

König, gemütvoller

Er hat, ein vaterländisch Gemüt,
Nur Eichelkaffee getrunken;
Franzosen fraß er und Limburger Käs'
Nach letzterem hat er gestunken.

Heine, Lobgesänge auf König Ludwig (von Bayern)

König, trinkfreudiger

Nur eins verstand er allzu gut:
Ins Glas sich zu versenken.
Ein König, der fürs Volk was tut,
muß auch mal an sich denken.

Béranger, Der König von Yvetot (S. Mehring)

König, wie ein → selig

(Anakreon)

Königin, dicke

Es war mal eine Königin . . .
Die trug mit Stolz ihr Doppelkinn . . .
Schön war sie nicht, doch stolz und
dick, . . .
Und ihre Kleider waren schick . . .

Z. Hopp, Antonia Emilie (Krüss)

Konkurrenz

Bist du in Konkurrenz erfahren,
Kannst dir im Leben viel ersparen.

Nach Papentrigk

Konkurrenz der Sinne

Wenn sich Herz und Mund erlaben,
will die Nase auch was haben.

Sprichwort

können

Man kann viel,
wenn man will.

Sprichwort

können → Anerkennung

(Heyse)

Konsequenz der Persönlichkeit

Wie einer ist, so schaut er,
wie einer denkt, so traut er,
wie einer ringt, erwirbt er,
wie einer lebt, so stirbt er.

Verfasser unbekannt

Konsequenz des Sterbens

Und sterbe ich heute, so bin ich tot,
begraben mich die Leute ums Morgenrot.

Volkslied, Es blies ein Jäger . . .

Kontakt

Auf diesem letzten Sammelplatz
tasten wir nach dem andern
sprachlos geschart
am Ufer des reißenden Stroms

Eliot, Die hohlen Männer (Entensberger)

Kontakt → Körperkontakt, streicheln

(Chines. Gedicht)

Kontakte, fortwirkende → fortwirken
(Platen)

Kontakte, ohne → Einsame, der
(Reinig)

Kontakte, zu viele

Wie, fürchtest du denn nicht, ich muß dich ernstlich fragen,
An so viel Freunden allzu schwer zu tragen?
Schiller, In das Stammbuch eines Kunstfreundes

Kontrast → Raum, grenzenloser
(Morgenstern)

Konzentration

Gar manches Herz verschwebt im Allgemeinen,
Doch widmet sich das edelste dem Einen.
Goethe, Urworte (Liebe)

Konzentration → dienen
(Rückert)

konzentriert, auf sich selbst → hören, sich selbst
(Odyniec)

Konzert

Schweigen will ich von Konzerten,
Wo der Kenner hoch verzückt
Mit dem seelenvoll-verklärten
Opernglase um sich blickt . . .
W. Busch, Die fromme Helene

Kopf gegen die Wand

Mach dir das Leben ja nicht sauer
Und renne ruhig gegen die Mauer
Mit deinem Kopf; hast du nur Glück
So weicht die Mauer vor dir zurück.
Hebbel, Epigramme

Köpfen, grausames

Sein Schwert hab ich ihm ausgezogen
Und ihm vom Leib den Hals entzweit,
Daß ihm der Geist ist ausgeflogen
Mit ungestümer Grausamkeit . . .
. . . Wunderhorn, David

kopflos

Ich möcht für tausend Taler nicht,
daß mir der Kopf ab wäre:
sonst lief ich mit dem Rumpf herum
und wüßt nicht, wo ich wäre.
Kinderreim

kopfüber ins Imaginäre

Wir kreisen und kreisen um Finisterre
Und schütteln das Eis aus den Haaren.
Die Axt an die Planke! Wir fahren
Kopfüber ins Imaginär.
Christa Reinig, Finisterre

Körper

Ein Körper ist eine Heimat.
Krolow, Der Mai

Denn was man nicht sieht, das wird nicht geglaubt.
Der Körper ist so, wie er ist, erlaubt.
Kästner, Der Busen marschiert

Körper und Seele

O armes Herz, vom Schicksal nur gesteinigt,
Gequält, gemartert, täglich neu gepeinigt;
O Seele sprich: Da doch nicht deines Bleibens,
Warum dem Körper du dich nur vereinigt?
Omar Chaijam, Aus dem Rubaiyat (Schack)

Körperbau → Fräulein, schönes
(Kästner)

Körperbehinderung → Krüppel
(Wunderhorn)

Körperkontakt

Leg dein schweigsames Haupt
zwischen meine Brüste.
Ich will fühlen, wie deine Schläfen pochen,
blutheiß.

Juana de Ibarbourou, Regnerische Nacht (Theile)

Wie aber eins des andern Wärme spürt,
geschieht's, daß innen sich ein Rieseln
rührt . . .

M. Hausmann, Nebelnacht

Körperkontakt → lausen
(Wunderhorn)

Körperkontakt → Liebesspiel
(Wunderhorn)

Körperkontakt, Sehnsucht nach → Herzallerliebster
(Lasker-Schüler)

Körperlosen, die

Im Abgrund blau und tief
Die Körperlosen schweben,
Sie zaubern und beleben
Die nächtige Harmonie, –
Den Frühling grüßen sie!

Schukowskij, Nähe des Frühlings (Guenther)

Korruption

Große Fehler und Verbrechen
deckt man zu mit goldenen Blechen.

Logau

Kosen lassen, sich

Im Frühling war's, als auf dem losen Kies
am Wasser Lotte mit sich kosen ließ.

Resi Schropler, Ein allzu stürmischer Jüngling im Frühjahr

Kosmetik, vergebliche → Schminke
(Jeremia)

kosmisches Fühlen

Sie trägt mit sich das stumme Lied,
den ungeträumten Traum
und birgt in einem Fingerglied
das Maß zum Weltenraum.

Hagelstange, Begegnung

Kosmopolit, verhinderter → Vaterland
(Villa)

Kosmos

Mag uns auch vor des Chaos Schoße
grauen:
Man kann im Kosmos doch das Große
schauen . . .

Nach Weischedel, Der trunkene Philosoph

Kostbarkeit → Teppich
(Lasker-Schüler)

Kosten

Und, wenn dann die Kosten kommen,
Fühlt man sich recht angstbeklommen.

Nach W. Busch

köstlich

Doch späterhin die Einverleibung,
Wie die zu Mund und Herzen spricht,
Das spottet jeglicher Beschreibung,
Und darum endet das Gedicht.

W. Busch, Zu guter Letzt

Kraft

Kraft soll sich der Schwachheit neigen,
Brüderlich dem andern zeigen . . .

Nach Lersch

Kraft, drängende

. . .Und was er irgend fühlt an Kraft,
Verlangen, Traum und quälenden
Gewalten
des Blutes, drängt er in den dünnen Schaft,
den seine Finger auf der Sehne halten . . .

M. Hausmann, Der Bogenschütze

Kraft, gerechte → ritterlich

(Weinheber)

Kraft, innere → Übertragung

Kraft, mit letzter

Er tat einen Fluch gar schauderhaft
und raffte zusammen die letzte Kraft . . .

Chamisso, Der Bettler und sein Hund

Kraft, zugemessene → Vitalität

(Rückert)

Kraft der Gedanken

Denn meine Gedanken
zerreißen die Schranken
und Mauern entzwei:
Die Gedanken sind frei.

Volkslied, Die Gedanken sind frei

Kräfte, junge → Überschwang

Kräfte, kosmische

Die Erde, Flüsse und die Kräfte all, die
sacht
Mit surrendem Geschwärm durchs Weltall
tönen,
Sind einzig unsern Werken zugedacht.

Verhaeren, Legenden (Zweig)

Kräfte, unsichtbare → Gewalten,
wirkliche

Kraftspender

Alles, was in Weltenräumen kreist,
Wird von Strömen unserer Kraft gespeist.

Liehburg, Schach um Europa

Kraftsprüche

Ihr Freunde, tadle keiner mich,
Daß ich von Schweinen singe!
Es knüpfen Kraftgedanken sich
oft an geringe Dinge.

Uhland, Metzelsuppenlied

krank

Armes Häschen, bist du krank,
daß du nicht mehr hüpfen kannst?

Volkslied, Häschen in der Grube

Du bist so krank
wie eine alte Bank
du bist so krank
als wie ein Huhn,
magst gern essen
und nichts tun.

Kinderreim

Krankheitszeichen

Da war vom Zwergfell bis zum Hals
Ein Einklang emsigen Zerfalls . . .

Carossa, Die Flucht

Kranksein

Kranksein ist besser als Wärter sein.

Euripides, Hippolytos

krank und schwach → abstellen

(Becker)

kränken, sich → Krüppel

(Wunderhorn)

Krankheit, durstmachende

Wie bin ich krank!
Gebt mir nur einen Trank . . .
Altes Lied

Krankheit der Erde → Menschheit
(Kästner)

Kreativität

da hilft kein Schwärmen bloß und Hoffen,
kein Traum von künftiger Entfaltung:
nein, ringen mußt du mit den Stoffen
und stark sie zwingen zur Gestaltung.
J. Hammer

Kreativität, heilsame

Krankheit ist wohl der letzte Grund
Des ganzen Schöpferdrangs gewesen;
Erschaffend konnte Gott genesen,
Erschaffend wurde er gesund.
Nach Heine, Schöpfungslieder

Kredit

Was du heute dir kannst borgen,
Das verschiebe nicht auf morgen.
R.v. Normann, Zweizeiler

Kredit → Lebenskunst
(Goethe)

Kreislauf → Wille, betäubter
(Rilke)

Kreuz → Namen Gottes
(Konyskyj)

Kreuz Christi

Leih mir Christi Kreuz zu Stütze,
Daß mich Christi Tod beschütze . . .
da Todi, Stabat mater (Simrock)

Kreuzträger

Er trägt das Kreuz, er trägt die Welt,
Er ist dazu von Gott bestellt,
Er trägt es mit gelaßnem Mut,
Es strömet von ihm Schweiß und Blut.
. . . Wunderhorn, Die Leiden des Herrn

Kreuzung → Mischung, fragwürdige
(Ringelnatz)

Kriecherei

Viel Klagen hör' ich oft erheben
vom Hochmut, den der Große übt;
der Großen Hochmut wird sich geben,
wenn unsre Kriecherei sich gibt.
Bürger

Krieg

Süß ist dem, der ihn nicht kennt, der Krieg,
doch die ihn kennen, von denen
schaudert mancher, wenn er herankommt,
im Herzen über das Maß.
Pindar, Tanzlied (F. Port)

So sei verflucht der Krieg! Verflucht das Werk der Waffen!
Es hat der Weise nichts mit ihrem Wahn zu schaffen.
Li-Tai-Pe, Fluch des Krieges (Klabund)

Nun stampft an Berg und Brink der Krieg vorbei.
Das Volk freut sich umsonst auf Holz und Heu.
Tsau Sung, Das Jahr 879 (Debon)

Doch noch ist's weit. Noch leben die Geschütze,
Noch hängen scharfe Flinten an der Wand,
Noch exerzieren Krieg in Frost und Hitze
Soldaten auf der See und auf dem Land.
Majk Johansen, Proklamation (Koch)

Krieg macht blind. Das sehe ich an mir.
Kästner, Monolog eines Blinden

Ihr Krieg tötet
Was ihr Friede
Übriggelassen hat.
Brecht, Deutsche Kriegsfibel

Krieg → Frieden
(Fleming)

Krieg, chemischer → Mann gegen Mann
(Klabund)

Krieg, nächster

Soldat Soldat, im nächsten Krieg
Soldat Soldat, gibt es kein Sieg
Biermann, Soldat, Soldat

Krieg, unausweichlicher → Streit, programmierter
(Rumänische Ballade)

Krieg, ununterbrochener

Der Krieg wird nicht mehr erklärt,
sondern fortgesetzt. Das Unerhörte
ist alltäglich geworden . . .
Ingeborg Bachmann, Alle Tage

Krieg vergeht

Schön, daß der Krieg und all seine blutigen
Taten mit der Zeit völlig vergehn . . .
Whitmann, Versöhnung (Strodtmann)

Krieg, Warnung vor dem → Schrecken
(Gerhardt)

Krieger, erfolgreicher

Denn aller Krieg, den er anfing,
Letztlich zufrieden wohl ausging.
. . . Wunderhorn, Moritz von Sachsen

Kriegerstand edler → siegen oder sterben
(Mühsam)

Kriegsdienstverweigerung

Hauptmann, hol her das Standgericht!
Ich sterb! für keinen Kaiser nicht!
Hauptmann, du bist des Kaisers Wicht!
Bin tot ich, salutier' ich nicht!
K. Kraus, Der sterbende Soldat

Kriegsdienstverweigerung, allgemeine → Waffenruhe, allgemeine
(Mühsam)

Kriegsende, endgültiges

Ach, glaubt mir, einmal sich erretten von
den Kriegen
Ist mehr, als tausendmal unüberwindlich
siegen.
Scultetus, Friedens Lob- und Krieges Leid-Gesang

Kriegsgedanken

Weiche von mir, Gedanke des Kriegs, du
belastest
Schwer mir den Geist! . . .
Klopstock, Losreissung

Kriegsgeschichten

vater komm erzähl wiest gfallen bist
vater komm erzähl vom krieg
Jandl

Kriegsgewinnler

Gehirn ist nichts für kleine Leute.
Den Millionären geht es schlecht.
Ein neuer Krieg käm ihnen recht.
So macht den Ärmsten doch die Freude!
Kästner, Knigge für Unbemittelte

Millionen krepieren in diesem Krieg,
Den nur ein paar Dutzend gewannen.
Sie schlichen nach ihrem teuflischen Sieg
Mit vollen Säcken von dannen.

Klabund, Die Ballade des Vergessens

Kriegsgewinnler → Geldverdiener
(Gyóni)

Kriegskosten → Aufwand des Tötens
(Spender)

Kriegsopfer

Meine Kinder verwehte der Krieg;
Wer bringt sie mir wieder?
Beim Klange der Lieder
Feiern Fürsten und Herren den Sieg.

Ricarda Huch, Frieden

Und die Toten des Krieges ...
Eilen in großen Sprüngen die
Treppen des Weltalls herab ...

Supervielle, Krieg und Frieden auf Erden (Lilly Sauter)

→ Opfer des Ruhms

Kriegsspiele

Ich schicke mein Soldatenheer
Durch meine Kissen kreuz und quer ...

Stevenson, Lazarus (Dehmel)

Selbst Geist und Güte gibt's dort dann und wann!
Und wahres Heldentum. Doch nicht bei vielen.
Dort steckt ein Kind in jedem zweiten Mann.
Das will mit Bleisoldaten spielen.

Kästner, Kennst Du das Land, wo die Kanonen blühn?

Begreift Ihr, was ihr tut mit Euren Spielen,
atomzertrümmernde Raketenzünder,
totaler Kriege schäumende Verkünder!
Was bleibt am Schluß von allen Euren Zielen?
Ist alles Überlieferte zerstört,
fehlt Euch sogar ein Erbe, der Euch hört!

Haushofer, Maschinensklaven

Kriegssteuern → Darstellung des Leides
(Klabund)

Kriegsstifter

Ich wollt, daß nie dem wohl erging,
Der Unlust und groß Krieg anfing ...

... Wunderhorn, Frankfurt ...

Kriegstreiber

Ihr hetzt zum Krieg, zum frischfröhlichen Krieg,
Und treibt die Toren zu Paaren.
Ihr werdet nur einen einzigen Sieg:
Den Sieg des Todes gewahren.

Klabund, Die Ballade des Vergessens

Das alte Lied! Die Unschuld muß verbluten,
Indes die Frechheit einen Sinn erschwitzt.
Und eh nicht die Gerichtsposaunen tuten,
Ist nur Verzweiflung, was der Mensch besitzt.

Werfel, Die Wortemacher des Krieges

Kriegstreiber, Bestrafung der

Sie legten jeden übers Knie,
der diesen Krieg befahl:
die Herren der Bank und Industrie,
den Minister und General.

Kästner, Fantasie von Übermorgen

kriegsüberdrüssig

Brandstatt, Blutfeld, Sitz der Strafen,
Aller Räuber Tummel-Plan,
Wehland, Zeughaus böser Waffen,
Wohl, wer dich entfliehen kann!

Greflinger, Auf die Zurückreise

Kriegsvarieté

Und als das blutige Kriegsvarieté
begonnen, so spannend wie ein
Begattungsakt,
blieb atemlos stehen der Augenblick. Jäh
zersprang die Sekunde in tausend
Scherben . . .

Majakowski, Aus «Krieg und Welt» (Thoß)

Kriminalfilm

Was im Leben uns verdrießt,
Man im Bilde gern genießt.

Goethe, Parabolisch, Motto

Krise, nach der → überstanden

Krisenzeiten → selbstverschuldet

(Verf. unbek.)

Kritik

Das ist klarste Kritik von der Welt,
Wenn neben das, was ihm mißfällt,
Einer was Eigenes, Besseres stellt.

Geibel, Sprüche

Kritik → Renzensent, Rezension

Kritik → Schippe ziehen

(Bartsch)

Kritik → Tadel

(Volkslied)

Kritik, ohne

es ist alles endlos schön und
ohne Kritik. Wir gaben uns völlig auf
wir wurden eine ratlose Seligkeit . . .

Brechbühl, Chemische Fabrik im Frühlingswind

Kritiker → ärgerliche Sachen

(Seidel)

Kritiker, sprachloser

Nichts erwiderte der Wirt,
denn er war von Angst verwirrt,
war für alles abgestorben
und zum Kritiker verdorben.

Odyniec, Die Gespenster (Nitschmann)

Krone des Lebens

Wie soll ich fliehen?
Wälderwärts ziehen?
Alles vergebens!
Krone des Lebens,
Glück ohne Ruh,
Liebe, bist du!

Goethe, Rastlose Liebe

Krösus, verschmähter → Reicher, armer

(Medici)

Krücken

«Krücken, Krücken! gebt uns Krücken!
Ach, wie geht die Menschheit lahm,
seit man, neu sie zu beglücken,
ihr die alten Stützen nahm . . .»

Morgenstern, O – Raison d'Esclave

Krüppel

Es kränket mich gar nicht,
Daß ein Krüppel ich bin,
Wer weiß, ob nicht eben
Ein Glücksstern ich bin.

. . . Wunderhorn, Letzter Zweck aller Krüppelei

Kuchenbacken

Backe backe Kuchen,
der Bäcker hat gerufen.
Wer will guten Kuchen backen,
der muß haben sieben Sachen . . .

Kinderlied

Kuckuck

Ich lieg im Gras und hör so gern
Dein Rufen, das mir bald
Ganz nahe scheint, bald wieder fern
Von allen Hügeln hallt!
Wordsworth, An den Kuckuck (Goldscheider)

Kugel

O edle Kugelründung,
Vollkommene Gestalt!
Verheißung und Verkündung
Der göttlichen Gewalt.
Bergengruen, Mit einer Halskette

Kugel, tödliche

Eine Kugel kam geflogen:
Gilts mir oder gilt es dir?
Ihn hat es weggerissen,
Er liegt mir vor den Füßen,
Als wärs ein Stück von mir.
Uhland, Der gute Kamerad

Kultur → Teufel
(Goethe)

Kulturbeleckt

Die Zunge der Kultur reicht weit!
Wohin sie sich erstreckt,
Da wird der Mensch nebst seiner Zeit
So lang wie hoch und weit und breit
Von der Kultur beleckt.
Kästner, Die Zunge der Kultur ...

Kulturstifter → historisch
(Kesten)

Kummer

Der Kummer, der nicht spricht
Raunt leise zu dem Herzen, bis es bricht.
Shakespeare, Macbeth

und ihr Blick wird plötzlich ganz starr.
Und dann ein Seufzer sich ihr entringt
und eine Träne der Heiteren gar
aus kummerumflorten Augen dringt ...
Matthew Arnold, Der verlassene Nix (v. Einsiedel)

Unser Häuschen, alt und dunkel,
Kummer geht darinnen um.
Liebe Alte an der Kunkel,
Warum wurdest du so stumm?
Puschkin, Winterabend (v. Guenther)

Kummer → bewußt sehen lernen
(Ringelnatz)

Kundschaft verlieren → hellhörig
(Morgenstern)

kundtun

Ihr rosenduftender Mund
Tut uns seltsame Dinge kund ...
Nach Lerberghe, Goldene Barke

Kunst

Friede soll der Künste Schar
Lieblich lassen blühen,
Daß man sich auch ganz und gar
Wird um sie bemühen.
Rist, Neues Freudenlied ...

Dort winkt uns Verachtung, dort Ehrung
Am Platz nur liegt solche Verkehrung:
Im Dienst des Genies
Wird ein Krümelservice
Zum Gegenstand kluger Belehrung!
Ernst Fabian

Kunst üben kann nur der Erkorene,
Kunst lieben jeder Erdgeborene.
A. Grün, Sprüche

Die Kunst sei noch so groß, die dein
Verstand besitzet,
Sie bleibt doch lächerlich, wenn sie der
Welt nicht nützet.
Gellert, Fabeln – Die Spinne

Einst malen stolze Maler, dir zur Gunst,
Mit zartem Pinsel winzig kleine Kunst . . .
Nach Henri de Régnier

Der Wahrheit Ziel und Ende ist der schöne
Schein,
Des Himmels Bläue blinkt am klaren Tag
allein,
In jedem Werk der Kunst will Glück und
Sonne sein.
Spitteler, Literarische Gleichnisse

Kunst, brotlose

Am Sonntag ist er Organist,
am Montag fährt er Pferdemist . . .
Kinderlied aus Berlin, Bei uns in Tempelhof

Kunst, brotlose → Künstler, abgewiesener
(Simrock)

Kunst, Wert der

Bilder, die man aufhängt umgekehrt,
mit dem Kopf nach unten, Fuß nach oben,
ändern oft verwunderlich den Wert,
weil ins Reich der Phantasie erhoben.
Morgenstern, Bilder

Kunst und Handwerk

Kannst Du nicht Baumeister sein,
behau als Steinmetz Deinen Stein.
Spruch

Kunst und Profit → Profit
(Busch)

Kunst und Weisheit des Schöpfers → Buch
des Lebens
(Drummond)

Künste

Was ihr für Künste braucht, ist einerlei;
Der Kaiser will, daß alles fertig sei.
Goethe, Faust II, 1

Künste → Irrweg Leben
(Claudius)

Kunstfehler, ärztlicher

Der Tod kommt von Natur und durch viel
tausend Fälle,
Doch hat der Ärzte Kunst hier oft die erste
Stelle.
Logau, Deutsche Sinngedichte

Kunsthandwerk

Willst du als Töpfer eine Vase machen,
So wirst du über gute Maße wachen.
Palm-Nesselmanns, Ein Schüttelreimwechsel

Künstler

Das Beste, was der Künstler gibt,
ist Abglanz dessen, was er liebt.
Eckstein

Künstler → Plan, der
(Heine)

Künstler → Unsterblichkeit
(Heidenstam)

Künstler, abgewiesener

Mit Sang und Flötenspiel gewinnt
Man keines Bürgermeisters Kind.
Simrock, Der Rattenfänger

Künstlerfreiheit

«Nicht gebieten werd ich dem Sänger»,
spricht
Der Herrscher mit lächelndem Munde . . .
Schiller, Der Graf von Habsburg

Kunstform, höchste

Drum, Freund, verachte das Abstrakte nicht'!
Die höchste Kunstform ist der nackte Strich.

de Boor, Moderne Kunst

künstliches Lebewesen

Ein jeder denkt in seinem Sinn.
«Was für ein künstlich Vieh ich bin!»

Seidel, Grashüpfer . . .

Kurtisanen

Ich liebte nie die Lust der Kurtisanen,
die Kost der schlecht verhehlten Lüsternheit,
die schal und bitter schmeckt. In diesen Bahnen
ging nie mein Fuß. Ich sah zu aller Zeit
der Liebe Ziel in jener hohen Minne . . .

Hagelstange, Die Beichte des Don Juan

Kurzweil

Den Fliegen ward die Zeit nicht lang,
Sie summten manchen frohen Sang.

Hoffmann von Fallersleben, Das Ährenfeld

Kurzweil → Zeitgefühl

(Bornemann)

Kuß

Es hat ein Kuß mir Leben eingehaucht,
gestillet meines Busens tiefstes Schmachten,
komm, Dunkelheit, mich traulich zu umnachten,
daß neue Wonne meine Lippe saugt.

Karoline von Günderode, Der Kuß im Traume

Oh, Kuß, du Spender rötlicher Juwelen,
Wie? oder neuer Paradiesesfrüchte?
Der du mit Süßigkeit durchströmst die Seelen,
Den stummen Mund lehrst edlere Gedichte . . .

Sidney, Sonett (J.G. Regis)

Wenn Lippe gern auf Lippe ruht,
wir hindern's nicht, uns dünkt es gut.

Uhland, Lauf der Welt

Mund ruht auf Mund, und Seele sinkt in Seele.
Was ist noch dein? Was ist noch mein?
Erstickt rührt sich und schluchzend in der Kehle
die dunkle Lust, nicht mehr zu sein.

M. Hausmann, Der Kuß

Kuß, erster

Sie gab, durch manchen Tränenguß
erweichet, ihm Gehör;
zuerst bekam er einen Kuß,
zuletzt noch etwas mehr.

Hölty, Adelstan und Röschen

Ersten Kuß ich von dir empfing,
Da ich dir nackt in den Armen hing . . .

Leifhelm, Wehendes Gras

Kuß, grauenhafter

Mir graut vor roter Lippen Kuß,
weil liebste Lieb doch sterben muß.

Lulu von Strauß und Torney, Mara

Kuß, letzter

Heut auf der Schläfe dir brenne mein Kuß,
morgen soll kommen der Tod, wenn er muß.

Nach Marie Under, Die Dudaimbeeren

Küsse → Hoffnung, neue

(Hernandez)

Küsse und Warnung

Sie küsset ihn und warnet ihn,
Daß er sich nicht geb Weibern hin.

. . . Wunderhorn, Ritter Peter von Stauffenberg . . .

küssen

Was siehst mich an so wunniglich?
Wenn du ein Herz hast, küsse mich!

Mörike, Schön Rohtraut

Laßt mich euch Lipp zu Lippe grüßen,
Euch umschlingen, zärtlich küssen . . .

Thompson, Der Jagdhund des Himmels (Haecker)

Ich will greifen nach der Welt Genüssen,
und nun häufiger die Liebste küssen

Nach G.R. Dershawin

«Ich liebte dich im Leben,
ich liebe dich im Tod –
deine Lippen, könnt ich sie küssen,
bis daß sie wieder rot.»

Englische Ballade, Schön Margret und Lord William (Fontane)

küssen

Er wollte sie küssen auf ihren roten Mund,
da war sie tot und nicht gesund.

Deutsche Volksballade, Die Bluthochzeit

Du! wir wollen uns tief küssen –
Es pocht eine Sehnsucht in die Welt,
An der wir sterben müssen.

Else Lasker-Schüler, Weltende

Nein, nein der letzte Duft
Von meinen Wünschen ist:
Zu küssen nur die Luft,
Die eben dich geküßt.

Herrick, An Electra (Hohoff)

küssen → sattküssen, sich

(Lessing)

küssen → Umarmung

(Goethe)

Küssen, gesundes

Und tanzen sie mit denen, die sie küssen,
So stehn sie wieder auf gesunden Füßen.

Ligurische Rispetti (Heyse)

Küssen, zum

Will ich mit schönen Knaben reden,
Sie neigen sich in Demut gleich
Und merken's nicht, wie gern ich jedem
Sogleich den Mund zum Küssen reich.

. . . Wunderhorn, Hoffart will Zwang haben

Kußlust

So in meines Herzens Grunde
Treibt es mich nach deinem Munde.

. . . Wunderhorn, Naturtrieb

L

laben, sich

Michel! Fürchte nichts, und labe
Schon hienieden deinen Wanst;
Später liegen wir im Grabe,
Wo du still verdauen kannst.

Heine, Erleuchtung

Labyrinth der Freuden → verlieren, sich
(Goeckingk)

Lächeln

Und es ist zwischen Wiege und Grab
Nur zu lächeln ein einzig Mal,
Doch ward es einmal gelächelt,
Hat's ein Ende mit aller Qual . . .

Blake, Blick und Lächeln (Bernus nach Ms.)

Ihr Lächeln verscheucht die letzten
Schatten,
Die sich hier eingenistet hatten . . .

Heine, Der weiße Elefant

Alles ist mir eigen,
Alles zwitschert: Du!
Mürrisch grobes Schweigen
Deckt mein Lächeln zu . . .

Gertrud Kolmar, Die Liebliche

Wer lächelt, lächelt nur im Widerscheine.
So birgt in einer Blüte reinem Glänzen
sich unerschöpftes Glück von tausend
Existenzen.

Hagelstange, Anemonen

Bleich in bleichen Kissen liegst du
süßer Schwäche Bild.
Deines Leibes Pein besiegst du
durch ein Lächeln mild.

Morgenstern, Sie und er

lachen

Jung bleib ich, weil ich gern lache,
mir und andern Freude mache . . .

M. C. Kann

Nach außenhin nur lacht ich,
Tief innen aber dacht ich . . .

Sacchetti, Der Dornenbaum

Lachen, hintergründiges

Wer hier lacht, macht Verdacht,
daß er aus Gründen lacht.

G. Grass, Kinderlied

Lachen und Weinen, zum

Die Liebe im allgemeinen
Ist mal zum Lachen
Und mal zum Weinen.
Schlager aus dem Jahre 1968

lachen, zu früh → Schadenfreude
(Seidel)

Lager, königliches

Auf grauen mit Perlen gefüllten Säcken
Pflegt hier der König sich
hinzustrecken . . .
Heine, Der weiße Elefant

Laienfleiß → Wissenschaft
(Morgenstern)

Land, liebes

Das liebe freie Land
Rechts ins Auge zu fassen, war Freude
Freude . . .
Sarah Kirsch, Wiepersdorf

Land ohne Sehnsucht

Schickt mich ostwärts, über Suez, wo wir
alle gleich an Wert,
Wo nicht zehn Kommandos schalten, wo
die Sehnsucht auch nicht zehrt!
Kipling, Mandalay (Sachs)

Land ziehen, auf das → Ausweg, letzter
(Castelli)

Landarbeiterin

Sie mäht und bindet das Getreide
Und singt ein Lied dazu voll Leide . . .
Wordsworth, Die einsame Schnitterin (Freiligrath)

Landleben, beneidenswertes

Alm und Kuhstall, fette Weiden,
Bärenwirt und Sennerin –
Wo ich durchgegangen bin,
Schien mir alles zum Beneiden.
Ringelnatz, Ausflug nach Tirol

Landleben, ertragreiches

Viel fette Schweine mästest du
Und gibst den Hühnern Futter,
Die Kuh im Stalle ruft. muh! muh!
Und gibt dir Milch und Butter.
Schiller

Landleben, ungestörtes → Idylle,
ländliche
(Grabbe)

Landleben, vergnügtes → Ort, ruhiger
(Lichtwer)

Landschaftsbeschreibung

Gleich einem Zuge grau zerlumpter
Strolche
Bedrohlich schwankend wie betrunkne
Särge
Gehn Abendwolken über jene Berge,
In ihren Lumpen blitzen rote
Sonnendolche.
Klabund, Ironische Landschaft

Landschaftsschändung

Eben war die Landschaft noch so stumm.
Und der Wiesenteppich war so samten.
Und schon trampeln diese
gottverdammten
Menschen wie in Sauerkraut herum.
Kästner, Misanthropologie

Landstreicher → vogelfrei
(Wolff)

Landung, letzte

Ich weiß nun: ob wir wachen oder steuern,
Es droht nur düstre Landung unsern
Booten.
Was soll uns wünschen, hoffen und
erneuern? –
Das ganze Weltall ruht nur auf den Toten.
Matthieu de Noailles, Ich atme noch . . . (Grautoff)

Landwirtschaft

Feld bei Feld die Saaten sprossen
schön in grüner Sommerpracht,
und der Bauer unverdrossen
strebt und schafft da wohlbedacht.
Kramsu, Jochen Berends (Manninen)

Langeweile macht schlecht

Doch Langeweile plagt mich sehr,
Ich wollt' ich wär auf Erden,
Und wär' ich nicht der liebe Gott,
Ich könnt' des Teufels werden.
Heine, Die Heimkehr

Langeweile kriminalisiert → Blut, böses
(Seidel)

lang, zu

Der Hals ist lang
Wie ihr Gesang . . .
. . . Wunderhorn, Martinsgans

langweilen, sich

Menschen mit Phantasie
langweilen sich nie.
Boßhart

Lärm, natürlicher

Jetzt wetzt millionenfach ihr Scherenpaar
die Grille,
und donnernd überschweigt den Lärm die
Stille.
Hagelstange, Eines Vogels Sang

Lärmbelästigung → Nachtruhe
(Busch)

lärmfrei

Nichts vom Lärmen der Städte,
Als was der Wind zu mir trägt, –
Sag, warum wird mir die Seele
Plötzlich so seltsam bewegt?
Gregh, Zweifel (Grautoff)

lassen, etwas

sei doch kein Muselmann,
der das nicht lassen kann.
K. Hering, Caffee

lassen, etwas → Askese
(Busch)

Last, süße

Freue dich, daß du zu ringen hast!
Je höher das Tagwerk, je süßer die Last.
Frida Schanz

Last der Einsamkeit

Einsamkeit ist schwere Last,
wenn du Gott nicht bei dir hast.
Sprichwort

Last und Rast

Nur den erquickt des Abends Rast,
der freudig trug des Tages Last!
Verfasser unbekannt

Lasten, verteilte

Ich sehe sanftes Licht mit deinen Blicken,
Mit meinen eignen Augen bin ich blind,
Mit dir im gleichen Schritte wandeln, sind
Leicht mir die Lasten, die mich sonst
erdrücken.
Michelangelo, Sonette (H. Grimm)

Lasterhafte, der → abgeneigt
(Busch)

Lästerzunge

Wann Dich die Lästerzunge sticht,
so laß Dir dies zum Troste sagen:
die schlechtesten Früche sind es nicht,
woran die Wespen nagen.
Bürger, Trost

lau

Lau in der Liebe mag ich nimmer sein,–
Kalt oder brennend wie ein lohes Feuer!
Oh, Lust und Leiden sind nur farblos,
klein,
Wo Liebe nicht ergriffen hat das Steuer!
Aus dem spanischen Barock (Eichendorff)

lau werden → Gefühle, erkaltete
(Hölty)

Laubenleben → Garten
(Weinheber)

Laune, gute

Nicht Wünschelrute und Alraune:
die beste Zauberei
liegt in der gute Laune.
Albumvers

Laune, halbe

Mein Dasein ist nicht unterkellert;
wer schuf das Herz so quer?
Bei halber Laune trällert
der Mund sein Lied vor mir her.
Rühmkorf, Aussicht auf Wandlung

Launen → schlecht gelaunt
(Lingg)

Launenhaftigkeit

Vor Leiden kann nur Gott dich wahren,
Unmut magst du dir selber sparen.
Geibel

lauschen

Ich lauschte, bis das Herz mir schwoll,
Dann schritt ich fort, des Trostes voll ...
Wordsworth, Die einsame Schnitterin (Freiligrath)

Auch dein Herz ist stehengeblieben
Und lauscht – du merkst es nicht –
Auf etwas, was nie geschrieben
Ist und was keiner spricht.
Ringelnatz, Im Aquarium in Berlin

lausen

Feins Liebchen, Ihr müsset mich lausen,
Mein gelbkraus Härlein durchzausen.
...Wunderhorn, Liebe ohne Stand

Läuterung

Langsam zerbricht das Erdengesicht
In des Schlafes Geduld.
Zuckend löst sich im geistigen Licht
Die unsägliche Schuld.
F. Schnack, Läuterung

Lawine

Das Gebirge machte böse Miene.
Das Gebirge wollte seine Ruh.
Und mit einer mittleren Lawine
deckte es die blöde Bande zu.
Kästner, Maskenball im Hochgebirge

leben

Eile, noch mehr zu leben.
Die Liebe will sich weiten ...
Guillén, Die Namen (Curtius)

Ich lebe sterbend, ich ertrink in Flammen;
Von Glut verzehrt, bin ich vor Frost
erstarrt.
Zu weich ist mir das Leben und zu hart;
Aus großem Weh muß meine Freude
stammen.
Louize Labé, Sonette (Schaukal)

leben, nochmals

Nochmals zu leben hab ich dir erlaubt
als ein Stück Vieh, ein Fleisch, ein tauber
Knochen
mit Pavianschädel oder Walfischhaupt
das einst aus deinem Grabe kommt
gekrochen –
Meckel, Schinder

leben bleiben

Der Wolf grast auf den Wiesen,
das Schäflein blökt im Heer;
rote Fahnen, rote Biesen –
leben bleiben, das fällt schwer.
Schnurre, Deutscher Abzählvers

leben heißt sterben → Leben, das
(Laotse)

leben ist Bewegung

Bestehendes,
Sei's Stein, braucht Fluß,
Braucht Wehendes.
Ringelnatz, Reiseabschied von der Frau

leben lernen, wieder

Laßt uns das Leben leise wieder lernen.
Nelly Sachs, Chor der Geretteten

leben und leben lassen

Ehrlich leben, niemand hassen.
Leben und auch leben lassen.
Albumvers

leben und lieben

Laß uns, Lesbia, leben, laß uns lieben
Und was grämliche Greise von uns reden
Einen kupfernen Heller wert nicht achten!
Catull, Laß uns Lieben (Pressel)

leben und sterben

Doch lebst du zum vergessenwerden hier:
stirb einzeln, und dein bild erstirbt mit dir.
Shakespeare, Das dritte Sonett (George)

Leben, das

Ins Leben treten heißt ins Sterben
eingehen.
Laotse, Aus dem Tao-Te-King (Dallago)

Das geliebte, süße Leben,
Dieses Nehmen und dies Geben,
Wort und Sinn und Blick,
Dieses Suchen und dies Finden,
Dieses Denken und Empfinden
Gibt kein Gott zurück.
Karoline von Günderode, Die eine Klage

Leben ist ein großes Fest,
wenn sich's nicht berechnen läßt.
Goethe, Frühlingsorakel

Steigendes, neigendes Leben,
Riesenhaft fühle ich's weben . . .
Hebbel, Nachtlied

Zwischen Welt und Einsamkeit
ist das rechte Leben;
nicht zu nah' und nicht zu weit
will ich mich begeben.
Rückert

So spricht das Leben.
Die Welt ist mein,
Ein jedes Grab muß ein Acker sein,
Mein ewiger Samen fällt hinein.
Unbek. Dichter, Streitlied zwischen Leben und Tod

Unser Leben gleicht der Reise
eines Wandrers in der Nacht.
Jeder hat in seinem Gleise
etwas, das ihm Kummer macht.

Beresinalied

Gestern fuhr ich Fische fangen,
Heut bin ich zum Wein gegangen,
– Morgen bin ich tot –
Grüne, goldgeschuppte Fische,
Rote Pfützen auf dem Tische,
Rings um weißes Brot.

Bergengruen, Leben eines Mannes

Immer rührt sich und rüht sich das Leben
zwischen den Gräbern hier, wie eine Dirne
setzt es sein Geschäft fort . . .

Cernuda, Großstadtfriedhof (Enzensberger)

Leben, das → Betrieb des Lebens

Leben, feindliches → schaffen gehen
(Schiller)

Leben, freies

Hier ein Kännlein, dort ein Kuß,
Schlafen oder zechen,
Und in allem Überfluß
Brauch' ich nichts zu blechen.

J. Wolff, Vogelfrei

Leben, grimmes

Hart der Weg des Todes war,
grimmer noch denn Tod schien Leben.

Eino Leino, Kouta (Ege)

Leben, hinaus ins

Aus der Eltern Macht und Haus
Tritt die züchtige Braut heraus
An des Lebens Scheide –
Geh und lieb und leide!

C.F. Meyer, Hochzeitslied

Leben, kurzes

Ich hofft, es würden mir noch einige Augenblicke
Vergönnt, doch ach! gehemmt ist schon des Atems Flug.
Gegessen hab ich an des Lebens buntem Tische
So kurze Zeit, und ach! schon sagt man mir: genug.

Saadi, Rosengarten (Graf)

Des Lebens Gang ist eine Spanne lang,
In der Blüte wird es gemäht;
Heut seid ihr hier und morgen dort,
Eh ihr es euch verseht.

Englisches Weihnachtslied

Wonne führt die junge Braut
Heute zum Altare,
Eh' die Abendwolke taut,
Liegt sie auf der Bahre.

Hölty, Lebenspflichten

Leben, lustiges

Nach Paris! – Ein lustiges Leben!
Knurrt die Alte, lach ich eben.

Nach Béranger, Die Kartenlegerin (Chamisso)

Leben, mein

Annchen von Tharau ist, die mir gefällt,
Sie ist mein Leben, mein Gut und mein Geld.

S. Dach

Leben, neues

Wer reißt die Dämme, bricht die Scheunen,
mahlt auf dem Grund den Stein zu Sand?
Aus morschem Holz und müden Zäunen
wächst – wer weiß wo – schon neues Land.

Christine Busta, Frühling am Strom

Leben, süßes

Lache, saufe, liebe, trabe,
–Notabene: Bis zum Grabe . . .

Bellmann, Trinklied (Klabund)

Es lebt sich so lieblich, es lebt sich so süß
Am Seinestrand, in der Stadt Paris!

Heine, Der weiße Elefant

Leben, süßes → Süßes Leben

(Anakreon)

Leben, unendliches

Unendliches Leben
Wogt mächtig in mir
Ich schaue von oben
Herunter nach dir.

Novalis, Hinüber wall ich . . .

Leben, verfahrenes

Die Zeit ist blind und blickt uns an.
Die Sterne ziehn uns an den Haaren.
Das ganze Leben ist verfahren,
noch ehe es für uns begann.

Kästner, Das Riesenspielzeug

Leben, verfehltes

Du nickst so traurig! Wiedergeben
Kann ich dir nicht die Jugendzeit –
Unheilbar ist dein Herzeleid:
Verfehlte Liebe, verfehltes Leben!

Heine, Unterwelt

Leben, verführerisches

Ach, das Leben lebt sich lyrisch,
–Notabene: wenn man jung ist –
Und es duftet so verführerisch,
–Notabene: wenn's kein Dung ist –

Bellmann, Trinklied (Klabund)

Leben, voriges

Als ich noch ein Seepferdchen war,
Im vorigen Leben,
Wie war das wonnig, wunderbar
Unter Wasser zu schweben.

Ringelnatz, Seepferdchen

Leben, wildes

Wir wollen ein wildes Leben durchleben,
ihr Freunde, an jedem einzelnen Tag.

Mongolisches Lied, Am Flusse Agá

Leben als Schachspiel

Nur Puppen sind wir auf dem Schachbrett Welt,
Ein Spielzeug nur, geschoben und gestellt;
Ein Zeitvertreib! – Und hats das Schicksal satt,
Wirfts uns hinaus und setzt den König matt.

Nach Omar Chaijam

Leben aus der Asche → Leben, neues; Phönix

Leben genießen

Nütz den Frühling Deines Lebens,
leb im Sommer nicht vergebens,
denn gar bald stehst Du im Herbste.
Bis der Winter naht, dann sterbste.

Albumvers

Leben genießen

Laß mich das Leben noch schmecken,
eh die Vernichtung uns trifft.
Gaskrieg, Marter, Verrecken,
Bombe, tückisches Gift.

Herrmann-Neisse, Rast auf der Flucht

Leben in der Zeit

Hier fließ ich noch in Gott als Bach der Zeit,
Dort bin ich selbst das Meer der ew'gen Seligkeit.

Angelus Silesius, Cherubin. Wandersmann

Denn alles schwebt im Meer der Zeit.
Was sich bewahrt, hat keine Wirklichkeit,
was nicht vergehen will, kann nicht beginnen.

M. Hausmann, Todgeweiht

Leben oder Leere → Ichsein ist leben

Leben trinken

Bis in die Hefe möcht ich noch den Becher schlürfen,
Darin der Götterwein sich mit der Galle paart.
Aus diesem Kelche hab ich Leben trinken dürfen
– Blieb mir am Grund ein Tropfen Honig aufgespart?

de Lamartine, Der Herbst (Hausenstein)

Leben und Tod

Sterben wofür man lebt,
Macht den Tod süß,
Leben, das sich vergräbt,
Leben nie hieß.

Juan del Encina, Der Liebe Lust und Schmerz (Notter)

leben und vergehen

Der Tag ist hin und wollte doch erst nahn,
Noch lebe ich, und schon bin ich vertan.

Tichbourne, Elegie (Politzer)

leben wie Götter

. . .Einmal
Lebt ich, wie Götter, und mehr bedarfs nicht.

Hölderlin, An die Parzen

Lebendige, das → Vielfalt

(Goethe)

Lebenseinstellung

Der eine findet, er weiß nicht wie,
nur überall Schönheit und Poesie,
der andre mag suchen weit und breit
er findet nur Schmutz und Niedrigkeit.

Verfasser unbekannt

Lebensfluten

Laß die heil'gen Lebensfluten
nicht verrinnen und verbluten . . .

O. Wentorf

Lebensfreude

Freut euch des Lebens,
Weil noch das Lämpchen glüht,
Pflücket die Rose,
Eh sie verblüht!

Usteri

Lebensgeschichte, dunkle

Seine Lebensgeschichte war dunkel,
Es murmelte manch Gemunkel . . .

Liliencron, Ballade in U-dur

Lebensgier und Todesangst

Drei von zehn sind Knechte ihrer Lebenssucht,
Drei von zehn sind Knechte ihrer Todesscheu . . .

Laotse, Aus dem Tao-Te-King (Dallago)

Lebensglück

Gesund- und freier Geist und Leib,
Behaus- und Kleidung, rein und tüchtig,
Ein freundlich, keusch und kluges Weib,
Ein Ehebett, fröhlich und doch züchtig.

Martial, Wunsch, was das Leben glücklich mache (Weckherlin)

Lebensinhalt

Tu, wie der Vogel tut,
Den einer sich gefangen.
Der lebt von dem Verlangen
Das sich im Herzen findet
Und nicht entschwindet –

Kaiser Friedrich II. von Hohenstaufen (O.v. Taube)

Lebenskampf

Ringen und Streben
Führen durchs Leben.

Nach einem Albumvers

Lebenskampf → wehren, sich

(Shirley)

Lebenskraft → Leidenschaft

(Heine)

Lebenskunst

Der Eine doch, der das Leben zu leben weiß,
Schreitet durchs Land und fürchtet nicht Tiger noch Einhorn,
Geht durch den Feind und bedarf keiner Rüstung.

Laotse, Aus dem Tao-Te-King (Dallago)

Fragst du nach der Kunst zu leben?
Lern mit Narr und Sünder leben!
Mit dem Weisen und dem Guten
wird es sich von selber geben.

W. Müller, Die Kunst zu leben

Mit Mädchen sich vertragen,
Mit Männern rumgeschlagen,
Und mehr Kredit als Geld;
So kommt man durch die Welt.

Goethe, Frech und froh

Das ist das alte Lied und Leid,
Daß dir Erkenntnis erst gedeiht,
Wenn Mut und Kraft verrauchen;
Die Jugend kann, das Alter weiß,
Du kaufst nur um des Lebens Preis
Die Kunst, das Leben recht zu brauchen.

Geibel, Gelegenheitsgedichte

Alt werden, das ist Gottes Gunst.
Jung bleiben, das ist Lebenskunst.

Sprichwort

Der Mensch, ein bißchen eigenwillig,
Verschafft sich Wonnen, gut und billig.

Nach E. Roth, Ein Mensch – Der Lebenskünstler

lebensmüde

Jetzt bin ich müd' vom Rennen und Laufen,
Jetzt will ich mich im Grabe verschnaufen.

Heine, Rückschau

April und Mai und Junius sind ferne,
Ich bin nichts mehr, ich lebe nicht mehr gerne!

Hölderlin, Das Angenehme dieser Welt

O Alter, mörderisch und schändlich
Hast du verschändet mich so früh!
Was hält mich noch, daß ich nicht endlich
Selbst ende diese Lebensmüh? . . .

François Villon, Die Klage der schönen Helmschmiedin (Benndorf)

lebensmüde → leergeliebt

(Rühmkorf)

Todessehnsucht

(Michelangelo)

Lebensmüdigkeit → Todessehnsucht

Lebensphasen

Jugend gleicht dem Getriebe der Bäche,
heiteres Alter der Meeresflut,
wo unter blinkender Wellenfläche
die kristallene Tiefe ruht.

Frida Schanz

Lebensregel

Iß, was gar ist,
Trink, was klar ist,
Sprich, was wahr ist,
Zahl, was bar ist!

Alter Spruch

Lebensschritte

Klein ist, mein Kind, dein erster Schritt,
Klein wird dein letzter sein.
Den ersten gehn Vater und Mutter mit,
Den letzten gehst du allein.

Goes, Die Schritte

Lebenstrieb

Dem Lebenstrieb entsprießet Gram,
Dem Lebenstrieb entsprießet Furcht:
Wer losgelöst vom Lebenstrieb,
Hat keinen Gram und keine Furcht.

Buddha, Aus dem Wahrheitspfad (Neumann)

Lebensverachtung

Dreifach haben sie mir gezeigt,
wenn uns das Leben umnachtet,
wie man's verraucht, verschläft und
vergeigt
und wie man es dreimal verachtet.

Lenau, Drei Zigeuner fand ich einmal

Lebensvergifter → Ärger
(Spruch, alter)

Lebenswecker

Fäule, Feuchtigkeit oder feiner Humor
Bringen immer wieder Leben hervor.

Ringelnatz, Sinnender Spatenstich

Lebenswille

Vorüber! Ach, vorüber!
Geh, wilder Knochenmann!
Ich bin noch jung, geh, Lieber!
Und rühre mich nicht an.

M. Claudius, Der Tod und das Mädchen

Lebenszeichen

Doch gestorben sind wir nicht.
Das beweist euch dies Gedicht.

Lennart Hellsing, Das Lied vom Schranksegeln (Krüss)

Lebenszeit, kurze → Gefangenschaft
(Günther)

lecken

'S ist keine Sünde, dachte sie,
Wenn ich nur lecke sachte die!

Lehmann-Leander, Der Sündenfall

Leda

Du lächelst mit der feingeschnitzten Lippe
Dem Schwane, der den Hals erhebt
Und nach der weißen Alabaster-Klippe
Wollüstig mit dem Schnabel strebt.

Anna Louise Karschin, An die Leda

O komm. O komm. Mein Kelch ist
aufgetan
Und badet, schwer von Demut und von
Duft,
Sich blühend in der winterklaren Luft
Und wartet auf dem Schwan.

Gertrud Kolmar, Leda

Leda → Gans, alte
(Heine)

ledig bleiben

So wird's mit der Heirat nichts auf
Lebenszeit,
traurig muß ich leben denn in Einsamkeit.

Ungarische Ballade, Lauter Körbe (Lüdecke)

→ Mitgift

leeren bis auf den Grund

Drauf setzt er ohne Säumen
den Stiefel an den Mund
und trinkt – und trinkt, bis dieser
geleert bis auf den Grund.

Vogl, Der Meistertrunk

leergeliebt

Das Ende zeigt mich leergeliebt
und ohne Lust, zu hassen;
ich will, wo sich ein Grab ergibt,
mich füglich fallen lassen.

Rühmkorf, Pendel-Lied

Lehren, weise

Gegen allzu weise Lehren
Mußt du dich ganz leise wehren.

Nach Papentrigk

Leib, befreit vom → befreit

(Hafis)

Leiber

Ein Glutstrom schoß den Weibern in die
fleischgen Glieder.
Die Leiber dampften und die jungen
Brüste schwollen.
Und die von rotrobuster Hand geformten
Stollen,
Warn prall und rund wie die gestrafften
Mieder.

Verhaeren, Das Brotbacken (Zech)

Leiberquälerei → Paarung

(Heine)

Leibesbande

Wir sind an Einem krank, ob Greis, ob
Kinder –
seit Adam schon: Wir gehn zuschanden,
Gefesselte in unseres Leibes Banden.

Hagelstange, Don Juans Tod

Leibesfülle

Schwankend auf dem Esel reiten
seht ihr dort Silen, den Alten;
seines Leibes Fleischlichkeiten
kann er kaum im Sattel halten.

L. de' Medici, Maskenreigen (Goetz)

Leibgericht Christus

Christus ist mein Leibgericht,
Schmeckt viel besser als Leviathan
Mit der weißen Knoblauchsauce,
Die vielleicht gekocht der Satan.

Heine, Disputation

Leiche, lebende

Sie sagen mir, daß ich nicht mehr
Dem schönen Leben angehör',
Daß ich verfallen dem Totenreiche,
Ich arme unbegrabene Leiche.

Heine, An die Engel

Leiche, ungestörte

Eine Woche saß die Leiche
ungestört in ihrem Reiche.

Kästner, Nekrolog auf den Maler E.H

Leichen, liebliche

Rosen, nun deckt sie mir zu!
Bringet die lieblichen Leichen,
Busen und Arme die bleichen
Lippen zur Ruh.

Kloos, Rosen (Arnold)

Leichenfledderer

Da kamen in wilden Haufen
die grauen Wölfe gelaufen,
und nachdem sie den Leichnam
zerbrochen,
schleppten sie fort die Knochen . . .

Nach einer ukrainischen Ballade

Leichenfresser → Schlacht, nach der

Leichenstein

Spricht der Polier: «Nu bloß noch das
Eine:
Herr Schultze, wohin mit dem
Leichensteine? . . .»

Fontane, Kirchenumbau

Leichnam

Höre,
ein Leichnam läßt sich nicht
unsichtbar machen . . .

Majakowski, Die Wirbelsäulenflöte (Thoß)

leicht leben

Leicht Gepäck und leichten Schritt,
Leichten Sinn auch hab' ich,
Manch ein Herzchen nehm' ich mit,
Und von dannen trab' ich.

J. Wolff, Vogelfrei

leichter werden

Ich werde leichter,
das Fleisch fällt hernieder.

Alfonsina Storni, Aufbruch (Waltraud Kappeler)

leichtfühlen, sich

Doch wie im dunklen Erdental
Ein unergründlich Schweigen ruht,
Ich fühle mich so leicht zumal
Und wie die Welt so still und gut.

G. Keller, Stille der Nacht

Leichtsinn

Die hübschen sünden die der leichtsinn tut
Wenn manchmal ich von deinem herzen
fern,
Sie stehn der schönheit deiner Jahre gut,
Denn wo du bist, folgt die versuchung gern.

Shakespeare, Sonett XLI (George)

Leid, gemeinsames → hungern helfen
(Lavant)

Leid, geteiltes → Solidarität

Leid vergessen

Ach Kind, vergiß dein irdisch Leid
Und denk an Gott und Seligkeit!

A. Bürger, Lenore

Leid wird Seligkeit

Hinüber wall ich,
Und jede Pein
Wird einst ein Stachel
Der Wollust sein.

Novalis

leiden

Dein Wunsch, nicht mehr zu leiden,
erschafft nur neues Leid.
So wirst du niemals scheiden
von deinem Trauerkleid.

Morgenstern

leiden können, nicht → antreffen
(Meyer)

Leiden

Dem, der in Leiden lebt,
Wird Sterben Glück,
Hoffend zum Tode hebt
Leiden den Blick.

Juan del Encina, Der Liebe Lust und Weh (Notter)

Leiden → Weltflucht
(Abschatz)

Leiden, tausendfache

Es ist der Menschen Weh und Ach
so tausendfach.
. . . Wunderhorn, Liedüberschrift

Leiden, vergessene

Jene Ketten sind indessen,
Harm und Leiden schon vergessen,
Seht sie lachen wie besessen,
Gute Sklaven, seid vergnügt!
de Béranger, Die Neger und die Marionetten (Chamisso)

Leiden der Menschheit

Auch das Leiden an der Menschheit
wird ja mal zum bloßen Routinefall . . .
Rühmkorf, De mortuis oder: üble Nachrede

Leidensbereitschaft → christlich
(Dach)

Leidenschaft

Doch die Liebe in mir
Hat keine Zeiten . . .
. . .seit meiner Knabenreife
Herrscht sie gewaltig in meinem Blut.
Ibykos, Frühling (Saenger)

Ich liebte! – wer liebt nicht? – doch Wonne kaum fühlt
Das Herz, drin die lodernde Leidenschaft wühlt.
Byron, Trinklied (Leuthold)

Mich treibt die Flamme, die du angefacht.
Laß lieber zur Verzeihung dich erweichen.
Wer sonst als du hat mich so schlecht gemacht?
Ronsard, Sonette für Helene (v. Schaukal)

Und vor deine Füße lege ich
Den Rubin meines Herzens:
In seinen Millionen Blutstropfen
Kreist das Feuer meiner Leidenschaft
Claire Goll, Brautgabe

Leidenschaft → Knoten lösen
(Ringelnatz)

Leidenschaft der Jugend

Gönnt nur der jungen Brust ihr Wogen
von Leid in Lust, von Lust in Pein . . .
Geibel

Das junge Volk voll Lebenskraft
Will den Tumult der Leidenschaft . . .
Heine, Der Abgekühlte

Leidensgenossen → zusammenlegen

Leidensklänge, unvergängliche

Werdet nur nicht ungeduldig,
Wenn von alten Leidensklängen
Manche noch vernehmlich tönen
In den neuesten Gesängen.
Heine

Leidensweg

Viel muß ich leiden auf der Wanderschaft,
Ach, lieber Herr, verleih mir Stärk und Kraft . . .
. . . Wunderhorn, der Pilgrim

Leihmädchen

«Wollt Ihr mir sie leihen auf eine Nacht,
So will ich Euch geben des Goldes Macht.»
. . . Wunderhorn, Der Star und das Badewännelein

leisten, etwas

Lerne, spare, leiste was,
dann kannst Du, hast Du, bist Du was.
Verfasser unbekannt

Leiste Rechtes,
Ob dich drum auch niemand ehrt,
Wahrhaft Echtes
Ist später immer etwas wert.
Nach M. Greif, Sinngedichte

Leitern zu Gott

Doch wohl dem, der den Weg der Not
Zu Ende ging: aus Qual und Streit,
Aus seines Lebens Bitterkeit
Baut Leitern er empor zu Gott.
Wilde, Sieg (Goldscheider)

Leitstern

Hörst du wild die Windsbraut wettern,
Will des Sturmes Wut zerschmettern
Zwischen Klippen deinen Kahn,
Sieh, der Meeresstern wird lachen,
In den Hafen ziehn den Nachen,
Gläubig blick zu ihm hinan!
Lat. Kirchenlied (nach Simrock)

Lendenkraft

Doch vielleicht ist dir zuträglich
Nicht die wilde Lendenkraft,
Welche galoppieret täglich
Auf dem Roß der Leidenschaft.
Heine, Lotusblume

lendenlahm

Er war ängstlich, schwach und zahm,
klein von Wuchs und lendenlahm . . .
Nach Welhaven, Guter Rat nicht teuer

lenken lassen, sich

In allem laß dich lenken,
nur nicht im Fühlen und im Denken.
Sprichwort

lernen

Also lautet der Beschluß,
Daß der Mensch zwar lernen muß.
W. Busch, Max und Moritz

Früh gilt den Geist es klug zu nähren,
Im Leben gibts genug zu klären.
Papentrigk

Lerneifer

Und nun spring und lern recht viel.
Wer sich tummelt, kommt ans Ziel.
Güll, Schulreime

lernen, voneinander

Soll das kurze Menschenleben
immer reife Frucht dir geben,
mußt du jung dich zu den Alten,
alternd dich zur Jugend halten.
Heyse

lernen von den Frauen

. . .was das Höchste bleibt hienieden,
Des Ew'gen nur geahnte Spur,
Was Schönheit, Poesie und Frieden,
Das lehren dich die Frauen nur.
Rodenberg, Die reinen Frauen

lesen

Wer wird nicht einen Dichter loben?
Doch wird ihn jeder lesen? – Nein.
Wir wollen weniger erhoben
und fleißiger gelesen sein.
Nach Lessing

lesen → Bücherei

(Quevedo)

Lesung

Die Lesung endete. Kaum zu behalten,
füllte
uns das, was sich in des Romanes Falten
hüllte.

Weischedel, Lotteleien fern von Weimar

Leute, alte

Ihr alten und hochweise Leut,
ihr denkt wohl, wir sind nicht gescheit?

Volkslied aus Schweden, Im Frühtau zu Berge

Lexikonkäufer

Ein Bildungsbeflissner erstand
Eines Lexikons fünfzehnten Band.
Nun weiß er Bescheid
Und verbreitet sich breit
Über alles – von Planck bis Quadrant.

Ernst Fabian

Licht

Drum steht der Himmel Lichter voll,
daß man zum Leben sehen soll . . .

Zwick, All Morgen ist ganz frisch und neu

Mich preisen die Blumen und Vögelein,
Ich bin der Tag und der Sonnenschein.

Unbek. Dichter des Mittelalters

Und du merkst es nicht im Schreiten,
wie das Licht verhundertfältigt
Sich entringt den Dunkelheiten.
Plötzlich stehst du überwältigt.

Dehmel, Manche Nacht

Licht stürzt ins Offene, und solchem Soge
ergibt sich allen Lichtes einzige Woge.

Hagelstange, Anemonen

Licht, flüchtiges

Wie schnell verschwindet
So Licht als Glanz,
Der Morgen findet
Verwelkt den Kranz . . .

Tieck, Trauer

Licht, welterlösendes → Mutter
(Shankara)

Licht, zum

Hinauf zum Lichte Blum an Blume ringt,
Bis bunt die Flur zu Gottes Ruhme blinkt.

Papentrigk

Licht ertragen → lichtscheu
(Petrarca)

Licht Gottes

Der liebe Gott wird mir ein Lichtlein
geben,
Wird leuchten mir bis in das ewig selig
Leben.

. . . Wunderhorn, Urlicht

Licht und Dunkel

Ich bin des Kerkers Licht, es lächelt, wer
mich sieht,
Die Stirn selbst, die der Gram in Falten
zieht,
Umspielt ein leiser Freudenschimmer.

André Chénier, Der junge Gefangene (E. Geibel)

In jedes Dunkel
kommt mal ein Licht,
das hell und strahlend
durch Wolken bricht.

Verfasser unbekannt

Wenn zwei Augen im Erblinden,
Wenn zwei Herzen ganz verzagt,
Plötzlich Licht und Hoffnung finden,
Dann hat Gott etwas gesagt.

Ringelnatz, Nach einer Zeit

Solang wir in der Welt sind,
Es wechseln Nacht und Schein.
Erst, wenn wir ganz erhellt sind,
Wird ewig Sonne sein.

Hafis, Diwan (Klabund)

Treib aus, o Licht, all Finsternis;
behüt uns, Herr, vor Ärgernis; . . .

Zwick, All Morgen ist ganz frisch und neu

Wer des Lichts begehrt,
muß ins Dunkel gehn.
Was das Grauen mehrt,
läßt das Heil erstehn.

M. Hausmann, Weg in die Dämmerung

. . .Nun Licht. Nun Dunkelheit.
Glanz und Verderben, ewiger Widerstreit.

M.L. Kaschnitz, Karte von Sizilien

Licht der Verheißung, ausgebranntes → Verheißung, moderne

(Cendrars)

Licht und Schatten → befreit

(Hafis)

lichtbegierig

Keine Ferne macht dich schwierig,
Kommst geflogen und gebannt,
Und zuletzt, des Lichts begierig,
Bist du Schmetterling, verbrannt.

Goethe, Selige Sehnsucht

lichten, sich

Tag fällt, Nacht verdichtet sich
Und mein Laubdach lichtet sich.

Eminescu, Warum wiegst du dich, o Wald (Drozdowski)

Lichtersatz

Und weil es mir am Lichte fehlt,
Da scheint der Mond in mein Gezelt' . . .

Mörike, Der Tambour

Lichtgedanke → Schöpfung, vor der

lichtscheu

Geschöpfe gibt es, die das Licht ertragen;
Hinauf zur Sonne selbst ihr Blick sich wendet;
Indessen andre, weil das Licht sie blendet,
Erst gegen Abend sich ins Freie wagen . . .

Petrarca, Sonette (Altschul)

Liebchen, feines

Leute haben's oft gesagt,
was ich für'n Feinsliebchen hab.
Laß sie reden, schweig fein still,
kann ja lieben, wen ich will.

Schwäbische Volksweise, Horch, was kommt von draußen rein

Liebe

Wen die Liebe umschwebt, der wandle ruhig und sicher
Überall hin, denn nie ziemte der Liebe die Furcht.

Tibull, Elegie (Bernstädt)

Was rauh ist, Liebe macht es weich,
macht Heldenseelen zag,
die Feigen kühn, den Armen reich
und wandelt Nacht in Tag.

Dschalal Ud-Din Rumi (Rückert)

Ob sie schlage, ob sie heile Wunden,
Selig ist, wer Liebe hat empfunden,
Denn ob darbend, darbt er ohne Neid,
Da ihm Liebe Kraft zum Dulden leiht.

Saadi, Zauber der Liebe (Tholuck)

Liebe hört auf keine Lehre,
Weiß im Leben nicht ein noch aus;
Wenn's nicht eben die Liebe wäre,
Sie sperrten sie ins Irrenhaus . . .

Friedrich Halm, Lieder der Liebe

Die Lieb ist wie ein Wiegenlied;
Es lullt dich lieblich ein;

Doch schläfst du kaum, so schweigt das
Lied,
Und du erwachst allein.
Th. Storm, Gedichte

Die Liebe hat die Nacht entdeckt
auf ihren unbetastbaren Brüsten.
Eluard, Im Herzen meiner Liebe (Henninger)

Die Liebe wölbte uns
andere Welten . . .
Sinaida Rosen, Gedicht (Schwarz)

Liebe → Rettungswege
(Ringelnatz)

Liebe, abschwimmende

So schwimmt die Liebe
Zu Wüsten ab;
Ach! daß sie bliebe
Bis an das Grab!
Tieck, Trauer

Liebe, alte

Die alte Liebe erscheinet,
Sie stieg aus dem Totenreich;
Sie setzt sich zu mir und weinet
Und macht das Herz mir weich.
Heine

Liebe, andauernde

Und übt der Geist nicht da und dort, nicht
Lächelnd die Liebe das Recht noch
immer?
Hölderlin, Ermunterung

Liebe, bedingungslose

Ich frage dein Herz nicht, ob es schuldig ist.
Ich weiß nur, ich liebe dich, was du auch
bist.
Moore

Liebe, brennende

Dies Herz, dir zugewandt,
Ist ganz in Lieb entbrannt!
Volkslied aus Venedig (Kopisch)

Liebe, berufsmäßige

Lieben ohne Maß entflammt,
Lieben ist mein einzig Amt . . .
Hafis, Diwan (Daumer)

Liebe, dringende → Liebeslager

Liebe, einseitige

Konntest mit einer Flamme du nicht zwei
Herzen entzünden,
Liebe, so nimm sie auch mir oder
verbrenne mich ganz.
Meleagros, Kurzvers (Herder)

Liebe, enttäuschte

Der Sommer ist gekommen,
Du hast mich nicht genommen . . .
Volkslied

Liebe, erste

O daß sie ewig grünen bliebe,
die schöne Zeit der ersten Liebe!
Schiller, Das Lied von der Glocke

Liebe, erste → Sehnsucht, zarte
(Schiller)

Liebe, ewige

Daß ich dich lange liebe, kommt von
meiner Ewigkeit,
Weil ich ohne Ende bin.
Mechthild von Magdeburg

die Sonne wird sterben, die Erde vergeh'n;
doch die Liebe muß ewig und ewig
besteh'n.
Matthisson

Drum, Welt, leb wohl; dein Letztes ward
mir kund;
Sei, ewige Liebe, meines Daseins Grund.

Sidney, Sonett (Hennecke)

Liebe, falsche

Falsche Liebe um des Kindes willen,
verküßte Lüge,
Umarmungen
Der zwei, die um des Friedens willen zart
miteinander sind.

Louise Bogan, Die schlafende Furie (K.H. Hansen)

Liebe festhalten

Weint nicht, ihr Frauen, haltet gierig fest,
Was jemals zu euch sprach: Ich liebe dich!

Eulenberg, Den Frauen

Liebe, freie

Meine Mutter liebte Vatern sehr,
Und sie küßten sich unter 'ner Buche,
Sie sahen sich oft und dann nicht mehr,
Und sie stehn nicht im Kirchenbuche.

Fontane, Lied eines Geköpften

Liebe, genügsame

«Ein Schoß voll, den begehr ich nicht,
Eine Handvoll hab ich genug.»

... Wunderhorn, Die schweren Brombeeren

Liebe, gewaltige

Ich liebe sie mit Allgewalt,
Nichts kann die Liebe hemmen!
Das ist wie ein wilder Wasserfall,
Du kannst seine Flut nicht dämmen!

Heine, Der Tannhäuser

Liebe, gierige

Du bist boshaft und mildgesinnt,
Gewaltsam wie ein Wüstentier,
Wild, wie ein Leu, sanft wie ein Kind,
Und doch voll ungezähmter Gier.

Hadewych (gemeint ist die «Minne»)

Liebe, göttliche

Lobe den Herren, der sichtbar dein Leben
gesegnet,
der aus dem Himmel mit Strömen der
Liebe geregnet.

Neander, Lobe den Herren

Liebe, heimliche

Kein Feuer, keine Kohle kann brennen so
heiß,
als heimliche Liebe, von der niemand
nichts weiß.

Volkslied

Und vor unsern Nachbarn bin ich
bange, daß du Anstoß gibst;
denn sie wissen nicht, wie innig
ich dich lieb und du mich liebst.

Spanische Ballade, Tagelied (Geibel)

Liebe, hoffnungslose

So liebte er sie vergebens.
Das ist die Tragik des Lebens!

Ringelnatz, Ein männlicher Briefmark

Liebe, junge

O, daß sie ewig grünen bliebe
die schöne Zeit der jungen Liebe!

Schiller

Liebe, kraftraubende

Es hält mich was, das mich der Kraft
beraubt,
Es schwebt ein Schwert mir zitternd überm
Haupt ...

Dante, Zwanzigste Kanzone (H. Grimm)

Liebe, launenhafte

So treibt mich Liebe launenhaft umher:
Und wenn ich mein', ich könnt vor
Schmerz nicht weiter,
Ist es vorbei, und nichts bedrückt mich
mehr.

Louize Labé, Sonette (v. Schaukal)

Liebe, leichte

Ach, wie glücklich, stark und satt
sind die Liebsten feiler Weiber!
Ich umschlang der Wolken Leiber,
meine Arme wurden matt.

Baudelaire, Die Klage des Ikarus (Mühlberger)

Liebe, Lieder und Wein

Ich bin durch Liebe, Sang und Wein
Ins Paradies gegangen ein.

Chines. Gedicht, Auflösung (Klabund)

Liebe, lockende

Sie kommen unerschrocken,
Sie lassen von der argen
Sich gar zu gerne locken . . .

Hafis (G.F. Daumer)

Liebe, mißtrauische

Verzeih mir doch den Argwohn gegen
dich;
Wer brünstig liebt, dem macht die Furcht
stets bange.
Der Menschen Herz verhält sich
wunderlich;
Wer weiß, wie bald ich deinen
Abschiedsbrief empfange.

Nach J. Chr. Günther

Liebe, müde → totschlafen, sich

(Swinburne)

Liebe, närrische

Solch treuer Narr ist Liebe: deinem
Wollen,
Wie du auch wandelst, wird sie nimmer
grollen.

Shakespeare, Sonette (Saenger)

Liebe, nichts außer

Ich aber nenne diesseits und jenseits der
Stirn
außer der Liebe nichts,
was mich hält und mir beikommt.

Rühmkorf, Außer der Liebe nichts

Liebe, ohne

Nie hat dich ein Arm umschlossen,
Liebe hast du nie genossen –

C.F. Meyer, Weihgeschenk

Liebe, plötzliche

Du suchst umsonst auf irrem Pfade
die Liebe dir im Drang der Welt.
Ein Wunder ist die Liebe, Gnade,
die wie der Tau vom Himmel fällt.

Geibel, Minnelied

Liebe, reine

Wer von reiner Lieb entbrannt,
wird vom lieben Gott erkannt.

Goethe, Buch der Betrachtungen

Liebe, schlechte

Lieber fall ich gehenkt am Hals von dem
Wurm aus Strängen
als auf den zerplatzten Schauplatz
schlechte Liebe zu zwingen.

Dylan Thomas, Krümmt mein Kopf einem Haar den Fuß (Fried)

Liebe, stachelige

Zwar hat sie einen Dorn, der sticht,
Doch treue Lieb fürcht Dornen nicht.

. . . Wunderhorn, Wechselgesang

Liebe, sterbliche

doch fern verklangs in durstgem Kuß,
daß liebste Lieb doch sterben muß . . .

Lulu von Strauß und Torney, Mara

Liebe, unablösliche

Dennoch, ohne je zu wanken,
Käm ihr ganzes Heil auch um,
Schlangen ihrer Liebe Ranken
Um den hingewelkten Kranken
Unablöslich sich herum.

G.A. Bürger, Das hohe Lied von der Einzigen . . .

Liebe, unaufschiebbare

Lasset uns lieben
Ohne Verschieben . . .

. . . Wunderhorn, Ehestand der Freude

Liebe, unerschöpfliche

Die Schale, die mich labt, ist stets zum
Rand gefüllet,
Und nie zertrümmert sie der Flügelschlag
der Zeit.
Mehr Feuer hat mein Geist, als ihr in
Aschen hüllet,
Mehr Liebe hat mein Herz, als ihr
Vergessenheit.

Hugo, An die Geliebte (E. Geibel)

Liebe, Urlaub von der

Frau Venus, meine schöne Frau,
Leb wohl, mein holdes Leben!
Ich will nicht länger bleiben bei dir,
Du sollst mir Urlaub geben.

Heine, Der Tannhäuser

Liebe, wärmende

Ach Lieb, nun laß mich Armen
Im Herzen dein erwarmen . . .

Unbek. Dichter des Mittelalters

Liebe, wilde

Sie finden den vollen Busen von
Nägelspuren wund
Und fühlen, wie vom Küssen verletzt der
schöne Mund . . .

Kalidasa, Die Taueszeit (v. Bohlen/Kreyenborg)

Liebe ab Vierzig

Tragik?
Damit zieht man Kälber groß.
Wer Fortune haben will, muß stechen.
Schon ab Vierzig wird die Liebe zum
Verbrechen
oder aussichtslos.

Rühmkorf, Schon ab Vierzig

Liebe als Seelenfolter

Das ist ein Rasen, Schwören, Poltern
Und wechselseit'ges Seelenfoltern!

Heine, Der Abgekühlte

Liebe aus Trotz

Itzt will ich ert recht lieben,
Weil's die Leut verdrießen tut,
Ich will's nicht mehr aufschieben . . .

. . . Wunderhorn, Hans in allen Gassen

Liebe beflügelt

Doch tanzen sie mit einem, den sie mögen,
So ist es anzuschaun, als ob sie flögen.

Ligurische Rispetti (Heyse)

Liebe besiegt den Tod

Und machst du Särge aus Marmorstein,
Kannst doch nicht sargen die Liebe ein.

Unbek. Dichter, Streitlied zwischen Leben und Tod

Liebe bis in den Tod

Den Knaben überlief es,
als habe sie ihn geküßt,
er sprach: «Ich komme, Lieb Lady,
und wenn ich sterben müßt.»

Englische Ballade, Jung Musgrave und Lady Barnard (Fontane)

Liebe darf nicht wehtun

Minn' ist Minne, tut sie wohl;
tut sie weh, so ist es nicht die rechte Minne,
und ich weiß nicht, wie man sie dann
nennen soll.

Walther v. d. Vogelweide

Liebe durchs Telefon

Ich küsse dich durch den langen Draht,
Du Meinziges, du Liebes!
Was ich dir – nahe – je Böses tat,
Aus der Ferne bitt ich: Vergib es!

Ringelnatz, Telephonischer Ferngruß

Liebe erdrückt → Glück

(Schoultz)

Liebe erhöht

Keiner springt ab.
So gewiß ist's, daß nur Liebe
und einer den andern erhöht.

Ingeborg Bachmann, Römisches Nachtbild

Liebe geht vor

Die Liebe geht zu Gott unangesagt hinein,
Verstand und hoher Witz muß lang im
Vorhof sein.

Angelus Silesius

Liebe hebt die Zeit auf

Bleib liegen, mein Schätzel, nur stille,
es taget nach unserem Wille.

Volksballade, Braun Annel

Liebe heilt

Durch Liebe steigt aus den Ruinen
das Leben, das in Trümmern lag,
und leuchtet, morgenglanzbeschienen,
entgegen einem neuen Tag.

Schack

Wie bettelarm ein Herz doch bliebe,
das nur des andern Freude teilt!
Das ist das schönste Recht der Liebe,
daß sie des Unglücks Wunden heilt!

Scherenberg

Liebe im Alter

Noch einmal spannst du gegen mich den
Bogen?
Laß ab! Die Zeiten sind nicht mehr die
alten,
Und lies in meiner Stirne tiefen Falten,
Es sei die Glut von ehedem verflogen.

Michelangelo, Sonette (H. Grimm)

Liebe im Schloß

Da droben auf jenem Berge,
Da steht ein feines Schloß,
Da wohnen drei schöne Fräulein,
Von denen ich Liebe genoß.

Heine

Liebe in Gedanken

Nach ihrem Fenster sah ich von dem
meinen,
Solang der Eiswind durch die Gassen fuhr;
Wir liebeten uns, doch einzig von
Erscheinen,
Wir küßten uns, doch in Gedanken nur.

de Béranger, Verwünschter Frühling (E. Geibel)

Liebe macht schön

Der dich erwählt hat, und gewollt
An deinen Brüsten saugen,
So schön Er ist, so schön du bist,
Er scheint dir aus den Augen.

...Wunderhorn, Lobegesang auf Mariä

Liebe macht weich

Ich habe da dein Blut gespürt
Und wie es heiß zu mir hinüberrann.
Du hast nur mein Gesicht berührt,
Da starb er einfach hin, der harte Mann . . .

Villon, Eine kleine Liebesballade (Zech)

Liebe mit Schmerz

Besser wen nächtlich weckt
Liebe mit Schmerz,
Als wer zum Lager trägt
Lieblos das Herz.

Juan del Encina, Der Liebe Lust und Weh (Notter)

Liebe ohne Maß und Ziel

Lieb' ist nicht wenig und nicht viel,
denn Lieb' ist ohne Maß und Ziel.

F. Halm

Liebe über den Tod hinaus

Wenn ich tot bin, darfst du gar nicht
trauern.
Meine Liebe wird mich überdauern
Und in fremden Kleidern dir begegnen
Und dich segnen.

Ringelnatz, An M.

Liebe und Angst

Daß nur ein einziges Lächeln von dir eine
Lichtung
in mein verdunkeltes Herz schlug – das
hast du gewußt?
Ach, in der Liebe zu sein und so nah der
Vernichtung,
immer so nah dem Verlust!

Dagmar Nick, Lied

Liebe und Triebe → Blüte

(Fontane)

Liebe und Wein

Zwiefach lodert die Glut: hier
Amor, hier Bacchus, sie setzen
Beide gewaltig mir zu – jeder ein herrischer
Gott –

Properz, Nächtlicher Besuch (Apelt)

Kaum, daß ich Bacchus, den lustigen,
habe,
Kommt auch schon Amor, der lächelnde
Knabe . . .

Schiller, Dithyrambe

Liebe zum Niedrigsten

Sie haben sich aufgerieben
Für mich und sahen so selten das Licht
Wer seine Schuhe nicht lieben
Kann, liebt auch die Seelen nicht.

Ringelnatz, Mein Schuhsohlen

Liebe zwischen reich und arm →
Fasching

(Mühsam)

lieben

Himmelhochjauchzend,
Zum Tode betrübt;
Glücklich allein
Ist die Seele, die liebt.

Goethe, Egmont

lieben

Ich liebe dich, wie es mein Herz vermag.
Es würde springen, liebt' es dich noch
mehr,
und krank sein ohne dich an jedem Tag
und niemals müde werden im Begehr,
dich so zu lieben – . . .

Hagelstange, Kehrreim der Liebe

lieben → Irrweg der Liebe
(Hausmann)

lieben → verwandeln, sich
(Angelus Silesius)

lieben, bedingungslos

Ich liebe Dich und schweige still.
Es gehe, wie der Himmel will.
Verfasser unbekannt

Ich liebe Dir, ick liebe Dich,
wies richtig heest, det weeß ick nich,
und dennoch bin ick helle.
Ick lieb nich uff den dritten Fall,
ick lieb nicht uff den vierten Fall,
ick lieb uff alle Fälle.
Berlinisch

lieben, drauflos

Liebt denn drauflos! Ich will nicht schrein,
Ihr werdet drum nicht besser sein.
Nach Villon, Doppelballade

lieben, einfach

Und ich liebe. Ich mag keine Phrasen.
Jewtuschenko, Babij Jar (Kux)

lieben, heftig

du sollst handeln, nicht rasch, aber kräftig;
du sollst lieben, nicht laut, aber heftig . . .
F. Halm

lieben, herzlich

Denn herzlich lieb' ich sie,
Den Kobold, das Genie . . .
H. von Hopfen, Scherzo

lieben ohne Lärm → schwärmen
(Heine)

lieben und trinken

Wenn man nicht trinken kann,
Soll man nicht lieben . . .
Wenn man nicht lieben kann,
Soll man nicht trinken.
Goethe, Solang man nüchtern ist

Liebende

Die Liebenden aber
Sind, was sie waren, sie sind
Zu Hause, wo die Blume sich freuet . . .
Hölderlin, Der Rhein

Liebende soll man nicht trennen

Zwei Röslein auf der Heiden,
In Liebesschein, in Sonnenschein,
Die zwei soll man nicht scheiden.
. . . Wunderhorn, Jäger Wohlgemut

Liebesakt, letzter → Kuß, letzter
(Under)

Liebesalter

Wollt ihr, daß ich noch lieben soll?
Gebt mir das Liebesalter wieder!
Voltaire, An Madame du Châtelet (v. Hartlieb)

Liebesantrag, forscher

Er sprach: «Gott grüß Euch, Jungfrau fein.
Nun, wollt Ihr heut mein Schlafbuhl
sein?»
. . . Wunderhorn, Heinrich Konrade . . .

Liebesblicke

Begehre keine Blicke
Von meiner Liebe nicht.
Der Neid hat viele Tücke
Auf unsern Bund gericht.
Unbekannter Dichter des Mittelalters

Liebesbotschaft

Sag ihm leise, wie ein Kuß
Mit halb aufgeschloßnem Munde,
Wo mich um die heiße Stunde
Sein Gedanke suchen muß.
Tiedge, Die Sendung

Liebesbrief an die Welt

An dich, du wunderbare Welt,
Du Schönheit ohne End,
Auch ich schreib meinen Liebesbrief
Auf dieses Pergament.
Keller, Die Zeit geht nicht

Liebesdienst, lohnender

Und manchmal fahr ich dann mit einem
der Jubelgreise ins Hotel.
Vergnügen macht es zwar mit keinem.
Es lohnt sich aber finanziell.
Kästner, Eine Animierdame . . .

Liebesdrogen

Iß von den Beeren, mein Lieber, iß!
Sei diese einzige Nacht mir gewiß.
Nach Marie Under, Die Dudaimbeeren

Liebesdurst

Ah, rief' sie nach mir! Wär es vergönnt!
Den Durst zu stillen, der mein Herz
verbrennt!
Dante, Zwanzigste Kanzone (H. Grimm)

Liebesdurst → schmachten
(Saadi)

Liebesersatz

Deutscher Jüngling, scher dich fort!
Stürz nach Hause! Treibe Sport!
Kästner, Ball im Osten . . .

Liebesfahne

Wenn der Fähndrich die Fahne tut rühren,
Tut sich ihr Herzchen vor Freude florieren.
. . . Wunderhorn, Die Marketenderin

Liebesflamme

O gieße tief ins Herz hinein,
du Gottesglanz und Himmelsschein,
die Flamme deiner Liebe.
Ph. Nicolai, Wie schön leuchtet der Abendstern

Die Liebe, dacht ich, sei ein holder Scherz,
Da sie zu lernen ich zuerst begann.
Nun wogt wie eine Feuersbrunst mein
Herz,
Die alle Flut des Meers nicht löschen kann.
Ligurische Rispetti (P. Heyse)

Bring in Flammen Liebende zur Ruh'!
Wenn der Funke sprüht,
Wenn die Asche glüht,
Eilen wir den alten Göttern zu.
Goethe, Die Braut von Korinth

Ha – plötzlich lodern dich zu sehn
In deiner ganzen glühnden Pracht,
Und dann im Brande zu vergehn,
Den ich doch selber angefacht!
Moore, Auf eine schöne Ostindierin (Freiligrath)

Über ihrem blonden Haupt zusammen
schlagen Todesflammen, Liebesflammen.
C.F. Meyer, Die Ketzerin

Eh du den Hauch nun verlierst,
blas in die Liebes-Flammen!
Ich stinke und du frierst,
und wir tun uns zusammen.
Rühmkorf, Das kleine-Ausschweife-Lied

Liebesflüstern → lüstern
(Goethe)

Liebesfolgen → Fasching
(Mühsam)

Liebesfolgen → Kindersegen
(Villon)

Liebesfreuden, bezahlte

Ich weiß, jeder zahlt
für die Liebesfreuden,
und ich tu's selbstverständlich auch ...
Majakowski, Die Wirbelsäulenflöte (Thoß)

Liebesfrucht

So weit dich schließt der Himmel ein,
gerät der Liebe Frucht,
und jedes Herz wird glücklich sein
und finden, was es sucht.
Tieck, Wohlauf! Es ruft der Sonnenschein

Liebesfrühling

Was das Leben auch hienieden
uns an Wonne bieten mag,
Süßeres wird uns nicht beschieden
als ein Liebesfrühlingstag.
J. Sturm

Liebesgaben

Sie gibt ihm Gold und edlen Schmuck,
Wie keiner ihn so herrlich trug ...
... Wunderhorn, Ritter Peter von Stauffenberg

Liebesglück, wechselndes

Wir haben gewechselt, ich und du,
die Sprossen der Liebesleiter,
du bist nach unten, du hast es gewollt,
ich aber bin oben und heiter.
Englische Ballade, Barbara Allen (Fontane)

Liebesglut

Feuer läßt sich nicht verhehlen,
Denn sein Glanz ist allzu klar,
Und die Glut verliebter Seelen
Macht sich selber offenbar.
Hofmann v. Hofmannswaldau

Ach, alle Ströme und die tiefe See
Kann diese Glut nicht löschen, die ich
fühle,
Ich aber will, daß sie mein Herz
durchwühle,
Es tut mir wohl, daß ich in ihr vergeh.
Raffael, Sonette (H. Grimm)

Geliebt haben wir uns,
daß das Gras um uns sich entzündete,
doch die Glut schadete uns nicht,
so selbstvergessen waren wir.
Herburge, Ehegedicht

Liebesglut, göttliche

Auf unbefleckten Wiesenhängen
Im weißen Schimmer jener Höhn
Werd ich dich sonderbar versengen
Mit meinem Leibe göttlich schön.
A. Block, Der Dämon (v. Guenther)

Liebesgott

Mägdlein, treib du kein Spott,
Ich bin der Liebesgott ...
... Wunderhorn, Kupido und die Magd

Liebesgott

Ich hör wie Amor spricht:
Red und erröte nicht!
Volkslied aus Venedig

Liebesgott

Es war zur Nacht und schon die vierte
Stunde
Da sah ich plötzlich alles um mich strahlen,
Und vor mir stand der Herr der
Liebesqualen,
Sein Blick entsetzte mich bis tief zum
Grunde.
Dante, Sonette (Dehmel)

Liebesgöttin

Den Bogen sie mit Liebespfeil,
Die Herzen durchzuschießen,
Gespannt zu halten alleweil
Läßt sie sich nicht verdrießen.
. . . Wunderhorn, Das Gnadenbild . . .

Liebesgrüße

Holder Ost, beschwingter Bote,
Den die Liebe wandeln heißt,
Grüße mit dem schönsten Gruße
Jene Schöne, die du weißt.
Hafis, Diwan (Daumer)

→ Liebesbotschaft

Liebeshandel

Ach, Edelmann, gib meinen Schatz
heraus . . .
Ich will dir geben einen Perlenstrauß.
. . . Wunderhorn, Der stolze Schäfersmann

Und so sank herab die Nebelnacht,
Kühner Bursche harrt schon lang.
Schritte, horch! – da naht das Mädel sacht,
Und der Handel kommt in Gang.
Nekrassow, Der Körbelträger (v. Guenther)

Liebesidol, neues

Was schert mich aber diese rosige
Weichheit,
die von Jahrhunderten zerkaute,
blaßfarbige?
Heute sollte man andere Beine streicheln.
Ich besinge
eine Geschminkte,
Rothaarige.
Wl. Majakowski, Die Wirbelsäulenflöte (Thoß)

Liebeskampf → umschlingen
(Droste)

Liebeskraft

Durch unsrer Töchter Liebeskraft
Wird nimmer das Geschlecht erschlafft.
Nach J. Weinheber, O Mensch, Gibt acht.

Liebeskraft, geschwächte

O Liebesglut! Du drängst zu ihr hinüber,
Die mich erfüllt, – ich aber kann nicht
folgen,
Ich bin im Herbste, meine Kraft ist aus.
Kaiser Wu-Ti, Herbst (Bethge)

→ Potenz, nachlassende

Liebeskraft, neue

Aphrodite brach den Zauberbann,
Sie goß wieder Stärke in den Mann!
Fröding, Narziß

Liebeskraft, unendliche

Zwei schmiegen sich in Kissen:
das All verströmt in ihre Lenden . . .
Hrubin, Hiroshima (Pont)

Liebesknoten → Bindung
(Dach)

liebeskrank

Und dem Jüngling reichte sie die Schale,
Der, wie sie, nun hastig lüstern trank.
Liebe fordert er beim stillen Mahle:
Ach, sein armes Herz war liebeskrank.
Goethe, Die Braut von Korinth

Liebeskummer

Einförmig ist der Liebe Gram,
Ein Lied eintönger Weise,
Doch immer noch, wo ichs vernahm
Mitsummen mußt ichs leise.
Hafis (Rückert)

Kein Trinken und kein Essen,
Gar nichts hat ihm behagt,

Er hat nur stets gesessen
Und sich dann noch beklagt . . .

Nach Opitz, Unerhörte Liebe

«Groß ist der Männer Trug und List,
Vor Schmerz mein Herz gebrochen
ist, . . .»

Eichendorff, Lorelei

und daß man sich sterbenskrank
um ein Mädchen grämt, das haben
alte Weiber sich erdacht.–
Noch ein Glas, und nun habt Dank!
Gute Nacht!

Fröding, Jäger Stahls Frauen (E. Nörrenberg)

Ich hab ihn lieb und will, daß es so bliebe.
Es bleibt nicht so, und nächstens ist es aus.
Dann weine ich. Und geh nicht aus dem
Haus.
Und nehme acht Pfund ab. Das ist die
Liebe.

Kästner, Das Gebet keiner Jungfrau

So mancher wilde Liebeskummer
Verging schon nach dem ersten
Schlummer.

R.v. Normann, Zweizeiler

Liebeskunst

es reicht keine Kunst an das heran,
was die Liebe tut und die Liebe kann.

Frida Schanz

Liebeslager

Unser Lager hatte Zeit nicht, zu erwarmen.
Als die Sonne sank, lag ich in deinen
Armen.

Tu-Fu, Die junge Soldatenfrau (Klabund)

Liebeslast

Bis auf den Grund des Meers drückt ihr
Gewicht
Hinunter mich. Wie tief, sagt kein Gedicht.

Dante, Zwanzigste Kanzone (H. Grimm)

So voll, so voll ist mir das Herz von Liebe,
Daß es die Last, die schwere, niederbeugt;
Ich gleich dem Baum, der dicht mit Obst
beladen,
Sein schwer Geäste tief zu Erde neigt.

Petöfi, Verklungen ist . . . (Steinbach)

Liebeslauben → Stunden, unvergessene *(Shelley)*

Liebeslieder

Lieben kann ich dich nur. Die Lieder,
Wie ich dich liebe,
Spar ich der Ewigkeit auf.

Ueltzen, Ihr

Liebeslust

Der Welt entrinnen kannst du nicht,
Was taugt dir also Einsamkeit?
Genieße doch der Liebeslust,
Erspare späte Reue dir!

Die Nonne Sela (Buddha-Schülerin), Der Versucher (K.E. Neumann)

Die Brünnlein, die da fließen,
Die soll man trinken,
Und wer ein steten Buhlen hat,
Der soll ihm winken . . .

Unbek. Dichter des Mittelalters

Liebeslust → Fräulein, liebeslustiges

liebeslustiges Mädchen

Was soll ich einsam als Profil und Akt?
Mir ist, als ob ich in der Kirche stünde.
Ich bin so schön. Noch keiner sah mich
nackt.
Wo ist der Mann, der mich verwegen
packt?
Daß ihr so fromm zu mir seid, das ist
Sünde.

Kästner, Ein Fräulein beklagt sich bitter

Liebesmahl

Dann kehren sie mit blassen Wangen
  wieder
Vom Liebesmahl ermüdet und entzückt
Und lächeln schelmisch, daß auf ihren
  Lippen
Der Zähne Mal des Buhlen eingedrückt.

Kalidasa, Der Winter

Liebesminuten → Ekstase . . .

(Brjussow)

Liebesmittel → Liebe und Wein,
  Liebessaft, Liebeswecker

Liebesmüh, verlorene

Nun spar die Pfeile, – sie prallen ab.
Willst du, daß dich ein Schmerzensschrei
  entzücke,
So mußt du andre mit dem Gift ereilen,
Das meiner Brust genug zu dulden gab.

Michelangelo, Sonette (H. Grimm)

Liebesnacht

Ich stahl mich aus
Still wie ein Maus
Und kam ins Haus
Und lebt im Saus
Mir der Lieben die ganze Nacht.

. . . Wunderhorn, Fastnacht

Der Mond am Himmel golden hing,
als ich zu meiner Holden ging . . .

Palm-Nesselmanns, Holde Nacht

Ach, wie oft sind wir beisamm gesessen
Manche liebe halbe stille Nacht,
Und den Schlaf, den hatten wir vergessen,
Nur mit Liebe ward sie zugebracht.

. . . Wunderhorn, Geht dir's wohl . . .

Auch die Nacht wär zu zweit
Selbst im Winter voll Lust,
Drückt den Liebsten man heiß,
O so heiß an die Brust.

Kolzow, Lied (v. Guenther)

Warte, schlaf nicht. Heute nacht
sind wir beide die Welt,
von Wind und Regen abgesondert
in des Alkovens warmem Nest.

Juan de Ibarbourou, Regnerische Nacht (Theile)

In dieser einen Nacht
Hab ich Jahrhunderte als Urgeschöpf
  verbracht –

Yvan Goll, Schlief ich in deinem Arm?

Liebesnacht, einmalige

Soll zu Asche mir zerfallen
Dieser Glieder Götterpracht?
Mein! er war es, mein vor allen!
Ach, nur eine süße Nacht!

Goethe, Der Gott und die Bajadere

Liebesnacht, nach der

Doch als der Morgen schimmert,
  entschlüpft sie dem Gemach
Und zieht mit schwellenden Brüsten
  behend die Kleider nach.

Kalidasa, Die Taueszeit (v. Bohlen/Kreyenborg)

Liebesopfer

«Meine Krone, süßes Leben,
würd ich für Medina geben,
und Medina für dein Herz.»

Hugo, Sultan Achmet (E. Geibel)

Liebespaar

Wie kam es, daß ich heut betroffen
Im Mondlicht stehen blieb?
Die Pforte eines Parkes sah ich offen,
Ein Jünglich hatte seine Freundin lieb.

Aus China (Klabund)

Sie küßten sich. Sie hielten sich an Händen,
und ihre Herzen waren wie ein Dom.
Denn alles Böse schien sich abzuwenden.
So trieben sie vereint im großen Strom.

W. Steinbach, Ballade von einem Liebespaar

Liebespaar, begünstigtes

Willkommen waren alle Gäste;
Doch nahte sich ein liebend Paar,
Dem reichte sie der Gaben beste,
Der Blumen allerschönste dar.

Schiller, Das Mädchen aus der Fremde

Liebespfand, zerbrechliches

Aus Lieb und Treu
schenk ich dir dieses Osterei.
Brichts du das Osterei entzwei,
so ist unsere Lieb vorbei.

Kinderreim

Liebespflicht

Trüget mich die Ahnung nicht,
Zeigt sich einer, den ich meine.–
Schön, da kommt er ja, der eine,
Herzbub kannte seine Pflicht.–

Béranger, Die Kartenlegerin (Nach Chamisso)

Liebesqualen, Herr der → Erscheinung

(Dante)

Liebesrot

Du innig Rot,
Bis an den Tod
Soll meine Lieb dir gleichen,
Soll nimmer bleichen,
Bis an den Tod,
Du glühend Rot,
Soll sie Dir gleichen.

Karoline von Günderode, Hochrot

Liebessaft

Aus Beeren der Saft so gelb und geil
Bietet Liebe und Fruchtbarkeit feil.

Nach Marie Under, Die Dudaimbeeren

Liebesspiel

Sie lagen lang in großer Lust,
Ihr Freud tät sich nur mehren,
Er griff ihr lieblich an die Brust:
«Tu dich zu mir herkehren . . .»

. . . Wunderhorn, Variation

So wurde hin die Zeit mit heitrer Lust
gebracht,
Getändelt und getanzt, aus voller Brust
gelacht.

Papentrigk, Schäferschüttelreim 3

Wenn ich dann unter deine Decke krieche
vom Kopf bis zu den Zehen Nackedei
und dich wie einen Blumenstrauße
berieche:
ich bin ein Seemann, denk dir nichts dabei!

M. Hausmann, Landgang

ich werde bis in den Tod ihre furchtsamen
Schenkel öffnen
und in ihre Ohren beißen . . .

P. Neruda, Hochzeitliche Materie (Arendt)

Wir sterben zweimal: beim Gebot,
Hinfort das Liebesspiel zu meiden –
Ein unerträglich bittrer Tod;
Ein Spaß ist's dann, vom Leben scheiden.

Voltaire, An Madame du Châtelet (v. Hartlieb)

Liebesspiel, heimliches

Komm, laß uns in die Kammer gehn,
Zu spielen der heimlichen Minne;
Mein schöner lilienweißer Leib
Erheitert deine Sinne.

Heine, Der Tannhäuser

Liebesspiel (symbolisch)

Der breitgerispete, durch Reifheit seiner Frucht
Zur Rötlichkeit gelangte Halm vom Reise
Neigt sich zu der dem Wasserfeld entblühenden
Nymphä' und küßt die dunkle, duftge leise.

Bharawi, Reis und Wasserlilie (nach Rückert)

Liebessymbol – Zuckerrohr

So mögen die Wintertage für euch zum Heile sein,
Wo Zuckerrohr und Saaten zur Süßigkeit gedeihn;
Wo sich in frohen Tagen der Liebesgott erwärmt
Und nur bei Trennungsschmerzen der Gattin Herz sich härmt.

Kalidasa, Die Tauestage (v. Bohlen/Kreyenborg)

Liebestermin, ungünstiger

Sorg ist in Lust verwandelt, Lust hegt Sorgen,
Denn seufzend sagte sie zu mir: «komm morgen!»

Shakespeare, Der verliebte Pilger XIII (Regis)

Liebestod

Wir sind zum Liebesuntergang bereit
doch jeder Kuß stöhnt vor Verlorenheit.

M. Hausmann, Taglied

Mein Herz, das ist um dich so rot,
Für dich trag ich die Rosen,
Ich brach sie dir im Liebestod,
Als ich mein Blut vergossen ...

...Wunderhorn, Des Sultans Töchterlein

Liebestod, gemeinsamer

Fest umschlingend sich mit weißen Armen
sanken beide tot zur Erde nieder.

Serbisches Volkslied, Jelitza und ihre Brüder

liebestoll

Nymphen macht es ein Vergnügen,
liebestoll geraubt zu werden;
alles Volk ist hart zu rügen,
das mit störrischen Gebärden
sich der Liebe nicht will fügen ...

L. de' Medici, Maskenreigen (Goetz)

Liebesträume

Sie aber träumt von einem, der ihr dreist
das Spinngewebe ihres Kleids zerreißt.

Tin-Tun-Ling, Der Schatten des Orangenzweiges (M. Fleischer)

Liebeswecker

Da trinken Most mit ihren Buhlen
In Nacht die Schönen wohlgemut;
Sie würzen ihn mit ihrem Lotusodem
und sinnverwirrend weckt er neue Glut.

Kalidasa, Taueszeit (v. Bohlen/Kreyenborg)

Liebesworte

Ich wollte dir immerzu
Viele Liebesworte sagen,
Warum tat ich das nicht?

Else Lasker-Schüler, Abschied

Liebeswut

Seine Liebeswut
Wärmt ihr starres Blut ...

Goethe, Die Braut von Korinth

liebhaben

Ich habe dich so lieb!
Ich würde dir ohne Bedenken
Eine Kachel aus meinem Ofen schenken.

Ringelnatz

Liebhaber, befriedigter

Er erhob sich pfeifend,
schüttelt ab den Tau,
doch das Mädchen weinte
auf der grünen Au.

Rumänische Ballade, Junge Liebe (Rudow)

Liebhaber, geplagter

Warum werd ich Verliebter denn geplagt,
Wenn dir dein Mann vor Jahren
eingetrocknet?
Hab ich zur Ehe mit dem Greis geraten? –

Ovid, Elegie an Aurora (Goldscheider)

Liebhaber, kirchlicher

Der Erzbischof von Salzburg,
Ein gar ein stolzer Mann,
Der liebt die schönen Jungfräulein
Und sieht sie freundlich an.

O.J. Bierbaum, Im Schlosse Mirabel

Liebhaber, kranker

Viel gesünder, glaub' ich schier,
ist für dich ein kranker Mann
Als Liebhaber, der gleich mir
Kaum ein Glied bewegen kann.

Heine, Lotusblume

Liebhaber, schreckhafter

Mein Liebster ist so klein, daß ohne
Bücken
Er mir das Zimmer fegt mit seinen Locken.
Als er ins Gärtchen ging, Jasmin zu
pflücken,
Ist er vor einer Schnecke sehr erschrocken.

Ligurische Rispetti (Heyse)

Liebhaber, überforderter

Nimm hin, nimm hin mein Federspiel,
Lieb Bärbelein, du warst zuviel ...

... Wunderhorn, Sollen und Müssen

Liebhaber, unwiderstehlicher

Nicht eine der Frauen, die ich weiß,
Kann's wehren, will ich lieben sie mit
Fleiß.

Nach Bernart von Ventadorn

Liebhaber, verlassener

Sie koste und küßte den Burschen,
doch als sich die Dunkelheit senkte,
verschwand die liebreizende Nixe,
was Marko betrübte und kränkte.

Gorki, Die Nixe (Planck)

Liebhaber, wartender

Ob ich gleich oft muß stehen
Im Regen und im Schnee,
Kein Müh soll mich verdrießen,
Wenn ich dich, Herzlieb, seh.

... Wunderhorn, Pfauenart

Liebhaber, winziger

Und kommt vielleicht ein kleiner Floh und
krabbelt so –
Sei ruhig, Liebchen, das bin ich, Dein
Dieterich,
Dein Dieterich, der umflattert dich!

W. Busch, Julchen

Liebhaber, zudringlicher

Sie wehrte sich, jedoch:
Mit weißen Händen schnelle
Kehrte er zur gleichen Stelle ...

Sacchetti, Der Dornenbaum (Nach Feist)

Liebhaberin, freigebige

Das Mädchen bietet kühn dem
Mondenlicht
Die junge Brust, freigebig, ohne Zagen,
Die sie bisher vom Tuch bedeckt getragen,
Daß heiß sie küß des Jünglings Unvorsicht.

Lermontow, Venedig (v. Guenther)

Liebhaberin, riesige

Welcher Busen, Hals und Kehle!
(Höher seh' ich nicht genau.)
Eh' ich mich ihr anvertrau',
Gott empfehl' ich meine Seele.

Heine, Diana

Liebhaberin, schläfrige

Nächtig führt ich in dem Nachen
Meine Liebe blond und schlank;
Wollten zwar zusammen wachen,
Doch ihr holdes Auge sank . . .

Lamberti, Biondina im Gondelchen (Goethe nach Gries)

Liebhaberin, verschmähte

Jeder begehrt zu mir sich zu verpflichten,
Allein der, den ich lieb, tut mich vernichten.

Unbek. Dichter des Mittelalters

liebkosen

Einen blinden Heiden stündlich
zu liebkosen wäre sündlich . . .

Hugo, Sultan Achmet (E. Geibel)

Lieblichkeit

Wie das Schüttern zarter Saiten
Schlichen sich in jedes Herz
Deine stillen Lieblichkeiten
Deiner Züge leiser Schmerz!

C.F. Meyer, Weihegeschenk

lieblos

Besser zu tauschen
Ruhe mit Schmerz,
Als in sich tragen,
Lieblos das Herz.

Juan del Encina, Der Liebe Lust und Weh (Notter)

Lied

Es schwinden jedes Kummers Falten,
so lang des Liedes Zauber walten.

Schiller, Die Macht des Gesanges

Lang ist der Weg, der Wille gut.
Wie Friede doch im Liede ruht!

Hagelstange, Ländliche Fronleichnamsprozession

Ein schauerlich Gefühl riß mich dahin,
Nun fühlte ich des Liedes tiefen Sinn.

Vrchlicky, Wanderer erwacht . . . (Eisner)

Lied, altes

Das uralt alte Schlummerlied,
Sie achtet's nicht, sie ist es müd' . . .

Mörike, Um Mitternacht

Lied, frisches

Hei, Brüder, den Kummer zu zwingen,
der tückisch am Herzen uns nagt,
hebt frisch ein Lied an zu singen,
nicht bessert sein Schicksal, wer klagt.

Tolstoj, Die Sträflinge (Ascharin)

Lied, fröhliches

Hab ein Lied auf den Lippen
mit fröhlichem Klang,
und macht auch des Alltags
Gedränge dich bang!

Flaischlen, Hab Sonne . . .

Lied, gräßliches

Das Lied war zu vergleichen
dem Unkenruf in Teichen.

Bürger, Lenore

Lied, tödliches

Ich glaube, die Wellen verschlingen
Am Ende Schiffer und Kahn;
Und das hat mit ihrem Singen
Die Lorelei getan.

Heine, Lorelei

Lieder, befreiende

Von meinem Herzen sind so viele Splitter
abgesprungen,
Ich hab so viele Lieder in die Welt
gesungen . . .

Chines. Gedicht, Herbstliche Elegie (Klabund)

Lieder, lockende

Also spricht sie. Aus dem Busen
Wilde Brautgesänge quellen,
Und der Wohllaut lockt herbei
Alle Katerjunggesellen.

Heine, Mimi

Lieder, sinnlose → Wort des Friedens

(Dhammapada)

Lieder für Brot → Tausch

(Hauptmann)

Liedermacher

Aus meinen großen Schmerzen
Mach' ich die kleinen Lieder;
Die heben ihr klingend Gefieder
Und flattern nach ihrem Herzen.

Heine

Ich sing für euch,
die ihr die feige Weisheit eurer Heldenväter
vom sogenannten
Lauf der Welt in alle Winde schlagt
und einfach ausprobiert,
was richtig läuft . . .

Degenhardt, Für wen ich singe

Liedersarg

Die Gitarre ist ein Sarg für Lieder
geworden . . .

Andrade, Biographie zum Gebrauch der Vögel (Palm)

Liedopfer

Mein Sühneopfer ist ein Lied,
Das dir zu danken sich bemüht . . .

Nach Joh. Chr. Günther

liegen, an der Seite

Kühl wie die bleichen, feuchten Blüten der
Maiglöckchen
lag sie an meiner Seite in der Früh.

Pound, Alba (Eva Hesse)

Linderung

Aber unerwartet schwindet
vor uns Nacht und Dunkelheit,
und der Schwerbedrückte findet
Linderung in seinem Leid.

Beresinalied

linkisch

Ich bin linkisch im Leben, entrate des
Zwecksinns!

Laotse, Aus dem Tao-Te-King (Dallago)

Lippen

Becherrand und Lippen,
zwei Korallenklippen,
Wo auch die gescheitern
Schiffer gerne scheitern.

Rückert, Östliche Rosen

Lirum Larum . . .

Lirum larum Löffelstiel,
alte Weiber essen viel,
junge müssen fasten.
Das Brot, das liegt im Kasten,
der Wein, der ist im Keller,
alter Muskateller,
das Messer liegt daneben.
Ei, was ein lustig Leben!

Kinderreim

Literatur, kranke

Mir will das kranke Zeug nicht munden,
Autoren sollten erst gesunden.

Goethe, Zahme Xenien

Lob

Eigenlob stinkt,
Freundeslob hinkt,
Feindeslob klingt.

Sprichwort

Lob, erkauftes

Mag sein, daß die Welt dich preise
Und die Tat mit Freuden seh,–
Muß nicht selbst ein Lob dich kränken,
Das erkauft mit fremdem Weh?

Byron, Lebewohl! (Heine)

Lobesworte

Laß dich nicht mit Lobesworten
  überfüllen,
Die deines Wesens bessren Teil verhüllen.

Frei nach Shakespeare

locken

Mit Güte lockt fast überall
Die Frau ihr Schweinchen in den Stall.

W. Busch, Hernach

Du hast in meiner Schülerzeit
Mich schon gelockt so laut;
Ich hab gesucht, und weit und breit
In jeden Busch geschaut.

Wordsworth, An den Kuckuck (Goldscheider)

Da lockt die Finkin weich und zart,
Er huscht ihr nach, der Losen; –
Vergessen hat er Wein und Bart,
Vergessen Hut und Hosen.

J.G. Fischer, Finkenlied

Lass, o Welt, o laß mich sein!
Locket nicht mit Liebesgaben,
Laßt dies Herz alleine haben
Seine Wonne, seine Pein!

Mörike, Verborgenheit

Lockruf des Todes

Hallo, du kleine Mücke,
Meckert der Tod voll Tücke,
Hier ist eine Gräberlücke . . .

Liliencron, Ballade in U-dur

Logik

Mir scheint da mancherlei nicht klar,
Man fragt doch, wenn man Logik hat,
Was sucht ein Suahelihaar
Denn nachts um drei am Kattegatt?

Ringelnatz

Logik → Frauenlogik
(Bodenstedt),

Urteilskraft, weibliche

Logik des Hungers

Im hungrigen Magen Eingang finden
Nur Suppenlogik mit Knödelgründen . . .

Heine, Politische Nachlese

Lohn

Das ist der Dank, das ist der Lohn!
Dir gehts wie manchem Erdensohn.

Chamisso, Der Bettler und sein Hund

Lohn, höchster

Des Bürgermeisters Töchterlein,
Die soll zum Lohn sein eigen sein!

Simrock, Der Rattenfänger

Der König würde den höchsten Lohn
Für eine Putzfrau berappen
Und sie machen zu einer Herzogin
Mit goldenem Besen im Wappen.

B.H. Bull, König und Putzfrau

Lohn, ungerechter

Faulenz' und schrei',
Du kriegst für zwei.
Arbeit und schweige,
Dir bleibt die Neige.

W. Müller, Arbeitsregel

Lohn der Liebsten → siegreich

(Baumbach)

Lohn der Tapferkeit

Der König gab Peder einen goldenen
Schrein:
«Das sollst du haben für die Keckheit
dein.»

Nordische Ballade, Kjersti als Stalljunge (Festesen)

er hat uns gerettet, er trägt die Kron,
er starb für uns, unsre Liebe sein Lohn.

Fontane, John Maynard

Lohn der Wahrheit

Sei ohne Besorgnis, die Wahrheit sprich
frank:
Ich schenke ein Roß dir, ein gutes, zum
Dank.

Puschkin, Das Lied vom weisen Oleg (v. Gaertringen)

Lohn ist Armenpflege

Unerhörte Geldbeträge
braucht man für die Arbeitskräfte!
Lohn ist nichts als Armenpflege
und verdirbt bloß die Geschäfte.

Kästner, Aktuelle Albumverse III

Lokale

Schweigen will ich von Lokalen,
Wo die Börse nächtlich praßt,
Wo im Kreis der Liberalen
Man den Heil'gen Vater haßt.

W. Busch, Die fromme Helene

Lorbeer

Einen Lorbeerkranz verschmähn, ist edel!
Mehr als Heldenruhm ist Menschenglück!
Ein bekränztes Haupt wird auch zum
Schädel
Und der Lorbeerkranz zum Rasenstück.

Tiedge, Elegie auf dem Schlachtfeld bei Kunersdorf

Lorbeer, welkender → welken

(Shirley)

Los, gleiches

Ein Weg zwingt alle. Jeden erwartet einst
Aus gleicher Urne fallend das Los . . .

Horaz, An Dellius (Schröder)

Los, großes

Es blieben ihm fünf Groschen bloß.
Er zog damit das Große Los!
Jetzt ist er reich, der arme Mann,
Und alles fängt von vorne an.

Nach Lene Hille-Brandts., Tim Töppelmann

lösen sich

Löse dich von Haus und Haft,
Eh der Herd verglimmt.
Denn zu Gottes Wanderschaft
Bist du vorbestimmt.

Bergengruen, Wandlung

In dieser Stunde, meine Seele, löse
Und sammle dich vom störenden Getöse!

Baudelaire, Die Abenddämmerung

losgelöst → Freude

(Buddha)

Lossagung

Ich muß dich nicht, im Schlummer,
In allen Träumen finden;
Nicht sehnt sich, wenn sie schwinden
Nach dir zurück die Brust.

Metastasio, Lossagung (Gries)

Lösungswort Liebe

Ich kann die Rätsel alle dir der Schöpfung sagen;
Denn aller Rätsel Lösungswort ist mein, der Liebe.

Dschalal Ud-Din Rumi (Rückert)

Lotse, sicherer

Kein einziges Felsriff im Strome stand,
das er nicht umschiffte mit sicherer Hand.

Oksanen, Des Fährmanns Bräute (nach Öhquist)

lottern

Wenn ich nicht gelottert hätte,
Hätt' ich jetzt wohl Haus und Bette.

Nach Villon

Lottogewinn → Glückslos

(Albumvers)

Luft

alle will sie umfassen,
alle wiederum lassen,
so gut, so gut, ist die Luft . . .

Gabriela Mistral, Die Luft (Theile)

Luft, erquickende

Die Luft sprach: «Wenn an einem Baum
Die Blättlein gehn und nicken,
Da bin ich auch im selben Raum
Und will dich bald erquicken.»

. . . Wunderhorn, Die Wahrheit

Luft, eßbare

Der Bäcker bäckt die Schrippen klein
und macht noch lauter Löcher rein . . .

Kinderlied aus Berlin, Bei uns in Tempelhof

Luft, gute

Sei mir gegrüßt aus deinen reinen Höhen
du Himmelsluft!
o! säume nicht mich liebend anzuwehen
mit süßem Duft!

Sophie Mereau, An ein Abendlüftchen

Luftgespinste

Wir . . .wissen gar nicht viel;
Wir spinnen Luftgespinste
Und suchen viele Künste
Und kommen weiter von dem Ziel.

M. Claudius, Abendlied

Lüge → Schwüre

(Sprichwort)

Lüge → Stolz

(Li-Tai-Po)

Lüge, einfachste

Was die Lüge angeht, so genügt es zu sagen «ich liebe» . . .

Cernuda, Laßt mich allein (Entersberger)

Lüge, gute

Der Esel zog Pantoffeln an
Ist übers Haus geflogen.
Und wenn es nicht die Wahrheit ist,
so ist es gut gelogen.

Nach Gustav Falke, Eine Kuh, die saß im Schwalbennest

Lüge, Land der

Wir, Herrscher Grenzenlos im Land der Lüge,
wir, Schöpfer aller Wahrheit durch Betrüge,
wir, Wächter aller Zauber lassen fragen:
Wann wird das Licht des Mondes abgetragen . . .

Meckel, Erlaß

Lüge, lebenswerte → Weib
(Spitteler)

lügen → aussprechen . . .
(Tjutschew)

lügen → mogeln
(Fontane)

Lügen

Lügen haben kurze Beine.
Mit dem Hunde an der Leine
Wollte ich sie wieder kriegen,
Aber Lügen können fliegen . . .
Aus dem Polnischen (Krüss)

Lügen, schöne

Lügen, Lügen! gebt uns Lügen!
Ach, die Wahrheit ist so roh!
Wahrheit macht uns kein Vergnügen,
Lügen machen fett und froh!
Morgenstern, O – Raison d'Esclave

Lügenbold

Sein Red ist lauter Phantasie, viel
Schwätzen und viel Lügen,
Er lügt daher ohn alle Scheu, bis sich die
Balken biegen . . .
. . . Wunderhorn, Taille Douce

lügende Lebewesen → Ökokrise
(Heine)

Lust

Die Lust, wie ich's bedenke hin und her,
ist unser letztes Ziel und tiefst' Begehr.
Verfasser unbekannt

Es wandelt, was wir schauen,
Tag sinkt ins Abendrot,
Die Lust hat eignes Grauen,
Und alles hat den Tod.
Eichendorff, Der Umkehrende

Lust → Wollust

Lust, entfesselte

Ein schmachtendes, glühes Umschlingen,
ein Pressen von Brust an Brust,
ein Stöhnen, ein Zittern, ein Ringen
im Taumel entfesselter Lust –
Lermontow, Tamara (Fiedler)

Lust, geheime

Du mußt die Brust verschließen,
Halt deine Neigung ein,
Die Lust, die wir genießen,
Muß ein Geheimnis sein.
Unbek. Dichter des Mittelalters

Lust, gefressen zu werden →
Zweckerfüllung
(Ringelnatz)

Lust, mörderische

Melde, daß mir in die Lüfte
Schwinde der gequälte Geist,
Wenn sie nicht zu spenden eile
Jene Spende, die du weißt.
Hafis, Diwan (Daumer)

Lust, rasende

Eine Stunde rasender Lust! O wild! o halte
mich nicht!
Was befreit mich in Stürmen so?
Was ist meiner Schreie Sinn
Inmitten Blitzen und rasenden Winden?
Whitman, Eine Stunde . . . (Reisiger)

Lust, ungestörte

Gedenk einmal, wie schön wir da gelebt
Und wie geheim wir unsre Lust genossen.
Da hat kein Neid der Reizung widerstrebt,
Womit du mich an Hals und Brust
geschlossen . . .
Joh. Chr. Günther, Abschiedsaria

Lust, schale und bittere → Kurtisanen

(Hagelstange)

Lust am Untergang → Welt zu Füßen, die

(Morgenstern)

Lust der Nacht

Darum an dem langen Tage
Merke dir es, liebe Brust,
Jeder Tag hat seine Plage,
Und die Nacht hat ihre Lust.

Goethe, Wilhelm Meister (Philine)

Lust ist Einsamkeit

Ich sinke tiefer in dein Wesen ein
und werde immer tiefer noch allein.
Denn tiefste Lust ist tiefste Einsamkeit.

M. Hausmann, Taglied

Lust und Schmerz der Liebe

Der kannte nie der Liebe Lust und
Schmerz,
Der nie erfuhr, wie süß ihr Atem fächelt,
Wie wundersüß die Lippe spricht und
lächelt.

Petrarca, Die Unvergleichliche (Bürger)

Lust und Verdruß

Ach, jede Lust, ach, jeden Genuß
Hab' ich erkauft durch herben Verdruß . . .

Heine, Rückschau

Lust-Verzückte, die

Hin lag ich, Lust-Verzückte;
Geneigt das Antlitz auf den Liebevollen,
Da sich das All entrückte,
Und Wähnen, Wünschen, Wollen . . .

Juan de la Cruz, Die dunkle Nacht der Seele (F. Braun)

Lüste und Brüste

Dort bot sich triefenden Quartanerlüsten
Die Lavamasse von alpinen Brüsten . . .

Ringelnatz, Die Riesendame . . .

lüstern

Ja, des Dichters Liebeflüstern
Mache selbst die Huris lüstern.

Goethe, Hegire

Ja, da stand sie, an Hochmut reich,
lüstern der Mund, roten Eidechsen
gleich . . .

Nach Marie Under, Die Dudaimbeeren

Lüsterne, die → Gewand

(Kalidasa)

Lüsternheit → Kurtisanen

(Hagelstange)

Lustgärtner → Moral, neue

Lustgefühle eines Gürtels

Der Gürtel spricht: laß mich die Lust
genießen,
Daß ewig meine Haft dich so umspannt
Wie würden da erst Arme dich
umschließen!

Michelangelo (H. Grimm)

Lustgreis, abgeblitzter

Doch das Mädchen vom feinen Strand
Lesbos wendet sich ab: mein Haar,
Silbern ists, das gefällt ihr nicht:
Gafft nach anderen Reizen.

Anakreon, Wieder wirft mir den Purpurball (Sänger)

Lustgreise

Wenn Jugendlust noch Greise wollen,
nach Mädchen solche Greise linsen

und voll Erwartung leise grinsen,
dann muß mit Recht der Weise grollen.

Palm-Nesselmanns, Im Winter pflückt man keine Kirschen mehr

lustig sein

Lass' ich schon nicht viel zu erben,
Ey, so hab ich edlen Wein;
Wil mit anderen lustig seyn,
Wann ich gleich allein muß sterben.

Opitz

Brüder, laßt uns lustig sein,
Weil der Frühling währet
Und der Jugend Sonnenschein
Unser Laub verkläret ...

J. Chr. Günther, Studentenlied

Lustlosigkeit

Fehlt dir die Lust zu dem, was heut du sollst vollenden,
so hüte dich, sogleich davon dich abzuwenden ...

F. A. Köthe

Lustmeer

In ein Meer von süßer Lust versenket,
wallt die Seele staunend auf und ab,
stürzt, von frohen Ahnungen getränket,
sich im Taumel des Gefühls hinab.

Sophie Mereau, Frühling

Lustmörder

Er faßte den Knaben wohl bei der Hand,
der leistet auch nimmermehr Widerstand ...

Hebbel, Der Heideknabe

Lustrüstung

Mein Leib gab mir ein Unterpfand,
Zween Ärmlein blank,
Darin sollt ich mich rüsten
Zu unsres Winters Lüsten.

... Wunderhorn, Gastlichkeit ...

Lustrüstung

Wo man nur schaut, fast alle Welt
Zu Freuden tut sich rüsten,
Zum scherzen alles ist gestellt,
Schwebt alles fast in Lüsten ...

Spee, Liebgesang ...

Lustschrei → jauchzen

(Lichtwer)

Luststeigerung

Und es steigert noch die Lust,
Wenn man immer sagt: du mußt.

W. Busch, Tobias Knopp

lyrisch

Ach, das Leben ist so lyrisch,
– Notabene: wenn man jung ist –
Und es duftet so verführisch,
– Notabene: wenns kein Dung ist –

Bellmann, Trinklied (Klabund)

M

Macht

Mit unsrer Macht ist nichts getan.
Luther, Ein feste Burg . . .

Hast du die Macht,
du hast das Recht auf Erden.
Chamisso, Die Giftmischerin

Kommt die Macht,
so fällt das Recht in Acht.
Sprichwort

Hast du keine Macht,
Wirst du ausgelacht.
Sprichwort

Macht, Sturz der → Sieg des Friedens
(Mühsam)

Macht, versunkene → verkommen und versunken
(Fröding)

Macht der Journalisten

Ein Feind von der Feder
ist schlimmer als einer vom Leder.
Sprichwort

Macht und Ruhm

Macht und Ruhm sind Spukgestalten,
die mir keinen Groschen gelten.
Sollt ich sie für wirklich halten,
dürftet füglich ihr mich schelten.
Li-Tai-Po, Auf dem gelben Flusse (M. Fleischer)

Machtbeweis

Die Fürsten schossen Tag und Nacht,
Bewiesen ihre große Macht . . .
. . . Wunderhorn, Frankfurt, die hochgelobte Stadt

Machtgewinn → Hingebung
(Laotse)

mächtig

Zu Wasser, zu Land bist du mächtig und groß,
dir neiden die Feinde solch herrliches Los.
Puschkin, Das Lied vom weisen Oleg (v. Gaertringen)

Machtwechsel

Willkür wechselt nur die Hände
Und die Knechtschaft hat kein Ende.
Nach Heine, König David

Machwerk

Dies Machwerk kann nur einen Zweck erfüllen.
Den Sinn und Geist mit Zweifeln einzuhüllen.
R.v. Normann, Zweizeiler

Mädchen → blühen
(Claasen)

Mädchen → Meisterstück der Schöpfung
(Burns)

Mädchen, ängstliches → ängstigen, sich
(Bürger)

Mädchen, bespitztes

Schön Ulla wirft den Unterrock
Hoch auf und setzt sich auf den Stock
Sie spielt, daß hell ihr Armband blitzt,
Und trinkt und liebelt, leicht bespitzt.
Bellmann, Frühlingsfahrt (Nach R. Friedenthal)

Mädchen, billige

Denkt ihr denn, denkt ihr denn,
Mädchen sind so teuer?
Fünfe für ein Pfennigstück,
sechse für 'nen Dreier!
Kinderreim

Mädchen, bissiges → wehren, sich
(Hadlaub)

Mädchen, blondes

Sie war am ganzen Körper blond,
soweit sie Härchen hatte.
Bis zum Betthimmel reichte ihr Horizont.
Ihre Seele war wie aus Watte.
Kästner, Polly oder das jähe Ende

Mädchen, einmaliges

Sie hat zwei rote Wängelein,
sind röter als der Wein;
ein solches Mädel find'st du nit
wohl unterm Sonnenschein.
Volkslied, Wenn alle Brünnlein fließen

Mädchen, erblassendes

Seht nur, seht, die Maid erblaßt,
gleich als ob's zu Tode ginge;
ja – mein Herz empfindet fast
Mitleid mit dem holden Dinge.
Odyniec, Die Kriegsgefangene (Nitschmann)

Mädchen, falsche

Die Mädchen in der Welt
sind falscher als das Geld
mit ihrem Lieben.
Abendlied, Ade zur guten Nacht

Mädchen, flirtendes

Geht im kurzen Rock ein Mägdlein,
wo die Häuser enden,
kann die blauen Schelmenaugen
nicht vom Hirten wenden . . .
Ungarische Ballade, Am Dorfrand (Lüdecke)

Mädchen, gesundes

Man sprach mich heilig, weil man es so wollte.
Und keiner fragte, ob ich heilig sei!
Ich bin ein Mädchen, und gesund dabei,
und weiß nicht recht, warum ich fromm sein sollte.
Kästner, Ein Fräulein beklagt sich bitter

Mädchen, heißes

Die Magd schleicht aus dem Hof herbei,
Küßt mich und flüstert heiß: «Im Mai . . .»
Silja Walter, Die Magd

Mädchen, leichtsinniges → bedenkenlos
(Wedekind)

Mädchen, nichts für

«Möcht nach Aragon», sprach Käthchen,
«nehmt mich mit Euch», bat die Süße.
«Das ist», sprach ich, «nichts für Mädchen,
glaubt mir, nichts für zarte Füße.»
Spanische Ballade, Romanze von Catalina (Lüher)

Mädchen, sauberes

Sie hat dazu ein fein Gebärd,
Hält alles sauber an dem Herd,
Verwahrt das Feuer und das Licht
Und schlummert in der Kirche nicht.

. . . Wunderhorn, Die fromme Maid

Mädchen, schöne

Drei schöne Mädchen alsbalde
Hinschwebten über dem Walde.

J.W. Grosse, Romanze

Mädchen, sehnsüchtige

Jetzt wartet wohl beim Scheine
Des Mondes mehr als eine
Auf ihren jungen Fant
Und lauscht gespannt . . .

de Musset, Venedig (M. Hahn)

Mädchen, sitzengebliebenes

Liese wartet Jahr auf Tag
Auf der grünen Wiese.
Doch kein König kommen mag,
Der da spricht zur Liese:
Jungfrau lieblich, Jungfrau schön,
Tanzen wir ein wenig?
Jeden sieht man weitergehn.
Niemals kommt ein König!

Unbek. Verfasser, Dumme Liese

Mädchen, süßes

Einer Kirsche glich ihr süßer Mund
Einen lieblichern sah ich nicht,
Und unter den dunklen Locken schien
Ihre Stirn wie Morgenlicht.

Schottisches Volkslied, des Lords Marie (Wolff)

Mädchen, träumendes

Ich denke, hinter mir stünde ein Mann
und seine Hand käm über mich her.
O Gott im Himmel, es rührt mich wer an!
Ich singe empor, so hell ich kann,
ich singe so hell . . .ich weiß . . .
nichts . . .mehr.

M. Hausmann, Das Mädchen

Mädchen, verschwundenes

Eile, Roß! die Maid verschwand;
ha! dort weht ihr weiß Gewand,
mitten unter Schutt und Trümmern
sieht man es im Glutmeer schimmern.

Odyniec, Die Kriegsgefangene (Nitschmann)

Mädchen, weiche

Den Mädchen war er wohlgesinnt,
weil sie so weich wie Kätzchen sind.

Nach einer polnischen Ballade

Mädchen, wohlgeformte

Weiß wie Schnee und Zucker hatten
Brüste sie und Hüften schlank;
wohlgeformt am ganzen Leibe,
stand nach Predigt nicht ihr Sinn.

Simone Prudenzani, Die Äbtissin (Vollenweider)

Mädchen, zaghaftes

Mut, mein Mädchen! Was zitterst du denn?
Wie bist du so zaghaft!

Theokrit, Liebesgespräch

Mädchen, zu feines

Ei, Mädchen, du bist mir viel zu fein,
Du gehst gern mit den Herrelein.

. . . Wunderhorn, Liebesdienst

Mädchenblick

Knabe du mit dem Mädchenblick,
Nach dir such ich . . .

Anakreon (Mörike)

Mädchenhandel

Des Bürgermeisters Töchterlein
muß nun des Rattenfängers sein.
Simrock, Der Rattenfänger

Magenweh

Hast du öfter Magensausen,
Laß das Schokoladenmausen!
Monika v. Normann, Halb geschüttelt

Magier → deuten
(Heine)

Magie der Nacht

Auf deine Brüste, die berauschen
Mit der Magie der Nacht, geneigt,
Will ich der ewigen Klage lauschen,
Die aus der Wasser Becken steigt.
Baudelaire, Der Springbrunnen (Wiegler)

magisch

Dorten webt sie Tag und Nacht
ein magisch Zeug von bunter Pracht.
Tennyson, Die Dame von Shalott (Freiligrath)

Magnetfelder → schlafen, falsch
(Morgenstern)

Mahnmal

Laß im Traum das Leben dich
umwimmern,
Das hier unterging in starres Graun!
Ist es denn so herrlich, sich in Trümmern
In die Weltgeschichte einzubaun?
Tiedge, Elegie auf dem Schlachtfeld bei Kunersdorf

Mai

Ach wenn's doch erst gelinder
und grüner draußen wär.
Komm, lieber Mai, wir Kinder,
wir bitten dich gar sehr!
Overbeck, Komm, lieber Mai

Maienlust

O holde Lust im Maien,
da alles neu erblüht,
du kannst mir sehr erfreuen
mein Herz und mein Gemüt.
Volkslied aus der Schweiz, Grüß Gott, du schöner Maien

Mahlzeit, letzte

Zum letzten Male hat im hohen Saal
gemessen
Im Schloß am Meer der Greis zum
Krönungsmahl gesessen ...
Dolfs, Der König von Thule

Makler

Ein Makler, der sonst frei von Makeln,
Beginnt, mit dem Glücke zu hakeln.
Nicht faul, zieht das Glück
Seinen Finger zurück.
Nun sitzt er in tausend Debakeln.
Ernst Fabian

Manager → Tun ist Getue

Managertod

Ohne ihn war nichts zu machen,
keine Stunde hatt' er frei.
Gestern, als sie ihn begruben,
war er richtig auch dabei.
W. Busch, Kritik des Herzens

Mängel

Nimm einen jeden wie er ist ...
es hat ein jeder seine Mängel
und selbst der Beste ... denn wir sind
nun einmal Menschen und nicht Engel!
Flaischlen

Manieren, schlechte

Herr Hofrat! Sie vergessen sich,
Sie essen ja ganz fürchterlich!

Mörike, Kinderszene

Mann

Ein bißchen Goethe, ein bißchen
Bonaparte,
So soll er ausseh'n, der Mann auf den ich
warte . . .

Schlagertext

Mann, böser

Nicht länger ist es zu ertragen
Mit meinem bösen Mann;
Ach! gestern hat er mich geschlagen,
Daß ich nicht stehen kann.

Castelli, Gebet einer Frau

Mann, falscher

Er ist kein Mann für dieses Wesen,
sie ist ein Buch, er kann's nicht lesen.

Nach Tucholsky

Mann, getauschter

doch für die Beeren, so gelb und geil,
bot sie den eigenen Mann mir feil.

Marie Under, Die Dudaimbeeren

Mann, guter

Lieber Ofen, ich bete dich an,
gib mir einen guten Mann,
der mich nicht schlägt,
der für mich fegt,
der mich alle Abend zu Bette trägt.

Kinderreim

Mann, mutiger

Wär' nicht ein Mann gekommen,
der sich ein Herz genommen – O weh!

Güll, Das Büblein auf dem Eise

Mann, toller

Lieber Herr, das glaub ich wohl,
Daß Ihr damals waret toll . . .

. . . Wunderhorn, Die vermeinte Jungfrau Lille

Ich finde dich herrlich,
ich finde dich toll,
weil du ein Mann bist,
so wie er sein soll.

Schlagertext

Mann, unansehnlicher

Ich gleiche keinem Engelssohne
Und trage keine goldne Krone.

Frei nach Villon

Mann, unfähiger

Hab ich keinen Mann
Der stechen kann . . .?

. . . Wunderhorn, Der Dollinger

Mann, wie ein → Pfade, krumme

(Kramsu)

Mann gegen Mann

Einst galt noch im Kampfe Kopf gegen
Kopf
Und Mann gegen Mann – indessen
Heut drückt der Chemiker auf den Knopf,
Und der Held ist vergessen, vergessen.

Klabund, Die Ballade des Vergessens

Bei Zusammenstößen fegen dort
sich die Mannen mit dem Degen fort.

Müller-Giersleben, Die Brut von Messina

Mann und Frau, wie

Zweimal pro Woche wird die Nacht
mit Liebelei und heißem Mund,
als wär man Mann und Frau, verbracht.
Das ist so schön! Und außerdem gesund.

Kästner, Chor der Fräuleins

Mann von Welt

Sie wurden drauf gar bald vertraut;
was Wunder doch! er war
ein Mann von Welt und wohlgebaut,
und Röschen achtzehn Jahr.

Hölty, Adelstan und Röschen

Mannequins

arme willige Mannequins
streicheln sich in bizarren Gefühlen
vor des Schattenspiels
eingebildeten Zuschauern.

Vennberg, Es gab (Nelly Sachs)

Männer kleinkriegen → emanzipieren, sich

(Ringelnatz)

Männerarbeit → schaffen gehen

(Schiller)

Männerkleider

Sie ließ sich Männerkleider nähn
und sprach: ich will als Reiter gehn.

Nordische Ballade, Kjersti als Stalljunge (Festesen)

Männervergewaltigung

Sie lockten ihn an dunkle Stellen
und zwangen ihn zu dem und dem.
Er war kein Freund von Maskenbällen
und fand es riesig unbequem.

Kästner, Schicksal eines stilisierten Negers

Männerversteck

Sie hatte den Mund auf dem rechten Fleck
und viele andere Schwächen.
Sie war das geborene Männerversteck,
zerbrechlich, doch nicht zu zerbrechen.

Kästner, Polly oder das jähe Ende

Mannigfaltigkeit → Natur, die

(Hagelstange)

männliche Anmaßung → Frau, leibeigene

(Dehmel)

männlich oder weiblich → Sohn oder Tochter

Männlichkeit

Mannheit ohne Sinnen
Wird nicht viel gewinnen.

Logau, Sinngedichte

Mannschaft

Kommt die Mannschaft in den Hafen,
freu'n sich alle Mädchen sehr,
aber schon nach ein paar Stunden
gibt's dort keine Jungfrau'n mehr!

Seemannslied

mannstoll

Ich soll und muß ein Buhlen haben . . .
Und sollt ich ihn aus der Erde graben . . .

. . . Wunderhorn, Sollen und Müssen

Manöver → Herbstmanöver

(Mühsam)

Mäntelchen im Wind

Immer glauben, nur nicht denken
Und das Mäntelchen im Wind.
Wozu noch den Kopf verrenken
Wenn wir für den Frieden sind?

K. Bartsch, Sozialistischer Biedermeier

Märchen

Am Rande des Märchens strickt die Nacht sich Rosen.

Arp, Rosen schreiten . . .

Alle Märchen werden einmal Wirklichkeit . . .

Chlebnikow, Iranisches Lied (Koval)

Du hast verspielt,
wenn du nicht
an Märchen glaubst.
Krolow, Im Walde

Märchenaugen

Leg's dem Leben nicht zur Last,
dünkt sein Wert dich Plunder!
Wenn du Märchenaugen hast,
ist die Welt voll Wunder.
Blüthgen

märchenhaft → überflügeln
(Heine)

Maria

O du fromme,
Süße Magd Maria, komme!
Lat. Kirchenlied (nach Simrock)

Maria, unbeschreibliche → unbeschreiblich schön
(Novalis)

Markt

Laß schauen uns wieder die Fülle des Markts:
Großmächtige Zwiebeln, Knoblauch, Tomaten
Frühgurken, Melonen, Granaten!
Aristophanes, Lied an den Frieden

Marktstrategie → Fehler der Feinde
Sprichwort

Marmelade

Und aus der warmen Marmelade
Kroch eine arme lahme Made.
M. u. R. v. Normann, Schüttelversuch

Marsch

Der Marsch ist weit und nicht zu neiden,
Nicht Durst, nicht Hunger sind zu meiden . . .
Aus dem Schi-king, Die Krieger . . . (v. Strauß)

Märtyrer, christlicher

Bald fing er an zu preisen
Dich, Christus, wahren Gott,
Und ließ sich unterweisen
Wohl in des Herrn Gebot,
Hat heilge Tauf empfangen
Und Christum frei bekennt,
Zur Marter ist gegangen
Und mit der Ros verbrennt.
. . . Wunderhorn, Dorothea und Theophilus

Märtyrer, Talent zum

O Gott, verkürze meine Qual,
Damit man mich bald begrabe;
Du weißt ja, daß ich keine Talent
Zum Martyrtume habe.
Heine, Miserere

Marx wie Moritz

Brüder, seht die rote Fahne
Hängt bei uns zur Küche raus.
Außen Sonne, innen Sahne.
Nun sieht Marx wie Moritz aus.
K. Bartsch, Sozialistischer Biedermeier

Maske der Angst

Gib, Herr, daß mein Gesicht, in meine Hände gepreßt,
die erstickende Maske der Angst fallen läßt.
Cendrars, Ostern in New York (J. Schroeder)

Maskenball

Die Geigen girren leise,
Die Flöten flüstern so fein,
Die Masken drehn sich im Kreise,
Plump fährt die Pauke drein.
Gustav Falke, Auf dem Maskenball

Maß, das richtige

Zwischen Welt und Einsamkeit
ist das rechte Leben.
Nicht zu nah und nicht zu weit
will ich mich begeben.
Rückert

Massen, die

Auf allen Märkten, auf allen Gassen
lärmende Leute, betrunkene Massen.
Liliencron, Trutz, Blanke Hans

Massengrab

Die Sonne fällt zum Horizont hinab.
Bald wirft man mich ins milde
Massengrab.
A. Lichtenstein, Abschied

Wen läßt das noch erbleichen!
Es ist wie auf dem Meere,
Dort liegen auch die Heere
Und geben keine Zeichen.
J.R. Becher, Deutsche Gräber an der Ostfront

Massengrab → Raum für die Toten
(Nick)

Massenveranstaltung

Sie sah mich ins Gemenge gehn,
Einen starken Feind mußt ich bestehn . . .
Tennyson, Die Ballade von Oriana (Freiligrath)

Massenveranstaltungen → Naturfreude
(Wieland)

Massenvernichtungsmittel

Kein schönrer Tod ist auf der Welt,
als gleich millionenweise.
Die Industrie gibt uns neues Geld
und Waffen zum Selbstkostenpreise.
Kästner, Ganz rechts zu singen

Masseuse

Man holt in Eile die Masseuse,
damit sich die Verspannung löse.
Nach Hilaire Belloc, Maria

Mäßigkeit

Die Mäßigkeit ist gut und fein,
nur darf sie nicht unmäßig sein.
Verfasser unbekannt

maßvoll genießen

Genieße mäßig Füll und Segen,
Vernunft sei überall zugegen,
wo Leben sich des Lebens freut.
Goethe, Vermächtnis

mästen, sich

Welch ein entzücktes Spiel: zu hohen
Festen
Erlesner Bissen Liebreiz zu erflehn,
Und welche Lust, sich mächtig
vollzumästen,
Satt und mit Saft gefüllt vom Hals bis zu
den Zeh'n.
Zuckmayer, Das Essen

matt

Matt bin ich, matt wie die Natur! –
Elf schlägt die Uhr.
A. von Droste-Hülshoff, Durchwachte Nacht

Maul halten

Halt das Maul und schweige still,
Hör, was ich dir sagen will . . .

. . . Wunderhorn, Die vermeinte Jungfrau Lille

Mäuler, böse

Du darfst nicht, lebst du recht,
nach bösen Mäulern fragen:
Es lieget nicht an uns,
was der und jener sagen.

Hausinschrift

Maulheld

Er hatte Knochen wie ein Gaul
Und eine freche Stirn
Und ein entsetzlich großes Maul
Und nur ein kleines Hirn . . .

M. Claudius, Die Geschichte von Goliath und David

Maulkampf → Diskussion, öffentliche

(Heine)

Maulkorb

Maulkorb, Maulkorb über alles;
Wenn der Maulkorb richtig sitzt,
Wird man immer schlimmsten Falles
Noch als Hofpoet benützt.

Wedekind, Reaktion

Meditation

Ein Narr ist viel bemüht; des Weisen
ganzes Tun,
Das zehnmal edeler, ist Lieben, Schauen,
Ruhn.

Angelus Silesius

Was ich zuvor besessen,
Was ich zuvor gewußt,
Das will ich verlieren, vergessen–
Ich reise durch meine eigene Brust.

Ringelnatz, Der Abenteurer

Hoch in den Stürzen der Sphäre
stimme dem Ziellosen zu!
Halte die unendliche Schwere
in das unendliche Nu!

Hagelstange, Stunde, die ruht . . .

Meditation → begreifen, sich

(Hausmann)

Meditation → Gebet und Fasten

(Hausmann)

Meditation → Unendlichkeit

(Nietzsche)

Medizin → Arzt, Doktor

Medizinmann

Um mich zu heilen
Malte der Medizinmann
Deine Gestalt in die Wüste . . .

Claire Goll, Sandmalerei

Meer

Das Meer ist niemandes Meer
Der Mond ziehts hin und her

Marie Luise Kaschnitz, Torre San Lorenzo

Meer, am

Ich sitz im Sande, fließend winkt
Das mittägliche Mittelmeer,
Gemessene Bewegung schwingt
Mir ihren guten Klang hierher–

Shelley, In Niedergeschlagenheit bei Neapel (Wolfenstein)

Meer, riesiges

Wär'n alle Meere eines:
Das wär bestimmt kein kleines!

Verfasser unbekannt

Meer, wie das → ziellos

(Laotse)

Meerblick, rührender

Das Fräulein stand am Meere
Und seufzte lang und bang,
Es rührte sie so sehre
Der Sonnenuntergang.

Heine, Das Fräulein

Meeresboden, am → Taucher

(Hauch)

mehr tun

Ich tue als ein guter Christ
Nicht mehr als mir befohlen ist.

Sprichwort

Meister

Warum denn nur der Meister klagt,
Der selber schlechten Kleister macht?

Papentrigk

Meister, größter → Schöpfer

(... Wunderhorn)

Meister, Ruf nach dem

Meister, ohne dein Erbarmen
Muß im Abgrund ich verzagen,
Willst du nicht mit starken Armen
Wieder mich zum Lichte tragen.

C. Brentano, Frühlingsschrei . . .

Meister, Ruf nach dem → Geisterbeschwörung

(Goethe)

Meister und Geister

Teilnehmend führen gute Geister,
Gelinde leitend höchste Meister
Zu dem, der alles schafft und schuf.

Goethe, Eins und alles

Meister werden

Die Meisterregeln lern beizeiten,
so daß sie lange dich begleiten . . .

Nach R. Wagner?

Meistermörder

Der Meister aber ist zur See geflohn,
Weil er erschlug den eignen Pflegesohn.

Dolfs, Der jähzornige Meister

Meisterstück der Schöpfung

Als Lehrlingsarbeit gab den Mann
Die Schöpfung aus den Händen . . .!
Um als ihr Meisterstück sodann
Die Mädchen zu vollenden . . .!

Burns

Meinung, eigene → Nachdenken

(Scheffel)

Meinungsverschiedenheit

Die netteste Form der Streitigkeit
ist die Meinungsverschiedenheit.

N. Born, Die Familie

Melodie

Laß, o süße Melodie,
Laß ihn Schwester Harmonie,
Jedes Ohr und Herz gewinnen,
Jede Götterphantasie!

Bürger, Das hohe Lied . . .

Denn Melodie, unendliche,
Klingt im lebendgen Sinn,
Es atmet unverständliche,
Doch heilige Macht darin.

Lermontow, Gebet (v. Guenter)

Gib mir Melodien – oh, nur eine:
Wiege das Herz in Träume, wenn es schreit!
Und dir wachsen ewige Marmorsteine
Aus der Asche der Vergangenheit.

Zorilla, Die Illusion (Dehmel)

Melodie, grausige → Attraktion

(Schiller)

Melodie, schrankenlose

eingeengt von Fühlen und Gedanken
bleibt in dich ein großer Strom gelegt,
seine Melodie ist ohne Schranken,
trauerlos und leicht und selbstbewegt.

G. Benn

Melancholie

Doch fällt vom Himmel die Melancholie
Plötzlich wie eine Wolke sich ergießt,
Die alle siechen Blumen hebt und die
Den grünen Hügel in Apriltuch
  schließt . . .

Keats, Ode auf die Melancholie (v. Bernus)

Der Ritter fiel in kurzer Zeit
drob in Melancholei
und ward, verzehrt von Traurigkeit,
des Todes Konterfei.

Hölty, Adelstan und Röschen

Melancholiker → Überfluß

(Heine)

Menge, lieblose

Es sammelt sich die Menge,
Es winken mir die Fraun,
Doch selbst in dem Gedränge
Kann ich die Lieb nicht schaun.

Opitz, Unerhörte Liebe

Mensch → Ungeheuer

(Sophokles)

Mensch, freier

Was hilft es dir, damit zu prahlen,
Daß du ein freies Menschenkind?
Mußt du nicht pünktlich Steuern zahlen,
Obwohl sie dir zuwider sind?

W. Busch, Schein und Sein

Mensch, freier → Sklavenbefreiung

(Schiller)

Mensch, friedloser → Sündenfall

(Hagelstange)

Mensch, kleinlicher

So war der Mensch zu allen Zeiten,
so ist er jung, so bleibt er alt:
Heiß ist er gegen Kleinigkeiten
und gegen große Dinge kalt.

Lichtwer, Die Tulipane

Mensch, rätselhafter → Fabelwesen

Mensch, Tier und Engel → einträchtig

(Jammes)

Mensch, undankbarer

Wahrlich, undankbar ist der Mensch
Gegen Gott, seinen Herrn!

Mohammed, Der Tag des Gerichts

Mensch, unsterblicher

Ich bin der Genosse und der Gefährte der
  Menschen, alle ebenso unsterblich und
  unermeßlich wie ich . . .

Whitman, Gesang von mir selbst (Schlaf)

Mensch, unterentwickelter

Du bist noch der gleiche wie einst mit Stein
  und mit Schleuder;
Mensch meiner Zeit.

Quasimodo, Mensch meiner Zeit (v. Nostiz)

Mensch, unzerstörbarer

Heil wie du auf die Welt gekommen,
Unzerstörbar wirst du fortgenommen.

F. G. Jünger, Geleitspruch

Mensch noch Tier, weder

Ich dachte mich beschämt in dich hinein.
Es müßte doch in dir, in deinem Leben
Sich irgendwo das Schmerzgefühl
ergeben:
Ein Dasein lang nicht Mensch noch Tier zu
sein.

Ringelnatz, Die Riesendame der Oktoberwiese

Mensch sein

Es kommt vor, daß ich müde bin, ein
Mensch zu sein.

P. Neruda, Walking around (Arendt)

Mensch werden

Du bist Mensch geworden, fremd und
verhaßt uns.

Edith Södergran, Die Bäume meiner Kindheit (R. Braun)

Mensch und Natur → Erde, frische

(Papini)

Menschen

Was sind wir Menschen doch? . . .
Ein Ball des falschen Glücks, ein Irrlicht
dieser Zeit,
Ein Schauplatz herber Angst und
Widerwärtigkeit . . .

Gryphius

Menschen, ahnungslose

Und wir sind wie der Stier, der nicht
versteht, was geschieht,
Führt man ihn zum Schlachthaus?

Supervielle, Hinweis auf einen Dichter (Kraft)

Menschen, drittklassige → Worte lernen

(Konfuzius)

Menschen, dumme und hartherzige →
Völker und Reiche

(Viertel)

Menschen, kriechende und wimmelnde →
Himmel, verfluchter

(Wolfskehl)

Menschen, leidende

Es schwinden, es fallen
Die leidenden Menschen
Blindlings von einer
Stunde zur andern . . .

Hölderlin, Hyperions Schicksalslied

Menschen, überflüssige

Es soll wieder
überflüssige Menschen geben.

Piontek, Einfache Sätze aus dem Jahr 68

Menschen, unfreie → Schwingen,
beschnittene

(Gorki)

Menschen aus Stein → fremd fühlen, sich

(Kesten)

Menschen lieben lernen

Und könntest du dich auch entfernen
es triebe Sehnsucht dich zurück;
denn hör', die Menschen lieben lernen,
es ist das einzig wahre Glück.

Platen

Menschen sind Spielsachen

Spielsachen sind alle Menschen.
Spielsache war ich selbst gestern.
Heute bin ich die, die das Geheimnis
öffnet.
Ich will, daß alle zu mir kommen . . .

Edith Södergran, Geheimnis (Nelly Sachs)

Menschen, wilde

Not tut es, daß ihr euch besinnt
Daß wild wir wie die Menschen sind . . .
Nach Aragon, Dichtkunst

Menschsein, ungehemmtes → Volksfest
(Goethe)

menschenähnlich

O Vater, rief der Knabe,
Sind Affen denn auch Leute?
Der Vater sprach: Nun ja,
Nicht ganz, doch so beinah.
W. Busch, Die Affen

Menschenansammlung → Stauung

Menschenasche

Jedes Menschen Asche schillert mit
anderer Farbe
Czeslaw Milosz, Armer Christ sieht das Ghetto

Menschenbeurteilung

Der Erfolg ist offenbar,
die Absicht aber niemals klar.
Drum wird man alle Menschengeschichten
ewig nach dem Erfolge richten.
Rückert

Richte nie den Wert des Menschen
schnell nach einer kurzen Stunde.
Oben sind bewegte Wellen,
doch die Perle liegt im Grunde.
v. Leixner

Menschenblut

Ruht, ihr Ithaker, ruht vom unglückseligen
Kriege!
Schonet des Menschenbluts, und trennt
euch schnell voneinander!
Homer, Odyssee, 24. Gesang (J.H. Voß)

Menschenfeind

Denke daran, daß der Mensch des
Menschen Feind ist
Und daß er sinnt auf Vernichtung.
G. Eich, Denke daran . . .

Menschenfresser

In Afrika die Wilden
– Es war in alter Zeit,
Die fraßen ihre Weiber
Aus lauter Zeitvertreib.
Verfasser unbekannt

Der Löwe in den heißen Tropen
Lebt allgemein von Antilopen
Und richtet Menschenfleisch nur dann
Und wann als leckre Beikost an . . .
Hilaire Belloc, Das undankbarste Tier der Welt (Krüss)

Menschenglück → Erlöser
(Mühsam)

Menschenhand → Tand
(Fontane)

Menschenhand, zerstörerische → Hand
(Raabe)

Menschenstrom → Stauung
(Liliencron)

Menschenverächter

Was galt mir ein Menschenleben?
Je mehr ich zu Tode brachte,
lachte das Herz mir im Leibe.
Bulgarisches Haiduckenlied, Achmed (Gesemann)

Menschenwürde

Vergebens in den Nachtkavernen
Wollten wir Menschenwürde lernen.
Yvan Goll, Chor der Proletarier

Menschenwürde → tief sinken

Menschheit

Und man kommt, geschult durch das Erlebnis,
wieder mal zu folgendem Ergebnis:
Die Menschheit ist nichts weiter als
eine Hautkrankheit des Erdenballs.
Kästner, Misanthropologie

Menschheit, lahme → Krücken

Menschheit, närrische → Betrieb des Lebens
Verf. unbek.

Menschheit, neue

Warte, schlaf nicht. Heute nacht,
vielleicht, sind wir die Wurzel, die tiefe,
eines neuen Stammes der Menschheit.
Juana de Ibarbourou, Regnerische Nacht (Theile)

Menschheit, überflüssige

Man könnte also die ganze Menschheit
in eine Kiste steigen heißen
und diese, vielleicht in den Kordilleren,
in einen der tiefsten Abgründe schmeißen.
Kästner, Ein Kubikkilometer genügt

menschlich

Auch der tapferste Mann, den es gibt,
schaut mal unters Bett.
Auch die nobelste Frau, die man liebt,
muß mal aufs Klosett.
Kästner, Helden in Pantoffeln

messen → Zahlenmenschen

Metapher

die Erde dröhnt von Metaphern ...
Mandelstamm, Der Hufeisen-Finder (Celan)

Metapher → Ausdruck, passender
(Heine)

Metapher der Vereinigung

Was aber ließe sich Rühmlicheres bemerken als
daß das hier eine wirkliche Lücke zu füllen gilt.
Rühmkorf, Waschzettel

Metaphysik

Auch die Metaphysik
Setzt die Herzen zunächst
Unauffällig in Erregung.
Krolow, Zwischenfälle

Methode

So folgt jeder der Methode,
Dran er nun einmal gewöhnet,
Und anstatt dich grob zu schelten,
Sag' ich Dank dir, wohlversöhnet.
Heine, Disputation

Metzger, friedlicher

Der Metzger hat sein Beil gelegt.
Seht, wie er fromm die Fahne trägt!
Hagelstange, Ländliche Fronleichnamsprozession

Midlifecrisis

Einsam war der Mann und bald
fünfundvierzig Jahre alt.
Kästner, Nekrolog ...

Miesmacher

Lasset der Grauen
Murren und Schauen,
Raten und Wissen
Wenig ersprießen ...
...Wunderhorn, Ehestand der Freude

Milchgesicht

Seinesgleichen gibt es nicht
in der Schlacht wie bei dem Schmause –
ist nicht so ein Milchgesicht
wie dein Polenheld zu Hause.

Odyniec, Die Kriegsgefangene (Nitschmann)

Millionär

Ja, so manches Interview
Druckt von ihm die Zeitung.
In der Welt des Kapitals
Hat sein Wort Bedeutung.

Sergej Michalkow, Der Millionär (Krüss)

Millionär werden → wenn

(Kinderreim)

Millionäre, arme → Kriegsgewinnler

(Kästner)

Millionäre, nützliche

Macht Steppen fruchtbar. Befehlt. Legt Gleise.
Organisiert den Umbau der Welt!
Ach, gäbe es nur ein Dutzend Weise
mit sehr viel Geld . . .

Kästner, Ansprache an Millionäre

millionenfach

Der Schnee, er fällt und fällt und fällt
Millionenfach, milliardenfach
Auf Haus und Hof hin, Dorf und Dach . . .

Verhaeren, Der Schnee (Zweig)

Minderwertigkeitsgefühl → Persönlichkeit

(Ringelnatz)

Ministerkompetenzen

Der Minister des Äußern
Kann sich nicht äußern;
Der Minister des Innern;
Kann sich nicht erinnern;
Der Minister des Krieges
Ist nicht der des Sieges;
Nach dem Minister der Finanzen
Muß alles tanzen!

Grillparzer, Epigramme

Mirakel

Zusammen lief Weib, Kind und Mann
Und schauten das Mirakel an.

H. Seidel, Der Eiersegen

Misanthropen

Sie suchen früh und spät,
das Bittere im Kelche:
Wer keine Plage hat,
der macht sich welche!

Kotzebue, Trost im Scheiden

Lange hab auch ich gescholten,
wie's Geschmack und Witz beschwor,
und der Mensch hat mir gegolten
mehr nicht als ein fremder Tor.

Morgenstern

mischen, sich

Hier findet sich kein Schwein zurecht.
Die Echten sind falsch, die Falschen sind echt,
und alles mischt sich im Topf,
und Schmerz macht Spaß, und Lust zeugt Zorn,
und Oben ist unten, und Hinten ist vorn.
Man greift sich an den Kopf.

Kästner, Ragout fin de siècle

mischen, sich → Fest, nächtliches

(Trojan)

Mischung, fragwürdige

Wenn ein Neunauge mit einem
Tausendfuß
Kinder zeugt, wie mögen die gehen?
Wie mögen die sehen?
Ich weiß es nicht. Weißt du's?

Ringelnatz, Weißt du?

mißgestaltig

Die Ohren baumeln mißgestaltig.
Das Antlitz fahl und abgestumpft.
Die Nase krumm, das Kinn so faltig.
Die Lippen ledern und verschrumpft.

F. Villon, Klage der schönen Helmschmiedin (Benndorf)

Mißmut Gottes

«. . .Bedankt euch bei den Menschen und
der Schlange!»
Gott sprachs, und Mißmut furchte seine
Wange.

Hagelstange, Ballade von der Erhöhung . . .

Mist

Manche brauchen Mist, Mama,
Weil sie anderes vermissen,
Und der ist – wer kann es wissen –
Hier vielleicht sehr reichlich da.

Ringelnatz, Die Waisenkinder

Mist, alter

Laß doch Deine Neuigkeiten!
Laß doch diesen alten Mist!
Daß die Welt zum Schießen ist,
wird kein Konfirmand bestreiten.

Kästner, Warnung vor Selbstschüssen

mitbringen, etwas

Der Schuft, dran hat er nicht gedacht!
Das Geld verpraßt, nichts mitgebracht!

Nach Reinick, Der Steckenpferdreiter

Mitbringsel

Uns allen hat er, groß und klein,
was Schönes mitgebracht,
und sollt's auch nur ein Sträußchen sein,
er hat an uns gedacht.

Hoffmann von Fallersleben, Der Frühling hat sich eingestellt

Mitgefühl

So mancher scheint beim ersten Blick
verschlossen, Starr und eisig kühl,
doch birgt sein Herz, für den, der sucht,
den reichsten Schatz von Mitgefühl.

W. Jordan

Fehlt es dem armen Nächsten 'mal an
warmen Beinen,
Muß Melancholikus gleich vor Erbarmen
weinen.

Dolfs, Die vier Temperamente

mitgehen müssen

Ganz vergeblich ist dein Flehen,
mußt lebendig mit mir gehen.

Nach einer polnischen Ballade

mitgenommen werden

Wenn nur was käme
Und mich mitnähme!

Rückert, Vom Büblein, das überall hat mitgenommen sein wollen

Mitgift

Zwei Dreier sind zuwenig,
zwei Groschen sind zuviel,
da bleib ich lieber ledig
und mache was ich will!

Volkstümlich, Hänschen im Schornstein

Du gabst mir Jugend, gabst mir Liebe,
Den Ordnungssinn und hohes Streben,
Und noch dazu, zum Spaß der Diebe,
Geruhtest du mir Geld zu geben.

Tuwim, An das Schicksal (Dedecius)

Mitleid

Kann ich eine Träne sehn,
Ohn' in Mitleid aufzugehn?

Blake, Auf den Schmerz . . . (F. Braun)

Sie stand uns nah mit schmerzgefurchter Brau
Voll Mitleids auf mich, bis ich selbst genas
Und sie dagegen meinen Gram besaß.

Morris, Vergebliches Suchen (v. Bernus)

Mitleid → Nächstenliebe
(Hagelstange)

Mitleid, grausames

Die grausame Schlange nahm langsam sich Zeit,
Fast schien es, als tät's um die Jungfrau ihr leid.

Friederike Kempner, Der Tierbändiger

Mitleid, grenzenloses

Ich werde durch die Spitäler gehn,
werde Lepra sein, schwärende Wunde, abstoßender Geruch,
im Schmerz der Sterbenden werde ich sein,
im Lösegeld der Dirne.

Adalgisa Nery, Einmal werd ich in allem sein (Theile)

Mitleid erbitten → betteln
(Bruant)

mitleidlos

Und mitleidlos hast du sie angeblickt
Weil Allen rings die Augen übergingen
Dein starres Feldenherz nicht konnte zwingen
Der Reiz, der jedes Zürnen sonst erstickt.

Torquato Tasso, Bei der Hinrichtung eines schönen Mädchens (K. Förster)

mitmachen, nicht

Und nur der Pfarrer zog nicht mit,
Obschon er nicht an Husten litt.

J. Sturm, Der große Wind . . .

mitmischen, überall

Wer seine Finger in alle Löcher steckt,
Dem werden sie auch sehr schnell bedreckt.

Nach Waldis, Esopus

mitspielen

Und getroffen sich fühlt,
Wer hatt' mitgespielt . . .

J. Trojan, Das Geisterschloß

Mittagsruh

Erquicklich ist die Mittagsruh,
Nur kommt man oftmals nicht dazu.

W. Busch, Münchner Bilderbogen

mitteilen, sich

Niemals, niemals
Teile dich mit!
Fährlich, fährlich
Ist jeder Schritt!

Konfuzius, Lied des Narren von Tschu (Wilhelm)

Mitte erreichen, die → Einsamkeit
(Laotse)

Mittel gegen Not

Not lehrt beten! Arbeit lehrt,
wie man gegen Not sich wehrt!

Gleim, Die goldnen Sprüche des Pythagoras

Mittelding → Zwitter

Mittelweg

In Gefahr und großer Not
bringt der Mittelweg den Tod

Logau

Mittelweg → gewinne und verlieren
(Sprichwort)

Mittelweg → Leben, das rechte
(Rückert)

Mittelweg, goldener

Fahr, aber hetz nicht.
Red, aber schwätz nicht.
Trink, aber sauf nicht.
Hab Schneid, aber rauf nicht.
Verfasser unbekannt

Mitternacht → Spuk
(Odyniec)

Mitternacht → Spuk
(Trojan)

Mitwisserin

So hatt die Sonn eine Zunge nun,
Der Frauen Zungen ja nimmer ruhn.–
Chamisso, Die Sonne bringt es an den Tag

Mitwisserin → Geheimnis, dunkles
(Chamisso)

Mitverantwortung

Denke daran, daß du schuld bist an
allem Entsetzlichen
Das sich fern von dir abspielt –
G. Eich, Denke daran ...

Möbelstück, schönes → Stück, bestes
(Seidel)

Mode

Nun trägt man grade schlicht das Haar
Und findet das recht wunderbar.
Nach J. Kerner

Wenn es Mode wird, sich
schwarzzuschmieren ...
Wenn verrückte Gänse in Paris
sich die Haut wie Chinakrepp
plissieren ...
Wenn es Mode wird, auf allen Vieren
durch die Stadt zu kriechen, machen sie's.
Kästner, Sogenannte Klassefrauen

Modepüppchen

Beliebt bin ich in feinsten Kreisen,
Wo ich mir eine Stellung schuf,
Wie Referenzen es beweisen:
Modistin bin ich von Beruf!
F. Schnack, Lied des Modepüppchens

modern schlafen

Ich bin aus vollster Brust modern
und hoffe, man sieht es mir an.
Ich schlafe mit allen möglichen Herrn,
nur nicht mit dem eigenen Mann.
Kästner, Ballgeflüster

modern sein → zeitgemäß

mogeln

Gelogen, gemogelt wird überhaupt viel,
«Fabulieren» ist ja Zweck und Ziel.
Fontane, Der echte Dichter

«Hier mogelt man!» rief
Eine Stimme so tief ...
J. Trojan, Das Geisterschloß

Moleküle

Laß die Moleküle rasen ...
Heilig halte die Ekstasen.
Morgenstern

Mönch

Ein dickes Kreuz auf dickerm Bauch.
Wer spürte nicht der Gottheit Hauch!
Morgenstern (Mönche)

Mönch werden

So will ich werden gleich ein Mönch
und in ein Kloster gehn,
doch wisse, stolze Sidselit,
du wirst mich nie mehr sehn.

Nordische Ballade, Liebe im Sonnenschein (Festesen)

Mond

Laß den Mond am Himmel stehn
und die stille Welt besehn.

Luise Hensel, Müde bin ich

Mond, Abschied vom → Welt, neue

Mond, erbleichender

Und sie sausten über weiße Hänge.
Und der Vollmond wurde förmlich fahl.
Und er zog sich staunend in die Länge.
So etwas sah er zum erstenmal.

Kästner, Maskenball im Hochgebirge

Mond, stiller

Willkommen, o silberner Mond,
Schöner, stiller Gefährt der Nacht!

Klopstock, Die frühen Gräber

Mond, süßer

Süßer Mond, mit deinen Strahlen
Scheuchest du das nächtge Grauen;
Es zerrinnen meine Qualen,
Und die Augen übertauen.

Heine, Nacht liegt . . .

Mond, Wächter der Liebenden

Dann, wenn der Mond durch Wolken
bricht,
fällt noch auf Liebende sein Licht . . .

Tennyson, Die Dame von Shalott (Freiligrath)

Mond und Sonne → Gestirne, Einfluß der
(Kaladisa)

Mondtomaten

Der Mond, ein Traum, wird faß- und
meßbar,
Ein Picknick auf dem Mond beliebt,
Und Mondtomaten werden eßbar,
Wenn es sie gibt.

Krüss, Das Lied vom neuen Monde

Moneten

Und daß die Industrie Dich stark bemerke,
Die Schaffenslust mit vielen Mark
bestärke,
Und darauf hoffst Du freilich sehr, denn
ohne
Moneten geht es schlecht dem
Erdensohne.

Diels, Einführung in das Studium der Chemie

Moral, neue

Den Lustgärtnern wird abgesagt,
Barfuß, Hemdärmel wird verjagt . . .

. . . Wunderhorn, Alte Prophezeiung . . .

Moral, wachsende

Offensichtlich wächst im ganzen Land
menschliche Gesittung und Verstand.

Morgenstern, Das Polizeipferd

Moralprediger

Ein guter Mensch gibt gerne acht,
Ob auch der andre was Böses macht;
Und strebt durch häufige Belehrung
Nach seiner Beßrung und Bekehrung.

W. Busch, Die fromme Helene

Mord aus Mitleid → Tod, gemeinsamer
(Chamisso)

Mordbrenner, deutsche

Ihr Pulverfratzen, Teufel ihr vom Rhein,
Mordbrenner, wagt euch nie mehr hier
herein . . .

Passerat, Wider die deutschen Landsknechte (Bartuschek)

Morddrohung

Auf diesem Wege traf Brigitte
Jedoch ein Individuum,
Das hat an sie nur eine Bitte,
Wenn nicht, dann bringe er sie um.

Wedekind, Brigitte B.

morden

Sirene heult, Geschützmaul bellt.
Sie morden sich: es ist die Welt.

W. Lehmann, Auf sommerlichem Friedhof (1944)

Morden, das große

Einmal kommt – ich habe Zeichen –
Sterbesturm aus fernem Norden.
Überall stinkt es nach Leichen.
Es beginnt das große Morden.

A. Lichtenstein, Prophezeiung

Mörder

Nein! sprach der Mörder.
Du bist mein!
Denn ich bin groß, und du bist klein.

Pfeffel, Eins jagt das andere

Mörder sind alle

Die einen töten ihr Lieb, wenn sie jung,
Die andern, wenn sie alt;
Der drosselt mit den Händen der Lust,
Mit den Händen von Golde der krallt;
Der Beste braucht ein Messer, denn so
Wird bald der Tote kalt.

Wilde, Ballade vom Zuchthaus zu Reading (A. Schaeffer)

Mordfrühling

Wer kann sich vorstellen,
daß einige hier geblieben sind,
– wie stets einige bleiben –
einige, um zu morden,
einige, um gemordet zu werden,
wer kann sich das vorstellen
mitten im Frühling?

Peter Hamm, Politischer Frühling

Mordgedanken

Ich lernte heimlich Scheibeschießen.
Ich lag die Nächte ohne Schlaf.
Es kam zu keinem Blutvergießen.
Du gingst, eh ich ins Schwarze traf.

Kästner, Mathilde . . .

Mordhorden → reifen und begreifen

(Morgenstern)

Mordkommission

Doch wehe, wehe, wer verstohlen
Des Mordes schwere Tat vollbracht!
Wir heften uns an seine Sohlen . . .

Schiller, Die Kraniche des Ibykus

Mordsee

Von der Nordsee, der Mordsee, vom
Festland geschieden,
liegen die friesischen Inseln im Frieden.

Liliencron, Trutz, Blanke Hans

Mordslord

Er sah aus wie ein Lord,
war gesucht wegen Mord!

Bekannter Schlager

Morgen, der

Heut fühlt ich den Frühatem seltsam nah
Das steigende Licht durchdringen.

Die Sonne begann in den Winkeln da
Mit Flügeln der Erde zu schwingen.
Sova, Singende Frühe (Fuchs)

Morgen, schöner → abwerfen, Sorgen
(Schikaneder)

Moskau

Die Welt mit Eisenkrallen zu erraffen,
Gierst du, auf daß der Menschheit Geist
und Tat
An dir und internationalen Pfaffen
Erstickt in ausweglosem Stacheldraht.
Kuliš, Slavische Ode an Moskau (Koch)

Most

Und fröhlich durch die Gasse fährt
Der Most, der bald im Fasse gärt.
Nach Benno Papentrigk, Moselfahrt

Mücke

Was macht ein kleines Mückentier
Doch für verfluchte Tücken mir!
Papentrigk

Mückenstich

Ich spüre Mück- um Mückenstich,
Sie stechen noch zu Stücken mich.
Papentrigk

müde

Wer von der Arbeit müde,
läßt gern den Mädchen Friede.
Goethe, Kinderverstand

Müdigkeit

vorbei die Kirschenzeit
Seufzen hat keinen Sinn
legt euch lieber lang hin
ihr fallt ja um vor Müdigkeit
Prévert, Es ist aus (Kusenberg)

Muffel

Er war kein Freund von Maskenbällen.
Er war bedrückt. Und staunte stumm.
Und stand, wie man in solchen Fällen
herumzustehen pflegt, herum.
Kästner, Schicksal eines stilisierten Negers

Mühe

Wenn ihr euch Müh wollt geben,
So könnt ihr davon leben.
Rückert, Der Frühling an der Grenze

Mühe → Erfolg
(Albumvers)

Müll

Endlich das Ganze zerknüllt
Von der Hand in den Müll
Und fortgerollt mit Getöse
Am nächsten Morgen . . .
Kaschnitz, Müllabfuhr

Soll ich etwa den ganzen grauen Müll
nochmal umtüten?
Rühmkorf, Abtrunk

Mund

Ohne Mund entsteht kein Ton,
lernten wir als Kinder schon . . .
Nach Morgenstern, Ein modernes Märchen

Mund aufmachen, den

Wer jene Fäulnis,
die lange hinter der Zahnpasta lebte,
freigeben, ausatmen will,
muß seinen Mund aufmachen.
G. Grass, Kleine Aufforderung zum großen Mundaufmachen –

Mund, gesundmachender

Dein purpurroter Mund
Macht Herzen gesund
Macht Jugend verständig
Macht Tote lebendig,
Macht Kranke gesund.
...Wunderhorn, Wer's Lieben erdacht

Mund, offener

Beim Duett sind stets zu sehn
zwei Mäuler, welche offen stehn.
W. Busch, Fipps der Affe

Mundgeruch

Mit seines Rachens bösem Duft
Vergiftet er ringsum die Luft.
Nach ...Wunderhorn, Ritter St. Georg

Mündung → Weibliche, das

(Laotse)

Muse

Wie muß ich danken, meine Muse, dir,
Daß du nicht wurdest zur Meduse, mir ...
Papentrigk, Abgesang

Musik

Wo man singt, da laß dich ruhig nieder ...
Bösewichter haben keine Lieder.
Seume, Die Gesänge

Wenn die Musik der Liebe Nahrung ist,
Spielt weiter! Gebt mir volles Maß.
Shakespeare, Was ihr wollt

Gleiche Zaubermacht
Übt die Schönheit, wie Musik, die uns oft
Von unbekannten Paradiesen hehres
Geheimnis zu enthüllen scheint.
Leopardi, Aspasia

Es ist nicht irdische Musik,
Was mich so freudig macht,
Mich rufen Engel mit Gesang!
O Mutter, gute Nacht!
Uhland, Sterbensklänge

Musik wird oft nicht schön gefunden,
Dieweil sie mit Geräusch verbunden.
Nach Busch

Die Musik ist heutzutage
Wohl der Menschheit größte Plage.
H. Seidel, Glockenspiel

Mit schönen Liedern und Musik,
Begann schon mancher wilde Krieg.
Verfasser unbekannt

Musik, abschreckende

Sie aber hörte nur den Strich
Der Violine und entwich ...
Wilde, Das Hurenhaus

Musik, bessere

Vögel, tut euch nicht verweilen,
Kommet, eilet schnell herzu,
Wölfe, höret auf zu heulen,
Denn ihr störet meine Ruh.
...Wunderhorn, Gedankenstille

Musik, schweigende → Buch

(Quevedo)

Musik, süße

Ich mag so gern die Weise hören.
Komm zu mir, süßer Wunderklang,
Nur du kannst noch die Nacht entlang
Mein ruheloses Herz betören.
Hesse, Chopin III

Musik, unvergängliche

Himmel und Erde müssen vergehn,
aber die Musici bleiben bestehn.
Kanon

Musik als Lebenshilfe → verlieren, sich
(Wunderhorn)

Musik und Liebe

Ach, schönste Phyllis, hör
Doch unser Musizieren
Und laß uns eine Nacht
In deinem Schoß pausieren.
Abraham a Santa Clara, Narren-Meß

Musik und Wein

Zwei Dinge, die sich gut vertragen.
Wein trinken und die Laute schlagen!
Li-Tai-Pe, Trinklied (Dehmel)

Musiker

Kann ich nur ein lustig Lied
Singen oder geigen,
Wird auch sonder Unterschied
Alles mir zu eigen.
J. Wolff, Vogelfrei

Musiker, tauber

Grausig scholl es. Nur er selber hörte
nicht mehr, was der andern Ohr verstörte.
Hagelstange, Alter Barde

Muße

Ein Arbeiter auf den Bermudas
Tat nie was. Er sagte: «Tu Du das.»
Doch tun tat es keiner;
Da war kein gemeiner,
Die Muße verratender Judas.
Ernst Fabian

Mußehe

Die Jungfrau war wohl kugelrund,
Sie nahm ihn ohne Flint und Hund.
. . . Wunderhorn, Mißheirat

Gezwungene Ehe tut selten gut,
und bringt im Herzen höllische Glut.
Nach Chr. Lehmann (1662), Politischer Blumengarten

müssen → Lust
(Busch)

müssen und wollen → Zwiespalt, innerer
(Weber)

Mußestunde → Blut, böses
(Seidel)

Müßiggang

Völker! Laßt das Murren, Klagen
über Götzendienerei;
wollt ihr einen Götzen schlagen,
schlagt den Müßiggang entzwei!
H. Seidel, Hymne der Arbeit

mustern, sich

Feierlich und fragend schauen
lang wir einer auf den andern . . .
Und mit hochgezognen Brauen
lassen sie mich schließlich wandern.
Morgenstern, Bergziegen

Mut

Hab ein Lied auf den Lippen,
verlier nie den Mut,
hab Sonne im Herzen,
und alles wird gut!
Flaischlen, Hab Sonne . . .

Mut, höflicher

höflich hielt der arme Wicht
jetzt den Mut für seine Pflicht.
Odyniec, Die Gespenster (Nitschmann)

mutig

Mutig gehn Sie stets auf alles los,
Scherz und Ernst: Sie sind in beidem groß.

Morgenstern, Der ernste Herr

mutlos

Warum war dirs nicht gegeben,
Mutig deinen Tag zu leben?

C. F. Meyer, Weihgeschenk

Mutter

Du heiliges welterlösendes Licht!
Schlechte Söhne werden
Geboren auf Erden,
Eine schlechte Mutter findet man nicht!

Shankara, Hymnus an die göttliche Mutter (v. Glasenapp)

Nur eine Mutter weiß allein,
was lieben heißt und glücklich sein.

Chamisso, Frauenliebe und Leben 7

Ist eine Mutter noch so arm,
so gibt sie ihrem Kind doch warm.

Altes Sprichwort

Da faßt ihn die Mutter: «Du steigst mir nicht ein:
Dich will ich behalten, du bliebst mir allein . . .»

Otto Ernst, Nis Randers

Mutter, einsame

Meine Mutter hat nur
Ein schwarzbraune Kuh,
Wer wird sie denn melken,
Wenn ich heiraten tu.

. . . Wunderhorn, Wer's Lieben erdacht

Mutter, heilige

Wie kann ich dich rufen,
Wo find ich die Stufen,
Auf denen ich steige, Mutter, zu dir!
Mit heißen Gebeten
Vor dich zu treten,
O Mutter, beseligend wäre es mir!

Shankara, Hymnus an die göttliche Mutter (v. Glasenapp)

Wo ein Auge, das nicht taute,
Wenn es Christi Mutter schaute . . .

da Todi, Das stabat mater (Simrock) Weg zur Seligkeit

Mutter, trauernde

Ich kann dich nicht begleiten
wohin nie jemand begleitet wurde
Ich muß hier bleiben

Else Grave, An mein totes Kind (Hamm)

Mutter, weinende → Abschied

(Lichtenstein)

Mutter Gottes, leidende

Ans Kreuz sie hingen Jesum bald,
Maria ward das Herze kalt . . .

. . . Wunderhorn, Die Leiden des Herrn

Mutter und Tochter

«Entlaß mich aus der Klosterhaft und mach
dir Sorgen nicht, die unbegründet sind.»
«Ich weiß, mein Kind, ihr Mädchen, ihr seid schwach,
und wer euch warnen will, spricht in den Wind.»

Portugiesische Ballade, Mutter und Tochter (Lüher)

Mutterherz

Das Herz, das täglich Wunder schafft,
von jeder Selbstsucht rein,
das ist in Liebesfüll und Kraft
das Mutterherz allein.

Auguste Kurs

Mutterliebe

O Mutterliebe, Sorg' und Treu',
nie ausgeschöpfte Güte!
Und immer alt, und immer neu;
daß dich die Allmacht hüte!

Immermann

Wenn du auf dem Meere bist
bin ich das Wasser
Ich lasse dich nie aus meinem Schoß fallen

Paula Ludwig, An meinen Sohn

Mutterwitz

Was Ihr Euch, Gelehrte, für Geld nicht erwerbt,
Das hab ich von meiner Frau Mutter geerbt.

G.A. Bürger, Der Kaiser und der Abt

N

Nabelbeschau → Selbstdarstellung
(Baehr)

Nachahmungstrieb

Es ist schon wahr: Nichts wirkt so rasch wie Gift!
Der Mensch, und sei er noch so minderjährig,
ist, was die Laster dieser Welt betrifft,
früh bei der Hand und unerhört gelehrig.
Kästner, Die Ballade vom Nachahmungstrieb

Nachbar

Gib was du nicht hast
Liebe dem Nachbar.
Rose Ausländer, Mühlen aus Wind

nachdenken

Du kannst mir nicht böse sein, wenn ich sage, was ich denke,
Und nachdenke so gut ich kann über den Menschen und seine Existenz . . .
Supervielle, Hinweis auf einen Dichter (Kraft)

Nachdenken, das

Aus dem Dünkel eignen Meinens,
nie entkeimt die frische Saat;
im Nachdenken nur entschwingt sich
Menschengeist zur Schöpfertat.
Scheffel

Nachfolge sichern

Jeder muß sterben,
Machet euch Erben . . .
. . . Wunderhorn, Ehestand der Freude

Nachfolger

Ich wünsch' euch all'n zu guter Letzt
einen andern, der mein' Stell' ersetzt.
Volkslied, Es, es, es und es

nachgeben

Da ward zuletzt er müd und schwach
und gab der Ungestümen nach.–
Chamisso, Die Sonne bringt es an den Tag

nachgeben → Störenfried
(Odyniec)

nachjagen, dem Erfolg

Mancher steht mit nassen Augen
und mit leeren Händen da,
der Phantomen nachgestürmet
und sein goldnes Glück nicht sah.
M. C. Kann

Nachkommen

Immer fremder werden uns die Erben,
schon die Enkel kennen uns nicht mehr.
Dieses nochmal nach dem Tode sterben
fällt uns Armen fast nochmal so schwer.

P. Gan, Die Toten

Nachmieter, Goethes

Mir bleibt nichts verschont.
Hier hat auch Goethe gewohnt –

Ringelnatz, Augsburg

Nachrede, üble → Mäuler, böse

Nachrichten

Berichte sind nur selten wichtig
Und Wichtigkeiten meist nicht richtig.

Monika v. Normann, Schüttelreim

nachrücken → Stelle, freigewordene
(Heine)

Nachruf

Manch einer wird sprechen: «Ich hatt' ihn
lieb!»
Doch keiner wird wissen, wo er blieb,
und hingehn über sein bleich Gebein
wird Wind, Regen und Sonnenschein.

Englische Ballade, Die zwei Raben (Fontane)

Nachsicht gegenüber Dichtern

Wenn des Dichters Mühle geht,
Halte sie nicht ein;
Denn wer einmal uns versteht,
Wird uns auch verzeihn.

Goethe, Westöstlicher Diwan

nachstellen → Jugendtriebe

Nächstenliebe

Meine Feinde drängt es mich zu lieben.
Mit den Schwachen will ich Mitleid üben.

Hagelstange, Der sanfte Adler

Nächstliegende, das

Nenne niemand dumm und säumig, Der
das Nächste recht bedenkt.
Ach, die Welt ist so geräumig – Und der
Kopf ist so beschränkt.

W. Busch, Beschränkt

Nacht

Komm, Trost der Welt, du stille Nacht!
Wie steigst du von den Bergen sacht . . .

Eichendorff, Der Einsiedler

Weil auf mir, du dunkles Auge,
Übe deine ganze Macht,
Ernste, milde, träumerische,
Unergründlich süße Nacht!

Lenau, Bitte

Du webst die Träume, bang und lind,
Die furchtbar und beglückend sind.

Shelley, An die Nacht (v. Bernus)

Wieder spricht, seherhaft entrückt, uns
Worte unbekannt die Nacht,
Schon haben die Baumsprachen sie die
rauschenden vertausendfacht . . .

Březina, Wieder spricht . . . (O. Pick)

Es ist Nacht.
Die Dinge ruhn
Und haben ihren Namen
Abgetan.

Oda Schaefer, Sappho

Weit ist die Nacht.
Leicht ist die Nacht!
Wie Stoff aus dem man Seelen macht.

Hagelstange, Sommernacht

Nacht → Liebe
(Eluard)

Nacht → Schlaf, heiliger
(Novalis)

Nacht, gemeinsame

Den Tag mag ich nicht, der nur Harm
Und trostlos Erwachen mir bringt;
Ich liebe die Nacht, wenn dein Arm
Im Traum meinen Hals umschlingt . . .
Burns, Jessy

Nacht, himmlische

Sie wissen nicht,
Daß du es bist,
Der des zarten Mädchens
Busen umschwebt
Und zum Himmel den Schoß macht –
Novalis, Zweite Hymne an die Nacht

Nacht, kalte

Es hat der kalte Reif die Nacht befallen,
Und darum locket sie die Menschen nicht;
Des Mondes Glanz ist selber kühl
geworden,
Mit blassen Sternen strahlt sein Angesicht.
Kalidasa, Die Taueszeit

Nacht, lange

In meinem Bette suchte ich
Die lange Nacht,
Den meine Seele liebet –
Ich suchte ihn und fand ihn nicht.
Salomon, Aus dem hohen Lied (Herder)

Ich bin schon sieben Tage krank,
Die Nacht ist immer schrecklich lang.
Nach Stevenson, Lazarus (Dehmel)

Nacht, lange → treiben, es
(Abraham)

Nacht, laue

Lautlos schlummernd liegt die Juninacht,
die laue,
Reglos steht der Wetterhahn am Baue . . .
Strindberg, Samstagabend

Nacht und Dunkelheit → Linderung
(Beresinalied)

Nacht voll Lust → Liebesnacht
(Kolzow)

Nachtarbeiter, verwirrter

Des Abends, wenn ich früh aufsteh,
des Morgens, wenn ich zu Bette geh,
dann krähen die Hühner, dann gackert der
Hahn,
dann fängt das Korn zu dreschen an.
Kinderreim

Nachtisch

Dem Menschen wird oft Lust zu Qual,
Der Nachtisch schmeckt uns lasch und
schal.
Frei nach E. Roth

Und wie beglückt das Herz Dir schlagen
muß,
Wenn Du nach üppigem Mahl als
Magenschluß
Vom goldnen Käse Span um Späne zerrst
Und hinters Gitter Deiner Zähne sperrst.
de Boor, Käsehobel und Gänseleberpastete

Nachtleben → Lust der Nacht
(Goethe)

Nachtlokale

Alles übrige geht in Nachtlokalen vor sich
Reverdy, Weihnachts-Paris (Hölzer)

Vergebens in zwielichtigen Schenken
Wollten wir Liebe groß verschenken.
Yvan Goll, Chor der Proletarier

Nachtruhe

Doch oh! wie sehr kann man sich täuschen!
Es fehlt auch hier nicht an Geräuschen.
W. Busch, Balduin Bählamm

Der Wächter ging zur stillen Ruh,
Dann machten die Destillen zu.
Mehring, Kinderlied

Nachwirkung

Schwinden süße Veilchen müde hin,
Lebt ihr Duft im noch erquickten Sinn.
Shelley, Nachklang (Geilinger)

Nachwirkung, geschichtliche

Ganz vergessener Völker Müdigkeiten
Kann ich nicht abtun von meinen
Lidern . . .
Hofmannsthal, Manche freilich . . .

nackt

Der nackte Mensch kennt keine
Klassenfrage.
Kästner, Monolog in der Badewanne

nackt gehen

Wer nackt geht, geht schließlich weiter als
irgendein andrer . . .
MacLeish, Invokation der sozialen Muse (K.H. Hansen)

nacktbaden

Ich schlich beiseit, wo ich die Kleider
schürzte
Und völlig nackt mich in das Wasser
stürzte.
Pernette du Guillet, Vollkommene Freundschaft (Kemp)

nackend

Nackend zeigt er sie den Blicken;
Nur was sich nicht ziemt zu schauen
Decket eine dunkle Welle.
Anakreon: Aphrodite auf einem Diskos (Mörike)

Nacktbad

Sie ruht und wiegt sich dort nackt wie sie
trat ins Leben!
Das einzige Gewand, von dem ihr Leib
umgeben,
Des Wassers dünner Flor!
Barbier, Nisa (Freiligrath)

Nacktheit, fragwürdige

Nackt einst kam ich zur Welt; nackt
wandle ich unter die Erde,
Solch ein nacktes Geschick, ist es der Mühe
wohl wert?
Griechischer Kurzvers (Jacobs)

Nacktheit des Geschlechts → Fruchtbarkeit
(Hausmann)

Nackttanz

Nackt tanzen auf dem Rasen Nymphen;
Die Neider ihre Nase rümpfen.
Papentrigk

Nadeln, nützliche

Hätt' ich nur meine Nadeln,
Ich wollte sie nicht tadeln.
Rückert, Vom Bäumlein, das andere Blätter hat gewollt

nahsein

Sie waren mir immer nah,
Obwohl ich sie selten sah . . .
Ringelnatz, Meine Schuhsohlen

Nähe, die

Die Nähe ging verträumt umher . . .
Sie kam nie zu den Dingen selber.

Morgenstern, Die Nähe

Nähe, beglückende

Schön ist's, wenn zwei Sterne
nah' sich stehn am Firmament,
schön, wenn zweier Rosen
Röte ineinander brennt . . .

J. Kerner

Nähe, unsichtbare

Siehst mich nicht vorübergehen,
Fühlst mich doch in deinem Auge
Als ein Ding, das ungesehen
Nah dir sein muß, wie es war.

Byron, Manfred (Goethe)

Nahrungssorgen

Überflüßge Nahrungssorgen
hab ich niemals zu verleihn;
wer dergleichen denkt zu borgen,
spreche ja bei mir nicht ein.

Stoppe, Sanfter Schlaf

Namen

Nur ganz allein, von Einsamkeit umhüllt,
Sprech ich den Namen aus der mich erfüllt,
Und wollte Jemand seinen Klang
erlauschen,
So wollt ich lieber mit dem Tode tauschen.

Dante, Zwanzigste Kanzone (H. Grimm)

« . . .Dein Name sei vergessen, in ewge
Nacht getaucht,
sei wie ein letztes Röcheln in leere Luft
verhaucht!»

Uhland, Des Sängers Fluch

Es ist nicht schade um deinen Namen.

Enzensberger, Historischer Prozeß

Und wenn du selbst der Böse seist –
doch will ich wissen, wie du heißt.

Lulu von Strauß und Torney, Mara

Name, großer

Von des Lebens Gütern allen
ist der Ruhm das höchste doch.
Wenn der Leib in Staub zerfallen,
lebt der große Name noch.

Schiller, Das Siegesfest

Name, schöner

Und wie du heißt? Ich weiß nicht. Doch es
klingt
Dein Name schön, wie wenn die Ferne
singt –

Nach Verlaine

Namen Gottes

Mißbrauchet nicht den Namen Gottes,
Beruft euch nicht auf Jesum Christ;
Macht nicht zum Ziele eures Spottes
Das Kreuz, das uns zum Leben ist.

Konyškyj (Koch)

namenlos

Den Namen will ich nicht nennen,
Wenn du mich liebst, wirst du mich wohl
kennen.

. . . Wunderhorn, 1. Epistel

Narren leben, mit → Lebenskunst

(Müller)

Närrische Zeit

Pfänderspiel und Dritter Mann
wollten nicht verfangen;
heute sind die Narren los:
Liebchen, öffne deinen Schoß!
Bleibt wohl einer hangen.

Goethe, Faust 2

Narziß

Für mich ist Wille hin und alles Wählen,
Denn selbst den Haß noch lieb ich und das
Quälen . . .

Fröding, Narkissos (Rilke)

Narzißmus → selbstverliebt

Naschhaftigkeit

Fritz war ein herzensguter Junge
Und Lernen war ihm nur ein Spiel.
Doch auf den Wohlschmack seiner Zunge
Hielt Fritzchen leider gar zuviel.

Goeckingk, Fritz, der Näscher

Nase herumführen, an der → betrügen

(Seidel)

naß werden

Ein Hund, der naß im Regen wurde,
empfand die Nässigkeit als Burde . . .

Morgenstern, En passant

Natur, die

Nicht eine ist der andern zu vergleichen
an Wuchs, an Art, Gebaren und Geblüt.
Natur hat sich an Niedrigen und Reichen
in unerschöpfter Mannigfalt bemüht.

Hagelstange, Die Beichte des Don Juan

Natur, erhabene → Geschichte

(Hagelstange)

Natur, Flucht in die → aussteigen

(Bürger)

Natur, geliehene

Gesegnete Natur! Du warst geliehen mir
Als hehrer Gutsbesitz, ein ewiges
Revier . . .

Csokonai, Der Abend (d'Acy)

Natur, grausame

Mächtiger und gefräßiger noch als der
Mensch
ist die wortlos mampfende Erde.

Rühmkorf, Variationen . . .

Natur, in der

Dort fliehe ich aus Sorgen, Mühn und Spiel
Und ruh an Fichten, und ich träume viel,
Im Gras lieg ich, und es duftet schwer,
Und jage hinter Spatz und Muscheln her.

Mickiewicz, Wenn jetzt mein Leib (Rutra)

Natur, kraftspendende

Und frische Nahrung, neues Blut
Saug ich aus freier Welt;
Wie ist Natur so hold und gut,
Die mich am Busen hält!

Goethe, Auf dem See

Natur, schweigende

Schon wiegt sich die Welt in Schlummer,
Es schweigt von Busch und Gestein,
Nur Fledermäuse noch flattern
Vorüber im Feuerschein.

Hamsun, Das Sausen im Walde (Goebel)

Natur, Sünden gegen die → Weltende

(Dechamps)

Natur, trauernde

Ach trauert, Laub und grünes Gras,
Laßt euch zu Herzen gehen das!

. . . Wunderhorn, Die Leiden des Herrn

Natur, unberührte → Einsamkeit,
erholsame

(Storm)

Natur, Weisheit der → Zauber der Natur

Natur, zurück zur

Deutscher Spatz, verlaß die Städte!
Kehr zurück zu der Natur!
Meide den Asphalt und trete
in den Kampfbund für Kultur!

Krüss, Aus dem Spatzenkurier

Natur suchen → Stadtflucht

(Hagedorn)

Naturbegabung

Wahre Liebe und Poesie,
Kunst des Verses und der Minne
Hat man von Natur schon inne,
Lernen aber läßt sichs nie.

Lope de Vega, Glück in Liebe, Spiel und Dichtung (Vossler)

Naturbett → Bett in der Natur

(Uhland)

Naturbursche → Haarpracht

(Under)

Naturfreude

Freude trinken alle Wesen
An den Brüsten der Natur;
Alle Guten, alle Bösen
Folgen ihrer Rosenspur.

Schiller, An die Freude

Nicht im Getümmel, nein, im Schoße der Natur,
Am stillen Bach, in unbelauschtem Schatten,
Besuchet uns die holde Freude nur.

Wieland, Musarion

Naturfreunde

Aus grauer Städte Mauern
ziehn wir durch Wald und Feld.
Wer bleibt, der mag versauern,
wir fahren in die Welt.

Riedel

Unser ist des heil'gen Waldes Dunkel
und der blüh'nden Heide Scharlachkleid
und des Kornes wogendes Gefunkel,
alles Blühn und Werden weit und breit!

Schaad, Heute wollen wir das Ränzlein schnüren

Naturgefühl

Wir fühlen dankbar wie zu leisem brausen
Von wipfeln strahlenspuren auf uns tropfen
Und blicken nur und horchen wenn in pausen
Die reifen früchte an den boden klopfen.

Stefan George

Naturgesetze, ungültige

Hier wird das nah und fern nicht mehr gemessen,
denn wo gott selber unvermittelt schaltet,
ist das natürliche gesetz vergessen.

Dante, Die Himmelsrose (George)

Naturheilmittel

Willst du dir Hals und Wade bessern,
versuch es 'mal mit Badewässern!

Tom der Schüttelreimer, Schüttelkur

Naturkatastrophe

Die Wolken schrien Weh und Ach,
Die Felsen gaben einen Krach . . .

. . . Wunderhorn, Die Leiden des Herrn

Dieser Vorgang ist ganz leicht erklärlich.
Der Natur riß einfach die Geduld.
Andre Gründe gibt es hierfür schwerlich.
Den Verkehrsverein trifft keine Schuld.

Kästner, Maskenball im Hochgebirge

Naturkind → Unschuld vom Lande

(Claudius)

Naturkräfte → Überschwemmung

natürlich → Geist
(Morgenstern)

natürlich → Säue
(Morgenstern)

natürliche Liebe

Und die beste Wärme gibt
Eine Kuhmagd, die verliebt
Uns mit dicken Lippen küßt
Und beträchtlich riecht nach Mist.
Nach Heine, Epilog

Naturschönheit

Erkenne dich im Bilde
Von jener Flur!
Sei stets, wie dies Gefilde,
Schön durch Natur . . .
Hagedorn, Der Morgen

Naturschützer

Meine Sorge . . .
das Gemeinwohl der Wasserflöhe wenn ihr
Tümpel austrocknet
K. Leonhard

naturverbunden

Die Vöglein sind mein eigen
Auf allen grünen Zweigen.
Rückert, Der Frühling an der Grenze

Naturverbundenheit

Ach, wie sanft ruh ich hie
Bei meinem Vieh!
Da schlaf ich süß im Moos,
Dem Glücke in dem Schoß
Ganz sorgenlos.
. . . Wunderhorn

zur Erde blicke, daß dein Herz genießt
die Lust an allem, was da grünt und sprießt.
Rittershaus

wir werden wiesen, und werden wald
das wird ein heiterer landaufenthalt
E. Jandl, sommerlied

Inzwischen ist es fast
zu einem Verbrechen geworden,
nicht über Bäume zu sprechen . . .
W. H. Fritz, Bäume

Naturverbundenheit → Anteilnahme der Erde
(Morris)

Naturverbundenheit → Land, liebes
(Kirsch)

nebeneinander → Getrenntsein, schicksalhaftes
(Morgenstern)

nehmen, ein Weib

Nimm ein Weib nach deiner Weise
Auf die wilde Wogenreise.
Chines. Ruderlied (Klabund)

Neid

Aus allen Fenstern und aus allen Türen
Sieht mir der bleiche Neid aus hohlen
Augen nach;
Selbst die Matrone wird ein leises Ach
Und einen Wunsch um mich verlieren.
Goeckingk, Als der erste Schnee fiel

Neid der Götter

« . . .doch», spricht er, «zittr' ich für dein
Heil.
Mir grauet vor der Götter Neide.
Des Lebens ungemischte Freude
ward keinem Irdischen zuteil . . .»
Schiller, Der Ring des Polykrates

Neidwurm

Der nächtliche Neidwurm
Nagt dort an Leichen.
Es mästen sich am Marke
Gefallener Männer
Zu maßloser Macht
Der Mörder des Mondes
Und der Sonnenverschlinger
Das schlimme Scheusal.

Aus der Edda, Götterdämmerung (Jordan)

Neigungen

Jedes Tierchen
hat sein Pläsierchen.

Sprichwort

neinsagen

Und als der nächste Krieg begann,
da sagten die Frauen: Nein!
und schlossen Bruder, Sohn und Mann
fest in die Wohnung ein.

Kästner, Fantasie von Übermorgen

Neinsager, Orden für → Stern der Hoffnung

Nekropolis

Die Städte werden Asche sein,
und zögernd wird der Feuerschein
ersticken zwischen dem Gebein
der schweigenden Nekropolis.

Dagmar Nick, Vision

Nestbau, mühsamer

Von Laub und Stroh dein Nestchen klein,
Manch mühsam Knuspern trugs dir ein!

Burns, An eine Maus (Freiligrath)

Nestwärme

Verehrte sichre Grenzen, der Mutter Haus,
Und liebender Geschwister Umarmungen
Begrüß ich bald, und umschließt mich,
Daß, wie in Banden, das Herz mir heile . . .

Hölderlin, Die Heimat

Nestwärme → Geborgenheit
(Claudius)

nett sein

daß man nett zueinander ist
hält Mutter für das schönste Geschenk.

N. Born, Die Familie

Neuauflage → auffrischen
(Goethe)

Neubau

Am Neubau, wo der Wind sich fängt,
Da hat ein Kerl sich aufgehängt!

Mehring, Kinderlied

neugeboren, wie

Ich fühl mich recht wie neu geschaffen,
Wo ist die Sorge nun und Not?
Was mich noch gestern wollt erschlaffen,
Ich schäm mich des im Morgenrot.

Eichendorff, Morgengebet

Froh hebt er wieder die Lappen der Ohren,
Er fühlt sich verjüngt, wie neugeboren.

Heine, Der weiße Elefant

Neugeburt → Phönix

neu gründen

Die runden Tempel der Liebe
die Türme des Glaubens
gründe ich neu
auf dem granitenen Grunde
der Allnacht

Paula Ludwig, Totenfeier

Neues, etwas völlig

Man kann nur sagen, daß Es nun hier ist
und nichts,
was man gelernt hat, noch irgend etwas
nützt.

Auden, Aus dem Weihnachtsoratorium (Fritsch)

neugierig

Neugierig aber wär' ich, nachzuspüren,
Womit sie Höllenqual und -flamme
schüren.

Goethe, Faust II

neutral

Zum Hassen oder Lieben
ist alle Welt getrieben,
es bleibet keine Wahl.
Der Teufel ist neutral.

C. Brentano, Soldatenlied

Nichtbegreifen → Abschied

(Kaschnitz)

Nichtige, das

Setz nie das Nichtige
über das Wichtige.

Sprichwort

Nichtigkeit

Den bängsten Traum begleitet
Ein heimliches Gefühl,
Daß Alles Nichts bedeutet,
Und wär uns noch so schwül.

Hebbel, Dem Schmerz sein Recht

Nichtigkeit des Ichs

Unter den tausenden Losen
scheint das Deine ein Nichts:
Blatt von unzähligen Rosen,
getroffen vom Blicke des Lichts . . .

Hagelstange, Venedig

Die Bücher öffne in der Zeiten Saal,–
Was bist du drin? Nur eine Seitenzahl!

Papentrigk, Taufworte . . .

Nichts → Sein und Nichts

(Goethe)

Nichts, lockendes

Nach dem Nichts, dem Garnichts, schielen
Alle, Freude, Gleichmut, Trauer,
Aus dem Garnichts lockt ein Schauer
So und so mit fremden Spielen.

Ringelnatz, Spielen Kinder doch . . .

Nichts begehren

Eher fließt die gelbe Welle
von der Mündung zu der Quelle,
eh mein Herz ein Nichts begehrt.

Li-Tai-Po, Auf dem gelben Flusse (M. Fleischer)

nichts dahinter

Die Mauer fiel und tausendfach erschüttert
es Tal und Höhen!
Doch war dahinter – nichts und nichts!
Kein Mädchen und kein Geist zu sehen!

Lesmian, Wald im Wald (Dedecius)

nichts ist verloren

Nichts ist auf Erden verloren,
Was wir im Leben getan.

Leifhelm, Vom hoffenden Leben

nichts ist verloren → verloren gehen

(Lingg)

Nichtsein, unvorstellbares

Nicht geboren zu sein, übertrifft
Jeden Begriff . . .

Sophokles, Ödipus auf Kolonos (Staiger)

nie gesehen

So stolz ich bin, muß ich mir doch gestehn:
Dergleichen hab' ich nie gesehn . . .

Goethe, Faust II

nie wieder

Nie wieder wird eine Rose Rose sein

Claire Goll, Nie wieder

nie wieder Krieg

Wagt also euch nie wieder ins Gelände –
Führt sonstwo euern Krieg und Brand zu
Ende!

Passerat, Wider die deutschen Landsknechte (Bartuschek)

Niedergeschlagenheit

Und Ruhm des Innern ist nicht mein.
Nicht Liebes Lust noch Lust der Macht:
Rings haben viele viel und schrein,
Man lebe, daß man herrscht und lacht –

Shelley, In Niedergeschlagenheit . . . (Wolfenstein)

Niemand

Kennt ihr wohl den Unfuggeist,
Der mit Namen Niemand heißt?

Frida Schanz, Niemand

nimm mich

Doch bin ich, wie ich bin,
und nimm mich nur hin!
Willst du Beßre besitzen,
so laß dir sie schnitzen.

Goethe, Liebhaber in allen Gestalten

Nix, alles für die

Du vergewisserst dich noch deines
Glücks –
Ich gebe alles um nichts für die Nix.

Rühmkorf, Alles-für-die-Nix-Lied

Nixe, gefügige → fügen, sich

(Gorki)

Nonne → Braut Christi

(Wunderhorn)

Nonne → entsagen, dem Leben

(Deutsche Volksballade)

Nonne, trinkende

Die Nonne geht ins Wirtshaus
und trinkt die Gläser alle aus.

Aus einem Kinderreim

Nonne werden

Du sollst ein Nönnchen werden,
ein Nönnchen schwarz und weiß,
bereite dich auf Erden
zu deines Todes Reis'!

C. Brentano, Die Lore Lay

Soll ich ein Nönnchen werden
Dann wider meinen Willen,
Lieber will ich einem Knaben
Seinen Kummer stillen . . .

Nach . . . Wunderhorn, Klosterscheu

Nonnenkloster

Einem Kloster voll von Nonnen,
waren Menschen wohlgesonnen.

Morgenstern, St. Expeditus

Nonnenleben

Das Nönnchen läut'
zur Mettezeit,
die Glock schlägt zwei,
sie gehn zum Chor in einer Reih.

Wiegenlied

Nonnenwonne

Im engen Kreuzgang lebt die Nonne . . .
Am Spinnrad hocken ist die Wonne . . .

Wordsworth, Das Sonett (Nach Zanker)

normal

Der Fremde hielts für seine Pflicht,
Den Vorwurf von sich abzulehnen.
Ihr, rief er, hinkt; ich aber nicht:
Den Gang müßt ihr euch abgewöhnen!

Gellert, Das Land der Hinkenden

Nostalgie

Die alte, gute Stallatern',
Sie ist dahin, gut Nacht, ihr Herrn!

H. Lingg, Die Stallatern'

Not

Suse, liebe Suse, das ist eine Not!
Wer schenkt mir einen Groschen zu Zucker
und Brot?

Kinderlied

Not → Konflikte, schöpferische

(Villon)

Not, Ende der → Leitern zu Gott

(Wilde)

Not auf Erden

Liebling, auf Erden ist Not,
Hunger und Schreie nach Brot –
Krieg ist seit Jahren, mein Kind!
Menschen gehorchen blind –
laufen geschwind in den Tod!

S. Einstein, Wiegenlied im Kriege

Not überhören → überhören

(Blake)

Notarzt

Kam der Doktor Hinkelmann,
leimt das Bein mit Spucke an.

Kinderreim, Auf dem Berge Sinai

Notiz nehmen

und er hofft, daß sie ihn sehe,
doch sie ahnt nicht seine Nähe.

Welhaven, Guter Rat nicht teuer (Passarge)

Notiz nehmen → bemerken, jemand

(Vesper)

Notlösung → Tod beseitigt Not

(Reinig)

Notunterkünfte → Bettelvolk

(Cendrars)

Notzucht

Kraftlos wälzt Delarue sich auf der Erde in
Todesqual;
indes raubt jener Dunja rasch die Ehre im
obern Saal . . .

Tolstoj, Ballade vom Kammerherrn Delarue (Ascharin)

November

Solchen Monat muß man loben:
Keiner kann wie dieser toben,
Keiner so verdrießlich sein
Und so ohne Sonnenschein!

H. Seidel, November

nüchtern

Bin ich nüchtern, bin ich trunken?
Wach ich oder träum ich nur?
Bin ich aus der Welt gesunken?
Bin ich anderer Natur?

Goeckingk, Nach dem ersten nächtlichen Besuch

Und stets die Welt nur den als nüchtern
schätzt,
Der seine Lippen möglichst schüchtern
netzt.

Dolfs, Die sieben Todsünden (2. Trunksucht)

Null

Addiert die Null zehntausend Mal!
Rechnet's gründlich aus!
Multipliziert's! Mit jeder Zahl!
Steht Kopf! Es bleibt euch keine Wahl.
Zum Schluß kommt Null heraus.

Kästner, Kleine Rechenaufgabe

Null bleiben, keine → Ahnen

(Müller)

Nummern

Er besorgte seine Nummern
Mit gespielter Löwenkraft
Auf dem Boden und im Reifen
Meister-, muster-, fabelhaft.

Aus dem Jiddischen (Krüss)

Nüsse knacken → selber machen

(Verf. unbekannt)

Nutzen, gegen eigenen

Was ist der Trieb nur, der den edlen Mann
So gegen seinen Nutzen treiben kann?

Paul Ernst, Gedichte und Sprüche

Nymphenraub

Satyrn springen auf und nieder,
um die Nymphen sich zu rauben;
greifen täppisch sie ums Mieder
und verschleppen sie in Lauben.

L. de' Medici, Maskenreigen (Goetz)

O

Obdachlose → Abseits, im

(Ringelnatz)

oben, von

Von oben hab ich lachen lernen
auf euer enges Kreuz und Quer!
Wer Kurzweil trieb mit Sonn und Sternen,
dem seid ihr kein Memento mehr!

Morgenstern, Epilog

oben hui, unten pfui

Du bist recht appetitlich oben
anzuschauen,
Doch untenhin die Bestie macht mich
grauen. –

Goethe, Faust

oben ist unten → mischen, sich

(Kästner)

oben wie unten

packt eure alten Knochen ein
der Henkerkarren
der Leichenwagen ist vorgefahren
steigt auf zum Himmelstor
die Vorstellung ist vorbei
droben findet ihr alles wieder vor
beim lieben Schupo-Gott
im großen Hof der Polizei

Prévert, Es ist aus (Kusenberg)

Oberen, die

Wenn die Oberen den Krieg verfluchen
Sind die Gestellungsbefehle schon
ausgeschrieben.

Bertolt Brecht, Deutsche Kriegsfibel

Oberflächlichkeit

Es ist durchaus nicht immer Schwäche,
Wenn deine Seele steigt zur Oberfläche.

Frei nach E. Roth

Obrigkeit

Das ist die Schand, das ist der Dreck,
das sind die uralten Lieder:
Über die einen geht man hinweg,
vor den andern wirft man sich nieder.

Rühmkorf, Über die einen . . .

Obrigkeit → Respekt

(Heine)

Obrigkeit, anerkannte → Wille, unser

(Chamisso)

Obrigkeit, gegen die →
Kriegsdienstverweigerung

(Kraus)

Ochse, frommer → Ruhe, tierische

(Carducci)

offen sein

verschließ dein Herz dem Weltgetümmel,
doch halt es offen für den Himmel.

Gerok

offenbar

Am Abend als es kühle war,
Ward Adams Fallen offenbar.

Henrici

offenbaren, sich

Es lebt in einer Muschel
ein Wurm gar seltner Art;
der hat mir mit Getuschel
sein Herze offenbart.

Morgenstern, Die Beichte des Wurms

offenbaren, sich → Geheimnispflicht
(Goethe)

offenbaren, sich → Wort, klares
(Daumer)

Offenbarung

Wir freun uns in Gelassenheit
Der großen Offenbarung;
Indessen bleibt das Pilgerkleid
In heiliger Verwahrung.

Zinzendorf, Begräbnislied

Maria gab dem Kind den Brei,
Da sah man, daß es Jesus sei . . .

Wunderhorn, Als Gott der Herr geboren ward

Gott gibt sich ohne Maß: je mehr man ihn
begehrt,
Je mehr und mehr er sich erbietet und
gewährt.

Angelus Silesius, Der Cherubinische Wandermann

Der letzte leise Schmerz und Spott
Verschwindet aus des Herzens Grund;
Es ist, als täte der alte Gott
Mir endlich seinen Namen kund.

Keller, Stille der Nacht

Und ich vernahm des Himmels Beben
Und der erhabnen Engel Flug,
Der Meeresungeheuer Zug,
Doch auch im Tal den Wuchs der Reben.

Puschkin, Der Prophet (v. Guenther)

Da er, solcher Herrlichkeit gewahr,
noch das Menschenherz zu schaun
verlangte,
sah er, daß es voller Liebe war,
und es ward ihm endlich offenbar
das vergeßne Wort, um das er bangte.

Kaschnitz, Die drei Wanderer

Offenbarung, tödliche

Wer die Schönheit angeschaut mit Augen,
Ist dem Tode schon anheimgegeben,
Wird für keinen Dienst auf Erden taugen,
Und doch wird er vor dem Tode beben . . .

Platen, Tristan

Offenbarung im Traum

Wenn du erglühst so wunderbar,
Da ahne ich mit süßen Grauen:
Dürft ich in deine Träume schauen,
So wär mir alles, alles klar.

Hebbel, Auf ein schlummerndes Kind

öffnen, den Blick

Öffne den umwölkten Blick
Über die tausend Quellen
Neben dem Durstenden
In der Wüste.

Goethe, Harzreise im Winter

öffnen, sich

Abends öffnen sich
Die Blusen der Mädchen
Von selber.

Krolow, Ein heißer Tag

öffnen → Tod

(Kirchenlied)

öffnen, den Schoß → Närrische Zeit

(Goethe)

Ofenhocker → Reisewerbung

(Tieck)

Ohne dich . . .

Speis und Wein,
Küß und Freude
Mehrt die Pein,
Die ich leide
Ohne dich, mein Leben!

. . . Wunderhorn, Naturtrieb

ohne mich

Die Menschheit?
Ans Herz damit!
Aber ohne mich.

Rühmkorf, Schluß der Audienz

Ohnmacht einer Königin

Schwarz vor Augen wird der Königin,
sie fällt wie tot vor dem König hin.

Nordische Ballade, Die Meerfrau (Festesen)

Ökokrise

Der Mensch – betrübt gesteh ichs ein –
Brach der Natur geselligen Reihn!

Burns, An eine Maus (Freiligrath)

Hat die Natur sich auch verschlechtert
Und nimmt sie Menschenfehler an?
Mich dünkt, die Pflanzen und die Tiere,
Sie lügen jetzt wie jedermann.

Heine, Entartung

Ökonomen → Zahlenmenschen

Oktober

Ich bin, Mädchen, der Oktober,
Komme mit der Abendluft,
lagre mich auf Blumenbeeten,
labe mich an ihrem Duft.
Scheid ich mit dem Morgenrot,
ist die Blume kalt und tot.

Rumänische Ballade, Oktober (Rudow)

Die Wolken türmten sich mächtig,
Die Blätter waren verdorrt.
Es war Oktober und nächtig
An einem unseligen Ort.

Poe, Ulalume (Hedwig Lachmann)

Olympiasieger

Du dann, Olympussieger,
Freudmutiger Reiter,
Neptunischer Pferde
Lebe heiter dein Alter aus . . .

Pindar, Epode (Nach Goethe)

Onkel

Onkel heißt er günst'gen Falles,
Aber dieses ist auch alles. –

W. Busch, Julchen

Oper

In Opern muß man Schwäne zeigen,
dieweil der Held im Kahne fährt,
die Zunge, Lippen, Zähne schweigen,
wenn fort sich das Profane kehrt.

Tom der Schüttelreimer, Hinter der Kulisse

Opfer

Weh, ohn Opfer gehn die süßen Wunder,
Gehn die armen Herzen einsam unter.
C. Brentano, Wenn der lahme Weber träumt

. . .und was von allen deinen Schätzen
dein Herz am höchsten mag ergetzen,
das nimm und wirfs in dieses Meer.
Schiller, Der Ring des Polykrates

Das Schiff geborsten. Das Feuer
verschwelt.
Gerettet alle. Nur einer fehlt!
Fontane, John Maynard

Opfer → Weltuntergang
(Lavant)

Opfer des Ruhms

Schweig mir von Ehren, Adel, Fürstentum!
Zehntausend Knochen gehn auf eines
Feldherrn Ruhm!
Tsau Sung, Das Jahr 879 (Debon)

Opferbereitschaft, keine

Lieber ohne Tochter
will ich weiter leben,
als mit einem Arme
mich zufrieden geben.
Ungarische Ballade, Die gelbe Schlange (Lüdecke)

opfern, sich

Aus rechter Lieb inbrünstiglich
Er opfert darauf willig sich.
. . . Wunderhorn, Vogel Phönix

Er hat uns gerettet, er trägt die Kron,
Er starb für uns, unsre Lieb sein Lohn.
Fontane, John Maynard

opfern sich → Betrachter sein
(Brjussow)

Opfertod

Unser Gott ist nicht gestorben
Als ein armes Lämmerschwänzchen
Für die Menschheit, ist kein süßes
Philantröpfchen, Faselhänschen.
Heine, Disputation

Opportunismus

Dieweil der Fleischtopf sieden tut,
Solange währt die Freundschaft gut.
Alter Spruch

Opportunismus → Mäntelchen im Wind
(Bartsch)

Optimismus

Die Welt wird schöner mit jedem Tag,
Man weiß nicht, was noch werden mag . . .
Uhland, Frühlingsglaube

Optimismus → Freude
(Mahlmann)

Optimismus → Weltanschauung
(Verf. unbek.)

Optimismus → Zuversicht

Optimismus, übertriebener

Wer Gutes empfangen,
der darf nicht verlangen,
daß nun sich der Traum ins Unendliche
webt.
D. F. Strauß

Orden

In Sammet und in Seide
ist man dort angetan,
hat Orden auf dem Kleide
und noch viel Klunker dran.
Nach Goethe, Der König und der Floh

Ganz Frankreich war einst, toll nach
Ruhme,
Auf Ordensbänder nur erpicht;
In deinem Knopfloch prangt die
Wiesenblume;
Mein alter Freund, verlassen wir uns nicht!

de Béranger, Mein (wertbeständiger) Rock (E. Geibel)

Orden → Dichterehrung

(Fontane)

Orden abweisen

Einen Lorbeerkranz verschmähn, ist edel!
Mehr als Heldenruhm ist Menschenglück!
Ein bekränztes Haupt wird auch zum
Schädel
Und der Lorbeerkranz zum Rasenstück.

Tiedge, Elegie auf dem Schlachtfeld von Kunersdorf

Orden für Verweigerer → Stern der Hoffnung

Ordnung muß sein

Vorgesetzte muß es geben.
Angestellte müssen sein.
Ordnung ist das halbe Leben.
Brust heraus und Bauch hinein!

Kästner, Offener Brief an Angestellte

Ordnungssinn

doch Ordnung, Ordnung ist ihr
eingeboren.
Ein Scheuerweib ist nicht an ihr verloren.

Morgenstern, Zäzilie

Ort der Besinnung

Ich wünsche jedem, der sich tapfer stellt
zum Kampf mit allem Übel dieser Welt,
ein trautes Plätzchen, wo er dann und wann
die ganze weite Welt – vergessen kann.

I. Freund

Ort, bevorzugter

Wär ich die Sonn, wär ich der Mond,
Ich bliebe auch, wo Liebe wohnt . . .

. . . Wunderhorn, Das Rautensträuchlein

Ort, öder → Bücherei

(Quevedo)

Ort, ruhiger

Ein Ort, der in der Ruhe liegt;
Da lebt er noch und lebt vergnügt.

Lichtwer, Der Hänfling

Ort, seliger → Gesicht

(Morris)

Ortswechsel

Und stechen mich die Dornen,
Und wird mir's drauß zu kahl,
Geb' ich dem Roß die Sporen
Und reit ins Neckartal.

Scheffel, Alt Heidelberg

Man wechselt die Namen, vertauscht sein
Gesicht.
Man liebt nicht die andern, sich selber
nicht.

Kesten, Ein Jahr New York

Ostern

Erfüllt den Ostertag
Alle mit Jubel.
Den Weg de Lebens
Hat Christ uns aufgetan. Notker Labeo,

Ostersequenz (R. Faesi)

ostern o stern

Kurt Marti

P

Paar, gutsituiertes

Die Dame, schon ein wenig älter,
War den Geschäften zugetan,
der Herr ein höherer Angestellter
der königlichen Eisenbahn.

Wedekind, Brigitte B.

Paar, kurioses

Wahrhaftig, wir beide bilden
Ein kurioses Paar,
Die Liebeste ist schwach auf den Beinen,
Der Liebhaber lahm sogar.

Heine, Lotusblume

Paar, verträgliches

Was Essen, Trinken, Liebe, Schlaf,
kurz, das Gewöhnliche betraf,
vertrug das Paar sich höchst bequem
nach alphabetischen System.

Morgenstern, Der Zwi

paaren, sich

Die Erd, Wasen und Luft sich paart
Und manches Tier zusammen,
Vermenget sich die Blumenart,
Tanzen und wünschen Amen.

Abele, Hochzeitslied . . .

Paarung, beendete

Vernichtet ist das Zweierlei,
Das uns so lang betöret;
Die dumme Leiberquälerei
Hat endlich aufgehöret.

Heine

paarweise, immer

Vögel fliegen groß und klein:
Immer, immer fliegen sie zu zwein.

Tu-Fu, Die junge Soldatenfrau (Klabund)

packen, es

Und will es einer packen,
So sitzt es ihm im Nacken.

Nach A. Kopisch, Schlafittchen

Pädagogik → Kindererziehung
(Lichtwer)

Palast

Als Wohnung für diesen erhabenen Gast
Ließ bauen der König den schönsten
Palast . . .

Heine, Der weiße Elefant

Paläste, morsche → Zeremonien
(Hagelstange)

Paläste, versunkene → Vision
(Fröding)

Palme, auf die

Wenn man dich auf die Palme bringt,
Kriegst du doch keine Datteln.
Wenn man dich einen Esel nennt,
Kann man dich doch nicht satteln.
Gianni Rodari, Nägel mit Köpfen (Krüss)

Pan

Also streicht die alte Geige
Pan, der Alte, laut und leise,
Unterrichtend seine Wälder
In der alten Weltenweise.
Gottfried Keller, Waldlied

Panik

Hat keiner acht mehr auf das Schiff;
Das kracht mit Macht ans Felsenriff?
Nach Mörike, Der Zauberleuchtturm

Pantoffelheld

Genieren wird das Weltgetreibe
Mich nie, denn selten geh' ich aus;
In Schlafrock und Pantoffeln bleibe
Ich gern bei meiner Frau zu Haus.
Heine

Ein Leib sind Mann und Weib! –
Kein Sprichwort ist so wahr,
Bewiesen wird es uns durch
manches Ehepaar;
Denn er ist sie und sie ist er,
Er ist das Weib und sie der Herr.
Castelli (1844)

Gott der Herr erhörte nicht die Bitte,
näher kam sein Weib mit jedem Schritte.
Ungarische Ballade, Maurer Klemens (Lüdecke)

Panzer → Schildkröte

Panzer, überflüssiger → Siegesruhm
(Shirley)

Panzerschrank → «Blutbank»
(Cendrars)

Papier, rauschendes

Papiers Natur ist Rauschen,
Und rauschen kann es viel,
Leicht kann man es belauschen,
Denn es stets rauschen will.
... Wunderhorn, Würde der Schreiber

Papst als Krisenmanager →
Währungskrise
(Mittler)

Päpste und Politik

Ach denk, der ganze Kaiserstamm
Durch Päpste in groß Jammer kam,
Die Teutsche Macht zerrissen;
Willst du für ihre Büberei
Noch den Pantoffel küssen?
... Wunderhorn, Kriegslied gegen Karl V.

Papstjubiläum

Welch glänzender Theatercoup!
Man hat doch ein Billet dazu?
Morgenstern, Papstjubiläum 1903

Paradies

O Paradies,
du Herrlichkeit,
heiligster Ort,
Glückseligkeit!
Um Adams willen einst gepflanzt,
verwirkt durch Evas Schuld.
Romanus, Morgen-Hymnus (Helene Homeyer)

Ich werde offen sehen
Des Paradieses Tor;
Mich zu erwarten stehen
Die Heiligen davor.
Franz. Kirchenlied, Das Paradies (A. Neumann)

Du sollst nicht ruhn, bis die Erde
ein Garten ist, wo gute Götter träumen . . .
Edith Södergran, Geheimnis (Nelly Sachs)

In Himmel Wald und Wiese
bist du mein Domizil
Im Garten Paradiese
hat jeder sein Asyl.
Mehring, Singweise vom Paradies

Paradies → zurücksehnen, sich

Paradies, verlorenes

Als Gott der Herr auf Erden ging,
Da freute sich ein jedes Ding;
Ein jedes Ding, ob groß, ob klein,
Es wollte doch gesegnet sein.
Klabund, Als Gott der Herr . . .

Paradies, verschmähtes

Mich locken nicht die Himmelsaugen
Im Paradies, im sel'gen Land;
Dort find' ich keine schönre Frauen,
Als ich bereits auf Erden fand.
Heine

Paradies, Weg ins → Hilf mir Sonne
(Lavant)

Paradies auf Erden

Du siehst den Tiger fromm die Zähne
falten,
sich still an seinem Odem gütlich tun;
es dünkt ihn faul, sich einen Feind zu
halten
und läßt den Himmel, blau, auf sich
beruhn.
Rühmkorf, Verkehrte Welt

Paradies der Erde

Das Paradies der Erde
liegt auf dem Rücken der Pferde,
in der Gesundheit des Leibes
und am Herzen des Weibes.
Bodenstedt, Vermischte Gedichte . . .

Paradies der Liebe

Ja, was sind die Paradiese,
Welche der Verzückte preist,
Lacht sie, jene Flur der Liebe,
Jene zarte, die du weißt!
Hafis, Diwan (Daumer)

Und nur von Liebe will ich singen,
die dieser Erde weitem Raum,
zwar nicht ein Paradies kann bringen,
doch eines Paradieses Traum.
Rückert

Paradies in der Wüste

Und irrt ich auch in Wüstenein,
Verzweifelnd schier, verzweifelnd schier,
Die Öde wird ein Eden sein,
Wärst du bei mir, wärst du bei mir!
Burns, O, wenn um dich . . . (Leuthold)

Paradies in uns

Das Paradies kann nur
im reinen Herzen sein.
Trägst du es nicht in dir,
so kommt es nicht hinein.
Terstegen

Paradiesestage → Wonne, zerronnene

Pärchen, ideales

Sie hatten sich beide so herzlich lieb,
Spitzbübin war sie, er war ein Dieb.
Heine, Ein Weib

paritätisch

Ei Jungfer, wärt Ihr ein wenig reich,
Wärt Ihr ein edler Zweig,
Fürwahr, ich wollt Euch nehmen,
Wir wären einander gleich!

...Wunderhorn, Die Nonne

Partie, gute

Ein reiches Mädchen hübsch und fein,
Er dacht, die sollt sein eigen sein ...

...Wunderhorn, Die Greuelhochzeit

Partnerin

Was du willst, das kriegst du nie'
Du möchtest eine große Lange,
Doch hast du eine kleine Schlange –
C'est la vie!

Frei nach Tucholsky

Partnerschaft, treue → Seite an Seite

(Uhland)

Partnerwahl

Der Frauen Blick bevorzugt oft den Alten,
Der es versteht, sein Gut recht zu verwalten.

Nach Hugo

Partnerwahl → Ehepartner, richtiger

(Überliefert)

Partnerwahl → Gattin

(Baehr)

Partnerwahl → Partie, gute

(Wunderhorn)

Paß, ohne

Vergessen hab ich meinen Paß,
Ich hab den Paß verloren,
Ich hab an Pässen keinen Spaß,
Bin ohne Paß geboren.

Rückert, Der Frühling an der Grenze

Patriot, schlechter

Im Feuer ist mein Herz verbrannt.
Ich sterbe für kein Vaterland!

K. Kraus, Der sterbende Soldat

Patrone, bis zur letzten

Verschieß alle Patronen! Ergib dich, Sohn, erst dann!
Mit einer Ladung triffst du leicht drei Mann!

Albanische Ballade, Das Lied von Schakjir Gridscha (Nach Lambertz)

Pause → Ja zum Nein

(Hagelstange)

Pazifist

Ich bin nun mal nicht vorschriftmäßig
Und wenn ihr auf dem Kriegspfad seid
rauch ich
mein kleines Friedenspfeifchen
mir ist der Friede teuer
Regt euch nur nicht darüber auf
ich bitt euch nicht um Feuer.

Prévert, Manöver (Kusenberg)

Pegasus

Aus dem Kadaver aber floh
Ein Pegasus, er furzte froh.

Ringelnatz, Schindluder

peinlich

Es gibt wohl Dinge, welche peinlich
Für jeden Menschen, der sehr reinlich.

Nach Eugen Roth, Ein Mensch – Hilflosigkeiten

Peinlichkeit

Sie dachte sich: Was mach ich hier,
Umringt von Untertanen?
Wenn ich die Hose hier verlier,
Blamier ich meine Ahnen.

Z. Hopp, Antonia Emilie (Krüss)

Pelz

vor des kalten Sturmwind Wüten,
soll mein Wolfspelz dich behüten.

Nach Odyniec, Die Kriegsgefangene (Nitschmann)

Pelzmantel

Erst gestern sprach ein Arktis-Mädel
Mit Blicken voll Opalen-Schmelz:
Zeig dich, wenn wieder Markt is, edel
Und kauf mir keinen schmalen Pelz!

Mittler, Arktische Ballade

Penner

Er lebte oft von Überresten.
Er wohnte manchmal in Palästen.

Kästner, Der Herr ohne Gedächtnis

Pensionen

Begeisternd sind die Pensionen,
In denen nette Menschen wohnen.

E. Roth, Ein Mensch – Billige Reise

Perfekte, das

Sind wir noch Menschen,
sind wir schon Insekten,
volltrunken in dem Rausche des
Perfekten?

J. Büscher, Versammlung

personenbezogen → Vernunft der Frau
(Geibel)

Personenkult

Und der Kult gewann an Breite.
Jeder, der beschenkt ward, weihte
kleine Tafeln ihm und Kerzen.
Kurz er war in aller Herzen.

Morgenstern, St. Expeditus

Persönlichkeit

Volk und Knecht und Überwinder,
sie gesteh'n zu jeder Zeit:
Höchstes Glück der Erdenkinder
sei nur die Persönlichkeit

Goethe

Ach, ich bin klein, ich bin böse.
Mein Herz ist auch nicht ganz rein.
Ach dürfte ich solche seriöse
Persönlichkeit einmal sein!

Ringelnatz, Der Seriöse

Wenn mancher Mann wüßte,
wer mancher Mann wäre,
gäb mancher Mann manchem Mann
manchmal mehr Ehre.

Verfasser unbekannt

Persönlichkeitsveränderung → Ortswechsel
(Kesten)

Perspektiven, verschiedene → Witz oder Wunder

Perversion → verrückt, Wahnsinn

Perversion → Welt, verkehrte
(Kästner)

Pessimismus → Weltanschauung
(Verfasser unbekannt)

Pfade, krumme

Tief verachtet krumme Pfade
der Herr Ritter lobesan,
also greift er an gerade
seine Sache wie ein Mann.

Kramsu, Jochen Berends (Manninen)

Pfaffe, toller

Das Volk insgeheim ob diesen Sachen
Mußte des tollen Pfaffen lachen . . .

. . . Wunderhorn, Wunderliche Zumutung

Pfaffentrug

Denn Pfaffentrug und Weiberlist
gehn über alles, wie ihr wißt.

Bürger, Die Weiber von Weinsberg

Pfau, riesenhafter

Er ist fürwahr ein heil'ger Pfau und schlägt
am Himmelspfad
Mit tausendfacher Augen Glanz sein
riesenhaftes Rad.

Yeats, Der Indianer und Gott (Forbes-Mosse)

pfiffig

Versteh ich gleich nichts von lateinischen
Brocken,
So weiß ich den Hund doch vom Ofen zu
locken.

G. A. Bürger, Der Kaiser und der Abt

Pflaster, rauhes

Ach, wie brennt mich durch die Sohlen hier
der rauhe Pflasterstein.
Ach, wie haucht mir Englands Nebel kaltes
Fieber ins Gebein.

Kipling, Mandalay (Sachs)

Pflege, süße

Sie gab ihm Suppe, sie gab ihm Brot,
Sie wusch ihm die wunden Füße,
Sie kämmte ihm das struppige Haar
Und lachte dabei so süße.

Heine, Der Tannhäuser

Pflichtbewußtsein

Handeln wie alle Welt: Einsichtgeborene
Pflicht?
O verwerfliche Trübsicht!

Laotse, Aus dem Tao-Te-King (Dallago)

Wir brauchen die Verdiener nicht.
Wir brauchen Pflicht und wieder Pflicht.

Weinheber, Uneigennützigkeit

Pflichterfüllung

Das wahre Glück, du Menschenkind,
o wähne doch mitnichten,
daß es erfüllte Wünsche sind, –
es sind erfüllte Pflichten!

Gerok

Ich will die lauten Freuden nicht,
mein stilles Haus sei meine Welt!
Vom Stern der treu erfüllten Pflicht
sei einzig nur mein Herz erhellt!

v. Redwitz

du tust am besten, wenn du tust
nicht was du willst, nein was du mußt.

F. W. Weber

Mich verlockt von hier kein Traumgesicht,
nicht ersehn' ich ferner Meere Wellen,
nur noch einen Tag begehre ich,
zu erfüllen die ererbte Pflicht
und zur Saat den Acker zu bestellen.

Kaschnitz, Die drei Wanderer

→ Gesicht, fröhliches

(Verfasser unbekannt)

pflücken

Lockt dir noch der Jugend Glück,
Mädchen, jede Blume pflück',
daß sie dir den Winter schmückt!

Longfellow

Im grünen Gras, da blüht es wunderbar . . .
Daß ich voll Lust, davon zu pflücken
war . . .

Poliziano, An die Mädchen (Mell)

Pfui

Pfui dem Ermatten,
Das dich zum Gatten
Auf das Lager trieb!

Bellman, Fredmans Soliloquium (H. v. Gumppenberg)

«Pfui dich, Pfui dich, du böse Haut!
Ich hätt dir das nicht zugetraut.»

. . . Wunderhorn, Heinriche Konrade . . .

Phantasie → langweilen, sich
(Boßhart),

, wiederholen, sich
(Schiller)

Phantasiegedicht

Flüßchen, voll von süßem Tee,
Schlugen sanfte Wellen;
Und ein großer Fußballbaum
Brach fast unter Bällen.
Drunter las ein Pelikan
Einen heiteren Roman,
Und die Flügel spreizend,
Fand er ihn ganz reizend.

Z. Hopp, Der seltsame Garten (Krüss)

Eine Kuh, die saß im Schwalbennest
Mit sieben jungen Ziegen,
Sie feierten ihr Jubelfest
Und fingen an zu fliegen.

Gustav Falke

Phantome → schaurig
(Droste)

Philisterland, Rückzug ins

Sie zogen mit gesenktem Blick
In das Philisterland zurück.

Höfling, O alte Burschenherrlichkeit

Philosophie

Das Was? und das Warum? und Wie?
Erklärt dir die Philosophie.

Unbekannter Verfasser, Das Veilchen

Mit Philosophie man würde mich
Kompromittieren fürchterlich.

Nach Heine

Phlegmatiker

Phlegmatico kann's in die Suppe schnei'n.
Es wird ihm, glaub' ich, ziemlich schnuppe
sein . . .

Dolfs, Die vier Temperamente

Phönix

Die Zeit ward Asche,
Ich bin der große Phönix,
Der prüft, was ist und war.

Aus dem ägyptischen Totenbuch, Nun bin ich Gott geworden . . . (Goldscheider)

Undurchdringliches Dunkel umhüllt
Den Menschen, der die Wunder der Götter
Anschaut, und wie alles so seltsam
Gegen einander hin und her treibt,
Daß der unerwartete Ausgang
Oft aus dem Gegenteil hervorspringt.

Euripides, Helena (Wieland)

Schichtet mir heilende,
Schlummer erteilende,
Knisternde Ruten auf,
Legt mich den Gluten auf:
Als Phönix sterb ich so,
Leben erwerb ich so.

Lat. Kirchenlied, Die schmachtende Maria (Simrock)

Phönix, der edle Vogel wert,
Hat seinesgleichen nicht auf Erd . . .

. . . Wunderhorn

Physiognomie → Gesichtsausdruck

Pilger

Die Welt mit ihrem Gram und Glücke
Will ich, ein Pilger, frohbereit
Betreten nur wie eine Brücke
Zu Dir Herr, übern Strom der Zeit.
Eichendorff, Morgengebet

Die Zeit geht nicht, sie stehet still,
Wir ziehen durch sie hin;
Sie ist ein Karawanserei,
Wir sind die Pilger drin.
Keller

Berge lagen mir im Wege,
Ströme hemmten meinen Fuß,
Über Schlünde baut ich Stege,
Brücken durch den wilden Fluß.
Schiller, Der Pilgrim

Pilgertum, müdes → Illusionen
(Zorilla)

Pillenangst → Arzneimuffel
(Wunderhorn)

Pionier → Pilger
(Schiller)

Pirsch

Die Sauen, Reh und Hirsche
erleg ich auf der Pirsche . . .
W. Bornemann, Im Wald und auf der Heide

Plackerei

Das Erdetreiben, wie's auch sei,
Ist immer doch nur Plackerei.
Goethe, Faust II

Plage

Jeder sieht nur seine Plage,
glaubt, daß er am schwersten trage . . .
Lingg

Plagen → Heimatland
(Kirchenlied)

plagen, sich

Der Weisheit Donnerstimme
Von Anbeginn uns sagt:
« Wozu habt, gleich der Imme,
Ihr Menschen euch geplagt?
de Racine, Vom eitlen Treiben . . . (H. Winter)

Man plagt sich schwer, bis man gut lebt.
Ich mag kein Geld, das man aufhebt
vom Pflaster.
Bruant, Am Pflaster (H.C. Müller)

Plan

Bevor du schaffst, mach einen Plan.
Wenn's dann nicht geht, fang nochmal an.
Abgewandeltes Sprichwort

Das Schaffen selbst ist eitel Bewegung,
Das stümpert sich leicht in kurzer Frist;
Jedoch der Plan, die Überlegung,
Das zeigt erst, wer der Künstler ist.
Heine, Schöpfungslieder

planen → vorausschauen
(Storm)

Planung

Wer mit allem Tun und Sinnen
immer in die Zukunft starrt,
wird die Zukunft nie gewinnen
und verliert die Gegenwart.
J. Wolff

Plappermäulchen

Du liebes Plappermäulchen,
Bedenk dich erst ein Weilchen.
W. Busch, Plaudertasche

Platz, alter

Alte Plätze sonnig schweigen.
Tief in Blau und Gold versponnen
Traumhaft hasten sanfte Nonnen
Unter schwüler Buchen Schweigen.

Trakl, Die schöne Stadt

Pöbel, erboster → Polizei

Poesie

Wahre Lieb und Poesie,
Kunst des Verses und der Minne
Hat man von Natur schon inne,
Lernen aber läßt sichs nie.

Lope de Vega, Glück in Liebe . . .

Poesie, abendliche

Der Mond ist aufgegangen.
Ich, zwischen Hoff- und Hangen,
rühr an den Himmel nicht.
Was Jagen oder Yoga?
Ich zieh die Tintentoga
des Abends vor mein Angesicht.

Rühmkorf, Variation auf «Abendlied» von M. Claudius

Poesie- und Appetitverleider → Wandervögel

(Ringelnatz)

Poet

Drum mit starker Überzeugung
hielt er selbst sich ungefähr
für den nordischen Homer,
Demut war nicht seine Neigung.–

Odyniec, Die Gespenster (Nitschmann)

Poeten soll'n sich niemals nach
Verdächten richten;
Mit dieser Art kam keiner
noch zum rechten Dichten.

Harms-Kutusov, Tolerante Literatur-Kritik

Poetenseele

Doch kaum vernimmt sein feines Ohr
Des Gottes Ruf, vor ihn zu treten,
Erwacht die Seele des Poeten
Und schwingt sich adlergleich empor.

Puschkin, Der Poet (v. Guenther)

Polarität als Lebensprinzip → Ich und Du

Pole des Lebens

O Weisheit, durch dein Wort
Ward uns die Welt geschenkt,
Die Erde, unser Hort,
Am Doppelpol nun hängt.

de Racine, Vom eitlen Treiben . . . (H. Winter)

Pole des Lebens → Wechsel

(Hausmann)

polemisch werden → Schnauze voll

Politiker, überforderter

Soll ich mit sorgendem Sinn die Reden des
Volkes bedenken?
Weiß ich ja selber kaum, wer ich und wo
ich nur sei.

Johannes Secundus

Polizei

Die Polizei wird grob
und weist sie mit dem blanken
Säbel in ihre Schranken.
Der Pöbel erbost sich drob.

Nach del Valle Inclán, Galgenballade

Was wär' nun an meinem Geschrei
Schlimmes dabei?
Wenn ich doch heute so fröhlich bin.
Dafür haben die von der Polizei
Gar keinen Sinn.

Ringelnatz, Mannheim

Warum sollte
die Polizei böse sein
oder grimmig werden
gegen den Herbst?

G. B. Fuchs, Herbst-Werbung

Polizist

Da kam der Polizist,
der schrieb mich auf die List
und steckte mich ins Loch.
Aber Äppel klaue ich doch!

Kinderreim

Fahre ruhig weiter,
laß den Schutzmann schrein!
Denn wie du so heiter
kann der niemals sein.

Nach einem Kinderreim

Popo

Wie sie schauen, wie sie grüßen!
Hier die zierlichen Mosjös,
Dort die Damen mit den süßen,
Himmlisch hohen Prachtpopös.

W. Busch, Die fromme Helene

Im Leben spielt zum Beispiel so,
Ganz große Rolle: der Popo.

Ringelnatz, Kinder, spielt . . .

Populär

Beim Weibsvolk war er populär,
und aus der Kinder Mitte
klang's hinter ihm «Papachen» her
nach deutungsreicher Sitte.

Béranger, Der König von Yvetot (S. Mehring)

Posaune

Die Posaun im Wundertone
Sprengt die Gräber jeder Zone,
Fordert alle hin zum Trone.

Thomas von Celano, Dies Irae (Simrock)

Posten, freier → Stelle, freigewordene

Potenz, nachlassende

Der Wangen Zier verbleichet,
Das Haar wird greis,
Der Augen Feuer weichet,
Die Brunst wird Eis.

Opitz, Eile zum Lieben

→ Liebeskraft, geschwächte

Pracht, gefährdete → Rose, letzte
(Hebbel)

Prachtstraße

Diese Straße geht wie ein Riß durch die
Nacht
aus Gold und Blut, Elend und falscher
Pracht.

Cendrars, Ostern in New York (J. Schroeder)

Prägung, soziale

's gibt Menschen, die am Pflaster kleben,
sie sterben da, so wie sie leben . . .

Bruant, Am Pflaster (H.C. Müller)

Prahlen

Ich hör nur Prahlen, was alles soll erobert
werden,
Ich hör nur Donner, Lärm, Fanfaren,
Schlacht-Gebärden . . .

de Magny, Die Seufzer der Welt (Bartuschek)

prall und rund → Leiber
(Verhaeren)

prassen → Wollust
(Shakespeare)

predigen

Ich bin der Herr Pastor.
Ich predige euch was vor.
Und wenn ich nicht mehr weiter kann,
dann fang ich wieder vorne an.
Kinderreim

Prediger

O sanfte Gottheit, kehre wieder
Und schläfre diese Lippen ein,
Die itzt zum Unglück ihrer Brüder
Auf Kanzeln und Kathedern schrein!
E. F. von Gemingen, Das Schweigen

Prediger in der Wüste

Gestern hab ich mitten zwischen Witzen,
Unter trunkenen Weibern, geilen Fritzen
Allen Einklang plötzlich durchgebrochen
Und – es gab sich so – gut über Gott
gesprochen.
Ringelnatz, Ehemaliger Seemann

Predigt

Der Predigt Schluß fein linde sei:
Sie wollen gern auch Öl dabei.
Mörike, Pastoral-Erfahrung

Gefallen hat die Predigt,
geändert hat sie wenig!
Nach Abraham a Santa Clara, Des Antonius von Padua Fischpredigt

Die Predigt ist aus.
Geht alle nach Haus
und haltet einen Schmaus.
Kinderreim

preisen

Nie wird die zu hoch gepriesen,
Die so herrlich sich erwiesen,
Herrlich ohne Maß und Ziel . . .
Bürger, Das hohe Lied . . .

Doch priesen sie am Schluß ihn laut,
Er sei so eine treue Haut.
N. Becker, Die treue Haut

preisen, Gott

ein Jegliches pries Gott, den Herrn der
Erde,
mit seiner unnachahmlichen Gebärde.
Hagelstange, Ballade von der Erhöhung und Erniedrigung der Kreatur

Presse, schnelle

Die Presse vermeldet uns Fälle
Von Roheit in rühmlicher Schnelle.
Wenn hungert ein Schoßhund,
Erhebt in Davos und
Neuwied sich ein wüstes Gebelle!
Ernst Fabian

Pressezensur → Maulkorb
(Wedekind)

Priestersprache

Selbst der Priester spricht mit ihr gelinde
als mit einem irrgegangnen Kinde . . .
C.F. Meyer, Die Ketzerin

Prinzipien reiten

Selbst als Uhr, mit ihren Zeiten,
Will sie nicht Prinzipien reiten: . . .
Morgenstern, Palmströms Uhr

Privatleben eines Herrschers

Er richtet seine Schritte der Behausung
Der Gattin zu . . . Die Mandarinen starren
Einander an, verwundert, fassungslos.
Tu-Fu, Der Kaiser (Bethge)

Privileg

Fort mit dem betreßten
Privileg der Westen!
Morgenstern, Die Oste

Profit

Und, wie das mit Recht geschieht,
Auf die Kunst folgt der Profit.
W. Busch, Plisch und Plum

Profit, für → Tötungsbefehl
(Mühsam)

Prognosen

Ach, daß der Mensch so häufig irrt
Und nie recht weiß, was kommen wird!
Wilhelm Busch

Prokurist

→ strammstehen

Prolet

Ich bin, wie du, ein armer Knecht,
Bin ein Prolet von Gottes Gnaden.
Mit allem, was da gut und schlecht,
Bin ich ein Mensch, von Gott beladen.
H. Lersch, Selbstbildnis

Promenade → Zeitvertreib
(Busch)

Prominentenwohnung → Palast
(Heine)

Prophet

Prophet, erstehe und erkenne,
Erfüll Mein Willen dich hinfort,
Zieh hin auf Erden – und verbrenne
der Menschen Herz mit deinem Wort!
Puschkin, Der Prophet (v. Guenther)

Propheten, bestochene

Auf den Plan bestochener Propheten
sieht man schweigend die Auguren
treten ...
Hagelstange, Das Ende des Tyrannen

prophylaktisch

Wir wollen nun didaktisch lenken
Und lehren prophylaktisch denken.
Papentrigk

prost

Nun, also prost ... ich gürt mir die
Lenden,
Taumle zu Tisch und Krug,
Schmier meine steifen Glieder, die
elenden,
Mit manch gutem Zug!
Bellman, Monolog des Säufers Fredman (H.v. Gumpenberg)

Prostituierte

Weil ich ihre Nähe nicht ertragen kann,
Herr, nimm dich der Prostituierten an.
Nach Cendrars, Ostern in New York

Prostitution

Beim Flackern der Laternen
Wimmelt aus Spelunken und Tavernen
Ameisengleich die Prostitution ...
Nach Baudelaire, Die Abenddämmerung

→ Damen, solche
(Villon)

Protektion → Gunst der Götter, Günstling

Protestant

Ein Glaube, der auf starrer Letter fußt
Und der zu Völlerei und fetter Lust
Den Pfaffen stets das beste Futter läßt,
Das ist mein Glaube nicht – sprach Luther
fest!
Mittler, Augsburger Konfession

Protestanten, furchtlose

Und wenn die Welt voll Teufel wär,
Und wollten uns verschlingen,
So fürchten wir uns nimmermehr,
Es soll uns doch gelingen . . .

Luther, Ein feste Burg . . .

Prozeß

Sie lagen in Prozessen;
der Probst las Friedensmessen . . .

Fröding, Jan Ersa und Per Persa (Badke)

→ Streit vor Gericht

→ Todesurteil

(Hikmet)

Prozeß, kurzer

Mäuse soll man fangen,
Diebe soll man hangen.

Freidank

prüfen

Aber, sie schärfer und schärfer zu prüfen,
Wählet der Kenner der Höhen und Tiefen
Lust und Entsetzen und grimmige Pein.

Goethe, Der Gott und die Bajadere.

prüfen, alles

Alles prüfe der Mensch, sagen die
Himmlischen,
Daß er, kräftig genährt, danken für alles
lern.
Und verstehe die Freiheit,
Aufzubrechen, wohin er will.

Hölderlin, Lebenslauf

prüfen und vorbereiten

Erst schau, dann trau.
Erst gründe, dann bau.

Prüfung

Denk ich an morgen, fürcht ich mein
Versagen,
Verdruß und Sorge steigen auf, erneute,
Doch gerne will ich Schmerz und Prüfung
tragen
Gerade heute.

Therese von Lisieux, Lied von Heute

Prügel

Niemand kann erreichen
Kindes Zucht mit Streichen . . .

Walther von der Vogelweide

Das Büblein hat getropfet,
Der Vater hat's geklopfet . . .

Güll, Das Büblein auf dem Eise

Prügelstrafe

Eins, zwei, drei . . . bis sieben,
Heute bin ick nachjeblieben;
Da war Vaddern ärjerlich, Nahm den
Stock un haute mich.

Abzählreim aus Berlin

soll man das liebe Luder schlagen?
weil Fehler im Geschluder lagen?

Sita Steen, . . . Vater sein dagegen sehr

Psychologie

Es ist wohl schwere Fehle,
Zu starren in fremde Seele . . .

Nach Carossa, Der alte Taschenspieler

Pubertät → Reifung

(Weiße)

Publikum

Das Publikum will gestern wie heut'
Daß man ihm Sand in die Augen streut.

Vierordt, Hobelspäne

Das Publikum ist eine Kuh,
Das grast – und rast nicht immerzu.
Nach D. F. Strauß

Publikum – noch stundenlang –
Wartete auf Bumerang.
Ringelnatz, Bumerang

→ beklatschen
(Heine)

Publikum, müdes → Kampf, ermüdender
(Heine)

Publikum, unerwünschtes

Ich singe nicht für euch,
ihr vollgestopften Allesfresser . . .
Degenhardt, Für wen ich singe

Publikumsliebling → Anblick, erfreulicher
(Heine)

Pudel, begossener → naß werden
(Morgenstern)

Pulsschlag

Wenn mir geschwächt sind alle Sinn
Und die Umstehenden sagen:
Jetzt scheidet er, jetzt ist er hin,
Der Puls hört auf zu schlagen!
. . . Wunderhorn, Lobgesang auf Mariä

Pulver

Das alte China kannte die Gefahr.
Es bannte schon das Pulver, weil darin
Versuchung lag zu groß für Menschensinn.
Haushofer, Silvestersegen

Pulver, mehr als → Gott zeigt sich
(Supervielle)

Punkt, wichtigster

Besonders lernt die Weiber führen!
Es ist ihr ewig Weh und Ach,
so tausendfach,
aus einem Punkte zu kurieren.
Goethe, Faust 1 (Mephisto)

Puppe, schöne → Wohl, leibliches
(Heine)

Puppenersatz

Keine Puppe will ich haben –
Puppen gehn mich gar nichts an.
Was erfreun mich kann und laben,
Ist ein Honigkuchenmann, . . .
Hoffmann von Fallersleben, Vom Honigkuchenmann

pusten

Sie schonten ihre Lungen nicht
Und wurden braunrot im Gesicht . . .
J. Sturm, Der große Wind . . .

Putzfimmel

Putzen, Naschen, Weibergesang
Sind des Hauses Untergang.
Alter Spruch

Putzfrau

Die Putzfrau könnte morgens sogar
Im Flugzeug zur Arbeit fliegen.
Der König zahlte alles (in bar),
Doch leider: Er kann keine kriegen.
B. H. Bull, König und Putzfrau

Q

Qual

Uns wird die Qual das Herz zerschneiden,
Und keiner weiß von unsern Leiden.
Aus dem Schi-king, Die Krieger . . . (v. Strauß)

Qual → Glück, unverhofftes
(Baratynskij)

quälen → Tiere quälen
(Sprichwort)

Qualität

Gute Tiere, spricht der Weise,
muß du züchten, mußt du kaufen,
doch die Ratten und die Mäuse,
kommen ganz von selbst gelaufen.
W. Busch, Zu guter Letzt

Quelle

Nun plätschert ganz leise das Wasser des
Quells . . .
Aus moosigem, tropfendem, grünendem
Fels.
Sova, Singende Frühe (Fuchs)

Quelle

Sie rauschet, sie perlet, die himmlische
Quelle,
Der Busen wird ruhig, das Auge wird
helle.
Schiller, Dithyrambe

Quelle

Doch immer behalten die Quellen das
Wort,
Es singen die Wasser im Schlafe noch
fort . . .
Mörike, Um Mitternacht

Quelle → Fluß
(Hagelstange)

quitt sein → geschlagen
(Weinheber)

R

Rache

Der Mensch entwich und sann auf Rache;
doch Gott im Himmel wog die Sache . . .

Morgenstern, Tertius Gaudens

Rache des Liebenden

Geh hin, mein Lied, geh zu ihr hin und sprich:
Um dich verzehrt und nach dir sehnt er sich.
Dann aber sollst du ihr das Herz durchboren
Denn Ehr und Rache geb ich nicht verloren!

Dante, Zwanzigste Kanzone (H. Grimm)

Rache, späte

Er fuhr in fremde Länder und ward darob zum Mann.
Er kehrte heim gepanzert. Den Ohm erschlug er dann.

C. F. Meyer, Bettlerballade

Rache, weibliche

Viele Weiber, viele Flöhe,
Viele Flöhe, vieles Jucken –
Tun sie heimlich dir ein Wehe,
Darfst du dennoch dich nicht mucken.
Denn sie rächen, schelmisch lächelnd,
Sich zur Nachtzeit. – Willst du drücken
Sie ans Herze, lieberöchelnd,
Ach, da drehn sie dir den Rücken.

Heine, Zum Hausfrieden

Rache, weitreichende

Von den Heiden allen, durch Gottes Huld
entrann nicht Mann noch Pferd,
kurz ist die schottische Geduld
und lang ein schottisch Schwert!

Strachwitz, Das Herz von Douglas

Rachefeldzug

Faßt Schild, Schwert und Kriegswaffen,
Im Grimm die Feind zu strafen.

Morhof, Frommer Soldaten seligster Tod

Europa, Asien, Amerika, fort mit euch!
In alle Welt ward unser Rachezug getragen,
In Städte und aufs Land! – Uns alle trifft's zugleich!
Auf springen die Vulkane! Und das Meer, geschlagen . . .

Rimbaud, Was macht uns das, mein Herz

rächen, sich

Mein verhöhntes Antlitz räch ich,
Daß es keiner mehr begaffe;
Denn beim letzten Verse stech ich.

Rostand, Duelle des Herrn von Cyrano (Fulda)

raffen → schaffen gehen

(Schiller)

Ramsch

Wenn das Geld fehlt, einzukaufen,
Kommt die Ware auf den Haufen.

R. v. Normann, Zweizeiler

Rand und Band, außer

...ja – kaum hat er den Rücken gewandt,
Ist alles außer Rand und Band!

Berstl, Sankt Peter

ranmachen, sich

Hast du Arbeit, mach dich ran!
Fleiß und Kunst liebt jedermann.

Ofenspruch

Rast

Zur Unrast wird uns Rast um Rast.
Den andern wüst, uns selbst verhaßt –

Wolfskehl, Ewiger Auszug

Rast ist Reise

Es raunen Quellen
Unirdisch leise.
Tief will ich schlafen,
Auch Rast ist Reise...

Carossa, Der Bote

Rasur

Ein Mensch mit schlechtgeschabtem Kinn
Verfehlt der Stunde Glücksgewinn

E. Roth, Ein Mensch – Kleine Ursachen...

rastlos

Die Eintagsfliege, wie so manche Leute,
Vergönnt sich keine Freude an dem Heute,
Denn ruh- und rastlos muß sie immer
sorgen –
Die arme Eintagsfliege – für das Morgen.

M. v. Ebner-Eschenbach

Rat, höchster

In allen meinen Taten
Laß ich den Höchsten raten...

Flemming, Nach dem 6. Psalm

Rat, höchster → stillhalten

(Neumark)

Rat, schlechter → Fallstrick

(Rollenhagen)

Rat, weiser

Sicher wird es uns belehren,
deinen weisen Rat zu hören.

Nach Odyniec

Rat und Trost → Buch

(Quevedo)

Ratsuchender

Ach, was werd ich Armer sagen,
Wessen Schutz und Rat erfragen,
Da Gerechte selber zagen?

Thomas von Celano, Dies Irae (Simrock)

Rätsel → Logik

(Ringelnatz)

Rätsel, ewiges

Wies dich auch aufzuhorchen treibt,
Das Dunkel, das Rätsel, die Frage bleibt.

Fontane, Die Frage bleibt

Rätsel, himmelhohe → studieren
(Ringelnatz)

Rätsel der Zeit → Zeit
(Fleming)

Rätsel des Lebens

O, ahn es jetzt in süßem Beben:
Ein schweres Rätsel ist das Leben,
allein die Liebe löst es leicht!
Gottschall

Rätsel des Todes

Wo wird es bieiben,
Was mit dem letzten Hauch entweicht?
Wie Winde werden wir treiben –
Vielleicht?
Ringelnatz, Was dann?

Rätselrater, oberster

Gott hat das Rätsel ausgesprochen,
Sich selbst darüber den Kopf
zerbrochen ...
Heyse, Gott und die Welt

Rätselwort

Birgt dein Rätselwort Ermahnung,
Straft es mich mit schlimmer Ahnung?
Puschkin, Schlaflosigkeit

Rattenfänger

Da zieht heran der Jägersmann,
Der Rattenfänger, der Wundersänger,
Und Kinder, Knaben, Mägdelein
In hellen Scharen hinterdrein.
Simrock, Der Rattenfänger

Räuber

Andre müssen sich ernähren,
Du tust fremdes Gut verzehren,
Gleich ein Habicht, Räuber lebst
Und in lauter Diebstahl schwebst.
... Wunderhorn, Die feindlichen Brüder

Räuber, die schlimmsten

Wein, Kartenspiel und Weiber
sind die größten Räuber.
Sprichwort

Räuber, frommer

Als der Räuber sie gehört,
Er sie im Gebet nicht stört.
... Wunderhorn, Abschied von Maria

Raubgelüste → Dieb
(Dolfs)

raubgierig

Gingt ihr doch alle zu Grund,
die ihr so gierig nach Raub seid,
Denen mehr noch der Krieg
gilt, als ein zärtliches Weib.
Properz, Elegie

Raubmord

... Ich machte ihn schnell noch vollends
stumm
und kehrt ihm die Taschen um und um ...
Chamisso, Die Sonne bringt es an den Tag

Raubtier → Flutkatastrophe
(Liliencron)

Raubtier, liebendes

An ihren blonden Haaren hielt ich sie
Und wie ein Raubtier spielt umspielt ich
sie!
Dante, Zwanzigste Kanzone (H. Grimm)

Raufen, glückliches

Wenn er sie in den Hintern biß . . .
Und sie ihn mit Füßen stieß,
Dann kehrte er voll Glück
Mit Beulen ins Zimmer zurück.

Nach Rimbaud, Der siebenjährige Dichter

Raum, grenzenloser

Euch engen Berge ein–
Mir zeigt ihr scharfer Saum
nur um so grausiger
den grenzenlosen Raum.

Morgenstern, Raumschwindelgefühl

Raum, verborgener

Man fühlt manchmal, die Taube sei
In einem verborgenen Raum,
Jedes Blatt sagt ihren Namen laut,
Das sie streift mit ihrem Flaum.

D.G. Rosetti, Das selige Mädchen (v. Bernus)

Raum für die Toten

teilt die Sonnensysteme
unter euch auf,
ihr braucht Raum für die Toten . . .

Dagmar Nick, Den Generälen ins Soldbuch

Raum und Zeit

Und schier zerflossen Raum und Zeit.
Ihr war, als fühle sie die Flut
Der Ewigkeit vorüber rauschen
Und müsse jeden Tropfen Blut
Und jeden Herzschlag doch belauschen.

von Droste-Hülshoff, Die ächzende Kreatur

Nicht Raum
nicht Zeit,
nicht Traum,
nicht Leid.

Ilona Bodden, Lied der Ertrunkenen

Raum und Zeit → Ich, verlorenes

(Benn)

Raum und Zeit, jenseits von → Unendlichkeit

(Nietzsche)

Raumfahrt

Sie jagen und züchten Mikroben.
Sie versehn die Natur mit allem Komfort.
Sie fliegen steil in den Himmel empor
und bleiben zwei Wochen oben.

Kästner, Die Entwicklung der Menschheit

Rausch

Rausch, mein riesiger, bartumwallter Bruder, tritt zu mir herein!

Britting

. . .ein müdes Schnauben, bis, vom Mohn getränkt,
Sich schlaff die regungslose Flanke senkt.

A. von Droste-Hülshoff, Durchwachte Nacht

Ach! jeder kennt und jeder geht den Weg:
Zu dieser Hölle diesen Himmelsteg.

Shakespeare, Sonette (Dehmel)

Sein Rausch ist wahrlich riesengroß,
Läßt ihn nicht mehr aus den Fingern los.

J. Berstl, O, du lieber Augustin! (Wiener Ballade)

Es war ein Reif gefallen über Nacht;
Der Alte lag erfroren in dem tiefen Gebüsch,
vom Rausch im Himmel aufgewacht.

Keller, Der Bettler

Rausch → Wahnwitz

(Shakespeare)

Rausch der Liebe

Tragt mich fort, geborgen in Küssen,
im Steigen hochatmender Brüste,

auf Kissen der Hände und weichem
Lächeln,
in den Geheimgängen von Gebein und
Gelenk.

Michaux, Tragt mich fort (Leonhard)

Rausch des Perfekten → Perfektion

(Büscher)

Rauschdroge

O Nacht! Ich nahm schon Kokain,
und Blutverteilung ist im Gange,
das Haar wird grau, die Jahre fliehn,
ich muß, ich muß im Überschwange
noch einmal vorm Vergängnis blühn.

G. Benn, O Nacht...

Rauschmittel → Liebe und Alkohol

(Properz)

Reaktion, altersbedingte

Das Alter wägt und mißt es,
Die Jugend spricht: So ist es.

Platen, Gedichte

Reaktionen, unterschiedliche –

. . .der Rabe verweilte gar heiter,
die Taube konnte nicht weiter!

Hebbel, Der Heideknabe

Realitätsbewußtsein → Schwärmerei

(Storm)

Rebellen

Unter die Siegestore haben
Rebellen Dynamit gegraben!

Przyboś, Gleichung des Herzens (Dedecius)

Rebellen → Widerstand

Rechenschaft

Staunend sehen Tod und Leben
Sich die Kreatur erheben,
Rechenschaft dem Herrn zu geben.

Thomas von Celano, Dies Irae (Simrock)

Die Wanduhr meldet Mitternacht.
Ich höre Hohn in ihrem Schlage.
Was hast du, fragt sie, Mensch, gemacht
Mit diesem nun gewichnen Tage?

Baudelaire, Verhör um Mitternacht (v. Schaukal)

Recht holen, sein

Wer um sein Leid nur klagen kann,
der bleibt im Leid gefangen.
Wer Recht im Lande will, sei Mann,
es selber zu erlangen.

Kramsu, Ilkka (Manninen)

Rechte tun, das → Blindheit

(Shankara)

rechthaben

Welcher recht hat, weiß ich nicht –
doch es will mich schier bedünken,
Daß der Rabbi und der Mönch,
Daß sie alle beide stinken.

Heine, Disputation

Rechtsanwalt

Der Rechtsanwalt ist hochverehrlich,
Obwohl die Kosten oft beschwerlich.

Nach W. Busch

Rede, Unterbrechung der

Es rülpste der König, doch unterbrach er
Nicht lange die Rede, und weiter sprach
er . . .

Heine, König Langohr I.

Redekunst

Der ist gescheit und voller List,
der seiner Rede ein Meister ist.
Spruch, alter

Willst Du beim Volk in Achtung stehen,
Dein Maul muß wie ein Mühlwerk gehen.
Sprichwort

Reden, das

Besser als in tausend Reden
Worte ohne Sinn verschwendet,
Ist ein Wort voll tiefen Sinnes,
das dem Hörer Frieden spendet.
Aus dem Dhammapada (Much)

Das Reden tut den Menschen gut,
Wenn man es nämlich selber tut.
W. Busch, Klecksel

Reden, rührende → Interpret

(Goethe)

Reden, unbedachte

Aus unbedachten Reden
kommen große Schäden.
Sprichwort

reden → zuhören

(Büscher)

reden, durcheinander → vorbeireden, aneinander

(Seidel)

reden können

Das Pärchen, es machet ein schön
Kompliment,
Es möchte gern reden, ach, wenn es nur
könnt'!
Mörike, Storchenbotschaft

reden lernen

Manches hab' ich nicht verstanden,
Das ich wagte nachzulallen:
Also singen dir zum Preise,
Unverstandnes, Nachtigallen,
Also lernen Kinder reden,
Welche lieb dir sind vor allen!
Dschalal Ud-Din Rumi, Gebet (Rückert)

reden und beten

Du sollst reden, nicht viel,
aber sinnig;
du sollst beten, nicht lang, aber innig . . .
F. Halm

reden und hören lernen

Lehr mich reden, Gras
lehr mich tot sein und hören . . .
Bobrowski

reden und nicht handeln → Welt verwandeln, die

(Kästner)

Redlichkeit

Üb immer Treu und Redlichkeit
Bis an dein kühles Grab,
und weiche keinen Finger breit
Von Gottes Wegen ab.
Hölty, Der alte Landmann an seinen Sohn

Redner

Wohlklingende Sätze zu drechseln,
Nützt wenig den Rednern, die sächseln;
Auch, Süßholz zu raspeln,
Wenn sie stets sich verhaspeln.
Da heißt es, die Laufbahn zu wechseln.
Ernst Fabian

O, Redner, bleib nicht auf dem Dache,
Komm schnell herunter – und zur Sache!
R.v. Normann, Zweizeiler

reflektieren und sich verlieren

Zwischen Ohr und Zehen
ganz mit Glanz versehen,
du: im Mondensud–
Will dich reflektieren,
eh wir uns verlieren
zwischen Flut und Flut.
Rühmkorf, Auf einem alten Klang

Regelmäßige, das

Ich gehe nie wieder in die Fabrik.
Ich habe das Regelmäßige dick.
Ringelnatz, Draußen schneit's

Regen

Genug denn, entschwinde! Die Zeit ist
verstrichen,
Die Erde erfrischt und das Wetter
gewichen . . .
Puschkin, Die Wolke (v. Guenther)

Regen → Überschwemmung
(Vrchlicky)

Regen und Sonne

Wohl Keime wecken mag der Regen,
der in der Scholle niederbricht,
doch golden Korn und Erntesegen
reift nur heran bei Sonnenlicht.
Fontane

Regenbogen

Jetzt baut der Himmelshäuptling
Aus vielen Tränen den Regenbogen.
Claire Goll, Geburt des Tränenbogens

Der Farbenbogen nach der
Wolkenschlacht,
Gestreift mit Gold, mit Schnee, mit
Purpurröte,
Daß er ein Gleichnis unserm Leben böte,
Lehrt: So wird Tag um Tag zur Ruh
gebracht.
Calderon, Sonett (Schlegel)

Regenprophet

Wenn die Krähe schreit,
Ist der Regen nicht weit.
Wetterregel

regnerisch

Es war ein Tag so regensatt,
wie einst sein Blick so trüb und matt . . .
Dehmel, Die Magd

regieren, mit Munition

Komm her und sieh, wie sich ein Stern
gebiert,
wenn man die Zeit mit Munition regiert!
K. Kraus, Der Zeuge

reich sein

Ich bin sehr reich und kann nicht mehr
verarmen,
Dies Eigentum zerstören keine Kriege,
und wenn ich auch der Schenksucht
unterliege
und der Verschwendung oder dem
Erbarmen . . .
Christine Lavant

reich sein → Glückwunsch
(Albumvers)

Reicher, armer

was er anrührt, wird zu Golde,
er erstickt an seinen Schätzen.
Was gewann er? Jede Holde
weicht ihm und bleibt ihm ferne –
de' Medici, Maskenreigen (Goetz)

Der Reiche aber sah ganz stier
und sagte nichts als: «Wehe mir!»
Morgenstern, Die Probe

Reichtum bläht

Denn Ehr und Reichtum treibt und bläht,
Hat mancherlei Gefahren,
Und vielen hat's das Herz verdreht,
Die weiland wacker waren.
M. Claudius, Täglich zu singen

Reichtum, versteckter → Bauer
(Claudius)

Reichtum ertragen → ertragen
(Tschopp)

reif und steif

Die Pflaumen sind reif,
die Mädchen sind steif,
die Jungen sind stolz,
die fahren ins Holz.
Da kippelt der Karren,
da lachen die Narren!
Kinderreim

Reife, erstaunliche

Fühlt' ein Mädchen schon so was?
Wie begreif ich alles das?
Goeckingk, Nach dem ersten nächtlichen Besuch

reifen

Ist doch – rufen sie vermessen –
Nichts im Werke, nichts getan!
Und das Große reift indessen still heran.
Feuchtersleben, Spruch

reifen und begreifen

Ich aber will dich begreifen
wie dich die Erde begreift;
mit meinem Reifen
reift
Dein Reich.
Rilke, Das Stundenbuch

Ringsum ungeheure Horden,
wollen noch das große Morden,
sind noch ganz durchleidenschaftet
noch vom Geist zu schwach durchkraftet,
müssen erst noch lange reifen,
eh sie Gott und sich begreifen.
Morgenstern, Zu guter Letzt

Reifung, körperliche

Schon hebet den Schleier
Die wachsende Brust;
Die Blicke sind Feuer
Und tötende Lust.
Weiße, An ein junges Mädchen

Reifung → altern
(Byron)

Reim

Vielleicht ist das Dasein im Grunde
Für Reime nur da und für Klang,
Drum such seit der frühesten Stunde
Verschlungener Worte Gesang.
Brjussow, Dem Dichter (v. Guenther)

Ich sitz und trink. Weit draußen
liegt die Heimat.
Mein Herz ist einsam, weil es keinen Reim
hat.
Nach einem chines. Gedicht

In Reimes Hut
Geheimes ruht.
Papentrigk, Abgesang

Reim → Worte, gereimte
(Platen)

Reime, originelle (Beispiele)

Der Affe legt sich zum Monarchen,
Und beide schlafen ein und schnarchen.

Heine, Der weiße Elefant

Der Sperling sitzt auf dem Gebäude
– doch ohne sonderliche Freude.

Morgenstern, Der Sperling und das Kängeruh

Lieber Gott, recht gute Nacht.
Ich hab noch schnell Pipi gemacht,
Damit ich von dir träume.

Ringelnatz, Zweites Kindergebetchen

In Ermanglung edlern Wilds
Wünsch ich, daß ein Stich dir klaffe
In der Leber oder Milz.

Rostand, Duell des Herrn von Cyrano (Fulda)

Die Hähne schrien verdrossen ...
Das Tor ward aufgeschlossen ...
Wolken gossen, Wasser flossen,
Knechte zogen mit den Rossen ...
Bewehrt mit Lanzen und Geschossen ...

Tennyson, Die Ballade von Oriana (Freiligrath)

Die Sonne brach ein, und in ihrem Glanz
sah sie aus wie die Schwester vom heiligen Franz.

Hagelstange, Bei den schwarzen Baptisten

Da rannt im Sprunge des Galopps
Herbei der treue Eskimops
Und biß mit seinen Zähnen stark
Den Mörder bis ins Eskimark ...

Eskimojade, Unbekannter Verfasser.

Frau von Hagen,
darf ich's wagen,
Sie zu fragen,
wieviel Kragen
Sie getragen,
als Sie lagen
krank am Magen
im Spital zu Kopenhagen?

Kindervers

Reimeschmied, argloser

So marschierte in der Tat,
ohne Ahnung von Verrat,
unser Reimeschmiedemeister
nach dem Sitz der Poltergeister.

Odyniec, Die Gespenster (Nitschmann)

Reimkunst

Wer das Geheimnis kennt, ist der Geheime Rat,
Und nicht, wer nur die Fähigkeit der Reime hat.

Weischedel, Lotteleien fern von Weimar

→ dichten

Reimregeln

Verflucht sei doch der Mann, der bloß aus Unbedacht
Die ersten Regeln hat im Reimen aufgebracht ...

Boileau-Despréaux (Neukirch)

reinfallen

In seine eigenen Schlingen fällt
oft der, der anderen Netze stellt.

Albumvers

Reise, billige

Ein Mensch, an sich nicht leicht entschlossen,
Hat nach Prospekten schon genug genossen
Und bleibt, von tausend Bildern satt,
Vergnügt in seiner Heimatstadt.

Nach Eugen Roth, Ein Mensch – Billige Reise

Reise, letzte

O Abschiednehmen, goldne Zeit,
Gern bin ich deines Winks gewärtig,
Vom Ziel des Weges nicht mehr weit
Und dennoch reisefertig

R.A. Schröder, Vom alten Mann

Reise, mühsame

Mancher hat auf seiner Reis
ausgestanden Müh und Schweiß . . .

W. Hensel, Auf, du junger Wandersmann

Reise, preiswerte

Ein Ehepaar, hängend am Geld,
Unternahm einen Flug um die Welt.
Bis Haiderabad
Hatten beide Rabatt
Und bereisten den Rest dann im Zelt.

Ernst Fabian

Reise in der Nacht → Leben
(Beresinalied)

Reise nach innen

Nur in dich selbst sollst du noch reisen,
Da braucht dir niemand Wege zu weisen.

Nach Carossa, Der alte Taschenspieler

Reisegenossen, alte

Seid mir gegrüßt, befreundte Scharen!
Die mir zur See Begleiter waren . . .

Schiller, Die Kraniche des Ibykus

Reisekasse

Vor allem aber, o König, lasse
Ihm reichlich füllen die Reisekasse . . .

Heine, Der weiße Elefant

Froh schlägt das Herz im Reisekittel,
Vorausgesetzt, man hat die Mittel.

W. Busch, Maler Klecksel

Reiselust → Wanderlust
(Geibel)

reisen

Reisen ist kein Schand
Zu Wasser und zu Land . . .

. . . Wunderhorn, Kerbholz und Knotenstock

Ja, ich reise, ich reise,
weiß selbst nicht wohin . . .
Immer weiter und weiter
verlockt mich mein Sinn . . .

Morgenstern, Auf dem Strome

Fliegen möcht ich, dorthin fliegen,
Wo versunkne Städte liegen,
Wo vor hunderten von Jahren
Kinder, Diener, Prinzen waren . . .

R. L. Stevenson, Reisen (Krüss)

Reisepläne

Die feine Verführung schleicht in mein
Blut,
und unschlüssig wälze ich Reisepläne.

Nach Pessoa, Aus der Meeresode

Reisewerbung

Und, Mensch, du sitzest stets daheim,
sehnst dich nicht nach der Fern'?
Sei frisch und wandle durch den Hain
und sieh die Fremde gern.

Tieck, Wohlauf! Es ruft der Sonnenschein

Reiseziel

– Lenket, sagt sie leise,
Dorthin unsre Reise,
Wo man ewig liebt!
– Günstige Winde wehen:
Liebste, laß uns spähen,
Obs die Küste gibt!

Gautier, Barcarole (Graefe)

Reisezweck

«Sag an, ich kanns im Paß nicht sehn,
Was ist der Zweck der Reise?»
«Der Zweck ist, zwecklos zu besehn,
Das Land auf meine Weise.»

Rückert, Der Frühling an der Grenze

Reiten → Spaß, weniger
(Münchhausen)

Reiter

Hoppe hoppe Reiter,
wenn er fällt, dann schreit er.
Fällt er in den Graben,
fressen ihn die Raben . . .
Kinderlied

Reiter, dicker → Leibesfülle
(Medici)

Reize, vergängliche

Wie reizvoll waren einst geschaffen
Die Schultern und die Hände niedlich!
Die Hüften üppig und die straffen
Brüste so hold und appetitlich . . .
Villon, Klage der schönen Helmschmiedin (Benndorf)

Auch Ihr habt Reize, unerreicht,
Doch können die, für die Ihr blind,
Dereinstens dauern noch vielleicht,
Wenn Eure längst entschwunden sind.
Corneille, Stanzen an die Marquise (v. Hartlieb)

Reize ohne Geiz

So entwickelt sie, fern jedem engen Geize,
Imr neue ästhetische Reize . . .
Münchhausen, Lederhosen-Saga

reizumfangen

So von ihrem Reiz umfangen,
Ruht ich da in trunkner Lust,
Nah den Rosen ihrer Wangen,
Nah dem Mund und nah der Brust . . .
Lamberti, Biondina . . . (Goethe nach Gries)

Reklame → Werbewirkung
(Ringelnatz)

Reklamewand → Verheißung, moderne
(Cendrars)

Relativität der Zeit

Denn tausend Jahre sind in deinen Augen
Wie der vergangne gestrige Tag,
Wie ein Teil der Nacht . . .
Moses, Der neunzigste Psalm

Wenn ich frage bei den Sternen
Nach der Zeit, und wo sie steht,
Seh ich sie, die weitergeht,
Von den Sternen sich entfernen.
de Gongora, Ewiger Zeitlauf (Vossler)

Relativität der Zeit → Alter
(Angelus Silesius)

religiös

sie ist nicht ausgesprochen religiös
glaubt aber an ein höheres Wesen.
N. Born, Die Familie

Rente

Pardon sei dir in Gnaden gewährt
Und obendrein eine Rente beschert.
Nach Bürger, Der Kaiser und der Abt

Wer weint wohl so, wer macht sich soviel
Sorgen
um solchen Quark!
Ich werd Euch eine Rente, Herr, besorgen,
das wär nicht arg!
Tolstoj, Ballade vom Kammerherrn Delarue (Ascharin)

Rente, ohne → Ruhegeld, ohne

Republik

Das Volk hat seine Angst verloren,
die Republik war da geboren
am Pflaster.
Bruant, Am Pflaster (H.C. Müller)

Reservedienst → Höflinge, wartende
(Milton)

Resignation → leergeliebt

Resozialisierung

Ein Gangster, gepeinigt von Ängsten,
Legt nieder sein Rauben und Gängsten.
Hat, frei vom Infarkt,
Den Privatpark geharkt.
Ach, ! Ehrlich währt immer am längsten!
Ernst Fabian

Respekt vor Obrigkeiten

Werde nur nicht dreist und dreister!
Setz nicht den Respekt beiseiten
Vor den hohen Obrigkeiten
Und dem Herren Bürgermeister!
Heine, Verheißung

retten, sich → Geist, zum
(Kraus)

Rettende, das

Nah ist
Und schwer zu fassen der Gott.
Wo aber Gefahr ist, wächst
Das Rettende auch.
Hölderlin, Patmos

Retter → Lohn des Retters
(Fontane)

Rettung, letzte

Ich ahne, todgeweiht, des Sterbens Nöte,
da reiß' ich aus dem Gürtel meine Flöte . . .
Krklec, Die Schlange (Moscon)

Rettung durch Arbeit

Nur die Arbeit kann erretten,
nur die Arbeit sprengt die Ketten . . .
Seidel, Hymne der Arbeit

Rettung durch Engel

Und er sinkt. Doch plötzlich hält
Gottes Engel ihn im Arm.
Teufelsgeist zerplatzt, zerschellt.
Wind und Meer sind plötzlich still.
Zorro, Das Schiff Kathrin (Lüher)

Rettung durch Selbsthilfe → Skylla und Charybdis
(Hagelstange)

Rettungsdienst

Fürs allerschlimmste Regenwetter
Gibt es von Amtes wegen Retter.
Monika v. Normann, Regen-geschüttelt

rettungslos

Ich hab keinen Schiffsmann und Rudern ist schwer,
so muß ich schön sterben im tiefen Meer.
Nach Zorro, Der Spielmann Meendinho

Rettungsversuch

Wir stehn am Ufer bange Stunden.
Die Männer haben nichts gefunden.
Aus dem Schi-King, Tod zweier Prinzen (Mühlenweg)

Rettungswege

Mag sein, daß alles Böse sich
Vereinigt hat, uns breitzutreten.
Drei Rettungswege gibt's: Zu beten,
Zu sterben, und «Ich liebe dich!»
Ringelnatz, Ein Liebesbrief

Rezensent → Schriftsteller und Rezensent

Rezitation → Verse, entsetzliche

rheumatisch

Die Glieder sind mir rheumatisch gelähmt,
Und meine Seele ist tief beschämt.
Heine, Rückschau

richten

Sitzt der Richter dann und richtet,
Wird, was dunkel war, gelichtet,
Keine Schuld bleibt ungeschlichtet.

Thomas von Celano, Dies Irae (Simrock)

Fiel ein Herz im Drange
zwischen Reiz und Pflicht:
Mensch, o richte nicht!
Weißt du, welchem Zwange,
welchem Unglückstag
solch ein Herz erlag?

Tiedge

richten → Rezensenten

(Alter Spruch)

Richter

Richter du gerechter Rache,
Übe Gnad in meiner Sache,
Eh der Rache Tag erwache.

Thomas von Celano, Dies Irae (Simrock)

Ein Richter, der verdammt,
ist stark nur im Vernichten.
Des edlen Richters Amt
ist, wieder aufzurichten.

Julius Hammer

Richter, oberster

Ich kam als Gefangner, als Tagelöhner,
verschleppt und verkauft, von der Peitsche zerfetzt.
Ihr wandtet den Blick von dem struppigen Fröner.
Nun komm ich als Richter. Erkennt ihr mich jetzt?

W. Bergengruen, Die letzte Epiphanie

Richter, unbeliebte

seht die herren vom gericht
schätzt man offensichtlich nicht

Christa Reinig, Die ballade vom blutigen bomme

Richterstab

Ja, der längste Richterstab
Reichet selten bis ans Grab.

Joh. Chr. Günther, Der Seelen Unsterblichkeit

Richtung, richtige

Diese Richtung ist gewiß
Immer schreite, schreite!
Finsternis und Hindernis
Drängt mich nicht zur Seite.

Neugriechische Liebe-Skolien (Goethe)

Riese

Ich bin der Riese groß und still,
Der Alles tun kann, was er will . . .

Stevenson, Lazarus (Dehmel)

Ring, goldner

Wer sich von dem goldnen Ringe
Goldne Tage nur verspricht,
der kennt wohl den Lauf der Dinge
Und das Herz der Menschen nicht.

Nach Gotter, Gedichte

ringen mit Stoffen → Kreativität

(Hammer)

Risikobereitschaft

Er spuckte Feuer, Rauch und Flammen
Nahm seinen ganzen Witz zusammen,
Ging einen neuen Handel ein
Und dacht': Der soll mir sicher sein!

Seidel, Der betrogene Teufel

Ritter ohne Vorhaut → Hofschranzen

(Heine)

ritterlich

Gerechte Kraft bestätigt sich
am Schwachen: Sie schlägt ritterlich.

Weinheber, Ritterliches Handeln

Robinson → Einsame, der

(Reinig)

Rolle, große

Gewaltigen Erfolg erzielt,
Wer eine große Rolle spielt.

Ringelnatz, Kinder, spielt . . .

Rollen, vertauschte

« . . .Nun Geselle,
ist die Reih an mich gekommen!
Her den Beutel auf der Stelle!
Her, was du mir abgenommen! . . .»

Chamisso, Böser Markt

Die Mäus sind Herr, und ich bin Knecht,
So komm ich nimmermehr zurecht.

Unbekannter Verfasser

Rollenverteilung

Putt putt putt, mein Hühnchen,
putt putt putt, mein Hahn.
Eier legt das Hühnchen,
krähen tut der Hahn.

Kinderreim

Rose

Holder Brüste hundert Paar,
trug ich, Kinderlose,
bis der Samenfülle Schar
euch, verwandelt, mitgebar:
Weltengrund,
Sternenrund,
in dem Namen Rose.

Elisabeth Langgässer, Die Rose

Brich die Rosen, wenn sie blühen!
Morgen ist nicht heut.
Keine Stunde laß entfliehen.
Flüchtig ist die Zeit.

Verfasser unbekannt

eine rose ist eine rose ist eine rose

Gertrude Stein

Rose → welken

(Cats)

Rose, letzte

Ich sah des Sommers letzte Rose stehn
Sie war, als ob sie bluten könne, rot;
Da sprach ich schauernd im Vorübergehn;
So weit im Leben, ist zu nah am Tod!

Hebbel, Sommerbild

Des Sommers letzte Rose
Blüht hier noch, einsam, rot–
All ihre schönen Schwestern
Sind schon verwelkt und tot!

Moore, Des Sommers letzte Rose (Grafe)

Rosen, statt

Sie ging im Grünen her und hin,
Statt Rosen brach sie Rosmarin . . .

. . .Wunderhorn, Rosmarin

Rosenkranz

Ich trag kein' Kranz von Rosen rot,
vor morgen sind sie welk und tot.

Lulu von Strauß und Torney, Mara

rote Fahne → Marx und Moritz

(Bartsch)

Rotwein

Rotwein ist für alte Knaben
Eine von den besten Gaben.

W. Busch

Reue

Es freut sich die Gottheit der reuigen
Sünder;
Unsterbliche heben verlorene Kinder
Mit feurigen Armen zum Himmel empor.

Goethe, Der Gott und die Bajadere

Was hilft mir nun mein Übermut,
Mein Reichtum, Ehre, Geld und Gut?
Was hilft mir nun all Zierd und Pracht?
Ach, hätt ich nie daran gedacht,
So säß ich nicht in dieser Flammen,
Da alle Qualen schlagen zusammen.

. . . Wunderhorn, Zucht bringt Frucht

Revolution

Wir wollen sie! Fürsten, Senat, Industrie:
Verschwindet! Gewalt, Geschichte, Recht: auf die Knie!

Rimbaud, Was macht uns das, mein Herz (Küchler)

Eure Revolution wird
euch fressen, Mahlzeit,
wie Blutwurst aus Büchsen.

Sabais, Sozialistische Elegie

Die Revolution
findet im Hörsaal statt.

Deicke

Revolution → Volk, empörtes

(Schewtschenko)

Rezensent

Unangeklopft ein Herr tritt abends bei mir ein:
«Ich habe die Ehr', Ihr Rezensent zu sein.»

Mörike, Abschied

Rezensenten

Können wir nicht alle dichten,
So wollen wir doch alle richten.

Alter Spruch

Rezension

Da schreibt mit finsterm Amtsgesicht
Der eine Relationen,
Der andre seufzt beim Unterricht
Und der macht Rezensionen . . .

Höfling, O alte Burschenherrlichkeit

Rezept, ärztliches → Enthaltsamkeit

(Freidank)

Routinefall → Leiden der Menschheit

Rücken, krumme

Sie sind so, diese armen Rücken,
Verkrümmt vom Tragen und vom Bücken . . .

Verhaeren, Die Armen (Dehmel)

Rücken drehen, den → Rache, weibliche

(Heine)

Rückforderung

«Gib mir das Geraubte wieder,
gleich! Ich schieße sonst dich nieder . . .»

Chamisso, Böser Markt

Rückkehr → Gott werden

(Totenbuch)

Rückkehr → verwandeln, sich

(Shelley)

Rückkehr alter Wehen

Mein Sehnen schien gestillt, erhöht mein Flehen,
Mir schien erreicht, worauf ich durfte bauen;
Da schwand sie plötzlich wieder, und mit Grauen
Empfand mein Herz die Rückkehr alter Wehen.

L. de'Medici, Sonette (Reumont)

Rückschau

Ihr glücklichen Augen,
Was je ihr gesehn,
Es sei, wie es wolle,
Es war doch so schön!

Goethe, Türmerlied

Wo sind die Tage, deren Wahn und Wonne
Uns aufgerieben vor der Zeit,
Die Tage, bunt aus Regensturm und
Sonne,
Gewoben aus Genuß und Leid!

de Béranger, Mein Rock (E. Geibel)

Rücksicht

Sein Prinzip ist überhaupt:
Was beliebt ist auch erlaubt;
Denn der Mensch als Kreatur
Hat von Rücksicht keine Spur.

W. Busch, Julchen

Rücktritt → Stelle, freigewordene

rückwarts drehen → Geschichte
(Klabund)

Ruf nach Gott → Hoffnung
(Verfasser unbekannt)

Ruhe im Sarg → Sarg als Zuflucht

Ruhe pflegen → ungelegen
(Busch)

Ruhe, tierische

Dich lieb ich, frommer Ochse, den so milde
Gewaltge Kraft umhaucht. Wie
friedensreich,
Erhaben, ruhig einem Denkmal gleich,
Siehst du den Acker an und die Gefilde.

Carducci, Sonett (H. Grimm)

Ruhe vor dem Sturm

Die Wasser ebben, die Vögel ruhen,
der liebe Gott geht auf leisesten Schuhen.

Liliencron, Trutz, Blanke Hans

Ruhegeld, ohne

Krank und müde vom Getue
um die goldne Gunst der Welt,
setzte er sich nun zur Ruhe,
wenn auch ohne Ruhegeld.

Kästner, Nekrolog auf den Maler E.H.

Ruhekissen → Gewissen
(Sprichwort)

Ruhekissen, ewiges → Erlösung
(Günther)

ruhelos

Es ist die düstre Glut, die stets getragen,
In tiefer Brust, der ewge Wandersmann,
Der nirgendwo sich kann ein Grab erjagen,
Und doch im Grab nur Ruhe finden kann.

Byron, An Inez (Heine)

Das hat nicht Ruh' bei Tag und Nacht,
ist stets auf Wanderschaft bedacht . . .

W. Müller, Das Wandern ist des Müllers Lust

Und kein Abend bringet
Frieden ihm und Ruh;
keine Glocke klinget
ihm ein Rastlied zu.

Hoffmann von Fallersleben, Abend wird es wieder

Ruhestätte, letzte

Werd ich wo in einer Wüste
Eingescharrt von fremder Hand?
Oder ruh ich an der Küste
Eines Meeres in dem Sand?

Heine, Wo?

Ruhetag

Rinder ziehn zur Weide mit Gemuhe,
Alles rüstet sich zum Tag der Ruhe.

Strindberg, Samstagabend (Gumppenberg)

ruhig bleiben

Laß ihn im Galoppe rollen,
reite ruhig deinen Trab!
Ein zu ungestümes Wollen
wirft von selbst den Reiter ab.

W. Busch, Schein und Sein

ruhig bleiben

bemessen *(Meyer)*

ruhig bleiben

unbekümmert *(Geibel)*

Ruhm

Hoffnung! Ruhm! was soll ich mich
beklagen;
Ein Diadem zieht strahlend vor mir her.
Was tuts, ein Leben wie ein Bettler tragen,
Wenn man stirbt wie Pindar und Homer!

Zorilla, Die Illusion (Dehmel)

Der hohen Taten Ruhm muß wie ein
Traum vergehn.
Soll denn das Spiel der Zeit, der leichte
Mensch bestehn?

Gryphius, Eitelkeit

Der Ruhm, wie alle Schwindelwahre,
Hält selten über tausend Jahre.

W. Busch

Der Rum ist eine harte Nuß, Es knackt sie,
wer sie knacken muß.

Martin Buber

Also läßt es sich erklären,
daß berauscht von Ruhm und Ehren,
er nicht vor-, nicht rückwärts sah,
was da Seltsames geschah.

Odyniec, Die Gespenster (Nitschmann)

Ruhm → Name, großer

(Schiller)

rührselig

Er sitzt und trinkt und singt sich was;
der Wirtin werden die Augen naß . . .

Villon, Die Rückkehr des Seemanns (v.Rexroth)

Ruinen

Was ward aus solchen Bauens Größe:
Ein wilder Ort des Grauens! Böse . . .

Lehmann-Leander, Der Turm zu Babel

Runzeln

Es trägt wohl mancher Alte,
des Herze nicht mehr flammt,
im Antlitz eine Falte,
die aus der Kindheit stammt.

J. Hammer

Rußland

Rußland, dieses schöne Reich,
Würde mir vielleicht behagen,
Doch im Winter könnte ich
Dort die Knute nicht ertragen.

Heine, Jetzt wohin?

Rußland → Volksbefreier

(Kulis)

Rüstung, grausame

Groß Macht und viel List
Sein grausam Rüstung ist . . .

Luther, Ein feste Burg . . .

Rüstung, ohne → Lebenskunst

(Laotse)

Rüstungsbeitrag → Geld für Kämpfer

(Franz. Lied)

Rüstungsexperte, der erste

Wer doch war's, der zuerst die
schrecklichen Schwerter erfunden?
O wie eisern und hart mußte doch sein
solch ein Mann!

Tibull, Aus der zehnten Elegie (nach A. Bernstädt)

Rüstungsindustrie

ein anblick zum zähneknirschen sind
die fetten eber auf den terrassen
teurer hotels, auf den golfplätzen
sich erholend von mast und diebstahl,
die lieblinge gottes.

Enzensberger, sozialpartner in der rüstungsindustrie

→ Massenvernichtungsmittel

Rute

Niemand zwingt zum Guten
Kinder mit der Ruten . . .

Walther von der Vogelweide, Sprüche

S

Saat und Ernte

Wir pflügen und wir streuen
den Samen auf das Land,
doch Wachstum und Gedeihen
steht nicht in unsrer Hand.

M. Claudius, Bauernlied

Sadismus → Entsetzen, Freude am

(Schiller)

Sachen, die

Eng ist die Welt, und das Gehirn ist weit.
Leicht beieinander wohnen die Gedanken,
Doch hart im Raume stoßen sich die
Sachen.

Schiller, Wallensteins Tod

Sachen, unmögliche

Vögel, die nicht singen,
Glocken, die nicht klingen,
Pferde, die nicht springen,
Pistolen, die nicht krachen,
Kinder, die nicht lachen:
Was sind das für Sachen?

Kinderreim

sachliches Ende

Wäre mutter noch am leben
würde es auch tränen geben
aber so bleibt alles sachlich
Bomme wird ganz amtlich-fachlich
ausgestrichen aus der liste
und gelegt in eine kiste

Christa Reinig, Die ballade vom blutigen bomme

Saft, süßer

Eh' uns Clotho fortgerafft
Will ich in den süßen Saft . . .

Opitz

sagen

Was können wir sagen, die wir alles schon
sagten?
Die wir sahen die Jahre sinken
wie Blätter, wie Tränen über Millionen
Särgen.

McFadden, Gedicht für heute (Feist)

Wenn wir alles gesagt haben werden
wird immer noch etwas zu sagen sein . . .

Bienek, Sagen Schweigen Sagen

sagen, nichts mehr → Augen zu

(Ringelnatz)

sagen, was man denkt → nachdenken

(Supervielle)

sagen, was quält → du und ich

(Hausmann)

Sagen über das Sagen → sprechen oder schweigen

(Bienek)

sagenhaft

Da endlich starb der edle Ritter. Klap! . . .
Kiste und Kränze. Kerzen für den Himmel.
Und Pansa klapperte die Gegend ab,
Auf sechzehn Weiber zeugte er fünf
Lümmel.

Grochowiak, Don Quichotte (Dedecius)

Salz

Vom Kaiser bis zum Bettelmann
keiner das Salz entbehren kann.

Spruch, alter

Samariter

Das Schaf, das ward geschoren,
da hat das Schaf gefroren.
Da zog ein guter Mann
ihm seinen Mantel an.
Jetzt brauchts nicht mehr zu frieren,
kann froh herumspazieren.

Morgenstern, Schlummerliedchen

Samen

So keimen die Körner des Samens,
Begraben, so schiens in der Erden;
Doch dringen sie bald aus dem Grunde
Schwer nickende Halme zu werden.

Lateinisches Kirchenlied (nach Simrock)

Samen, ungenutzter

Keine Vase will dich. Keine
Liebe wird durch dich erhellt.
Aber deines Samens reine
weiße Kugel träumt wie eine
Wolke, wie der Keim der Welt.

Weinheber, Löwenzahn

Samen aller Namen

Bist du sicher, daß ich dort das Land
und den Samen aller Namen finde
während ich ertaube und erblinde?

Christine Lavant, Hilf mir, Sonne . . .

Samenfülle → Rose

(Langgässer)

sammeln

Daß jeder sich des Feinds erwehr,
Geh er zur Ameis in die Lehr,
Sie sammlet ein und leget hinter,
Daß sie zu zehren hab im Winter.

. . . Wunderhorn, Alte Prophezeiung . . .

Sieh! Wie hier die Dirne
Emsig Pflaum und Birne
In ihr Körbchen legt!

Salis-Seewis, Herbstlied

sammeln, sich → dichten

(Stöber)

Sammlerglück

Zwei Knaben gingen an den Strand;
Der eine eine Muschel fand.
Der andre, der fand keine:
Das macht zusammen eine.

Verfasser unbekannt

Sand

Das Schönste für Kinder ist Sand.
Ihn gibt's immer reichlich.
Er rinnt unvergleichlich
Zärtlich durch die Hand.

Ringelnatz, Kindersand

Sand in die Augen

Und wo er noch ein Kindchen fand,
streut er ins Aug' ihm Sand.
Abendlied, Die Blümelein, sie schlafen

Sand in die Augen → Publikum
(Vierordt)

Sandkörner

Sandkörnchen laufen, laufen,
Zu Diensten gern dem Sein,
Begräbnisse und Taufen
Beziehn sie rieselnd ein . . .
Baltruschaitis, Die Sanduhr (J. v. Guenther)

Sänger

Dann ist der gutgelaunte Sänger
Mitunter auch ein Kinderfänger, . . .
Goethe, Der Rattenfänger

Der Wahrheit berauschende Schwingen
Und in dir der Glanz von vorlang
Verliehn dir die Macht zu erringen,
Was vordem kein Sänger errang . . .
Swinburne, Anheimgabe (v. Bernus)

Sänger → Wort des Friedens
(Dhammapada)

Sänger, kraftloser

Zum Kampfe muß er sich bereiten,
Doch bald ermattet sinkt die Hand.
Sie hat der Leier zarte Saiten,
Doch nie des Bogens Kraft gespannt.
Schiller, Die Kraniche des Ibykus

Sänger, reisender

Ich möcht als Spielmann reisen
weit in die Welt hinaus,
und singen meine Weisen,
und gehn von Haus zu Haus.
Eichendorff, In einem kühlen Grunde

Sänger, vermißter

Doch den Sänger vermiß ich, den Bringer
der Lust,
Der mit süßem Klang mir bewege die
Brust . . .
Schiller, Der Graf von Habsburg

Sängerstreit

An einem Hof, bekannt ob strenger Sitten,
Um Liebe – ausgerechnet – Sänger stritten.
Mittler, Tannhäuser

Sarg als Zuflucht

Kracht der letzte Sargdeckel gut zu,
Ist alles Leid hinüber in Ruh.
Han Yü, Kerkerlied

auch ein reicher mann hat ruh
hält den sarg von innen zu
Christa Reinig, Die ballade vom blutigen bomme

sattessen, sich

. . . Nichts von dem, was ich tue, berechtigt
mich
dazu, mich sattzuessen.
Bertolt Brecht, An die Nachgeborenen

sattküssen, sich

Lebe, bis du satt geküßt
Und des Trinkens müde bist.
Lessing, Der Tod

sauber bleiben, selbst

Ein jeder kehre vor seiner Tür
und rein ist jedes Stadtquartier.
Verfasser unbekannt

Sauberkeit, übertriebene

Und ist er gekämmt und gewaschen
zuzeiten,
So schafft das nur Verlegenheiten . . .
Fontane, Der echte Dichter

Säuberung, große → Großreinemachen, das
(Kästner)

Säufer

Ich bin der König der Toren,
Zum Trinken auserkoren,
Und ihr, ihr seid erschienen,
Mich Fürsten zu bedienen.
. . . Wunderhorn, Gesellschaftslied

Ich war stark in Glauben und Gedanken.
bis sie in dem ekeln Trank ertranken,
bin schon fertig an die fünfzehn Jahr –
Bruder Branntwein, gelt die Jugend war
doch so wunderbar –
Fröding, Dichter Wennerbom (Nörrenberg)

Sieger im Saufen und vom Suff besiegt,
Der Säufer elend unterm Tische liegt
Frei nach Passerat

Im Pfuhl des Lasters, meiner Treu, versinkt
Jedweder ein, der wie ein Säufer trinkt.
Dolfs, Die sieben Todsünden (2. Trunksucht)

Säufer → Kind, ungezogenes
(Ringelnatz)

Saufkumpanen

Winket dir der Wein im Becher,
greife zu und trinke frisch,
aber nicht mit jedem Zecher
setze dich an einen Tisch.
Inschrift

Sau, alte

Napoleon, Napoleon,
was macht denn deine Frau?
Sie wäscht sich nicht,
sie kämmt sich nicht,
sie ist 'ne alte Sau!
Spottvers

Sau mit Zahnfäule → Zivilisation
(Pound)

Säue

Die Säue waren schlechtweg Säue
von völliger Naturgetreue.
Morgenstern, Tertius Gaudens

Sauerkraut

Sauerkraut und Rüben,
die haben mich vertrieben.
Hätt' meine Mutter Fleisch gekocht,
so wär' ich noch geblieben.
Kindervers

Schachspiel Leben → Leben als Schachspiel
(Chaijam)

Schadenfreude

Vorüber ist's, doch nicht verschwunden:
Noch blieben welche, die an Wunden
Sich geifernd freun, gleich wilden Hunden.
Schewtschenko, Zwietracht (Koch)

Schadenfreude → Dummheit
(Busch)

Schadenfreude, süße

Ah, wenn ihr je geschähe so wie mir,
Süß wär es, hinzusinken dann mit ihr!
Dante, Zwanzigste Kanzone (H. Grimm)

Schadenfreude, voreilige

Der Bauer, der zuvor gelacht,
War nun in große Angst gebracht.
Seidel, Der betrogene Teufel

Schafe und Böcke

Zu den Schafen laß mich fahren!
Ferne von der Böcke Scharen . . .
Thomas von Celano. Dies Irae (Simrock)

Schäfer

Da geht ein alter Schäfer,
Sieht ohne Gruß die Welt,
Gebückt tief wie ein Schläfer,
Der schlafend Reden hält.

Dauthendey

Die Schäfer waren einst an ihren Lüsten kenntlich:
Sie bliesen lieblich die Schalmei und küßten ländlich . . .

Papentrigk, Schäferschüttelreim 3

Schäfer sucht Schäferin

Ich such aus treuem Sinn
Die edle Schäferin,
Die sich von meiner Herd
So schnöd hinweggekehrt
Und sich in dieser Stadt
Gewiß verloren hat.

. . . Wunderhorn, Aus der Zeit . . .

Schäferlust

Nichts kann auf Erden
Verglichen werden
Der Schäferlust!
Auf grünen Heiden,
Verblümten Weiden
Gibt's wahre Freuden,
Mir ist's bewußt.

. . . Wunderhorn

Schäferstunde

Und die einz'gen, die uns munden,
Sind halt noch die Schäferstunden.

Cornelius

In dunkler Grotte dann, bestickt
mit Moosen rund,
Des Schäfers Lippe schloß den
schönsten Rosenmund.

Papentrigk, Schäferschüttelreime

Wir ruhten just im reifen Korn,
ein Täubchen und ein Tauber,
Da kam ein Mann im hellen Zorn
Und scheuchte unsern Zauber . . .

v. Lauff, Der Brandfuchs

Schäflein weiden, zusammen → Einladung

(Droste)

schaffen,

Der Mann muß hinaus
Ins feindliche Leben,
Muß wirken und streben
Und pflanzen und schaffen
Erlisten, erraffen,
Muß wetten und wagen,
Das Glück zu erjagen.

Schiller, Das Lied von der Glocke

Hernieder, steige hernieder in die Einfalt, die Gott will!
Ich habe den Wespen zugesehen, die im Sand ihr Nest gebaut.
Tu so wie sie, gebrechlich Herz: sei still,
Schaffe dein Tagwerk, das Gott deinen Händen anvertraut.

Jammes, Zum Geständnis der Unwissenheit (Stadler)

Hoffe wenig und schaffe viel –
das ist der kürzeste Weg zum Ziel.

Ernst Eckstein

schaffen → Plan

(Sprichwort)

Schaffenslust → Moneten

(Diels)

Schalk

Ich bin nur ein kleiner, unanständiger Schalk.
Mein richtiges Herz. Das ist anderwärts, irgendwo
Im Muschelkalk.

Ringelnatz, Ansprache eines Fremden . . .

Scham

Mit Schamerröten sie den schlanken Leib befreit,
Und streift von Brust und Hüften
ihr leichtes Morgenkleid . . .

Kalidasa, Die Taueszeit (v. Bohlen/ Kreyenborg)

So hört! Um edel zu empfinden,
Laßt Scham nicht aus der Seele schwinden.

Wolfram von Eschenbach, Parzival

Scham → nackend

(Anakreon)

Scham, falsche

Warum auch flöhe sie, ein Kind von vierzehn Lenzen,
Dem rot die Lippe schwillt, dem blau die Augen glänzen . . .?

Barbier, Nisa (Freiligrath)

Scham, soziale

's gibt Menschen, die vor Scham ganz stille,
so sterben, wie es Gottes Wille,
am Pflaster.

Bruant, Am Pflaster (H.C. Müller)

schamlos → Wollust

(Shakespeare)

scharf geladen

Und der Koch in der Kombüse
kocht schon morgens Sellerie,
drum sind abends die Matrosen
scharf geladen wie noch nie!
Hollahi . . .

Seemannslied

Schattenwelt → Dichtung

(Schiller)

Schätze, erstickende → Reicher, armer

(Medici)

Schatzgräber

Ein Winzer, der im Tode lag,
Rief seine Kinder an und sprach:
«In unserm Weinberg liegt ein Schatz;
Grabt nur danach!» – «An welchem Platz?»
Schrie alles laut den Vater an.
«Grabt nur-!» O weh! Da starb der Mann.

Bürger, Die Schatzgräber

Schatzsuche

Nach einem Schatz willst du streben?
Auf jeder Stätte ist der rechte Platz:
Such aus dem Dunkel deinen Geist zu heben,
und sicher hebst du einen Schatz.

O. Banck

Schauer, frommer

Wer gewahrte ohne Schauer
Hier der frommen Mutter Trauer . . .

Nach da Todi

Schaukel

Auf meiner Schaukel in die Höh,
Was kann es Schöneres geben!
So hoch, so weit: die ganze Chaussee
Und alle Häuser schweben.

Dehmel, Die Schaukel

schaurig

O schaurig ists, übers Moor zu gehn,
wenn es wimmelt im Heidenrauche,
sich wie Phantome die Dünste drehn
und die Ranke häkelt am Strauche . . .

Droste-Hülshoff, Der Knabe im Moor

Pfeift der Wind?
Keift ein Wurm?
Heulen
Eulen
hoch vom Turm?
Morgenstern, Nein!

Schauspieler

Und glückt mir abends nur mein
   Zauberspiel,
So steh ich Tag um Tag am Ziel.
Nach Carossa, Der alte Taschenspieler

Ein Schauspieler
sagt sich selber auf . . .
Krolow, Auf der Straße IV

scheiden

Dunkel weint der Fluß,
Weil ich scheiden muß . . .
Aus China, Lied vom weißen Haupt (Klabund)

Soll ich dich dann nimmer sehen?
Ach, das kann ich nicht verstehen,
O du bittrer Scheidens Schluß.
. . . Wunderhorn, Gruß

Es ist bestimmt in Gottes Rat,
Daß man, was man am liebsten hat,
Muß meiden;
Wiewohl nichts in dem Lauf der Welt
Dem Herzen, ach! so sauer fällt,
Als Scheiden! ja Scheiden!
Feuchtersleben, Nach altdeutscher Weise

Muß aus dem Tal jetzt scheiden,
wo alles Lust und Klang;
das ist mein herbstes Leiden,
mein letzter Gang.
Ganzhorn, Im schönsten Wiesengrunde

Wenn sich zwei Herzen scheiden,
die sich dereinst geliebt,
das ist ein großes Leiden
wie's größres nimmer gibt.
Geibel

Es ist mir die höchste Freude,
Daß ich einmal von dir scheide.
Greflinger, Auf die Zurückreise

Sich finden und scheiden –
ich mag's wohl leiden . . .
Blüthgen

Meistens hat, wenn zwei sich scheiden,
Einer etwas mehr zu leiden.
W. Busch, Fipps der Affe

scheiden → trennen, Trennung

Scheidung

«Rot macht die Scham, doch Reue blaß!
Herr, Pfarrer, gebt uns frei!»
Der Mann bot einen Dollar dar,
die Frau der Dollar zwei.
Keller, Ehescheidung

Scheidungspreis

Einen goldenen Ring, den geb ich dir,
wenn du reisest weit fort von mir.
Nordische Ballade, Würfelspiel (Festesen)

Schein

Doctor Schein und Doctor Sinn
Gingen ins Café;
Schein bestellte Doppel-Gin,
Sinn bestellte Tee.
Hardekopf, Zwiegespräch

Schein, süßer → Illusion
(Chéniér)

Schein und Sein

Allgemach beschlich es mich mit Grauen,
Schein und Wesen so verwandt zu
   schauen . . .
C. F. Meyer, Mövenflug

Es lassen Schein und Sein sich niemals einen,
nur Sein besteht durch sich allein.
Wer etwas ist, bemüht sich nicht zu scheinen.
Wer scheinen will, wird niemals etwas sein.
Rückert

Nicht die Geburt macht schlecht und gut,
Von Adel ist, wer edel tut.
Alter Spruch

Außen fix,
Innen nix.
Außen blank,
Innen Stank.
Sprichwort

scheinheilig

Ich kenne die Weise, ich kenne den Text,
Ich kenn' auch die Herren Verfasser;
Ich weiß, sie tranken heimlich Wein
Und predigten öffentlich Wasser.
Heine, Deutschland – Ein Wintermärchen

Im Munde Bibel
Im Herzen übel.
Sprichwort

Scheinprobleme → Dichters Lust
(Müller)

Scheinprobleme → Sorgen, selbstgemachte
(Usteri)

Scheinwelt

im Wesen wie im Guten,
das ist doch alles eins;
so mag uns Gott behuten
in dieser Welt des Scheins!
Morgenstern, Wer denn?

Scheinwerfer, im

vier herren stehen im kreise herum
der erste ist groß der zweite ist krumm
der dritte ist dick der vierte ist klein
vier herren stehen im lampenschein
Ror Wolf, vier herren

Scheitern, ewiges → Klage, ewige
(Lat. Kirchenlied)

schelten

Ach, die Mutter ists, die aufwacht
Und den Mund zu schelten aufmacht –
Béranger, Die Kartenlegerin (Chamisso)

schenken

Sie macht mich rasend – ich werde toll –
Sprich, Weib, was ich dir schenken soll?
Nach Heine, Pomare

Schenke mit Geist ohne List.
Sei eingedenk,
Daß dein Geschenk
Du selber bist.
Ringelnatz, Schenken

Einem geschenkten Gaul
Sieht man nicht ins Maul.
Nach Hieronymus

Schenksucht → reich sein
(Lavant)

scherzbereit → lustgerüstet
(Spee)

Scheusal

Das Scheusal wälzte sich, atmete tief
und schloß die Augen wieder und schlief.
Liliencron, Trutz, Blanke Hans

Schicksal

Ihr führt ins Leben uns hinein,
Ihr laßt den Armen schuldig werden,
Dann überläßt ihr ihn der Pein:
Denn alle Schuld rächt sich auf Erden.

Goethe, Harfenspieler

Fortuna lächelt, doch sie mag
nur ungern voll beglücken.
Schenkt sie uns einen Sommertag,
so schenkt sie uns auch Mücken.

W. Busch

Ich lasse das Schicksal los.
Es wiegt tausend Milliarden Pfund;
Die zwinge ich doch nicht, ich armer
Hund.

Ringelnatz, Aufgebung

Denn wo ein Schicksal sich kündet,
erheben
Hundert göttliche Hände sich flink,
Formen es, reißen es in das Leben,
Und es steht dann, ein fremdes Ding.

Max Mell, Die Stadt auf dem Hügel

Wenn ich an mein Schicksal denk'
ich mich recht von Herzen kränk'.

Volkslied, Der Hase und der Jäger

Schicksal → Erbsünde

(Sophokles)

Schicksal, gutes → Arbeit

(Weinhebe)

schicksallos

Schicksallos, wie der schlafende
Säugling, atmen die Himmlischen . . .

Hölderlin, Hyperions Schicksalslied

Schicksalsmächte → Phönix

(Euripides)

Schicksalsschlag

Trifft Dich einmal ein Schicksalsschlag,
dann denke: was auch kommen mag,
ein Unglück, scheint es noch so groß,
es trägt ein Glück in seinem Schoß.

Albumvers

schießen

Schießt nur, schießt nur! Wahrlich
Schaden
wärt Ihr fähig anzurichten,
wäre nur das Ding geladen . . .

Chamisso, Böser Markt

Sie legten ihre Flinten an, sie schossen
aufeinander,
und Kugel gegen Kugel flog, sie mußten
beide fallen.

Griechische Ballade, Christos Milionis (Walter)

schießen → Machtbeweis

(Wunderhorn)

Schild

Im heißen Streite, noch so wild,
erkannte man ihn an seinem Schild.

Welhaven, Der umgekehrte Becher (Passarge)

Schildkröte

Ich kenne nicht des Todes Bild
und nicht des Sterbens Nöte:
Ich bin die Schild – ich bin die Schild –
ich bin die Schild-krö-kröte.

Morgenstern, Die Schildkrökröte

Schimmel des Vergessens

Schimmelgrün ist das Haus des
Vergessens.

Celan, Der Sand aus den Urnen

schimpfen → besser machen

(Hausinschrift)

schinden

In den Stunden, in den Stunden
Wird geplagt man und geschunden . . .
Cornelius

Die Peitsche hieb auf mürbe Knochen.
Dann ist das Pferd zusammengebrochen.
Ringelnatz, Schindluder

Schippe ziehen

Und sich noch betroffen fühlen
Von Kritik und Ironie.
Immer eine Schippe ziehen
Doch zur Schippe greifen nie.
Bartsch, Sozialistischer Biedermeier

Schizophrene → Unterschiede
(Ringelnatz)

Schlacht

Wenn der Wirrwarr ist zerronnen,
Schlacht verloren und gewonnen.
Shakespeare, Die drei Hexen (Dorothea Tieck)

Zwar furchtbar knallte das Geschütz,
Man gab darum nicht viel;
Man achtete nicht in der Hitz,
Ob der und jener fiel.
Veit Weber, Schlacht bei Murten

Schlacht, nach der

Weiter als die Blicke reichen
Liegen Tote unbegraben;
Riesenschwärme alter Raben
Nähren sich vom Fleisch der Leichen!
H. Adler, Raben

Schlachtfelder

Diese Gegend ist kein Garten,
und erst recht kein Garten Eden.
Auf den Schlachtfeldern von Verdun
stehn die Toten auf und reden.
Kästner, Verdun, viele Jahre später

Schlachtfeld Europa → Atomtod
(Nick)

Schlachthaus, zum → Menschen, ahnungslose
(Supervielle)

Schlaf

Schlaf ist ohne Leid.
Heilt die tiefen Wunden zu,
Bettet sanft mein Kind zur Ruh.
Ilse Blumenthal-Weiß, Ein Wiegenlied

Schlaf → Läuterung
(Schnack)

Schlaf, einigender

Der Affe legt sich zum Monarchen,
Und beide schlafen ein und schnarchen.
Heine, Der weiße Elefant

Schlaf, fruchtbarer

Jung Robin und Jenny gingen zu Bett,
wir aber schliefen aus,
und als der nächste Morgen kam,
nahm jeder was mit nach Haus.
Robin Hood, Englische Ballade (Fontane)

Schlaf, gesunder

Wenn du nichts tust, wird man dich strafen,
Wer nicht geschafft hat, kann nicht schlafen.
Nach Rückert

Schlaf, heiliger

Zugemessen ward
Dem Lichte seine Zeit;
Aber zeitlos und raumlos ist
Der Nacht Herrschaft. –
Ewig ist die Dauer des Schlafs.
Heiliger Schlaf –
Novalis, Zweite Hymne an die Nacht

Schlaf, paradiesischer

Noch ist kein Glück, was du empfingst;
Wie könntest du so süß denn träumen,
Wenn du nicht noch in jenen Räumen,
Woher du kamest, dich ergingst.

Hebbel, Auf ein schlummerndes Kind

Schlaf, sicherer → Zahl, hinter der

(Poethen)

Schlaf, sorgloser

Du könntest fünfzig Jahr im Schlafe sorglos liegen,
Willst um fünf Tage dann du jetzt dich noch betrügen?

Saadi, Rosengarten (Graf)

Schlaf und Tod

Ohne Eifersucht und Neid und Fehde
wohnen Schlaf und Tod im gleichen Haus.
Brüderlich und ohne Widerrede
wählt ein jeder seine Liebsten aus.

Hagelstange, Junger schlafender Soldat

Schlaf von Tod zu Tod → Dasein

(Hagelstange)

schlafen

Schlafe, schlafe du,
Decke dich mit Sternen zu

Ilse Blumenthal-Weiß, Ein Wiegenlied

Ich schlief, dünkt mir, und als ich aufgewacht,
Fand ich um alles mich im Schlaf gebracht.

Thompson, Der Jagdhund des Himmels

Bleib ruhig, alter Brummer, schlaf!
Sei wenigstens im Schlummer brav!

H. Scherf, Der Möchtegern

schlafen → ausruhen, sich

(Kästner)

schlafen, falsch

Denn nach Osten, Westen, Süden
schlafen, heißt das Herz ermüden.
Das erklärt sich aus dem steten
Magnetismus der Planeten.

Nach Morgenstern, Nach Norden (Palmström)

schlafen, mit Männern → modern schlafen

(Kästner)

schlafen, zusammen

Ich hab gelegen in Liebchens Arm!
Ich hab geschlafen, daß Gott erbarm . . .

. . . Wunderhorn, Das Wiedersehen am Brunnen

schlafen, zusammen → anschmiegen, sich (Liebeslied), Ekstase, Liebesnacht, Nacht (gemeinsame), paaren, sich; treiben, es

schlafen wollen

Du lockst mich wie ein Hafen,
Wo alle Stürme stumm:
O, schlafen möcht ich, schlafen,
Bis meine Zeit herum!

von Droste-Hülshoff, Die Taxuswand

Ich erwart vom Leben keine Gaben,
Noch beklag ich des Vergangnen Spur.
Ruhe nur und Freiheit möcht ich haben;
Nicht mehr denken, schlafen möcht ich nur . . .

Lermontow (v. Guenther)

Schlaflage, natürliche

denn für ihn ist Selbstverstehung,
daß man mit der Erdumdrehung
schlafen müsse, mit den Pfosten
seines Körpers strikt nach Osten.

Morgenstern, Westöstlich (Palmström)

Schlaflose → Welt ergründen, die
(Nick)

Schlafstörung

Ich wollte jahrelang schlafen
in Meeren tief, im Wind.
Immer ruft mich das Kind . . .
Astrid Claes, Abend

Schlafstörung → Mittagsruh
(Busch)

schlaftrunken

Mutter löscht die Lampe schlafestrunken –
Bald ist alles hier in Traum gesunken.
Strindberg, Samstagabend (Gumppenberg)

Schlag

Sie tät einen Schlag ihm auf sein Herz,
noch nimmer fühlt' er solchen Schmerz.
Nordische Ballade, Erlkönigs Tochter

Der Schlag, der trifft, ist
nicht der erwartete Schlag
aber der Schlag trifft mich . . .
Brinkmann, Selbstbildnis im Supermarkt

schlagen → Mann, böser
(Castelli)

schlagen, sich → Lebenskunst
(Goethe)

schlagen, über die Stränge

Über alle Stränge will ich schlagen,
Alles Enge in die Weite tragen.
Chines. Gedicht, Bekenntnis (Klabund)

schlagen ohne Haß

Ich will dich schlagen ohne Haß und Zorn,
Wie ein Schlächter mit gelassener Hand,
Wie Moses den Felsen im Wüstenbrand
Baudelaire (Wildgans)

Schlagzeilenmacher

Ein Zeitungsverleger in Cannes
Stellte jüngst einen Schaumschläger an.
Der schlug mit Geschick
Ihm die Schlagzeilen dick,
Bis der Schaum aus dem Pressehaus rann.
Ernst Fabian

Schlampe

Du liegst mir immer auf der Tasche,
bei andern Herrn liegst du im Bett.
Ich sauf den Kognak aus der Flasche
und werde langsam zum Skelett.
Nach Kästner, Mathilde . . .

Schlangen → Frauen im Schlamm
(Hauch)

Schlangen → Frauenleiber
(D'Annunzio)

Schlankheitskur

und freudig die Familie lacht,
wenn dich die Kur zur Lilie macht!
Tom der Schüttelreimer, Schüttelkur

Schlaraffenland

Kommt, wir wollen uns begeben
Jetzo ins Schlaraffenland.
Seht, da ist ein lustig Leben
Und das Trauern unbekannt.
Hoffmann von Fallersleben, Vom Schlaraffenland

schlaue Mädchen

Wie stellen sich die schlauen Mädchen an,
Wenn sie mit einem Fremden tanzen
 müssen?
Und tun, als gingen sie auf wunden Füßen.
Ligurische Rispetti (Heyse)

schlecht gelaunt

Erstaunlich, wie man immer staunt,
wenn mal ein andrer schlecht gelaunt.
Nach H. Lingg

schlecht machen → Leidenschaft
(Ronsard)

schlecken

Die Dienerin spricht:
Der Wein schmeckt süß. Noch süßer das
Konfekt.
Wohl weiß Ich, was mein Herr am liebsten
schleckt . . .
Aus China, Die drei Frauen des Mandarinen (Klabund)

Schleifstein

Der Schleifstein rollte rollte rollt
als ich mein Messer schleifen wollt . . .
Meckel, Am Schleifstein

Schlichtung → Streitschlichtung
(Euripides)

Schliff → Drill
(Schnurre u.a.)

schlimm

Die Leute sagen immer:
die Zeiten werden schlimmer.
Die Zeiten bleiben immer:
die Leute werden schlimmer!
Verfasser unbekannt

Schlimme, das

Das Ticken der Uhr in der Stille,
der Staub in der kleinsten Rille,
die Leere in Beutel, Krug, Zimmer –
das Schlimme wird nur noch schlimmer
Coppard, Der unglückselige Müller (v. Einsiedel)

Schlingen → Frauenleiber, fesselnde

Schloß → Herrensitz
(Odyniec)

Schloß, verstaubtes → entstauben
(Bull)

Schloßbesitzerin

«Du kennst mich wohl – von hohem Stein
Schaut still mein Schloß tief in den
Rhein . . .»
Eichendorff, Lorelei

Schloßherr

Er saß in seinem stummen Schloß
beim Mondlicht, das vom Himmel floß . . .
Welhaven, Der umgekehrte Becher (Passarge)

schlotterbusig

Die verrückte Göttin läuft
Ohne Haube, ohne Kragen,
Schlotterbusig durch das Land,
Deklamierend jene Klagen,
Die euch allen wohlbekannt . . .
Heine, Unterwelt

Schluck, letzter

Schicksalsumfangen
Tod auf den Wangen
Letz ich mir den Gaum,
Führ in der letzten Stund
Noch das Glas zum Mund!
Bellman, Monolog des Säufers . . . (H. v. Gumppenberg)

Schlummer

Sanft streicht ein Schlummerhauch
Flüsternd durchs braune Ried.
Seele, bald hörst du auch
Dein Wiegenlied.
Verlaine, Mit gedämpfter Stimme (R.v. Schaukel)

Schluß, letzter

und wenn es so weitergeht wie bisher,
ist bald Schluß.

Rühmkorf, De mortuis . . .

Schlußakkord

So will ich hiermit mein Liedlein
beschließen,
Und sollt's auch die werte Gesellschaft
verdrießen, . . .

Lügenlied

schmachten

Nicht, wie Würmer, Tod in Flammen
scheuend,
Nein, wie Falter, selbst der Glut sich
weihend,
Schmachten sie, Verdurstende am Flusse,
noch nach Liebe, selbst im Liebeskusse.

Saadi (Tholuck)

schmachten nach Bitternis → Überdruß

(Heine)

Schmarotzer

Wo man hat Bier und Mete,
Da ist den Fliegen wohl,
Sie kommen ungebeten
Und saufen sich auch voll . . .

. . . Wunderhorn, Hofleute

schmecken, nicht

Ich sag's ihr grad' frei ins Gesicht,
ihr Speck und Kraut, das schmeckt mir
nicht.

Volkslied, Es, es, es und es

schmeicheln

Wer im Glück dir schmeichelt, ist
fern, wenn du im Unglück bist.

Shakespeare

schmeicheln → heucheln

(Abraham a Santa Clara)

schmeicheln → schönreden

(Alter Spruch)

Schmerz

Kommt dir ein Schmerz, so halte still,
und frage, was er von dir will.

Geibel

Jeder Schmerz, der dich beschwert,
wird dich höher heben.
So erwacht dein ganzes Leben,
erst zu vollem Wert.

Nach Roquette

Der Schmerz verdumpft den heitern Sinn
Und macht mich melancholisch,
Nimmt nicht der traurige Spaß ein End',
So werd ich am Ende katholisch.

Heine, Miserere

O lache nicht, lache nicht! Wir tragen's
nicht mehr,
diesen Schmerz, dieses Leid, so
hoffnungslos schwer!

Rumänische Ballade, Das Lachen (Espey)

Grabt Euch tiefer in den Schmerz,
Laßt ihn zerren, ätzen, wühlen,
Recket gramverkrampfte Arme,
Seid Vulkane, glutend Meer:
Schmerz gebäre Tat!

Ernst Toller, Den Müttern

Sie zog durch breite Weiten,
Auf Wegen und auf Stegen.
Der Schmerz stach in die Seiten
So wie von spitzen Degen.

Tycyna, Die trauernde Mutter (Koch)

Schmerz, spaßvoller → mischen, sich

(Kästner)

Schmerz gegen Schmerzen

Daß die Wunden niemals sprechen,
Mußt du in das Hirn sie stechen.

... Wunderhorn, Die Herzogin ...

Schmerzen lindern

Bist du müd, ich will dich laben,
Lindern deiner Füße Schmerz.
Was du willst, das sollst du haben,
Ruhe, Freuden oder Scherz.

Goethe, Der Gott und die Bajadere

Schmerzenswelt

Doch eh er müde war und seine Glieder zu
betten sehnte, ließ ihn Gottes Hand
sanft auf die Welt der Schmerzen nieder.

Hagelstange, Die Geburt der Terpsichore

schmerzlich

Was Gott tut, das ist wohlgetan,
Greift es uns auch schmerzlich an.

Alter Spruch

schmerzlos → unberührt

(Meyer)

Schmerzmittel Alkohol

Den erdrückt des eignen Stammes Bürde,
Dieser stirbt am Weib, und jenen treiben
Peitschend Schmerzen wie ein Rohr zur
Hürde –
Branntwein, Bruder, Branntwein muß uns
bleiben.

Bezruč, Rettung (Fuchs)

schmieren

«Wie soll ich zum Mädchen kommen,
wenn das Tor tut knarren?»
«Fäßchen Butter mußt du nehmen,
mußt zum Schmieren dich bequemen ...»

Polnische Ballade, Wie soll ich zum Mädchen kommen (Eisner)

Schminke

Machst die Augen mit Schminke groß?
Du schmückst dich umsonst, die Buhlen
haben dich satt,
Sie wollen dein Leben!

Klagelieder des Jeremia (Häfker)

Puder und Pomade
Im Gehirn! – Gott Gnade!

Kerner, Der Zopf im Kopfe

Und alles Schminken des Gesichts:
Es ändert nichts, es ändert nichts.

Nach Hilaire Belloc, Maria

Schminke, ohne → Gesellschaft, freie

(Heine)

schmücken

Man salbt ihn mit Ambra und
Rosenessenzen,
Man schmückt sein Haupt mit
Blumenkränzen ...

Heine, Der weiße Elefant

Du sendest Schätze, mich zu schmücken!
Den Spiegel hab ich längst nicht
angeblickt:
Seit ich entfernt von deinen Blicken,
Weiß ich nicht mehr, was ziert und
schmückt.

Unbek. chin. Dichter, Fräulein Mei-Fe (Goethe)

schmücken, sich → Schminke

(Jeremia)

Schmuckstück

Viel Diamanten trug sie
an ihren Fingern all,
und ihre Augen glänzten
so seltsam wie Kristall.

C. Hauch, Der Traum (Festesen/ Michael)

Schnaps

Man sagt, ein Schnäpschen, insofern
Es kräftig ist, hat jeder gern.

W. Busch, Zu guter Letzt.

Schnaps und Spiritus → Baugewerbe

(Inschrift)

Schnauze voll

Der die Schnauze voll hat, Genossen, ihm geht
der Mund gelegentlich über . . .

Rühmkorf, à la mode

Schnee

Der Schnee hat über Nacht
Mein Traumgesicht wahrgemacht

Yvan Goll, Schnee-Masken

Schneedecke

Unter ihrer weißen Decke
Bücket sich die Rosenhecke.

Schubart

Schneider, tapfere

Es waren einmal die Schneider,
Die hatten guten Mut,
Da tranken ihrer neunzig . . .
Aus einem Fingerhut.

. . . Wunderhorn, 90x9x99

schnippisch

Doch Prinzessin Stahlherz jagte
all die Freier schnippisch fort,
fand an jedem was zu tadeln,
hier die Haltung, da das Wort.

Jacobsen, Irmelin Rose (Arnold)

Schock

Als sie sich nun aufgesammelt hatt'n,
und sie sich besannen,
daß sie noch am Leben war'n,
liefen sie von dannen.

Volkslied aus Hessen, Zwischen Berg und tiefem, tiefem Tal

schön und klar

Die Jungfrau war so schön und klar,
Als wenn sie wäre fünfzehn Jahr.

. . . Wunderhorn, Die Eile . . .

Schöne, das

Angedenken an das Schöne
Ist das Heil der Erdensöhne.

Goethe, Angedenken

Schönes ist wahr und Wahres schön, – ihr wißt
Im Leib nur dies, mehr braucht ihr Alle nicht.

Keats, Ode auf eine griechische Urne (v.Bernus)

Das Schöne ist ewig. Wir haben Begehr,
zu fischen sein Gold aus dem Zeitenmeer.

Tegnér, Das Ewige (R. Braun)

Schöne, das → Betrachtung

(Goethe)

schonen

Als ein Sünder seufz ich lange,
Rötlich färbt mir Schuld die Wange:
Schone, Herrgott, fleh ich bange.

Thomas von Celano, Dies Irae (Simrock)

Schönen, Verehrer des

Er gehört zu jenen Käuzen,
Die oft unvermittelt-nackt
Ehrfurcht vor dem Schönen packt.

Morgenstern, Palmström

Schönheit

Die Schönheit kommt von Lieb; auch
Gottes Angesicht
Hat seine Lieblichkeit von ihr, sonst glänzt'
es nicht.

Angelus Silesius

Band, das so verschiedne Dinge
eint zum innigsten der Bünde,
warum löst sich deine Schlinge?
Knüpf dich fester, und ich zwinge
noch zum Guten selbst die Sünde!

Theresa von Avila, Ewige Schönheit (Grossmann)

Schönheit ist nicht «weil» – sie ist.
Such sie nicht zu halten.
Such sie nicht – und sie verweilt.
Überholt die Falten ...

Emily Dickinson (Gruenthal)

Das hat deine Schönheit gemacht,
die hat mich zum Lieben gebracht ...

Abendlied, Ade zur guten Nacht

Wer die Schönheit angeschaut mit Augen,
Ist dem Tode schon anheimgegeben ...

Platen, Tristan

Schönheit → Welt, üble

Schönheit, ansteckende

In mir wächst deine Schönheit: und tief
innen
Fühl ich stets größre Liebe mich
durchrinnen.

Keats, Die Erscheinung ... (Mell)

Schönheit, gefährdete → Rose, letzte

(Hebbel)

Schönheit, himmlische

Die größte Schönheit dieser Erden
Kann mit der himmlischen doch nicht
verglichen werden.

Brockes, Kirschblüte ...

Schönheit, mörderische

«Herr Bischof, laßt mich sterben,
ich bin des Lebens müd,
weil jeder muß verderben,
der meine Augen sieht! ...»

Brentano, Die Lore Lay

Schönheit, relative

Du meinst, daß sie nicht schön sein kann?
Dann schau dir mal ein Nashorn an!

Nach Ogden Nash, Karneval der Tiere (Krüss)

Schönheit, relative → häßlich

(Presber)

Schönheit, unvergängliche

Noch voller Jugend glänzen sie,
Da schon Jahrhunderte vergangen!
Der Zeiten Wechsel raubet nie
Das Licht von ihren Wangen.

Anna Louise Karschin, An Gott

Schönheit, unvergängliche → welken

(Bodenstedt)

Schönheit, unwiderstehliche →
Anziehungskraft, gewaltige

(Wunderhorn)

Schönheit, vergängliche

Marquise, wenn Euch mein Gesicht
Vielleicht schon etwas alt erscheint,
Bedenkt, daß auch mit Eurem nicht
Die Zeit es einmal besser meint.

Corneille, Stanzen an die Marquise (Hartlieb)

Schönheit, verlorene

Die Zaubermacht ist mir verloren,
Die meine Schönheit mir verlieh.
Bischöfe, Kaufherrn, Professoren,
Und was nur Mann war, priesen sie.

Nach Villon, Klage der schönen Helmschmiedin

Schönheit mit Kraft und Saft

Was in die Welt so mannigfalt
Ist Zierlichs ausgeflossen,
Hat über ihre Wohlgestalt
Sich ringsum reich ergossen:
Des Himmels Kraft, der Erden Saft . . .

. . . Wunderhorn, Lobgesang auf Mariä

Schönheit ohne Liebe

Du hast in deinen Augen eine Macht,
Der ich mich gern gefangen geben will.
Doch Schönheit, die in Liebe nicht erwacht,
Bannt mich nicht ewig dir zu Füßen still.

Malherbe, Gewillt, eine Dame zu verlassen (v.Schaukal)

Schönheit ohne Herz

Nur äußre Schönheit ohne Herz –
wie reizvoll auch und rosenmundig –
genügt dem feinern Sinne nicht
des Manns, der wahrer Liebe kundig.

Hafis

Schönheit und Poesie → Lebenseinstellung

(Verfasser unbekannt)

Schönheitsfehler, verdeckter

Die Bloderhosen um die Bein sind weiter als um d' Lenden,
Die krummen Schenkel sieht man nie,
damit sie ihn nit schänden . . .

. . . Wunderhorn, Taille Douce

Schönheitspflege

Und mit vielerlei Salben, Öl,
Narde hast du den schönen Leib eingesalbt und mit Balsam des Königshofs,
und auf schwellende Polster dann
hingebettet, verströmtest du deine Sehnsucht . . .

Sappho

Schönste, die

Du glaubst, du bist die Schönste
wohl auf der ganzen weiten Welt,
und auch die Angenehmste,
ist aber weit gefehlt.

Volkslied, Wohlan, die Zeit ist kommen

schönreden

Nicht alles kommt von Herzensgrund,
Was schön und lieblich red't der Mund.

Alter Spruch

schöntun

Marquise, zieht die Lehre draus:
Schreckt auch ein Graukopf sicherlich,
Ihm schöntun zahlt sich dennoch aus,
Wenn er ein solcher Mann wie ich.

Corneille, Stanzen an die Marquise (v. Hartlieb)

Schöpfer

Ich bin dein Schöpfer, bin Weisheit und Güte,
Ein Gott der Ordnung und dein Heil;
Ich bins! Mich liebe von ganzem Gemüte,
Und nimm an meiner Gnade teil.

Gellert, Die Himmel rühmen . . .

Er schuf das Paradies mit ewgem Licht,
Er schuf die Schönheit und dein Angesicht.

Ligurische Rispetti (Heyse)

Er muß ein großer Meister sein,
Ein Herr von großen Werten,
Der da die schönen Blümelein
Läßt wachsen aus der Erden.

. . . Wunderhorn, Des Sultans Töchterlein . . .

Schöpferstuhl, vom → Gott, gefallener

(Mombert)

Schöpfung

Und er sprach das Wort: Es werde!
Da erklang ein schmerzlich Ach!
Als das All mit Machtgebärde
In die Wirklichkeiten brach.

Goethe, Wiederfinden

Gott, der Herr, rief sie mit Namen,
daß sie all ins Leben kamen ...

Wilhelm Hey, Weißt du, wieviel Sternlein ...

Ein Wort aus deinem Munde
Allmächtig diese Welten rief,
Am Firmament herumgesetzet.
Du sprachst, das Rad der Dinge lief
Und läuft noch unverletzet.

Anna Louise Karschin, An Gott

Als Gott die Welt erschaffen
Und allerhand Getier,
Konnt er nicht ruhig schlafen,
Er hat noch etwas für ...

... Wunderhorn, Konstruktion der Welt

Zweimal hat Gott sich beim Schaffen
verhauen;
Erst, als er das Gold schuf, dann bei den
Frauen.

Indisches Sprichwort

Schöpfung, ewige → Keimblatt

(Langgässer)

Schöpfung, neue

Wie hat sich alles hergestellt
als wie am siebten Tag der Welt!

Hagelstange, Ländliche Fronleichnamsprozession

Schöpfung, vor der

Nicht Tod war damals noch
Unsterblichkeit,
Nicht war die Nacht, der Tag nicht
offenbar.
Es hauchte windlos in Ursprünglichkeit
Das Eine, außer dem kein andres war.

Aus dem Rig-Veda, Die Schöpfung (Deussen)

Vor dem allerersten Werden
der unendlichen Natur
alles Göttliche auf Erden
ist ein Lichtgedanke nur.

Schiller

Schöpfung, Urgrund der

Ich bin der Hirsch, der Löwe, das Lamm
und auch der Wolf,
Ich bin der Hirt, der alle beschließt in
einem Stall.
Ich bin der Wesen Kette, ich bin der
Weltenring,
Der Schöpfung Stufenleiter, das Steigen
und der Fall.

Dschalal Ud-Din Rumi (Rückert)

Schöpfungen → Vision

(Block)

Schöpfungslust

Als die Welt im tiefsten Grunde
Lag an Gottes ewger Brust,
Ordnet' er die erste Stunde
Mir erhabner Schöpfungslust ...

Goethe, Wiederfinden

Schöpfungstag

Ob Jahrtausend nach Jahrtausend
durch die Welten wandeln mag,
immer wo die Liebe aufsteht,
ist der erste Schöpfungstag!

v. Wildenbruch

Schornsteinfeger → Beruf, geliebter

Schoß, entspannender

In einer Abendstunde,
Den Busen bloß,
Ich lag mit offnem Munde
In ihrem Schoß . . .

M. Claudius, Ein Wiegenlied . . .

Schoß, himmlischer → Nacht, himmlische

(Novalis)

Schoß, in deinem → Musik und Liebe

(Abraham . . .)

Schoß der Schöpfung, im → Ängste

(Bergengruen)

Schöße, geschlossene → Zeiten, schwarze

(Turkm. Lied)

schrankenlos

Beflügelten Sinns hat die Welt er umkreist,
Im Schrankenlosen nur fand Schranken
sein Geist.

Baratynskij, Auf den Tod Goethes (v. Guenther)

Schrecken

Ach, laß dich doch erwecken!
Wach auf! wach auf! du harte Welt,
Eh als das harte Schrecken
Dich schnell und plötzlich überfällt!

Gerhardt, Danklied . . .

Moral: Was nützt der schönste Schrecken,
Kann er zur rechten Zeit nicht wecken . . .?

E. Roth, Ein Mensch – Nutzlose Qual

schreckensbleich

Wer nachts da kam, hat sich bekreuzt
Und hat sich schreckensbleich
geschneuzt . . .

Mehring, Kinderlied

schreiben

Gedanken sind nicht stets parat.
Man schreibt auch, wenn man keine hat.

W. Busch, Aphorismen und Reime

Rings war's so still, wie zum Gebete;
Der ems'ge Stift nur raschelt leis . . .
Es schrieb kein Dichter und Prophete
Sein Weisheitsbuch mit größrem Fleiß!

Presber, Erinnerung

Schreiben, das

Oft ist das Denken schwer, indes
Das Schreiben geht auch ohne es.

W. Busch, Kneipzeitungen

Schreiber

Der Schreiber hat des Gelds zuviel,
Er kauft dem Mägdlein, was sie will . . .

. . . Wunderhorn, Für funfzehn Pfennige

Schreibkunst

Nur der begreift das Alphabet,
Der es recht zu verbinden versteht.

Nach Geibel

Schreibschwierigkeiten

Den Kopf schwer in die Hand gesenkt,
starr ich
Das weiße Blatt Papier an, das so leer
Bleibt, wie es war, seitdem es vor mir liegt.

Tschang-Tsi, Das weiße Blatt (Bethge)

Schreibtischtätigkeit → angebunden

(Cornelius)

schreien

Denn früh belehrt ihn die Erfahrung:
Sobald er schrie, bekam er Nahrung.

W. Busch, Maler Klecksel

Schreien, ärgerliches

Da schreit die Gans ganz jämmerlich;
Das ist der Köchin ärgerlich.
Rückert, Das Männlein in der Gans

Schriftsteller und Rezensent

Noch keiner hat Ruhm sich erschrieben,
Der nicht sein Prinzip übertrieben.
Auch der hat ein Amt,
Der ihn maßlos verdammt.
Wer gerecht ist, ist ruhmlos geblieben.
Ernst Fabian

Schritt zum Tode

und ich setze meinen Fuß zagend
auf die zitternde Saite
des schon begonnenen Todes.
Nelly Sachs

Schritt und Tritt, gleicher → Seite an Seite
(Uhland)

schüchtern

Wie bist du schön! Ich bitte dich, sei gut zu mir.
Ich bin so hilflos, weiß so wenig Worte.
Ach, spränge die verschlossne Gartenpforte
Von selber auf. Ich wäre schnell bei dir.
Aus dem Schi-king, Der Schüchterne (Mühlenweg)

Schüchternheit

Will er von ihr umarmt sein, so bewegt sie
Den Körper seitwärts, voller Schüchternheit . . .
Amaru, die Neuvermählte (Bethge)

Doch, wenn ich vor dir stehe,
Versink ich und vergehe . . .
Volkslied aus Venedig

Der Konrad leert sein fünftes Glas,
Die Schüchternheit verringert das.
W. Busch, Dideldum!

Schuft → vergreifen, sich
(Weinheber)

schuften → Tun ist Getue, Arbeit
(Kästner)

Schuhe

Was müssen solche Schuhe leiden!
Sie sind so fleißig, so bescheiden . . .
Morgenstern, Die Schuhe

Schuhe, goldene

Ein paar Schuh' mit Gold beschlagen,
Die soll unser Kindchen tragen.
Kindervers

Schuld

Woran liegt die Schuld? Ist etwa
Unser Herr nicht ganz allmächtig?
Oder treibt er selbst den Unfug?
Ach, das wäre niederträchtig.
Heine

Schuld → Läuterung
(Schnack)

Schuld und Unschuld

Was ist unsere Unschuld,
was unsre Schuld? Alle sind nackt, keiner geborgen . . .
Marianne Moore, Was sind Jahre? (Celan)

Schuldbewußtsein

Vom Unglück erst
zieh ab die Schuld,
was übrig bleibt
trag in Geduld!

Storm

Schuldbewußtsein → schonen

(Thomas v. Celano)

Schuldbewußtsein → verraten, sich

(Schiller)

Schuldbewußtsein, verspätetes

Ob, wenn man uns zur Ruhe trägt,
Die Schuld sich in der Truhe regt?

Papentrigk

Schulden

Was bringt in Schulden?
Harren und dulden!

Verfasser unbekannt

Wenn Schuldenmachen wird zur Pflicht,
Folgt bald das große Strafgericht.

Verfasser unbekannt

Schulden machen → borgen, Kredit

Schule

Mit guten Schulen und guten Wegen
kommt ins Land gezogen Gottes Segen.

Sprichwort

In die Schule gehn wir gern,
Wenn wir dort was Neues hörn.

Verfasser unbekannt

Die Schule ist aus Lehm gebaut,
die wackelt, wenn der Lehrer haut . . .

Kinderlied aus Berlin, Bei uns in Tempelhof

Schule, höhere → Gymnasium

(Weinheber)

Schulgänger

Schau, schon rudelt's groß und klein,
Dick und dünn zur Schul' hinein.

Güll, Schulreime

Schuß, tödlicher → Genuß, letzter

(Herrmann-Neisse)

Schutt der Vergangenheit

der Althändler wird euch zum Schuttplatz führen
aus ist's mit den drei Musketieren
die Zeit der Kloakenreiniger steht vor den Türen

Prévert, Es ist aus (gemeint ist das «Militärspiel») (Kusenberg)

Schutt und Asche

Die Türme stehn in Glut, die Kirch ist umgekehret,
Das Rathaus liegt im Graus, die Starken sind zerhaun,
Die Jungfraun sind geschändet, und wo wir hin nur schaun
Ist Feuer, Pest und Tod, der Herz und Geist durchfähret.

Gryphius, Tränen des Vaterlandes, Anno 1636

Schüttelreim

Ich habe hier am «schönen Schein» gerüttelt.
Rein war's gedacht, wenn auch nicht rein geschüttelt.

Pinder (1878–1947)

Diesen Vers, den lerne fleißig,
Während ich entferne leis mich.
R. v. Normann

Schüttelreimer

Wie Dichter – gibt es Schüttelreimerlinge;
Willst Meister werden, sei nicht Leimer, –
ringe!
Papentrigk

Schutz der Frommen

Fromme Vöglein schützt zur Nacht
Gegen Katz- und Marderkrallen,
Die im Schlaf sie überfallen,
Gott, der über alle wacht.
Brentano, Abendlied

schützen

Breit aus die Flügel beide,
O Jesu, meine Freude,
Und nimm dein Küchlein ein!
Will Satan mich verschlingen,
So laß die Englein singen:
Dies Kind soll unverletzet sein!
Gerhardt, Abendlied (Nun ruhen alle Wälder)

Schutzengel

Ich will um einen Engel bitten;
Der kann durch seine starke Wacht
Mich vor dem Ungetüm der Nacht
Um meine Lagerstatt behüten.
Nach J. Chr. Günther

Schutzmann → Polizist

schwach → lendenlahm
(Welhaven)

schwach durchgeistigt → reifen und begreifen
(Morgenstern)

schwach werden

Als der Pfarrer, Küster auch,
traten zu dem lust'gen Gauch,
wurd' es Knut so schwach zumute,
und er ging zu seiner Stute.
Welhaven, Guter Rat nicht teuer (Passarge)

schwächlich

Er setzte sich ins Haus, um zu
verschnaufen,
Da warf ihn eine Fliege übern Haufen ...
Ligurische Rispetti (Heyse)

schwächlicher Jahrgang → Generation, verlorene
(Kästner)

Schwank

Sehr hat mich ergötzet dein lustiger
Schwank:
Drum soll dich auch wieder ergötzen mein
Dank.
G. A. Bürger, Der Kaiser und der Abt

Und jeder zu besundrer Lust
Viel neuer Schwänk und Liedel wußt'.
Geibel, Der Geist von Würzburg

schwanken → Streiter, todeswunder
(Eichendorff)

Schwanzwedler

Ihr wedelt kümmerlich mit dem Schwanz,
Doch drunter lauert die Arroganz.
Heine, König Langohr I.

schwärmen

Ich möcht noch einmal lieben, schwärmen
Und glücklich sein – doch ohne Lärmen.
Nach Heine, Der Abgekühlte

Schwärmerei

Und sind die Blumen abgeblüht,
so brecht der Äpfel goldne Bälle;
hin ist die Zeit der Schwärmerei,
so schätzt nun endlich das Reelle!
Storm

schwarz bleibt schwarz

Vergebens wäschet sich der Mohr.
Er bleibet schwarz. Und Tor bleibt Tor.
Albumvers

schwarz gebrannt

Seht mich nicht an, daß ich schwärzlich bin:
Mich brannte die Sonne.
Salomon, Aus dem hohen Lied (Herder)

schwatzen

Sie schwatzt von ihren Eiern viel,
Von ihren Kindern klein,
Und wenn sie niemand hören will,
Schwatzt sie für sich allein.
Dieffenbach, Die Schwalbe

Schwätzer

Verlasse schnell der Schwätzer Kreis,
der Schlechtes nur von andern weiß!
Nach Bodenstedt

Gar mancher sich auf große Schwingen setzt,
Doch hört nur, wie er statt zu singen schwätzt!
Nach Papentrigk

schweben, im Leeren → geistesschwer
(Weischedel)

schweben lernen

Ziemlich viel Glück
Gehört dazu,
Daß ein Körper auf der Luft
Zu schweben beginne . . .
Krolow, Ziemlich viel Glück

Schwefelfritzen → Teufel, entsetzte
(Lehmann-Leander)

schweifen

Der kluge Mann schweift nicht im Fernen
Und seine Hand greift nicht nach Sternen.
Nach Bodenstedt

schweigen lernen

Das Letzte wird dir schwanend eigen;
O Seele, lerne ahnend schweigen!
Papentrigk, Taufworte . . .

Schweigen, das

Das Schweigen wurde
Sich selbst zu schwer:
Als Kuckuck fliegt
Seine Stimme umher.
W. Lehmann, Fallende Welt

Schweigepflicht

Was ich gesehn, verrate ich nicht,
Ich habe zu schweigen versprochen,
Erlaubt ist mir zu sagen kaum,
O Gott! was ich gerochen! –
Heine, Deutschland – Ein Wintermärchen

Schweiger, der

Ein höflicher Spötter in Peine
Schwieg meistens – das war das Gemeine.
Sein Schweigen, wie steinern,
Ward peinlich den Peinern
Sie dachten: Er denkt sich das seine!
Ernst Fabian

Schwein, kein → mischen, sich
(Kästner)

Schwein, zartes

Frau Mutter, es ist kein wildes Schwein,
Es ist ein zartes Jungfräuelein.
. . . Wunderhorn, Zwei Schelme

Schweine, fette → Bereicherung
(Wunderhorn)

Schwein haben

Gemessen an dem eignen Schwein,
Erscheint das Glück der andern klein.
Monika v. Normann

Schweinereien

Und da waren die Huren, die uns
folgten mit ihrer Syphilis,
Und die Schweinereien, die wir allein
Oder miteinander trieben . . .
E. L. Masters, Harry Wilmans (Schede)

Schweinereien → Kraftssprüche
(Uhland)

Schweinehund

Der Schlächter ist ein Schweinehund,
der wiegt dreiviertel für ein Pfund . . .
Kinderlied aus Berlin, Bei uns in Tempelhof

schweigen können, nicht → Mitwisserin
(Chamisso)

schweißerhitzt

Der Vetter endlich, schweißerhitzt,
Genießt, was er sich heiß erschwitzt . . .
Müller-Gräfe, Lob der Arbeit, wenn das Wetter sticht

Schweiz, Sommerhaus in der →
Sommerhaus
(Claudius)

Schweizerbund

Als Demut weint' und Hoffart lacht',
Da war der Schweizerbund gemacht.
Alter Spruch (Simrock)

Schwermut

Nun ist mein Herz ein Brunnen
halbverfallen
Drin Tränen stocken, welche immer
fallen . . .
Thompson, Der Jagdhund des Himmels (Haecker)

Gut ist es, im bereiften,
windstillen Wald der Schwermut
zu gehen . . .
M. Hausmann, Der Wald der Schwermut

Die Schwermut hat
eine lange Geschichte.
Krolow, In Portugal

Schwermut → helfen
(Gerhardt)

Schwermut → Wellenspiel des Lebens
(Salis-Seewis)

Schwierigkeiten bestehen → Zeiten,
bessere
(Biermann)

Schwimmbad

Wie so ein Schwimmbad doch erfrischt,
wenn's glühend heiß vom Himmel zischt!
Mühsam, Kalender – Juli

schwimmen in Lust

Ich verlange nicht größere Lust; ich
schwimme darin wie in einem Meer.
Whitman, Alle Dinge gefallen der Seele (Reisiger)

schwinden → Ziel, vor dem
(Meyer)

Schwindsucht

Himmel! du stirbst! wie klingt dein Husten
häßlich –
Weiß ist die Zung, dein Herz, es klopft so
gräßlich ...

Nach Bellman

Schwingen, beschnittene

Ihr aber haust blind in den Höhlen
mit euren beschnittenen Schwingen,
von euch wird man nie was erzählen,
und keiner wird Lieder euch singen.

Gorki, Die Nixe (Planck)

Schwitzkur

Doch darf sie nicht im Zimmer sitzen,
Sie muß zu Bett, muß tüchtig schwitzen.

Paula Dehmel, Puppen-Doktor

Schwung

lieber zu viel als zu wenig Schwung.
In kleinen Herzen, in niederen Seelen
wohnt keine Begeisterung.

Frida Schanz

schwören → Eid
(Butler)

Schwüre, hohe

Wo du hörest hohe Schwüre,
Steht die Lüge vor der Türe.

Sprichwort

Seele

Des Menschen Seele
Gleicht dem Wasser ...

Goethe, Gesang der Geister über den Wassern

Der Seele scheint die Welt ein fernes
Wogen,
Ein Wahn und Schlaf, Geräusch und
Schaum die Erd',
Wenn sie aus tiefster Tiefe aufgezogen
Zur Heimat wiederkehrt.

Tennyson, Überfahrt (Rüdiger)

Seele, befreite → abwerfen
(Dschalal)

Seele, ewige

Die Seel, ein ewger Geist, ist über alle Zeit:
Sie lebt auch in der Welt schon in der
Ewigkeit.

Angelus Silesius

Seele, schwebende

Und meine Seele spannte
Weit ihre Flügel aus,
Flog durch die stillen Lande,
Als flöge sie nach Haus.

Eichendorff, Mondnacht

Ohne Steuer, jetzt vom Land gestoßen,
Schwebt die Seele überm Bodenlosen.

Isolde Kurz, Schlummerflocken

Seelenangst

Nun überfällt die Seelenangst
dich wieder, daß du stockst und bangst ....

K. Weiß, Mann aus Erde

Seelenfolter → Liebe
(Heine)

Seelenkauf → Bücher
(Ringelnatz)

Seelenwanderung

Die Lehre von der Wiederkehr
Ist zweifelhaften Sinns.

Es fragt sich sehr, ob man nachher
Noch sagen kann: Ich bin's.

W. Busch, Schein und Sein

Seemann, betrogener

Und ohne Dank, mit schwerem Blick,
ging er zu seinem Schiff zurück . . .

Villon, Die Rückkehr des Seemanns (v. Rexroth)

Seemannsgarn → Zweifel, wissenschaftliche

(Ibsen)

sehen

Ihr glücklichen Augen,
Was je ihr gesehn,
Es sei wie es wolle,
Es war doch so schön.

Goethe, Lynkeus der Türmer

sehen lernen → bewußt sehen lernen

(Ringelnatz)

sehen und hören, nicht → Stein sein

(Michelangelo)

Seher

Nicht fürchten die Seher der mächtigen Groll,
sie bedürfen nicht fürstlicher Gaben.
Ihre Rede, der göttlichen Weissagung voll,
ist wahrhaft und frei und erhaben.

Puschkin, Das Lied vom weisen Oleg (v. Gaertringen)

Seherin

Und weißt du das, so weißt du auch mehr,
mein Schicksal sollst du mir sagen her.

Nordische Ballade, Die Meerfrau (Festesen)

sehnen, sich → frei sein wollen

(Kolzow)

Sehnsucht

Sehnen ermatte mich,
Sehnsucht bestatte mich.

Lat. Kirchenlied, Die schmachtende Maria (Simrock)

Nur wer die Sehnsucht kennt,
Weiß, was ich leide!
Allein und abgetrennt
Von aller Freude . . .

Goethe, Wilhelm Meister

Oh! käme eine, ganz von selbst, an einem schönen Tag,
Die nur an meinen Lippen trinken oder sterben mag!

Laforque

Bin ohne Liebe, ohne Schuld
Und ohne Schmach und Gottes Huld. –
Im Röhricht schwingen leere Wiegen,
Drin hab ich meine Sehnsucht liegen.

Silja Walter, Die Magd

Sehnsucht → Herr, geliebter

(Mechthild)

Sehnsucht, gestillte

Von heilger Wonne trunken,
Durft ich mein Haupt auf den Geliebten lehnen.
Die Welt war mir entsunken,
Gestillet all mein Sehnen,
Begraben unter Lilien Harm und Tränen.

Juan de la Cruz, Die dunkle Nacht der Seele (Burchard)

Sehnsucht, metaphysische

O du weinendes Herz der Welt!
Auch du wirst auffahren
wenn die Zeit erfüllt ist.
Denn nicht häuslich darf die Sehnsucht bleiben
die brückenbauende
von Stern zu Stern!

Nelly Sachs

Sehnsucht, tödliche

Er hüstelt schon, er magert ab,
Die Sehnsucht schaufelt sein frühes Grab.
Heine, Der weiße Elefant

Sehnsucht, tödliche → küssen, sich
(Lasker-Schüler)

Sehnsucht, zarte

O zarte Sehnsucht, süßes Hoffen,
der ersten Liebe goldne Zeit!
das Auge sieht den Himmel offen,
es schwelgt das Herz in Seligkeit.
Schiller

Sehnsucht, ziellose → ziellos
(Camoes)

Sehnsucht einer Kaiserin

Sie findet, daß ihr Liebster allzulange
Im Rate weilt. Voll Ungeduld und Sehnen
Bewegt sie ihren Fächer hin und her.
Tu-Fu, Der Kaiser (Bethge)

Sehnsucht nach Staub

Fast schäm ich mich, zu sagen: Ich sehne
mich nach etwas Staub.
Ich kann das schwere, kalte Laub
Nicht länger mehr ertragen.
Ringelnatz, Landregen

sehnsüchtig → Stimme
(Lermontow)

Seifenblase

Du Gestalt aus nichts als heiler Hülle,
du aus Leere übervolle Fülle,
Wiederholung des verlornen Alls,
Wiederholung eines Sündenfalls.
P. Gan, Preislied auf eine Seifenblase

sein, nicht mehr → Ichauflösung
(Chines. Gedicht)

Sein, das → Schein und Sein

Sein, letztes

Wenn Erd und Mensch vergehn,
Sonnen und Weltsysteme nicht mehr sind,
Und du allein beharrst,
So würde alles Sein noch sein in dir!
Emily Brontë, Letzte Zeilen (Schumann)

Sein, ureigenes

Lös alle bindenden Siegel,
dein urureigenstes Sein,
Es sprenge endlich die Riegel
und ströme ins Licht hinein!
Adelheid Stier

Sein ist Gefängnis

Ich grüße den Tod.
Denn Sein ist Gefängnis . . .
A. Ehrenstein, Der Selbstmörder

Sein ist Tätigsein

Was du nicht erschaffst, du
bist es nicht. Dein Sein nur Gleichung
für Tätigsein . . .
G. Kunert, Vorschlag

Sein oder Nichtsein → Gestalt
(Hausmann)

Sein und Nichts

Denn alles muß in Nichts zerfallen,
Wenn es im Sein beharren will.
Goethe, Eins und alles

Seite an Seite

Ich hatt einen Kameraden,
Einen bessern findst du nit.
Die Trommel schlug zum Streite,
Er ging an meiner Seite
In gleichem Schritt und Tritt.

Uhland, Der gute Kamerad

Seitensprung → aufstehen

(Wunderhorn)

Seitensprung → Versöhnung

(Kalidasa)

selber machen

Gott schenkt die Nuß, sie aufzubeißen,
mußt Du schon selber Dich befleißen.

Verfasser unbekannt

Soll dir eine Tat gelingen,
tu' sie selbst vor allen Dingen;
schaue nicht in träger Ruh'
sorglos aus dem Lehnstuhl zu.

Verfasser unbekannt

Kämpf' und erkämpf' dir eignen Wert;
Hausbacken Brot am besten nährt.

M. Claudius, Ein gülden ABC

Mit einem Herren steht es gut,
Der, was er befohlen, selber tut.

Goethe, Gedichte

Man kann nicht mehr wie sonsten ruhn,
Man muß nun alles selber tun!

A. Kopisch, Die Heinzelmännchen

selbst gebraten

Ein Mensch, der sich ein Schnitzel briet,
Bemerkte, daß es ihm mißriet.
Jedoch, da er es selbst gebraten,
Tut er, als wär es ihm geraten . . .

E. Roth, Ein Mensch – Das Schnitzel

Selbstachtung

Da in der Achtung dieser Welt
So mancher Mann wird hochgestellt
Gilt mir nur der als rechter Mann,
Der ehrlich selbst sich achten kann.

Bodenstedt

Der hat nach Rechtem nie getrachtet,
Der nicht die eigne Seele achtet –

Nach Kinkel, Gedichte

Nur nach dem einen mußt du trachten,
sei würdig stets dich selbst zu achten.

A. Träger

Selbstbeherrschung

Wer sein selbst Meister ist und sich
beherrschen kann,
Dem ist die weite Welt und alles untertan.

Fleming, An sich

Selbstbeherrschung, fehlende → verrohen

(Müller-G.)

Selbstbestimmung

Hoch überm Himmel suchte ich die Quelle
Von Vorbestimmung, Paradies und Hölle!
Da sprach mein weiser Lehrer: Freund in
dir
Allein sind Schicksal, Paradies und Hölle!

Chaijam, Drei Vierzeiler (Nach Fr. Rosen)

Ich geb' euch einen guten Rat,
ein jeder ziehe seinen Pfad.

Nach einer polnischen Ballade

Wer mit dem Leben spielt,
kommt nie zurecht;
wer sich nicht selbst befiehlt,
bleibt immer Knecht.

Sprichwort

Selbstbetrug

Hier stand er hinterm Busch versteckt;
Dort steht er bloß und unbedeckt,
Und alles, was ihn hier geschreckt,
Ist mit ihm hingezogen. –
Wie hat er sich betrogen!
M. Claudius, Auf einen Selbstmörder

Von Vergnügen zu Vergnügen
rastlos taumeln hin und her,
ist ein eitel Selbstbetrügen
und bald kein Vergnügen mehr.
Bodenstedt

ich habe mein Gewissen lang betrogen,
ich hab mich selbst und andere belogen –
Haushofer, Schuld

Selbstbewußtsein

Was nicht ist, das kann noch werden;
kurz und rasch ist Heldenbrauch;
was ein andrer kann auf Erden,
ei, bei Gott, das kann ich auch.
Grillparzer

Selbstbewußtsein, gehobenes → Vergleich, erhebender *(Busch)*

Selbstbewußtsein, überzogenes → Poet *(Odyniec)*

Selbstdarstellung

Nur sein eignes Leben
Singt der Dichter im Lied;
Aus der Brust will erheben,
Was im Innern er sieht.
P. Baehr, Neues Buch der Lieder

Selbstentfremdung

Jeder lebt von sich getrennt.
Hans Peter Keller

wer weiß wohin ich schweiße
Mathias Schreiber, Fließband

Selbsterlösung

Dann grüßte er die Welt von unten,
Wo der Tintenfisch, schön und häßlich, schlief.
Und legte sich zu den Blumen, den bunten.
Mit solchem Herzen fällt man tief.
Maria Pawlikowska-Jasnorzewska, Rohseide-Selbstmörder (Dedecius)

Du sperrst mir alle Türen
Mit silberstarken Schnüren,
Auf daß die Seele eigne Federn treibe,
Sich zitternd aufzuschwingen,
In Deinen Hag zu dringen,
Darinnen sie im stillsten Baum verbleibe.
Ruth Schaumann, Du warfst mich in die Tiefe

selbstfinden, sich

«Trostlos»? Das Wort ist mir entschwunden,
seitdem ich mich in mir gefunden.
Morgenstern

Selbstfindung → Vollendete, der *(Laotse)*

Selbstgefälligkeit

Hörst du eigner Meinung Bestärkung,
dann sagst du: Treffende Bemerkung!
Verfasser unbekannt

Selbstheilung

Den Kopf halt kühl, die Füße warm,
das macht den besten Doktor arm.
Sprichwort

Selbsthilfe

Nimmer hilft aus Not das Weinen,
so besinnt er sich zuletzt;
hilf dir selbst! so will ich meinen,
ist der beste Rat mir jetzt.
Kramsu, Jochen Berends (Manninen)

Selbsthilfe → Skylla und Charybdis
(Hagelstange)

Selbstkritik, mangelnde

Er wirft den Kopf zurück und spricht:
«Wohin ich blicke, Lump und Wicht!»
Doch in den Spiegel blickt er nicht.
Sturm

Selbstkritik, Problem der → Fehler, eigene

Selbstmord

Und er nahm sein Messer, und eh ihr's glaubt,
hat er sich selber des Lebens beraubt.
Englische Ballade, Klein Lon (v. Einsiedel)

Selbstmord, kriegerischer

Ich bin kräftig.
Man wird sich meiner entsinnen,
mich zum kriegerischen Selbstmord hetzen.
Majakowski, Die Wirbelsäulenflöte (Thoß)

Selbstmörder

Heut steht der Tod vor mir
Wie die Genesung vor dem Kranken,
Der sich erheben soll von seinem Schmerzenslager.
Aus Ägypten 16. Jh. vor Chr., Lied des Selbstmörders (Goldscheider)

Er sprang ins dunkle mörderische Meer.
Überließ sich den feuchten Fängen.
Sein Herz war schwer,
Er mußte keinen Stein daran hängen.
Maria Pawlikowska-Jasnorzewska, Rohseide (Dedecius)

Und plötzlich hängen sie an großer Schlinge
und strampeln mit den dürren Knochenbeinen.
Der Mond erfüllt die Nacht mit großem Scheinen.
Im Dunkel ist ein Fetzen toter Dinge.
G. Heym, Die Selbstmörder

→ Sein ist Gefängnis

Selbstmörderin

Ach, sie hört nicht, was ich sage!
Wie sie hoch die Arme schwingt,
vorwärts, daß ich sie erjage,
eh sie in das Feuer springt.
Odyniec, Die Kriegsgefangene (Nitschmann)

Selbstmordabsicht

... Ich find den Nagel bald,
Daß ich mich häng im Wald!
... Wunderhorn, Das Hasselocher Tal

Selbstmordgedanken

Schön ist es, ein Skelett zu sein oder Sand.
A. Ehrenstein, Der Selbstmörder

Immer öfter denke ich:
Wär's nicht gescheiter,
auf die Stirn einen Schlußpunkt mit Blei zu setzen?
Majakowski, Die Wirbelsäulenflöte (Thoß)

Selbstopfer

Er lächelt im Verscheiden
noch all die andern an:
«Den Trunk, ihr Herrn, den hab ich
für Weib und Kind getan!»
Vogl, Der Meistertrunk

Selbstsucht

Das ist die köstlichste der Gaben,
die Gott dem Menschenherzen gibt,
die eitle Selbstsucht zu begraben,
indem die Seele glüht und liebt.
Geibel

Selbsttäuschung

So sind wir scheinfrei denn, nach manchen Jahren
Nur enger dran, als wir am Anfang waren.

Goethe, Urworte (Nötigung)

selbstverliebt

Ich bin in meine eigne Schönheit so verliebt,
Daß eine andre Liebe nimmer
Mich erfaßt. Und jeder Wunsch zerstiebt. -

Boccaccio, Lied der Emilia (Nach Däubler)

Selbstvernichtung

Und nicht erforscht wird werden
Ein Geschlecht,
Eifrig bemüht,
Sich zu vernichten.

Peter Huchel, Psalm

Wir lassen, wie es schneit und blitzt,
Seit Urzeit unsre Zotten.
Ihr habt den Steinen eingeritzt
Den Ruhm der Kunst, euch auszurotten.

Loerke, Der Traum von den Raubtieren und von dem Schattenreich

Selbstvernichtung → verkommen

(Fröding)

selbstverschuldet

Nun, was du, Herr, erduldet,
Ist alles meine Last,
Ich hab es selbst verschuldet,
Was du getragen hast.

Gerhardt, O Haupt voll Blut und Wunden

Um böse Zeiten jamm're nie,
verbess're oder dulde sie
und lege nichts der Zeit zur Last,
was selber du verschuldet hast!

Verfasser unbekannt

Selbstvertrauen

Wenn einer nur den Glauben hat
an sich und seine Taten,
dann schwindet jedes Hindernis,
und alles wird geraten.

Albumvers

Selbstverwirklichung

Wirke! Nur in seinen Werken
kann der Mensch sich selbst bemerken.

Rückert

Selbstverwirklichung → aufspringen

(Bachmann)

Selbstzucht

Das Fasten und die Geißelstreich
Die bringen mich ins Himmelreich . . .

. . . Wunderhorn, Streit zwischen Kupido und Waldbruder

Selbstzweifel

Ach, nun glaub' ich selbst daran,
Daß aus mir nichts werden kann!

Löwenstein, Die Geschichte vom dummen Hänschen

selig

Selig bist du, liebe Kleine,
Die du auf der Bäume Zweigen,
Von geringem Trank begeistert,
Singend wie ein König lebst!

Anakreon, An die Cikade (Goethe)

Die Brüstung, worauf sie lehnte, ward
Von ihrem Busen warm,
Und die Lilien lagen, als schliefen sie
Auf ihrem gebogenen Arm.

D. G. Rosetti, Das selige Mädchen (v. Bernus)

selig werden → vogelfrei

(Wolff)

Seligkeit

Schon läuft still über weiße Meere
Deiner Liebe Purpur,
Deine letzte zögernde Seligkeit . . .

Nietzsche, Die Sonne sinkt

Seligkeit → Leben in der Zeit

(Angelus Silesius)

Seligkeit, Ahnung der

Ist es aus Gottes nie gesehnem Lichtmeer
Ein Tropfen, der in meiner Seele brennt?
Ist's etwas, das man schön auf Erden nennt
Und das ich einmal sah und weiß es nicht
mehr?

Michelangelo, Sonette (H. Grimm)

Seligkeit, fleischlose

Als Ersatz ward dir versprochen
Reinverklärte Himmelsfreud!
Droben, wo die Engel kochen
Ohne Fleisch die Seligkeit!

Heine, Erleuchtung

Seligkeit, ratlose → Kritik, ohne

(Brechbühl)

Seligkeiten

Acht Seligkeiten zählet man,
Darnach wir müssen streben;
Wohl dem, der sie all haben kann,
In Freuden wird er leben.

Spee, Auf alle Stunden des Tages

Sensation

Den Mörder am Halse, sie lächelt dabei,
Und die Menge lohnt ihr mit
Bravogeschrei.

Friederike Kempner, Der Tierbändiger

Sensation → Mirakel

(Seidel)

Sensationsdarsteller

Sterben will ich, wenn er nicht
Eisen mit der Hand zerbricht.

Odyniec, Die Kriegsgefangene (Nitschmann)

Und der Athlet tritt auf und staunen
kannste,
wie er ein Brett mit seiner Faust zerhaut.
Er geht umher mit ungeheurem Wanste
und feistem Arm und Nacken,
schweißbetaut.

van Hoddis, Varieté

Erst neulich machte auf der Loreley
Hoch überm Rhein ein Turner einen
Handstand!
Von allen Dampfern tönte Angstgeschrei
Als er kopfüber auf der Wand stand.

Kästner, Der Handstand auf der Loreley

Sesselplatz im Himmel

Da ward ihr gleich ein Stuhl bereit
Von nun an bis in Ewigkeit.

. . . Wunderhorn, Rosenkranz, tritt an den Tanz

Sexgymnastik, Schluß mit der → Paarung, beendete

Sexmuffel, gerügte → liebestoll

(Medici)

Sexsymbolik

Mein Rohr ich jetzt mit Freuden spann,
Wann will ich dich bald machen,
Aufzogen ist aufs Rohr der Hahn,
Das Pulver wird bald krachen . . .

Abele, Hochzeitlied

Sexualhygiene → zweimal pro Woche

(Kästner)

sibyllinisch

Zwischen Schatten und Licht diese Stille,
Das die Entscheidungen traf,
Ist als Wille dem der Sibylle
Gleich als Weisheit und Schlaf.
Valéry, Palme (Rilke)

sicher

Ja, leben und dann mal sterben, wißt,
Ist alles, was uns sicher ist . . .
Li-Tai-Pe, Trinklied (Dehmel)

Sicherheit, fragwürdige

Nun lerne, wenn's dich nicht verdrießt,
Wie nah' der Fall dem Sichern ist!
Gellert, Die Wachtel und der Hänfling

Sicherheit, süße → Sonnenuntergang
(Nietzsche)

Sicht, höhere

Je höher du wirst aufwärts geh'n,
dein Blick wird immer allgemeiner,
stets einen größern Teil wirst du vom
Ganzen seh'n,
doch alles einzelne immer kleiner.
Goethe

Sicht der Dinge, neue → Kunst, Wert der
(Morgenstern)

Siebensachen der Liebe

Die Siebensachen der Liebe
sind rasch vertan.
Krolow, Siebensachen

Sieg

Unter soviel aufgetürmtem Leid war das
Wort
«Sieg» aus der Sprache der Menschen
verschwunden
Supervielle, Krieg und Frieden (Nach Lilly Sauter)

Sieg, leichter

Verkennt nicht seine leichten Siege,
Als ob ihr Wert im Seichten liege!
Pinder, Der Schüttler

Sieg, ohne → Krieg, nächster
(Biermann)

Sieg, weiblicher → Weibliche, das
(Laotse)

Sieg der Liebe

«Sei glücklich!» sprach Schalk Eros bei
dem Sieg.
Und die Vernunft? Ei, die Vernunft – sie
schwieg!
Puschkin, Vernunft der Liebe (Fiedler)

Sieg des Friedens

Sieg allen in der Heimatschlacht!
Dann sinken Grenzen, stürzt die Macht . . .
Mühsam, Soldatenlied

siegen oder sterben

Vorwärts! Sterben oder Siegen!
Deutscher kennt kein Unterliegen.
Knochen splittern, Fetzen fliegen.
So lebt der edle Kriegerstand.
Der Schweiß tropft in den Straßenrand . . .
Mühsam, Kriegslied

Sieger → Ichbezwinger
(Dhammapada)

Sieger, enttäuschter

Oh, hätt ich nun und nie gesiegt . . .
Ein öder Weg, der vor mir liegt . . .
Tennyson, Die Ballade von Oriana (Freiligrath)

Sieger, letzter

Früh oder spät,
Jeglicher geht
Und beugt sich in der letzten Not,
Schwer röchelnd, bleich, dem Sieger Tod.
Shirley, Der Sieger Tod (Flatter)

Sieger, sanfter

Der Held siegt sanft, umarmt den
Besiegten.
Laotse, Spruch (Klabund)

Siegesruhm

Der Ruhm des Siegers, blutig groß,
Ist Schatten nur, hat kein Gewalt;
Kein Panzer schützt ihn vor dem Los:
Des Todes Hand ist eisig kalt.
Shirley, Der Sieger Tod (Flatter)

Siegesfreude

Warum eilt ihr hinaus allerorten
Auf dem Heerweg aus Häusern und
Hütten?
Warum fragt ihr mit hastigen Worten,
Was für fröhliche Botschaft er bringt?
Ha, ihr wißt es, von wo er geritten
Kommt, und Fröhliches soll er euch sagen?
Brüder wurden von Brüdern erschlagen!
Das ist die Kunde! Nun jauchzet und singt!
Manzoni, Der Graf von Carmagnola (Freiligrath)

Siegestaumel

Fröhlicher Tage Taumel hat begonnen.
Das junge Lied der Sinne, der befreiten,
erfüllt der Tage Rausch, der Nächte
Wonnen.
Jovan Dučić, Nach der Schlacht (O. Hauser)

siegreich

Daß ich Spuk und Höllenkunst
Siegreich abgeschlagen,
Wird von meiner Holden Gunst
Süßen Lohn mir tragen.
R. Baumbach, Wo der Weg . . .

Signalwirkung → Haare, rote
(Wunderhorn)

singen

Auf ihr Kinder, auf und singt,
bis es immer besser, immer besser klingt.
Kanon

Er singt. Es sind schon seine letzten
Stunden.
Er singt. Er hat noch stets ein Lied
gefunden.
Astrid Claes, Herbst

singen → klagen
(Chamisso)

Singen, das

Gott! auch das Singen
Will nicht gelingen
Von dem Glück der Zeit,
Von Liebesscherz und Qual
Oder vom Pokal!
Bellman, Monolog des Säufers . . . (H. v. Gumppenberg)

sinken

Viele große Schiffe sind gesunken
viele junge Menschen sind ertrunken!
Aus einer russischen Ballade

Er füllte sich, schlug um und sank
Salzschwer hinab zum Grund;
Nun tut ihm die Korallenbank
Der Tiefen Wunder kund.
Scheffel, Der Hut im Meer

Sinn, tiefer → Reden
(Dhammapada)

Sinn des Lebens

Wer nicht den tiefen Sinn des Lebens
im Herzen sucht, der sucht vergebens.
Bodenstedt

Und keiner kennt den letzten Akt
von allen, die da spielen,
nur der da droben schlägt den Takt,
weiß, wo das hin will zielen.
Eichendorff, Mich brennt's in meinen Reiseschuh'n

Sinn des Lebens → Erwerbsinn
(Hausinschrift)

Sinn und -abweichung → Zahlen
(Gumiljow)

Sinn und Schein

Was dem Sinn Erscheinung schien,
Was der Schein ersann.
Schein gab Sinn, und dieser ihn,
Und die Zeit verrann.
Hardekopf, Zwiegespräch

Sinn und Weg

Wo kein Sinn mehr mißt,
waltet erst der Sinn.
Wo kein Weg mehr ist,
ist des Wegs Beginn.
M. Hausmann, Weg in die Dämmerung

Sinne, begrenzte

Wie wenig können wir sehen, riechen!
Weder die Blätter noch den Himmel.
Jewtuschenko, Babij Jar (Kux)

Sinne, betroffene

Seine Sinne hatten sie nie gesehn,
betroffen er vor ihr stand;
sie trug in Strähnen ihr schwarzes Haar,
durchflochten mit rotem Band.
Englische Ballade, Robin Hood (Fontane)

Sinne, gefesselte

Denn wessen Sinne würden nicht gefesselt,
Wenn Sandelduft den schönen Busen
kühlt,
Wenn um das Haar ein Blumenkranz
gewunden,
Ein goldner Gürtel um die Hüften spielt?
Kalidasa, Der Sommer (v. Bohlen)

Sinnenbetrug

Länder verfliegen und Städte versinken,
Stunden und Tage verflattern im Flug,
Täler und Berge, vorbei, wenn sie winken,
Traumbilder, Sehnsucht und
Sinnenbetrug.
Liliencron, Der Blitzzug

Sinnenfreude

Ihr Sonnenschein ergießet sich von innen
Und jeder Augenblick entfaltet neue
Sinnen.
C. Wieland, Oberon

Sinnenlust → Wollust

Sinneswandel

Hier beuget die junge Schöne zuletzt den
spröden Sinn
Und sinket in die Arme des feurigen Gatten
hin . . .
Kalidasa, Die Taueszeit (v. Bohlen/Kreyenborg)

Heute sind sie dein und beten, morgen sind
sie mein und – töten.
Morgenstern, Die Schwestern

Sinnlichkeit → Lust, Unrast der Sinne

Sinnlos ist nichts

Diese Tage, die leer dir scheinen
Und wertlos für das All,
Haben Wurzeln zwischen den Steinen
Und trinken dort überall.

Valéry, Palme (Rilke)

Sinnlosigkeit

Wenn man so weit gekommen ist in
Sinnlosigkeit wie ich
ist jedes Wort wieder interessant . . .

Ekkelöf, Wenn man . . . (Nelly Sachs)

Sintflut, erlösende

Und mir ist Grund gegeben, gut zu denken
von der kommenden Sintflut . . .

Meckel, In diesen Tagen

Sirenen und Geschütze → morden

(Lehmann)

Sitte

Wollt ihr das Alter nicht ehren?
Ich will euch Sitte lehren!

J. W. Grosse, Romanze

Sitten, adlige

Beim König tret ich ganz tapfer ins Feld,
Zieh daher als ein freier Held,
Zerhauen und zerschnitten
Nach adeligen Sitten.

. . . Wunderhorn, Der alte Landsknecht

Sittenverfall

Die Wahrheit schwindet von der Erde,
Auch mit der Treu' ist es vorbei.
Die Hunde wedeln noch und stinken
Wie sonst, doch sind sie nicht mehr treu.

Heine, Entartung

Gar mancher, der früher nur Tee genoß
Als wohlerzogener Ehmann,
Der säuft jetzt Rum und kaut den Tabak
Und flucht auch wie ein Seemann.

Nach Heine, Unsere Marine

Sittenverfall → verrohen

Situationskomik

Aus Versehen stülpte sie
ihres Buhlen Unterhose
auf den Kopf und eilte dann
voller Eifer zu den Schwestern.

Simone Prudenzani, Die Äbtissin (Vollenweider)

sitzengelassen

Das Mägdli wollt ge schlafe go,
Tritt ihr der König us Mailand no,
Und doner hot si Wille geto,
Sitzt er ufs Roß und ritt darvo.
In vierzig Woche will er wiederko.
Die vierzig Woche sind umme,
Der König ist nie kumme.

. . . Wunderhorn, Der König aus Mailand

Skandal

Was heißt, beim Licht besehen,
den Menschen die Moral?
Zwei scheuen das Vergehen
und hundert den Skandal!

Franz Herold

Fast jeder bis hinauf zum Wal
empfand den Einfall als Skandal,
ja, mehr als das, in seltner Einheit,
als dekadentische Gemeinheit.

Morgenstern, Zivilisatorisches

Skandal → Wahlkampf

(Seidel)

Skepsis

Gott, – wenn Du bist –, errette aus dem Grabe
Meine Seele, – wenn ich eine habe.
Schopenhauer, Gebet eines Skeptikers

Sklavenbefreiung

Vor dem Sklaven, wenn er die Ketten bricht,
Vor dem freien Menschen erzittert nicht.
Schiller, Die Worte des Glaubens

Skylla und Charybdis

Zwischen Skylla und Charybdis
leg' sich jeder in die Riemen.
In der Stunde der Betrübnis
wachsen keinem Manne Kiemen.
Hagelstange, Der alte Jason

Snob

's war einer, dem's zu Herzen ging,
Daß ihm der Zopf so hinten hing,
Er wollt' es anders haben.
Chamisso, Tragische Geschichte

sodomitisch

Zu Berlin im alten Schlosse
Sehen wir, aus Stein gemetzt,
Wie ein Weib mit einem Rosse
Sodomitisch sich ergetzt.
Heine, Schloßlegende

sofort

«Gleich» ist ein verschwommenes Wort,
Sagt man es dir, geh lieber fort.
Frei nach E. Roth

Sohn

Der schönste ist mein Söhnlein klein,
das übrige mag euer eigen sein.
F. Avenarius, Der goldene Tod

Sohn → Mutterliebe
(Ludwig)

Sohn, abhängiger → anbinden
(Wunderhorn)

Sohn oder Tochter

Schenkst du mir einen kühnen Sohn,
füllst du mein Herz mit Freuden.
Schenkst du mir eine Tochter schön,
bringt mir auch das kein Leiden.
Oehlenschläger, Die beiden Kirchtürme (Festesen)

Söhne der Erde

Die Söhne der Erde sind, wie die Mutter,
Alliebend, so empfangen sie auch
Mühlos, die Glücklichen, alles.
Hölderlin, Der Rhein

Soldat

Was weiß ich noch von heiligen Gewässern
Und von des Dorfes Abendrot?
Ich bin gespickt mit tausend Messern
Und müde von dem vielen Tod.
Aus dem Schi-king, Der müde Soldat

Soldat Soldat, die Welt ist jung
Soldat Soldat, so jung wie du
Die Welt hat einen tiefen Sprung
Soldat, am Rand stehst *du*
Biermann, Soldat Soldat

Soldaten

Weh euch! auf dem Marsche – Soldaten!
Wozu euer Marsch an das Ende der Welt?
Tsau Tsau Feldzug ohne Rückkehr (Olbricht)

Aus dem Bett von Lehm und Jauche
zur Attacke auf dem Bauche!
Trommelfeuer – Handgranaten –
Wunden – Leichen – Heldentaten –
bravo, tapfere Soldaten!
Mühsam, Kriegslied

Soldaten, böswillige

So mancher und schöner, auch tapfere Soldat,
der Vater und lieb Mutter böslich verlassen hat.

Volkslied, O Straßburg, o Straßburg

Soldatenaufstand → Waffenruhe, allgemeine

(Mühsam)

Soldatenbraut

Nun marschierst du durch die fremde Landschaft,
Und die gelbe Seide liegt zerknüllt.
Unsre Hochzeitsbräuche sind noch nicht erfüllt,
Und errötend tret ich unter die Verwandtschaft.

Tu-Fu, Die junge Soldatenfrau (Klabund)

Soldatengrab

Was viele finden, suchs dir aus:
Soldatengrab. So endest du
Am besten. Noch ein Blick. Ins Haus.
Und du hast Ruh.

Byron, Zuletzt (Wolfenstein)

Soldatentod

So stirbt der edle Kriegerstand,
in Stiefel, Maul und Ohren Sand . . .

Mühsam, Kriegslied

Solidarität

Laß mich, weil ich lebend bin.
An dem Kreuze bei dir weilen,
Als Genosse redlich teilen
Deinen Schmerz, wär mir Gewinn.

da Todi, Das stabat mater

Vorwärts und nicht vergessen
Worin unsre Stärke besteht!
Beim Hungern und beim Essen
Vorwärts, nie vergessen
Die Solidarität!

Brecht, Solidaritätslied

wo er in der Flamme sich gewunden,
steht auch sie am Marterpfahl gebunden.

C. F. Meyer, Die Ketzerin

Und weil sie fortging, bin ich auch gegangen.

Rumänische Ballade, Nicht schöpfen (Carmm Sylva)

Solidarität → zusammenlegen

Solidarität, weibliche

Du, Liebste, wirst an meine Seite eilen,
Austern und Unbill treu mit mir zu teilen . . .

Rühmkorf, Ans Glück verzettelt

Sommer

Wir wollen hinter die Hecken
und woll'n den Sommer wecken.

. . . *Wunderhorn, Sommertagslied*

Steil war der Sommer. Er drängte süße Gewalt
in die begehrliche Kirsche. Er schändete
Wiese und Strauch . . .

Hagelstange, Meersburger Elegie

Sumpfmäuler schmatzen,
geisterhaft schnellen
Samen und platzen,
Kürbisse schwellen.

Elisabeth Langgässer, Regnerischer Sommer

Sommer → Fülle des Sommers

(Hausmann)

Sommer, nur einen

Nur einen Sommer gönnt, ihr Gewaltigen!
Und einen Herbst zu reifem Gesange mir,
Daß williger mein Herz, vom süßen
Spiele gesättigt, dann mir sterbe!

Hölderlin, An die Parzen

Sommerabend

Der Abend war von Sommerlüften heiß,
Das Mädchen wiegt' sich in den
Hüften leis . . .

Papentrigk, Nach einem alten Meister

Sommerhaus

Sein Schloß von Eis liegt ganz hinaus
Beim Nordpol an dem Strande;
Doch hat er auch ein Sommerhaus
Im lieben Schweizerlande.

M. Claudius, Ein Lied, hinterm Ofen zu singen

sommerlich

Dieses Tal hält noch sommerlich Rast,
Eh das prangende Leben verblaßt . . .

Leifhelm, Herbstelegie

Sommernacht

Diese laue Sommernacht
Ist zum Lieben wie gemacht.

Nach einem chines. Gedicht

Sommerzeit, flüchtige → Flucht, ewige

Sonne

Herrlich erhebst du dich am himmlischen
Lichtberg,
Ewige Sonne, Ursprung des Lebens!

Echnaton, Sonnengesang (Goldscheider)

Und die Menschen leben in deinem
Aufgang,
Sie sterben in deinem Untergang . . .

Echnaton, Sonnengesang (F. Baumann)

Geh unter, schöne Sonne, sie achteten
Nur wenig dein, sie kannten dich, Heilge,
nicht . . .

Hölderlin

Und gleich fühl ich mich wieder neu
erquickt,
sobald ich ihren hellen Glanz erblickt . . .

Nach de Magny, Die Ringelblume

Sonne, liebe

Da du mich doch nicht frieren sehen willst:
Komm, liebe Sonne, daß mein Eisherz
schmilzt . . .

Nach einem chines. Gedicht

Sonne, versenkende

In glimmende Asche versenke
Die Sonne gewesenen Wahn,
Ich gedenke, vergeß und gedenke
Was ungetan und getan.

Swinburne, Zwischenspiel (v. Bernus)

Sonne im Herzen

Hab Sonne im Herzen,
ob's stürmt oder schneit,
ob der Himmel voller Wolken,
die Erde voller Streit!

Flaischlen

Sonne und Mond

Die Sonne scheint,
der Mond greint.

Aus einem Kinderreim

Sonnenauf- und -untergang

Das Fräulein stand am Meere
Und seufzte lang und bang,
Es rührte sie so sehre
Der Sonnenuntergang.

Mein Fräulein sei'n sie munter,
Das ist ein altes Stück;
Hier vorne geht sie unter
Und kehrt von hinten zurück.
Heine

Sonnenfreude

wo wir uns der Sonne freuen,
sind wir jeder Sorge los;
daß wir uns in ihr zerstreuen,
darum ist die Welt so groß.
Goethe

Sonnenlicht

Das Herze und die Seele bricht,
Raubt man uns das Sonnenlicht.
Nach Magny, Die Ringelblume

Sonnenlicht, gewaltiges → genießen
(Kaschnitz)

Sonnenschein

Du Menschenherz in Not und Pein,
wie pochst du oft so bang.
Gönn' dir doch etwas Sonnenschein,
das Leben währt nicht lang.
Seyfried

Sonnenschein, innerer → Sinnenfreude
(Wieland)

Sonnensystem, anderes → Welt,
(Nick)

Sonnensystem als Massengrab → Raum für die Toten
(Nick)

Sonnenuntergang

Es stirbt über höchsten Zweigen
Der letzte strahlende Staub,
Seltsames Gold sät das Neigen
Der Sonne auf grünrotes Laub.
Gregh, Zweifel (Grautoff)

Siebente Einsamkeit!
Nie empfand ich
Näher mir süße Sicherheit,
Wärmer der Sonne Blick.
Nietzsche, Die Sonne sinkt

Sonnenverschlinger → Neidwurm
(Edda)

Sonnenwein

Es soll der Mosel Sonnenwein
Uns Inbegriff der Wonnen sein!
Papentrigk, Moselfahrt

Sonnenwende

Wintersonnenwende!
Neue Wonnen sende
Der erstarrten Welt,
Die auf linde Lüfte
Und auf Frühlingsdüfte
Ihr Erwarten stellt.
Pappentrigk

Sonntagsspaziergang

Dann ist die Spaziergangstunde,
durch die Stadt, zweimal die Runde.
Hüte ziehen, spärlich nicken,
wenn ein Chef kommt, tiefer bücken.
Degenhardt, Deutscher Sonntag

Sorgen

Habt Sonne in sämtlichen Körperteilen,
und wickelt die Sorgen in Seidenpapier!
Doch tut es rasch. Ihr müßt euch beeilen.
Sonst werden die Sorgen größer als ihr.
Kästner, Und wo bleibt das Positive . . .

meine Sorge . . . das Aussterben der
Drachen
das die Ritter arbeitslos macht

K. Leonhard

Es ist ein Brauch von alters her:
Wer Sorgen hat, hat auch Likör.

W. Busch

Sorgen, ledig aller → Heute, das

(Medici)

Sorgen, selbstgemachte

Man schafft so gern sich Sorg und Müh,
Sucht Dornen auf und findet sie,
Und läßt das Veilchen unbemerkt,
Das uns am Wege blüht.

Usteri, Freut euch des Lebens

Sorgen abwerfen

Drum will ich auch immer den Sorgen
entsagen
und will mich auch nimmer mit Grillen
mehr plagen.

Volkslied, Die Gedanken sind frei

Was soll ich mich noch sorgen
Ob dieser Stern zerstiebt?
Es tagt ein ewger Morgen –
Es bleibt was wir geliebt.

Gertrud von le Fort, Die Frühgeliebten

Es nahet sich der Morgen sacht,
Vergessen sei, was Sorgen macht . . .

Papentrigk, Moselfahrt

Sorgenlosigkeit

O neidenswerte Kinderzeit!
Die süße Sorgenlosigkeit . . .

Burns

sorglos leben → Spielmannsleben

(Wolff)

soziale Prägung → Kind, ungezogenes

(Ringelnatz)

soziale Stellung → Erfolg,
Standesbewußtsein

soziale Ungerechtigkeit →
Ungerechtigkeit

soziales Verhalten → Kettenreaktion

(Ringelnatz)

Sozialismus → Widersprüche

(Bartsch)

spannen, die Büchse → Sexsymbolik

(Abele)

spannend → Kriegsvarieté

Spannung und Entspannung

Ich möcht als Reiter fliegen
wohl in die blut'ge Schlacht,
um stille Feuer liegen
im Feld bei dunkler Nacht.

Eichendorff, In einem kühlen Grunde

Sparen, das

Uns erfreut das bloße Sparen.
Geld persönlich macht nicht froh.
Regelmäßig nach paar Jahren
klaut ihr's uns ja sowieso.

Kästner, Auf einer kleinen Bank vor einer großen Bank

sparen

Das Meer noch niemals größer ward,
weil eine Gans das Wasser spart.

Freidank, Bescheidenheit

spät kommen, zu → Angst

(Büscher)

Späße, schöne

Was schöne Späße muß ich sehen
Von Knecht und Magd auf offner Straß,
Doch muß ich gleich vom Fenster gehen,
Wenn die Mamsell erblickt den Spaß.

... Wunderhorn, Hoffart will Zwang haben

Spaß, weniger

Und dann allmählich machte das Reiten
Ihm nicht mehr den Spaß wie in früheren
Zeiten ...

Münchhausen, Lederhosen-Saga

Spaß, zu sterben → Liebesspiel

(Voltaire)

Spaziergänger, einsamer

Allein und traurig messe ich seit Jahren
Mit müden Schritten die verlassnen Auen,
Dem Blick gebietend, nur dahin zu
schauen,
Wo keines Menschen Spur mehr zu
gewahren.

Petrarca, Achtundzwanzigstes Sonett (Geiger)

spekulieren

Ein Kerl, der spekuliert,
ist wie ein Tier, auf dürrer Heide
von einem bösen Geist im Kreis
herumgeführt,
und ringsumher liegt schöne fette Weide.

Goethe, Faust 1

Spelunken, wärmende

Gleichfalls eine bessre Wärme
Wärmt dem Menschen die Gedärme,
Wenn er Glühwein trinkt und Punsch
Oder Grog nach Herzenswunsch ...
In den niedrigsten Spelunken
Unter Dieben und Halunken,
Die dem Galgen sind entlaufen,
Aber leben, atmen, schnaufen ...

Heine, Epilog

Spenden, geheime

Von geheimen Geberhänden
Fließen ihnen reiche Spenden ...

Nach Heine

speisen

Viele Hunderte, um nicht zu lügen,
speisen nun erst mit Vergnügen.

Morgenstern, Der Aromat

Spiegel

Der Spiegel dient dir, selbst die Fehler zu
entdecken;
Am Spiegel wische nicht, an dir wisch' ab
die Flecken!

Rückert, Die Weisheit der Brahmanen

Und vor ihr hängt ein Spiegel klar;
drin sieht sie alles auf ein Haar ...

Tennyson, Die Dame von Shalott (Freiligrath)

Und manche mit Entzücken
Mag sich am Spiegel schmücken ...

de Musset, Venedig (M. Hahn)

Wenn vor dem Spiegel stehend nackig
Ich mich so ganz verändert seh,
Verhutzelt, dürr, vertrocknet, zackig,
Dann werd' ich rasend fast vor Weh.

Villon, Klage der schönen Helmschmiedin (Benndorf)

Spiegelbild

Und du selber? Bist du echt beflügelt?
Oder nur gemalt und abgespiegelt?

C. F. Meyer, Mövenflug

Deines Spiegels dunkle Klarheit
hat dein Bild, du weißt nicht wie,
und dann seh ich deine Wahrheit;
denn die Spiegel lügen nie.

Morgenstern, Unter Spiegelbildern

Es ist gewiß, du bist nicht Ich,
Ein fremdes Dasein, dem ich mich
Wie Moses nahe, unbeschuhet . . .

A. von Droste-Hülshoff, Das Spiegelbild

Wie auf des Flusses Oberfläche dort
Das Spiegelbild der Stadt liegt, ruhlos-stet,
So ist's und wird es bleiben immerfort,
Es zittert, ohne daß es je vergeht.

Shelley, Abend/Ponte a mare (v. Bernus)

Spiegelbild → Weltanschauung
(Verfasser unbekannt)

Spiegelbild, häßliches

Im Spiegel sieht er sein Bild:
Wie hager sein Antlitz, wie wild!
Ein Blick auf den Kalender verrät:
Zu spät jetzt alles, zu spät.

Coppard, Der unglückselige Müller (v. Einsiedel)

Spiel

Und beim Spiel ist wie beim Dichten
Nichts mit Eifer auszurichten . . .

Lope de Vega, Glück in Liebe . . .

Spiel, faules → Erfolg
(Abraham a Santa Clara)

Spiel, zerstörerisches → Krieg
(Haushofer)

Spiel, zielloses

Die Ewigkeit hat nur kein Ziel,
Sie treibet fort und fort ihr Spiel . . .

Rist

Spiel gewinnen, das → Bauernschläue
(Seidel)

Spiel mit der Vergänglichkeit

Ganz versunken warst du in dein Spiel
Mit der ewigen Vergänglichkeit,
Welle kam und Stern und Kreis zerfiel
Welle ging und du warst neu bereit.

Marie Luise Kaschnitz, Am Strande

Spiele (verbotene) → Fest, nächtliches
(Trojan)

spielen

Was wollen wir spielen?
Auf dem Kopf stehn und schielen!

Kindervers

Spiel zu, spiel zu,
Mein Wildfang du . . .

Hood, Ode an meinen Sohn (Freiligrath)

spielen, sich selbst → echt
(Heyse)

Spieler → Szenen
(Span. Ged.)

Spielerglück → Glück im Spiel
(Lope de Vega)

Spielmannsleben

Um kein ungelegtes Ei
Kümmr' ich mich daneben,
Sorgenlos und vogelfrei,
Das ist Spielmannsleben.

J. Wolff, Vogelfrei

Spielverderber

Ich bin kein Spielverderber,
der andrer Tun mißacht';
die Zeit hat mich nicht herber
nur etwas still gemacht . . .

Th. Kerner, Ich bin ein alter Knabe

Neger härmten sich und starben
Auf dem Schiffe dutzendweise,
Starben, starben und verdarben
Dem Patron die ganze Reise.

de Béranger, Die Neger und die Marionetten (Chamisso)

Spielzeug

Ich weiß, im ganzen Hause gehn
Die großen Leute auf den Zehn;
Ich mach mir aber gar nichts draus,
Ich packe sacht mein Spielzeug aus.

Stevenson, Der kranke Lazarus (Dehmel)

Spießerpack

Doch mehr noch als die Filzlaus, Krot und Küchenschabe
verachte ich das Spießerpack im Sonntagskleid,
seit ich das Jucken hier in meinem Köpfchen habe.
Das Jucken hier in meinem Köpfchen sei gebenedeit.

Thoor, Das zweite Irrenhaussonett

Spinnerinnen

Lächelnd sitzen Kaiserinnen
In dem Park und spinnen . . .

Nach Käthe Braun-Prager

spinnen

Eine, die spinnt Seide,
die andere wickelt Weide,
die dritte spinnt das Stroh zu Gold,
die viert ist einem Büblein hold.

Aus einem Kinderreim

Spionage

Willst du dem Feind zu Leibe gehn,
Ins Feindeslager mußt du spähn.

A. Grün

Spitze treten, an die → Ahnen

(Müller)

Spott

Wenn dich die Lästerzunge sticht,
So laß dir dies zum Troste sagen:
Die schlechtesten Früchte sind es nicht,
Woran die Wespen nagen.

Bürger, Trost

Spottvers

Du bist gerührt wie Apfelmus
und kernig wie Spinat,
dein Herz schlägt wie ein Pferdefuß,
wenn du Geburtstag hast.

Unbek. Verfasser, Holder Engel, Pumpenschwengel . . .

Spott mit Gott → Bauern

(Billinger)

Sprache

In welcher Sprache ich auch schriebe,
Persisch und türkisch gilt mir gleich.
Ein Himmel wölbt sich über jedem Reich,
Und Liebe reimt sich überall auf Liebe.

Hafis, Diwan (Klabund)

Unter der Wurzel der Distel
Wohnt nun die Sprache . . .

Peter Huchel

Sprache → Wort, Worte

Sprache, deutliche

Ich sieh wohl gnu für mi,
Schau nur du für di,
Sag der's mit eim Wort:
Scher di wieder fort,
's is nix mit mi.

... Wunderhorn, Kupido und die Magd

Sprache der Gewalt

Es kamen mit einemmal viele Männer
daher,
Die wollten einmal reden mit dem Militär
Doch das Militär redete mit dem
Maschinengewehr
Und da sagten alle die Männer nichts
mehr.

Nach Brecht, Liturgie vom Hauch

Sprache der Liebe

Sie blickte traurig und stellte sich froh,
Schnappte nach einem Wasserfloh,
Und ringelte sich
An einem Stengelchen fest und sprach so:
Ich liebe dich!

Ringelnatz, Seepferdchen

Sprachengewirr

Nicht nur, die ihr als Tröpfe kennt,
Nein, auch die klüg'ren Köpfe trennt
Noch jetzt der Sprache Kunterbunt:
Nicht mischen man sie bunter kunnt'!

Lehmann-Leander, Der Turm zu Babel

Erst nach dem großen Bumms von Babel,
Sprach jeder nach dem eignen Schnabel.

R. v. Normann, Zweizeiler

sprechen, mit Gott → glauben

(Supervielle)

sprechen, von Frauen

Wer Zucht und Ehre minne,
Der habe in seinem Sinne,
Daß er von Frauen soll,
Zu allen Zeiten sprechen wohl.

Christina von Hamle

sprechen, von jemand

Und oftmals, nach Gefallen,
Sprech ich von dir mit Allen ...

Metastasio, Lossagung (Gries)

sprechen oder schweigen

wenn wir anfangen werden zu schweigen
werden andere über uns sagen
was zu sagen ist
so wird nicht aufhören
das Sagen und Sagen über das Sagen

Bienek, Sagen, Schweigen, Sagen

Sprechhemmung

Ich will zu reden wagen:
Da kann kein Wort ich sagen ...

Schüchterne Lieb (Volkslied aus Venedig)

Springer, alter

Im Springen konnte überhaupt dem Alten
Zuletzt wohl keiner mehr die Stange
halten.

Ringelnatz, Zum Wegräumen der Geräte

Sprüche

Wenig große Lieder bleiben,
mag ihr Ruhm auch stolzer sein,
doch die kleinen Sprüche schreiben
sich ins Herz der Völker ein ...

Bodenstedt

Sprünge, krumme

Deine krummen Sprünge kenn ich gar
wohl,
Leid ist's mir, daß ich dich fangen soll.
. . . Wunderhorn, Zwei Schelme

Spuk

Manches Jahr schon, hört man sagen,
treibt der Spuk sein Wesen dort,
selbst des Pfarrers heilig Wort
konnte nimmer ihn verjagen.
Odyniec, Die Gespenster (Nitschmann)

Spuk

Doch Entsetzliches trug,
Als es Mitternacht schlug,
Sich zu . . .
J. Trojan, Das Geisterschloß

Spuk → Gespenster

Spur, gelöschte

Lachend hast du dich mir zugewandt
Ahntest nicht den Schmerz, den ich erfuhr:
Denn die schönste Welle zog zum Strand,
Und sie löschte deiner Füße Spur.
Marie Luise Kaschnitz, Am Strande

Spurenbeseitigung

Steh auf, steh auf, du liebes Gras,
Verrate nicht, wer auf dir saß!
Quinault: Liedchen (Herder)

Stacheldraht → Moskau
(Kulis)

Stadt

Ich suche allerhanden eine Stadt,
Die einen Engel vor der Pforte hat.
Else Lasker-Schüler, Gebet

Stadt, tönende

Ein Sturm von goldnen Triangeln
Hat plötzlich die tönende Stadt
Gehoben aus all ihren Angeln
Yvan Goll, Schnee-Masken

Stadt, tote → Fassaden (Fröding) Atlantis

Stadt, zerstörte

Eine große Stadt versank im gelben Rauch,
Warf sich lautlos in des Abgrunds Bauch.
G. Heym, Der Krieg

Stadt, zerstörte → Nekropolis
(Nick)

Stadt am Abend

im auto flitzt die dirne
die straßenbahnen schleichen
gepudertes gewürme
pantoffeln blasser leichen . . .
Czyżewski, Antiidyll – Stadt am herbstabend (Dedecius)

Stadtflucht

Die Stadt hat er verlassen,
Er lebt in Einsamkeit.
Und alles muß er hassen,
Worum ein Mensch sich freut.
Nach Opitz, Unerhörte Liebe

Aus dem wilden Lärm der Städte
Flüchtet er sich nach dem Wald.
Lustig rauschen dort die Blätter,
Lust'ger Vogelsang erschallt.
Heine, Der Traurige

Berlin war ihm zu voll,
Da ging er nach Tirol.
Unbek. Verf., Es war einmal ein Mann

Laß uns die Täler suchen,
Geliebtes Kind,
Wo wir von Berg und Buchen
Umschlossen sind!

Hagedorn, Der Morgen

Will mich unter Hirten mischen,
An Oasen mich erfrischen ...

Goethe, Hegire

Stammeln, das → Kinderfreund

(Ringelnatz)

Stammesfehde

Ja, so kommt es, wenn der wilde Mut
braust,
weil die Braut sich einer von der Brut
maust.

Müller-Giersleben, Die Brut von Messina

Stammtisch → Lokale

(Busch)

stammverwandt

Denn gerne gibt man aus der Hand
Den Säugling, der nicht stammverwandt.

W. Busch, Balduin Bählamm

Standesbewußtsein

Ein adelige Dam,
Die schläft bei einm Soldaten
Aus lauter Liebesflamm.
Es klingt ihr in den Ohren:
Soldaten sind geboren
Aus ritterlichem Stamm.

... Wunderhorn, Soldatenglück

Standesbewußtsein → Gymnasium

(Weinheber)

Standesbewußtsein, Mangel an

Drum will ich meinen Stand verwandeln,
Will eine Bauerndirne sein,
Damit ich nicht modest muß wandern
Und krank ins Fräuleinstift hinein.

... Wunderhorn, Hoffart will Zwang haben

Standort, unterschiedlicher

Der Maulwurf hört in seinem Loch
ein Lerchenlied erklingen
und spricht: wie sinnlos ist es doch
zu fliegen und zu singen!

Geibel

stärken, sich → elend fühlen, sich

(Seidel)

stärkend

Das weiß ein jeder, wer's auch sei,
Gesund und stärkend ist das Ei.

W. Busch, Geburtstag

stärker sein

Was ist Weisheit der Menschen, was
Schöneres Göttergeschenk, als über des
Feindes Haupt
Stets zu halten die stärkere Faust?

Euripides, Bacchantinnen (Goldscheider)

Stärkung

Das Pfäfflein spricht: Die Welt ist schlecht,
Und wankend wird der Glaube,
Drum stärke sich der Kirche Knecht
Mit edlem Saft der Traube.

R. Baumbach, Neuer Wein

Starrkopf → erzwingen

(Lope de Vega)

Startprobleme

Er rang mit mancherlei Problemen.
Zunächst: Wie soll man Anlauf nehmen?
Ringelnatz, Fußball

Statussymbol → Kleidung
(Wunderhorn)

Staub → Himmel, verfluchter
(Wolfskehl)

Mein ist alles, sagte der Staub . . .
Huchel, Das Grab des Odysseus

Staunen

Mein Gott, wie steht man vor allem
Doch so geblendet, – gerührt,
Wie gleicht man doch einem Armen
Zu glänzenden Festen geführt.
Gregh, Zweifel (Grautoff)

Staunen, wortloses

Doch euresgleichen hab' ich nie erblickt.
Ich schweige nun und fühle mich entzückt.
Goethe, Faust II

Stauung

Wie zur Blütezeit im alten Rom,
staut sich hier täglich der Menschenstrom.
Liliencron, Trutz, Blanke Hans

stechen

Die Hummel brummt vor Zorn im Kreise
Und sticht dann ungerechterweise . . .
Dusan Radovic, Die Hummel (Krüss)

stehen

Daß ich auf der Erde steh,
Tut mir manchmal heftig weh.
Nach Laforgue

steh uns bei, Gott → Jammergeschrei
(Mörike)

stehenbleiben

Mensch, so du etwas bist, so bleib doch ja nicht stehn;
du mußt aus einem Licht fort in das andre gehn.
Angelus Silesius

stehenbleiben → Liebespaar
(Klabund)

stehenlassen

Laßt mich nicht so lange stehn,
denn ich muß noch weitergehn!
Kinderreim

steigen → Höhen, lockende
(Zschiesche)

steigen und fallen

Steig immer auf und denk' daran,
Daß auch der Höchste fallen kann!
Trinkspruch

Stein auf Stein

Stein auf Stein, Stein auf Stein,
das Haus, das wird bald fertig sein.
Volkslied, Die fleißigen Handwerker

Stein des Weisen

hab mehr, als du leih'st,
sei wachsam im Geist,
so find'st du den Stein
der Weisen allein.
Shakespeare

Der Sterne Lauf wird fein erkannt;
Den Stein des Weisen keiner fand.

Papentrigk

Stein sein

Schlaf ist mir lieb, doch über alles preise
ich, Stein zu sein. Währt Schande und
Zerstören,
nenn ich es Glück: nicht sehen und nicht
hören.

Michelangelo, Die Nacht (Rilke)

Steinzeit → Ur-Mutter

(Makowej)

Steinzeit, wie in der

Nichtsdestotrotz geschieht auch
heutzutage
Noch manches, was der Steinzeit ähnlich
sieht.
So alt ist keine deutsche Heldensage,
Daß sie nicht doch noch Helden nach sich
zieht.

Kästner, Der Handstand auf der Loreley

Stelle, freigewordene

Ein Posten ist vakant! – Die Wunden
klaffen –
Der eine fällt, die andern rücken nach –
Doch fall' ich unbesiegt, und meine
Waffen
Sind nicht gebrochen – nur mein Herze
brach.

Heine, Enfant perdu

Stelle wechseln, die

welche wohltat
einmal auch sagen zu dürfen:
nein er war nicht tüchtig
und wechselte oft die stelle

Kurt Marti, Aus: Leichenreden

Stempeluhr

Hinter der Stempeluhr
gilt ein anderes Gesetz.

Küther, Im Betrieb

sterben

Ob gut sie sind, ob bös, es müssen alle
sterben:
Heil dem, der es verstand, den Kampfpreis
zu erwerben!

Saadi, Rosengarten (Graf)

«Nun, wir müssen alle sterben,
Großmama ging dir vorauf,
Und du wirst den Himmel erben,
Kratze nur, sie macht dir auf!»

F. Hebbel, Aus der Kindheit

Ich weiß, daß ich bald sterben muß
Es leuchten doch alle Bäume
Nach langersehntem Julikuß –
Fahl werden meine Träume –

Else Lasker-Schüler, Ich weiß

sterben → Todesfurcht

(Laotse)

sterben → Furcht

(Kirchenlied)

sterben lernen

Durch dein Sterben will ich das meine
lernen.
Du bist glücklich. Mit dem Gedanken folg
ich
Weit dir nach in des äußersten Himmels
Fernen.

Michelangelo, Auf den Tod seines Vaters (H. Grimm)

sterben wollen

Ich will sterben. Also kann ich
leben. Hier draußen.

Ekkelöf, Marsch (Nelly Sachs)

sterben wollen, ungestört

Und bringt man mich einmal um,
Und muß es sein,
Dann steht nicht um mich herum:
Ich schaff es allein.

Broniewski (Dedecius)

sterben und erwerben

Der Mensch stirbt und verdirbt,
Der Christ stirbt und erwirbt.

Alter Spruch

sterben, aus Liebe

«Ja, ich will vor Liebe sterben!»
Küßte ihn auf Lipp und Wangen. –
Und der Fremde ist gegangen.
In der Hütte, früh am Morgen,
Fand man jenes Mädchen – tot.

Rumänische Ballade, Liebestod (Espey)

Sterben, gelassenes

Mit gelassener Gebärde
Schiedest du vom Grün der Erde –

C. F. Meyer, Weihegeschenk

Sterben, glückliches

Ins Weite und Breite drängt alles; nichts
zerfällt,
Und Sterben ist anders, als je einer gedacht,
Und glücklicher.

Whitman, Ein Kind fragte, was ist das Gras (Reisiger)

Sterben, glückliches → Leiden

(Juan del Encina)

Sterben, schönes → Heiterkeit des Todes

(Nietzsche)

Sterben, trauriges

Er liegt auf Scherben,
Und wird bald sterben.
Er läg im Bette,
Wenn er eins hätte.

Nach einem Kinderreim (Der Schmied ist krank)

Sterben, unauffälliges

Sie sind gestorben. Niemand fällt es auf.
Das Dasein geht täglich den alten Lauf.

Nach W. v. Scholz

Sterben ist Neubeginn → Phönix; stirb und werde

Sterben ist Zeitverlust

Der Tod geht stolz spazieren.
Doch Sterben ist nur Zeitverlust. –
Dir hängt ein Herz in deiner Brust,
Das darfst du nie verlieren.

Ringelnatz, So ist es uns ergangen

Sterbehelfer → Ärzte

sterbenskrank

Wenn es mein Mädel wüßt,
Daß ich schon sterben müßt,
Sie tät sich kränken
Mit mir ins Grab.

... Wunderhorn, Rückfall ...

Sterbestunde

Wir wissens wohl – der Neigung
Sterbestunde
Schleicht sich heran – das Herz schlägt uns
so matt ...
So laß uns scheiden, Lächeln noch am
Munde,
Eh uns die Liebe ganz verlassen hat.

Yeats, Fallende Blätter (Forbes-Mosse)

Sterbliche

Arme und Reiche, Weise, Toren,
Priester und Laien, sie vergehn.
Ob niedrig oder hochgeboren,
Geizig, verschwenderisch, häßlich,
schön ...

Villon, Großes Testament (Benndorf)

Sterblichkeit, Last der

unter der Last der Sterblichkeit
stöhnen und lechzen
nach ...
Leben, unfaßbar und sinnfern.

G. Kunert, Mangelhafter Trost

Stern der Hoffnung

Er wird verliehen
für die Flucht vor den Fahnen,
für die Tapferkeit vor dem Freund,
für den Verrat unwürdiger Geheimnisse
und die Nichtbeachtung
jeglichen Befehls.

Ingeborg Bachmann, Alle Tage

Sterne, älter als die

Die Keuschheit einen Sohn gebar,
Der doch schon vor den Sternen war.

Katharina R. von Greiffenberg

Sterne, kraftspendende

Und von allen Sternen nieder
Strömt ein wunderbarer Segen,
Daß die müden Kräfte wieder
Sich in neuer Frische regen ...

Hebbel, Die Weihe der Nacht

Sterne, verwundete → atomsicher

(Bienek)

Sterne müssen verschwinden

Alle Sternlein müssen schwinden,
und der Tag wird sich einfinden ...

Nachtwächterlied, Hört ihr Herren

Sterne sterben

Auch die Sterne im Weltraum sterben ...

Jeffers, Es kommt die Zeit (Eva Hesse)

Sternen, in den

Dann saget, unterm Himmels-Zelt,
Mein Herz mir in der Brust:
«Es gibt was Bessers in der Welt,
Als all ihr Schmerz und Lust.»

M. Claudius, Die Sternseherin Lise

Sternen, zu den

Auf dem Jupiter war, eilet' ich jetzt
In Gefilde, wie sonst niemals mein Auge
sah ...

Klopstock, Die höheren Stufen

Sternen greifen, nach den → schweifen

(Bodenstedt)

Sternengesang

Schau, die lumumbaschwarze Nacht
Hat die Machete mitgebracht
Und säbelt in den Wind.
Da sind die Sterne aufgereiht,
Schnittmuster für die Ewigkeit,
Der wir verloren sind.

Rühmkorf, Das Himmelschluck-Lied

Sternenhimmel

O Sternenhimmel, deine Stille seh ich,
sie fließt, ein Milchstrom, durch den
Raum.

Hrubin, Hiroshima (Pont)

Wie droben es von Sternen heiter wimmelt,
Wie weiter es und immer weiter himmelt, –
Wagst du es wohl, dich solcher Sicht zu weihn,
Und fühlest nicht, ein armer Wicht zu sein.

Papentrigk, Nachtgedanken

Sternenlächeln

Das irre Lächeln der Sterne
Seit drei Jahrhunderten auf der Wanderung
Steigert zur Nacht meine Qual

Claire Goll, Nie wieder

Sternennacht

Quellende, schwellende Nacht,
Voll von Lichtern und Sternen;
In den ewigen Fernen,
Sage, was ist da erwacht?

Hebbel, Nachtlied

Sternforschung, vergebliche

Umsonst von Stern zu Stern laß ich die Augen gleiten,
Umsonst durchforscht der Blick die ungemeßnen Weiten ...

Nach Lamartine

Sternzeichen

Warum wendet sich das Sternenpaar
an der Deichsel vor dem Großen Wagen?
Läßt du jemanden schon Botschaft sagen,
daß dein Ritt zu mir ein Wagnis war?

Christine Lavant, Gelber Reiter ...

steuerfreies Leben

Lustig ist das Zigeunerleben,
Brauchen dem Kaiser kein Zins zu geben ...

Volkslied aus Niederschlesien

Steuern

Was hilft es dir, damit zu prahlen,
daß du ein frei Menschenkind?
Mußt du nicht pünktlich Steuern zahlen,
obwohl sie dir zuwider sind?

W. Busch, Schein und Sein

Steuerzahler, schlechter

Ach, er war ein guter Maler,
doch ein schlechter Steuerzahler.

Kästner, Nekrolog auf den Maler E. H.

Stich lassen, im

Ihr seid wahrhaftig zu bedauern! –
Doch länger will ich hier nicht lauern.

H. Seidel, Der betrogene Teufel

Stich lassen, im → hingeben, sich

(Wedekind)

Stiefmütter

Und Stiefmütter bereiten aus falbem
Kraute den Gifttrank ...

Ovid, Die Weltalter (Voß)

still sein → Spielverderber

(Th. Kerner)

Stille

Stillheit, der Gedanken Grab!
Stelle Sorg und Grämen ab.
Stille, stille, still' in mir
Alle Herzbewegungs-Gier!

Katharina R. von Greiffenberg, Auf die ruhige Nacht-Zeit

Dämmernde Waldesruh,
Sickernder Sonnenglanz,
Atmende Stille du,
Füll unsre Liebe ganz!

Verlaine, Mit gedämpfter Stimme (R. v. Schaukal)

Stille, feierliche

Die Harfen alle, Flöten, Geigen, Leiern,
Durch ihr Verstummen mögen sie dich
feiern.

Swinburne, W. Shakespeare

Stille, hören auf die

Weit besser wärs, zu lauschen
Zedern und Pinien, wenn sie nicht im Wind
mehr rauschen.

Nonne des Zen-Glaubens Letztes Gedicht (F. Braun)

Stille, unterbrochene

Nur dann und wann der mattgedämpfte
Schall
Im hohen Gras von eines Apfels Fall!

Geibel, Mittagszauber

Stille, winterliche

Die Fluren sind geleert,
Die sommerliche Grille
Ist mit uns eingekehrt
Zur winterlichen Stille.

Konfuzius, Einzug ins Winterhaus (Rückert)

stillen

Am Morgen spricht die Magd ganz wild:
«Ich hab heut nacht ein Kind gestillt –»

Morgenstern, Der Traum der Magd

stillen → Frauen, gute

Ung. Ballade

stillhalten

Man halte nur ein wenig stille
und warte in sich selbst vergnügt,
wie unsres Gottes gnäd'ger Wille,
wie sein allweiser Rat es fügt.

Neumark, Wer nur den lieben Gott läßt walten

Gebt Ruhe, ihr Guten, und haltet still.
Die Jahre vergehen, auch wenn man nicht
will.

Nach Tucholsky

stillstehen → Drill

(Mühsam)

Stimme, betörende

Ich hörte eine Stimme in der Nacht,
Die hat mein eisig Herz zur Glut entfacht.

Nach einem chines. Gedicht

Stimme, dunkle

Und ihrer Stimme Ton ist dunkelfarben
Wie Stimmen von Geliebten, die uns
starben.

Verlaine, Traum, (Hesse)

Stimme, rührende

Am Tage rührt sich oder in der Nacht,
so manche Stimme, die mich traurig macht.

M. Hausmann, Gesang der kleinen Traurigkeiten

Stimme, sehnsüchtige

Es klang diese Stimme wie Flehen,
so sehnsüchtig, zärtlich und süß,
als wenn sie ein Wiedersehen
voll seligster Liebe verhieß . . .

Lermontow, Tamara

Stimme, zauberhafte

Und ihre Stimme, wie'n Zauberlied
Löst sie den Zwiespalt in seinem
Gemüt . . .

Heine, Der weiße Elefant

Die Stimme Tamaras, wie klang sie
voll Sehnsucht und Leidenschaft!
Die Sinne des Pilgers bezwang sie
mit zaubrischer Wunderkraft.

Lermontow, Tamara (Fiedler)

Stimmungen

Bist Du heiter,
sag es weiter.
Drückt Dich ein Stein,
trag ihn allein.

Verfasser unbekannt

Stimmungen, normale

Allzeit fröhlich ist gefährlich,
allzeit traurig ist beschwerlich,
allzeit glücklich ist betrüglich.
Eins ums andere ist vergnüglich.

Sprichwort

stirb und werde

Und solang du das nicht hast,
Dieses: Stirb und werde!
Bist du nur ein trüber Gast
Auf der dunklen Erde.

Goethe, Selige Sehnsucht

stirb und werde → Phönix

Stoff der Welt → Weltstoff

Stolz

Wir stolze Menschenkinder
Sind eitel arme Sünder . . .

M. Claudius, Abendlied

Ihre stolze Haltung ist nur Lüge:
In dem Funkeln ihrer großen Augen
Wehklagt die Erregung ihres Herzens.

Li-Tai-Po. Am Ufer (Bethge)

Jed Gefühl hast du erschüttert;
Selbst mein Stolz, sonst felsenfest,
Beugt sich dir, – von dir verlassen,
Meine Seel mich jetzt verläßt.

Byron, Lebewohl! (Heine)

Storch

Storch, Storch, Langbein,
wann fliegst du ins Land herein,
bringst dem Kind ein Brüderlein?

Volkslied

Störenfried

Nach vergeblichem Bemühn,
diesen Störer zu vertreiben,
ließen Herr und Herrin ihn
endlich frei im Schloße bleiben,
zogen lieber selbst hinaus
in ein kleines Nebenhaus.

Odyniec, Die Gespenster (Nitschmann)

störrisch → iiebestoll

(Medici)

Stöße, harte

Ja, ihre Qual war übergroß,
Sie kriegte manchen harten Stoß.

. . . *Wunderhorn, Zucht bringt Frucht*

stoßen, sich → Sachen, die

(Schiller)

Strafe, letzte

Nimm meiner Seele dieser Ketten Last,
Die letzte Strafe laß mich aufrecht gehn:
Schenk mir zu dem, was Du beschlossen
hast,
Die Kraft, es zu bestehn!

Emily Brontë, Gebet (Flatter)

Strafe, unangemessene

«Ihr Schurken, komm ich 'nein, so, wißt,
soll hängen, was die Wand bepißt.»

Bürger, Die Weiber von Weinsberg

Ein Hund lief in die Küche
und stahl dem Koch ein Ei.
Da nahm der Koch den Löffel
und schlug den Hund entzwei.
Kinderlied

Strafdienst → Drill
(Mühsam)

Strafgericht, göttliches

Donnre deinen besten Donner!
Strafe, o mein Gott, den Frevel –
Hattest du doch zu Sodoma
Und Gomarrha Pech und Schwefel!
Heine, Disputation

Sträfling

Die Sonne will müde sich betten
fern hinter dem bläulichem Rand –
der Sträflinge klirrende Ketten
durchwühlen der Landstraße Sand.
Tolstoj, Die Sträflinge (Ascharin)

Wie ein Sträfling hinter Eisen
kauert stumm die Nachtigall:
Denkt an Zeiten, da sie Weisen
flöten durfte überall.
Hrabovśkyj, Die Nachtigall (Koch)

strammstehen

Kennst Du das Land, wo die Kanonen
blühn?
Du kennst es nicht? Du wirst es
kennenlernen!
Dort stehn die Prokuristen stolz und kühn
in den Büros, als wären es Kasernen.
Kästner, Kennst Du das Land.

Strand

Der Vagabund im Lande streicht.
Verdruß vergeht am Strande leicht.
Papentrigk

straucheln

Aber sie gerät ins Straucheln,
Und das Unglück wär geschehn,
Bliebe sie nicht auf der Stelle,
Wie erstarrt vor Schrecken, stehn.
Hebbel, Der Kirschenstrauß

Straße, öde → Illusionen
(Zorilla)

Straßen des Lebens

Die Welt hat manche Straße,
Und jede gilt mir gleich;
Ob ich ins Erdreich fasse,
Ob ins Gedankenreich.
G. Hauptmann, Widmung

Strategie → Plan, der
(Heine)

streben

Nach Ehr und Gut nicht streben,
Das macht ein ruhig's Leben.
Alter Spruch

streben → schaffen gehen
(Schiller)

streben → Schatzsuche
(Banck)

streben → Sucht und Suche
(Goethe)

streben → Vollendung
(Hafis)

Streben, das

In unsers Busens Reine wogt ein Streben,
Sich einem Höhern, Reinern,
Unbekannten
Aus Dankbarkeit freiwillig hinzugeben . . .
Goethe, Elegie

Streiche

Denn wer böse Streiche macht,
Gibt nicht auf den Lehrer acht.

Wilhelm Busch, Max und Moritz

streicheln

Durchs Fenster fällt ein Schatten auf ihr Knie
Von dem Orangenbaum und streichelt sie.

Chines. Gedicht, Der Orangenzweig

Sind die Hände schwer geworden
von hundert Lasten an dem Tag,
so bette sie in meinen Händen,
daß ich sie zärtlich streicheln mag.

Leo Heller

Sophie, mein Henkermädel,
komm, streichle mir den Schädel!
Zwar ist mein Haupt
des Haars beraubt –
doch du bist gut und edel!

Morgenstern, Galgenbruders Lied an Sophie, die Henkermaid

Worte gelten nicht.
Aber ein Streicheln, Grüße . . .

Bobrowski, Osten

Streit

Oh, bald war der wildeste Streit entbrannt,
Ein Knüppel fand sich in jeder Hand . . .

Nach M. Arnold, Finnegan's Wake

Streit → absprechen

(Sprichwort)

Streit → Meinungsverschiedenheit

(Born)

Streit, befreit vom → befreit

(Böhme)

Streit, groß im → Deutsche, der

(Weinheber)

Streit, programmierter

Denn das ist des Schicksals Schluß,
kommen wir einmal zusammen,
daß es Feuer geben muß.

Rumänische Ballade, Der böse Feind (Rudow)

Streit, schöner → Raufen, glückliches

Streit mit tödlichem Ausgang

Um Vorteil und Vorrecht nur ging es im Streite,
Bis schließlich der eine den andern erschlagen!

Tsau Tsau, Lied von der Gräberstätte (Olbricht)

Streit vor Gericht

So stritten sie, so hetzten sie,
so lebten sie, versetzten sie
einander Hieb auf Hieb.
Bis der Prozeß Jan Ersa
verdarb, der Schnaps Per Persa,
und beiden nichts mehr blieb.

Fröding, Jan Ersa und Per Persa (Badke)

Streitbeendigung → Versöhnung

streitbereit

Sie machten sich so breit,
Zum Streiten waren sie bereit.

. . . Wunderhorn, Die Braut von Bessa

Streiter, todeswunder

Wie ein todeswunder Streiter,
Der den Weg verloren hat,
Schwank ich nun und kann nicht weiter,
Von dem Leben sterbensmatt.

Eichendorff, Der Pilger

Streitschlichtung

Als hätte der Streit um Helena nicht
Mit Worten geschlichtet werden können!
Euripides, Helena (Chor)

Streitstifter

Ist Anlaß man von Zänkereien,
will jeder uns der Ränke zeihen . . .
Nach Sita Steen, . . . Vater sein dagegen sehr

Streß → Arbeit, Eile, Hast, Managertod

Strich, nackter → Kunstform, höchste
(de Boor)

Strohhalm, rettender

Sieh doch, wie wir Menschen uns mit
Jammern
jämmerlich an einen Strohhalm
klammern!
Nach P. Gan

Strom des Lebens → vorübergehen
(Lenau)

Strom der Zeit

Der Strom der Zeit, wie trägt und lenkt er
Die Taten aller Menschen gleich,
In des Vergessens Abgrund senkt er
So Volk als Zar, so Reich um Reich.
Derschawin, Letzte Verse (v. Guenther)

Stubenhockerin

Du hockst am Herd und hast gelebt
Und mich verschmäht! –
Ronsard, Sonette für Helene

Stück, bestes

Seht hier den Tisch von Eichenholz,
Mein bestes Stück, mein ganzer Stolz!
H. Seidel, Der betrogene Teufel

Studenten

Ix, ix und ein Zett,
die Studenten sind nett,
ein Zett und ein Ix,
aber taugen tun s' nix!
Kindervers

studieren

Immer noch studiere
Ich am kleinsten Tiere:
Welche himmelhohen Rätsel es gibt.
Ringelnatz, Meine Musca Domestica

Studieren, unsinniges

Worzu dienet das Studieren
Als zu lauter Ungemach?
Unter dessen laufft die Bach
Unsers Lebens, das wir führen,
Ehe wir uns inne werden
Auff ihr letztes Ende hin,
Dann kömpt ohne Geist und Sinn
Dieses alles in die Erden.
Opitz

stümpern → Plan, der
(Heine)

Stunden

Die Stunden gleichen sich in zartem
Wandern
Wie Schwestern zwar, doch keine ganz der
andern.
Nach Goethe, Elegie

Stunden, unvergeßliche

Kannst du die Stunden vergessen haben,
Die wir in den Lauben der Liebe begraben?
Shelley, Um Vergangenes (v. Bernus)

Stunden geben

Stunden geben, immer Stunden,
Wer hat doch die Qual erfunden!

P. Cornelius, Stoßseufzer

Sturmesflügel

So weht in aller Sturmesflügel Schlagen
ein Hauch schon aus den ersten
Frühlingstagen.

Hagelstange, Zuspruch im Herbst

Sturmflut

Und rauschende, schwarze, langmähnige
Wogen
kommen wie rasende Rosse geflogen.

Liliencron, Trutz, Blanke Hans

Sturmflut → Wellen, menschenfressende

(O. Ernst)

Sturmschäden

Den Pfarrer traf das Ungemach;
Zwei Ziegel riß der Wind vom Dach.

J. Sturm, Der große Wind . . .

Sturz und Rettung

Du warfst mich in die Tiefe,
Daß mich ein Engel riefe . . .

Ruth Schaumann

Sturzfluch

Er fiel so hart auf seine Lend,
Er sprach: «Daß dich der Teufel schänd!»

. . . Wunderhorn, Heinriche Konrade . . .

Stützen, alte → Krücken

(Morgenstern)

Subjekt und Objekt → Wechselwirkung

Subjektivität → Witz oder Wunder

suchen

Geh aus, mein Herz, und suche Freud
In dieser lieben Sommerzeit . . .

Gerhardt

Durch Wälder und auf grüner Flur
Da suchte ich dich oft;
Warst Liebe nur und Sehnsucht nur,
Gesehn nie, stets erhofft!

Wordsworth, An den Kuckuck (Goldscheider)

Mein kleiner weißer Hund und ich,
Wir gehn durch alle Türen.
Wir suchen dich. Wir suchen mich.
Wir weinen und wir frieren.

Silja Walter, Mein kleiner weißer Hund und ich

suchen → Gott ist in uns

(Lalla)

suchen, den Sinn → erhaben

(Schiller)

suchen, einander

Weil wir so ganz im Heimatlosen sind,
wie alle, suchen wir einander blind.

M. Hausmann, Taglied

suchen, sich selbst → Zukunft öde

(Novalis)

Suchen, blindes

Der Blinde sitzt im stillen Tal
und atmet Frühlingsluft,
ihm bringt ein Hauch mit einemmal
des ersten Veilchens Duft.
Um es zu pflücken steht er auf,
sucht bis die Nacht sich naht,
und ahnt nicht, daß in irrem Lauf
sein Fuß es längst zertrat.

Hebbel

Suchen, ewiges

Abends wards und wurde Morgen,
Nimmer, nimmer stand ich still,
Aber immer bliebs verborgen,
Was ich suche, was ich will.

Schiller, Der Pilgrim

Sucht und Suchen

Und mit eiligem Bestreben
Sucht sich, was sich angehört;
Und zu ungemeßnem Leben
Ist Gefühl und Blick gekehrt.

Goethe, Wiederfinden

Sucht

Wir aber rennen taub und blind
Nach schlammigen Kavernen
Und gleißenden Zisternen,
Daraus das Wasser stets verrinnt.

Racine, Vom eitlen Treiben . . . (H. Winter)

Um süß sich in Träume zu lullen,
Greift mancher zu prallen Ampullen;
Um Süchte zu stillen,
Zu Kapseln und Pillen,
Ein Sklave neurotischer Schrullen.

Ernst Fabian

Sucht → lassen können, nicht

(Hering),

Trunksucht

Suchtgefahren

In einer Schlucht mit tausend Dämpfen
Muß er mit Spukgestalten kämpfen . . .

E. Roth, Ein Mensch – Der starke Kaffee

Suff → Elend ertränken, das

(Cendrars)

Suff besiegt, vom → Säufer

(Passerat)

Summe des Ichs → Zahl der Ewigkeit

(Schaefer)

Sünde

Die Sünde
Ist nicht mein Eigentum,
Ich ließ sie auf der Erde.

Aus dem ägyptischen Totenbuch, Nun bin ich Gott geworden . . . (Goldscheider)

Sünde → vergeben

(Shankara)

Sünde, ohne

Ganz Hyazinth, von keiner Sünd,
Noch groß, noch klein, beladen,
Das Adamsgift, das alle trifft,
Hat ihr nicht können schaden.

. . . Wunderhorn, Lobgesang auf Mariä

Sünde, süße → Weib der Wonnen

(Morgenstern)

Sünde, überall

die Sünden sind zu allgemein,
man jagt nach Ehr und Gut allein . . .

Dechamps, Ballade von der großen Wandlung der Zeiten . . . (Gsteiger)

Sündenböcke

Wenn Diener löblich raten,
so sind's der Herren Taten.
Wenn Herren gräßlich fehlen,
ist's Dienern zuzuzählen.

Logau, Fürstendiener

Nie wollen wir die eigenen Verbrechen künden,
Doch fällt's uns leicht, auf andre einen Spruch zu finden
Und unsre Übel den Behörden anzukreiden.

Grévin, Sonett

Sündenfall

Von aller Art der Mensch allein
Geriet in Schand und Sündenpein.
Hätt er nicht Gott so oft verkannt,
Er ging noch heute durch das Land.

Klabund, Als Gott der Herr . . .

Allein der Mensch, seit seinem Sündenfall,
war Unmuts voll und friedlos überall.

R. Hagelstange, Ballade von der Erhöhung . . .

Hätt Eva nicht den Baum verkannt,
Aus Eden wärn wir kaum verbannt.

Papentrigk

Sünder

Wir stolze Menschenkinder
sind eitel arme Sünder . . .

M. Claudius, Der Mond ist aufgegangen

Sünder akzeptieren → Lebenskunst
(Müller)

Suppe, versalzene → versalzen
(Heine)

Süßes Leben

Von dem süßen Leben ist mir
Nur ein Restchen Zeit noch übrig.

Anakreon, Der Alternde (Mörike)

Süßmaul

Wär nicht der Doktor hergekommen:
Sein Naschen brächt ihn mördrisch um.
Was er für Zucker hat genommen,
War größtenteils Arsenikum.

Goeckingk, Fritz der Näscher

Zuckerbrot und Mandelkern
mag mein liebes Kindchen gern.

Aus einem Kinderreim

Sympathie

Geheimnisvolle Sympathie!
Er sah sie nie und denkt an sie.

Heine, Der weiße Elefant

Was mich so an ihre Freuden bindet,
daß mit wundervoller Harmonie,
meine Brust ihr Leben mitempfindet,
ist, ich fühl' es, heilge Sympathie!

Sophie Mereau, Frühling

→ antreffen

Szenen

Wenn sich im Augenblick die Szenen
wandeln,
So sind wir's alle, die als Spieler handeln.

Nach einem span. Gedicht

T

Tadel

Ich sag's ihm grad' frei ins Gesicht,
seine Arbeit, die gefällt mir nicht.
Volkslied, Es, es, es und es

tadellos

Hätt'st Du aller Menschen Adel,
wärst Du doch nicht ohne Tadel!
Sprichwort

Tage, bittre

O bittre Tage,
Da man am liebsten sich selbst
Zerbrechen möchte,
Wie unter Sturmes Gewalt
Wellen am Fels zerschellen.
Aus Japan um 1000 n. Chr.

Tag, genieße den → glücklich
(Euripides)

Tag, ein neuer

Der junge Tag erhob sich mit Entzücken,
Und alles war erquickt, mich zu erquicken.
Goethe, Zueignung

Tage, geplatzte

Meine Tage sind knisternd aufgegangen in
Rauch und Ruß,
Geschwollen und geplatzt wie
Sonnenblasen auf dem Fluß.
Thompson, Der Jagdhund des Himmels (Haecker)

Tage, härtere

Es kommen härtere Tage.
Die auf Widerruf gestundete Zeit
wird sichtbar am Horizont.
Ingeborg Bachmann, Die gestundete Zeit

Tag und Nacht → Erkenntnis, höchste
(Lalla)

Tag verspielen, den → Untergang, Lust am
(Hagelstange)

Tagesende → Dämmerung

Taktik, kluge

Ehrst du den Feind, der ehrenwert,
Du lähmst in seiner Hand das Schwert.
A. Grün, Der Pfaff von Kahlenberg

Taktik der Liebe

Wenn sie fraget, ob ich krank,
Sag: ich sei gestorben;
Wenn sie an zu weinen fangt,
Sag: ich käme morgen.
... Wunderhorn, An einen Boten

Taktschläger, oberster → Akt, letzter
(Eichendorff)

Talent → Naturbegabung
(Lope de Vega)

Tand

Tand, Tand,
ist das Gebilde von Menschenhand.
Fontane, Die Brück am Tay

tändeln → hingeben, sich
(Kalidasa)

Tanz

Wenn sie im Tanz sich mit dem Liebsten wiegen,
Sind sie wie Schlangen, die ihn eng umschmiegen.
Ligurische Rispetti (Heyse)

Erst dreht sich das Weibchen,
dann dreht sich der Mann,
dann tanzen sie beide
und fassen sich an.
Volkslied, Die Tiroler sind lustig

Tanz, brutaler

Der Tanz, der währte dritthalbe Stund,
Bis ihr die Milch aus den Brüsten raussprung.
... Wunderhorn, Der grobe Bruder

Tanz ums goldne Kalb

Wenn der Pöbel aller Sorte
Tanzet um die goldnen Kälber,
Halte fest: du hast vom Leben
Doch am Ende nur dich selber.
Storm, Für meine Söhne

tanzen

Beim Himmel denn, Tochter, so tanze beim Balle
vor deinem Geliebten in laubiger Halle!
Airas Nunes, Der letzte Reigen (W. Storck)

Ich darf nicht tanzen, nicht tanzen ich mag,
frühmorgen ist mein Hochzeitstag.
Nordische Ballade, Erlkönigs Tochter (Festesen)

Sie tanzt. Wie sie das Leibchen wiegt!
Wie jedes Glied sich zierlich biegt!
Das ist ein Flattern und ein Schwingen,
Um wahrlich aus der Haut zu springen.
Heine, Pomare

Wir senkten uns still oder stiegen,
Tanzten harmonisch umeinand,
Ohne Arm, ohne Bein, ohne Hand,
Wie Wolken sich in Wolken wiegen.
Ringelnatz, Seepferdchen

Tänzer

Da tanzt die schöne Herzogin,
sie lacht laut auf beständig;
ihr Tänzer ist ein schlanker Fant,
gar höfisch und behendig.
Heine, Schelm von Bergen

tapfer

Wir haben festgesessen
in eines Mannes Brust
Wo tapfer wir gestritten
Mit seines Lebens Lust.
Bettina von Arnim, Seelied

Noch ne Flasche, he!
Nun bin ich mächtig,
Tapfer und prächtig,
Ohne Furcht und Weh!
Bellman, Monolog des Säufers ... (H. v. Gumppenberg)

Tapferkeit

– Halt ein! Der Bürgermeister schreit;
Bezähmt nun eure Tapferkeit!
A. Kopisch, Die Bärenschlacht

Tapferkeit vor dem Freund → Stern der Hoffnung
(Bachmann)

Tat, Fluch der

Zu Weh wird Wonne durch der Taten Fluch;
Wo Lilien faulen, ist der schlimmste Ruch.
Shakespeare, Sonette (Saenger)

Tat, gute → Aufschub
(Gerhardt)

Tat und Rat

Ein Löffel voll Tat
ist besser als ein Scheffel voll Rat.
Sprichwort

Tatmenschen

Die Täter werden nie den Himmel zwingen;
Was sie vereinen wird sich wieder spalten,
Was sie erneuern über Nacht veralten,
Und was sie stiften Not und Unheil bringen.
Nach Reinhold Schneider

Tauchen, gesundes

Ach wüßtest du, wie's Fischlein ist
So wohlig auf dem Grund,
Du stiegst herunter, wie du bist,
Und würdest erst gesund.
Goethe, Der Fischer

Taucher

Am Meeresboden ging ich
und sah mich suchend um.
Es schienen keine Sterne,
der Wind war still und stumm.
J. C. Hauch, Der Traum (Festesen/Michael)

Taufe, himmeltiefe

Ihr reist wie Passagiere.
Und wenn das Schiff mit euch ersauft,
Dann seid ihr himmeltief getauft,
Unschuldige, glückliche Tiere.
Ringelnatz, Babies

Taumel → Lust
(Lermontow)

Taumel → Lustmeer
(Mereau)

Tausch

Denn für ein Glück, das uns nur kurz vergnügt,
Gibt man keins hin, das Tag und Nacht genügt.
Nach einem franz. Lied aus der Zeit der Kreuzzüge

Es wiegt mit gleicher Schwere
Auf Erden jedes Glied –
Ihr gabt mir eure Ähre,
Ich gebe euch mein Lied.
G. Hauptmann, Widmung

Tausch des Leidens → Mitleid
(Morris)

täuschen → bekennen, sich
(Blüthgen)

Täuschung des Lebens

Das Leben ist ein Schnee, der in des Sommers Sonne
Zerschmilzt, doch Täuschung ist dem Greise selbst noch Wonne.
Saadi, Rosengarten (Graf)

Täuschungen

Hinken beim Hunde und Tränen bei
Frauen,
Wer soll dem trauen?

Spanisches Sprichwort

Terror

Man schlug, man haut, man stach darein,
Man schonte weder groß noch klein . . .

. . . Wunderhorn, Die Greuelhochzeit

Aus den Ecken sprang Mord.
Blut dampfte vom Pflaster.
Ein Fluch jedes Wort.
Jeder Blick schon ein Laster.

Rumänische Ballade, Das Lachen (Espey)

terrorisieren

Weniger als an jeden anderen würde ich an
einen Gott glauben, der terrorisiert . . .

Supervielle, Hinweis auf einen Dichter (Kraft)

Technik → Gehirn der Technik

(Brechbühl)

Teenager, unerfahrener

Bin ein Kind von achtzehn Jahren
Und im Lieben unerfahren . . .

. . . Wunderhorn, Die Herzogin von Orlamünde

Teenager → schön und klar

(Wunderhorn)

Teilchen, unentbehrliches

Wie groß für dich du seist, vorm Ganzen
bist du nichtig;
doch als des Ganzen Glied bist du als
kleinstes wichtig.

Rückert

Teilchen und Ganzes → Ganze, das

(Sanders)

teilen, brüderlich → brüderlich

(Heine)

Teilnahmslosen, die

Sie schaffen abertausend Gegenstände,
sie machen viele Dinge stark und groß;
doch ist nicht Gott im Regen ihrer Hände,
und was von ihnen kommt, ist seelenlos.

A. Petzold, Die Teilnahmslosen

Teilnahmslosigkeit

ich zeige die Verschwörung an
all der verödeten Büros,
die nicht durch Radio die Todeskämpfe
übertragen . . .

F. Garcia Lorca, New York . . . (Beck)

Tempo

So zögernd schleppte sich das Tempo hin,
als ob es schlafen wollte, mitten drin.

(Sor) Juana Ines de la Cruz, Die Welt im Traum (Vossler)

Teppich

Unsere Füße ruhen auf der Kostbarkeit,
Maschentausendabertausendweit.

Else Lasker-Schüler, Ein alter Tibetteppich

Testament

Die Welt ist dunkel, und die Sünde brennt.
So schreib ich denn an meinem
Testament . . .

Nach Hafis

Ich mache jetzt mein Testament,
Es geht nun bald mit mir zu End' . . .

Heine

Und weil man nicht, was nach dem Tod
kommt, kennt,
schreibt man am besten schnell sein
Testament . . .

Nach Kästner

Teufel

Mit dem Teufel kämpft sich's schlecht,
denn auch er verlangt sein Recht.

Odyniec, Die Gespenster (Nitschmann)

Hier hab' ich den Teufel gesehn.
Er ging durch die schnurrigen Gassen
Und hat etwas fahren lassen
Abends vor zehn.

Ringelnatz, Frankfurt am Main 1924

Teufel, bedrückter

Dem Teufel ward ein wenig schwül,
Ihm lief ein sonderlich Gefühl
Durch seine rauhbehaarten Glieder.
Er sah bedrückt zum Tisch hernieder . . .

H. Seidel, Der betrogene Teufel

Teufel, entsetzte

Die Teufel selbst, die Schwefelfritzen,
Bei solchem Menschenfrevel schwitzen!

Lehmann-Leander, Der Turm zu Babel

Teufel, kulturbefleckter

Auch die Kultur, die alle Welt beleckt,
Hat auf den Teufel sich erstreckt.

Goethe, Faust I

Teufel, zum

Wen müßte man nicht alles
zum Teufel jagen?

Guttenbrunner, Die Bodenständlinge

Teufels Rache

Ein Maler kühlte sein Gelüst –
und malte in der Apsis Grund
den Teufel wüst wie einen Hund.
Da stieß ihn dieser vom Gerüst.

Morgenstern, Vier Legendchen

Teufelsweib

Ist das nicht ein Teufelsweib,
daß es nicht im Himmel bleibt?

Überliefert, Die Dorothee . . . ist sieben Jahr im Himmel g'west

Theater

Alles steht hier für ein Jahr
und ist deshalb wirklich wahr. –

Morgenstern, Theater (Palmström)

Donnerwetter
Mang de Bretter
Sitzt een Kata,
Spielt Theata!
Kommt ne Maus,
Spiel is aus!

Berlinisch

Trotz allem Bemühen eurer Bühnenberater
Fehlen noch drei Dinge zum deutschen Theater,
Danach seht euch zum Schluß noch um:
Schauspieler, Dichter und – Publikum.

Grillparzer, Epigramme

Natürlich stehn auf Bühnen,
Nicht immer nur die Kühnen.

R. v. Normann, Zweizeiler

Theater → vorbei

Theater → Vorhang

Theater des Lebens → wiederholen, sich
(Eichendorff)

Theaterleitung

Schwer ist's, einen Staat regieren,
Zehnmal schwerer ein Theater!

Nach Bauernfeld

Was hätten wir von dem Theater
Ohne den Theater – Vater?

Verfasser unbekannt

Theorie und Praxis → Ideologie und Wirklichkeit

Therapie, richtige

Ein Seelenarzt hört mit Befremden
Von einem Patienten aus Emden,
Dem oft – jedenfalls –
Wie verschnürt war der Hals,
Und verordnet ihm größere Hemden.
Ernst Fabian

tief sinken

Was immer auch geschieht:
Nie dürft ihr so tief sinken,
von dem Kakao, durch den man euch zieht,
auch noch zu trinken!
Kästner

Tiefe, unergründliche → gründen
(Hadewych)

Tiefen messen → Herr der Erde
(Novalis)

tiefgründig → Worte
(Morgenstern)

tiefsinnig

Nun geht sie tief in Sinnen . . .
Und weiß nicht, was beginnen.
Storm, Die Nachtigall

Tier, schlimmer als ein → wüten
(Seidel)

Tiere quälen

Quäle nie ein Tier zum Scherz;
denn es fühlt wie du den Schmerz!
Sprichwort

Tiere und Menschen

Die Maus tut niemand was zuleide,
Der Mops ist alter Damen Freude.
W. Busch, Naturgeschichtliches Alphabet

Tiererziehung

Dem Hunde, wenn er gut gezogen,
wird selbst ein weiser Mann gewogen.
Goethe, Faust 1

Tierforschung → studieren
(Ringelnatz)

Tierfreund

Ich bin ein armer Schreiber nur,
Hab weder Haus noch Acker,
Doch freut mich jede Kreatur,
Sogar der Spatz, der Racker.
W. Busch, Der Spatz

Tierfreund

Man weiß: er zog seinen Hut
vor den Hunden.
G. B. Fuchs, Der Irre ist gestorben

Tiergott

Und aus der Höhlennacht der Augen schaut
ein Tiergott, dem's vor seinem Wissen graut,
uralt und angstvoll in die Ewigkeit.
M. Hausmann, Steinbild König Djosers von Ägypten

tierisch

Das Brutale in der Rede,
Das Gelächter ein Gewieh'r
Stallgedanken – und das öde
Fressen – jeder Zoll ein Tier!
Heine, Schloßlegende

tierisch → Wollust

(Shakespeare)

Tierliebe

Solang du wirst ein Ader rühren,
laß ich dich nicht zum Schinder führen.

... Wunderhorn, Fuhrmannslied

Kauf dir ein einfaches Tier für die Tage des
Elends!

Rühmkorf, Vorschlag für eine alternde Geliebte

Die Elfin, sich am Eselschatze freuend,
umschlingt ihn zärtlich, nicht die Fratze
scheuend ...

Müller-Giersleben, Zettels Traum

Es fühlt sich ein Mensch durch den Slogan
«Sei gut zu den Tieren!» bewogen,
Noch dem letzten Kätzlein
Zu räumen ein Plätzlein.
Der Mensch ist nach auswärts verzogen.

Ernst Fabian

Tierliebe → schwach werden

(Welhaven)

Tiersein, lustvolles

Spare dir die Not und Pein,
kannst mit Lust ein Hase sein.

Volkslied, Der Hase und der Jäger

Tiersprache

Daß es nicht auch französisch spricht,
Das ändert doch die Sache nicht!

Friederike Kempner, Das Tier

time is money

Nur immer fix,
Sonst kriegste nix.

W. Busch

Tintenteufel

Im Tintenfaß, ganz unten drin,
Da sitzt der Tintenteufel.
Schwarz ist der Kerl, schwarz ist sein Sinn
Voll Bosheit – ohne Zweifel.

F. Bauer, Der Tintenteufel

Tipsen

Wir hämmern auf die Schreibmaschine.
Das ist genau, als spielten wir Klavier.
Wer Geld besitzt, braucht keines zu
verdienen.
Wir haben keins. Drum hämmern wir.

Kästner, Chor der Fräuleins

Tod

ich bin, den keine Seele liebt,
dem keine Schwelle Willkomm gibt –

Lulu von Strauß und Torney, Mara

Du bist der Wächter, Tod,
Du öffnest mir das Schloß.
Kaum daß mein Schiff in Not
Gegen die Klippen schoß.

Franz. Kirchenlied, Das Paradies (A. Neumann)

Der Sommer ging, und die Nacht sank,
Der Tag kam und der Tod.
Wir waren des Blühens unachtsam,
Und des Singens war uns nicht not.

Otto zur Linde, Herbstsonne, Wolken, Die Birke

vom tod weiß ich nichts mehr

Czechowicz, Ballade aus dem Jenseits (Dedecius)

Tod → Sieger, letzter; Sterben

(Shirley)

Tod, bis in den

Ja, ich will dich nicht vergessen,
Wann ich sollte unterdessen
Auf dem Todbett schlafen ein

... Wunderhorn, Gruß

Tod, einigender

Man sah im Tode sie beisammen ruhn,
Feinde am Morgen und Freunde nun.
Nach Melville, Requiem

Tod, einigender → Hinterbliebene
(Lichtenstein)

Tod, einigender → Friedensland
(Tiedge)

Tod, gemeinsamer

Komm her du Köter, du sieh mich nicht an
nur noch ein Fußstoß, so ist es getan.
Chamisso, Der Bettler und sein Hund

Tod, lebenspendender

Nun lasset die Klage verstummen,
Nun wehret, ihr Mütter, den Tränen,
Das Leben entblühet dem Tode:
Warum sich dann härmen und sehnen?
Nach Simrock

Tod, lebenspendender → Phönix
Lat. Kirchenlied

Tod, lockender

Hallo, du kleine Mücke,
Meckert der Tod voll Tücke,
Hier ist eine Gräberlücke . . .
Liliencron, Ballade in U-Dur

Tod, ruhebringender → wehren, sich
(Shirley)

Tod, schöner

Kein selger Tod
Ist in der Welt,
Als man so fällt
Auf grüner Heid;
Ohn Klag und Leid . . .
Morhof, Frommer Soldaten seligster Tod

Willig stiegest du die Stufen
Nieder in dein frühes Grab,
Wandtest dich, von uns gerufen,
Lächelnd um – und stiegst hinab.
C. F. Meyer, Weihegeschenk

Besser hat es sich gewendet,
Das Geschick, das dich bedroht' –
Gott sei Dank, du hast geendet,
Gott sei Dank, und du bist tot.
Heine, Pomare

Tod, schöner → umfallen
(Vogl),

Massenvernichtungsmittel

Tod, schrecklicher

Der Tod macht leichenfahl, zerdrückt
Gesicht und Nase, leert die Venen,
Er bläht den Hals auf und zerstückt
Im faulen Fleische Nerv und Sehnen.
Villon, Großes Testament (Benndorf)

Tod, sterbender

Nach kurzem Schlaf gehts ewigem
Wachen zu,
Und Tod wird nicht mehr sein: Tod, dann
stirbst du.
Donne, Der Tod (Hennecke)

Tod als Gewinn

O Mutter, Mutter! Hin ist hin!
Verloren ist verloren!
Der Tod, der Tod ist mein Gewinn!
O wär ich nie geboren!
Bürger, Lenore

Tod aus dem Osten

Die Zeit liegt im Sterben. Bald wird sie begraben.
Im Osten zimmern sie schon den Sarg.
Ihr möchtet gern euren Spaß dran haben? . . .
Ein Friedhof ist kein Lunapark.

Kästner, Und wo bleibt das Positive . . .

Tod begreifen, den → Höhepunk

(Hausmann)

Tod beseitigt Not

Ach, es wird dich dieser Wagen
Nach dem Hospitale tragen,
Wo der grauenhafte Tod
Endlich endigt deine Not . . .

Heine, Pomare

doch dann denkt er: einerlei
das geht sowieso vorbei
von zwei peinlichen verfahren
kann er eins am andern sparen.

Christa Reinig, Die ballade vom blutigen bomme (der kurz vor der Hinrichtung ein «menschliches Bedürfnis» fühlt. – Anmerkung des Herausgebers)

Tod eines Kindes

Du kamst, du gingst mit leiser Spur,
Ein flüchtger Gast im Erdenland;
Woher? Wohin? Wir wissen nur:
Aus Gottes Hand in Gottes Hand.

Uhland, Auf den Tod eines Kindes

Tod macht gleich

Dann kam ein Rest von einem Boot.
Ihm folgte eine gelbe
Chinesenleiche, stark zersetzt.
Und alles, was ich sah, war tot,
War unbedeutend und zuletzt
Im Grunde stets dasselbe.

Ringelnatz, Die Strömung

Tod und Leben

Brauchen deine Erntefelder denn den Dung
Von Tod und Moder zur Erneuerung?

Thompson, Der Jagdhund des Himmels (Haecker)

Tod und Leben, neues → Phönix

Todesahnung → Sterbestunde

(Yeats)

Todesangst

Er tat noch einen Schritt
Wohl zu dem Mägdlein zart,
Das schier für großen Ängsten
Des grimmen Todes ward.

Nach . . . Wunderhorn, Der Tod und das Mädchen . . .

Wozu denn Todesangst und Schreck?
Doch nur für einen alten Dreck!

Nach Tucholsky

Todesblumen

Wir sind des Todes Blumen:
Aus Blut und schwarzen Krumen . . .

Tycyna, Die trauernde Mutter (Koch)

Todesbereitschaft

Wenngleich mein treuer Kamerad
Muß bleiben in dem Streit,
Husaren fragen nicht danch,
Sind auch dazu bereit . . .

. . . Wunderhorn, Husarenglaube

Todesfurcht

Drei von zehn suchen frei zu werden zum Leben
Und sind doch beengt von der Vorstellung sterben zu müssen.

Laotse, Aus dem Tao-Te-King (Dallago)

Todesgedanken

Des Alters schwere Schlacken,
Gedanken an den Tod,
ich schüttle sie vom Nacken,
noch hat es keine Not.

Th. Kerner, Ich bin ein alter Knabe

Todesgefahr, allgegenwärtige

Nichts ist von Plagen frei: Zehntausende
Der Tode stehn, ein unabwendbar
Heer . . .
Ringsum.

Simonides von Amorgos, Das Endziel (Herder)

Todeskampf, allgegenwärtiger

Kein Stundenschlag ertönt,
Kein Tropfen Blut verflutet,
Wo nicht ein Menschenherz
Im Todeskampfe blutet . . .

Alter Spruch

Todeslos

Ein verzweifeltes Geraune:
Losen wir, wer sterben muß!
Und des Loses blinde Laune
trifft des Schiffes Kapitän.

Zõrro, Das Schiff Kathrin (Lüher)

Todesmut

Zum Kampf, wer Mann sein will und frei,
mit kühnem Mut mag schreiten.
Dicht an des Todes Tor vorbei
der Weg zum Heil wird leiten.

Kramsu, Ilkka (Manninen)

todesmutig

Es kam das Zittern ihn nicht an,
Auch wenn ein Tröpflein Blutes rann . . .

Nach Chamisso, Der rechte Barbier

Todesnachricht

«Vernimm, was ich dir künd alsbald,
und laß das Weinen und Klagen!
Ich traf deine sieben Brüder im Wald,
sie liegen dort erschlagen.»

Nordische Ballade, Jung Hillerström (Nach Rosa Warrens)

Todessehnsucht

Es ist genug! Mein matter Sinn
Sehnt sich dahin, wo meine Väter schlafen.
Ich hab es endlich guten Fug,
Es ist genug! Ich muß mir Rast verschaffen.

A. U. von Braunschweig, Sterbelied

Zu matt und kraftlos fühl ich mich allein.
Das Ende naht und Tag auf Tag
verschwindet:
Nimm fort, was sich um meine Seele
windet!
Ich könnt es nicht, doch du kannst mich
befrein!

Michelangelo, Gedichte (H. Grimm)

Da doch der Jugend Freude schwand,
Wozu noch leben? Nimmer weiht
Dir schönern Tod ein ander Land.
Drum hin zum Streit!

Byrons letztes Lied (Goldscheider)

Die Söhne des Glücks beneid' ich nicht
Ob ihrem Leben, beneiden
Will ich sie nur ob ihrem Tod,
Dem schmerzlos raschen Verscheiden.

Heine, Miserere

Um so leichter, als ich werde,
Um so schwerer trag ich mich.
Kannst du mich, du reiche Erde,
Nicht entbehren? frag ich dich. –

Rosegger, Ewiges Leben

Todessehnsucht → Erlösung
(Medici)

Todessehnsucht → Untergang, Lust am

(Hagelstange)

Todesstille

Und alles so still, und alles so stumm,
man sieht sich umsonst nach Lebendigem
um . . .

Hebbel, Der Heideknabe

Todesstrafe

Alles schenken,
Niemals henken,
Verändert Land und Stand.

Abraham a Santa Clara, Etwas für alle

Doch hast du falsch gesprochen
oder trog dich falscher Schein,
an den höchsten Baum im Walde
sollst du gehangen sein!

Englische Ballade, Jung Musgrave und Lady Barnard (Fontane)

Todesstrafe → Bestimmung

(Engl. Ballade)

Todesstrafe bei Untreue

Unangefocht wirst du nicht bleiben,
Man wird dich treiben, dich zu weiben,
So du's dann tust, red ich ohn Zagen,
So bist du tot in dreien Tagen . . .

. . . Wunderhorn, Ritter Peter von Stauffenberg . . .

Todestraum

Oft bin ich schon im Traume dort,
wo wir nicht länger träumen.

Klopstock, Die höheren Stufen

Todesursachen

O bittrer Tod! Wir sterben alle.
Mal ist's das Herz und mal die Galle.

Frei nach Villon, Großes Testament

Todesurteil

Warum schrieb ich dir je,
daß sie ein Todesurteil verlangen?
Der Prozeß hat erst angefangen,
man kann den Kopf eines Menschen
nicht ausreißen wie eine Wurzel.

Hikmet, Du schreibst mir . . . (Bostroem)

tödlich → herzkrank

(Byron)

Toleranz

In Geduld will ich mich fassen
Und dich alles treiben lassen . . .

Daumer, Wenn du zuweilen lächelst

Toleranz → Mängel

(Flaischlen)

Töne, gewaltige

Und um die Ecke brausend brichts
Wie Tubaton des Weltgerichts . . .

Liliencron, Die Musik kommt

Töne, schlimme → Glockenklänge

(Heine)

Töne, zauberhafte

Wunderbare Macht der Töne!
Zauberklänge sondergleichen!
Sie erschüttern selbst den Himmel,
Und die Sterne dort erbleichen.

Heine, Mimi

Tor zum Himmel → Grab

(Bernus)

Tore für Toren

Viele Tore stehen offen für Toren . . .

Sabais, Sozialistische Elegie

Torheiten

Was! Wollt ihr mich für immer fliehn,
Torheiten, Zärtlichkeit, Entzücken,

Ihr Himmelsgüter, uns verliehn
Als Trost in allen Lebensstücken!

Voltaire, An Madame du Châtelet (v. Hartlieb)

tot sein → reden und hören lernen

(Bobrowski)

Tote

Die Toten ruhn
im Erdenschoß,
es zeigt davon
sich wenig bloß.

Laforgue, Klagelied über das Vergessen der Toten (Niederau)

Mein Gott, wie einsam
Sind doch die Toten!

Becquer, Man schloß ihr die Augen (Rüdiger)

Tote, freundliche

Die Toten an den dunklen Wänden,
Sie winken mir so freundlich zu,
Ich nehme still sie bei den Händen
Und sage still: «Auch du . . . auch du . . .»

Wiechert, Das letzte Haus

Die Gehenkten aber schwanken
Freundlich oben auf den Bergen . . .

G. Heym, Lichter geben jetzt . . .

Tote, zehntausend → Opfer des Ruhms

(Tsau Sung)

Toten, Verachtung der

Überall zum Butterbrote
Findet jeder ein Glas Bier.
Setzt es manchmal ein paar Tote,
Großer Gott, wer kann dafür!

Wedekind, Reaktion

Totes trägt Leben → Fließen, das

(Hagelstange)

totgesagt

Durch Frankreich liefen die Gerüchte:
Der Tod hätt' mich dahingerafft!
Nicht ungern hörten es die Wichte,
die giftigen Neids nach mir gegafft.

d'Orléans, Ballade von der quicken Maus (Bartuschek)

Totenklage

Die Jammer-Nachbarn dringen her
Mit hohlem Blick und Atem schwer;
Sie halten an und schlängeln fort
Und singen Tod im Totenwort . . .

Keltischer Klaggesang (Goethe)

Nimmer kehren je die Brüder
heim in unsre Mitte!
Weinend klagen es die Frauen
in der kalten Hütte.

Schewtschenko, Die drei Heeresstraßen (Koch)

Totenklage → Trauer

Totenmahl

Nie in dieser Tafelrunde
Waren wir wie heut vereint,
Jeder birgt die gleiche Wunde,
Alle haben wir geweint.

Ina Seidel, Totenmahl

Totenreich

Vergessenheit, tief wie Gefängnis,
Hält Tage, verstorbene, fest,
Bis das Grab aus dem Reich der
Vergängnis
Die Seele zum Aufflug entläßt . . .

Swinburne, Anheimgabe (v. Bernus)

totschlafen, sich

Von unsrer müden Liebe
Nahm Zeit im Schlaf den Hauch;
Nichts, was zum Weinen triebe;
Tot schläft sich Liebe auch.

Swinburne, Rokoko (v. Bernus)

Totenstille

Wo gestern noch Lärm und lustiger Tisch,
schwamm andern Tags der stumme Fisch.

Liliencron, Trutz, Blanke Hans

Totentag

Am Tag der Toten fällt ein feiner Regen.
Gespenster drohen dir auf allen Wegen.

Aus China um 1000 n. Chr. (Goldscheider)

töten

Jeder tötet, was er liebt.

Nach Wilde, Ballade von Zuchthaus zu Reading

Tötungsbefehl

Wir töten, wie man uns befahl,
mit Blei und Dynamit,
für Vaterland und Kapital,
für Kaiser und Profit.

Mühsam, Soldatenlied

Trab → Exzellenzen

(Münchhausen)

Traditionsbewußtsein → Brauch

(Kleist)

tragen

Wir sind die Klugen,
Die nie was trugen.

Goethe, Faust II

Trägheit

Die Trägheit ist des Menschen Feind,
Der seinen Leib erschlafft;
Die Arbeit ist sein bester Freund,
Sie gibt ihm neue Kraft.

Nach P. von Bohlen, Bhartriharis Sprüche

Tragik des Lebens → Liebe, hoffnungslose

(Ringelnatz)

Transvestit → Männerkleider

(Nordische Ballade)

Transvestitenlokal

Hier tanzen die Jünglinge selbstbewußt
im Abendkleid und mit Gummibrust

Kästner, Ragout fin de siécle

Tränen

Tränen gönnen keine Ruh.
Trüber Himmel, Donnergrollen –
Ach, ich habe ruhen wollen
Und muß denken immerzu!

Konfuzius, Nichts als Wind und Windeswehen (Haussmann)

Weh mir, so viel Tränen hatt ich vergossen,
Daß aus der Seele mir für ewig die Kraft,
Schmerz zu fühlen, glaubt ich,
hinweggeflossen.

Michelangelo, Auf den Tod seines Vaters (H. Grimm)

Ich kann die Augen nicht mehr schließen,
Und meine heißen Tränen fließen.

Heine, Nachtgedanken

Es rinnen heiße Tropfen
Die Wange stets herab,
Laß ab, laß ab zu klopfen,
Laß ab, mein Herz, laß ab!

Platen, Lied

Es zuckten ihre Augenlider,
Zwei dicke Tränen tropften nieder.
Nach Adolf Ey, Der Luftballon

Die Tränen machen das Aug uns hell,
sie werden zu einem Vergessensquell.
Nach Welhaven, Der umgekehrte Becher

Selig, wem die Träne rinnt,
dicht, wie Regentropfen fallen,
ungeweinte Tränen sind
wohl die schmerzlichsten von allen.
Prutz

Und wir schreiten
Durch den Bogen der Tränen,
Die die Liebenden der Welt geweint.
Claire Goll, Geburt der Tränen

Tränen → sachliches Ende
(Reinig)

Tränen → Täuschungen
(Span. Sprichwort)

Tränen, falsche

Deinen falschen Tränen zog ich
Tödlichste Essenzen aus . . .
Byron, Manfred (Goethe)

Tränen, männliche

Ein Mann, der Tränen streng entwöhnt,
Mag sich ein Held erscheinen;
Doch wenn's im Herzen sehnt und dröhnt,
Geb ihm ein Gott zu weinen.
Goethe, Zahme Zenien

Tränen, unterdrückte → Schwermut
(Thomson)

Tränen am Grab

Komm eine Träne auf die Blumen gießen,
Ich werde sie im Grabe drin genießen.
Keats, Die Erscheinung . . . (Mell)

Tränen des Abschieds

Ich ging, du standst und sahst zur Erden,
Und sahst mir nach mit nassem Blick:
Und doch welch Glück, geliebt zu werden!
Und lieben, Götter, welch ein Glück!
Goethe, Willkommen und Abschied

Tränen eines Jahrhunderts → Worte
(McFadden)

Tränenstrom der Menschheit

O wie viel Menschen mögen jetzt,
Um diese Stunde – bitter weinen!?
Es wär ein Strom in Gang gesetzt,
Wenn diese Tränen sich vereinen.
Ringelnatz, An uns vorbei

Trauer

Ich bin hinaus gegangen
Zu meiner Mutter Grab,
Worauf ich mich gesetzet
Und viel geweinet hab. –
Litauisches Volkslied (Chamisso)

Was wollt ihr besingen,
Bekränzen mein Leid?
Die Flammen verschlingen
Mein irdisches Kleid . . .
Swinburne, Der Tod des Meleager (F. Grafe)

Nun saß er in tatenloser Pein
an seiner Gattin schwarzen Schrein
und starrt in die Wolke unverwandt
und hielt ihre kleine weiße Hand . . .
Welhaven, Der umgekehrte Becher (Passarge)

Trauer lebe wohl
Trauer sei gegrüßt
Eluard (Gescher)

Trauer → Totenmahl
(Seidel)

Trauer, verfrühte

noch hat kein Mensch zu Tränen Grund!
Gott, dem ich allzeit dankbar bin,
erhielt mich mutig und gesund . . .

d'Orléans, Ballade von der quicken Maus (Bartuschek)

Trauergemeinde

Paar Bekannte standen stumm
später um das Grab herum.

Kästner, Nekrolog auf den Maler E. H.

Trauermessen

Bin ich einst tot, mein Liebster,
Sing keine Trauermessen;
Pflanz mir zu Häupten Rosen nicht
Noch schattige Zypressen . . .

Christina G. Rosetti, Lied (Hennecke)

trauern – nicht bedauern

Seine Toten mag der Feind betrauern:
Denn sie liegen ohne Wiederkehren;
Unsre Brüder sollt ihr nicht bedauern:
Denn sie wandeln über jenen Sphären.

Goethe, Mahomet spricht

Trauerstunden

. . . Ihr einsamen Stunden der Trauer
Träufelt in bittern Sekunden langsam
Vom Dasein hernieder.
Auf dem Krankenlager, im öden stillen
Gefängnis
Steht es drückend und schwer, wie das
Gewitter im Sommer.

Hebel, Kürze und Länge des Lebens

Trauertag → Hochzeit

(Schwäb. Volksweise)

Trauertracht

Den Schatten laß mein Bildnis gleichen,
Die still bei Nacht
Durch Hallen und um Gräber schleichen,
In Trauertracht . . .

G. A. Bürger, An den Traumgott

Trauerzug

Zehntausend folgen oder mehr,
und kein Aug im Zuge, das tränenleer.

Fontane, John Maynard

Traum

Ein großer schwarzer Traum
Legt sich auf mein Leben;
Alles wird zum Raum,
alles will entschweben.

Verlaine, Ruhe (Dehmel)

Es weilte sein Traum wo er wollte zu Gast,
In Hütten von Bettlern, im Kaiserpalast.

Baratynskij, Auf den Tod Goethes (J. v. Guenther)

Vernehmt, wie euch im Traum die Nacht in
unbekannter Sprache spricht:
Wir fallen jeden Augenblick viel Meilen in
ein Meer von Licht.

Otokar Březina, Wieder spricht . . . (O. Pick)

Traum → Zeitlosigkeit

(Geibel)

Traum und Wachen, zwischen

Die Spanne, die nicht Träumen ist noch
Wachen,
beschenkt mich oft mit seltsamen
Gedichten:
Der Geist, erregt, aus Chaos Welt zu
machen,
gebiert ein Heer von landschaftlichen
Sichten.

Christian Morgenstern, Malererbe

Traum und Wirklichkeit

Rose ist und Nelke nimmer
wahrer als der Traum von beiden –

Elisabeth Langgässer, Regent: Uranus

Traum vom Fliegen → fliegen
(Blüthgen)

Traum vom Fliegen → Seele, beschwingte
(Eichendorff)

Traum von Hoffnung → Illusion
(Zorilla)

Traumbild

Wann, o lächelndes Bild, welches wie
Morgenrot
Durch die Seele mir strahlt, find ich auf
Erden dich?
Hölty, Die Mainacht

Traumbild von Frau

Ich sah dich oft im tiefsten Traum,
Jetzt glaub ich meinen Sinnen kaum,
Wollt Gott, du wärst mein ehlich Weib,
In Ehren dien ich deinem Leib.
Nach . . . Wunderhorn, Ritter Peter von Stauffenberg . . .

Träume

drum leb ich, ewig Träume zu betrachten,
kann aller andern Freuden Glanz
verachten . . .
Karoline von Günderode, Der Kuß im Traume

Ich hänge meine Seele in den Wind.
Nicht länger kann ich sie in mir bewahren,
den Träumen, ihren tödlichen Gefahren
setz' ich sie aus nun ungeschützt und blind.
Astrid Claes, Herbst

Wenn die Abende sinken
Und wir schlafen ein,
Gehen die Träume, die schönen,
Mit leichten Füßen herein.
G. Heym, Träumerei in Hellblau

Doch wisse, Träume sind nicht Taten:
ohn' Arbeit wird dir nichts geraten.
Arndt

Wohl dir, wenn deiner Träume Ranken
Vom Wasser ewiger Räume tranken.
Papentrigk

Träume → Offenbarung
(Hebbel)

Träume → Zauber der Träume
(Fröding)

Träume, freie

Wenn alle Träume freigegeben,
Entfesselt alle Wünsche sind,
Woran gedenkst du dann, mein Leben,
Pepita, du mein reizend Kind?
A. de Musset, An Pepita (Leuthold/Geibel)

Träume (saftige)

Süßer Gottes-Gnaden-Saft,
Der auch schlafend Glück verschafft!
Fließe mir in Träumen ein
Meiner Wohlfahrt Schein und Sein!
Katharina R. von Greiffenberg, Auf die ruhige Nacht-Zeit

träumen

Der Weiher ruht, und
Die Weide schimmert.
Ihr Schatten flimmert
In seiner Flut, und
Der Wind weint in den Bäumen;
Wir träumen – träumen –
Verlaine, Helle Nacht (Dehmel)

Wenn der lahme Weber träumt, er webe,
Träumt die kranke Lerche auch, sie
schwebe . . .
C. Brentano

Heut noch an Springbrunnen träumen
in den tönenden Tag,
sich an das Schöne versäumen
kurz vor dem Glockenschlag . . .
Herrmann-Neisse, Rast auf der Flucht

träumen, süß → Schlaf, paradiesischer
(Hebbel)

träumen oder wachen → nüchtern oder betrunken
(Goeckingk)

Traumfabrik → Nacht
(Shelley)

Traumgesicht → entrückt
(Brezina)

traumhafte Wirklichkeit → überflügeln
(Heine)

Traumland

Ich wählte im Traumland was mir gefiel,
Nun schlaf ich und höre nicht sommerlang
Von wahrer Liebe und von Liebe wie Spiel,
Nur eines heimlichen Vogels Gesang.
Swinburne, Ballade vom Traumland (Goldscheider)

Traumweiser → Buch
(Quevedo)

traurig sein

Zerrbilder irren wie Gespenster über die Fenster hin . . .
Ich habe Angst – und ich bin traurig,
Herr, daß ich so traurig bin.
Cendrars, Ostern in New York (J. Schroeder)

Traurigkeit

Wir machen unser Kreuz und Leid
nur größer durch die Traurigkeit.
Neumark, Wer nur den lieben Gott läßt walten

Traurigkeit, rätselhafte

Ich weiß nicht, was soll es bedeuten,
Daß ich so traurig bin;
Ein Märchen aus alten Zeiten,
Das kommt mir nicht aus dem Sinn.
Heine, Lorelei

treffen

Ein Messer trifft oft
am Herzen vorbei.
Hilde Domin, Unaufhaltsamer Flug

treffend

Nicht jeder Pfeil ist voller Gift,
Der uns zutiefst im Herzen trifft.
R. v. Normann, Zweizeiler

treffsicher

Er zieht die Pistol, er feuert sie los . . .
Und richtig er traf, weil richtig er schoß.
Nach Friederike Kempner, Der Tierbändiger

treiben, es

Und also treiben wir's
Oft durch die lange Nacht,
Daß selbst die ganze Welt
Ob unsrer Narrheit lacht.
Abraham a Santa Clara, Narren-Meß

Sie trieben es so manches Jahr,
Bis sie den Knaben ihm gebar.
Nach Tucholsky

Aber das bedenke stets:
Wie man's treibt, mein Kind, so geht's.
W. Busch, Max und Moritz

treiben es, miteinander → Schweinereien
(Masters)

treibenlassen, sich

Ich will mich treiben lassen
In Welten, die nur ein Fremder sieht.
Ich möchte erkämpfen, erfassen,
Erleben, was anders geschieht.
Ringelnatz, Der Abenteurer

trennen, sich

Wir sind oft, wenn wir schnell uns trennen,
Zu feig, die Wahrheit zu bekennen.
Nach E. Roth

trennen, sich → Einigkeit
(Spitteler)

Trennung

Ich schelte nicht die lange bange Zeit,
Wenn ich für dich die Stunden zählen muß;
Der Trennung Bitternis wird mir nicht leid,
Wenn du mir einmal botst den Abschiedsgruß.
Shakespeare, Sonette (Saenger)

Was als Tag den andern funkelt,
meine Augen dünkt es Nacht,
da die Trennung bang mir dunkelt,
wenn das Morgenrot erwacht.
Spanische Ballade, Tagelied (Geibel)

Doch diese Trennung von Leib und Seele
Schwächt sehr den Magen, vertrocknet die Kehle.
Heine, Der weiße Elefant

Ob morgen der Tag uns so wiederfindet
Und du die Hand mir läßt?
Bloß Freunde wir? Freunde zumindest –
Und ist Verzicht der Rest?
Robert Browning, Die verlorene Geliebte (v. Bernus)

Trennung → Ausweg, letzter
(Castelli)

Trennung, endgültige

Warum muß in des Lebens Hast
dies rosige Empfinden bleichen,
daß, die sich einst so treu umfaßt,
sich nimmer, nimmermehr erreichen . . .
G. Kinkel

Trennung, lange

Zwölf lange Jahre sind verflossen,
Seit ich dich nicht ans Herz geschlossen.
Nach Heine, Nachtgedanken

Trennung, liebgewordene

Fort! Adam, aus dem Paradies! –
Der Sünder ging und trugs gelassen.
Doch als der Engel nun auch seine Frau verwies,
Da wußt' er sich vor Jammer nicht zu fassen.
Haug, Sinngedichte, Zur beliebigen Erklärung

Trennung, schwere

Ich will dein Gehen nicht verstören
und kann und kann doch anders nicht,
als deine Stimme zu beschwören
und dein Gesicht
M. Hausmann, Vorgefühl

Trennungsschmerz

Mein Liebchen ist mir verschieden,
mein Herz hat nimmer Frieden.
Deutsche Volksballade, Die Bluthochzeit

Ich wein und geh in großem Schmerz . . .
Ich seh dich winken allerwärts . . .
Tennyson, Die Ballade von Oriana (Freiligrath)

treten, mit den Füßen → Aufstieg und Abstieg
(Frank)

treu

Setze du mir einen Spiegel ins Herze hinein,
damit du kannst sehen, wie so treu ich es mein'!
Volkslied, Kein Feuer, keine Kohle

Wenn du ein Herz gefunden,
das treu mit dir es meint:
In gut' und bösen Stunden,
bleib eng mit ihm vereint.

A. Träger

treu bis in den Tod

Er ward verscharret in stiller Stund,
es folgt' ihm winselnd nur der Hund,
der hat, wo den Leib die Erde deckt,
sich hingestreckt und ist da verreckt.

Chamisso, Der Bettler und sein Hund

Du liegst und schlummerst unterm
Rain . . .
Gern stürb ich, um dir nah zu sein . . .

Tennyson, Die Ballade von Oriana (Freiligrath)

wenn sie dich hängen,
wenn ich dich verliere,
werde ich sterben.

Hikmet, Du schreibst mir in deinem letzten Brief (Bostroem)

treu sein

Du wankest nie! und spät und früh
will ich die Deine sein;
alt oder neu, ich bin dir treu.
Lieb ewig dich allein.

Englische Ballade, Das nußbraune Mädchen (Herder)

treu wie Gold

Lieblich ist's sich festzuranken
an ein Liebes, und ihm hold sein!
Lieblicher, selbst in Gedanken,
dem Erwählten treu wie Gold sein!

A. Friedmann

Treue

Neue Freunde zu erhalten,
brechet niemals mit den alten.

Sprichwort

Treue ist ein seltner Gast.
Halt ihn fest, falls Du ihn hast.

Spruch, alter

Es war seit je des Deutschen Brauch
die Treue bis zum letzten Hauch.

Weinheber, Treue

Kieselstein und Marmor bricht,
aber unsre Treue nicht.

Lied

Des Auges Bläue
bedeutet Treue.

Bodenstedt

Treue, ewige

Ich zog dich auf mit Liebeskraft,
Die alles wirkt, die alles schafft,
Ich bin die Deine, ewig dein,
Doch mußt auch der Meine sein.

. . . Wunderhorn, Ritter Peter von Stauffenberg . . .

Treue, gebrochene

Sie hat mir Treu' versprochen,
gab mir ein'n Ring dabei;
sie hat die Treu' gebrochen,
mein Ringlein sprang entzwei.

Eichendorff, In einem kühlen Grunde

Treue, weibliche

Falsch oder wahr, man sagt es klar:
Wer traut auf Weibertreu,
der trügt sich sehr, der büßt es schwer
mit mancher späten Reu.

Englische Ballade, Das nußbraune Mädchen (Herder)

Treuegelöbnis

«Ach», sagte ich zu ihr,
«ich bleibe ewig dein Geliebter hier.»

Villon, Die Ballade von der schönen Stadt Morah (Zech)

Treueschwur

Ich schwur doch Treue dem erwählten Mann,
Die ich nicht brechen will noch brechen kann.

Nach einem chines. Gedicht, Die Unbestechliche

Bei Mondenschein und Sternenpracht . . .
Schwor ich die Treue vor der Schlacht

Tennyson, Die Ballade von Oriana (Freiligrath)

Trieb, merkwürdiger

Er konnte diesen Trieb nicht zügeln,
Schlug mit den Armen wie mit Flügeln . . .

H. Seidel, Der Eiersegen

Trieb, schädlicher → Nutzen

(P. Ernst)

Triebe, wilde

Ich löse nickend von verfrühten
Und wilden Trieben Rosenblüten.

Silja Walter, Die Magd

Triebkraft, wichtigste → Freude

(Schiller)

Trinker

Wer weiß, wie oft sie noch sitzen und trinken
und uns aus ihrer Einsamkeit winken –

Willy Bartock, Die Wermutpensionäre

Trinker → Säufer

Trinker, frommer

Der Noah war ein frommer Mann,
stach ein Faß nach dem andern an
Und trank es aus zu Gottes Ehr,
Das macht ihm eben kein Beschwer.
Er trank, nachdem die Sündflut war,
Dreihundert noch und fünfzig Jahr.

A. Kopisch, Historie von der Noah

triumphieren, über Männer → emanzipieren, sich

(Ringelnatz)

Tropfen, letzter

Es war der letzte Tropfen, den sie nippte,
dann grub man ein Loch, in das man sie schippte.

Frei nach Poliziano

Trost

Plötzlich wie ein Traum verschwinden
alle Freuden dieser Welt.
Daß wir sie einst wiederfinden,
ist ein Trost, der uns erhält.

Verfasser unbekannt

Trost → Grabinschrift

(Kraus)

Trost → lauschen

(Wordsworth)

Trost, billiger

Leicht ist es, dem Kummergebeugten Geduld zu raten,
Den heimatlosen Wanderer zu trösten an der Schwelle des Hauses. –

Blake, Enion (v. Bernus)

Trost, derber

Laß das verdammte Flennen jetzt, weil ich sonst hohnlachen müßte.
Ich werde dir zeigen, wo Lilien blühn an Italiens freundlicher Küste.

Englische Ballade, Der Teufelsfreier (v. Einsiedel)

Trost, schwacher → ungewiß

(Hikmet)

Trost aus der Flasche

Flasche, du gibst Geist uns ohne Frage;
und wenn die Hoffnung uns nicht mehr umkost,
gibst du wenigstens ein bißchen Trost.
Na, noch einen, Prost! –
Ja, das Zittern ist 'ne rechte Plage! –

Fröding, Dichter Wennerbom (Nörrenberg)

Trost aus Traurigkeit → Konflikte, schöpferische

(Villon)

Trost und Rat → Buch

(Quevedo)

Trösterinnen

Sie haben mich um mein Geld gebracht
Mit Karten und mit Knöcheln;
Es trösteten mich die Mädchen
Mit ihrem holden Lächeln.

Heine, Klagelied . . .

trostlos

Und keinen Himmel gabs, der Trost verhieß,
und keine Stirn, die sich verklären ließ.
Nur Mensch und Erde sind. Zum Jenseits keine Schwelle.

Arendt, Pieter Breughel

trostlos → selbst finden, sich

(Morgenstern)

trotzig

In das Haus zurückgetragen,
Hört er auf die Mutter nicht,
Schweigt auf alle ihre Fragen,
Schließt die Augen trotzig-dicht.

Hebbel, Aus der Kindheit

Trübsinn

Oft mitten in dem tollsten Lachen
kann dir der trübe Geist erwachen . . .

v. Leixner

Aller Frohsinn in uns ist verreist.
Und nichts geschieht. – Und der Zeiger kreist.

Ringelnatz, Nichts geschieht

Trübsinn, allgemeiner

Im Durchschnitt ist man kummervoll
Und weiß nicht, was man machen soll.

Busch, Balduin Bählamm

Trübsinn, lähmender

Lähm' mir mit Trübsinn nicht und Überdrüssen,
Herrin, den Mut . . .

Sappho, An Aphrodite

Trübsinn zulassen

So hat der Tag, der dir das Trübe sendet,
dich, wie du's duldest, erst zu dir vollendet.

M. Hausmann, Birke im Nebel

Truggefüge → Weib

(Spitteler)

Trümmer → Mahnmal

(Tiedge)

Trunksucht

Drum wird man Dich gewiß als Lumpen hassen,
Kannst Du nicht allsogleich vom Humpen lassen.

Dolfs, Die sieben Todsünden (2. Trunksucht)

Tuch, rotes

Was zögert der Stier?
Mein Charakter ist ein rotes Tuch.
Edith Södergran, Der Stier (Nelly Sachs)

Tuch, weißes

Was zog er aus seiner Taschen?
Ein Tuch, sehr weiß gewaschen.
... Wunderhorn, Liebesprobe

Tücher, weiße

Man legte ihn dahin mit Fleiße
In zwei Leilachen – schöne weiße.
Nach ... Wunderhorn, Von dem Hammen ...

tun

Wenn wir täten, was wir sollten,
so tät Gott auch, was wir wollten.
Schneuber

tun, was gefällt → Freiheit, individuelle
(Weinheber)

tun, zu wenig → aufwachen
(Bauer)

Tun ist Getue

Manche geben keine Ruhe,
und sie schuften voller Wut.
Doch ihr Tun ist nur Getue,
Und es kleidet sie nicht gut.
Kästner, Bürger, schont eure Anlagen!

Tür zuschlagen, die

Schlage die Tür zu
und vergrabe den Schlüssel
in keiner Erinnerung.
Nimm keinen Abschied.
Dagmar Nick, Geh über Nacht

Türen, geschlossene → Selbsterlösung
(Schaumann)

Turnvater

Das Unbeschreibliche zieht uns hinan,
Der ewigweibliche Turnvater Jahn.
Ringelnatz, Klimmzug

Tyrann gegen Tyrann

Ganz recht, der kleinere Tyrann
Traf endlich einen größern an.
Nach Waldis, Der tyrannische Hecht

U

Übelsein, das

Für den Fall, daß dir wird übel,
Halt dich nah an einem Kübel.
R. v. Normann, Zweizeiler

üben

Ersteres wird gern geübt,
Weil es allgemein beliebt . . .
W. Busch, Julchen

Gute Sprüche, weise Lehren,
soll man üben, nicht bloß hören.
Sprichwort

Überblick, großer

Wer es lernt, die ganze Welt zu erfassen,
Der verlernt es, die Welt zu hassen.
Nach Leuthold

Überdruß

Es ist ein Überdruß, der mich erdrücket,
Bei allem was ich hör, und seh, und fühl.
Denn keine Schönheit gibts, die mich
 entzücket,
Kaum noch ergötzt mich deiner Augen
 Spiel.
Byron, An Inez (Heine)

Frau Venus, meine schöne Frau,
Von süßem Wein und Küssen
Ist meine Seele geworden krank;
Ich schmachte nach Bitternissen.
Heine, Der Tannhäuser

Überdruß → aufgeben, sich
(Goethe)

Überdruß → unersättlich
(Bechstein)

Übereifer

Zur Bess'rung schreite mit Bedacht,
Weil Übereifer Ärger macht.
Nach Lichtwer, Fabeln

übereinstimmen → annähern, sich
(Piontek)

Überfluß

Der weise Melancholikus
Steht traurig mitten im Überfluß.
Nach Heine, Der weiße Elefant

Überfluß → Leben, kostenloses

Überfluß → Reicher, armer; Reichtum
 bläht

Überfluß genießen

Trinkt, o Augen, was die Wimper hält,
von dem goldnen Überfluß der Welt!

G. Keller

Überfluß und Hunger

Vom Essen satt, fühlt sich das Herz
beglückt,
durch Wein bewegt, erheitert sich der
Geist.
Im Süden herrscht dieses Jahr Dürre,
und Menschen essen dort
Menschenfleisch.

Bo Dschü-I, Zum Festmahl der Armee (Donath)

überflügeln

Hier überflügelt der Wirklichkeit Pracht
Die Märchen von «Tausendundeine
Nacht».

Heine, Der weiße Elefant

Überforderung

Denkst du nur noch an Geschäfte,
Fehlen dir zur Liebe Kräfte.

R. v. Normann, Zweizeiler

Übergangszeit

Noch ist es wirklich nicht so weit,
Wir leben in einer Übergangszeit!

Nach Tucholsky

Übergewicht

O, wie ist das hinderlich,
Wenn man ringsherum an sich
So viel Fettigkeit besitzt,
Daß man pusten muß und schwitzt.

W. Busch

Einst war sie eine schicke Dame,
Dann aß sie zuviel dicke Sahne . . .

R. v. Normann, Schüttelversuch

Übergriffe

Wann werden denn
die Übergriffe eingestellt?
Von hundert Toten bleibt
nur eine Handvoll Erde.

Gau Tsching-Tschiu, Ich halte Ausschau (Donath)

Überheblichkeit, weibliche

Du glaubst, du bist der Schönste
Wohl auf der ganzen Welt
Und auch der Angenehmste,
Ist aber weit gefehlt . . .

Volkslied, Wohlan, die Zeit ist kommen

überhören

Leicht ist es, zu überhören das Heulen der
Hunde im Freien,
Den Hungerschrei des Raben und das
Stöhnen der Ochsen im Schlachthaus.

Blake, Enion (v. Bernus)

überlastet, nicht → Freiheit einer Wolke
(Ringelnatz)

Überlebenden, die → Vergangenheit,
planierte
(Astel)

überlegen

Bald schlief ein jeder ein und sägte,
Hans aber stand und überlegte.

W. Busch, Der kluge Kranich

Lange überlegt er hin und her,
denn der Fall ist ungewöhnlich schwer.

Morgenstern, Der Bart

überlegen sein → stärker sein

Überlegung, reifliche → Entschluß
(Blumenthal)

Übermacht

. . . Es war nicht schwer,
mit seinem Blute die Erde zu röten,
wohl zwanzig waren um ihn her.

v. Scholz, Der Tod des Wü-Hang-Tsi

Übermacht, gegen die

Ja, die Bösen und Beschränkten
sind die Meisten und die Stärkern.
Aber spiel nicht den Gekränkten.
Bleib am Leben, sie zu ärgern!

Kästner, Warnung vor Selbstschüssen

Übermacht → ergeben, sich

(Wieland)

übernehmen, sich

Es geht der Jugend wie den Alten,
Wer alles fassen will, wird endlich nichts
behalten.

Lichtwer, Fabeln: Das Kamel

überraschen

Oft überraschet es einen,
Der eben kaum es gedacht hat.

Hölderlin, Wanderung

Überraschung

Da plötzlich lacht sie auf: – langbärtig aus
den Zweigen
Schaut eines Geißbocks Haupt herab mit
ernstem Neigen . . .

Auguste Barbier, Nisa (Freiligrath)

Überschwang

Überfluß der jungen Kräfte
bei des Lebens holdem Drang,
Vollgefühl gesunder Säfte
schafft der Jugend Überschwang.

H. Seidel

Ich hab in meiner jungen Kräfte
Überschwang
Gerüttelt an der Stunden Säulengang . . .

Thompson, Der Jagdhund des Himmels (Haecker)

überschweigen → Lärm, natürlicher

(Hagelstange)

Überschwemmung

Wallend drängt das Wasser wieder,
überschwemmt die Flur,
Aber fallen wird es wieder, schön wird die
Natur!

Vrchlický, Frühjahrsüberschwemmung (Fuchs)

überstanden

Noch manchen Himmelstrich muß ich
durcheilen,
Verdammt noch manches Mal zurück zu
sehn;
Nur ein Bewußtsein kann mir Trost
erteilen:
Was auch gescheh, das Schlimmste ist
geschehen.

Byron, An Inez (nach Heine)

Nun atmet mein Dank so tief,
Und die Welt blüht im Zimmer. –
Daß alles so gnädig verlief,
Vergessen wir's nimmer!

Ringelnatz, Ich habe gebangt um dich

Endlich, nach vier langen Stunden,
ist der Alpdruck überwunden.

Morgenstern, Zukunftssorgen

Übertragung der Kraft

Denn wie von Auge zu Auge
Seht wehen ihr
Aus dem Herzen des Vaters
Die innere Kraft.

Hildegard von Bingen

Übertreibung

Hiermit will ich mein Lied beschließen,
Sollt es die Leute gleich verdrießen,
Und will nicht länger lügen;
In meinem Land sind die Fliegen so groß
Als hierzuland die Ziegen.

Unbekannter Verfasser, Lügenmärchen

Überzeugungskraft

Nach und nach fiel sie
In die Hände seiner Worte.

Krolow, Nach und nach

überwinden

Hab ein Lied auf den Lippen,
dann komme was mag!
Das hilft dir verwinden
den einsamsten Tag!

Flaischlen, Hab Sonne . . .

überwinden, alles → helfen

(Morgenstern)

Ufer

Und alle Wunder
Geschehen an Ufern;
Wir drängen alle
Zum freien Strand.

Carossa, Geheimnisse

Uhr, die

Die Uhr allein ist immer dein Begleiter
Und deines Zeitplans Vorbereiter.
Sie schiebt dich unverdrossen weiter –
Ertrage es und bleibe heiter!
Die Ahnen in der Urzeit kannten sie noch
nicht
Und lebten darum schlecht und schlicht
Teils gänzlich un-, teils nur mit Fell
bekleidet
Und von der Tierwelt nicht beneidet . . .

Hans Henning v. Normann, Die Uhrzeit

Uhr des Lebens → Rechenschaft

(Baudelaire)

umarmen

Jede Nacht
mein Kissen umarmend wie einen sanften
Delphin
schwimme ich weiter fort.

Hilde Domin, Bitte an einen Delphin

Umarmung

Sie warfen mit Brust sich zu Brüsten
Und herzten und küßten nach Lüsten.

Goethe, Wirkung in der Ferne

Umarmung, lustvolle → Lust, entfesselte

(Lermontow)

Umarmung, tödliche

Wer kann, gepackt von deinen Fängen,
Die tödliche Umarmung sprengen?

William Blake, Der Tiger

umfallen

Da drückt der alte Ritter
des Grafen Hand gar warm,
dann aber sinkt er plötzlich
dem nächsten in den Arm.

J. Vogl, Der Meistertrunk

So geht es mit Tabak und Rum:
Erst bist du froh, dann fällst du um.

W. Busch, Die Haarbeutel

umfangen → Verlangen

(Chines. Gedicht)

umgarnen lassen, sich → warnen

(Bürger)

Umgebungswechsel

Zum Zweck leibseelischer Erhebung
Man wechsle öfter die Umgebung.

Frei nach Busch

Umkehrung der Werte → verkehrt

(Villon)

Umnachtung

Wenn wir gleich die Pein verlachten,
Wird die Schuld uns trüb umnachten,
Wenn es nicht die Augen machten . . .

Aus dem Spanischen (Schlegel)

umschlingen

O wilder Geselle, o toller Fant,
Ich möchte dich kräftig umschlingen,
Und, Sehne an Sehne, zwei Schritte vom
Rand
Auf Tod und Leben dann ringen!

A. Droste-Hülshoff, Am Turme

. . . Noch immer haucht dein Atem warm
und ruhig an mein Ohr,
und du umschlingst so eng mich wie
zuvor . . .

M. Hausmann, Taglied

umschiffen → Lotse, sicherer

(Oksanen)

Umstände, ungünstige

Sie sprach: «Kommt schier her wiedere,
Wann sich mein Herr legt niedere.»

. . . Wunderhorn, Heinriche Konrade . . .

Umstellungsprobleme

Auf der grünen Isar
Schwimmt ein Krokodil
Wedelt mit dem Schwanze,
Weiß nicht, was es will.

Verfasser unbekannt

Umwelt, tote

In den steinernen Wäldern
(Vergilbt sind die Kehlen der Vögel)
Hallen nicht mehr die Schritte
Liebender.

Bienek, Das rohe Faktum des Todes

Umweltschädling → Ökologie

(Burns)

Umweltschutz

Habt ihr Erd und Wasser so im Reinen,
Wird die Sonne gern durch Lüfte scheinen,
Wo sie, ihrer würdig aufgenommen,
Leben wirkt, dem Leben Heil und
Frommen.

Goethe, Vermächtnis altpersischen Glaubens

Umweltschutz, wirkungsloser → Wasser, sauberes

(Ringelnatz)

→ Wasser, reines

Umweltvergiftung

Die Straße stirbt ab.
Die stinkende Sonne sticht.
Die Luft wird knapp.
Das Herz zerbricht.

A. Lichtenstein, Die Zeichen

Und eine duftende Decke
(der Aktionäre) legt sich
auf unseren Mund. Die Lippen
sind von Säure zerfressen.
Die Zähne lösen sich auf.

Brechbühl, Chemische Fabrik im Frühlingswind

Die Fische sterben
Der Fluß ist ganz ratlos geworden

Barbara Brendler, Die Fische sterben

Jeder dachte, er könne dem Tod entgehen.
Keiner entging dem Tod, und die Welt wurde leer.
Das Gift war überall. Es schlich wie auf Zehen.
Es lief die Wüsten entlang. Und es schwamm übers Meer.

Kästner, Das letzte Kapitel (Am 12. Juli des Jahres 2003 . . .)

Umweltverschmutzung → Abfallbeseitigung
(Müller-Giersleben)

Umweltverwüstung

Ihr vormals schönen Felder,
Mit frischer Saat bestreut,
Itzt aber lauter Wälder
Und dürre wüste Heid . . .

Gerhardt, Danklied

Ach, Himmel sind und Erde grau, und blühn
Wohl niemals wieder auf in Blau und Grün!

Papentrigk

Umweltzerstörer, die nächsten

Doch hör im Geiste ich schon heulen,
indes die Erde noch vom großen Feuer dampft,
den Sieger, der mit neuen Umweltkeulen
die Konkurrenz total zerstampft.

Granitzki, Unparteiische Betrachtung

Umzug, unfreiwilliger → Störenfried
(Odyniec)

unabsichtlich → dahinfliegen
(Seidel)

unabwendlich

Ists unabwendlich
Künstler Du, Unendlich! –

Thompson, Der Jagdhund des Himmels (Haecker)

Unabwendliche, das

Wir wollen schwindend nicht mit Schauer denken,
Ob Gott uns das Unendliche verwehrt.
Kann er Geschaffnem nicht die Dauer schenken,
So sei das Unabwendliche verehrt.

Papentrigk, Alphabet des Lebens

Unanständigkeit

bitte herrschaften verzeiht
solche unanständigkeit

Christa Reinig, Die ballade vom blutigen bomme

unattraktiv

Bin weder Fräulein, weder schön,
Kann ungeleitet nach Hause gehn.

Goethe, Faust I

unbeeindruckt

Herr, den Bengel kümmert nischt,
Was man auch für Lügen drischt.

Dehmel, Wiegenlied für meinen Jungen

Unbegrenztheit

Aber die Seelen sind froh an des Himmels anderem Saum,
Offen dem Unbegrenzten ist endloser Zukünfte Raum.

Hugo, Der Morgen (A. Neumann)

Unbehagen, menschliches

Ein Mensch, der recht sich überlegt,
Daß Gott ihn anschaut unentwegt,
Fühlt mit der Zeit in Herz und Magen

Ein ausgesprochnes Unbehagen
Und bittet schließlich ihn voll Grauen,
Nur fünf Minuten wegzuschauen.

E. Roth, Ein Mensch – Unter Aufsicht

unbekümmert

Wer da fährt nach großem Ziel,
lern' am Steuer ruhig sitzen,
unbekümmert, wenn am Kiel
Lob und Tadel hoch aufspritzen.

Geibel

unberührt

Nichts, das mich verdroß! Nichts, das mich
freute!
Niederrinnt ein schmerzenloses Heute!

C. F. Meyer, Eingelegte Ruder

unberührt bleiben → Betrachter sein

(Brjussow)

unberührt bleiben → genesen

(Sulpicia)

unbeschreiblich schön

Ich sehe dich in tausend Bildern,
Maria, lieblich ausgedrückt,
Doch keins von allen kann dich schildern,
Wie meine Seele dich erblickt.

Novalis

Unbeschreibliche, das → Unzulängliche, das

(Goethe)

Unbeständigkeit

Beständig ist der Unbestand
In dieses Lebens Jammerland.

Harsdörfer, Brautgrablied

Unbeständigkeit → Herz, unbeständiges

(Wunderhorn)

Undankbarkeit

Und warum immer ich?
Keiner wird es mir danken

E. Fried, Gründe

Unendlichkeit

Alles glänzt mir neu und neuer,
Mittag schläft auf Raum und Zeit –:
Nur *dein* Auge – ungeheuer
Blickt michs an, Unendlichkeit!

Nietzsche, Nach neuen Meeren

unentbehrlich

Wirklich, er war unentbehrlich!
Überall, wo was geschah
zu dem Wohle der Gemeinde,
er war tätig, er war da.

W. Busch, Kritik des Herzens

unerreichbar

Für sie war nichts unerreichbar,
Der Königin von Saba vergleichbar.

Goethe, Wirkung in der Ferne

Was unerreichbar ist, das rührt uns nicht,
doch was erreichbar ist, sei goldne Pflicht.

G. Keller

unerreichbar → allein, für sich

(Balmont)

unersättlich

Dem Unersättlichen in jeglichem Genuß
wird selbst das Glück zum Überdruß.

L. Bechstein

unerschrocken

Wenn schon die Kugeln sausen,
Laß dir davor nicht grausen . . .

. . . Wunderhorn, Soldatenglück

Wer aber Christum liebet,
Sei unerschrocken Muts;
Der Friede, so er giebet,
Bedeutet alles Gut's.
Gerhardt, Nach dem großen Kriege

Unfall

Zeit ist's, die Unfälle zu beweinen,
wenn sie nahen und wirklich erscheinen.
Schiller

Unfall nach Liebesnacht

Braun Annel war hurtig in Eil,
sie ließ den Knaben hinunter am Seil,
sie meint', er wär nun bald drunnen,
doch da lag er längst schon im Brunnen.
Nach deutscher Volksballade, Braun Annel

Unfuggeist → Niemand
(Schaefer)

Ungeborenen, die

Immer nahn uns ungeborne Seelen,
Wenn wir atmen Brust an Brust,
Suchen sich ins Leben einzustehlen
Auf der Woge unsrer Lust.
Carossa, Empfängnis

ungebunden bleiben

Allzeit beständig, niemals abwendig
Will ich treu sein,
Aber gebunden, das geh ich nicht ein.
... Wunderhorn, Weine nur nicht!

Ungeduld → Jammern
(Fontane)

Ungefähre, das

In der Stratosphäre,
links vom Eingang, führt ein Gang
(wenn er nicht verschüttet wäre)
sieben Kilometer lang
bis ins Ungefähre.
Ringelnatz, Die neuen Fernen

Ungeheuer

Ungeheuer ist viel. Doch nichts
Ungeheuerer, als der Mensch.
Sophokles, Antigone (Hölderlin)

ungeküßt

Mein Haupt wird grau, und mein Haupt
wird schwer,
Mag heute keiner küssen mich mehr . . .
Nach J. W. Grosse, Romanze

ungelegen

Denen, die der Ruhe pflegen
Kommen manche ungelegen.
W. Busch

ungenügend

Ein Finger macht keine Hand,
Ein Balken noch keine Wand,
Eine Schwalbe noch keinen Sommer.
Sprichwort

Ungerechtigkeit, soziale

Warum schleppt sich blutend, elend,
Unter Kreuzlast der Gerechte,
Während glücklich als ein Sieger
Trabt auf hohem Roß der Schlechte?
Heine

Der eine fährt Mist, der andre spazieren,
Das kann ja zu nichts Gutem führen.
W. Busch, Dideldum

ungesättigt → verzehren, sich
(Nietzsche)

Ungeschaffene, das

Nach Ungeschaffenem
Hab ich getastet
In der Ewigkeit.
Unbek. flämischer Dichter

ungeschwächt

Nicht Übel schwächten mich noch Süchte.
Ich steh – Gott Lob! – noch grün im Saft.
Nie wird die Hoffnung mir zunichte . . .
d'Orléans, Ballade von der quicken Maus (Bartuschek)

ungewiß

Denk nicht mehr daran,
das ist alles ganz ungewiß.
Hikmet, Du schreibst mir in deinem letzten Brief (Bostroem)

Ungewißheit

Ich lebe, weiß nicht wie lang,
ich sterbe, weiß nicht wann,
ich fahre, weiß nicht wohin.
Mich wundert, daß ich noch fröhlich bin.
Sprichwort

Ach, daß der Mensch so häufig irrt
Und nie recht weiß, was kommen wird!
W. Busch, Dunkle Zukunft

Es stürzt der Ungewißheit Übermacht
mein Herz in Angst und Zweifel ohne Ende . . .
O wenn ich mich von Tag und Menschen wende,
so laß mich schlafen, dunkler Geist der Nacht.
Morgenstern, Schlummer

Unglauben

Unglauben ist die Nacht, die Nachtlamp ist der Glauben;
O laß in deiner Nacht dir nicht die Lampe rauben!
Dschalal Ud-Din Rumi (Rückert)

unglaubwürdig

Wer einmal lügt, dem glaubt man nicht,
und wenn er auch die Wahrheit spricht.
Phädrus, Wolf und Fuchs . . .

Ungleichheit

Glücklich auch, wer sich über Bedrängnis
Aufschwang! Ungleich verteilt sind die Leiden,
Ungleich die Gaben an Glück und Herrschaft.
Euripides, Bacchantinnen (Goldscheider)

Unglückstag → richte nicht!

Unglück

Da kam ein stiller Reiter mit Namen Unglück her;
Der stieß in mein alt Herze mir seinen dunklen Speer.
Verlaine, Mirakel (Dehmel)

Uniform

Roten Kragen,
nichts im Magen,
goldne Tressen,
nichts zu fressen.
Spottvers aus Österreich, Armer Kadett

Soldaten sehn sich alle gleich
Lebendig und als Leich
Biermann, Soldat Soldat

Universen, viele → Welten, viele
(Schack)

unkämpferisch → Frau, liebende
(Morgenstern)

Unke → Werberuf
(Morgenstern)

Unkraut

Hab all mein Tag kein gut getan,
Hab's auch noch nicht im Sinn;
Die ganze Freundschaft weiß es ja,
Daß ich ein Unkraut bin.
... Wunderhorn, Unkraut

Unkraut beseitigen → jäten
(Bauernregel)

unliebenswürdig

Ach du weißt ja nicht,
Wie wenig wert du aller Liebe bist!
Thompson, Der Jagdhund des Himmels (Haecker)

Unlust → Wollust
(Logau)

unmäßig

Die Mäßigkeit ist gut und fein,
nur darf sie nicht unmäßig sein.
Sprichwort

unmöglich

Und er kommt zu dem Ergebnis:
Nur ein Traum war das Erlebnis.
Weil, so schließt er messerscharf,
nicht sein *kann*, was nicht
sein *darf*.
Morgenstern, Die unmögliche Tatsache (Palmström)

Unmöglichkeit

Geduld, Vernunft und Zeit,
macht möglich die Unmöglichkeit.
Rückert

Unnachgiebigkeit

Sie wichen nicht noch wankten,
bis sie zuletzt erkrankten . . .
Fröding, Jan Ersa und Per Persa (Badke)

unnahbar

Wenn ich dir nahen will mit meiner Hand,
dann ist aus Glas da eine kalte Wand.
M. Hausmann, Hinter der Scheibe

Unpünktlichkeit

Wer nicht kommt zur rechten Zeit,
der muß sehn, was übrig bleibt.
Sprichwort

Unrast → Pol, ruhender

Unrast, Mittel gegen

Du warst mir, was zum Bilde
Die Seele früh erkor:
Ein Eiland, wo die wilde
Unrast sich sanft verlor . . .
Poe, An eine im Paradies (Lachmann)

Unrast der Sinne

Nein, Wille wird zur Lust, und Lust wird
Wille,
und jeder Atemzug nährt den Begehr.
Und da ich noch der Sinne Unrast stille,
ist der Vollzug von neuen Wünschen
schwer.
Hagelstange, Die Beichte des Don Juan

unscheinbar

Unscheinbar wirst du müssen
In Todes Wohnung gehen,
Und niemand wird dich ansehn
Im Heer der dunkeln Schatten.
Sappho, Fragmente (Herder)

Unschuld beim Bade

Sie schaukelt üppig sich; der Wind des
Morgens kühlt sie;
Sie denkt ans Wasser nur, und mit dem
Wasser spielt sie . . .

Barbier, Nisa (Freiligrath)

Unschuld vom Lande

Ich war erst sechzehn Sommer alt,
Unschuldig und nichts weiter,
Und kannte nichts als unsern Wald,
Als Blumen, Gras und Kräuter.

M. Claudius, Phidile

Unschuldsbeweis

«Wie soll ich denn dein Mutter sein?
Ich trage ja ein Kränzelein!»

. . . Wunderhorn, Höllisches Recht

unsichtbar → Gespenster

(Busch)

Unsichtbaren, Anbetung der

Drum, willst du dich vor Leid bewahren
so flehe zu den Unsichtbaren . . .

Schiller, Der Ring des Polykrates

Unsinn-Verse (Beispiele)

Was mag wohl das Schlafittchen sein?
Hat's Beinchen oder Flügelein?
Hat's Füßchen oder Rädchen?
Ist's Bübchen oder Mädchen?

A. Kopisch, Schlafittchen

Die Möve auf der Stelle sitzt,
Wo sonst oft die Sardelle schwitzt.

R. v. Normann, Schüttelversuch

→ Kinderreime (Beispiele), Reime, originelle (Beispiele), Schüttelreime

unsterblich → verwunden

(Ringelnatz)

unsterblich sein

Wo Wonne ist und Seligkeit,
Wo Freude über Freude wohnt,
Wo sich der Sehnsucht Sehnen stillt,
Dort lasse mich unsterblich sein.

Aus den Upanischaden, Das Himmelreich (Deussen)

Unsterbliche → reuig

(Goethe)

Unsterbliche, der

Für alles Werden, das am Menschsein
krankt,
stirbt der Unsterbliche. Er glaubt und
dankt.

K. Kraus, Zum ewigen Frieden

Unsterblichkeit

. . . die Unsterblichkeit
Ist ein großer Gedanke,
Ist des Schweißes der Edlen wert!

Klopstock, Der Zürchersee

Heilig ist die Sternenzeit,
Öffnet alle Grüfte;
Strahlende Unsterblichkeit
Wandelt durch die Lüfte.

G. Keller, Unter Sternen

Nun wohlan, ich bin bereit,
Meine Glieder hinzulegen;
Denn des Todes Bitterkeit
Führet uns auf Dornenwegen
In des Himmels Rosenfeld,
Wo die Wollust Tafel hält.

J. Chr. Günther, Der Seelen Unsterblichkeit

Unsterblichkeit begehrt er. Aber merk:
nur für sein Werk und nicht für seinen
Namen,
des Künstlers echter Name ist sein Werk.

Heidenstam, Namenlos und unsterblich (Stieve)

Unsterblichkeit → Buchdruck

(Quevedo), Unvergänglichkeit

Unterbewußtsein, kollektives

Doch wirst du weitergehen
Ins innerste Gemach,
Wirst du sehn andre stehen,
Die füllen Dach und Fach . . .

. . . Wunderhorn, Der unterirdische Pilger

unterbrechen, sich → Rede

(Heine)

Untergang

Einmal, ja einmal für uns auch
Wird die Stunde gekommen sein:
Einmal, ja einmal uns auch
Schläfert die Dämmerung ein,
Decken uns Wellen,
Leuchtet durch Fluten
Matter der sonnige Schein.

Fröding, Atlantis (Gumppenberg)

Untergang → beugen, sich

(Lasker-Schüler)

Untergang → Goldgier

(Solon)

Untergang → Putzfimmel

(Spruch)

Untergang, Lust am

Es gilt auch nicht: den Tag verspielen
mit dem Gedanken an den Untergang
und nach dem eignen Herzen zielen
in fieberhaftem Überschwang.

Hagelstange, Von der Überwindung des Todes

Untergang, Lust am → Todessehnsucht

unterjochen

Wer in Weisheit dem Herrn der Welt hilft,
Unterjocht nicht mit Waffen die Welt.

Laotse, Spruch (Klabund)

Unterschied, großer → Grenzen der Menschheit

(Goethe)

Unterschiede

Wirrgespräch von Schizophrenen – ?
Und der Wirrsinn deiner Träume – ?
Warum suchen wir, ersehnen
Unterschiede, Zwischenräume?

Ringelnatz, Spielen Kinder doch . . .

Unterschiede, soziale → Ferien

(Mühsam)

Unterschiede erkennen

Wieviel bist du von andern unterschieden?
Erkenne dich, leb mit der Welt in Frieden!

Goethe, Zueignung

Unterschrift zum Massenmord

Die Hand, die unterschrieb, hat eine Stadt gefällt . . .

Dylan Thomas, Die Hand . . . (Fried)

→ Hand des Schreckens

Unterwerfung

Genug des Knie'ns vor fremden Götzen,
Des Beugens vor bemalten Fetzen,
Des Fressens im Gewühl von Metzen!

Schewtschenko, Zwietracht (Koch)

Untiefen der Wahrheit

Das Zwielicht meiner Tage weist
Untiefen der Wahrheit auf . . .

Meckel, In diesen Tagen

Untüchtigkeit, wohltuende → Stelle wechseln, die

(Marti)

unverändert bleiben

Schattenküsse, Schattenliebe,
Schattenleben, wunderbar!
Glaubst du, Närrin, alles bliebe
Unverändert, ewig wahr?
Heine

unverbildet

Das kennt nicht Bibel und nicht Fibel . . .
Hagelstange, Eines Vogels Sang

Unvergänglichkeit → Augenblick

(Busch), Sorgen abwerfen; Sterben, glückliches *(Whitman),* verloren gehen

unvermählt

In der Selgen keuschen Hain
Tratest unvermählt du ein.
C. F. Meyer, Weihgeschenk

Unverwundbare, der → erhaben

(Laotse)

unwiderstehlich

Kein Jüngling zieht vorüber,
Er küßt mich doch viel lieber!
Nach J. W. Grosse, Romanze

Unwissenheit, selbstverschuldete

Ja, seine ganze Ignoranz
Hat er sich selbst erworben;
Nicht Bildung noch fremde Wissenschaft
Hat je sein Gemüt verdorben.
Heine, Kobes I.

unwürdig

Zwar unwürdig ist mein Flehen,
Doch laß Gnade mild ergehen
Vor des ewgen Feuers Wehen.
Thomas von Celano, Dies Irae (Simrock)

Unzulängliche, das

Alles Vergängliche
ist nur ein Gleichnis;
das Unzulängliche,
hier wird's Ereignis;
das Unbeschreibliche,
hier ist's getan;
das Ewigweibliche
zieht uns hinan.
Goethe, Faust 2

Unzerstörbare, das → Erinnerung, selige

(Swinburne)

unzertrennlich

« . . . Wir haben einander genommen,
Können nicht mehr voneinander
kommen.»
. . . Wunderhorn, Vorladung vor Gottes Gericht

Wenn zwei gute Freunde sind,
die einander kennen,
Sonn und Mond bewegen sich,
ehe sie sich trennen.
. . . Wunderhorn, Morgen muß ich fort von hier

Ur-Ahne

Wütend griff der Ur-Ur-Ahne
steinern Beil aus Widderfell:
«Scher dich Alte, aus der Höhle!»
Und vertrieb sie von der Schwell . . .
Makowej, Steinzeit (Koch)

uralt und quicklebendig

Er war just hundert Jahre
Hatte schneeschlohweiße Haare
Und kam mit sich ins klare:
Weg mit der verfluchten Bahre
Und ähnlicher Leichenware!
Hol sie die Gicht!
Liliencron, Ballade in U-dur

Urgrund, Frage nach dem

Damals war nicht das Nichtsein, noch das
Sein,
Kein Luftstrom war, kein Himmel drüben
her. –
Wer hielt in Hut die Welt; wer schloß sie
ein?
Wo war der tiefe Abgrund, wo das Meer?

Aus dem Rig-Veda, Die Schöpfung (Deussen)

Urgrund, gespeist vom → anders sein

(Laotse)

Urheberrecht

Kleines Gedichtchen,
Ziehe denn hinaus!
Mach ein lustiges Gesichtchen.
Merke dir aber mein Haus.

Ringelnatz

Urknall

Und er sprach das Wort: Es werde!
Da erklang ein schmerzlich Ach!
Als das All mit Machtgebärde
In die Wirklichkeiten brach.

Goethe, Wiederfinden

Urlaub nehmen

Ich schrei mit heller Stimm,
Von euch ich Urlaub nimm . . .

. . . Wunderhorn, Tambursgesell

Urlaubsgesuch

Am Neujahrstag erbat ich Audienz.
Der Kaiser war wie immer mir gewogen.
Er gab mir Urlaub, Urlaub bis zum Lenz.
Zu Weib und Kindern bin ich
heimgezogen.

Chin. Dichter, Rückkehr in das Dorf Ki-Ang (Klabund)

Urlaut und Stille

Es ist doch, der es tiefer kennt,
Dem Lauscher in der Stürze Toben
Ein und dasselbe Element;
Der Urlaut unten und die Stille oben.

Wildgans, Rast im Mittag

Ur-Mutter

Draußen schluchzt die Ur-Ur-Mutter:
«Ach, wie schwer ist doch das Sein!
Täglich Braten – und kein Feuer.
Feuer! Feuer – ohne Stein!»

Makowej, Steinzeit (Koch)

Urquell

Hier strömt er, alle einzuladen,
Daß sie an ihm gesund sich baden . . .

Juan de la Cruz, Der Urquell (Nach Notter)

Urschrei

Tiger brachen liebend in die Knie,
als ich zu dem Himmelsvater schrie.

Chines. Gedicht, Bekenntnis (Klabund)

Ursprung der Schöpfung

Ich bin des ganzen Weltenalls
Ursprung, sowie der Vernichtung auch.
Außer mir gibt es kein anderes Höheres
nirgends mehr, o Freund!

Aus der Bhagavadgita, Ich bin (F. Schlegel)

Ich bin der Glaube an die Macht der
Sonnen,
Und meine Inbrunst zeitigt alle Strahlen!
Ich walle aus mir selber in die Zahlen
Und halte mich von Ewigkeit umsponnen.

Däubler, Die Vorsonne

Ursprung der Schöpfung → Sonne,
Urgrund

(Echnaton)

Ursprung des Alls → Wasser
(Goethe)

ursprünglich eins

Obgleich die Sonn ein Scheinchen ist
deines Scheines nur,
Doch ist mein Licht und deines
ursprünglich eines nur.
Dschalal Ud-Din Rumi (Rückert)

Urteil

Mit dem Urteil nicht eile,
hör' zuvor beide Teile.
Sprichwörtlich

Urteil, unbestechliches

zwar, ich weiß mich wohl zu wahren
vor der Eitelkeit Gefahren,
sie besticht mein Urteil nicht . . .
Odyniec, Die Gespenster (Nitschmann)

Urteilskraft, weibliche

Was die Weiber lieben und hassen,
das wollen wir ihnen gelten lassen;
wenn sie aber urteilen und meinen,
da will's oft wunderlich erscheinen.
Goethe, Zahme Xenien

Urvertrauen → Kind
(Vartio)

V

Vater

Vater werden ist nicht schwer,
Vater sein dagegen sehr.

W. Busch, Julchen

Vater, eifersüchtiger

schau: so verhärmt sind meines Vaters Züge.
Geh, meide mich, daß ich mich willig füge!

Aus dem Schi-King, Brief eines Mädchens

Vater, wie ein

Er sprach nicht wie ein Gerechter zu Sündern.
Er sprach wie ein Vater zu Kindern.

Hagelstange, Bei den schwarzen Baptisten

Vater und Sohn

Hans, mein Sohn, du ärgerst mich.
Vater, das ist Mode.
Hans, mein Sohn, ich schlage dich!
Aber nicht zu Tode.

Kinderreim

Vaterland

Uns knüpft so manches teure Band
An unser teutsches Vaterland ...

Schubart, Das heiße Afrika

Ein Fluch dem falschen Vaterlande,
Wo nur gedeihen Schmach und Schande ...

Heine, Die schlesischen Weber

Warum ist die Welt nicht mein Vaterland?

J. M. Villa (Titel eines Gedichts, übers. von Karl Jering)

Welchem Ziel wir sterben?
Nicht dem Vaterland.
Nicht, daß die Enkel und Erben
Von neuem Länder erwerben ...

Goes, Gelöbnis

Vaterland → Welt, verfluchte
(Gryphius)

Vaterunser

Ich sag kein Vaterunser.
Ich hab mystische Visionen und kosmische Vibrationen

Ginsberg, Amerika (Fleischmann)

Vegetarier

Die leckersten Braten widern ihn an,
Er liebt nur Dampfnudeln und Ossian ...

Heine, Der weiße Elefant

Venus

Die liebliche Gestalt
Ist, wie man Venus malt.

Wunderhorn, Aus der Zeit . . .

Verachtung

Die mit Verachtung auf den Feind nur blicken,
Sie werden einst zur Flucht vor ihm sich schicken.

Aus dem Persischen

Ich weiß, was Verachtung ist.
Profil von Bäumen, in Eis gefaßt,
erstarrt wie ein gezogenes Schwert.

Maria Isabel, Begegnung (Theile)

veralten

Hingegen ist der Mensch veralt,
So bleibt er tot und ungestalt.

Harsdörfer

veralten → wiederholen, sich
(Schiller)

Verantwortlichen, die

Laß deinen Kanzler, deine Diplomaten
durch dieses Meer von Blut und Tränen waten!

K. Kraus, Der Zeuge

Veränderung → Wechsel

verblüfft

So so! Das hat ich nicht bedacht,
Doch hat es Gott noch gut gemacht . . .

Chamisso, Der rechte Barbier

verbluten → Todeskampf
(Spruch)

verborgen bleiben → Suchen, ewiges
(Schiller)

Verbrechen

aus jedem Verbrechen werden Kugeln geboren,
die eines Tages den Sitz
eines Herzens finden werden.

P. Neruda, Erklärung einiger Dinge (Arendt)

Verbrecher, argloser

Und während ihn die Rache sucht,
Genießt er seines Frevels Frucht . . .

Schiller, Die Kraniche des Ibykus

Verbrüderung

Ihr auf diesem Stern die Besten,
Brüder all in Ost und Westen,
wie im Süden und im Nord:
Wahrheit suchen, Tugend üben,
Gott und Menschen herzlich lieben,
das sei unser Losungswort.

Bundeslied (1824), Brüder, reicht die Hand zum Bunde

Die Toten, hüben und drüben,
Was wolln sie, als daß wir begrüben
Den bewaffneten Wahn und endlich,
Endlich Brüder sei'n.

Goes, Gelöbnis (1943)

Bist du unter denen, die nicht starben,
dann reich dem Bruder deine Hand
und pfeife auf die Farben.
Die Erde ist dein Vaterland!

Granitzki, Unparteiische Betrachtung

Brüder, reicht die Hand zum Bunde,
Sonst geht ihr Bande vor die Hunde.

R. v. Normann, Brüderlich – geschüttelt

Verbrüderung → ohne mich

Verbundenheit

Viele Geschicke weben neben dem meinen,
Durcheinander spielt sie alle das Dasein,
Und mein Teil ist mehr als dieses Lebens
Schlanke Flamme oder schmale Leier.

Hoffmannsthal, Reiselied

verdächtigen, andere

Ein Mensch hat meist den übermächtigen
Naturdrang, andre zu verdächtigen.

E. Roth, Ein Mensch – Falscher Verdacht

Verdammnis, ewige

Mensch verspotte nicht den Teufel,
Kurz ist ja die Lebensbahn,
Und die ewige Verdammnis
Ist kein bloßer Pöbelwahn.

Heine

verderben → streiten

(Fröding)

verdienen, sich

Verdiene stets das Glück, das dir dein
Stand gegeben,
Den Adel erbt man nicht, durch den wir
ewig leben.

Gellert, Sendschreiben . . .

verdrießlich

Und, wenn der Himmel trüb,
Ist mir das auch nicht lieb.

L. Bechstein, Der Verdrießliche

Verehrung → Würdigen, die

Verein

In den Verein ist er getreten,
Weil ihn ein Freund darum gebeten.

Nach Tucholsky

Vereinigung → Hochzeitsschlaf

(Rosetti)

Vereinigung → Lust ist Einsamkeit

(Hausmann)

verewigen, sich

Was ich nie gesagt, nie aufgeschrieben,
Ist als Glanz von mir zurückgeblieben.

Käthe Braun Prager, Meine Grabschrift

Verfall der Sitten → Sittenverfall

Verfehlungen → richte nicht!

verflachen → Wohlstand und Macht

(Morgenstern)

verfluchen → Joch, verfluchtes

(Gyóni)

verfolgt

Wo ich auch geh und steh,
Ich meinen Schatten seh;
Immer verfolgt er mich.
Ist das nicht ärgerlich?

Ludwig Bechstein, Der Verdrießliche

Verfolgung

Ich hab' mich gerettet aus dem Berg,
Doch stets verfolgen die Blicke
Der schönen Frau mich überall,
Sie winken: Komm zurücke!

Heine, Der Tannhäuser

Verfolgung eines Mörders

So jagen wir ihn, ohn Ermatten,
Versöhnen kann uns keine Reu,
Ihn fort und fort bis zu den Schatten
Und geben ihn auch dort nicht frei.

Schiller, Die Kraniche des Ibykus

Verfügung

Zwischen Geburt und Beil halte ich mich
meinem Zeitalter zu Verfügung.

Rühmkorf, Hymne

verführen

Und der junge, schöne Bursche
Überschleicht im Raum ein Mädchen . . .

Anakreon, Kelterlust (Mörike)

Ohne zu verführen,
lebst und bist du da,
still mein Herz zu rühren,
ohne es zu schüren –
Kind Nausikaa!

E. Langgässer, Frühling 1946

verführerisch

So liebetraut, verführerisch:
Die Lenden breit. Das Venuspförtchen
Gebaut auf Schenkel stark und frisch
Und ringsherum das süße Gärtchen . . .

Villon, Klage der schönen Helmschmiedin (Benndorf)

verführerisch → Weib der Wonnen
(Morgenstern)

Verführung

Wohl dem, dem noch die Tugend lacht
Weh dem, der sie verlieret!
Es haben mich armen Jüngling
Die bösen Gesellen verführet.

Heine, Klagelied . . .

Verführung → beiwohnen
(Wunderhorn)

Verführungskunst

Geh den Weibern zart entgegen,
du gewinnst sie, auf mein Wort.
Und wer rasch ist und verwegen,
kommt vielleicht noch besser fort.

Goethe

Tut auch manche sehr erschrocken,
Hat sie doch sich bald gefügt;
Holder Zorn, verschämtes Stocken
Wird von Schmeichelei besiegt.

Heine

Vergangenes vergessen

Vergeßt uns
und unsere generation
lebt wie Menschen
vergeßt uns

Rozewicz, laßt uns (Dedecius)

Vergangenheit

Ich denke, Herr, an meine unglückliche
Zeit . . .
Ich denke, Herr, an meine
Vergangenheit . . .

Cendrars, Ostern in New York (J. Schroeder)

Die Vergangenheit senkt über dir schon die
Lider,
und du tastest zurück, und kehrst doch
nicht wieder,
denn es gibt keine Wiederkehr.

Dagmar Nick, Unterwegs I

Vergangenheit, planierte

Die Überlebenden
planieren die Erde.
Sie sorgen
für eine schönere Vergangenheit.

Arnfried Astel, Grünanlage

Vergänglichkeit

In jedem Augenblick vergeht ein
Lebenshauch;
Kaum hast du ihn bemerkt, dahin ist er wie
Rauch.

Saadi, Rosengarten (Graf)

Dies Farbenspiel, das mit dem Himmel ringt,
Das Purpur, Schnee und Gold zur Iris weben,
Wird warnend Vorbild sein dem Menschenleben;
So viel ists, was ein Tag zum Ziele bringt.

Calderon, Die Blumen (Schlegel)

ein jedes Ding verliert die Spur,
die Jahreszeit ist selbst verlorn:
Denn alles fällt aus der Natur.

Dechamps, Ballade von der großen Wandlung der Zeiten . . . (Gsteiger)

Holde Blumen, lernt von mir
Wie sich Heut und Gestern gatten,
Wunder war ich gestern hier,
Heut bin ich nicht mehr mein Schatten.

de Góngora, Veilchentod (Notter)

Weißt du, was in dieser Welt
Mir am meisten wohlgefällt?
Daß die Zeit sich selbst verzehret
Und die Welt nicht ewig währet.

Logau, Sprüche

Was heut noch grün und frisch dasteht,
Wird morgen schon hinweggemäht . . .

. . . Wunderhorn

Ein Wort – ein Glanz, ein Flug, ein Feuer,
ein Flammenwurf, einen Sternenstrich
und wieder Dunkel, ungeheuer,
im leeren Raum um Welt und Ich.

G. Benn, Ein Wort

Vergänglichkeit → Strom der Zeit

(Derschawin)

Vergänglichketit → Wechselfälle

(Ma'arri)

Vergänglichkeit → Wirbel der Zeit

(Lavant)

Vergänglichkeit, Erkenntnis der

Und solang du das nicht hast,
Dieses: Stirb und werde!
Bist du nur ein trüber Gast
Auf der dunklen Erde.

Goethe, Selige Sehnsucht

Vergänglichkeit der Leidenschaften

Und weißt du denn, wie klein an Dauer
Der Menschenlüge Eigenschaft,
Das Mitleid und die irdsche Trauer,
Nennst du sie hier auch Leidenschaft?

A. Block, Der Dämon (v. Guenther)

vergeben

Vergib deinem Kinde,
O Mutter, die Sünde . . .

Shankara, Hymnus an die göttliche Mutter (v. Glasenapp)

vergehen, in Liebe → Liebesflammen

(Moore)

vergehen und beginnen → Leben in der Zeit

(Hausmann)

vergehen und neu entstehen → Phönix, stirb und werde

Vergeistigung

Wo das Fleisch verliert,
Wird der Geist geziert,

(Abraham a Santa Clara)

vergelten

Wenn dich auch mal die Mücke sticht,
Vergilt es ihr mit Tücke nicht.

R. v. Normann, Zweizeiler

vergessen

Ach, Kind, vergiß dein irdisch Leid
und denk an Gott und Seligkeit!

Bürger, Lenore

Und vergessen werd ich sehn
Alles, was nicht recht geschehn . . .

Bürger, Das hohe Lied . . .

Glücklich ist, wer vergißt,
Was doch nicht zu ändern ist.

Sprichwort

so trefflich kann dich nichts vergessen
lehren,
als das Bemühen, fremdem Leid zu
wehren.

Kaiserin Victoria

. . .Ach es war das Fressen,
die Hiebe und das harte Los vergessen.

Hagelstange, Ballade . . .

Vergessen, das

Was wir gestern und morgen besessen,
Nichts bleibt als ein Glanz und ein Hauch,
Seien Freude und Schmerz auch vergessen,
Vergessen wie Traumwechsel auch.

Swinburne, Anheimgabe (v. Bernus)

Vergessensquell → Tränen
(Welhaven)

Vergeudung → Wollust
(Shakespeare)

Vergewaltigung → Gewalt antun
(Goethe)

vergiften

Mädchen, willst du, daß wir lieben
uns, vergifte deinen Bruder.

Albanische Ballade, Die Brudermörderin (Kaden)

vergiften, sich → Arzt
(Haug)

Vergiftung

Und als der Bursche also nippte
Und mit den Fingern Krumen tippte,
Da ward ihm gar so wunderlich
Im Leibe, so absunderlich.

H. Seidel, Der Eiersegen

Vergiftung der Erde

Jeder dachte, er könne dem Tod entgehen.
Keiner entging dem Tod, und die Welt
wurde leer.
Das Gift war überall. Es schlich wie auf
Zehen.
Es lief die Wüsten entlang. Und es
schwamm übers Meer.

Kästner, Das ohnmächtige Zwiegespräch

Vergißmeinnicht

Hinter einem Eisengitter
liegt ein Herz und weint so bitter.
Heb es auf und tritt es nicht,
denn es heißt Vergißmeinnicht!

Verfasser unbekannt

Vergleich

Die Luft erzittert vor Vergleichen.

Mandelstamm, Der Hufeisen-Finder (Celan)

Vergleich, erhebender

Später traf ich auf der Weide
außer mir noch mehre Kälber,
und nun schätz ich sozusagen
erst mich selber.

W. Busch, Kritik des Herzens

Vergleich, passender → Ausdruck
(Heine)

Vergnügen → speisen
(Morgenstern)

Vergnügen, geraubt zu werden → liebestoll
(Medici)

Vergnügungssucht → Selbstbetrügen
(Bodenstedt)

vergreifen, sich

An Greis, Weib, Kind, entblößtem Mann
ein Schuft sich nur vergreifen kann.
Weinheber, Ritterliches Handeln

verhalten, sich

Mit der Ehre ist's bestellt,
Genau, wie man sich selbst verhält.
Nach Freidank

verhauen, sich → Schöpfung
(Ind. Sprichwort)

Verheißung

Posaune der Verheißung! Wind, sag an:
Wenn Winter kam, ob Frühling fern sein kann?
Shelley, Ode an den Westwind (v. Bernus)

Verheißung

Weil die goldnen Saiten laut erklangen,
großen Reichtum durfte er erlangen.
Nach einer russischen Ballade

Verheißung, moderne

Herr, das Licht der Verheißung ist ausgebrannt,
aber ein grelles Licht brennt auf der Reklamewand.
Cendrars, Ostern in New York. (Schroeder)

Verinnerlichung → Kindesauge
(Mell)

Verinnerlichung → Vollendete, der
(Laotse)

verkaufen, sich

Verlangt nach Lust der dürre Leib,
Für Brot verkauft sich Mann und Weib.
W. Lehmann, Deutsche Zeit 1947

Verkehr, gestörter

Es waren zwei Königskinder,
Die hatten einander so lieb.
Sie konnten zusammen nicht kommen:
Es war kein Fährbetrieb.
Verf. unbekannt, Parodie auf « . . .zwei Königskinder»

Verkehr, rasender

Was für ein Dämon, der uns ohn' Erbarmen
Ergreift und wringt und schleudert hin und her!
Wir häufen Tote, rastlos, wir verarmen
Von Jahr zu Jahr. O rasender Verkehr.
Frei nach Holthusen

verkehrt

Der Wahrste ist, wer mich mit Lügen speist.
Mein Freund ist, wer mir klipp und klar beweist:
Ein grauer Kater ist ein bunter Pfau.
Und wer mir schadet, lehrt mich: Du, dem trau!
Villon, Lied des vogelfreien Dichters (Dehmel)

verkehrte Welt → Kerle, tolle; Transvestitenlokal

verkehrt → Welt, verkehrte
(Kästner)

Verkehrsmittel, gemütliches

Wie fährt sich's so gemütlich
wohl mit der Pferdebahn.
Das eine Pferd, das zieht nicht,
das andere, das ist lahm.

Verfasser unbekannt

Verkleidung

Jegliche Verkleidung paßt mir,
Der ich bin in Ewigkeit,
Bald Trappist und bald voll Freßgier!
Meinen Namen fraß die Zeit.

Mehring, Die Ballade des Abenteurers

Verknüpfungen

Deine Seele, die die meine liebet,
Ist verwirkt mit ihr im Teppichtibet.

Else Lasker-Schüler, Ein alter Tibetteppich

verkommen und versunken

Mitten im Glanze gerichtet
Schwand und versank die atlantische
Macht:
Volk, das sich selber vernichtet,
Wurde zu Grabe gebracht;
Herrlich an Gaben,
Tief doch verkommen
Taucht es in dämmernde Nacht.

Fröding, Atlantis (v. Gumppenberg)

verkommenes Weib → schlotterbusig

Verkörperungen

Vergangnes Wesen kenn' ich nun,
Und was ich war und wo ich war,
Der Götter König war ich einst,
Der Dreiunddreißig Götter Fürst.

Anuruddho, Das Leben des Dichters (Selbstdarstellung) (K. E. Neumann)

verkriechen, sich

Der Käfer kriecht ins dichte Moos.
Er hat so Angst – die Welt ist groß!

Else Lasker-Schüler, An Apollon

Verkünder

Mein Leichnam in der Wüste schlief,
Bis Gottes Stimme mich berief . . .

Puschkin, Der Prophet (v. Guenther)

Verkündigung

Die Leute hörten's, sahen auf und verlegen
fort.
Ins Leere, scheppernd, fiel des Verkünders
Wort.

Hagelstange, Ich sah den Engel der Verkündigung

Verlangen

Wie des Meeres Wellen
Auf und nieder quellen:
Also wogt unendlich mein Verlangen,
Dich zu fangen, zu umfangen.

Chines. Gedicht, Die unendliche Woge

Verlangen, abgekühltes

Jetzt, vom kalten Grab umfangen,
wird er nicht nach dir verlangen.

Odyniec, Die Kriegsgefangene (Nitschmann)

Verlangen, neues

Nicht mehr bleibest du umfangen
In der Finsternis Beschattung,
Und dich reißet neu Verlangen
Auf zu höherer Begattung

Goethe, Selige Sehnsucht

Verlangen, wollüstiges

Mit Perlen geschmückt und mit Spangen,
auf schwellendem Lager, erfaßt
von wollustheißem Verlangen,
erharrte Tamara den Gast.

Lermontow, Tamara (Fiedler)

Verlangen nach Gott

An Gottes Brust sein Sehnen hin ihn
träget . . .
Nach nichts von außen mehr Verlangen
heget . . .
da Todi, Liebeskampf (Schlosser)

verlassen

Nacht und Tag, wie sind sie schwer,
Seit du flohst und kamst nicht mehr.
Shelley, Anrufung (F. Braun)

Hast eine schöne Braut du gefreit?
Doch daß du vergessen, verlassen
die, die dir Liebe und Freiheit geschenkt,
das werde ich niemals fassen.
Englische Ballade, Jung Beicham und Shusie Pye (Einsiedel)

O, wie konntest du verlassen,
Was allein vergeht,
Was am Rand zurückgelassen
Sinket und verweht.
Silja Walter, Abschied am Abend

verlassen → Bindung, neue
(Wunderhorn)

verlegen

Ich sah sie an, sie ward verlegen,
Spürte wohl was mich mochte bewegen.
G. Falke, Konfirmandinnen

verletzen → Wunde, wunderbare
Kirchenlied

verleugnen, sich

Er sah und hörte nicht
und drückte sich den Reisehut
nur tiefer ins Gesicht.
Hölty, Adelstan und Röschen

verliebt

Keine Rose, keine Nelke kann blühen so
schön,
als wenn zwei verliebte Seelen beieinander
tun stehn.
Volkslied, Kein Feuer, keine Kohle

Verliebte

Verliebte taumeln durch
die Nacht, einander stützend,
wie verwundete Soldaten.
Nach Illyés, Dorf in der Nacht

Verliebte, arme

Eine Klage durchjammert meine Seele seit
Jahren
Von den armen zwei Menschlein, die
verliebt in sich waren.
Lesmian, Wald im Wald (Dedecius)

verlieren, etwas

Ich hatt ihn noch eben und hab ihn nicht
mehr;
Ich leide und trage daran gar schwer . . .
Ruysbroeck, Das Buch von den zwölf Beghinen (Huebner)

verlieren, jemand

Du weißt, ich soll dich verlieren und kann
es nicht.
Es trifft mich wie ein wohlgezielter
Schuß . . .
Montale, Du weißt (Kaschnitz)

verlieren, sich

Ich muß wohl meine Trommel rühren,
Sonst werde ich mich ganz verlieren . . .
. . . Wunderhorn, Rewelge

Ich verliere, ich verliere
Mich in diesem Labyrinth!
Träumt ich je, daß ich erführe,
Was für Freuden Freuden sind?

Goeckingk, Nach dem ersten nächtlichen Besuch

verlieren lernen

Nicht an die Güter hänge dein Herz,
Die das Leben vergänglich zieren!
Wer besitzt, der lerne verlieren,
Wer im Glück ist, der lerne den Schmerz!

Schiller, Die Braut von Messina

Verlockung, schöne

«Willst, feiner Knabe, du mit mir gehn?
Meine Töchter sollen dich warten
schön . . .»

Goethe, Erlkönig

verloren

Verloren Ehr'
kehrt nimmermehr.

Sprichwort

verloren gehen

Glaub' nur, daß kein Atom
verloren geht dem All,
kein Tropfen aus dem Strom,
kein Blatt im Fall.
Auch kein Gedanke, kein
Verlangen, nichts . . .
Erkenne dies und schreib dich ein ins Buch
des Lichts.

Lingg

verloren sein

Ich stimme meinen Vers auf deine Ohren:
Du bist verloren, doch was ist an dir
verloren?

Rühmkorf, Witz von meinem Witz

Verlust

Ich habe den Verlust
mit schwarzen Lettern
über den heiteren Mond geschrieben.

Gertrud von Marschall, Erinnerung

Verlust der Geliebten

So manches Weh, scheint es auch jetzt als
eins,
Gemessen am Verlust von dir, ist keins.

Nach Shakespeare, Sonett XC

Verlust der Jugend

Ach, so beklagt ich den Verlust
Der losen Jugend tief und schmerzlich,
Und aller Wünsche noch bewußt
Vermißt ich ihre Freuden herzlich.

Voltaire, An Madame de Chatelet (v. Hartlieb)

Verlust und Gewinn

Andre füllen andrer Herzen;
Andre reizen andrer Sinn.
Wann ich erst ein andrer bin,
Dann sind andrer Lust und Schmerzen
Mir Verlust auch und Gewinn.

Bürger, Das hohe Lied . . .

Verlustangst

O Todesschmerz, daß mitten im Genuß
Ich künftigen Verlust beweinen muß!

Shakespeare, Sonette (nach W. Jordan)

Vermächtnis, böses

Ich vermach' euch die Koliken,
Die den Bauch wie Zangen zwicken,
Harnbeschwerden, die perfiden
Preußischen Hämorrhoiden.

Heine, Vermächtnis

Vermächtnis, göttliches → Evolutionsschritt

(Goethe)

vermählen, sich → Ehehafen

(Busch)

vermehren, sich

Die Wurzel, Kräuter, Blumen, Flur
Sich überhäuft vermehren,
Die zahm und wilde Tiernatur
Hüpfet dem Gott zu Ehren . . .

Abele, Hochzeitlied . . .

vermengen, sich → paaren, sich

(Abele)

Vernunft

Ich will nicht reden, wie die Dinge liegen.
Ich will dir zeigen, wie die Sache steht.
Denn die Vernunft muß ganz von selber siegen.

Kästner, Brief an meinen Sohn

Vernunft, nackte

Als sie die nackte
Göttin der Vernunft
auf den Altar setzten
und ihre Ewigkeit glaubten,
sann ich skeptisch
der Schönheit
ihrer Brüste nach.

Sabais, Ecco Homo

Vernunft der Frau

Gilt's Frauen zur Vernunft zu bringen,
So laß den allgemeinen Ton;
Wie klug sie reden von den Dingen,
Sie meinen stets nur die Person.

Geibel

Vernunft der Liebe

Laut warnte die Vernunft: «Oh, flieh, geschwind!»
Doch Eros sprach, der Schalk: «Bleib, süßes Kind!»

Puschkin, Vernunft der Liebe (Fiedler)

Vernichtung, vor der → Leben genießen

(Herrmann-Neisse)

verraten, sich selbst

Umsonst! Der schreckensbleiche Mund
Macht schnell die Schuldbewußten kund.

Schiller, Die Kraniche des Ibykus

Verräter

Verräterbrut! Du feile Amme
Des fremden Gifts im eignen Stamme . . .

Schewtschenko, Zwietracht (Koch)

verrecken

Weg mit dir! Weg!
Ich brauche dich nicht!
Ich will nicht!
Meiner Seele
ist alles wurst,
weil ich bald verreck.

Majakowski, Die Wirbelsäulenflöte (Thoß)

verrohen

Der hat keinen Reis und der kein Brot
Wir haben alles schon gefressen.
Ist die Menschheit denn ganz verroht
zwischen New York und Essen?

Volker von Törne, Lied für Kulis und Kumpels

Edle werden zu verrohten Tollen,
Selbstbeherrschung fehlt: die Toten rollen.

Müller-Giersleben, Die Brut von Messina

verrückt

Übrigens bin ich verrückt – und mit vollem Recht

Nach Pessoa, Lisbon revisited

verrückt → schlotterbusig

Vers → Verse . . ., dichten, Dichter, Poesie, Reimkunst

versagen, sich

Versagen ist der Frauen Sitte,
Doch lieben sie, daß man sie bitte.

Freidank

versalzen

Hat versalzen dir die Suppe
Deine Frau, bezähm die Wut,
Sag ihr lächelnd: «Süße Puppe,
Alles, was du kochst, ist gut.»

Heine, Guter Rat

verscharren

Du bleibst nur Dreck und dein Gebein
Verscharrt man irgendwo am Rain,
Da Distel nur und Dorn gedeihn.

Schewtschenko, Zwietracht (Koch)

verschenken, sich

In dem grenzenlosen Michverschenken
Will mich Leben mit Erfüllung tränken.

Stadler, Form ist Wollust

Verschleierung → Korruption

(Logau)

verschlimmern → Klagen

(Kalendervers)

verschlingen → Zweckerfüllung

(Ringelnatz)

verschließen, sich

Selig, wer sich vor der Welt
Ohne Haß verschließt,
Einen Freund am Busen hält
Und mit dem genießt . . .

Goethe, An den Mond

verschlucken

Ich hab im Schlaf 'ne Maus verschluckt,
Die sitzt im Leib und kneipt und druckt.

A. Freudenberg, Vom Riesen Timpetu

verschmäht

Von der verachtungsvollen Wasserlilie
Verschmäht, wiewohl vor ihr sein Haupt verneigend,
Gelangt der Reis hier, dorrend mitten in der Flut,
Zur Bleichheit, sich als liebverbrannter zeigend.

Bharawi, Reis und Wasserlilie (Rückert)

verschollen

Er blieb von da an in der Luft,
Verschollen. Hat sich selbst verpufft.–

Nach Ringelnatz, Fußball

Verschwendung → reich sein

(Lavant)

verschwinden

Und feierlich nach alter Sitte,
Umwandelnd des Theaters Rund,
Mit langsam abgemeßnem Schritte,
Verschwinden sie im Hintergrund.

Schiller, Die Kraniche des Ibykus

verschwinden und wiederkommen

Du kannst verschwinden
und wiederkommen.
Das ist möglich.

Enzensberger, Historischer Prozeß

Verschwinde
wie die Axt im Winde (oder:
wie die Wurst im Spinde)
Redewendung

Verse als Waffe

Jeder ficht mit eigner Wehre,
Priester kämpft mit dem Brevier,
Krieger mit dem Schwert und Speere,
Mit Gesang und Versen wir.
A. Grün

Verse, entsetzliche

Entsetzliche Verse! Sie klangen ins Ohr
Gar schauderhaft den Tyrannen!
Der Kaiser und der Tambourmajor,
Sie flohen erschrocken von dannen.
Heine, Der Tambourmajor

Verskunst → Poesie
(Lope de Vega)

Versmaß

Oftmals hab ich auch schon in ihren Armen gedichtet,
Und des Hexameters Maß leise mit fingernder Hand
Ihr auf dem Rücken gezählt ...
Goethe, Römische Elegien (V)

Versvorrat

Den Vers, den hab' ich in Vorrat gemacht,
Ganz ohne Objekt; ich hab' halt gedacht ...
Vischer, Anwendbar

versoffen

Arm und versoffen
Seh ich doch offen
Einen Himmelraum –
C. M. Bellman, Monolog des Säufers ... (H. v. Gumppenberg)

versöhnen, sich

Es ließe sich alles versöhnen,
Wenn keine Rechenkunst es will.
In einer schönen,
Ganz neuen und scheuen
Stunde spricht ein Bereuen
So mutig still.
Ringelnatz, Versöhnung

versöhnen, sich → Ehestreit
(Petöfi)

versöhnlich

Gar nicht versöhnlich genug
Kannst du sein.
Auch der größte Betrug
Erntet so klein.
Ringelnatz, Lächelnd ab

versöhnt

Zuletzt brach ich in lautes Schluchzen aus,
Und Hand in Hand verließen wir das Haus.
Mörike, Maler Nolten

Versöhnung

Wenn um Versöhnung dann der Gatte stammelt,
Wo er gefehlt, mit zärtlichem Bemühn,
Da wird dem Reuigen die Schuld vergessen
Und jede Kränkung liebevoll verziehn.
Kalidasa, Die Taueszeit (v. Bohlen/Kreyenborg)

Der König und die Kaiserin,
des langen Haders müde,
erweichten ihren harten Sinn
und machten endlich Friede ...
Bürger, Lenore

Alter Vater du!
Könnt ich dich sehen,
Gäbs ein Verstehen
Und 'nen Suff dazu –
Solltest mein Bruder sein
Und wie ich voll Wein!

Bellman, Monolog des Säufers ... (H. v. Gumppenberg)

Wenn Friede ist, erst dann lischt Trug und Schein;
Dann schaun wir unsre wahrere Gestalt
Verwundert, und, Versöhnte, reichen bald
Wir uns die Hand und lachen alter Pein.

Sorley, An Deutschland

Verspätung → Prügelstrafe

(Abzählreim)

verspeisen → Gericht, üppiges

versprechen

Ja, du versprachst mir alles und gibst mir zuletzt nicht ein Salzkorn!

Theokrit, Liebesgespräch

Versprachst du mir gestern nicht, früh zu erwachen
Und mich noch im Dämmerschein anzulachen?

de Ronsard, Sonett (Kleeborn)

Verstand

Verstand ist Verschleißung des Lebens.
Ob man so oder so bejaht – wie nichtig
Ob man so oder so handelt – wie wichtig!

Laotse, Aus dem Tao-Te-King (Dallago)

Was der Verstand auch denkt und sinnt,
sein Licht ist kalter Schein!
Es wohnt das Glück, das Himmelskind,
im Herzen nur allein.

Rittershaus

Verstand verlieren, den

Da ändert etwas mein Gemüt
und bringt mich ganz um den Verstand;
ich hoff mich bis zum Wiegenrand,
der über Dorf und Teich verglüht.

Christine Lavant

Verständnislosigkeit → Witz oder Wunder

verstehen → verzweifeln

(Hausmann)

verstehen, nichts

Ich kann nichts mehr sehn,
All das Gute Schlimme;
Kann dich nicht verstehn,
O du trübe Stimme.

Verlaine, Ruhe (Dehmel)

verstehen, sich

Und du verstehst mein rätselhaftes Wesen,
Du kannst in meinem dunklen Herzen lesen.

Nach Verlaine, Traum

verstellen, sich

Als wie aus Furcht vor dem Fisch in der Flut,
Hat eine Spröde den Freund umschlungen;
An Schönen gefällt ein verstelltes Tun,
Aus unverstellter Neigung entsprungen.

Bharawi, Badeszene (Rückert)

Du darfst nicht zeigen, was du bist,
Weil dir das Tier in dir zuwider ist.

Frei nach Busch

verstört → Zweifel

(Mörike)

verstoßen

Du bist der erst, mein Eremit!
Der mich verstößt aus seiner Hütt . . .

. . . Wunderhorn, Streit zwischen Kupido und Waldbruder

Verstoßung

Hinweg von meiner Tür:
Oh, wär ich doch gestorben
am Tag, da ich dich liebte . . .

Italienische Ballade, Die Sizilianerin (Vollenweider)

verstummen

Das gellende Lachen verstummte zumal;
Es wurde leichenstill im Saal.

Heine, Belsazar

verstümmeln

Hau der Katz' den Schwanz ab,
hau ihn doch nicht ganz ab,
laß ihr noch ein' Stummel stehn,
daß sie kann zur Kirche gehn.

Kinderreim

Versuchung

Zwischen Lipp' und Kelchesrand
schwebt der finstern Mächte Hand.

F. Kind, Ankäos

«Glaubst du wohl, du könntest bei mir liegen,
Friedlich, schiedlich, ohne mich zu lieben?»

Unbek. serb. Dichter, Die Wette (Friedenthal)

«Deine Seele, Kapitän,
möcht ich als Gewinn verbuchen.»
«Heb dich von mir, böser Geist,
wirst vergebens mich versuchen . . .»

Zorro, Das Schiff Kathrin (Lüher)

Versuchung → verstoßen

(Wunderhorn)

versüßen

Du versüßest mir
Alle Gall allhier.

S. Dach, Christliches Sterbelied

verteilen, neu → Arbeit und Werte

(Herburger)

Verteilung, ungleiche → Ungleichheit

(Euripides)

Vertrauen

Glaube, glaube, glaube nur fest,
Daß dich mein Treu niemals verläßt . . .

. . . Wunderhorn, Weine nur nicht!

Vertrauen, Bitte um

Halte mich nicht für einen, der dich überfallen möchte,
Wenn du im Garten besinnlicher Träume wandelst
Zwischen violetter Nacht und blühendem Morgenrot.

Walenczyk, An einen unbekannten Deutschen im Westen (Dedecius)

vertrauen, dem Herrn

Vertrau dem Herrn, du Gute,
Er hilft unschuldgem Blute . . .

Wunderhorn, Von der Belagerung der Stadt Frankfurt

vertrauensselig

Frühmorgens ging der Bauer fort,
Vertrauend auf des Weibes Wort . . .

H. Seidel, Der betrogene Teufel

verträumt

Verträumten Schrittes wandl' ich nun zum letzten Male
Den Pfad der Einsamkeit im blassen Sonnenlicht

Und schaue gerne, wenn es mit
geschwächtem Strahle
Zu seinen Füßen in die Nacht des Frostes
bricht.
de Lamartine, Der Herbst (Hausenstein)

vertraut und fremd

Wie vertraut auch immer man sei,
Es bleibt viel Fremdheit doch dabei.
Nach Freidank

Und du folgst diesen Lauten, die trügen
und täuschen,
dem Knarren der Tür, den vertrauten
Geräuschen,
doch du findest den Eingang nicht mehr.
Dagmar Nick, Unterwegs I

Vertreibung der Frau → Ur-Ahne
(Makowej)

Vertröstung eines Liebhabers

O, Magd, schieb den silbernen Riegel weg,
Daß ich kann ins Kämmerlein. –
Nimm diesen Kuß, du Bauernknab!
Darf dich nicht lassen ein.
Schottisches Volkslied, Des Lords Marie (Wolff)

verwandeln, die Welt

Wer nur redet und nicht handelt,
redet dumm und handelt schlecht.
Erst wenn ihr die Welt verwandelt,
seid ihr klug und habt ihr recht.
Kästner, Das ohnmächtige Zwiegespräch

verwandeln, sich

Mensch, was du liebst, in das
wirstu verwandelt werden.
Gott wirstu, liebstu Gott, und Erde, liebstu
Erden.
Angelus Silesius

Geh deines Weges und kehr zurück zuletzt:
Du, selbst verwandelt, findest es wie jetzt.
Shelley, Abend/Ponte a mare (v. Beruns)

Verwandlung

Gott der Herr hat sich erbarmt,
schuf mich um zu einem Vogel.
Rumänische Ballade, Die Verstoßene (Friederanger)

Verwandlung → Verlust und Gewinn
(Bürger)

Verwandlung durch Liebe → Liebe
(Dschalal Ud-din Rumi)

Verwandlungswunsch

Ich möchte eine alte Kirche sein
voll Stille, Dämmerung und Kerzenschein.
M. Hausmann, Trost

Verwandte, liebe

Zwar der Bruder ist kein Bruder,
Doch die Schwester ist ein Luder . . .
Ringelnatz, Hafenkneipe

verweigern

Verweigert, lehnt ab.
Denkt nach, eh ihr Ja sagt . . .
W. Bauer, Postkarte an junge Menschen

Verweigerung

Was hülf mir Kron und Land und Gold
und Ehre?
Die könnten mich nicht freun!
's ist leider Krieg – und ich begehre
Nicht schuld daran zu sein!
M. Claudius, Kriegslied

und gebt mir die Kanone her
ich werd mit Freuden sie versaufen
Gebt her . . .
und weiter will ich nichts von euch
ich bin nun mal nicht vorschriftmäßig
ich beiß nicht gern ins Gras
Prévert, Manöver (Kusenberg)

Verweigerung →
Kriegsdienstverweigerung
(Kraus)

verweilen, gern

Gern verweil ich noch im Tale
Lächeln in der tiefen Nacht,
Denn der Liebe volle Schale
Wird mir täglich dargebracht.
Novalis, Das Lied des Einsiedlers

verwirren

Durch die Straßen geklirrt,
Alle Herzen verwirrt . . .
Wilhelm Busch, Der Renommist

verwundbar, äußerst

Und als er hintrat an mein Fensterlein,
Stieß eine Bremse ihm den Schädel ein.
Ligurische Rispetti, Mein Liebster ist so klein . . . (Heyse)

verwunden

Man verwundete und scheuchte sie . . .
Töten konnte man sie nie.
Ringelnatz, Über Asta Nielsen

verzagen

Wenn auch der Hoffnung letzter Anker bricht:
Verzage nicht!
Verfasser unbekannt

Verzagen, das → Welt erobern, die
(Platen)

verzehren, sich

Ja! Ich weiß, woher ich stamme!
Ungesättigt gleich der Flamme
Glühe und verzehr ich mich.
Nietzsche, Ecco Homo

verzeihen

Und mancher schluchzt, der eben noch Gericht
hat über einen stummen Mann gehalten,
und leis ertönt's: «Herr, sei zu streng ihm nicht!
Verzeih ihm, Herr, in deiner Liebe Walten!»
Rumänische Ballade, Groza (Espey)

Verzeihung

Hab' ich euch was zu Leid getan,
so bitt' ich um Verzeihung an.
Volkslied, Es, es, es und es

Verzicht

Sie hob ihn bleichend auf sein Pferd:
«Reit heim nun zu deinem Fräulein wert.»
Nordische Balladen, Erlkönigs Tochter (Nach Herder)

Enthaltsamkeit ist das Vergnügen
An Sachen, welche wir nicht kriegen.
W. Busch, Der Haarbeutel

Verzicht auf Komfort

Verkauf ich mein Bettchen
und leg mich aufs Stroh,
sticht mich keine Feder und beißt mich kein Floh!
Kinderlied

verzichten

Es gibt so manche Straße, da nimmer ich marschiert,
es gibt so manchen Wein, den nimmer ich probiert.

Geibel, Der Mai ist gekommen

verzogen

Du bist ein recht verzogen Tier!
Sonst nahmst du, was ich bot.
Jetzt willst du Leckerbissen
und magst kein trocken Brot . . .

Hoffmann von Fallersleben, Als unser Mops ein Möpschen war

verzückt

Trinkend, küssend, lachend wollen
Wir die Ewigkeit verbringen
Und verzückt Halleluja,
Kyrie Eleison singen.

Heine, Disputation

Die Männer stehen wie verzückt,
Ein jeder nach dem Wunder blickt . . .

Mörike, Der Zauberleuchtturm

Verzückung → Erleuchtung

(Eichendorff)

verzweifeln

Doch wenn ich ganz an dir verzweifle, dann
Verstehe ich, wer du in Wahrheit bist.

Manfred Hausmann, Gebet um Verzweiflung

Verzweiflung

Gib, daß diese wilde Verzweiflung sich legt,
die mir beide Hände vor meine Lippen schlägt.

Cendrars, Ostern in New York (Schroeder)

Doch hier ist auch Verzweiflung leis
Und gleicht den Wellen und dem Wind.
Ich könnte mich und all mein Leid
Hinlegen wie ein müdes Kind . . .

Shelley, In Niedergeschlagenheit . . . (Wolfenstein)

Verzweiflung → hadern

(Bürger)

Verzweiflung → verrecken

(Majakowski)

Veteran

Zum Teufel! Ich war bei mancher Schlacht,
den Henker hab ich noch nicht gemacht.

Chamisso, Der Bettler und sein Hund

Vetternwirtschaft

Und ist man schon Minister,
hat einen guten Stern,
dann werden die Geschwister
recht bald auch große Herrn.

Nach Goethe, Der König und der Floh

Vielfalt des Lebendigen

Freuet euch des wahren Scheins,
Euch des ernsten Spieles:
Kein Lebendiges ist Eins,
Immer ists ein Vieles.

Goethe, Epirrhema

Vision

Doch wie ich sitz und schaue, tun im Geist
Sich Bäume ohne Grenzen jenseits auf . . .

Leopardi, Das Unendliche (Wolde)

Und leis ein Schritt auf Erden geht,
Ein Antlitz über Wolken steht.

Hamsun, Verstrichen . . . (Goebel)

Tief auf dem Grunde das Flimmern . . .
Siehst die Paläste du schimmern . . .?
Fröding, Atlantis (v. Gumppenberg)

Dann aber wirst du, stumm vor Staunen,
Mit mir die neuen Welten sehn –
Die Schöpfungen aus meinen Launen,
Visionen unerhört erstehn . . .
A. Block, Der Dämon (v. Guenther)

Vision, Christus –

Ich setze mich an das Ufer, an den Rand
des Ozeans.
Ich sehe dein reines Antlitz unter dem
Dornenkranz.
Cendrars, Ostern in New York (J. Schroeder)

Woher so viel Liebe,
Erde?
Ein Traum?
Stell dir vor, was wir kürzlich sahen:
Unter einem schattigen Baum
spielte Christus
Dame
mit Kain!
Majakowski, Aus «Krieg und Welt» (Thoß)

Vision einer neuen Welt

Die Erde, uneins und zerrissen
Im Kampf ums Geld, im Krieg um Macht,
Steigt friedlich auf aus Finsternissen
Als Licht der Nacht.
Krüss, Das Lied vom neuen Monde

Vitalität

Jedem Menschen für sein Leben
ist ein Maß von Kraft gegeben . . .
Rückert

Vitalität → Jugend, Lebenstrieb,
Leidenschaft, Überschwung

Vitamine

Auch die, die keine Apfelsine mögen,
Sie hören von der Vitamine Segen.
Diels, Einführung in das Studium der Chemie

Vogel

Das Leben wär nur halb so nett,
wenn keener eenen Vogel hätt.
Berlinisch

Vögel, verstummte → Umwelt, tote
(Bienek)

vogelfrei

Wo ich geh' und wo ich steh',
Kann ich selig werden,
Denn nach meinem Wohl und Weh
Fragt kein Mensch auf Erden.
J. Wolff, Vogelfrei

Vokabeln

die verschrotteten Vokabeln
sausen noch durch seine Fabeln
Meckel, Lied von den Parolen

Volk, blödes

Ach, toll ist mein Volk,
Sie kennen mich nicht!
Blöde Söhne sind sie,
Sie sind nicht verständig!
Klagelieder des Jeremia (Häfker)

Volk, empörtes

Doch einmal endet solcher Hohn:
Empörtes Volk zerschmeißt den Thron,
Zerreißt den Purpur, tilgt die Fron!
Schewtschenko, Zwietracht (Koch)

Volk, gefallenes

Deutsches Volk, du herrlichstes von allen,
Deine Eichen stehn, du bist gefallen.

Th. Körner, Leier und Schwert

Völker und Reiche

Das sind die Völker und die Reiche.
Man wandert aus und wandert ein.
Doch überall ist es das gleiche:
Die Hirne Wachs, die Herzen Stein.

B. Viertel, Gekritzel auf die Rückseite eines Reisepasses

Völkerversöhnung → Grenzen nieder!

(Mühsam)

Volksbefreier

Hoch die Nation der ew'gen Volksbefreier:
Ihr folgen Hunger, Seuch' und der Rebell –
Und unerschöpflich aus kristallnem
Weiher
Rinnt Sklavenblut, der heil'ge Quell.

Kuliš, Slavische Ode an Moskau (Koch)

Volksfest

Ich höre schon des Dorfs Getümmel;
Hier ist des Volkes wahrer Himmel,
Zufrieden jauchzet groß und klein;
Hier bin ich Mensch, hier darf ich's sein.

Goethe, Faust I

Volksfest → Massen, die

(Liliencron)

voll von Liebe

Ich bin so voll von Liebe und bewegt
Von Winden wie ein Baum, der Blüten
trägt.

Aus China, Die verlassene (Klabund)

vollbringen

. . . Und wenn du's vollbracht hast,
Wirst du erkennen der Götter und
Menschen unänderlich Wesen . . .

Gnomische Verse (wahrsch. Pythagoras, Übersetzer: Goethe)

vollenden → Lustlosigkeit

Vollendete, das

Wandelt sich rasch auch die Welt
wie Wolkengestalten,
alles Vollendete fällt
heim zum Uralten.

Rilke, Sonette an Orpheus, XIX

Vollendete, der

Darum auch der Vollendete:
Er betraut sich selber, doch er ist Höherem
untertan,
Er fühlt das Nichtendende und
geringschätzt das Endende,
Er geht in sich hinein und entläßt das
Außen.

Laotse, Aus dem Tao-Te-King (Dallago)

Vollendung

Strebe rastlos nach Vollendung,
nur Verdienst ist wert des Lohnes;
für versäumte gute Taten
gibt es keine Wiederkehr.

Hafis

Vollendung → Ziel, verborgenes

(Kanon)

Völlerei → Protestant

(Mittler)

vollkommen und nutzlos

Was bleibt ist vollkommen
was bleibt ist noch weit nutzloser
als das Leben

Eluard, Sein (Enzensberger)

Vollmond

Die Strandkabinen sind im
Vollmondglanze
wie Marmorbilder auf dem weißen Sand,
und über sie wirft seine Flammenlanze
des Leuchtturms schmale, geisterbleiche
Hand.

Herrmann-Neisse, Im Vollmondglanze

volltrunken

Einmal war Tim zu voll für sein Glück,
Er fiel von der Leiter und brach das
Genick.

Nach M. Arnold, Totenwache für Finnegan

vorausgehen, der Zeit → zeitgemäß

vorausschauen

Der eine fragt: Was kommt danach?
Der andre fragt nur: Ist es recht?
Und also unterscheidet sich
Der Freie von dem Knecht.

Storm

vorausdenken → Erfinder
(W. Jensen), prophylaktisch

vorbei

zurück die Feldprediger von gestern
zurück die frommen Schwestern
zurück ihr alten Militärs
die Vorstellung ist vorbei
zurück Herr Urgroßvater
und es beginnt jetzt eins zwei drei
das große Kindertheater.

Prévert, Es ist aus (Kusenberg)

vorbeigehen

Schweig, Herz! kein Schrei!
Denn alles geht vorbei!

C. Brentano

Der bittre Pfeil, er ging vorbei . . .

Tennyson, Die Ballade von Oriana (Freiligrath)

vorbeireden, aneinander

Ein jeder schnattert auf seinem Zweig,
Sie reden alle und reden zugleich, . . .

H. Seidel, Die Sperlinge

Vorbereiten, das

Laß das lange Vorbereiten.
Fang Dein Leben an beizeiten.

Albumvers

→ Plan, Planung

Vorbestimmung

Eine dunkle Hand
Schaukelt meinen Willen,
Glättet mein Gewand,
Still im Stillen.

Verlaine, Ruhe (Dehmel)

Vorbild

Und von den Kleinen lerne wohl:
Wie man in Ehren fechten soll.

M. Claudius, Die Geschichte von Goliath und David

Ein Buchhalter ging oft zum Kätschen,
Erregt von den feurigen Matchen.
Er pflegte nachher,
Einen Tag lang und mehr,
Beim Buchen die Zähne zu fletschen.

Ernst Fabian

Vorbild, tierisches

Lern, du Frömmler, von den Füchsen, lern!
Lern die Erde, Nacht, Geräusche, Winde!

Schleiche seitwärts, heimlich, suche, finde,
Dreh und überliste schlau und gern.
Jerzy Liebert, Füchse (Dedecius)

Vorbilder

Wenn sie uns
vorsterben wollten
wie leicht
wäre das Leben
E. Fried, Beim Nachdenken über Vorbilder

Vorbilder → Würdigen, die

Vorbilder suchen

Gesell Dich einem Bessern zu,
laß mit ihm Deine bessern Kräfte ringen!
Wer selbst nicht weiter ist als Du,
der kann Dich auch nicht weiterbringen.
Verfasser unbekannt

voreilig

Vorgetan und nachgedacht
Hat manchen in groß Leid gebracht.
Sprichwort

Vorfreude

Das ist der Liebe schönste Zeit,
vom ersten Blick zum ersten Kuß,
wo du, schon reich in Seligkeit
schon ahnst, was dann noch kommen muß.
Nach Stephan Milow

Vorfrühling

Noch ist kein Schaft zu treiben willig,
Da er die Weckung nicht begreift,
Indes die Vogelwolke schrillig
Um Einlaß schon und Anfang keift.
Franz Werfel, Vorfrühling

vorfühlen

Denn edlen Seelen vorzufühlen,
Ist wünschenswertester Beruf.
Goethe, Vermächtnis

Vorgefühl

Doch fühl ichs vor . . .
Mit Blick und Ohr.
Nach Marcelline Desbordes-Valmore

Vorgesetzter

Ohne einen hochgeschätzten
Tugendsamen Vorgesetzten
Irrt er in der Welt umher,
Hat kein reines Hemde mehr . . .
W. Busch, Julchen

Wenn dort ein Vorgesetzter etwas will –
– und es ist sein Beruf etwas zu wollen –
steht der Verstand erst stramm und
zweitens still.
Die Augen rechts! Und mit dem Rückrat
rollen!
Kästner, Kennst Du das Land, wo die Kanonen blühn?

Vorgriff → Zukunftgedanken
(Morgenstern)

Vorhang

Der Vorhang fällt, das Stück ist aus
Und Herrn und Damen gehn nach
Haus . . .
Heine, Sie erlischt

Vorhang, hinter dem

Herr, einen Vorhang zerriß dein
Todesschrei;
niemand sagt, was dahinter zu sehen sei.
Cendrars, Ostern in New York (J. Schroeder)

vorläufig

wer ertrüge das Schlangestehen
ohne den Glauben
daß es vorläufig ist

K. Leonhard, Ein dürrer Lorbeerkranz

Vorläufer

An alles, was du selbst gemacht,
Hat auch ein andrer mal gedacht.

R. v. Normann, Zweizeiler

Vorlesung

Liest und liest mit heißer Brunst,
nur bisweilen hält er inne:
«Sieh wie zart hier meine Kunst
wiedergibt den Schmerz der Minne!»

A. E. Odyniec, Die Gespenster (Nitschmann)

Vorliebe, brennende

Meine Lieb, die brennt in Flammen,
Dich lieb ich vor allen Damen . . .

. . . Wunderhorn, Die vermeinte Jungfrau Lille

vorschreiben lassen, sich

Fangt mit einem weißen Blatt an, schreibt
selber die ersten Worte,
Laßt euch nichts vorschreiben.

W. Bauer, Postkarte an junge Menschen

vorschriftmäßig

Ob großes oder kleines Amt:
Gehorsam sind wir allesamt.
Die Mienen ernst, die Scheitel licht,
tun wir laut Vorschrift unsre Pflicht.

Weinheber, Beamter

Vorschußlorbeeren

Und eh er noch ein Wort gesprochen,
hat ihn der Jubel unterbrochen . . .

Schiller, Der Ring des Polykrates

Noch eh er sich die Beute zeigen läßt
geht er nach Haus und macht ein großes
Fest.

Nach einer polnischen Ballade

Vorsicht

Stell das Benzin nur ja nicht nebens Licht,
Sonst bist Du sicher Deines Lebens
nicht . . .

Diels, Einführung in das Studium der Chemie

Vorsicht, vergebliche

Doch, Mäuschen, oft ist schon zerronnen
In nichts, was Vorsicht klug ersonnen . . .

Burns, An eine Maus (Freiligrath)

Vorsichtig und zielstrebig sein!

Bergauf – sachte!
Bergab – achte!
Gradaus – trachte!

Spruch am Berliner Rathaus

Vorsorge

Wer mit allem Tun und Sinnen
immer in die Zukunft starrt,
wird die Zukunft nie gewinnen
und verliert die Gegenwart

J. Wolff

vorsorgen → sammeln

(Wunderhorn)

vorspannen → Antrieb, natürlicher

(Wunderhorn)

Vorstellung, beengende → Todesfurcht

(Laotse)

Vortragskunst, höchste

Man schluchzte laut, die Tränen flossen;
Es war das höchste, was man je
An Vortrag und Gesang genossen . . .

H. Lingg, In schöner Sommernacht

vorübergehen

Sahst du ein Glück vorübergehn,
Das nie sich wiederfindet,
Ists gut in einen Strom zu sehn,
Wo alles wogt und schwindet.

Lenau, Blick in den Strom

Wenn ich an deinem Hause
Des Morgens vorüber geh'
So freut's mich, du liebe Kleine,
Wenn ich dich am Fenster seh'.

Heine

Vorurteil

Das Vorurteil ist mächtig in der Welt,
und wer da rührt an einer alten Satzung,
sei auch gefaßt, daß tausend drum ihn
hassen.

M. Ring

→ zielen

Vorurteil, unausrottbares

Ein Mensch wähnt manchmal ohne
Grund,
Der andre sei ein Schweinehund,
Und hält für seinen Lebensrest
An dieser falschen Meinung fest.

E. Roth, Ein Mensch – Verwickelte Geschichte

vorwärts schauen

Schaue vorwärts – nicht zurück!
Neuer Mut ist Lebensglück. –

Sprichwort

Vulkan, Tanz auf dem

Glaubt nicht, der Lavagott sei tot!
Im schwarzen Blute brodelt alte Lust,
Die Flamme der Verwirrung auszuspein.

Erika Burkart, Glaubt nicht . . .

vorziehen, einen Alten → Partnerwahl

(Hugo)

W

wache Sinne

Schau in die Welt mit wachen Sinnen,
wirst immer Neues ihr abgewinnen.
Blumenthal

Wachen, ewiges → Tod, sterbender
(Donne)

wachsen → Angriff
(Geibel)

wachsen, über sich selbst hinaus → erhaben
(Laotse)

Wachstum, unversteuertes

Es wächst der Baum und leistet seine
Frucht
und fragt nicht, wie der Fiskus es verbucht.
Hagelstange, Don Juans Tod

Waffe greifen, zur

Rüstiger als ein Schlaraffe
Greif ich meine blanke Waffe,
Und zu meinem Gegner sprech ich:
Sieh dich vor, geputzter Affe,
Denn beim letzten Verse stech ich.
Rostand, Duell des Herrn von Cyrano (Fulda)

Waffen

Lieber ein Messer als ein Wort.
Ein Messer kann stumpf sein.
Hilde Domin, Unaufhaltsamer Flug

→ Massenvernichtungsmittel

Waffen strecken, die → einschüchtern lassen, sich
(Biermann)

Waffen, unwirksame → erhaben
(Laotse)

Waffen, weibliche

Der Fächer wird in schöner Hand zum
Degen,
Und keine Seele ahnt, wieso, weswegen.
Byron, Don Juan

Waffengewalt → unterjochen

Waffenruhe → erholen, sich

Waffenruhe, allgemeine

Soldaten! Ruft's von Front zu Front:
Es ruhe das Gewehr!
Wer für die Reichen bluten konnt,
kann für die Seinen mehr.
Mühsam, Soldatenlied

wagen

Bleibe nicht am Boden heften.
Frisch gewagt und frisch hinaus!
Kopf und Arm mit heitern Kräften,
überall sind sie zu Haus.

Albumvers

Wenn Majestät uns doch nur sagen wollte,
Wer von uns hier das Wagnis wagen sollte.

Dolfs, Der Taucher

wagen → schaffen gehen

(Schiller)

Wahlkampf

Sie jilpen und schilpen und machen
Skandal
Und zetern, als hätten sie Reichtagswahl!

H. Seidel, Die Sperlinge

Wahn

Vielen hab ich abzubitten und so sei's
hiermit getan;
denn auch ich bin langgeschritten,
lang, durch eine Welt von Wahn.

Morgenstern

Wahn des Lebens

Von soviel Tagen in vergangnen Jahren
Find ich nicht einen, der mir selbst gehörte,
Weil mich des Lebens eitler Wahn betörte.

Michelangelo, Gedichte (nach Dörr)

Wahnsinn

Das Schlimme scheint oft trefflich
Vor einem, sobald ein Gott
Zu Wahn den Sinn hintreibet.

Sophokles, Antigone (Hölderlin)

Und eins ist wunderlich:
Das Wesen, das ich war,
Gleicht nicht dem Wesen, das ich bin–
Ob das der Wahnsinn ist?

Emily Dickinson (Gruenthal)

tiefer Gram umwölkt die Stirne,
Wahnsinn brütet im Gehirne . . .

Seidel, Hymne der Arbeit

Wahnsinn → Hiroshima

(Kaschnitz)

Wahnsinn → Weltkrieg, vierter

(Okopenko)

Wahnsinn, schöner

Schön war ihr Wahnsinn, ihrer Wange
Glut,
Noch scherzend in der Frühlingsstürme
Wut . . .

Mörike, Maler Nolten

wahnsinnig

Wie wahnsinnig ist der Krieg
Sieh doch dies Kind
im blutenden Europa

Follain, Sieh doch dies Kind (Kemp)

Wahnwitz

Wahnwitz im Rausch, Wahnwitz in
Wunsch und Wahl,
Maßlos im Taumel vor, nach, in der
Brunst,
Erdürstet Überglück, genossen Dunst,
Verzückt vor Wonne, dann erdrückt von
Qual –

Shakespeare, Sonette (Dehmel)

Wahre, das

Das Wahre ist ewig. Sein ernstes Wort
pflanzt von Geschlecht zu Geschlecht sich
fort.

Tegnér, Das Ewige (R. Braun)

Wahres ist schön → Schöne, das

(Keats)

Wahrheit

Was nicht rein ist, wird in Nacht
verschwinden,
Des Verwüsters Hand ist ausgestreckt
Und die Wahrheit wird den Menschen
finden,
Ob in Dunkel oder Glanz versteckt!

Tiedge, Elegie auf dem Schlachtfeld bei Kunersdorf

Wahrheit

Du haftest in der Welt, beschwert von
Ketten,
doch treibt, was wahr ist, Sprünge in die
Wand.
Du wachst und siehst im Dunkeln nach
dem Rechten,
dem unbekannten Ausgang zugewandt.

Ingeborg Bachmann, Was wahr ist

Hehle nimmer mit der Wahrheit!
bringt sie Leid, nicht bringt sie Reue;
doch weil Wahrheit eine Perle,
wirf sie auch nicht vor die Säue.

Storm

Willst du die Weisheit dir erjagen,
lerne die Wahrheit erst ertragen.

Sprichwort

Behängt nur die Ställe mit Flitter!
Die Wahrheit ist glanzlos . . .

Christine Busta, Krippensermon . . .

Der Vogel aus Holz kennt die Wahrheit.

Margot Scharpenberg, Spielzeug

Wenn Wahrheit ernste Miene macht,
schafft vielen sie nur Unbehagen;
doch wenn sie munter scherzt und lacht,
kann leichter man sie wohl vertragen.

Adolf Frankl

Wahrheit → Klarheit

(Dante)

Wahrheit → Weisheit

(Wunderhorn)

Wahrheit, abschreckende

Wer möchte diesen Erdenball
noch fernerhin betreten,
wenn wir Bewohner überall
die Wahrheit sagen täten?

W. Busch, Kritik des Herzens

Nicht jeder liebt den Arzt, der mit dem
Messer
kühn in das kranke Fleisch der Lügen
dringt.

M. Ring

Wahrheit, abschreckende → Lügen,
schöne

(Morgenstern)

Wahrheit, nackte

Die nackte Wahrheit paßt nicht mehr für
unsre Welt,
seit Vater Adam sich das erste Kleid
bestellt.

W. Müller

Wahrheit, reine

Reine Wahrheit, ewig und unsäglich,
irrt im Kreise, weil sie nie bewirkt.

Rühmkorf, Mailied für junge Genossin

Wahrheit, vergessene

Es galt kein Wort mehr ehrlich und klar,
Nur Lügen unvermessen . . .
Wir hatten die Wahrheit so ganz und gar
Vergessen, vergessen, vergessen.

Klabund, Die Ballade des Vergessens

Wahrheit, wechselnde

Ständig ändert sich
über meinem Haus die Wahrheit.

Krolow, Die Vorsicht

wahrnehmen und schweigen

Wer will haben seine Ruh,
der höre, sieh' und schweig dazu.

Sprichwort

Wahrnehmung → Dinge sind nur Widerschein

(Sologub)

Währungskrise

Ob uns der Papst, der weise Christ,
Den Ausweg aus der Krise weist,
Die, wie ihr rings im Kreise wißt,
Um manches Lands Devise kreist?

Mittler, Abwertung

Wald

Der grüne Wald ist Aufenthalt der Freiheit
 mir und dir.
Folg ich dir nach, was brauch ich Dach?
 was dir ziemt, ziemet mir.

Englische Ballade, Das nußbraune Mädchen (Herder)

Wald, kranker

Entsetzen hat den kranken Wald
 gepackt . . .
Wie Ast an Ast sich ächzend reibt und
 knackt . . .

Droste-Hülshoff

Wald, schützender

Wir lassen uns nicht schrecken
vom wilden Böhmerwald,
er kann uns gut bedecken
im Winter, wenn es kalt.

Kindervers

Wald- und Wiesengott

Wo keine Eisenwerke dröhnen,
Da tritt aus Wald und Wiese Gott,
Mit seiner Welt uns zu versöhnen . . .

Nach H. Lersch, Selbstbildnis

Wand

O Wand, die in meine
leblosen Stunden starrt
Wand, Wand, die meine Seele mit
Wundern genarrt.

van Hoddis

wandelbar → Erwerb, dauerhafter

wandeln, sich

Wir wandeln uns. Die Schiffer inbegriffen.
Der Rhein ist reguliert und eingedämmt.
Die Zeit vergeht. Man stirbt nicht mehr
 beim Schiffen,
Bloß weil ein blondes Weib sich dauernd
 kämmt.

Kästner, Der Handstand auf der Loreley

Wanderlust

Frisch auf drum, frisch auf drum im hellen
 Sonnenstrahl,
wohl über die Berge, wohl durch das tiefe
 Tal!

Geibel, Der Mai ist gekommen

wandern

An einem Sommermorgen,
da nimm den Wanderstab,
es fallen deine Sorgen
wie Nebel von dir ab.

Fontane (Volksweise)

Ich weiß in meinem Vaterland
Noch manchen Berg, o Liebe,
Noch manches Tal, das Hand in Hand
Uns zu durchwandern bliebe.

Keller, Die Entschwundene

wandern, gemeinsam → Ehe
(Geibel)

wandern, hinauf

Werft ab alle Sorgen und Qual
und wandert mit uns aus dem Tal!

Volkslied aus Schweden, Im Frühtau zu Berge

wandern, unruhig → gehetzt
(Eichrodt)

Wanderschaft

Mancher auf der Wanderschaft
Kommt ans Tor auf dunklen Pfaden.
Golden blüht der Baum der Gnaden
Aus der Erde kühlem Saft.

Trakl, Ein Winterabend

Wanderschaft → ruhelos
(Müller)

Wandersmann, ewiger → ruhelos
(Byron)

Wandervögel

Hei, die wilden Wandervögel
ziehen wieder durch die Nacht!
Schmettern ihre alten Lieder,
daß die Welt vom Schlaf erwacht.

Zschiesche, Wenn die bunten Fahnen wehen

Nur die Wandervögel, die
Einem jede Poesie
Und den Appetit verleiden,
Möcht ich meiden.

Ringelnatz, Ausflug nach Tirol

Wanzenbiß

Ich ward getränkt mit Bitternissen
Und grausam von den Wanzen
gebissen . . .

Heine, Rückschau

warm und kalt

Ihr fuhrs zum Herzen jäh und warm –
kalt war des fremden Liebsten Arm . . .

Lulu von Strauß und Torney, Mara

Wärme

Die Wärme bringt uns Hochgenuß,
Man fühlt sich wie aus einem Guß.

Frei nach E. Roth

Wärme, bessere → Spelunken

Wärmetherapie

Man hüllt dich gern in warme Decken,
Um deine Därme zu erwecken.

R. v. Normann, Kältegeschüttelt

warnen

Laß dich vom guten Engel warnen
Und nicht vom bösen dich umgarnen.

G. A. Bürger, Der wilde Jäger

ich habe gewarnt – nicht hart genug und
klar!
erst heute weiß ich, was ich schuldig
war . . .

Nach Haushofer, Schuld

Warnung an schöne Mädchen

Braunes schönes Mädchen,
bist so schmuck zu schauen,
sollst dich ins Gebüsch dort
nicht so weit getrauen!

Ungarische Ballade, Die gelbe Schlange (Lüdecke)

Warnung vor dem Jäger

Hirschlein, nimm dich wohl in acht,
wenn des Jägers Büchse kracht.

Volkslied aus Schlesien, Lustig ist das Zigeunerleben

Warnzeichen

Wenn Kröt und Natter sich verkrochen,
Dann wird der wilde Feind anpochen.

... Wunderhorn, Alte Prophezeiung ...

Wärter

wärter seht auch mal vorbei
macht uns keine schererei

Nach Christa Reinig

warten

Von Stunde zu Stunde gewartet' er
mit hoffender Seele der Wiederkehr ...

Schiller, Die Bürgschaft

An des Balkones Gitter lehnte ich
Und wartete, du mildes Licht, auf dich.

A. von Droste-Hülshoff, Mondesaufgang

Sie harrt auf wallendem Wasserthron
ihres Geliebten mit Sehnsucht schon

A. Oksanen, Des Fährmanns Bräute (nach Öhquist)

Mein Los ist Warten, sei's auch
Höllenpein,
Nicht schelt ich deine Lust, ob trüb, ob
rein.

Shakespeare, Sonette (Saenger)

wart ich hier noch länger dein,
holen wir sie nimmer ein.

Odyniec, Die Kriegsgefangene (Nitschmann)

Der Abendstern schon bricht
Hervor, um sich zu weiden
Am Anblick meiner Leiden,
Und sie erscheinet nicht.

Konfuzius, Abendklage (Rückert)

warten → Höflinge, wartende
(Milton)

warten können

Alles fügt sich und erfüllt sich,
mußt es nur erwarten können
und dem Werden deines Glückes
Jahr und Felder reichlich gönnen.

Morgenstern, Stilles Reifen

Wartewochen

das Wiedersehen, immerfort
durchbrochen
von der Sehnsucht langer
Wartewochen ...

Nach Christine Lavant

warum

Halt dich still, halte dich stumm,
Nur nicht forschen, warum? warum?

Fontane, Die Frage bleibt

waschen, sich

Und bist du schon mal reinlich,
Dann sei dabei nicht kleinlich!

R. v. Normann, Zweizeiler

Wasser

Alles ist aus dem Wasser entsprungen!
Alles wird durch Wasser erhalten!
Ozean, gönn uns dein ewiges Walten!

Goethe, Faust 2 (Thales)

Seit gestern sickert es schwer und gelassen
In breiten, leise rauschenden Massen
Über die Wege, über die Gassen
Und nimmt kein Ende.

Nach Verhaeren, Der Regen

Das Wasser rinnt, das Wasser spinnt,
bis es die ganze Welt gewinnt.

Morgenstern

Wasser, reines

Auch dem Wasser darf es in Kanälen
Nie am Laufe nie an Reine fehlen . . .

Goethe, Vermächtnis altpersischen Glaubens

O reines Wasser! Wasser meiner Jugend
und meiner alten Eltern
versiegter, längst versiegter
und toter Quell!

Hagelstange, Leben in der Hürde . . .

Wasser, sauberes

Sie murmeln Formeln wie die Zauberer,
Als würde dadurch ihr Wasser sauberer.

Ringelnatz, Cassel (Die Karpfen . . .)

Wasser sein, wie

Ich möchte ein wilder Gebirgsbach sein,
Klar, schäumend, rauschend und
blinkend,
Unaufhaltsam kämpfend von Stein zu
Stein
Mich an mir selber betrinkend.

Ringelnatz, Ausflug nach Tirol

Zu sein wie das Wasser,
warum vermag er's nicht,
der Mensch?

M. Hausmann, Überschwemmung

Wasser im Wein

Sie wissen, daß ein guter Christ
In Weißwein niemals Wasser gießt.

Nach A. Kopisch (Historie von Noah)

Wasser wie Wein

Sie trinken das Wasser wie Moselwein,
meinen, es müßte Champagner sein.

Volkslied aus Schlesien, Lustig ist das Zigeunerleben

Wasserkur

Ich kam zur Kur. Dies Wasser – muß ich
fühlen –
nimmt Gluten an, kann aber Glut nicht
kühlen.

Nach Shakespeare, Hundertvierundfünfzigstes Sonett

Wassernot

Die Herren sahn die Wassernot,
Sie sahen vorn und hinten Tod . . .

. . . Wunderhorn, Herzog von Sagan . . .

Wasserquelle

Das Wasser sprach: « Wo Binsen stehn,
Da sollst du nach mir graben,
Du wirst mich bei der Wurzel sehn,
Da will ich dich erlaben.»

. . . Wunderhorn, Die Wahrheit

Wassertier, glückliches → Leben, voriges
(Ringelnatz)

Wechsel

Die Dunkelheit ist innen nicht dunkel,
die Helligkeit innen nicht hell.
Unglück und Freude, Nacht und Gefunkel
verändern ihr Wesen schnell.

M. Hausmann, Silvester

Aus Sturz wird Flug, aus Flug wird Fall,
Und du bist ich und ich bin du –
Wir sind ein Ball
Aus Glaskristall,
Der Himmel wirft der Erde zu

Ruth Schaumann, Die Erde hebt die Hände hin

Wechsel → Vergänglichkeit; wiederholen, sich; Wirbel der Zeit

Wechsel und Dauer → Ewige, das
(Goethe)

Wechsel von Tag und Nacht → Licht Dunkel
(Hafis)

Wechselfälle

Die Wechselfälle der Zeiten sind wie das Gras, es wird gemäht.
Aber der Allmächtige befiehlt, daß es wieder ersteht.
Ma'arri, Irdische Vergänglichkeit

Wechselspiel der Liebe

Ein Jüngling liebt ein Mädchen,
Die hat einen andern erwählt;
Der andre liebt eine andre
Und hat sich mit dieser vermählt.
Heine

Weg, schwerer

Der Weg war steil, die Sonne stach,
und sein Panzerhemd war schwer,
doch ob er schier zusammenbrach,
er lief doch nebenher.
Fontane, Archibald Douglas

Weg der Erkenntnis

Anfang und Ende sind wohl verwandt,
Doch ist der Anfang blind, das Ende hat's erkannt.
Rückert, Die Weisheit der Brahmanen

Weg ist Wandlung → verwandeln, sich
(Shelley)

Weg zu dir

Ich möchte den Weg gehn
Von mir zu dir,
Aber immer verirr ich mich wieder
Vor meine eigene Tür.
Erika Burkart, Horizont im Gegenlicht

Weg zu Gott

Der nächste Weg zu Gott ist durch der Liebe Tür,
Der Weg der Wissenschaft bringt dich gar langsam für.
Angelus Silesius, Cherub. Wandersmann

Weg zu Gott → Aufstieg
(Morgenstern)

Weg zur Seligkeit

Nicht kenne den Weg ich zur Seligkeit;
Doch weiß ich das eine,
O Mutter, daß deine,
Daß nur deine Hilfe befreit von dem Leid.
Shankara, Hymnus an die göttliche Mutter (v. Glasenapp)

Wege, eigene

Was vermeid ich denn die Wege,
Wo die andren Wandrer gehn,
Suche mir versteckte Stege
Durch verschneite Felsenhöhn?
W. Müller, Der Wegweiser

Wege, krumme

Wir müssen viele Wege schreiten,
Die grade sich und schräge weiten,
Die oft sich auch in bangen Schluchten
Voll Finsternis zu Schlangen buchten.
Papentrigk

Wege finden

Der Wolken, Luft und Winden
Gibt Wege, Lauf und Bahn,
Der wird auch Wege finden,
Da dein Fuß gehen kann.

Gerhardt, Befiehl du deine Wege

Weg finden, immer einen → zurechtfinden, sich

(Wolff)

Wege Gottes

Denn im Schatten tiefen Dickichts
Laufen seine Wege,
Unerforschlich.

Aischylos, Die Schutzflehenden (Chor)

Wege weisen, gute → Geist, zum

(Kraus)

Weggeben, das → haben wollen

(Laotse)

weggehen können

Man muß weggehen können
und doch sein wie ein Baum ...

Hilde Domin, Ziehende Landschaft

weglassen, nicht

Als du, zu diskretem Zweck,
rauswillst, läßt sie dich nicht weg.

Kästner, Ball im Osten ...

Wehen, überstandene

Nein, es ist nicht mehr Erfindung
Der Journale – die Entbindung
Ist vollbracht, sie ist geschehen!
Überstanden sind die Wehen ...

Heine, Festgedicht

Weheruf

Ruft vom Brunnenraum die Krähe
von dem ästelosen: wehe ...

Bobrowski, Dorfmusik

Wehleidigkeit

So weit nun hab ichs schon gebracht
Mit meinem Schmerz bei Tag und
Nacht ...

Rückert, Klage

Weh- und Wermut

Trink mit mir von allen Freudenarten!
Weh- und Wermut wachsen jetzt von
selber,
auch der Apfel wird schon immer gelber,
Wenn er reif ist, steht der Tod im Garten.

Christine Lavant, Bernsteingelb ist das Geblüt der Erde

wehren, sich

Ich hielt am Arm sie fest, zu fest gewiß,
Sie wehrte sich und biß ...

Hadlaub, Kindische Liebe

Manch einer sichelt mit dem Schwert
Und pflanzt sich Lorbeer, blutgedüngt;
Zum Schluß ist keiner, der sich wehrt,
Wenn ihn der Tod zur Ruhe bringt.

Shirley, Der Sieger Tod (Flatter)

Weib

Die ganze Welt ist eitel Truggefüge!
Willkommen Weib, du einzig lebenswerte
Lüge!

Spitteler, Olympischer Frühling

Behalte dein Weib,
doch kauf ihr was Feines,
damit ihre Schwingen in Seide verfetten!

Majakowski, Die Wirbelsäulenflöte (Thoß)

Weib, berückendes

Wie hat mich dieses Weib berückt!
Das muß man sehen, wie sie die Blätter
des Maulbeerbaums am Wege pflückt.

Hieh-K-Oh, Ein schönes Kind

Weib, gebärfreudiges

Dank sei der stolzen Frau Schöne!
Sie ist ein treffliches Weib,
sie schenkt ihrem Mann zwei Söhne
zur Freude und zum Zeitvertreib.

Nach Oehlenschläger, Die beiden Kirchtürme

Weib, schönes

Es lebt im Norden ein schönes Weib
Von hohem Wuchs und weißem Leib . . .

Heine, Der weiße Elefant

Weib, schwaches

Weib, laß mich gehn und frag nicht mehr,
dein Herz ist schwach, mein Name schwer!

Lulu von Strauß und Torney, Mara

Weib besuchen, ein weiches

→ Abendstimmung

(Lichtenstein)

Weiber

Es gibt kein gutes Weib;
Gibt's eines oder zwei,
So frag' ich mich,
Wie Schlechtes plötzlich gut geworden sei.

Nach W. Opitz

Weiber, Erschaffung der

Aus vorgefundenem Urwaldsdreck
Schuf Gott die Männerleiber,
Und aus dem Männerrippenspeck
Schuf er die schönen Weiber.

Nach Heine, Schöpfungslieder

Weiber, zuviele

Sechzehn Weiber hab' ich jetzt,
fünf will ich verkaufen,
fünf will ich dem Schinder geben,
fünf will ich versaufen.
Wenn die Not am größten ist,
behalt' ich doch noch eine,
kommt der Teufel, holt sie mir,
bleib' ich halt alleine.

Bubenvers

Weib der Wonnen

Du warst nicht mehr die Jungfrau blind,
verführerischste der Madonnen:
Du warst das Weib der höchsten Wonnen,
und süßer Sünde Frucht dein Kind.

Morgenstern, Vor den Fresken der Appartamenti Borgia

Weiberlist

Und dieses Weibsbild war viel schlauer
Als wie der Teufel und der Bauer.

H. Seidel, Der betrogene Teufel

Weiberlist → Frauenlist

(Bürger)

Weibertrug

Pfui jenen Daunen! pfui auch dem Holze,
Das man fürs Brautbett schlug!
Pfui deinem Aug und deinem
Jungfernstolze,
All dem Weibertrug!

Bellman, Fredmans Soliloquium (H. v. Gumppenberg)

Weibliche, das

Das Weibliche gewinnt das Männliche
durch Hingebung.
Durch Hingebung wird es zur Mündung.

Laotse, Aus dem Tao-Te-King (Dallago)

weibliche Konkurrenz

«Wo hast du die holde Dirne her,
So zierlich und so schlank?
Sie macht, – sprich! wo hast du sie her –?
All unsern Mädchen bang . . .»

Schottisches Volkslied, Des Lords Marie (Wolff)

weichen

eh der dritte Akt verfloß,
weicht er gänzlich aus dem Schloß . . .

Odyniec, Die Gespenster (Nitschmann)

Weihnachten heute

Tannen lächeln
elektrische Liebe

Rose Ausländer, New Yorker Weihnachten

→ Wunder
(Reverdy)

Weihnacht → Kindesauge
(Mell)

Weihnachtsgaben

Nun teilt der gute Nikolaus
die schönen Weihnachtsgaben aus.
Das arme Kind hat sie gemacht,
dem reichen werden sie gebracht.

Mühsam, Dezember (Kalender)

Weihnachtsgans

Wir wollen sie nehmen und schlachten
Zum Braten auf Weihnachten.

Rückert, Das Männlein in der Gans

Weihnachtsmann → artig sein
(Kinderreim)

Wein

Eine Kanne Wein zu ihrer Zeit
Ist mehr wert als die Ewigkeit . . .

Li-Tai- Pe, Trinklied (Dehmel)

Wer nicht liebt Wein, Weiber und Gesang,
der bleibt ein Narr sein Leben lang.

Luther

Des süßen Weinstocks starker Saft
Bringt täglich neue Stärk und Kraft.

Gerhardt, Geh aus, mein Herz

Ich will dir deines Weibes Blick erhellen,
Und deinem Sohne geb ich Glanz und
 Kraft.
Ich will ihm kämpferisch die Seele
 schwellen,
Wie Öl, das zarte Ringermuskeln strafft.

Baudelaire, Die Seele des Weins (Reinhardt)

→ Zwiegespräch

Wein, betäubender

O schmutzige Herzen, fürchterliche
 Münder,
Verseuchte Lippen, treten in Funktion!
Bringt Wein zur Stärkung dieser
 schwachen Sünder,
Betäubt mit Wein der lahmen Lenden
 Hohn!

Rimbaud, Rückstrom nach Paris (Kleeborn)

Wein, kostenloser

Der Wein kost kein Heller
Im himmlischen Keller . . .

Bayr. Volkslied, Der Himmel hängt voller Geigen

Wein, neuer

Geraten ist der Wein; da lacht
Der Hausknecht, der Magister,
Der Wächter, der die Nacht durchwacht,
Der Kutscher, der Minister . . .

R. Baumbach, Neuer Wein

Wein und Liebe

Stimmet ein mit schwerer Zunge:
Bacchus lebe! Amor lebe!
Singt und sprint in trunknem Schwunge,
der uns allem Schmerz enthebe!
L. de' Medici, Maskenreigen (Goetz)

Wein und Wahrheit

Es hat das wahre Wort vom Sein gewagt,
wer es, erfüllt von dunklem Wein, gesagt.
Weischedel, Der trunkene Philosoph

Wein und Weib

Holt mir Wein in vollen Krügen!
–Notabene: Wein vom Sundgau–
Und ein Weib soll bei mir liegen!
–Notabene: eine Jungfrau –
Bellman, Trinklied (Klabund)

Weinpantscher, Weinprobe

siehe unten S. 504

weinen

Seht ihr ihn? seht doch, da sitzt er und
weint!
Seht ihr den Affen? da hockt er und
greint . . .
Li-Tai- Pe, Trinklied (Dehmel)

Die Mutter weint – um auszuruhn –
des Sonntags oft. Was bleibt mir nun?
Corbière, Der Schiffsjunge (G. Schneider)

Es ging durch sie ein unterirdisch Weinen,
Gleich heiserm Nachtwind zwischen
Leichensteinen.
Keats, Die Erscheinung des Geistes (Mell)

Du darfst nicht weinen, wein nicht vor mir,
des Himmels Tür steht offen vor dir . . .
Nordische Ballade, Die Meerfrau (Festesen)

weinen → Herbst im Herzen
(Tschang- Tsi)

Weinen löscht Flammen

In zweien Monden sie starben zusammen,
Ihr Weinen tät löschen die höllischen
Flammen.
. . . Wunderhorn, Vorladung vor Gottes Gericht

weinen und frieren → suchen
(Walter)

weinen und greinen → Abschiedsschmerz
(Volkslied)

weinen wollen → begehren
(Kleist)

weinende Welt

Es ist ein Weinen in der Welt,
Als ob der liebe Gott gestorben wär,
Und der bleierne Schatten, der niederfällt,
Lastet grabesschwer.
Lasker-Schüler, Weltende

Weinpantscher

Bedachtsam wie in eine Nuß
Zapft er vom Weine mit Verdruß,
Läßt dann herein in vollem Schuß
Den hochberühmten klaren Fluß.
Pocci, Hans Teuerlich

Weinprobe

Wachtmeister seinen Schnurrbart streicht
Und mustert ernst die Fässer.
Die Heldenaugen werden feucht
Dem alten Eisenfresser . . .
R. Baumbach, Neuer Wein

weinselig

Du leerest den funkelnden Becher kaum,
da scheint die Welt dir ein eitler Traum,
dir flieht der Erinnerung bleiches Heer,
dein Herz, so schwer und freudenleer, wird leicht vom perlenden Schaum.

Welhaven, Der umgekehrte Becher (Passarge)

weise und leise

Und sie nickten ihm zu
und lächelten weise.
Und sagten: Oh, Yes!
Aber leise.

Hagelstange, Bei den schwarzen Baptisten

Weise und Greise

Der Weise findet Greise windig,
die noch am Schluß der Reise gaffen.
Sie sind für ihn nur greise Affen
und auf besondere Weise grindig.

Palm-Nesselmanns, Im Winter pflückt man keine Kirschen mehr

Weisen, die

Voll von Hoffnung sind immer die Weisen.
Manchen führen die Götter zum Ziele,
Manchen stürzen sie in die Tiefe.

Euripides, Bacchantinnen (Goldscheider)

Weisheit des Schöpfers → Buch des Lebens

(Drummond)

Weisheit und Glauben

Da die Weisheit mühevoll du fandst,
Büßtest du doch nicht den Glauben ein.

Platen, Ghaselen

Weisheit und Wahrheit

Wenn dich aber hoch beflecket
Deiner Weisheit stolzer Witz
Sich alsdann vor dir verstecket
Wahrer Wahrheit klarer Blitz . . .

. . . Wunderhorn, Werd ein Kind!

Weisheitsbuch → Buch der Bücher

(Grabbe)

Weisheitsopfer

Weisheit um einen Tanz? Nein, man kauft sie mit allem,
Was ein Mensch nur besitzt: Weib, Kind und Heim.

Blake, Enion (Goldscheider)

Weissagung → Seher

(Puschkin)

weißer als weiß

Unmöglich, dacht ich, kann auf Erden
Was Weißres aufgefunden werden.

Brockes, Kirschblüte bei der Nacht

Des Himalaja Gipfelschnee
Erscheint aschgrau in ihrer Näh' . . .

Heine, Der weiße Elefant

weit

Die Welt ist weit. Und weit bist du,
Wo enden Weg und Reise?
Ich hör dem großen Regen zu –
Mein kleiner Hund bellt leise.

Silja Walter, Mein kleiner weißer Hund und ich

weiter geht es

Die Herzen sind voll Leid und Schmerz;
Denn weiter geht's, nicht heimatwärts.

Aus dem Schi-king, Die Krieger . . . (v. Strauß)

weitergehen → nackt gehen

(McLeish)

weiterwanken

Wenn wir wieder weiterwanken,
werden wir uns schön bedanken.

Kinderreim

weiterziehen, unverzagt

Ist heut der Himmel klar und heiter
und morgen grau und trüb,
wir ziehen unsre Straße weiter
und singen noch ein Lied.

Volksweise, Hans Spielmann

welk

Dem Wind gehört im Herbst das welke
Laub der Eichen . . .
Ich bin vom Stamm gelöst wie diese
Blätterleichen.

Alphonse de Lamartine, Einsamkeit (Geibel/Leuthold)

Die Hüften welk, die Brüste schlapp.
– Wie scheußlich kamen sie herab! –

Nach Villon, Klage der schönen Helmschmiedin

Was welk in uns, das soll schnell fallen
Wie in den bunten Blättern allen.

Nach Stieler

welken

Da's kein Junggesell
Seiner Freundin gab,
Welkt es doch so schnell?
Fällt es doch schon ab?
(Das Röschen)

Cats, Liedchen (Platen)

Es welkt der Kranz in deinem Haar,
Drum, hoher Held, tu ab die Pracht;
Dein Sieg, dein Ruhm, so groß er war . . .

Shirley, Der Sieger Tod (Flatter)

Welken muß die Blüte
In der Zeiten Flucht;
Aber im Gemüte
Bleibt die reife Frucht.

Bodenstedt

Leicht welkt die Blum', eh's Abend,
weil achtlos du verwischt
den Tropfen Tau, der labend
am Morgen sie erfrischt.

J. Hammer

Welle

Eine Welle läuft leise
schon lang nebenher,
sie denkt wohl, ich reise
hinunter zum Meer . . .

Morgenstern, Auf dem Strome

Wellen → Spiel mit der Vergänglichkeit

(Kaschnitz)

Wellen, menschenfressende

Mit feurigen Geißeln peitscht das Meer
die menschenfressenden Rosse daher;
sie schnauben und schäumen.

Otto Ernst, Nis Randers

Wellenspiel des Lebens

Still seh ich, wie zu seiner Mündung
Des Lebens Wellenspiel mich reißt.
Erhöht die Schwermut die Empfindung,
So hebt Ergebung meinen Geist.

Salis-Seewis

Welt

Die Welt ist einem Fährboot zu
vergleichen,
Drin Leute auf der Fahrt zusammenstehn,
Die, wenn sie nach der Fahrt vom Boote
steigen,
Sich gleich zerstreun und nie mehr
wiedersehn.

Kabîr (v. Glasenapp)

Welt, angenehme → angenehm

(Busch)

Welt, aus der

Und keiner fällt aus dieser Welt –
Es sei denn, daß es Gott gefällt.

Nach C. F. Meyer

Welt, fremde

Durch die Gitterstäbe meines Herzens
scheint die Welt mir seltsam fremd

Friederike Mayröcker

Welt, für eine neue

Einsam singend im Westen, schlage ich die
Saiten an für eine neue Welt.

Whitman, Selbstbildnis (Reisiger)

Welt, glückliche

Sommerlich sind noch die Stühle
auf die Straße gestellt,
Bilder, Farben, Gefühle,
Schmuck einer glücklichen Welt.

Herrmann-Neisse, Rast auf der Flucht

Welt, heimliche

Sprich aus der Ferne,
Heimliche Welt,
Die sich so gerne
Zu mir gesellt!

C. Brentano

Welt, heitere

Und weiter es und weiter hellt,–
Wie bist du reich und heiter, Welt!

Papentrigk, Moselfahrt

Welt, höhere

Ach! so schau ich nach den Höhen,
Wo in einer wärmeren Welt
Keine Eisgebirge stehen
Und der Schnee nicht wieder fällt.

Schubart, Todesgedanken . . .

Welt, lustige

Wie lustig ist die Welt! Wie
unterhaltungstoll!
Von ewigem Gesang und von Musik so
voll!

Petöfi, Sternlose Nächte

Welt, neue

Der Mensch, den Traum vom Mond
begrabend,
Sieht nun die Welt, von Zwietracht frei,
Als heimatlichen Stern am Abend.
Und seufzt dabei.

Krüss, Das Lied vom neuen Monde

Welt, schlechte

Ja, lieber Freund, da hast du recht,
die Welt ist ganz erbärmlich schlecht,
ein jeder Mensch ein Bösewicht –
nur du und ich natürlich nicht.

Nach P. Baehr

In dieser Welt, von Übeln krank, vom Blute
rot,
Tut Geist und Schönheit, tut ein Flecklein
Himmel not . . .

Spitteler, Olympischer Frühling

Welt, schöne

Der Liebe Gott geht durch den Wald,
Von der Etsch bis an den Belt,
Daß es lustig zum Himmel schallt:
Fahr wohl, du schöne Welt!

Klabund, Deutsches Volkslied

Welt, unverwundbare

Wisse, wenn in Schmerzenstunden
dir das Blut vom Herzen spritzt:
Niemand kann die Welt verwunden,
nur die Schale wird geritzt.

Bergengruen, Die heile Welt

Welt, verfluchte

Ade, verfluchte Welt! du See voll rauher
Stürme!
Glück zu, mein Vaterland! das stete Ruh im
Schirme
Und Schutz und Frieden hält, du ewig
lichtes Schloß!

Gryphius, An die Welt

Welt, verkehrte

Das ist ja die verkehrte Welt,
Wir gehen auf den Köpfen!
Die Jäger werden dutzendweis'
Erschossen von den Schnepfen.

Heine, Verkehrte Welt

Hier können kaum die Kenner
in Herz und Nieren schauen.
Hier sind die Frauen Männer.
Hier sind die Männer Frauen.

Kästner, Ragout fin de siècle

Ich will euch singen und will nicht lügen:
Ich sah drei gebratene Tauben fliegen,
Sie flogen also schnelle,
Sie hatten die Bäuche gen Himmel gekehrt,
Den Rücken nach der Hölle.

Unbekannter Verfasser

Welt, verkehrte → Paradies auf Erden

(Rühmkorf)

Welt, verlorene

Hast du nicht lange schon alles geopfert?
Und wem
bist du noch auserkoren?
Finde ein anderes Sonnensystem.
Diese Welt ist verloren.

Dagmar Nick, Unterwegs III

Welt als Kramladen

Die Welt ist wie ein Kram, hat Waren ganze
Haufen;
Um Arbeit stehn sie feil und sind durch
Fleiß zu kaufen.

Logau, Sinngedichte

Welt der Wunder

wir, Schöpfer unsrer Träume lassen
wissen:
Die Welt der Wunder wurde abgerissen.

Meckel, Erlaß

Welt ergründen, die

Und sie wollen in den Sternen finden,
was sie suchen und die Welt ergründen,
und ihr Herz ist dunkler als das Haus.

Dagmar Nick, Die Schlaflosen

Welt erobern

Was soll dies kindische Verzagen,
dies eitle Wünschen ohne Halt?
Da du der Welt nicht kannst entsagen,
erobre sie dir mit Gewalt!

Platen

Welt erraffen, die → Moskau

(Kulis)

Welt in Ordnung → Zeitung, ohne

(Kirsch)

Welt in Scherben

Ah, so entstellt ist deine Welt,
In Scherben ganz zerschellt? . . .

Thompson, Der Jagdhund des Himmels (Haecker)

Welt ohne Musik

Ich habe zu Hause ein blaues Klavier
Und kenne doch keine Note.
Es steht im Dunkel der Kellertür,
Seitdem die Welt verrohte.
Else Lasker-Schüler, Mein blaues Klavier

Welt ohne Schmerz und Lust → Sternen, in den
(Claudius)

Welt verbessern

Ab heute reden wir ungefragt:
laßt euch den Wein nicht verwässern!
Die Welt ist schlecht, ist leicht gesagt:
wir müssen sie verbessern!
V. von Törne, Lied für Kulis und Kumpels

Welt zwingen, zum Glück

Was euch mißlang, wird uns gelingen.
Das Ziel, das wir erreichen werden, heißt:
Die Welt zu ihrem Glück zu zwingen!
Kästner, Das ohnmächtige Zwiegespräch

Welt zu Füßen, die

Oh, das ist Glück, wenn so zerschlagen
die Welt zu deinen Füßen liegt;
wohin dich deine Flügel tragen,
ist aller Raum und Zeit besiegt . . .
Morgenstern, Der freie Geist

Weltall ruht auf Toten, das → Landung, letzte

Weltanschauung

Wer sich den Sinn wahrt für Humor,
dem kommt die Welt auch lustig vor.
Verfasser unbekannt

Drum wisse, was dir dünkt die Welt zu sein –
das ist der Widerschein von deinem Herzen –
sie ist voll Lust, wenn dieses klar und rein –
wenn trüb der Sinn, so ist sie voller Schmerzen.
Verfasser unbekannt

Weltanschauung → Lebenseinstellung
(Verfasser unbekannt)

Weltbetrachtung

Ein Bettler wird zum Könige im Traum,
Ein Armer wird zum Herrn im Himmelsraum;
Nichts blieb den zwein, als sie vom Traum erwachten:
So, Menschen, sollt ihr auch die Welt betrachten.
Tulsîdâs (Glasenapp)

Weltbild

Euer geschlossenes Weltbild,
ein Zuchthaus . . .
Sabais, Sozialistische Elegie

Welten, fremde → treibenlassen, sich
(Ringelnatz)

Welten, viele

Ich weiß, daß über mir und mir zu Füßen
und um mich Welt an Welt sich reiht;
fernher ertönt zu meinem Ohr ein Grüßen
aus dämmernder Unendlichkeit.
Schack

Weltengrund → Rose
(Langgässer)

Weltende

es herrschen Stolz und böser Rat
und Neid und Zwietracht früh und spat,
und Gier und Schmutz erblickt man nur;
das Ende dieser Welt uns naht:
Denn alles fällt aus der Natur.

Dechamps, Ballade von der großen Wandlung der Zeiten . . . (Gsteiger)

Am Tage des Weltendes
Summt um die Kapuzinerkresse eine Biene . . .

Czeslaw Milosz, Lied vom Weltende

weltentrückt und züchtig

Gib, daß die Jungfrau weltentrückt
Sich reiner Wonnen freue,
Und züchtger Lieb und Treue
Hauch in der Fraun Gemüt.

Manzoni, Pfingsten (Heyse)

Welterhalter

Der alten Welt bist du doch kein Erhalter,
Gibst du ihr Plunder aus dem Mittelalter.

Nach Karl Kraus (Der Zeuge)

Welterlöser, ohnmächtiger

Doch gibt es Höllen, aus deren Haft
Unmöglich jede Befreiung;
Hier hilft kein Beten, ohnmächtig ist hier
Des Welterlösers Verzeihung.

Heine, Deutschland – Ein Wintermärchen

Welterwecker → Wandervögel

(Zschiesche)

Weltflucht

Wer kann ohne zu sterben dich fliehen, o Leben, unzählbar
Ist dein Leiden!

Aisop, Das Leben (Chr. zu Stolberg)

Weltflucht → aussteigen

(Bürger)

Weltflucht → lassen

(Mörike)

Weltflucht → weinselig

(Welhaven)

Weltgeheimnis

Einst waren alle tief und stumm,
Und alle wußten drum.

Hofmannsthal, Weltgeheimnis

Weltgeschichte

Nein die Erde besäuft sich nicht
Die Erde torkelt nicht umher
Sie schiebt brav ihr Wägelchen durch den Kalender

Prévert, Das Lied vom Blut (Kusenberg)

Weltgeschichte eingehen, in die → Mahnmal

(Tiedge)

Weltgeschichte zurückdrehen, die

Abel steh auf
damit es wieder anders anfängt
zwischen uns allen

Hilde Domin

Weltkrieg, vierter

Unter uns, gnädige Frau: Sind sie von der Notwendigkeit eines vierten Weltkrieges überzeugt?

Okopenko, Prosa hinter dem Wahnsinn

Weltordnung, neue

Ordnet die Himmel neu,
ihr Herrscher der Heerscharen,
setzt den Monden,
die ihr mit euren Sonden beleidigt,
neue Gezeiten . . .
Dagmar Nick, Den Generälen ins Soldbuch

Weltraum

So viel düsteres Licht ist im Weltraum,
so viel plötzlich verblichene Weiten . . .
P. Neruda, Die Uhr, die im Meer versank (Arendt)

Weltraum zwischen uns

Der Weltraum fernt mich weit von Dir,
So fernt mich nicht die Zeit . . .
Klopstock, Das Wiedersehen

Weltregierung → Frieden, endgültiger
(Kästner)

Weltreise, überflüssige

Die Welt ist rund. Was nützt es am End',
Zu schaukeln auf müßiger Welle!
Der Weltumsegler kommt zuletzt
Zurück auf dieselbe Stelle.
Heine, Unsere Marine

Weltschmerz

Wo ist die Sonne, die mich auflösen kann!
Oder der Blitz, der mich zerschmettern
kann!
Lasker-Schüler, Weltschmerz

Weltsprache Liebe → Sprache
(Hafis)

Weltstoff

Die Welt ist aus dem Stoff,
der Betrachtung verlangt . . .
Ilse Aichinger, Winterantwort

Welttheater → vorbei

weltumspannend

Sein Haupt ruht dicht vor Englands
Strand,
die Schwanzflosse spielt bei Brasiliens
Sand.
Liliencron, Trutz, Blanke Hans

Weltuntergang

Windzeit und Wolfszeit
Muß erst werden
Ehe die Welt
Wanket und weicht.
Aus der Edda, Götterdämmerung (W. Jordan)

Auf diese Art geht die Welt zugrund
nicht mit Gewalt: mit Gewimmer.
Eliot, Die hohlen Männer (Enzensberger)

Der Sturm ist da, die wilden Meere hupfen
An Land, um dicke Dämme zu zerdrücken.
Die meisten Menschen haben einen
Schnupfen.
Die Eisenbahnen fallen von den Brücken.
von Hoddis, Weltende

Weltuntergang → Ende, schlimmes
(Lichtenstein),

Sorgen abwerfen
(le Fort)

Weltuntergangszeichen

Der Hund hält erschrocken den Mund.
Der Himmel liegt auf der falschen Seite.
Den Sternen wird das Treiben zu bunt.
Die Droschken suchen das Weite.
A. Lichtenstein, Die Zeichen

Es riecht nach Weltenuntergang
viel stärker als nach Obst und Korn,
der Vogel, der am Mittag sang,
dreht jetzt sein Opfer auf den Dorn . . .
Christine Lavant

Weltverkehr

«Mein lieber, unbekannter Fisch im
Meere,
Ich habe Ihren Wunsch vernommen.
Auch ich ersehne ein Zusammenkommen.
Auf meiner Seite wäre ja die Ehre . . .»

Ringelnatz, Weltverkehr

Wende, die → Aufwärtswende

(Morgenstern)

wenn

Wenn das Wörtchen
Wenn nicht wär,
Wär mein Vater
Millionär.

Kinderreim

Wenn und Aber

Der Mann, der das Wenn und das Aber
erdacht,
Hat sich aus Häckerling Gold schon
gemacht.

G. A. Bürger, Der Kaiser und der Abt

Hat man erst das Wenn erstiegen,
sieht man schnell das Aber liegen.

Sprichwort

Werberuf

Und der Unken Urgroßahne
–niemand weiß, wann Gott ihn schuf–
ruft, daß er sein Weibchen mahne,
seinen dunklen Werberuf.

Morgenstern, Der alte Steinbruch

Werbung → Freier, die

(Jacobsen)

Werbung, Wirkung der

Und weil sie so zäh und künstlerisch
Blieb, war ich ihr endlich zu Willen.
Es liegen auf meinem Frühstückstisch
Nun täglich zwei Bettnässer-Pillen.

Ringelnatz, Reklame

werden und vergehen

Ich bin nur ich in meinem Micherlesen,
Und um zu werden, muß ich mir
entschweben,
Denn nur auf mir beruht das Urgenesen.

Däubler, Die Vorsonne

→ stirb und werde; Phönix

Werk, göttliches

Wunder sind deine Werke alle:
Das fühlet meine Seele tief.

Psalm 139 (Herder)

Denn göttliches Werk auch gleichet dem
unsern.
Nicht alles will der Höchste zumal.

Hölderlin, Patmos

Werk der Waffen → Krieg

(Li Tai Pe)

Werk mit Herz

Zwar ein Werk, wie allerwärts,
doch zugleich ein Werk – mit Herz.

Morgenstern, Palmströms Uhr

Wertänderung → Kunst, Wert der

(Morgenstern)

Wesen, höhere

Heil den unbekannten
höhern Wesen,
die wir ahnen!
Ihnen gleiche der Mensch!

Goethe, Das Göttliche

wesentlich

Mensch, werde wesentlich; denn wann die Welt vergeht,
So fällt der Zufall weg, das Wesen, das besteht.

Angelus Silesius

Wette, erstaunliche

Setze du die Hosen und Stiefel ein,
ich halte dagegen die Jungfernschaft mein.

Nordische Ballade, Würfelspiel zwischen Königstochter und Bootsmann (Festesen)

wetten und wagen → schaffen gehen

(Schiller)

Wetterbericht

Es rauschte durch den Blätterwald:
Jetzt gibt es schlechtes Wetter bald.

M. u. R. v. Normann, Wetter-geschüttelt

Wetterfühligkeit

Im Garten heut der Vetter wühlt,
Wie wild, weil er das Wetter fühlt.

Müller-Gräfe, Lob der Arbeit, wenn das Wetter sticht

Wetterwechsel

Es regnet, es regnet,
es regnet seinen Lauf,
und wenn's genug geregnet hat,
dann hört es wieder auf.

Kinderlied

widersetzen, sich

Als Sünder bin ich heut gewandelt
Ich habe dein Gebot verletzt,
Mich dir in allem widersetzt
Und wider meine Pflicht gehandelt.

Nach Joh. Chr. Günther

Widerstand bis in den Tod

Ihr zwingt mich nicht, ihr zwingt mich nicht!
Seht, wie der Tod die Fessel bricht!

K. Kraus, Der sterbende Soldat

Widerstand

An allen Siegestoren haben
Rebellen Dynamit vergraben!

Przyboś, Gleichung des Herzens (Dedecius)

widerstandsfähig → abgehärtet

(Claudius)

Widerstreit, ewiger → Licht und Dunkel

(Kaschnitz)

widmen

Und magst dus nicht haben zu eignem Gewinnst,
So bleib es gewidmet dem göttlichen Dienst!

Schiller, Der Graf von Habsburg

wiederfinden

Ich weiß ja doch, daß ich am Ende
Des langen Wegs dich auch nicht fände.

Nach Martial, Entschuldigung

wiederholen, sich

Da geh'n die einen müde fort,
die andern nah'n behende,
das alte Stück, man spielt's so fort
und kriegt es nie zu Ende.

Eichendorff, Mich brennt's in meinen Reiseschuh'n

Alles wiederholt sich nur im Leben,
ewig jung ist nur die Phantasie.
Was sich nie und nirgends hat begeben,
das allein veraltet nie.

Schiller

Wiederkehr, Christi

Christus hat einst durch sein Kommen
Uns des Teufels Reich genommen;
Kommt er jetzt nicht bald hernieder,
Kriegt der Teufel alles wieder.

Logau, Sinngedichte

Wiederkehr, göttliche

Siehst du, mein Kind, ich halte Wort,
Und ich komme, und mit mir kommt
Die alte Zeit, wo die Götter des Himmels
Niederstiegen zu Töchtern der
Menschen . . .

Heine, Die Nacht am Strande

Wiederkehr des Menschen → Seelenwanderung

(Busch)

Wiederkehr, keine → Vergangenheit

(Nick)

wiederkommen, nicht

Dann legt er sich zu seinen Vätern nieder,
Und er kömmt nimmer wieder.

M. Claudius, Der Mensch

Wiedersehen

Und was auch sonst der Welt an Reiz
verblieben,
Nichts kann mich trösten als ihr
Wiedersehn,
Den holden Blick, den Gott und Menschen
lieben,
In fleckenloser Schöne zu erspähn.

Spenser, Sonett (Regis)

Leb wohl! Auf Wiedersehn – vielleicht:
Beim ewigen Lautenstimmer.
Du hast die Herberg bald erreicht,
Ich – nimmer, nimmer, nimmer.

Chines. Gedicht, Geleit (Klabund)

Deine Wange und meine sind regenkalt,
Doch das Wiedersehn erwärmt sie bald.

D. G. Rosetti, Und ein Wind bläst Nacht und Tag

Allen, die ihn wiederkennen,
Tränen in den Augen brennen . . .

Nach Simonow, Der Deutsche (Nach W. Kasack)

Wenn Menschen auseinander gehn,
So sagen sie: Auf Wiedersehn!

Feuchtersleben, Nach altdeutscher Weise

Und die Menschen kommen, gehen.
Alles lebt vom Wiedersehen.

Nach Ringelnatz

Wiedersehen nach dem Tod

Geh kühnen Schritt, tu tapfern Tritt,
Groß ist die Welt und dein.
Wir werden, mein Kind nach dem letzten
Schritt
Wieder beisammen sein.

Goes, Die Schritte

Wirst gewiß ihn wieder sehn,
Und darfst fröhlich von dem Grabe gehn.

Claudius, Die Eltern am Grabe

Wiege, in der

Während ihr in den Wiegen schreit oder
lächelt,
wendet der Sturm eine Seite um nach der
anderen . . .

G. Maurer, Die ihr geboren werdet heute . . .

Wiegenlied

Der Mond, der scheint,
das Kindlein weint,
die Glock schlägt zwölf,
daß Gott doch allen Kranken helf!

Wiegenlied

Wiegenrand, bis zum → Verstand verlieren, den

(Lavant)

Wildnis

Hier auf öder Wildnis ruht ein Fluch ...
Wie ein weites weißes Leichentuch.

Tiedge, Elegie auf dem Schlachtfeld ...

Wille, guter

Die Eule, die nicht singen kann,
Zeigt doch mit ihrem Heulen an,
Daß sie Gott preisen will.
Sonst bliebe sie wohl still.

Frei nach Grimmelshausen

Wille, letzter

Noch einmal möcht ich vor dem Sterben
Um Frauenhuld beseligt werben.

Heine, Der Abgekühlte

Wille, unser

Macht den König absolut,
Wenn er unsern Willen tut.

Nach Chamisso, Nachtwächterlied

Wille Gottes → stillhalten

(Neumark)

Willen, zu → fügen, sich

(Gorki)

Willen haben, seinen

Er freute sich im stillen:
Nun hab ich meinen Willen!

E. Heimeran, Der schwarze Schimmel

Willen lassen, den

Laßt ihm, laßt ihm seinen Willen,
er hat den Kopf voll Grillen!

Lübecker Kindervers

Willensfreiheit

Das Höchste bleibt ein freier Wille,
der, unverwirrt von Fleisch und Blut,
fest und getreu in Sturm und Stille
das Gute, weil es gut ist, tut.

Geibel

Sei still in deiner Stille,
Wie wenn dich niemand sieht.
Auch was dann geschieht,
Ist nicht dein Wille.

Ringelnatz, Psst!

→ Vorbestimmung

Willkommen

Wenn du kommst, um zu erfreun,
Wirst du stets willkommen sein.–
Bist du traurig, bleib allein ...

Bodenstedt

Ob du ein Bettler, du bist reich,
ob krank dein Herz, dein Mut beklommen;
gesunden wirst du allsogleich,
hörst du das süße Wort: Willkommen!

A. Traeger

willkommener Tag

Sei uns willkommen, lieber Tag,
vor dir die Nacht nicht bleiben mag.

Erasmus Alber, Steht auf, ihr lieben Kinderlein

Wind, herzerfrischender

Was bedeutet die Bewegung?
Bringt der Ostwind frohe Kunde?
Seiner Schwingen frische Regung
Kühlt des Herzens tiefe Wunde

Marianne v. Willemer

Windmacher

Da öffnet er die Kist'n geschwind:
da war nichts drin als lauter Wind.

Volkslied aus Westfalen

winken

Sie winkte von den Zinnen hoch
Ihm nach, als er von hinnen zog.

Nach Papentrigk, Moselfahrt

Winter

Der Winter ist ein rechter Mann,
Kernfest und auf die Dauer;
Sein Fleisch fühlt sich wie Eisen an
Und scheut nicht süß noch sauer.

M. Claudius, Ein Lied, hinterm Ofen zu singen

Warum doch kanns nicht ewig Winter
bleiben?
Dem Liebenden erschien die Zeit so schön.
Wie gerne hört ich wieder an den Scheiben
Des leichten Hagels springendes Getön!

de Béranger, Verwünschter Frühling (E. Geibel)

Weh mir, wo nehm ich, wenn
Es Winter ist, die Blumen, und wo
Den Sonnenschein,
Und Schatten der Erde?

Hölderlin, Hälfte des Lebens

Wirbel der Zeit

Bald ist nichts mehr, wie es war
gestern um dieselbe Stunde,
nur der Wirbel rinnt die Runde
schwarz und lockend immerdar.

Christine Lavant

wirken → schaffen gehen

(Schiller)

Wirklichkeit → Christusbilder

(Cendrars)

Wirklichkeit → Leben in der Zeit

(Hausmann)

Wirklichkeit und Theater → Theater

(Morgenstern)

Wirklichkeiten, unsichtbare → Gespenster

(Busch)

Wirkung, nachlassende → Zauber,
nachlassender

(Seidel)

Wirtshaus als Zuflucht → Zufluchtstätte

(Müller)

wissen

Ich möchte, was ich weiß, nicht wieder
missen,
und was ich missen werde, doch nicht
länger wissen.

Hagelstange, Liebeslied des Paris

Wissen, wertloses

Ich kannte einen Regenwurm,
Der sich dreimal ringelte,
Wenn man dreimal klingelte.
Doch sprach Professor Friedrich Stur:
«Das reicht noch nicht zum Abitur!»

Guggemoos, Der gescheite Regenwurm

Wissenschaft

Was in Jahrhunderten gewachsen war,
vernichtet nun in Stunden jäh die Kraft
gewissenlos mißbrauchter Wissenschaft.

Haushofer, Silvestersegen

Sie werden die eiserne Maske der
Wissenschaft zerbrechen,
um die Seele auf dem Antlitz des Wissens
sichtbar zu machen.

József, Die künftigen Menschen (Hermlin)

Wie hat es doch an allen Orten
Die Wissenschaft so weit gebracht!
Ehrfürchtig lauschen wir den Worten,
Mit denen sie uns schwindeln macht.

Krüss, Hochwissenschaftlich

Doch die Wissenschaft, man weiß es,
achtet nicht des Laienfleißes.
Morgenstern, Die Wissenschaft (Palmström)

Wissenschaft, ohne

Wer ist der Mann, der Gottes Rat
verdunkelt,
Mit Worten ohne Wissenschaft?
Aus dem Buch Hiob VII (Herder)

Wissenschaft, Weg der → Weg zu Gott
(Angelus Silesius)

Wissenschaftler

Ich pocht auch bei Gelehrten an,
Weil ehrlich ist ihr Wandel,
Doch ist ihr Werk ein Trug und Wahn
Und spärlich nach dem Handel.
...Wunderhorn, Die Wahrheit

Müßt ihr euch immer prügeln,
wenn ihr aufs Forum wandelt,
könnt ihr euch nicht beflügeln,
wenn ihr von Großem handelt?
Morgenstern, Gelehrte

Wissenschaftler → Forscher
(Chaijam)

Wissensgut → Doktorhut
(Diels)

Witwe, schnell entschlossene

Man zeigte seinen Tod mir an,
da nahm ich einen andern Mann.
Nach Villon, Die Rückkehr des Seemanns (v. Rexroth)

Witz

Nichts ist so kümmerlich
so kleinlich und so kläglich,
das nicht Humor und Witz
dir machen noch erträglich.
Güll

Den Rat will ich dir geben,
er ist zu allem nütz:
Je ernster ist das Leben,
je mehr brauchst du den Witz!
Zoozmann

Witz oder Wunder

Wenn die Bienen oder Mücken
In die Schabenzeitung blicken,
Lachen Sie sich krumm und schief.
Aber wenn die Küchenschaben
In der Hand die Zeitung haben,
Dann bewundern sie sie tief.
Krüss, Höpftbönöff

wohin

Ich weiß es nicht, wohin ich steure.
O ihr Unsterblichen, ich bin der Eure.
Unbek. Chin. Dichter, Auf dem Fluß (Klabund)

Wohin ist der kleine Jakob gegangen?
Es hat ihn ein Unterird'scher gefangen ...
E. M. Arndt, Klage um den kleinen Jakob

Wohin mit dem Leichenstein? →
Leichenstein
(Fontane)

Wohl, flüchtiges

Noch bin ich froh und schon von Gram
genarrt.
Mein flüchtig Wohl ist ohne
Gegenwart ...
Louize Labé, Sonette (v. Schaukal)

Wohl, leibliches

Hab' Kaffee getrunken, hab' Kuchen
gegessen,
Hab' manche schöne Puppe besessen ...
Heine, Rückschau

wohl geraten

Laß unser Werk geraten wohl,
was jeder heut ausrichten soll . . .
Nikolaus Herman, Die helle Sonn leucht' jetzt herfür

Wohlgerüche

Und der Wind hebt kosend das Gewebe
Ihrer Ärmel auf und führt den Zauber
Ihrer Wohlgerüche durch die Luft.
Li-Tai-Po, Am Ufer (Bethge)

Wohlsein → Glauben, bequemer
(Blake)

Wohlstand

Wohl dem, der lebt in stiller Welt
In Gut und Gold und Überfluß,
Nicht merkt den schweren Regenguß,
Den Baum, der dumpf im Walde fällt.
Wilde, Sieg (Goldscheider)

Die Propertät ist sehr zu schätzen,
Doch kann sie manches nicht ersetzen.
W. Busch, Die fromme Helene

Wohlstand, gegen den

So zogen wir mit der eisernen Ration,
Um im Stahlbad vom Wohlstand zu
gesunden –
So zogen wir, von der Mordkommission
Zum Erschießen tauglich befunden –
Mehring, Oratorium von Krieg, Frieden und Inflation

Wohlstand und Macht

Wozu, so fragt man sich, Reich,
Wohlstand, Macht,
wenn alles das die Menschen nur *verflacht*.
Morgenstern, Vom neuen Reich

Wohlstandsbürger

Da hockt die ganze Stadt und mampft,
daß Bratenschweiß aus Fenstern dampft.
Degenhardt, Deutscher Sonntag

Wohlwollen

Lieb und Leidenschaft können verfliegen,
Wohlwollen aber wird ewig siegen.
Goethe

Wohnungsnot

Ach, lieber Gott, gib, daß sie nicht
Uns aus der Wohnung jagen.
Was soll ich ihr denn noch sagen –
Meiner Frau – in ihr verheultes Gesicht!?
Ringelnatz, Angstgebet in Wohnungsnot

Wolke

Da hast du in rätselndem Donner zuletzt
Die lechzende Erde mit Regen genetzt.
Puschkin, Die Wolke (v. Guenther)

Wolken, über den

Die liegen auf den Wolkenbergen,
wie Hirten einer Fabelwelt,
und wissen kaum von all den Zwergen,
die das Gebirg im Schoße hält.
Morgenstern, Wohl kreist verdunkelt oft der Ball . . .

wollen

«Ich will!» Das Wort ist mächtig,
spricht's einer ernst und still,
die Sterne reißt's vom Himmel,
das eine Wort «Ich will!»
F. Halm

wollen → können
(Sprichwort)

Wollen, ungestümes → ruhig bleiben

(Busch)

Wollust

Aus Wollust sprießet Gram hervor,
Aus Wollust sprießet Furcht hervor:
Wer von Wollust losgelöst,
Hat keinen Gram und keine Furcht.

Buddha, Aus dem Wahrheitspfad (Neumann)

Wo die Wollust kehret ein,
Wird nicht weit die Unlust sein.

Logau, Sinngedichte

In wüster Schmach Vergeudung heiliger Glut
Ist Wollust, wenn sie praßt; und eh sie praßt,
Roh, schamlos, tierisch, aller Welt zur Last,
Meineidig, tückisch, voller Gier nach Blut.

Shakespeare, Sonette (Dehmel)

Meinst du, daß der Richter werde
Noch Glauben finden auf der Erde,
Wenn Wollust sie in Fesseln hält?

Herder, Die Stimme zu Mitternacht

Beginnt die Wollust sich im Busen leis zu regen,
Treibt sie, vor Amors Bild ein grünend Reis zu legen.

Papentrigk, Schäferschüttelreime

Wollust → Unsterblichkeit

(Günther)

wollüstig → Leda

(Karschin)

wollüstig → Verlangen

(Lermontow)

Wonne, zerronnene

O dieser Paradiesestage Wonnen,
Wie sind sie alle nun in nichts zerronnen.

W. von Humboldt, Morgengruß ...

Wonne und Seligkeit → unsterblich sein

(Upanischaden)

Wort

Das Wort fliegt,
es kennt kein Zuhause,
keinen Herrn,
keine Rückkehr.

Hilde Domin, Unaufhaltsamer Flug

Kein Wort ist besser als das andre ...

Mandelstamm, Der Hufeisen-Finder (Celan)

Wort → Sinnlosigkeit

Wort, böses

Manches bleibt wohl ungerochen,
was im Leben ward verbrochen;
sichrer noch als böse Tat
rächt sich schlimmer Worte Saat.

E. Fest

Ein böses Wort ist wie ein gift'ger Pfeil,
die Wunde, die es schlug, sie wird nicht heil.

Nach Nina Güthner

Wort, erlösendes

Ins Schweigen, das uns brennt und dorrt,
Fällt wie ein Tropfenfall ein Wort.

Edith Sitwell, Zwischenspiel (v. d. Vring)

Wort, erstorbenes → Bücherei

(Quevedo)

Wort, gebrochenes

Er hat mir zwar versprochen,
Er wollt mir tun kein Leid,
Jedoch hat er gebrochen
Sein Wort und auch sein Eid . . .

. . . Wunderhorn, Wilhelm Tell

Wort, klares

Ach rede, sprich ein Wort nur,
Ein einziges, ein klares!
Gib Leben oder Tod mir,
Nur dein Gefühl enthülle mir, dein wahres!

Daumer, Der Verzweifelnde

Wort, letztes

Also rief er, und zur Stell entschlief er.

Serbisches Volkslied, Die Brüder

Arbeit ist das letzte Wort!
Deine Pulse schlagen schneller,
deine Blicke werden heller,
und dein Herz pocht munter fort.

H. Seidel, Hymne der Arbeit

Wort, rätselhaftes

Nicht immer war
Dein Wort mir klar.

Papentrigk, Abgesang

Wort, totes

Ein totes Wort – ein häßlich Ding,
Ein klapperdürres Kling-Kling-Kling.

Nietzsche, Das Wort

Wort, vergessenes → Offenbarung *(Kaschnitz)*

Wort, voreiliges

Doch dem war kaum das Wort entfahren,
Möcht ers im Busen gern bewahren . . .

Schiller, Die Kraniche des Ibykus

→ Zunge hüten, seine

Wort des Friedens

Ob ein Sänger hundert Lieder
sinnlos in die Lüfte sendet,
Besser ist ein Wort der Wahrheit,
das dem Hörer Frieden spendet.

Aus dem Dhammapada, Die Zahl ist nichts! (Much)

Wort Gottes

An dem Tag, da über neuer Erde
Gottes Antlitz lag, als Wortes Kraft
Aufhielt selbst den Flug der Sonnenpferde,
Hat das Wort auch Städte hingerafft.

Gumiljow, Das Wort (v. Guenther)

Worte

Ein schönes Wort
gilt hier und dort;
ein gutes Wort
an jedem Ort;
ein wahres Wort
pflanzt sich allmählich fort und fort.

Feuchtersleben

Worte, Worte! Keine Taten!
Niemals Fleisch, geliebte Puppe,
Immer Geist und keinen Braten,
Keine Knödel in der Suppe!

Heine, Lotusblume

O Worte, an Inhalt
Kaum klar, ja oft kläglich,
Wo immer ihr hinfallt,
Erregt ihr unsäglich.

Lermontow (v. Guenther)

Worte sind wie Rettungsringe,
die dem Leben dienen;
auf den tiefen Grund der Dinge
kommst du schwer mit ihnen.

Morgenstern, Worte

Worte tropfen wie Tränen,
Regen von bebendem Zweig,

Lösen die Hüllen und dehnen
Stunden, Minuten – o schweig!
Oda Schaefer, Rondo

Was können wir sagen, die erschöpften der Worte Sinn,
die leergeweint wir die Herzen von eines Jahrhunderts Tränen?
McFadden, Gedicht für heute (Feist)

Worte, ewige

auf leichte Blätter schreibt des Dichters Kind
mit eines Stiftes ungehörtem Gleiten
die Wucht der Worte, die für alle Zeiten
in Marmelstein gehauen sind . . .
C. F. Meyer, Miltons Rache

Worte, gereimte

Was stets und allerorten
Sich ewig jung erweist,
Ist in gereimten Worten
Ein ungereimter Geist.
Nach Platen

Worte, harte

Scharf will ich heut in meinen Worten sein
Und hart, wie sie: so schön, und doch von Stein!
Dante, Neunte Kanzone

Worte, kräftige

Wen zur Ehr man bringen mag,
Dem sind Worte wie ein Schlag.
Walther von der Vogelweide, Sprüche

Worte als Streitschlichter → Streitschlichtung
(Euripides)

Worte, leere

Doch nicht durch Worte nur allein
Soll man den andern nützlich sein
W. Busch, Die fromme Helene

Die Melodie ist abgedroschen.
Die Worte schmecken fade und nach kaltem Rauch.
Die alten Ideale sind erloschen.
Geblieben nur – ein inhaltsleerer Brauch.
J. Büscher, Versammlung

Worte, ohnmächtige

Nur immer fort, nur zu, nur Schippe über Schippe,
hier groß empfunden ist bloß feucht geniest–
Die Wörter pladdern auf die Abfallkippe,
bis sich die Grube füllt, die Strophe schließt.
Rühmkorf, Nekropolis

Worte, schmerzende

Schmerzende Worte müssen wir uns sagen,
Um unser wahres Leben zu erfragen.
Carossa, Mysterium der Liebe

Worte, ungesagte

Die Weisheit der unausgesprochenen Worte
Nimmt zu.
Krolow, Schlaf

Worte, verschlungene → Reime und Klänge
(Brjussow)

Worte finden

Geh heim und lege dich zur Ruh.
Du findest doch die Worte nicht,
Wenn jemand freundlich zu dir spricht.
Ringelnatz, Müde in Berlin

Worte lernen

Menschen von der dritten Sorte
bleiben dumm und lernen Worte.
Konfuzius

Worte der Reichen → Frau, obdachlose
(Dehmel)

Worte gelten nicht → Streicheln
(Bobrowski)

Worte sind Lügen → aussprechen . . .
(Tjutschew)

Worte sind Waffen

Das ist nicht ein weltlich Stechen,
Keine Eisenwaffe blitzet –
Eine Lanze ist das Wort,
Das scholastisch scharf gespitzet.
Heine, Disputation

Worte und Orte

Wir haben Worte, um die Welt zu fassen,
Wir brauchen Orte, um sie zu verlassen.
R. v. Normann, Zweizeiler

wortlos → ertragen
(Walter)

Wortspiel und -kampf → Schnauze voll

Wortwahl, vorsichtige → Zunge hüten, seine
(Freiligrath)

Wunde, süße

Nur dieser heiße Brand
In meiner Brust, die bittre süße Wunde,
Die linde Hand verband,
Die hat Bestand!
C. Brentano, Schweig, Herz!

Wunde, wunderbare

Werd ich nur verletzet,
So werd ich versetzet
In den himmlischen Garten,
Auf den wir alle warten.
Kirchenlied

Wunden schlagen → heilen
(Freiligrath)

Wunder

Du mußt glauben, du mußt wagen,
Denn die Götter leihn kein Pfand;
Nur ein Wunder kann dich tragen
In das schöne Wunderland.
Schiller, Sehnsucht

Wähnt man frei sich von Beschwer,
Braucht man keine Wunder mehr.
Poe, Wunderland (Meurer)

Wunder gibt es, deren Wirken
nie zu Ende wird geschrieben:
Menschengeist mit seinem Forschen,
Menschenherz mit seinem Lieben.
F. W. Weber

Das alte Wunder ist überholt
Reverdy, Weihnachts-Paris (Hölzer)

Wunder → Märchenaugen
(Blüthgen)

Wunder → verzückt
(Mörike)

Wunder → Mirakel
(Seidel)

Wunder, hohes

Denn du hast inne mich im Innersten;
In meiner Mutter Leib umgabst du mich
Dich preis ich, daß ich ward! ein hohes Wunder!
Psalm 139 (Herder)

Wunder der Tiefen → sinken
(Scheffel)

Wunderglauben

Auf Wunder warte nicht,
denn deine Zeit fliegt hin.
Und schließlich ziehst du ein Gesicht,
wenn andre machen den Gewinn.
Frei nach Zschokke

Wunderheiler

Die Kranken sind wie Schwamm und
Zunder;
Ein neuer Arzt tut immer Wunder.
Goethe, Jahrmarktsfest zu Plundersweilern

Wunderkind

Schon jetzt, schon in der Wiege,
Sieht man die künftigen Siege.
F. Falke, Der Schutzengel

wunderliche Welt

Die Welt, obgleich sie wunderlich,
ist gut genug für dich und mich.
W. Busch, Aphorismen und Reime

Wunderschätze → Hetze, wilde
(Novalis)

wunderschön

So reich geschmückt ist Roß und Weib,
So wunderschön der junge Leib . . .
Eichendorff, Lorelei

Wundertier

Die Kuh hat einen Sonnenstich
Und riecht nach Zimt und Nelken.
Ohei! – Uha!
Und unter Wasser kann sie sich
Mit ihren Hufen melken.
Ohei! – Uha!
Ringelnatz, Das Lied von der Hochseekuh

Wunderwelt

Und so zieh ich in die Welt;
anders denk ich nicht dabei,
als daß sie mir gefällt
und immer noch voll Wunder sei.
Hans Roelli, Wieder ist in dunkler Nacht

Wunderwerk der Natur

O Wunderwerk! auf einem Stiel
Stehn Röslein und auch Blätter viel . . .
. . . Wunderhorn, Die mystische Wurzel

Wunsch, dringender

Welt, geh nicht unter, Himmel, fall nicht
ein,
Eh ich darf bei der Liebsten sein!
Nach Uhland, Heimkehr

Wunsch, folgenschwerer

Das ist zuviel begehrt:
Der König selbst muß sterben,
Die Königin verderben,
Wird dir dein Wunsch gewährt.
. . . Wunderhorn, Der unterirdische Pilger

Wünsche

Wünsche wie die Wolken sind,
Schiffen durch die stillen Räume,
Wer erkennt im lauen Wind,
Obs Gedanken oder Träume? –
Eichendorff, Die Nachtblume

Wünsche → Zielsetzung
(Schubart)

Wünsche, entfesselte

Wenn alle Träume freigegeben,
Entfesselt alle Wünsche sind,
Woran gedenkst du dann, mein Leben,
Pepita, du mein reizend Kind?

A. de Musset, An Pepa

Wünsche, neue → Unrast der Sinne

(Hagelstange)

Wünsche, schädliche → Habgier

(Brant)

Wünsche, unbefriedigte

Wo man am meisten drauf erpicht,
Gerade das bekommt man nicht.

W. Busch

Wünsche, überzogene

Du hättest gern zugleich den Himmel und die Erde;
Ich fürchte, daß dir so von beiden keines werde.

Rückert, Die Weisheit der Brahmanen

wünschen

Ein Häuschen aus Zucker,
aus Zimt sei die Tür,
der Riegel aus Bratwurst,
das wünsche ich Dir.

Albumvers

Wunscherfüllung → bezähmen, sich

(Busch)

Wunscherfüllung → Pflichterfüllung

(Gerhardt)

Wunscherfüllung, totale → unerreichbar

(Goethe)

wunschlos

Wunsch und Hoffen ertrank,
Glatt liegt Seele und Meer.

Nietzsche, Die Sonne sinkt

Würdigen, die

Du nimmst die höchste aller Lehren ernst,
Wenn du die Würdigen verehren lernst.

Papentrigk

Wurzel der Alls → Ursprung der Schöpfung

Wüste → irren

(Wyspianski)

Wüstlinge

Durch Londons Gassen wandern um die Horden
der Kavaliere, Schlaf und Scham zu morden,
von Wein und Übermut berauscht . . .

C. F. Meyer, Miltons Rache

Wut

Zuletzt ermannt sie sich mit einem Schrei –
und schlägt die Fenster allesamt entzwei!

Morgenstern, Zäzilie

Wer niemals Teller zerschellt,
Der wird auch kein Ordner der Welt.
Zum wirklichen Gutsein
Gehört das In-Wut-sein
Bei manchem, was manchem gefällt

Ernst Fabian

Wut, zahnlose

Hier sind keine Zähne mehr,
aber die Wut ist gewaltig . . .
Rühmkorf, Marode

wüten

So wütet ja kein wildes Tier!
Ja, zum Verzweifeln ist es schier!
H. Seidel, Der betrogene Teufel

Z

Zahl

Zahlen waren da fürs niedre Leben,
Wie das Haustier da ist für den Stall,
Denn die kluge Zahl vermag zu geben
Sinn und Sinnabweichung überall.

Gumiljow, Das Wort (v. Guenther)

Zahl der Ewigkeit

Das alles bin ich heute
Und meine Summe
Ist die geheime Zahl
Der Ewigkeit.

Oda Schaefer

Zahl, hinter der

Wir wohnen in sicherem schlaf
hinter dem rücken der zahl

Poethen, Risse des Himmels

zahlen

Die Bauern zahlen Bier und Wein,
Davon die Herren fröhlich sein.

Henisch, Deutscher Spruch- und Weisheitsschatz

sei es mit dem leben
sei es nur mit geld
zahlen muß man eben
denn so ist die Welt

Kurt Marti, warnung

zählen

Hunderttausend Sterne zählen,
Damit wolln wir uns nicht quälen!

Nach einem Kinderlied

Mach es wie die Sonnenuhr:
zähl die heitren Stunden nur.

Albumvers

Zahlenmenschen

In ihren Händen wird aus allem Ware.
In ihrer Seele brennt elektrisch Licht.
Sie messen auch das Unberechenbare.
Was sich nicht zählen läßt, das gibt es
nicht!

Kästner, Zeitgenossen . . .

zähmen → erziehen

(Manzoni)

Zahn, erster

Viktoria! Viktoria!
Der kleine weiße Zahn ist da.

M. Claudius, Motetto, als der erste Zahn durch war

Zähneklappern

Er flucht leise, gibt dann bebend,
zähneklappernd, kaum noch lebend,
seinem Gaste das Geleit,

tief den Blick gesenkt beim Gehen,
um nur kein Gespenst zu sehen.
Odyniec, Die Gespenster (Nitschmann)

Herr, ich schließe die Augen, und meine
Zähne klappern . . .
Ich bin zu allein. Ich friere. Ich rufe nach
dir . . .
Cendrars, Ostern in New York (J. Schroeder)

Zahnweh

Das Zahnweh, subjektiv genommen,
Ist ohne Zweifel unwillkommen.
W. Busch, Balduin Bählamm

zanken

Da droben auf dem Berge,
da ist der Teufel los,
da zanken sich vier Zwerge
um einen Kartoffelkloß.
Kinderlied

zanken → Ehestreit
(Kindervers)

zärtlich

So suchte ich sie zu beschwicht'gen . . .
Ich küßte sie zärtlich und warm,
Und sah ihre Angst sich verflüchtgen
Und wir eilten voran Arm in Arm.
Poe, Ulalume (Hedw. Lachmann)

zärtlich → küssen
(Thompson)

Zärtlichkeit

Wir lieben uns, sie streicht das wirre Haar
Mir aus der Stirn mit Händen wunderbar.
Verlaine, Traum (Hesse)

Und Zärtlichkeit für mich – ihr Götter!
Ich hofft es, ich verdient es nicht!
Goethe, Willkommen und Abschied

Zauber, alter

Treu im Schoße der Natur verborgen
ruht vertraute Weisheit, alter Zeiten
Zauber.
Aus einer lettischen Ballade

Zauber, nachlassender

Doch endlich ließ der Zauber nach;
Dem armen Burschen war ganz schwach.
H. Seidel, Der Eiersegen

Zauber der Träume

Einsamkeit atmen die Räume
Fern von der Wirklichkeit wirrendem
Tand:
Luftiger Zauber der Träume
Webt sich um Wellen und Land.
Fröding, Atlantis (H. v. Gumppenberg)

Zauberdüfte

O weilten wir in jenen Lüften,
Wo keine Schranke wehrte,
Daß ich mit deinen Zauberdüften
Die Ewigkeiten nährte!–
Lenau, An meine Rose

Zauberlied → Stimme, wunderbare
(Heine)

Zauberwort

Schläft ein Lied in allen Dingen,
Die da träumen fort und fort,
Und die Welt hebt an zu singen.
Triffst du nur das Zauberwort.
Eichendorff, Wünschelrute

Zechpreller

Ich gab dem Wirt mein Ehrenwort,
Ihn nächstens zu bezahlen,
Und damit reist ich weiter fort
Nach China und Bengalen.
Hebbel, Der junge Schiffer

Speisten in derselben Kneipe,
Und da keiner wollte leiden,
Daß der andre für ihn zahle,
Zahlte keiner von den beiden.

Heine, Zwei Ritter

Zeichen

Nicht kenn ich die Zeichen
Um dich zu erreichen . . .

Shankara, Hymnus an die göttliche Mutter (v. Glasenapp)

Alle Zeichen, denen ich einst glaubte,
sind schon lange in mir abgeblüht
und verdorrt mit Wurzelwerk und Samen;
keines hinterließ mir einen Namen
dem ich folgen könnte durchs Gemüt . . .

Christine Lavant

Zeichen des Erlösers → Erlöser

(Bergengruen)

Zeichen des Weltuntergangs → Weltuntergang

(Lavant)

Zeichen des Wunders

Und liebend streift Gott Vaters Blick
den Sohn. Der lächelt still zurück.
Im Blauen einer Taube Flug
ist Wunders Zeichen wohl genug.

Hagelstange, Ländliche Fronleichnamsprozession

Zeichen Gottes → Gott zeigt sich

(Supervielle)

Zeit

Die Zeit durchbohrt blühender Jugend Kraft . . .
Sie saugt aus köstlicher Natur den Saft . . .

Shakespeare, Das sechzigste Sonett (George)

Du selber machst die Zeit: Das Uhrwerk sind die Sinnen;
Hemmstu die Unruh nur, so ist die Zeit von hinnen.

Angelus Silesius

Ihr lebet in der Zeit und kennt doch keine Zeit;
So wißt ihr Menschen nicht, von und in was ihr seid.

Fleming, Gedanken über die Zeit

Es gibt ein sehr probates Mittel,
die Zeit zu halten am Schlawittel:
Man nimmt die Taschenuhr zur Hand
und folgt dem Zeiger unverwandt.

Morgenstern, Die Zeit

Die Zeit entstellt
Alle Lebewesen.
Ein Hund bellt.
Er kann nicht lesen.

Ringelnatz, Ich habe dich so lieb

Unermeßlich sinken die Blütenblätter der Zeit
wie flüchtige Schirme hinab . . .

P. Neruda, Die Uhr, die im Meer versank (Arendt)

Die Zeit: teilt – heilt – eilt.

Sprichwort

Sie hält niemals still und läuft von alleine,
Nur die schlechte Zeit hat langsame Beine.

Hans Henning v. Normann, Die Uhrzeit

Zeit → Strom der Zeit

(Derschawin)

Zeit, aus der

alle sagen: aus der Zeit
fährt er und er hats nicht weit

Bobrowski, Dorfmusik

Zeit, befreit von

Im tausendjährigen Licht
Wurden die Türme der Zeit
Von ihren Ankern befreit

Yvan Goll, Schnee-Masken

Zeit, frühere

Sie singen und sagen von früherer Zeit,
von Schlachten und Siegen und blutigem
Streit.

Puschkin, Das Lied vom weisen Oleg (v. Gaertringen)

Zeit, führerlose

Denn geendigt nach langem verderblichen
Streit
War die kaiserlose, die schreckliche
Zeit . . .

Schiller, Der Graf von Habsburg

Zeit, gedehnte → Worte

(Schaefer)

Zeit, gestundete → Tage, härtere

(Bachmann)

Zeit, gute alte

Vorbei ist die Zeit, wo der Mensch noch
nicht
Den Erdball unsicher machte,
Wo der Urwald unter dem Vollgewicht
Des Mammutfußtritts erkrachte.

v. Scheffel, Das Lied des Katers Hidigeigei

Das waren bessere Zeiten, o Zeus,
Als du dich himmlisch ergötztest
An Knaben und Nymphen . . .

Heine, Die Götter Griechenlands

Ach, daß es noch wie damals wär!
Doch kommt die schöne Zeit nicht mehr!

Nach A. Kopisch, Die Heinzelmännchen

Daß die Zeit einst golden war,
Will ich nicht bestreiten,
Denk' ich doch im Silberhaar
Gern vergangner Zeiten . . .

Schnetzler, Gold und Silber

die Zeit der Pferdebahnen
die Zeit der Fackelzüge und der Ulanen
sie kehrt nicht wieder

Prévert, Es ist aus (Kusenberg)

Zeit, schlimme

Die Zeit ist grau geworden
Die Zeit ist fahl und wild,
Angstnot will überborden,
Es winkt kein Gottesbild.

Gertrud von le Fort, Die Frühgeliebten

Zeit, widrige

Widrig wie eine Spinne
Bekriecht mich die Zeit.

A. Ehrenstein, Leid

Zeit heilt

Kein Unglück ist in aller Welt,
Das endlich mit der Zeit nicht fällt . . .

Rist

Heile heile Segen,
morgen gibt es Regen,
Übermorgen Schnee,
da tut's nicht mehr weh.

Kinderlied

Zeit steht still → Pilger

(Keller)

Zeit und Ewigkeit

Und mir fällt das Ewige ein
Und daneben die alten Jahreszeiten und
diese
Daseiende Zeit, die lebendige, tönende . . .

Leopardi, L'infinito (Rilke)

Zeit und Ewigkeit → Augen der Seele
(Angelus Silesius)

Zeiten, bessere

Die bessre Zeit ist ein Erinnern
Und alles Glück ist Streben nur;
so geh ich auf des Glückes Spur
und trag die bessre Zeit im Innern.
Siebel

Wälz der Verzweiflung Lawine von der
Brust,
entfessle den Tastsinn für kommende
bessere Sein!
Majakowski, Aus «Krieg und Welt» (Thoß)

So zogen wir herrlichen Zeiten entgegen,
Um drei Millionen Tote in das Massengrab
zu legen . . .
Mehring, Oratorium von Krieg, Frieden und Inflation

Manche wollen diese Zeiten
wie den Winter überstehn
Doch wir müssen Schwierigkeiten
Bestehn! Bestehn! Bestehn –
Biermann, Warte nicht auf beßre Zeiten

Zeiten, böse → selbstverschuldet
(Verfasser unbekannt)

Zeiten, schwarze

Schwarzflügig flog aus die Zeit!
Keinem Mann ist ein Schoß mehr bereit!
Turkmenisches Lied

Zeiten, verkehrte

Verlaß ist nicht auf Sorgen,
Und Lust heißt, was verdirbt,
Das Heut erliegt vor Morgen,
Zeit höhnt, was sie umwirbt.
Swinburne, Persephones Garten (Borchardt)

Zeitgefühl

es schwinden mir die Stunden
gleich flüchtigen Sekunden . . .
Nach W. Bornemann, Im Wald und auf der Heide

Zeitgefühl → historisch
(Kesten)

zeitgemäß

Der große Mann geht seiner Zeit voraus,
Der Kluge geht mit ihr auf allen Wegen,
Der Schlaukopf beutet sie gehörig aus,
Der Dummkopf stellt sich ihr entgegen.
Bauernfeld, Xenien

Zeitgenossen → Zahlenmenschen

Zeitgenossen, üble

Man sollte kleine Löcher in sie schießen!
Ihr letzter Schrei wäre ein dernier cri.
Jedoch, sie haben viel zuviel Komplicen,
als daß sie sich von uns erschießen ließen.
Kästner, Zeitgenossen, haufenweise

zeitlos und raumlos → Schlaf, heiliger
(Novalis)

Zeitlosigkeit, Gefühl der

Da kommt auf mich ein Dämmern
wunderbar,
gleichwie im Traum verschmilzt, was ist
und war: . . .
Geibel, Mittagszauber

Zeitlosigkeit der Liebe

Wie ermißt man von außen, was einer
erfahren?
Kaum eine Spanne wuchs mir das Haar,
seit ich dich liebe in langen, trächtigen
Jahren.
Christine Busta, Ritornell beim Kämmen

Zeitrelation → Begehren, das
(Edda)

Zeitrelation → Relativität
(Gongora)

Zeitrelation → Relativität der Zeit
(Moses)

Zeitspanne Leben

Rosen auf den Weg gestreut
und des Harms vergessen!
Eine kurze Spanne Zeit
ist uns zugemessen.

Hölty

Zeitspirale → Wirbel der Zeit
(Lavant)

Zeitvertreib

Gestern ist es Mai gewesen,
Heute wolln wir Verse lesen,
Morgen wolln wir Schweine stechen,
Würste machen, Äpfel brechen,
Pfundweis alle Bettler stopfen
Und auf pralle Bäuche klopfen . . .

W. Bergengruen, Leben eines Mannes

O du Gefängnis meines Leibes!
Die Brust in goldnen Ketten liegt,
O hätt ich doch des Zeitvertreibes,
Wovon die Kammerjungfer spricht.

. . . Wunderhorn, Hoffart will Zwang haben

Neugierig war des Schneiders Weib
Und macht sich diesen Zeitvertreib . . .

A. Kopisch, Die Heinzelmännchen

Kaum trank man die letzte Tasse,
Putzt man schon den ird'schen Leib
Auf dem Walle, auf der Gasse
Wimmelt man zum Zeitvertreib.

W. Busch, Die fromme Helene

Zeitvertreib → Weib, gebärfreudiges
(Oehlenschläger)

Zeitung

der Mensch als Held
und der Mensch als Tier–
in Lettern gestellt
auf ein Blatt Papier.

Morgenstern, Unheimliche Zeitung

Zeitung → Fachzeitung
(Krüss)

Zeitung, ohne

Wenn man hier keine Zeitung hält
Ist die Welt in Ordnung.

Sarah Kirsch, Im Sommer

Zelt des Wohlseins → Glauben, bequemer
(Blake)

Zensur → Maulkorb
(Wedekind)

Zensurfreiheit

Es blüht der Lenz, es platzen die Schoten,
Wir atmen frei in der freien Natur!
Und wird uns der ganze Verlag verboten,
So schwindet am Ende selbst die Zensur.

Heine

Zentrum, inneres → Gewissen
(Goethe)

zerbrechen

Der Sterne Licht am Mond zerbricht.
Doch dich zerbrachs noch immer nicht.

Morgenstern, Bundeslied der Galgenbrüder

Doch der Schrei überwindet Schwächen.
Zuckt ein Blitz – so schlage er ein!
Diese Welt wird mich niemals brechen,
Dieser Welt sag ich lauthals: nein!
Broniewski, Nein (Dedecius)

zerbrechen, den Kopf

Zerbrich den Kopf dir nicht zu sehr,
Zerbrich den Willen, das ist mehr.
M. Claudius, Ein gülden ABC

zerbrechen, sich selbst → Tage, bittre
(Aus Japan)

zerbrochen

Da lagen die Blätter von Glase
Zerbrochen in dem Grase.
Rückert, Vom Bäumlein, das andere Blätter hat gewollt

zerdenken, die Welt → Ich, verlorenes
(Benn)

zerfallen

Und endlich noch zerfällst auch du, du
Rest.
Wo irrst du hin, da alles dich entläßt?–
E. Meister, Zerstreuung eines Fisches

Zeremonien

Mit immer hohleren Zeremonien, den
Pfauen entlehnt,
treiben sie Hofstaat in morschen
Palästen . . .
Hagelstange, Das Vergängliche

zerfallen

Hier in der flüsternden Laube aus Laub
Schweiget das Grün in der ewigen Weise,
Lautlos zerfällt es zu bräunlichem Staub.
Alles Geheimnis spricht dunkel und leise.
Oda Schaefer, Grünes Schweigen

zerknirscht

Mit zerknirschtem Herzen wende
Ich im Staub zu dir die Hände:
Gönne mir ein selig Ende!
Thomas von Celano, Dies Irae (Simrock)

zermalmen

Einst werden sie den Strom der Berge
wieder grüßen . . .
Hinziehen, Rohr und Schilf zermalmend
mit den Füßen.
Charles M. de Lisle, Die Elefanten (v. Hartlieb)

Zerrbilder → traurig sein
(Cendrars)

Zerstörung, fruchtbare → Form
(Stadler)

zerstreut, furchtbar

Doch furchtbar ist, wie da und dort
Unendlich hin zerstreut das Lebende Gott.
Hölderlin, Patmos

Zeugung → Fruchtbarkeit
(Hausmann)

Ziel, einziges → fortgehen
(Hausmann)

Ziel, hohes

Laß mich, daß ich erreiche, was nie noch
ward erreicht!
Schwer ist der Weg der Ehren, der
Weg der Schande leicht . . .
Mutanabbi (Rückert)

Ziel, hohes → Höhen, lockende
(Zschiesche)

Ziel, letztes → Lust
(Verfasser unbekannt)

Ziel, verborgenes

Verborgen ist das Ziel,
das zur Vollendung führt,
doch ahnend, ahnend wird's
in treuer Brust gespürt.
Kanon (vertont von Joseph Haydn)

Ziel, vor dem

Denn eh sie mit der Wellen Braus
erreicht am Strom das erste Haus,
sang sie ihre Seele aus . . .
Tennyson, Die Dame von Shalott (Freiligrath)

Warum schwandst du vor dem Ziel,
Allerlieblichstes Gespiel?
C.F. Meyer, Weihgeschenk

Ziel des Lebens

Wohl blühet jedem Jahre
Sein Frühling mild und licht,
Auch jener große, klare,
Getrost! er fehlt dir nicht;
Es ist dir noch beschieden
Am Ziele deiner Bahn,
Du ahnest ihn hienieden,
Und droben bricht er an.
Uhland, Künftiger Frühling

→ Sinn des Lebens, Ziel des Spiels

Ziel des Lebens → wohin

Ziele, neue

Willst du nach neuen Zielen forschen,
So mußt du in den Weltraum horchen.
R. v. Normann, Zweizeiler

zielen

Wer einmal zielte, bleibt als Schütze
stehn . . .
Margot Scharpenberg, Statt eines Traumes

ziellos

Ich walle wie das Meer, immerfort
ziellos . . .
Laotse, Aus dem Tao-Te-King (Dallago)

Zerrinnen laß ich die gequälte Zeit
Und streue meine Sehnsucht ohne Ziel
Am Meeresufer hin in Einsamkeit.
Camoes, Elegie

Ziellose, das → Meditation
(Hagelstange)

Ziellosigkeit, angenehme

Ich ging im Walde
So für mich hin,
Und nichts zu suchen,
Das war mein Sinn.
Goethe, Gefunden

Ziel der Sehnsucht → Du
(Rückert)

Ziel der Wünsche

Das Büblein hat sich aufs Schifflein gesetzt
Und hat gesagt: «Da gefällt mir's jetzt.»
Rückert, Vom Büblein, das überall hat mitgenommen sein wollen

Ziel des Fließens

Eilends alle Ströme fließen
In das Meer sich zu ergießen . . .
Lat. Kirchenlied (nach Simrock)

Ziel des Spiels

Und ewig kreist die Schattenschrift
Leblang stehst du im dunklen Spiel.
Bis einmal dich die Deutung trifft:
Die Zeit ist um. Du bist am Ziel.

Binding, Spruch für eine Sonnenuhr

Ziele setzen, sich

Wer Großes will, erreicht auch viel,
setz dich nicht hin, setz dir ein Ziel.

Nach einem Kalendervers

Zielsetzung

Setz deinen Wünschen nur ein Ziel,
wer viel begehrt, dem mangelt viel.

Schubart

Zielstrebigkeit, Erziehung zur → erziehen *(Manzoni)*

zieren, sich

Wenn ich dir Gold und Silber bring,
dann zier dich nicht, vor Freude sing.

Nach einer polnischen Ballade

Zigarrenwolken

Wenn Zigarrenwolken schweben,
aufgeblähte Nüstern beben . . .

Degenhardt, Deutscher Sonntag

Zigeunerin

Das Haar nicht gemacht,
kein Band im Schuh,
komm nur nicht wieder,
Zigeunerin du!

M. Hausmann, Du gehst hinaus

Zimmer, enge

Wenn enge Zimmer du betreten,
So knarren Dielen wie mit Fleiß,
Wo feuchtgewordene Tapeten
In jeden Winkeln rascheln leis.

Sologub (v. Guenther)

Zimmer frei

Man begrub die kalten Herrn und Damen.
Und auch etwas Gutes war dabei:
Für die Gäste, die am Mittwoch kamen,
wurden endlich ein paar Zimmer frei.

Kästner, Maskenball im Hochgebirge

Zirkus

Wir zeigen nun endlich die zwanzig Fuß
lange
Und hundert Pfund schwere
Riesenschlange.

Friederike Kempner, Der Tierbändiger

zittern vor Liebe

Es zittert nichts
So bis ins Innerste
Wie ich
Wenn du dich näherst in der Nacht

Yvan Goll, Wenn Sturm wie eine Meute hungernder Hunde . . .

Zivilcourage

Mensch
Tier das Zivilcourage hat

Hilde Domin, Drei Arten Gedichte . . .

Zivilisation

Es starben Millionen
darunter die Besten,
für eine alte Sau mit Zahnfäule,
eine verfahrene Zivilisation . . .

Pound, E. P. Ode . . . (Eva Hesse)

Zivilisationsfeind

Auf das Wohnland wälzt sich
Der Wurm voll Wildheit.

Aus der Edda, Götterdämmerung (W. Jordan)

Zögern, ewiges

Wochen vergingen,
Monde beinah –
Und noch nicht hör ich,
Nicht nein, nicht ja!

Ja oder Nein (Volkslied aus Rom)

Zölibat, Verstoß gegen das

O Erzbischof von Salzburg,
Dir ist ganz recht geschehn!
Es soll ein großer Kleriker
Nicht zu den Mädchen gehn.

Bierbaum, Im Schlosse Mirabel

Zone, erogene → Punkt, wichtigster

(Goethe)

Zopf, blonder

Wunderbar
Ist ein Zopf von blondem Haar,
Und am wunderbarsten dann,
Hängt ein frecher Backfisch dran.

C. Busse, Merkspruch

Zorn, mütterlicher

Länger hält die Mutter nicht das Zürnen,
Öffnet das bekannte Schloß geschwind:
«Gibt es hier im Hause solche Dirnen,
Die dem Fremden gleich zu Willen sind?»

Goethe, Die Braut von Korinth

Zorn, unerträglicher

Doch seid Ihr wieder mich ergrimmt,
So will ich, daß der Tod mich nimmt.

Christine de Pisan, Verkaufsspiel (Gsteiger)

Zorn Gottes → Donner, göttlicher

(Psalm)

Zorn und Lust

Die Felsen möchte ich packen
Vor Zorn und Wehe und Lust,
Und unter den brechenden Zacken
Begraben die wilde Brust.

Eichendorff, Abend

zornig

Der beste Mensch wird manchmal
zornig . . .
Die schönsten Rosen selbst sind dornig.

Bodenstedt

Zoten oder Zeichen

Ob Zoten oder Zeichen,
ganz gleich, was mir vom Munde geht,
kann dir das Wasser nicht reichen,
das mir zum Halse steht.

Rühmkorf, Das für Dritte unverständliche Lied

zu spät

Es ist schon spät, es wird schon kalt,
Kommst nimmermehr aus diesem Wald!

Eichendorff, Lorelei

Zucht

Zucht bringt Frucht.

Überschrift eines alten Liedes

züchten

Wir haben hier schon lange gesucht,
Ein Mittel zu ersinnen,
Der Vöglein ungezähmte Zucht
Für unsre Sach' zu gewinnen.

Rückert, Der Frühling an der Grenze

züchten → Qualität

(Busch)

Zucker

Und vergiß des Zuckers nicht;
Schaue nur, daß nichts gebricht.

Opitz

Zuckerschlecker

Von dem Zucker, den sie brachte,
Nimmt er zwar zerstreut ein Stück;
Doch den Tee, den sie ihm machte,
Weist er ungestüm zurück.

F. Hebbel, Aus der Kindheit

Zufall → Dichter

(Villon)

Zufall → wesentlich

(Angelus Silesius)

Zufallsgunst → Kartenspiel

(Lope de Vega)

zufliegen

Euch fliegt die Blume zu, wenn ihr sie pflückt . . .
Die Gräser, die ihr streift, sind zart beglückt.

Aus China, Die Brandstifterin (Klabund)

Zuflucht

In die Nacht der Tannen und der Eichen,
Die das Kind der Freude schauernd flieht,
Such ich oft, von Kummer abgemüht,
aus der Welt Gerassel wegzuschleichen.

Bürger, Sonett

Sei's wie's sei. – Trink. Heute dich begrabend,
Schlägt das Schicksal morgen mich in Ketten;
Sehr beschwerlich wärs von früh bis abend,
Wenn wir nicht noch eine Zuflucht hätten.

Bezruč, Rettung

Zufluchtsstätte

Das scheint bedenklich mir,
Ein Wagestück:–
Da geh ich lieber ins
Wirthaus zurück.

H. von Müller, Bedenklichkeiten

Zufriedenheit

Zufrieden sein ist große Kunst,
zufrieden scheinen bloßer Dunst,
zufrieden werden großes Glück,
zufrieden bleiben Meisterstück.

Sprichwort

zufügen, einem etwas

Was Du nicht willst, daß man Dir tu,
das füg auch keinem andern zu.

Sprichwort

Zug, guter → prost

(Bellman)

Zug, rasender

Fortfortfort – fortfortfort drehn sich die Räder
rasend dahin auf dem Schienengeäder . . .

Liliencron, Der Blitzzug

zugreifen, mutig

Und soll es sein, und muß es sein,
da hilft kein Zieren und Flennen:
greif in die Nesseln frisch hinein,
so werden sie dich nicht brennen.

F. W. Weber

Zuhause, das → Ja zum Nein

(Hagelstange)

zuhause sein, nie mehr → Auswanderer

(Viertel)

zuhören

Ich sage dir, was durch den Sinn mir fährt,
Du schweigst und horchst, wie es sich
langsam klärt.

W. von Scholz, Unbestimmte Erwartung

Wollt ihr, daß ich spiele – ich weigre mich
nicht!
Aber spiele ich – so hört ihr mir nicht zu!

Nach Po-Chü-I, Die alte Harfe

zuhören

Wehet nur, ihr sanften Winde,
Bächlein, rauschet nicht so sehr,
Fließt und wehet jetzt gelinde,
Gebt doch meinem Lied Gehör.

. . . Wunderhorn, Gedankenstille

Wer hat noch Ohren,
wenn irgendwo ein anderer spricht?
Wir armen Toren
begreifen uns ja selber nicht.

J. Büscher, Versammlung

zuhören → weit

(Walter)

Zuhörer, müde → Kampf, ermüdender

(Heine)

Zuhörer, unaufmerksame

Ich bat auch die Menschen, sie möchten
lauschen,
Aber die Menschen verstanden mich nicht.
Da ließ ich mein Lied vom Himmel
belauschen . . .

Li-Tai-Pe, Die ferne Laute (Dehmel)

Zukunft

Aber hier wie überhaupt,
Kommt es anders als man glaubt.

W. Busch, Plisch und Plumm

Über die Zukunft
sprechen wir morgen.

Piontek, Einfache Sätze 68

Laß deine Zukunft zurück und den
Schlüssel vom Haus
und die Lichter im Fensterrahmen,
schütte den Spreu deiner Träume aus
und vergiß deinen Namen.

Dagmar Nick, Unterwegs III

Zukunft, endlose → Unbegrenztheit

(Hugo)

Zukunft, glückliche

Liegt dir Gestern klar und offen,
wirkst du heute kräftig frei,
kannst auch auf ein Morgen hoffen,
das nicht minder glücklich sei.

Goethe, Zahme Xenien

Zukunft, öde

Die Zukunft liegt in öder Dürre
Entsetzlich lang und bang vor ihm –
Er schweift umher, allein und irre,
Und sucht sich selbst mit Ungestüm.

Novalis, Wer einsam sitzt . . .

Zukunft, rosige

Und was nicht war, nun will es werden
Zu reinen Sonnen, farbigen Erden . . .

Goethe, Eins und alles

Zukunft deuten

In nächtigem Dunkel liegt künftig
Geschehn,
doch kann dein Geschick an der Stirn ich
dir sehn.

Puschkin, Das Lied vom weisen Oleg (v. Gaertringen)

Zukunftsangst

Und ein geheimes Grausen
Beschleichet unsern Sinn:
Wir sehnen uns nach Hause
Und wissen nicht, wohin?

Eichendorff, Der Pilger

Zukunftsangst → Vorsorge
(Wolff)

Zukunftsgedanken

Du vergreifst dich am Jahrzehnt:
Noch wird alles erst ersehnt,
was, vom Geist dir vorgegaukelt,
heut dein Haupt schon überschaukelt.

Morgenstern, Zukunftssorgen (Palmström)

Zukunftsvision

. . .wir stell'n unsre Kinder künstlich her
Und unsre Nahrung in Tablettenform.
Das Altern kennen wir nicht mehr.
Bouillon und Ei gewinnen wir aus Teer.
Kurzum: Es ist enorm!

Kästner, Die Zunge der Kultur

Wir wandern, leichter als auf Erden,
Auf Mondgebirgen sonnenwärts
Und suchen, des Columbus Erben,
Nach Gold und Erz.

Krüss, Das Lied vom neuen Monde

Zungen, böse

Dorn und Distel stechen sehr.
Böse Zungen noch viel mehr.

Nach Geibel

Zunge hüten, seine

Und hüte deine Zunge wohl,
bald ist ein böses Wort gesagt!
O Gott, es war nicht bös gemeint,–
der andre aber geht und klagt.

Freiligrath, O lieb . . .

Zuneigung

Die Junge liebt den Maler,
Die Alte seine Taler.

R. v. Normann, Zweizeiler

Zuneigung, heimliche

Der Knabe zurück zu laufen kam
Entgegen der Schönen in Schmerzen,
Es wußt' es niemand, doch beide zusamm',
Sie hegten einander im Herzen . . .

Goethe, Wirkung in die Ferne

Zuneigung, plötzliche

Sieh! nun kannst du plötzlich dich
lächelnd in den Sattel schwingen!
Schmiege dich nur fest an mich,
magst die Arme um mich schlingen . . .

Odyniec, Die Kriegsgefangene (Nitschmann)

Zuneigung zum Kühnen

Beide lieben wir den Kühnen, seine Augen
Sind wie grüne Schattenteiche . . .

Sarah Kirsch, Der Droste . . .

zupacken

Nur feste Faust geführt
so bringst du manches zu Ende.
Wer Nesseln zart berührt,
verbrennt sich die Hände.

W. Eigenbrodt

zurechtfinden, sich

Wo kein Weg und wo kein Steg,
Weiß ich mich zu finden,
Gradezu geht's oder schräg,
Flott in allen Winden.

J. Wolff, Vogelfrei

zurechtmachen, sich → Festvorbereitung
(Kalidasa)

zurechtmachen, sich → schmücken
(Heine)

zurechtrücken

Wem sein Licht lieb ist, der rück
stille sein Lämpchen zurecht . . .
Rühmkorf, Marode

zurückbeißen

Einmal jährlich, doch nicht lange,
beißt der kleine Frosch die Schlange.
Verfasser unbekannt

Zurückhaltung, männliche

Schwebt unversucht alsdann vor mir
Der Wollust süßer Angel,
So härmt sie sich noch ärger schier
Und wähnet Liebesmangel.

G. A. Bürger, Lied

Zurückhaltung, weibliche

Jungfrauen will's gebühren gar nicht,
Viel untern Leuten umzuziehen;
Eben darum viel Böses geschicht,
Weil sie die Leut beizeit nicht fliehen.
. . . Wunderhorn, Maria auf der Reise

zurückschauen

Wie ich mich dort auch drehe
Und blick ich auch zurück:
Ich fühle und ich sehe
Nichts als ein großes Glück.
Jene lange Zahl von Tagen
Dünkt mir nur ein Augenblick;
Werd ich einst von hier getragen
Schau ich dankbar noch zurück.
Franz. Kirchenlied, Das Paradies (A. Neumann)
Novalis, Das Lied des Einsiedlers

zurücksehnen, sich

Und könnt ich Paradiese überschauen,
Ich sehnte mich zurück nach jenen
Auen . . .
Bettina von Arnim, Auf diesem Hügel

zusammen

Bleib bei mir! Wir schmücken ganz
Noch zusammen einen Himmel:
Deine Liebe Mondenglanz,
Und mein Lied das Sterngewimmel.
Hafis (Rückert)

zusammenbrechen, fast → Weg schwerer
(Fontane)

Zusammenhang, großer

Mag die Sonne nun bislang
Andern Zonen scheinen,
Hier fühl ich Zusammenhang
Mit dem All und Einen!
G. Keller, Unter Sternen

Zusammenhang, großer → Ganze, das
(Sanders)

zusammenkommen, nicht

Es waren zwei Königskinder,
die hatten einander so lieb,
sie konnten zusammen nicht kommen:
das Wasser war viel zu tief.
Deutsche Volksballade

zusammenlegen

Du hast kein Haus und ich kein Land:
wir haben nur Hagel und Regen.
Mich hat man geblendet und dich verbrannt.
Wir wollen zusammenlegen!

v. Törne, Lied für Kulis und Kumpels

zusammenrücken

Sie rücken zusammen dicht an dicht.
So warm wie der Hans hats niemand nicht.

Morgenstern, Die drei Spatzen

zusammenrücken in Gefahr → eng beieinander

(Odyniec)

zusammenschrecken

Warum schrickst du jetzt zusammen,
starrest in die nahen Flammen?

Odyniec, Die Kriegsgefangene (Nitschmann)

Zusammensein, das

Ich habe gefunden, mit denen zu sein, die ich liebe, ist genug ...

Whitman, Alle Dinge gefallen der Seele (Reisiger)

Zusammenstöße → Mann gegen Mann

zusehen

Er irrte täglich durch den Hain
mit einer Brust voll Ruh
und sah dem Spiel und sah dem Reihn
der Dörferinnen zu ...

Hölty, Adelstan und Röschen

zustimmen → weise und leise

(Hagelstange)

Zustimmung → Eitelkeit

(Blumenthal)

Zuspruch

Hab ein Wort auch für andre
in Sorg' und Pein
und sag, was dich selber
so frohgemut läßt sein ...

Flaischlen, Hab Sonne ...

Nun, ermuntre dich, mein Kind!
Freundlich bin ich dir gesinnt.

Odyniec, Die Kriegsgefangene (Nitschmann)

zutage kommen → Aufdeckung

(Béranger)

zutragen, sich

Bis zum ersten Hahnenschrei
Trägt sich zu so mancherlei ...

R. Baumbach, Wo der Weg ...

Zuversicht

Leben heißt: in Kampf und Stürmen
Zuversicht im Herzen tragen,
heißt: im Hoffen niemals wanken
und im Leiden nie verzagen.

M. Straßner

So komme, was da kommen mag!
Solang du lebest, ist es Tag.

Storm, Trost

Der Vogel denkt: Weil das so ist
Und weil mich doch der Kater frißt,
So will ich keine Zeit verlieren,
Will noch ein wenig quinquilieren ...

W. Busch, Es sitzt ein Vogel auf dem Leim

Zuversicht → Gottvertrauen

(Neumark)

zuvorkommen

Kamen seine Jünger, ihn zu grüßen,
saß die Blonde schon zu seinen Füßen.

C. F. Meyer, Die Ketzerin

Zwanglosigkeit → Zwiegespräch
(Odyniec)

Zweck

überlaßt den Zweck des Möbels
ohne Grimm der Gier des Pöbels.
Nach Morgenstern, Der Ästhet

Zweckerfüllung

Wenn das auch egoistisch klingt,
So tröste dich damit, du wundervolle
Pellka, daß du eine Edelknolle
Warst, und daß dich ein Kenner
verschlingt.
Ringelnatz, Abschiedsworte an Pellka

zweckfrei leben → linkisch
(Laotse)

Zweifel

Es wühlet mein verstörter Sinn
Noch zwischen Zweifel her und hin ...
Mörike, In der Frühe

Zweifel, wissenschaftliche

Doch nicht genug – die Gelehrten erklären
Auch noch das meiste für Seemannsmären.
Ibsen, Die Sturmschwalbe (Morgenstern)

Zweifel am Fortleben.

Es könnte sein, es könnte sein,
Daß wir zu Staub zerfallen –
Nelly Sachs, Chor der Geretteten

Zweifel an der Erlösung → Samen aller
Namen
(Lavant)

Zweifel an Gott

Ach Gott, wie bist du so gerecht;
Wie strafest du die bösen Knecht ...
Auf kurze Sünden dieser Welt
Hast du so lange Pein bestellt!
Rist, Eine ernstliche und ausführliche Betrachtung der zukünftigen unendlichen Ewigkeit

Wie man mit einfachem Herzen
Betend in dir sich vergißt, –
Wie man in allem dich findet,
Gott, – der womöglich nicht ist.
Gregh, Zweifel (Grautoff)

Vielleicht hab ich den Glauben und die
Liebe nicht,
diesen Glanz zu erkennen von deinem
Angesicht.
Cendrars, Ostern in New York (J. Schroeder)

Ich glaube an deine Größe und Kraft,
du durchgefallenes Gottchen! ...
Majakowski, Wolke in Hosen (Thoß)

zweifeln

Ängstlich, wo sich Wege teilen,
Seh ich zweifeln dich und weilen –
C. F. Meyer, Weihgeschenk

Und zwischen Trug und Wahrheit
schwebet
Noch zweifelnd jede Brust und bebet ...
Schiller, Die Kraniche des Ibykus

Zweiheit, frei von der → Erkenntnis,
höchste
(Lalla)

Zweisamkeit → Ehe
(Geibel)

Zweisamkeit, geregelte → Paar,
verträgliches
(Morgenstern)

Zwiebel, arme

Ich bin ein armes Zwiebelchen,
Nimm mir das nicht übelchen.

Ringelnatz, Erstes Kindergebetchen

Zwiegespräch

Alter Wein, das weiß man lange,
hält das Zwiegespräch im Gange,
scheucht den Zwang, daß mit Vertrauen
Freunde in das Herz sich schauen.

Nach Odyniec, Die Gespenster (Nitschmann)

Zwiegespräch mit Toten → Bücherei
(Quevedo)

Zwielicht → Untiefen der Wahrheit
(Meckel)

Zwiespalt

Hassen und lieben zugleich muß ich. –
Wie das? – Wenn ichs wüßte!
Aber ich fühls, und das Herz möchte
zerreißen mir.

Catull, Zwiespalt (Mörike)

Ich bin nicht krank und nicht gesund,
Ich bin blessiert und hab keine Wund.

. . . Wunderhorn, Selbstgefühl

So muß mein Geist sich mit sich selbst
entzweien,
Weil du sein Inhalt, du, nur du allein.

Shakespeare, Sonette (Arnold)

Wenn du möchtest, daß ich gehe,
Sprich, o sprich, was treibt dich her?
Zittr' ich doch, wenn ich dich sehe,
Und mein Herz ist leicht und schwer.

Hugo, Lied (Geibel)

Dein Müssen und dein Mögen,
die stehn sich oft entgegen . . .

F.W. Weber

Litt einst ein Fähnlein große Not,
halb war es gelb, halb war es rot . . .

Morgenstern, Kleine Geschichte

Zwietracht → Bürgerkrieg
(Schewtschenko)

Zwillinge

Doch halt! Warum stellt ihr zu zweien euch
ein?
Es werden doch, hoff' ich, nicht Zwillinge
sein? –

Mörike, Storchenbotschaft

Zwillingston → Echo
(Schmid)

zwingen

Den Faulen soll man nicht zur Arbeit
zwingen;
Denn grad der Anfang muß ihm selbst
gelingen.

Frei nach Peter von Bohlen

zwischen Licht und Schatten →
sibyllinisch

zwischen Tier und Gott → Fabelwesen
(Morgenstern)

zwischen Träumen und Machen →
Gesichte und Gedichte
(Morgenstern)

Zwischenraum

Es war einmal ein Lattenzaun,
mit Zwischenraum, hindurchzuschaun.

Morgenstern, Der Lattenzaun

Zwischenräume → Unterschiede
(Ringelnatz)

Zwitter

Ich bin ein Zwitter, ein Mittelding,
Das weder Fleisch noch Fisch ist,
Das von den Extremen unserer Zeit
Ein närrisches Gemisch ist.

Heine, Der neue Alexander

Autorenverzeichnis

I

J

K

L

M

N

O

Q

R

U

V

Besonderheiten der Verskunst

Literatur (Sammelwerke)*

① Des Knaben Wunderhorn, Alte deutsche Lieder – gesammelt von L. Achim von Arnim und Clemens Brentano (Erstausgabe 1806/1808), Winkler-Verlag, München o. J., dreibändige Taschenbuchausgabe bei dtv, München 1963

② Das Deutsche Gedicht – vom Mittelalter bis zum 20. Jahrhundert, Auswahl und Einleitung von Edgar Hederer, Fischer Taschenbuch Verlag, Frankfurt am Main 1957

③ Deutsche Dichtung der Neuzeit – Für die Oberstufen höherer Schulen ausgewählt von Ernst Bender, Verlag G. Braun, Karlsruhe o. J.

④ Der Tausendjährige Rosenstrauch, Deutsche Gedichte – Ausgewählt und eingeleitet von Felix Braun, Paul Zsolnay Verlag Wien/Hamburg 1973, Taschenbuchausgabe bei W. Heyne, München 1977

⑤ Karl Otto Conrady (Hrsg.), Das große deutsche Gedichtbuch, Athenäum Verlag, Kronberg/Ts. 1977

⑥ Deutsche Balladen – vom jüngeren Hildebrandslied bis zu Günter Grass, Ausgewählt und eingeleitet von Richard Schaeffer, Ullstein, Frankfurt/M.–Berlin 1966

⑦ Deutsche Gedichte von 1900 bis zur Gegenwart – hrsg. von Fritz Pratz, Fischer Taschenbuch Verlag, 43.–53. Tsd., Frankfurt/M. 1979

⑧ Franz J. Frhr. von Lipperheide, Spruchwörterbuch, Sammlung deutscher und fremder Sinnsprüche, Originalausgabe, Berlin 1907 (7. unveränderter Nachdruck bei Haude & Spener, Berlin 1972)

⑨ Karl Peltzer/Reinhard v. Normann, Das treffende Zitat, 7. erweiterte und ergänzte Auflage, Ott Verlag AG, Thun 1979

⑩ Eberhard Puntsch, Zitatenhandbuch, 5. Auflage, moderne verlags gmbh, München 1971

⑪ Der ewige Brunnen, hrsg. von Ludwig Reiners, C. H. Beck, München 1959

⑫ Die schönsten Gedichte der Weltliteratur, Gesammelt und geordnet von Ludwig Goldscheider, Phaidon Verlag Wien/Leipzig 1933

⑬ Unsterbliches Saitenspiel, Die schönsten Gedichte der Weltliteratur – ausgewählt von Johannes von Guenther, Ullstein, 1956

⑭ Lyrik des Abendlandes, Gemeinsam mit Hans Hennecke, Curt Hohoff und Karl Vossler ausgewählt von Georg Britting, Carl Hanser Verlag München und Wien 1978, Taschenbuchausgabe bei W. Goldmann, München 1979

⑮ Erich Weinert (Hrsg.), Nachdichtungen, Volk und Welt, Berlin 1959

⑯ Die Lyra des Orpheus, Lyrik der Völker in deutscher Nachdichtung – ausgewählt und bearbeitet von Felix Braun, Zsolnay Verlag Wien/Hamburg 1952

⑰ Europäische Balladen, Reclam Universalbibliothek Nr. 8508/14, Stuttgart 1967

⑱ Irdene Schale – Frauenlyrik seit der Antike, hrsg. von Mechthild Barthel-Kranzbühler, Lambert Schneider Verlag, Heidelberg 1968

⑲ museum der modernen poesie – hrsg. von Hans Magnus Enzensberger, Suhrkamp, Frankfurt/M. 1960

⑳ Gedichte gegen den Krieg – hrsg. von Kurt Fassmann, Kindler Verlag, 1961

* Einzelwerke bestimmter Autoren → Autorenverzeichnis ab Seite 545

(21) Kunterbunte Albumverse, zusammengetragen von Bruno Horst Bull, Herder Verlag 1977

(22) Seifenblasen zu verkaufen – das große Nonsens-Buch mit Versen aus aller Welt, hrsg. von James Krüss, Bertelsmann Jugendbuch Verlag (Gütersloh/München), 1972

(23) Soviele Tage wie das Jahr hat – Gedichte für Kinder und Kenner, hrsg. von James Krüss, Bertelsmann Jugendbuch Verlag, 1959

(24) Alle meine Entchen – Kinderreime, Lieder und Spiele, gesammelt von Bruno Horst Bull, W. Fischer Verlag, Göttingen 1975

(25) Kinderlieder, Kinderreime, gesammelt von Hartmann Goertz, Ueberreuter Verlag, Wien/Heidelberg 1973

(26) Das große Liederbuch, 204 deutsche Volks- und Kinderlieder, gesammelt von Anne Diekmann, unter Mitwirkung von Willi Gohl, mit Bildern von Tomi Ungerer, Diogenes Verlag, Zürich 1975

(27) Lachende Lyrik, zusammengestellt von Rüdiger F. Wieland, F. Englisch Verlag, Wiesbaden 1979

(28) Die schönsten Schüttelgedichte, gesammelt und hrsg. von Manfred Hanke, Deutsche Verlagsanstalt, Stuttgart 1967 (dtv 1969)

(29) Polnische Poesie des 20. Jahrhunderts. Hrsg. und übertragen von Karl Dedecius, Hanser Verlag, München 1964 (dtv 1968)

(30) Lektion der Stille. Neue polnische Lyrik. Ausgewählt und übertragen von Karl Dedecius, Hanser Verlag, München 1959

(31) Deutsche Gedichte seit 1960. Gesammelt und eingeleitet von Heinz Piontek, Philipp Reclam jun., Stuttgart 1972

(32) Indische Gedichte aus vier Jahrhunderten, bearbeitet und kommentiert von Otto von Glasenapp mit einer Einleitung und Erläuterungen Helmuth von Glasenapps, Grote, Berlin 1925 (mit Genehmigung der Helmuth von Glasenapp-Stiftung, Wiesbaden)

(33) Ukrainische Lyrik 1840–1940, hrsg. von Hans Koch, Steiner Verlag, Wiesbaden

(34) Hans Hennecke, Englische Gedichte von Shakespeare bis W. B. Yeats, Kiepenheuer Verlag, Berlin 1938

(35) Karl Krolow, Nachdichtungen französischer Lyrik aus fünf Jahrhunderten, R. Beck-Verlag, Hannover 1948

(36) Klabund, Das Blumenschiff – Nachdichtungen chinesischer Lyrik, Erich Reiss Verlag, Berlin o. J.

(37) Karl Vossler, Romanische Dichter, Piper Verlag, München 1946

(38) Italienische Dichtung in Übertragungen von Horst Rüdiger, Karl Rauch-Verlag, Jena

(39) Ein Erntekranz aus 100 Jahren tschechischer Dichtung, Kurt Wolff-Verlag, München

(40) Rose aus Asche, Spanische und spanisch-amerikanische Lyrik seit 1900, hrsg. und übertr. von E. W. Palen, R. Piper-Verlag, München 1955

(41) Alexander v. Bernus, Das irdische Paradies (Englische Lyriker), E. Lichtenstein, Weimar 1930

(42) Hans Bethge, Lyrik des Auslandes, Hesse-Verlag, Leipzig

Zum Gebrauch des Buches

Der Nachschlageteil ist nach Stichwörtern geordnet, die vorwiegend dem Text der Verse entnommen wurden und den «Sinnschwerpunkt» wenigstens andeuten sollen. Gelegentlich war es angebracht, die Bedeutung der Sätze mit selbstgewählten Überschriften herauszuheben. Besonders reizvoll ist in diesem Zusammenhang die Übertragung alter Erkenntnisse oder «verdichteter Situationen» auf aktuelle Themen. Hier kann sich jedoch auch die Phantasie des Benutzers voll entfalten. Soweit feststellbar, sind unter den Versen immer die Autorennamen (Vornamen im Autorenverzeichnis des Anhangs – mit der grundsätzlichen Ausnahme der Vornamen weiblicher Dichter, die bereits im Nachschlageteil genannt werden!) und die Titel der Gedichte, woraus die Verse stammen, erwähnt worden. In den Klammern nach dem Gedichttitel stehen die Übersetzer bzw. Nachdichter fremdsprachlicher Lyrik. Der Nachschlageteil enthält ferner viele «Verweisungen», die der besseren und schnelleren Orientierung dienen sollen, wenn nach weiteren Versen zu bestimmten Stichwörtern oder Themen gesucht wird. Selbstverständlich sollte und konnte auch hier dem Entdekkungsdrang des Benutzers nicht in jedem Falle vorgegriffen werden. Die Namen hinter den Verweisungsstichwörtern (nach den Pfeilen!) benennen die Autoren der dort stehenden Verse und sollen auch das Herausfinden unter mehreren Versen erleichtern. Die Namen beziehen sich jeweils nur auf das vorgenannte Stichwort.
Der hier folgende Anhang enthält ein sehr ausführliches Autoren- und Quellenverzeichnis. Die Zusammenstellung dieser Quellen ist ein außerordentlich zeitraubendes Unternehmen, zumal viele Verse aus Sammelwerken (mit teilweise unvollständigen oder gar fehlenden Quellenangaben) stammen. Benutzer (wie auch die Inhaber der Urheberrechte) werden um Nachsicht gebeten, wenn der Weg zu den Quellen auch in diesem Buch manchmal nicht eindeutig gezeigt werden konnte. Das Autorenverzeichnis weist auch die Titel von «Einzelwerken» der Verfasser (gelegentlich auch der Übersetzer bestimmter Autoren) aus, soweit vorhanden und feststellbar. Bei Autoren, deren Werke nicht mehr dem Urheberrechtsschutz unterliegen, wurde auf diese Angaben meistens verzichtet. Das Autorenverzeichnis zeigt jedoch oft – insbesondere bei fremdsprachigen Dichtern – unsere Fundstelle in Sammelwerken. Diesen Hinweis finden Sie in der «eingekreisten» Zahl ① direkt im Anschluß an die Seitenangaben für die betreffenden Dichter. Die eingekreisten Zahlen kennzeichnen die wichtigste(n) Fundstelle(n) in der Aufstellung *Literatur* (Sammelwerke) auf der Seite 567. Im Autorenverzeichnis stehen die Namen der Übersetzer bzw. Nachdichter in Klammern direkt hinter den Dichternamen. Der Anhang soll Ihnen auch helfen, wenn Sie gereimte Sprichwörter o. ä., Kinderreime, Liederverse oder *Besonderheiten der Verskunst* wie Schüttelreime und Unsinnverse im Nachschlageteil suchen.

Notizen

Notizen

Notizen

Notizen

Notizen